国家重点档案专项资金资助项目

抗日战争档案汇编

福建省档案馆藏抗战动员档案汇编

1

福建省档案馆 编

五洲传播出版社

图书在版编目（CIP）数据

福建省档案馆藏抗战动员档案汇编 / 福建省档案馆编 . -- 北京 : 五洲传播出版社 , 2025. 1. -- (抗日战争档案汇编). -- ISBN 978-7-5085-5276-7

Ⅰ . K265.06

中国国家版本馆 CIP 数据核字第 2024WA8862 号

福建省档案馆藏抗战动员档案汇编（全二册）

编　　者：福建省档案馆
出 版 人：关　宏
责任编辑：苏　谦
装帧设计：北京禾风雅艺文化发展有限公司
出版发行：五洲传播出版社
地　　址：北京市海淀区北三环中路31号生产力大楼B座6层
邮　　编：100088
电　　话：010-82005927，82007837
网　　址：www.cicc.org.cn, www.thatsbooks.com
印　　刷：天津艺嘉印刷科技有限公司
版　　次：2025年1月第1版第1次印刷
开　　本：210mm × 285mm
印　　张：70.75
定　　价：1150.00元

抗日战争档案汇编编纂出版工作组织机构

编纂出版工作领导小组

组　长　陆国强

副组长　王绍忠　付　华　魏洪涛　刘鲤生

编纂委员会

主　任　陆国强

副主任　王绍忠

顾　问　杨冬权　李明华

成　员（按姓氏笔画为序排列）

于学蕴　于晓南　于晶霞　马忠魁　马俊凡　马振犊

王　放　王文铸　王建军　卢琼华　田洪文　田富祥

史晨鸣　代年云　白明标　白晓军　吉洪武　刘　钊

刘玉峰　刘灿河　刘忠平　刘新华　汤俊峰　孙　敏

苏东亮　杜　梅　李宁波　李宗春　吴卫东　何素君

张　军　张明决　陈念芜　陈艳霞　卓兆水　岳文莉

郑惠姿　赵有宁　查全洁　施亚雄　祝　云　徐春阳

郭树峰　唐仁勇　唐润明　黄凤平　黄远良　黄菊艳

梅　佳　龚建海　常建宏　韩　林　程潜龙　焦东华

童　鹿　蔡纪万　谭荣鹏　黎富文

编纂出版工作领导小组办公室

主　任　常建宏

副主任　孙秋浦　石　勇

成　员（按姓氏笔画为序排列）

李　宁　沈　岚　贾　坤

福建省抗日战争档案汇编编纂出版工作组织机构

编纂出版工作领导小组

组　长　陈熙满
副组长　马俊凡　游富明
成　员　谢　滨　纪　峰　许雪琦　张善斌　蔡文忠
　　　　廖晓凌　曹荣军　陈国平　黄　萍
　　　　吴寿勤　郑　伟　吴丰斌

编纂出版工作领导小组办公室

主　任　叶建强
成　员　王建平　陈亮

编纂专家组

组　长　马俊凡
副组长　谢　滨
成　员（按姓氏笔画为序）
　　　　邓达宏　陈　凤　陈若波　陈惠芳　连　念
　　　　吴仰荣　钟健英　黄项飞

《福建省档案馆藏抗战动员档案汇编》编委会

总序

为深入贯彻落实习近平总书记「让历史说话，用史实发言，深入开展中国人民抗日战争研究」的重要指示精神，国家档案局根据《全国档案事业发展「十三五」规划纲要》和《「十三五」时期国家重点档案保护与开发工作总体规划》的有关安排，决定全面系统地整理全国各级综合档案馆馆藏抗战档案，编纂出版《抗日战争档案汇编》（以下简称《汇编》）。

中国人民抗日战争是近代以来中国反抗外敌入侵第一次取得完全胜利的民族解放战争，开辟了中华民族伟大复兴的光明前景。这一伟大胜利，也是中国人民为世界反法西斯战争胜利、维护世界和平作出的重大贡献。加强中国人民抗日战争研究，具有重要的历史意义和现实意义。

全国各级档案馆保存的抗战档案，数量众多，内容丰富，全面记录了中国人民抗日战争的艰辛历程，是研究抗战历史的珍贵史料。一直以来，全国各级档案馆十分重视抗战档案的开发利用，陆续出版公布了一大批抗战档案，对揭露日本帝国主义侵华罪行，讴歌中华儿女勠力同心、不屈不挠抗击侵略的伟大壮举，弘扬伟大的抗战精神，引导正确的历史认知，发挥了积极作用。特别是国家档案局组织有关方面共同努力和积极推动，「南京大屠杀档案」被联合国教科文组织评选为「世界记忆遗产」，列入《世界记忆名录》，捍卫了历史真相，在国际上产生了广泛而深远的影响。

全国各级档案馆馆藏抗战档案开发利用工作虽然取得了一定的成果，但是，在档案信息资源开发的系统性和深入性方面仍显不足。正如习近平总书记所指出的：「同中国人民抗日战争的历史地位和历史意义相比，同这场战争对中华民族和世界的影响相比，我们的抗战研究还远远不够，要继续进行深入系统的研究。」「抗战研究要深入，就要更多通过档案、资料、事实、当事人证词等各种人证、物证来说话。要加强资料收集和整理这一基础性工作，全面整理我国各地抗战档案、照片、资料、实物……」

国家档案局组织编纂《汇编》，对全国各级档案馆馆藏抗战档案进行深入系统地开发，是档案部门贯彻落实习近平总书记重要指示精神，推动深入开展中国人民抗日战争研究的一项重要举措。本书的编纂力图准确把握中国人民抗日战争的历史进程、主流和本质，用详实的档案全面反映一九三一年九一八事变后十四年抗战的全过程，反映中国共产党在抗日战争中的中流砥柱作用以及中国人民抗日战争在世界反法西斯战争中的重要地位，反映国共两党「兄弟阋于墙，外御其侮」进行合作抗战、共同捍卫民族尊严的历史，反映各民族、各阶层及海外华侨共同参与抗战的壮举，展现中国人民抗日战争的伟大意义，以历史档案揭露日本侵华暴行，揭示日本军国主义反人类、反和平的实质。

编纂《汇编》是一项浩繁而艰巨的系统工程。为保证这项工作的有序推进，国家档案局制订了总体规划和详细的实施方案，明确了指导思想、工作步骤和编纂要求。为保证编纂成果的科学性、准确性和严肃性，国家档案局组织专家对选题进行全面论证，对编纂成果进行严格审核。

各级档案馆高度重视并积极参与到《汇编》工作之中，通过全面清理馆藏抗战档案，将政治、军事、外交、经济、文化、宣传、教育等多个领域涉及抗战的内容列入选材范围。入选档案包括公文、电报、传单、文告、日记、照片、图表等多种类型。在编纂过程中，坚持实事求是的原则和科学严谨的态度，对所收录的每一件档案都仔细鉴定、甄别与考证，维护档案文献的真实性，彰显档案文献的权威性。同时，以《汇编》编纂工作为契机，以项目谋发展，用实干育人才，带动国家重点档案保护与开发，夯实档案馆基础业务，提高档案人员的业务水平，促进档案馆各项事业的发展。

守护历史，传承文明，是档案部门的重要责任。我们相信，编纂出版《汇编》，对于记录抗战历史，弘扬抗战精神，发挥档案留史存鉴、资政育人的作用，更好地服务于新时代中国特色社会主义文化建设，都具有极其重要的意义。

抗日战争档案汇编编纂委员会

编辑说明

福建省地处中国东南，与台湾省仅一水之隔，扼东海与南海之要冲，素有「东南海疆」之称，战略地位十分重要。「七七事变」后，日本帝国主义发动了全面侵华战争，在大举进犯华北、西北、中南的同时，发兵侵占金门、厦门两岛，两度进占省会福州及邻近四县，侵犯袭扰福建沿海各地，狂轰滥炸福建全境，对福建人民犯下了军事侵略、政治镇压、经济掠夺、思想奴役等各种罪行，给福建人民带来深重的灾难。福建军民在中国共产党抗日民族统一战线号召下，同仇敌忾、团结奋战，为全民族抗战胜利作出不可磨灭的历史贡献。

为全面、客观反映抗战时期福建的战时动员情况，福建省档案馆在对馆藏抗战档案进行梳理基础上，编纂出版《福建省档案馆藏抗战动员档案汇编》。全书分两册，共收录抗战动员相关档案六十五组二百二十六件，起自一九三九年，迄至一九四五年，内容涉及抗战时期福建省政府、福建省动员委员会等部门关于落实国民政府《总动员计划大纲》《国民精神总动员纲领》等重要方针政策的各种训令、电文、公函、报告等。

本书选用档案均据本馆馆藏原件全文影印，未作删节，如有缺页，为档案自身缺页。档案中原标题完整或基本符合要求的使用原标题，原标题有明显缺陷的对其进行修改或重拟，无标题的加拟标题。标题中机构名称使用全称或规范简称，历史地名沿用当时名称。

全书选用档案按照文件形成时间先后排列，一般以发文时间为准，少数无发文时间的采用收文时间，并加以注明。档案所载时间不完整或不准确的，作了补充或订正。档案时间只有年份和月份的，排在该月末；只有年份的，排在该年末。

档案无时间且无法考证的标注「时间不详」。

本书使用规范的简化字。对标题中出现的繁体字、错别字、不规范异体字、异形字等，予以径改。限于篇幅，本书不作注释。

由于时间紧，档案公布量大，编者水平有限，在编辑过程中可能存在疏漏之处，考订难免有误，欢迎方家斧正。

编　者

二〇二三年十一月

目录

第一册

第二册

福建省政府关于抄发总动员计划大纲致省保安处的密令（一九三七年九月二十四日）

福建省政府密令

令保安處

案奉

行政院訓令第一〇六號密令開：

「案准軍事委員會魚日代電開：『查對侵

抗戰業已開始，所有總動員計劃大綱亦經製

定，除繕發本會所屬各機關外，茲特送上五十份

（自第貳號至五十一號）即請貴院分發所屬各部

會及省市政府，並令按其性質所屬權責所

府秘丁

78744

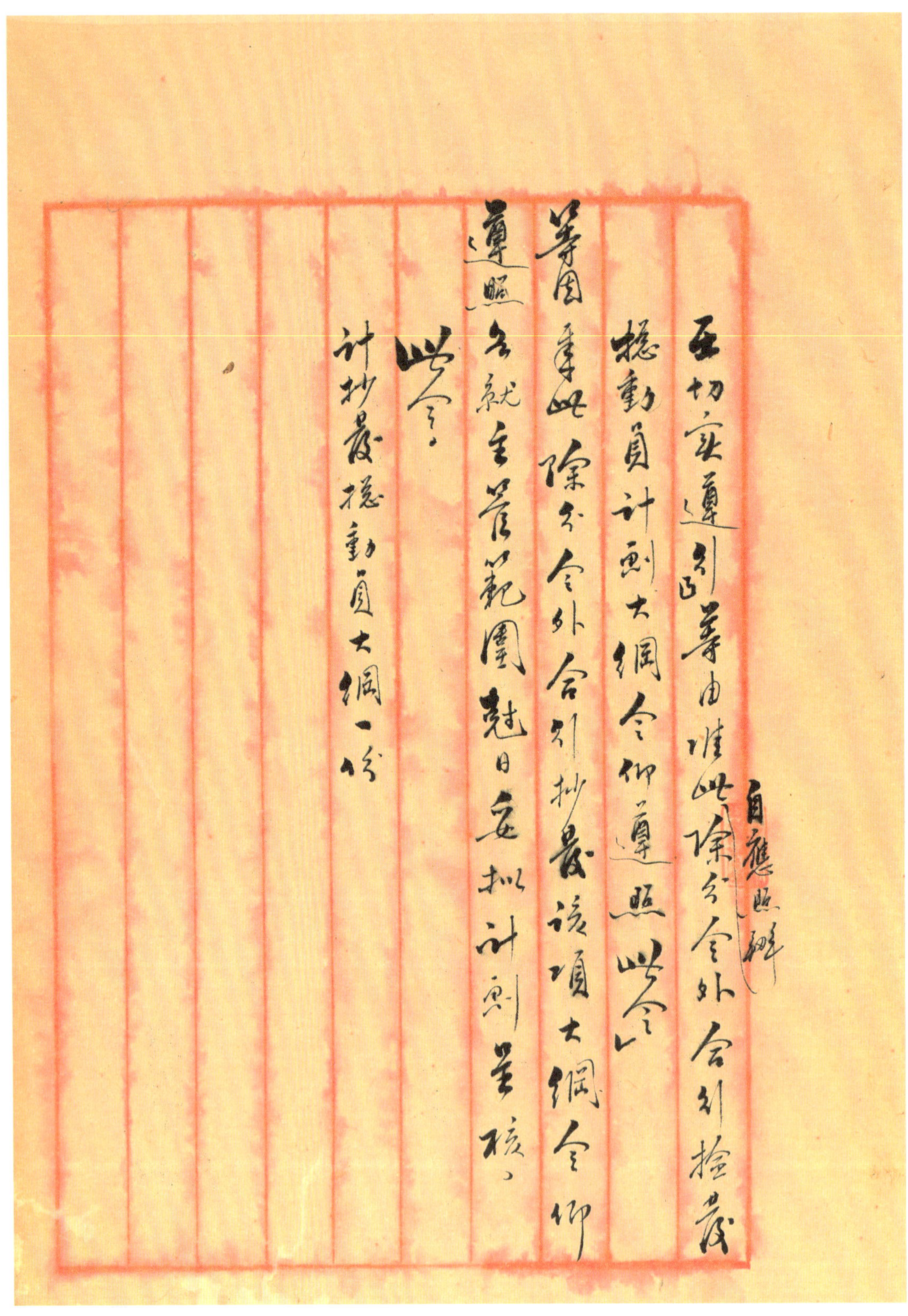
至切要遵行等由准此除分令外合行檢發
自應照辦
總動員計劃大綱令仰遵照此令
等因奉此除分令外合行抄發該項大綱令仰
遵照並就主管範圍尅日妥擬計劃呈核
此令。
計抄發總動員大綱一份

中華民國廿六年九月廿四日

福建省政府之印

主席陳儀

監印 何佐仁 魏遂良

校對 林元培

附：总动员计划大纲

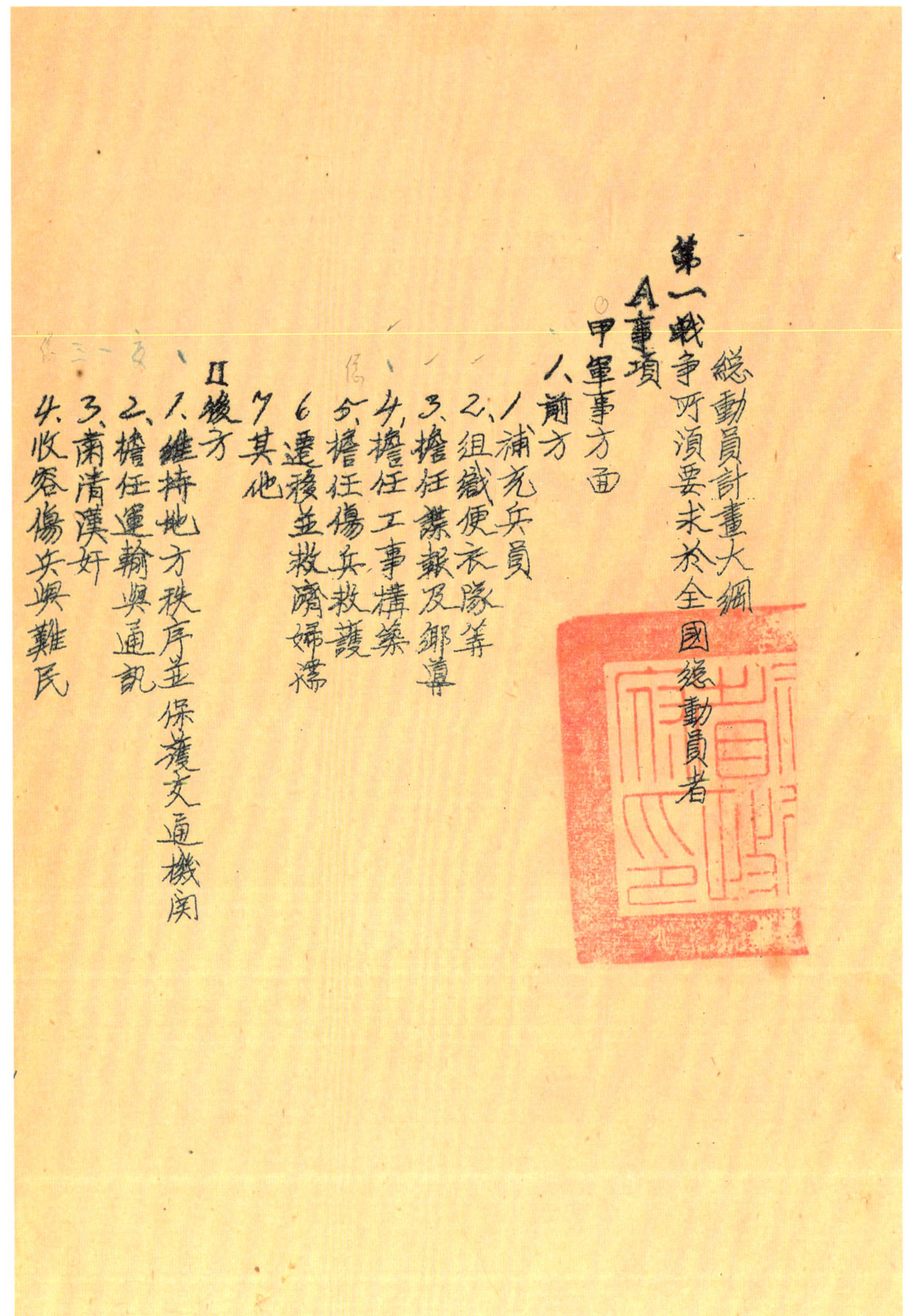

總動員計畫大綱

第一 戰爭所須要求於全國總動員者

A 事項

甲 軍事方面

I 前方

1 補充兵員

2、組織便衣隊等

3、擔任諜報及嚮導

4、擔任工事構築

5、擔任傷兵救護

6 遷移並救濟婦孺

7 其他

II 後方

1、維持地方秩序並保護交通機關

2、擔任運輸與通訊

3、肅清漢奸

4、收容傷兵與難民

六、其他

乙、交通方面

1、海洋交通

第一期或尚可得軍需品之輸入應盡量輸入

第二期或尚可得一般商品之輸入本國產品之可以輸出者應盡量輸出軍需品製造之原料與工具應盡量輸入

第三期或一切運輸皆受梗阻即必賴大陸運輸

II 大陸交通

1、鐵路

a 集中全力限期完成有國際運銷關係路綫最短可以與水路銜接之路綫

b 限期大量增加机關車及列車

2、汽車路

a 限期完成戰爭後方必要之汽車路

b 限期完成西南西北可任國際運輸之汽車路

c 限期大量訂購汽車使敷軍用及國際運輸之用

d、大量購藏燃燒油及潤滑油使敷汽車之用

丙、產業方面

1食糧

1、生產　未改良種子之區域從速改良種子已改良種子之區域設法改換種植擴充及增強合作新組織調集農業人才統籌農業技術合作

2、運銷　一切食糧國內應自由流通以資調節國外輸出則絕對限制戰區前線購運軍食民食應指定机關有極敏捷之採辦及分散方法通令農本局及農貸銀行增加接濟力量

3儲存　後方食糧食鹽須有統一之發動屯積辦法

4、消費　嚴禁食糧浪費獎勵鹽製物品生產必要時得禁止米糧釀酒及飼畜等等之用

II.燃料

1煤

a長江流域珠江流域及西北部已有煤礦應極力協助其生產之增加其可予開發之煤礦應協助其開採

2

b.煤之運銷應依各地需要之性質與數量由政府加以統制

乙.石油

a.川陝兩處已辦者積極進行其尚未開發者應即協助其開發

b.煉油及重煉油廠應積極進行

c.存在各口岸之汽油柴油機器油應設法購運其必須向外國購運者亟從速全力統籌辦理

d.積極獎勵酒精木炭植物油等代替品之製造並由政府統制石油消費凡民間一律限用代替品

III 工商

1.工業

a.於最短時期內軍工業用品應設法促其完全自行製造

b.內地與軍用民生有關工廠應分別組織一面維持其事業一面統制其運銷

c.各口岸與軍用民生有關工廠亟協助其遷移

d 與軍用民生有関之新工廠應積極促進其從速成立

e 與軍用民生有関工廠之經濟問題及技術問題應協助其解決

f 在軍事期内絶对不許有怠工罷工情事之發生技術人員亦不許有任何不合理之要求

g 凡上述工廠所在地應責令當地軍警以全力保護其治安

乙、商業

a 凡與軍用民生有関之重要商品得選擇種類在國外設立購置机関在國内設立批發机関以統制其購運

b 上海商品得選擇種類規定零售办法以節制消費

c 向為輸出商品而不能輸出者應設法協助其運輸或救濟其困难以待時期必要之輸入而不能輸入者應設法另謀代替品以資救濟

d 戰時各種商業之保護及運輸等等之困难應協助其解決

七、戰期內應禁止奢侈品及其他非必需品商店之新設 3

IV 鑛冶

1、已開發之軍用及工業用重要金屬鑛應協助擴充其產量改良其品質

2、尚未開發之軍用及工業用重要金屬鑛應協助開發

三、尤應注意金銀鑛之開採

3、上項金屬鑛產其運銷應由政府加以統制並禁止人民之耗費

V 物價 上述之食糧燃料工商品鑛冶品之批發及零售價格均應加以統制以防奸商操縱

丁、財政金融方面

I、財政

1、改進鹽稅變更徵收辦法維持固有收入

2、舉辦新稅另闢戰時特別財源

3、發行救國公債獎勵國內人民及海外華僑盡力購買指充戰費

4、核減党政各費及停止不急需之一切事業費支出

5、修改关税進口税則使消費品輸入減少戰時必需品輸入增加

6、我國所產大宗而適於各國需要之物品得由政府辦理輸出交換戰時必需之入口貨品

7、整理地方財政增加收入緊縮支出使有餘力補助中央戰費

II、金融

1、通貨管理

A推計法幣需要數額預為印製存儲並注重分儲於安全地區

B將發行之現銀準備為安全存貯之措置并獎勵督促收兑民间之金銀以厚準備

C國防民生有关之農工商鑛重要事業其通貨之供給應為合理之增加

D法幣發行應從速实行中央儲備銀行法所規定之办法

2、滙兑管理

A嚴格限制外滙

B積極流通內滙凡未設銀行之地方應利用郵政机関办理

3金融業務管理

A必要時主管机関得與各当地銀行公会規定臨時之適宜办法以維持金融之安全

B主管机関令中中交農四行規定接濟各金融机関办法及維持發展內地有関國防民生農工商鑛必要事業辦法

C、指導投資使資金運用於必需品之生產儲集事業

4金融机関管理

A促令金融机関將資金逐漸移轉安全地帶

B促令各銀行分別就指定地點推設分支行或新組銀行以健全金融網

C促令各銀行組織聯合準備机関以健全金融机構

戊、宣傳及訓練方面

1、國內

A提高民族意識務使民衆認識此次戰爭為全民之戰
爭人民與軍隊不分
B努力向民衆宣傳務使一德一心擁護政府以期達最
後勝利之目的
C加緊全國民衆之組織訓練與行動積極的使前方民
衆自動協助軍隊之徵發徵工後方民衆自動維持地
方安寧秩序增加生產消極的使民衆成為有組織的
破壞敵人之潛伏力量

Ⅱ國際
A宣傳日本之侵略及本國迫而自衛之意義
B派有力之人員分赴各國鼓動友邦人士對日憎之
情緒對於中國增其熱烈之同情
C命令各使領館對於友邦人士為正面之聯絡并協助
派遣各員側面之工作務使友邦人士自動組織各種
團体援助中國
D督促國内之國際文化團体在國外發生有效之影响

Ⅲ敵方

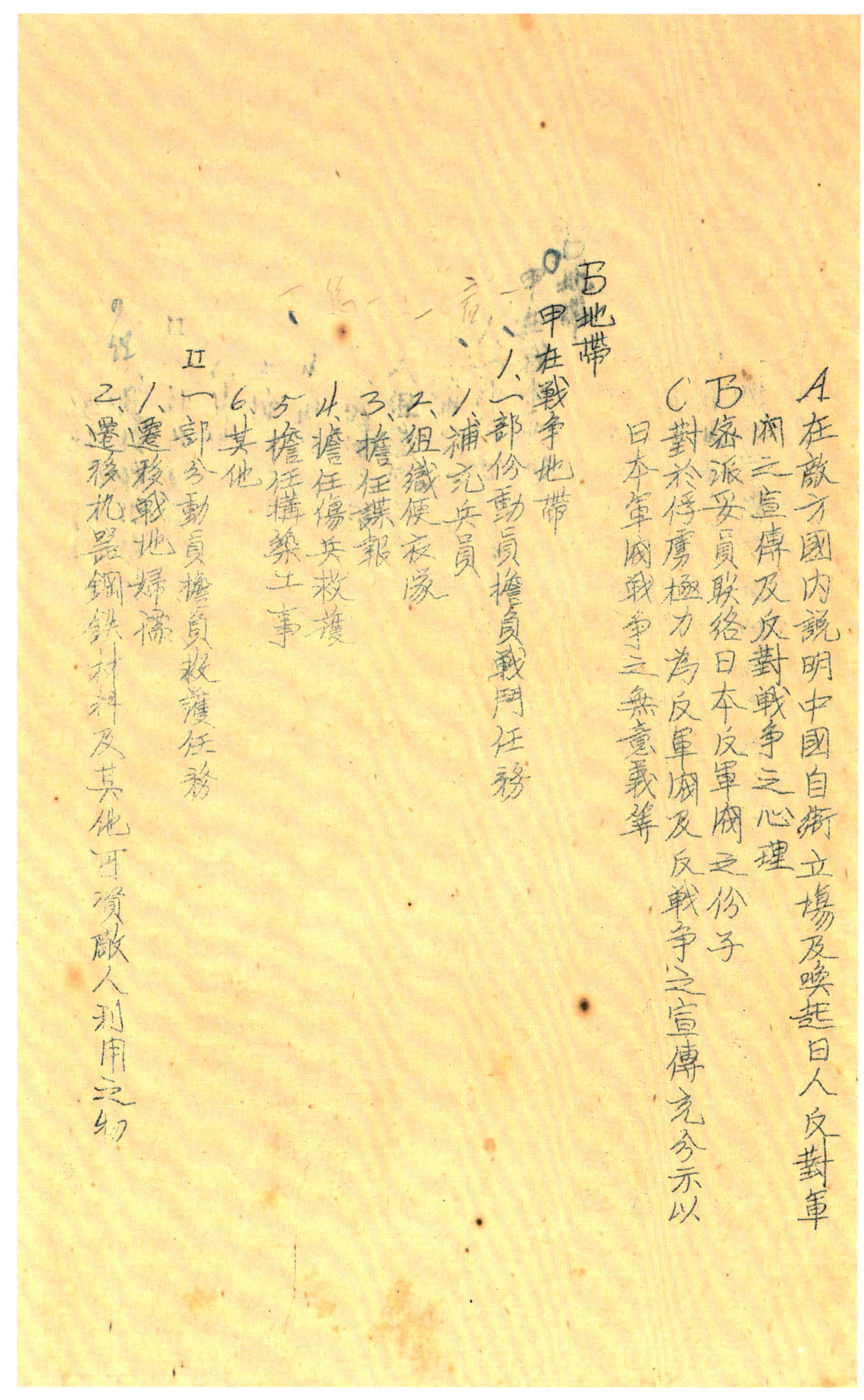

A 在敵方國內說明中國自衛立場及喚起日人反對軍閥之宣傳及反對戰爭之心理

B 協派妥員聯絡日本反軍閥之份子

C 對於俘虜極力為反軍閥及反戰爭之宣傳充分示以日本軍閥戰爭之無意義等

丙 地帶

甲 在戰爭地帶

1、一部份動員擔負戰鬥任務

1 補充兵員

2、組織便衣隊

3、擔任諜報

4、擔任傷兵救護

5 擔任構築工事

6、其他

II 一部分動員擔負救護任務

1、遷移戰地婦孺

2、遷移机器鋼鐵材料及其他可資敵人利用之物

3 其他

乙、在戰爭後方

1、一部分動員準備調赴前方擔任戰鬥任務

II 一部分動員從後協助戰鬥

1、擔任運輸與通訊

2、擔任鐵路公路及其橋樑電線電杆之保護及修理

3、擔任軍用公路之加緊建築並集中運需要之車輛

4、擔任傷兵收容及治療之協助

5、準備供給前方需要之糧食及其他必需品

III 一部分動員擔負後方救護

1、收容難民

2、準備遷移婦孺

3、準備遷移重工業及戰爭需要之物料

4、為市政人民挖掘地道及地下室

5、積聚當地需要之糧食及其他必要品

6、其他

丙、在戰爭不能即刻達到之地帶

三組

1、一部分動員為前方準備補充兵員並補充各種工作人員

II 一部分動員從後方協助戰鬥

1、協助軍事運輸工作

2、擔任鉄路公路之保護及修理

3、徵調公私可任運輸之車輛

4準備供給前方或其他地方需要之糧食

5其他

III 一部分動員擔任地方救護工作

1、收容逃避難民

2為市鎮人民挖掘地道及地下室

3、準備遷移公私所有机器及鋼鉄材料之可供兵武器有關者到戰爭不能達到地帶

4、其他

IV、一部分動員加緊生產工作（婦女參加）

1、加緊生產糧食燃料及其他必要品

2易於遷徙之軍需製造業加緊製造軍需品

3、加緊生產並集中可以輸出之貨品及生金銀

Ⅴ大部分動員加緊交通建設(必要時婦女參加)
1.整理原有之汽車路增加必要之橋樑
2.整理原有之汽車及修理廠
3.大量加築軍運需要之汽車路
4.大量加購軍運需要之汽車

丁.在戰争不能達到之地帶
Ⅰ.小部分動員為前方準備補充兵員
Ⅱ大部分動員加緊生產(婦女參加)
1.竭力增加糧食燃料及其他必要品之生產
2.竭力集中机器及鋼鐵材料等增加武器及其他軍需生產
3.竭力生產並集中可以輸出之貨品及生金銀
Ⅲ.一部分動員加緊交通建設
1.加速建築國際交通必要之鉄路大量增加机關車及列車
2.加速建築國際交通必要之公路大量增加汽車

戊.任何地帶皆須負擔之事項

I、肅清漢奸
II 維持地方秩序
III 停止都市一切公私建築工程
IV、停止生産不必要之消費品
V、規定簡单之婚喪儀式及限制一切奢侈物品之設置
VI、奬勵人民賣出生金銀
VII 奬勵人民購買公債
VIII 登記編配為戰争所需要之生産交通等技術專门人才及工人

己、在被敵佔領之地帶
I 破壞工作
1、焚燬敵人之軍事各項設備
2、截断敵人交通通信
3、焚燬敵人糧食及其各種倉庫
4 破壞自来水電灯及其他公共設備
5 銷毀或埋藏足以資敵之各種食與用之品物及器材
6 擾乱言論宣傳机関（如報館廣播電台電影場等）

7、妨害敵徵工徵料

8、其他足以減損敵人物質及時間之一切行動

Ⅱ 擾乱工作

1、組織多數便衣隊分處游擊

2、散布足以擾乱敵軍之消息

3、狙擊漢奸及傀儡

4、紛乱金融及市場

5、掠奪敵人財物

6、殺害敵方人員

7、其他足以動搖敵軍思想及阻害敵軍行動之一切行為

Ⅲ 偵察工作

1、詳查敵軍司令部位置及敵軍兵種兵數部隊番號等

2、窺探敵軍之行動（包含敵人特務工作在内）及陣營情形与死傷人數

3、考察敵軍官兵心理

4、偵查敵軍之倉庫電台飛机場等

5、其他有関軍事之情報

IV 聯絡工作

甲、对於被敵佔領地帶之人民設法喚起及加強其組織俾能與我軍相呼應

乙、对于有武裝之民衆設法補充接濟及予以指導俾能与我軍協同動作

庚 对於海外華僑

I 供給國內抗戰真实消息

II 派遣專員分別往各處向華僑募捐

III 指導各處華僑參加國際宣傳工作

IV 其他

第二、由大本營確定總動員之方案（此為大本營成立後之第一重要事件

A、必需確定戰爭要求於總動員之各種事項數量最高最低標準及時限

B 必需妥当分配各省負擔之事項數量標準及時限再由各省妥当自配於各專員區及各縣使有非常明瞭之責任

C 必須確定管理方案及獎懲方案

D、必須確定各級工作人員訓練方案

第三 訓練各級工作人員

A、必須將工作内容列為綱要作為課程其可編為課文者並編為課文

B、必須於講授外用力於工作之實習及工作技術之純熟訓練

C、必須集中左列各種人員担任各級訓練

甲、從事各種社會運動有經驗成績者

乙、熟習國際情形者

丙、有左列專門技術者

Ⅰ、軍事

Ⅱ土木工程

Ⅲ机械工程

Ⅳ電氣工程

Ⅴ化學工程

Ⅵ礦冶工程

Ⅶ農業

Ⅷ醫藥衛生

IX調查統計

丁有左列專門才能者

I机関管理

II交通管理

III工商管理

IV人事管理

戊省府選擇縣政人員並集專科以上之學校畢業生於各省短期訓練後派赴各專員區以至於各縣担任訓練

己專員及縣府集中曾受中學教育之學生於各專員區及縣府受必要之訓練後派赴各市鎮及鄉村担任訓練

庚各級學校之課程应酌量變更以应非常需要一部分中等上學校學生亦得令其離校受各種戰時勤務訓練

福建省各厅处关于核办总动员计划致省政府的文书（一九三七年十月至十一月）

福建省建设厅关于签列「建设方面补备问题」致省政府的签呈（一九三七年十月二十一日）

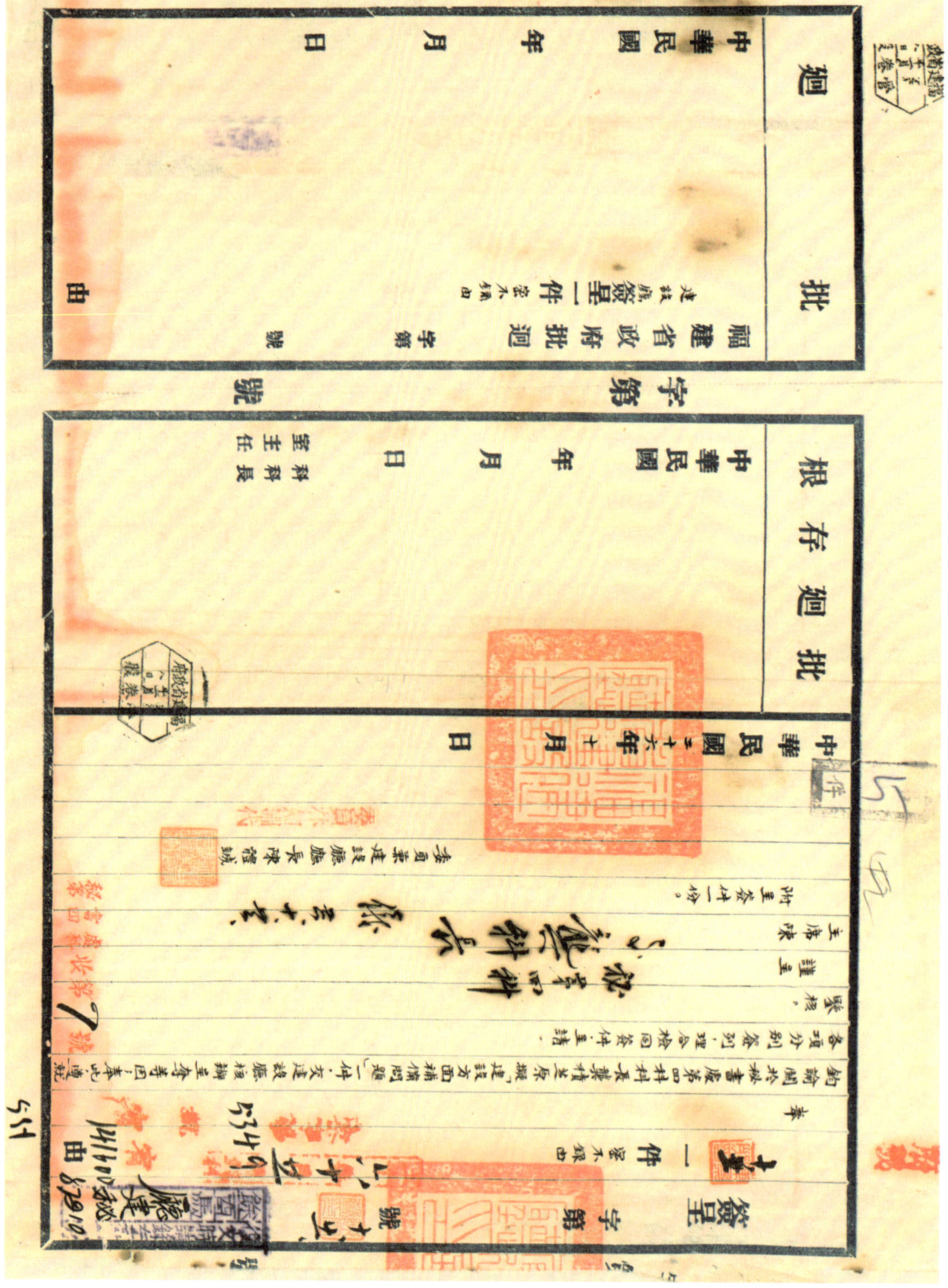

迴批
福建省政府批 字第 號
建技字第 號
簽呈一件 案不錄由
中華民國 年 月 日

根存迴批
中華民國 年 月 日
科員 科長 室主任

簽呈 字第 號
一件 案不錄由
謹呈
主席陳
附呈簽件一份。
委員兼建設廳廳長陳體誠
中華民國二十六年十月 日

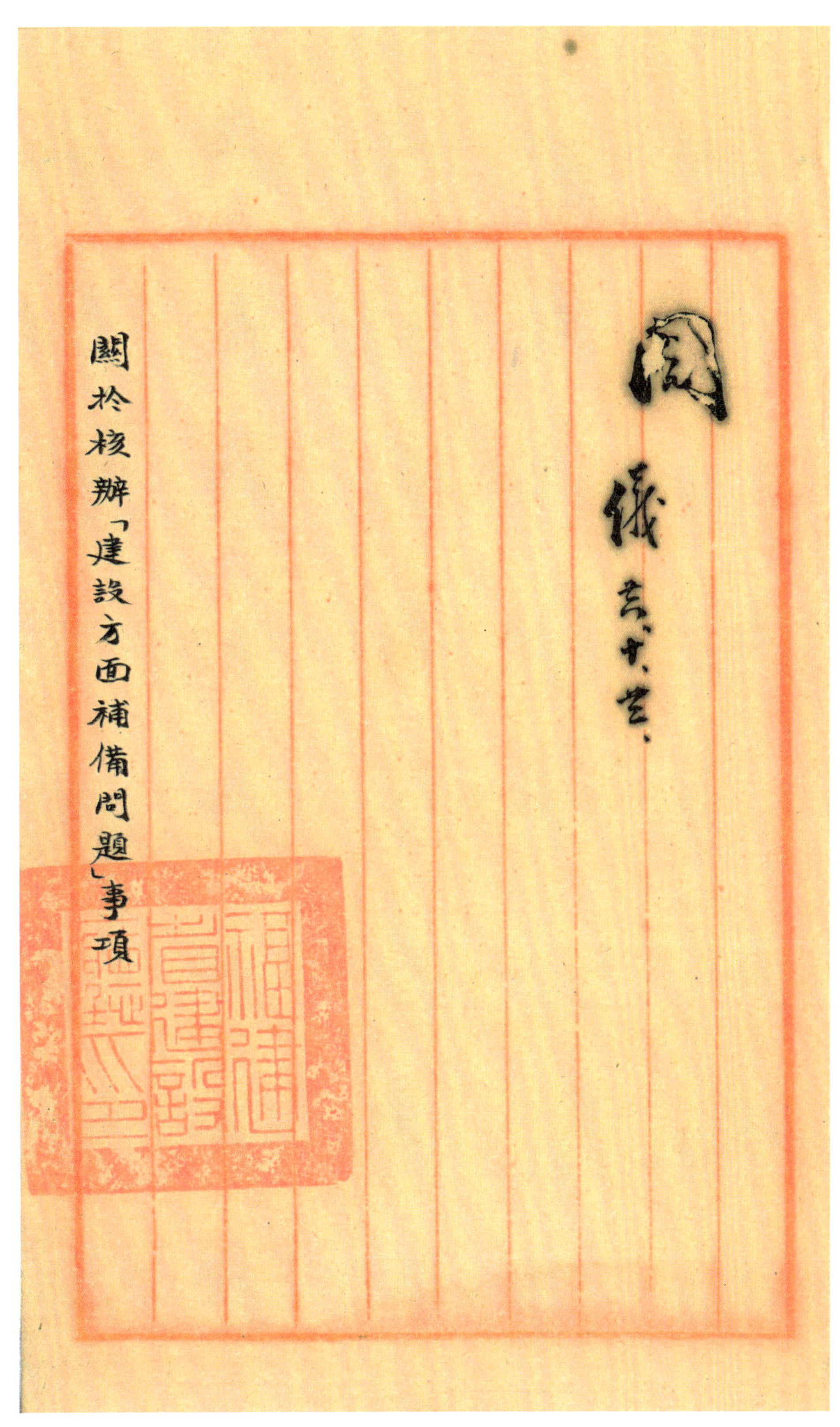

閱
儀 卅六、十、廿二、

關於核辦「建設方面補備問題」事項

簽列關於核辦「建設方面補備問題」事項

一、設立農事試驗場：

現省辦有長樂農場、漳浦農場、宅内農場、漳浦豐祥農場、福安茶葉改良場等。各縣間亦有設立農場者。

一、設立合作社：

已在閩侯等四十六縣及一特種區内推行，共組織有合作社二千餘社。

一、墾荒：

已定泰寧、建寧、崇安、明溪、清流五縣為墾殖縣份，並已在前三縣内（泰寧、建寧、崇安）設立墾務所，第一批招送墾民八千人。

一、造林：

已由省立南平林場福州林場及各縣苗圃育苗造林。

一、成立倉庫：

已由各地合作社舉辦合作農倉、現擬推行普遍、並擬擇中心地點、創設省營農倉。

一、設立工業廠：

設立農具工廠、似可先將福電廠擴充辦理之、並遷移于適當內地以資隱蔽、洋灰工廠最小範圍須五十萬元、木料乾溜廠、需資本亦頗鉅。所提三項工業廠、確係重要、且非不可能之事、依照現在情形、該項工廠之地點、似可擇定閩北、建甌、南平等處、而於辦理該項工廠之前即動力不能不先為設法、故亟應擇一煤礦先為開發、以為發動各工廠之源，惟估計開發煤鑛，發電供給動力，辦理農具廠洋灰廠木材乾溜廠，雖最小規模，亦需資本三百萬元，斷非空言所能辦到，似應推動金融界投資，方克有濟。

一、移轉電報電話及公路中心：

電報電話中心，逐漸向內地轉移，已在計劃辦理中，材料汽油貯藏亦均分別指定相當安全地點，酌予貯備應用，且與省會取有聯絡，以備隨時補充購運，存備應用，至一切建築宜遠離敵人威脅一節，已飭各工廠儘可能移入內地。

一、擬訂單行建築法：

建築城市房屋，本有單行法規，惟本省省會房屋，多係木造，對於延燒危險，本極可慮，已擬有拆讓街道計劃，以爲減輕延燒損害，並飭省會工務處逐漸進行辦理。

一、疏濬河道：

擬疏濬南港九龍江及晋江港道，并炸南平至清流及建寧灘石。

一、提倡土貨：

關於服用土貨國貨，迭經由府令行本省各機關及各市縣政府積極提倡，至於銷售一節，亦經本廳函請商埠較爲繁盛之各市縣政府籌設國貨商店，并飭物產貿易公司設法推銷。

一、試辦消費合作社：

查組織公務員消費合作社，固屬可行，本廳前曾有此擬議，并準備

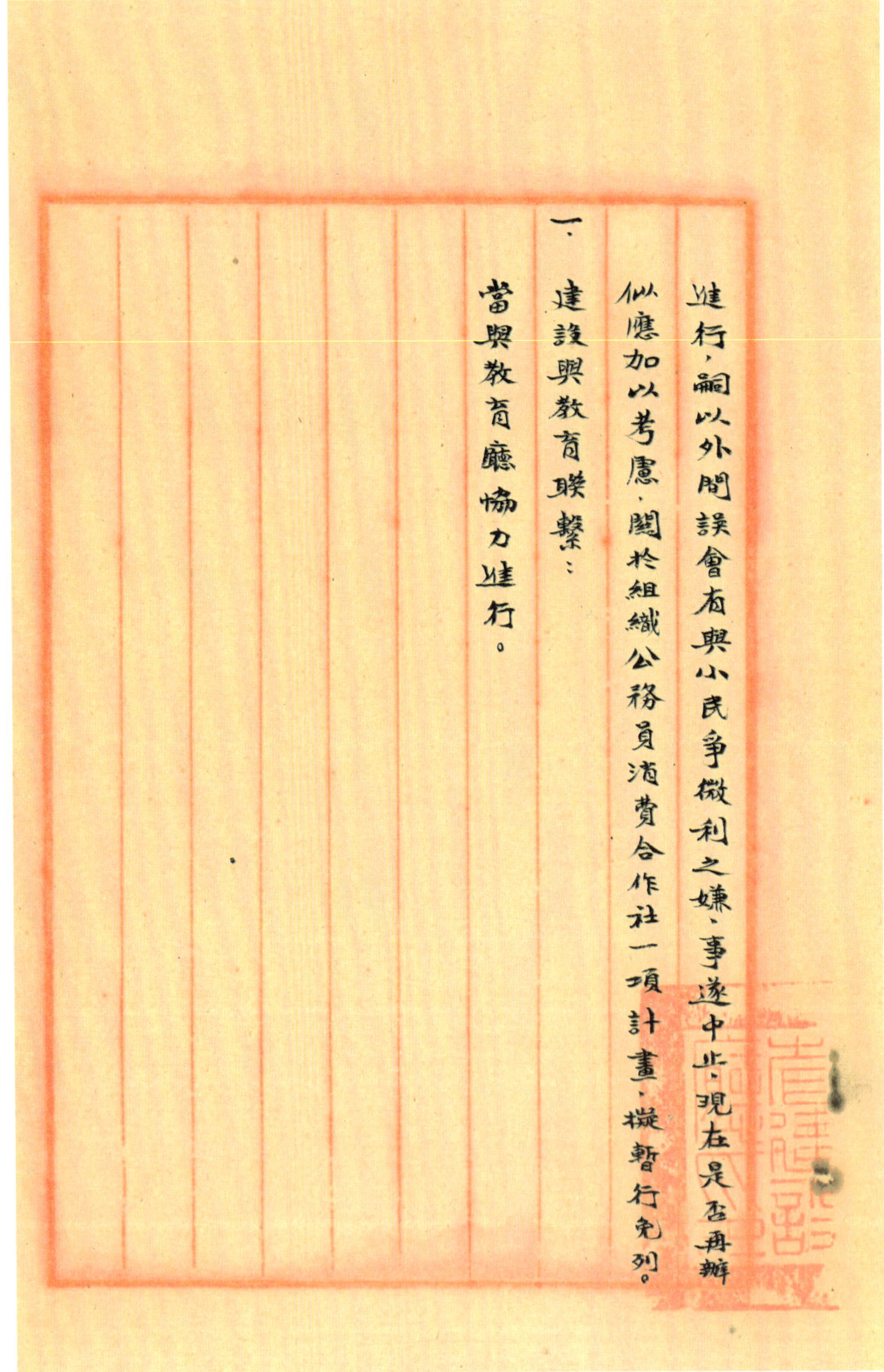

進行，嗣以外間誤會有與小民爭微利之嫌，事遂中止，現在是否再辦似應加以考慮，關於組織公務員消費合作社一項計畫，擬暫行免列。

一、建設與教育聯繫：

當與教育廳協力進行。

關於建設之補備問題

昔越王句踐，以十年教訓（教育）十生生聚（實業建設），而止吳復仇蘇聯以五年計劃，而成世界第一強國，蓋建設與教育，為國防之基礎，欲求國防力量之充實，必先從建設與教育着手也

茲者抗倭戰起，正群策群力，準備並實施全國總動員，關於建設方面，更須積極進行，迎頭趕上，除已有整個大綱外，謹擬若干補備問題，呈候核行。

一、農業

本省食糧，尚須仰給外來，則農業之應振興，毋待贅論，且全省人民，亦以業農為多，而農業又可以收容多量之人口，以清除遊民

及失業問題，故本省農業之抬頭振作，已毋庸論。

惟振興農業，第一必先使農業有利，則人自趨之，故應注力於增加生產，因而須注重於肥料之自給，種子之改良，水利及耕地之改進以及除虫防病貯藏製造及副業等項，惟本省教育未普及，交通不便，推廣一切，均感不便，必須一方隨時由教育方面連絡，一方用有系統的推廣方法。

甲、設立農事試驗場

現在農業，應一般的加以改良，尚談不到設立各種特種試驗場，因外國則有專植一種作物之農場，而我國則多為小規模之混合耕作，故本項農事試驗場，應包括農業一切問

題之解决，其因設備等關係，得請農業學校及其他有設備之機關協助

農事試驗場，在本省情形，似以左列之系統為便：

省立農事試驗場　担任全省各種作物各種問題之試驗解决並推廣新作物，研究製造，貯藏，除虫，耕地改良，副業，灌溉，肥料，等等，並任全省氣候報告

縣立農場　担任本縣各種作物之改進，試驗，研究，及省頒新法及新作物之試辦，並担任測候，附設苗圃。

區示範場　担任縣頒種植，防害，副業，製造，貯藏等等之示範，並任測候，附設苗圃

鄉村模範農户　由區或縣政府在鄉村指定一户，作為模範以示範改進方法。

以上縣區農場，因經費關係，（縣區農場應利用荒地除開辦費及第一二年之經費外，此後應設法使其自給）可先行委託各縣區農業學校，私設農場，或相當之農户辦理，但須絕對服從省縣之指導，其獎勵補償辦法，應詳訂之。

如斯系統之農業機關，即可運用裕如，倘能於縣區農場設立藝徒班，招收農家青少年，半工半讀，一年或年半掃除文盲，灌輸國家民族觀念各項新農業智識，可以一舉數得，其他如合作社之設立，衛生新生活運動等，凡屬改良農村之事項，均可依此統制推行也。

乙、墾荒造林

本省荒地甚多，若必須種植，則需要之人力甚多，依農業原則人少地多，只能粗放的利用，故除一部可以移民墾植外，其餘可一律造林，造林除涵養水源、保護土層、貯蓄資本等等外，且可以防空與國防至有關係，此外關於造林一事擬並用強迫辦法，另訂單行法規，凡逢植樹節，全省任何人等，不論男女老幼，均須種植一株，無樹苗者，擇扦插可活者用之，即楊柳亦可，蓋無論如何，至少亦可供作薪材至一舉手之勞，好積資財於無形之中，使人民了解森林之利益，并養成合作服務習慣，利至溥也。

丙 成立倉庫

穀賤傷農，青黃不繼，此皆供需不勻之故，必須有調節之法，通常即用倉庫，惟倉庫之範圍應使逐漸擴大，不只限於農產品，則民間受益更大，又倉庫之設備，除建築外，并須用技術的管理，以防止虫蝕霉壞，故須相當之人才，俾能利用前述之農場系統，令其設備或照料，則管理上非困難，僅建築設備費而已；現本省各縣，概已備有倉儲，似可兼辦普通倉庫之調節價格，流通金融等任務，則一舉二得矣。

二 工業

立國現代，必以工業、農業立國，上限於閉關時代，振興工業，雖可從小規模着手，然仍須相當之資本，且我國基本工業未發達，尤多掣肘，但有若干工業，本省似可單獨且公、私為之提倡，則發展一時，應者或可雲集也。

甲 設立農具工廠

本省因地形關係，農業經營集約較低，因而不甚需要機械，然除病蟲、灌溉、中耕、碾米、壓榨、孵卵等機械器具，仍屬有用，以交通運輸不便，頗有自行製造必要，本省迄無鐵工廠之設立，更可以此為基礎，除製造農具外，可製造印刷機，儲存器材，修理並製造軍械、汽車、車輛、汽船，及其另件，以至一切金屬用品，將來再逐漸期其擴大。克魯伯廠，最初不過一打鐵舖而已。

乙 洋灰工廠

洋灰為建築要品，需要甚巨，洋灰之製造，似較為簡便。本省產出此項石質之山甚多，一方又富於煤產，故本項工業，創辦或較容易。

丙 木材乾餾廠

木材除用於建築器具薪材製紙製炭外，並可乾餾之，取其揮發物，如木精、黑煤油等，利用以代汽油等用。本省木材之產量至富，此項工業，似可試辦。

三 其他

甲 移轉電报電话及公路中心

交通事業，此後必日益發達，在時刻須準備戰争之現代此項建設之中心，如轉換所，材料貯藏所，車庫，汽油庫，修造廠等，均須遠離敵人之威脅；又不論新舊建設，為隨時準備戰争起見，必須注意於隱蔽及堅度，如房屋之分散配備建築地下室，防空造林或僞装，綫路之埋設等等。

乙，拟訂單行建築法

本省建築，多用木材，每逢火災，至感危險，尤以防空方面，関係甚大，似可擬訂單行之建築法，包括1.省道縣道鄉村道與巷等之寬度，2.火災或改建時之縮讓（繼續縮讓，至合於前述標準為度）3.建築圖樣必須主管公署核可4.獎勵分散建築，或規定新建或改建，每家必須留若干草地或空地5.市廛每五家或十家，在新建或改建時，須造至少厚二十吋之公牆6.對於其他防空之規定等

丙、疏濬河道爆破磯灘並謀省境內依河流之南北交通

本省山嶺重叠，交通不便，東西則公路之外，尚有河道可通，而南北則除公路外，無暢通之河道，於運輸方面，至為不便，擬於疏濬及爆破磯灘之際，同時謀其南北之通

聯，以均分水勢，並補公路交通之不足，於國防至有關係。

丁 提倡土貨及日用品工廠

提倡土貨，即所以減免入超，至外貨傾銷而關稅不能自主之際，提倡土貨，除由教育宣傳及合作社等着手外，並須用適當的強迫，如公共机關學校軍警之必須應用土貨國貨等，一方一般之日用品，務須自造，以謀自足自給，並為銷售容易起見，應設法使平時銷售該項貨品之商店及其公會創辦之，不足之數，由官廳投資或公開招股

戊 消費合作社之試辦

合作事業，日盛一日，省府職員，共有數百人，似可辦消

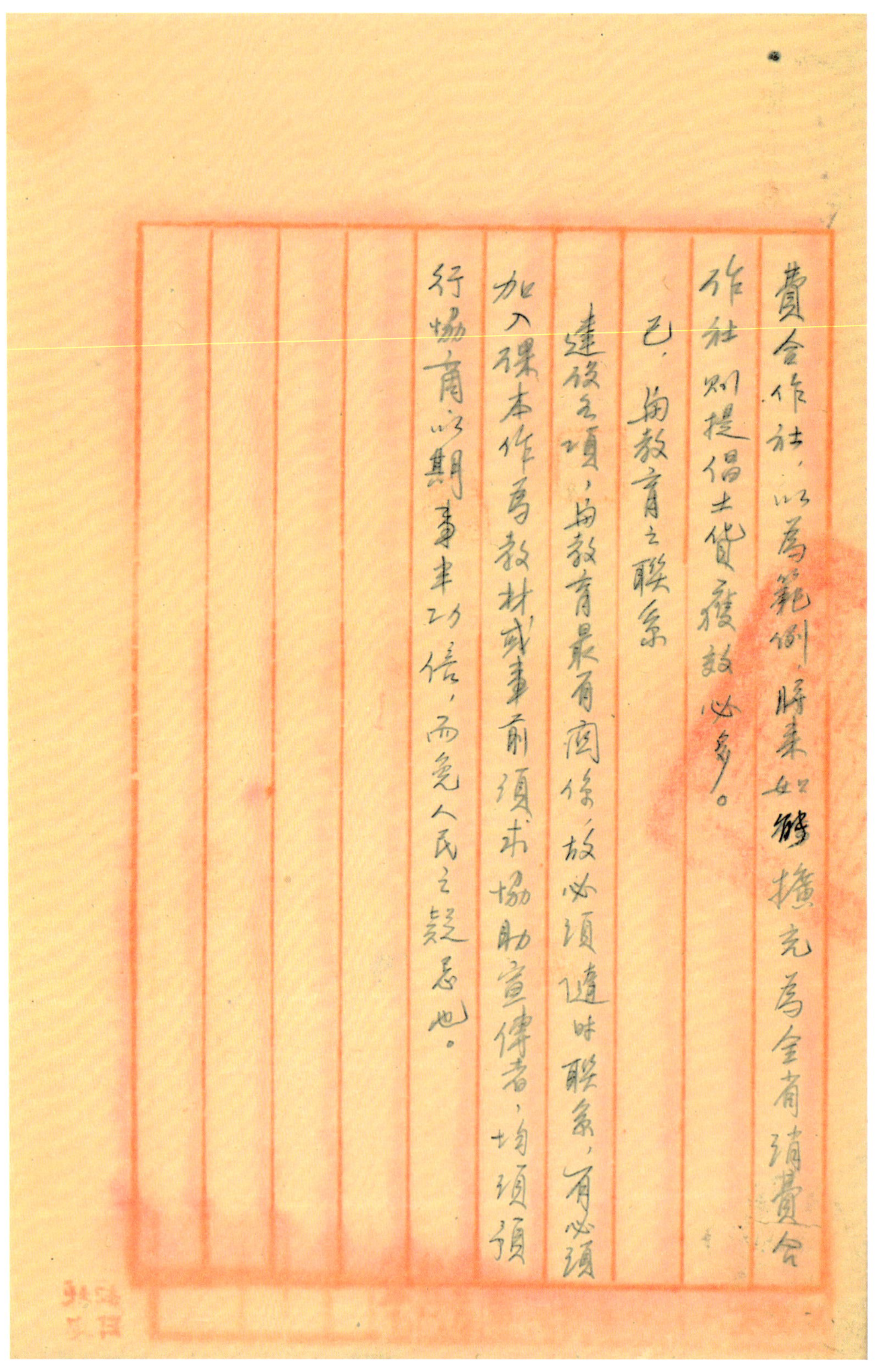

費合作社，以為範例，將來如能擴充為全省消費合
作社，則提倡土貨獲效必多。

乙、與教育之聯系

建設之項，與教育最有關係，故必須隨時聯系，有必須
加入課本作為教材或事前須求協助宣傳者，均須預
行協商，以期事半功倍，而免人民之疑忌也。

福建省保安处关于呈送保安处总动员计划致省政府的密呈（一九三七年十月二十五日）

閱
呈
十廿五、

福建省保安處呈

福建省政府

事由	擬辦	批示	備考
密不錄由			

附件

呈　字第　號　年　月　日　時　到

處書科第四秘書第收第8號

收于　字第　號

爲呈送本處總動員計畫請　察核由

案奉

鈞府餘申敬府秘丁七八七四四號密令轉發總動員大綱飭就主管範圍剋日妥擬計畫呈核等因，附抄發總動員大綱一份；奉此，遵經擬定本處總動員計畫隨文賫送，是否可行？仰祈

察核示遵。

謹呈

福建省政府主席陳

附呈總動員計畫一份。

保安處處長趙　南

中華民國二十六年十月二十五日

附：保安处总动员计划

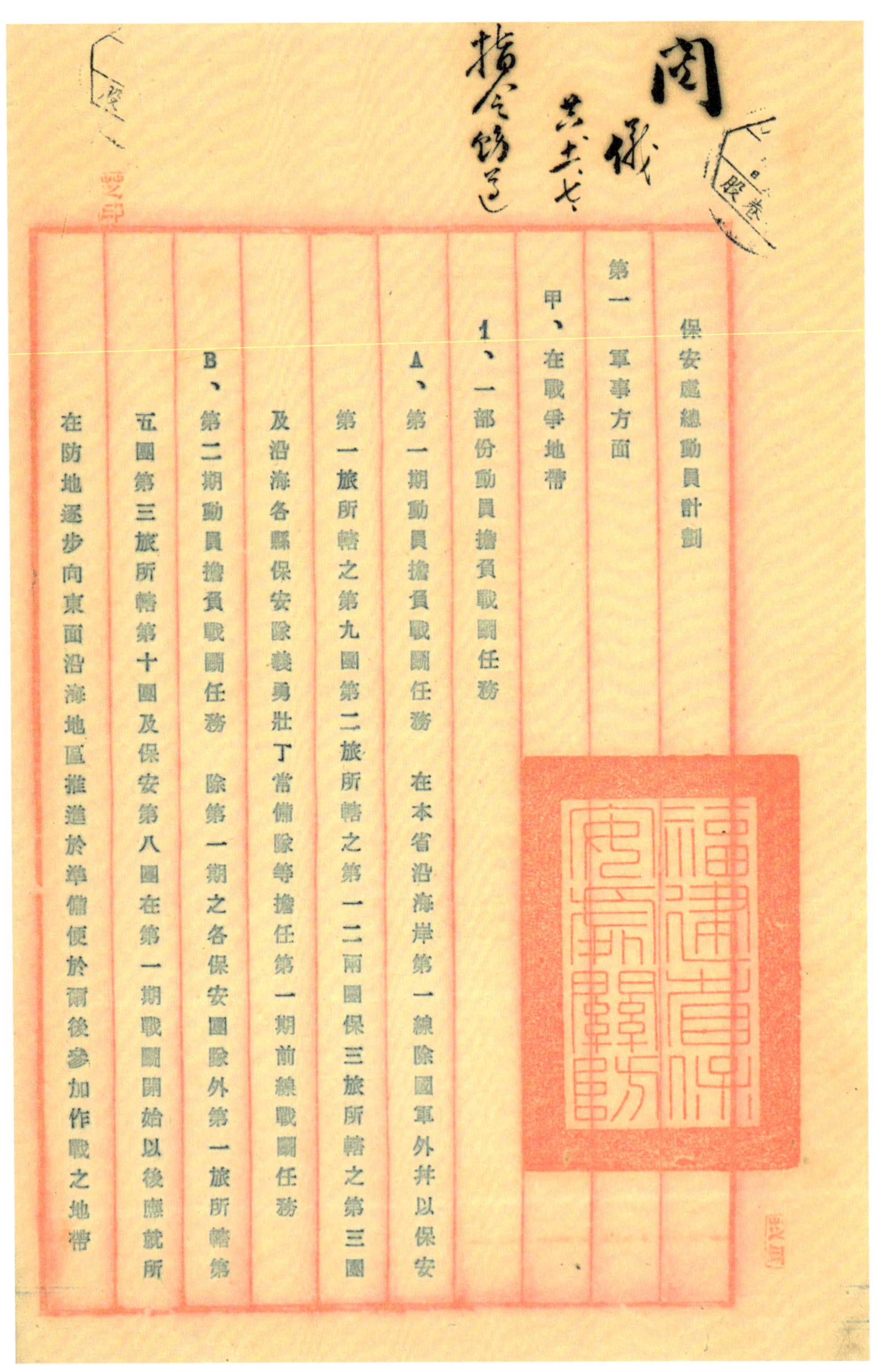

保安處總動員計劃

第一 軍事方面

甲、在戰爭地帶

1、一部份動員擔負戰鬪任務

A、第一期動員擔負戰鬪任務 在本省沿海岸第一線除國軍外并以保安第一旅所轄之第九團第二旅所轄之第一二兩團保三旅所轄之第三團及沿海各縣保安隊義勇壯丁常備隊等擔任第一期前線戰鬪任務

B、第二期動員擔負戰鬪任務 除第一期之各保安團隊外第一旅所轄第五團第三旅所轄第十團及保安第八團在第一期戰鬪開始以後應就所在防地逐步向東面沿海地區推進於準備便於爾後參加作戰之地帶

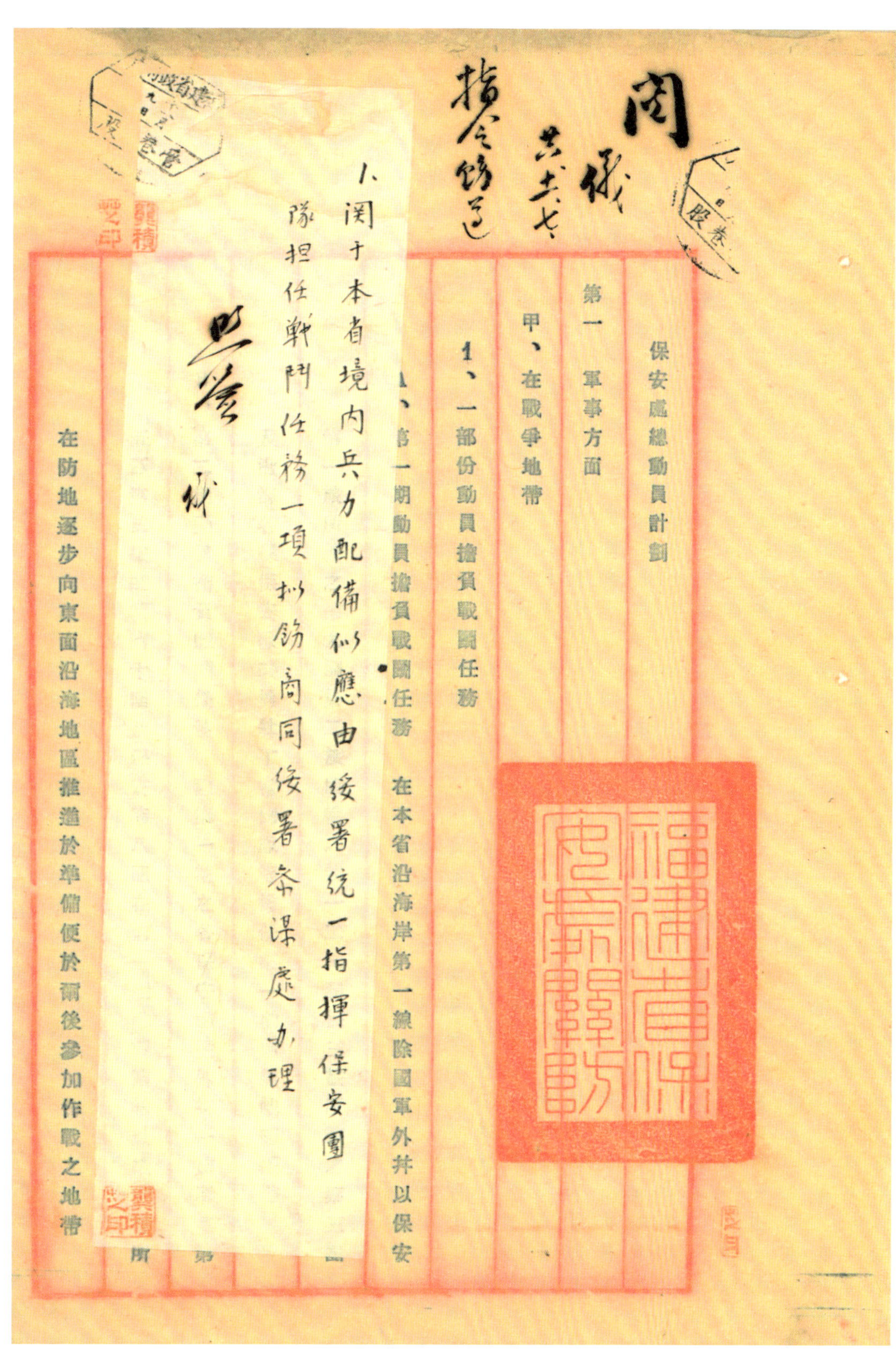

閱

擬令飭遵

保安處總動員計劃

第一　軍事方面

甲、在戰爭地帶

1、一部份動員擔負戰鬪任務

A、第一期動員擔負戰鬪任務　在本省沿海岸第一線除國軍外并以保安

在防地逐步向東面沿海地區推進於準備便於爾後參加作戰之地帶

卜関于本省境内兵力配備似應由綏署統一指揮保安團隊担任戰鬥任務一項擬飭商同綏署參謀處办理

福建省保安處關防

2、補充兵員

A、依照戰時國民兵義勇壯丁常備隊編成辦法及戰時兵員後方補充實施辦法飭令各縣市局特區編組義勇壯丁常備大隊依每保徵抽壯丁一名步槍一枝全省編成六十二常備大隊一百八十四中隊兵員二萬二千餘名（全省二萬二千餘保）并經常保有建制及名額以備今後兵員之徵募遣抽并爲維護地方之健全武力

B、本省潛匪尙多民槍亦夥——（已舉行民槍登記者共六萬四千餘枝未舉行登記當在大多數）若有抗敵志趣誠意自新亦可召集編隊嚴加訓練在短時間養成——一部戰鬪兵員在必要時期酌宜妥籌收編俾增兵員及徵用民間藏槍以爲補充抗戰之用

3、組織便衣隊　此種便衣隊應擔任破壞擾亂及偵察敵方各項工作必要時

并應擔負游擊之任務其編成人數因時因地制宜暫定最多以不超過一百

名最少應五名以上爲限其組織概分如下：

A、各縣組成者　應儘量以保安隊或義勇壯丁隊之土著官兵編成之必要

時利用在戰地内之民衆

B、各保安團組成者　指派或抽調某隊擔任最好以不分割建制爲宜

4、擔任諜報

㈠情報組織

A、以原有本處諜報股所派情報員任之

B、以忠實機敏之人員擔任反間諜任務

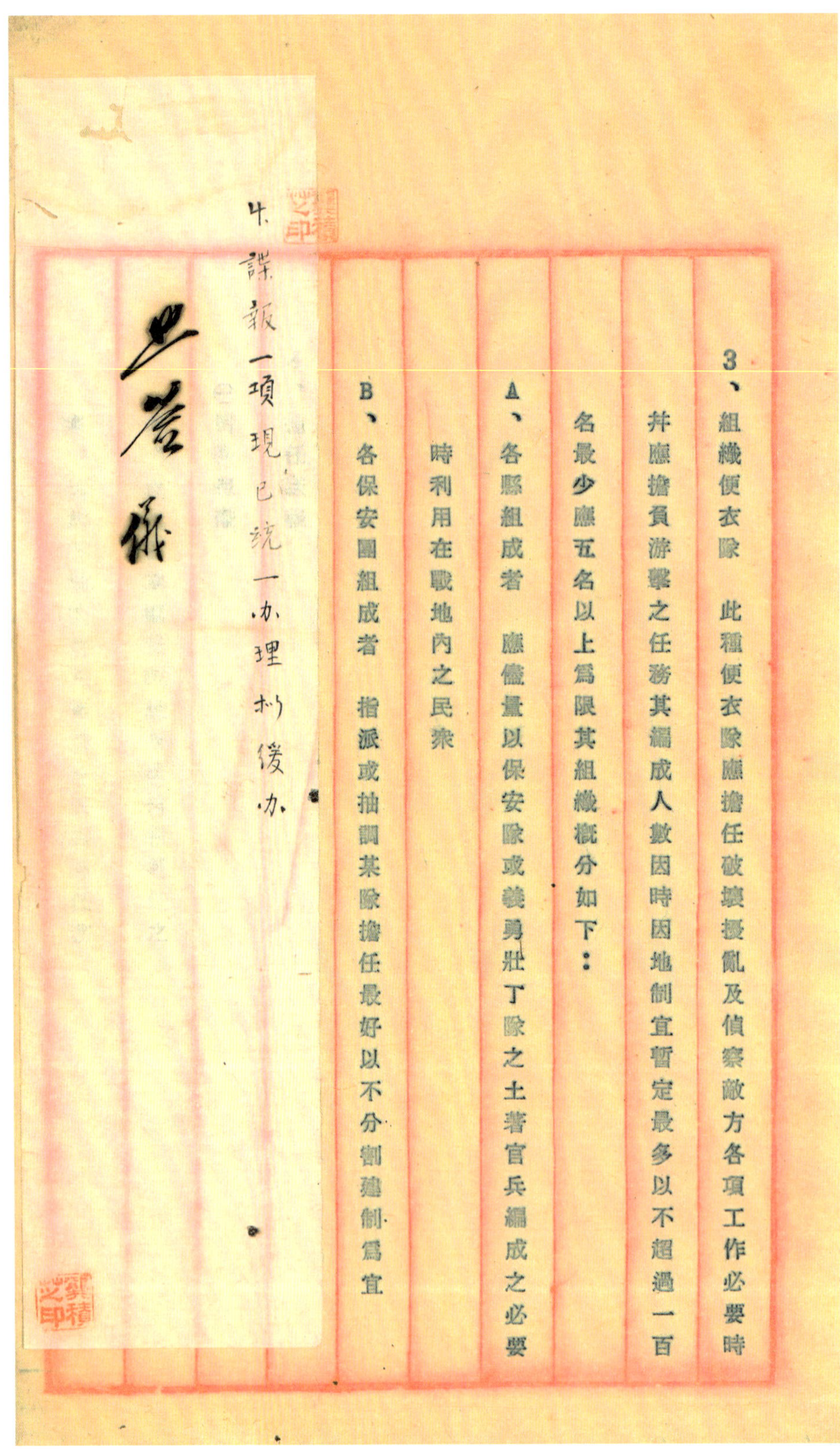

3、組織便衣隊　此種便衣隊應擔任破壞擾亂及偵察敵方各項工作必要時并應擔負游擊之任務其編成人數因時因地制宜暫定最多以不超過一百名最少應五名以上為限其組織概分如下：

A、各縣組成者　應儘量以保安隊或義勇壯丁隊之土著官兵編成之必要時利用在戰地內之民衆

B、各保安團組成者　指派或抽調某隊擔任最好以不分割建制為宜

4、諜報一項現已統一辦理删後辦

C、重價收買敵方人員使擔任我方情報

D、必要時由本處會商各關係機關籌辦訓練班抽調各團隊各縣人員（每單位一人）予以諜報訓練

E、各縣應於每保指定忠實機敏者一人使專任情報工作組成全縣情報網

㈡情報傳遞

A、有時間性之情報傳遞以利用有線電爲主無線電副之

B、一般情報利用郵政傳遞之郵政被破壞時則以其他方法行之

C、重要之情報以親自傳遞爲原則或派委員代爲傳遞

D、情報傳遞應注重秘密性與傳遞技術

5、傷兵救護

A、由本處籌組臨時野戰病院施行救護

B、責由各團隊個別或聯合籌組臨時野戰病院及救護隊施行救護

6、擔任構築工事

A、戰事之發生當在沿海各縣其中尤以寧德之三都霞浦之東冲連江之東岱閩侯之閩江口長樂之梅花沿晉江至同安及廈門港金門東山等處爲登陸地點

B、防禦線之劃分以閩江口爲基點閩江以北至三都爲北防禦線閩江口以南至廈門爲南防禦線北防禦線爲本省之主要抵抗線其工事應特別强固

照簽 [signature]

5. 關于傷兵救護因本省衛生行政已統一于民政所擬飭會商民所辦理

6. 構築工事由軍隊指揮有聯帶關係亦須統一支配擬飭一併商全綏署參謀處辦理

6、擔任構築工事

A、戰事之發生當在沿海各縣其中尤以寧德之三都霞浦之東冲連江之東岱閩侯之閩江口長樂之梅花沿晉江至同安及廈門港金門東山等處爲登陸地點

B、防禦線之劃分以閩江口爲基點閩江以北至三都爲北防禦線閩江口以南至廈門爲南防禦線北防禦線爲本省之主要抵抗線其工事應特別强固

C、沿海各縣之國防禦工事應依限完成
D、內地各縣之野戰防禦工事應按需要之程度加強之
E、各縣工事由駐軍設計指導徵集民工構築其所需材料由各該縣政府事先籌辦在指定經費項下動支
F、各工事之設計及其強度以能發揚我礮火威力抵抗敵人礮彈及炸彈爲原則必要時應有破壞之設計及準備

乙、在戰爭後方

1、一部分動員準備調赴前方擔任戰鬭任務

A、各縣保安隊集中於省統一使用於便於參加爾後作戰之地區（總計全省各縣現有保安隊人數計五千九百四十餘人除十分之一雜兵及少許

缺額外其可能使用之戰鬬兵約爲五千三百餘人）其所負地方治安任

務由各地義壯常備隊負責

B、儘量擴充省保安團編成若干補充團使任爾後戰鬬任務

C、將收編本省各地之民軍開赴戰區參加戰鬬任務

2、一部分動員從後協助戰鬬

A、嚴密編組義勇壯丁常備大隊確保經常建制及額數增强自衛效能維護

後方治安并備兵員之補充及徵募選抽

B、完成軍用通信

㈠完成全省各縣區軍用電話網

㈡組成全省各縣軍用無線電台隊統制全省軍用通訊網嚴密軍用電訊機

構

C、擔任公路之保護

㈠在戰爭開始前（目前）由指定之保安團隊及護路隊擔任護路任務

㈡戰爭開始後由現有之護路隊擔任之

㈢各縣境内之公路仍由各該縣政府責成沿公路保甲長督率壯丁負責保

護

丙、在戰爭不能即刻到達之地帶

1、一部分動員爲前方準備補充兵員并補充各種工作人員

A、嚴密編組義勇壯丁常備大隊確保經常建制及額數增强自衛效能維護

後方治安并備兵員之補充及徵募選抽

B、抽選省縣各團隊優秀軍士設班訓練備充預備軍官

C、收集失業軍官及在鄉軍人設班訓練歲審統制以備補充

丁、任何地帶皆須負擔之事項

1、肅清漢奸

A、遵照　中央頒佈懲治漢奸辦理之

B、依照內政部頒發防止漢奸間諜活動辦法大綱辦理之

C、依照本省頒發防止漢奸間諜活動協助聯繫辦法辦理之

D、依照本省頒發防止漢奸間諜活動獎懲辦法辦理之

2、維持地方秩序

A、後方治安以責成民衆自力維持爲原則

B、後方治安由各該縣義勇壯丁隊常備大隊專責維持

C、各縣民衆除已編爲常備大隊者外均有直接間接擔任維持地方治安之責任

戊、在被敵佔領之地帶

在被敵佔領之地帶主要者爲對敵施行破壞擾亂偵察等工作以下列各方式行之

A、由便衣隊擔任破壞擾亂及威力偵察等

B、以原有之情報員擔任情報之蒐集

C、組織破壞組暗殺組偵察組等潛入敵方活動工作

D、以曾受訓練之偵探人員化裝難民混留戰地工作

㈠破壞工作

1、炸燬敵人之軍事各項設備如飛機庫電台軍械倉庫等

2、破壞敵人公路橋樑電線電桿及車站碼頭等

3、炸燬敵人輪船汽車及其他爲軍運用各種車輛民船等

4、炸燬敵人糧食及其各種倉庫

5、破壞自來水電燈及其他公共設備

6、銷毁或埋藏足以資敵之各種食與用之品物及器材

7、擾亂言論宣傳機關（如報館廣播電台電影場及游動集會散發傳單等等）

8、妨害敵人徵工徵料已被徵者應設法破壞之

9、其他足以減損敵人物質及時間之一切行動

㈡擾亂工作

1、組織多數便衣隊分處游擊

2、散佈足以擾亂敵軍之消息

3、暗殺敵方主要人員

4、運動敵方官兵反對戰爭

5、在敵方統率之僞軍中實行兵運工作使其反正

6、狙擊漢奸及傀儡

7、散佈謠言及僞造敵方紙幣擾亂其金融

8、掠奪敵人財物設法紛亂其市場

9、其他足以動搖敵軍思想及阻害敵軍行動之一切行動

㈢偵察工作

1、詳查敵軍司令部位置及敵軍兵種兵數部隊番號等

2、窺探敵軍之行動及陣營情形

3、詳查敵人特務工作之組織與分佈情形

4、窺探敵人增援部隊番號兵種兵數等

5、考察敵軍官兵心理及探查其死傷人數

6、偵查敵軍電台飛機場及軍械火藥糧食等倉庫

7、其他有關軍事之情報

㈣聯絡工作

1、對於被敵佔領地帶之人民設法喚起及加强其組織俾能與我軍相呼應

2、對於有武裝之民衆設法補充接濟及予以指導俾能與我軍協同動作

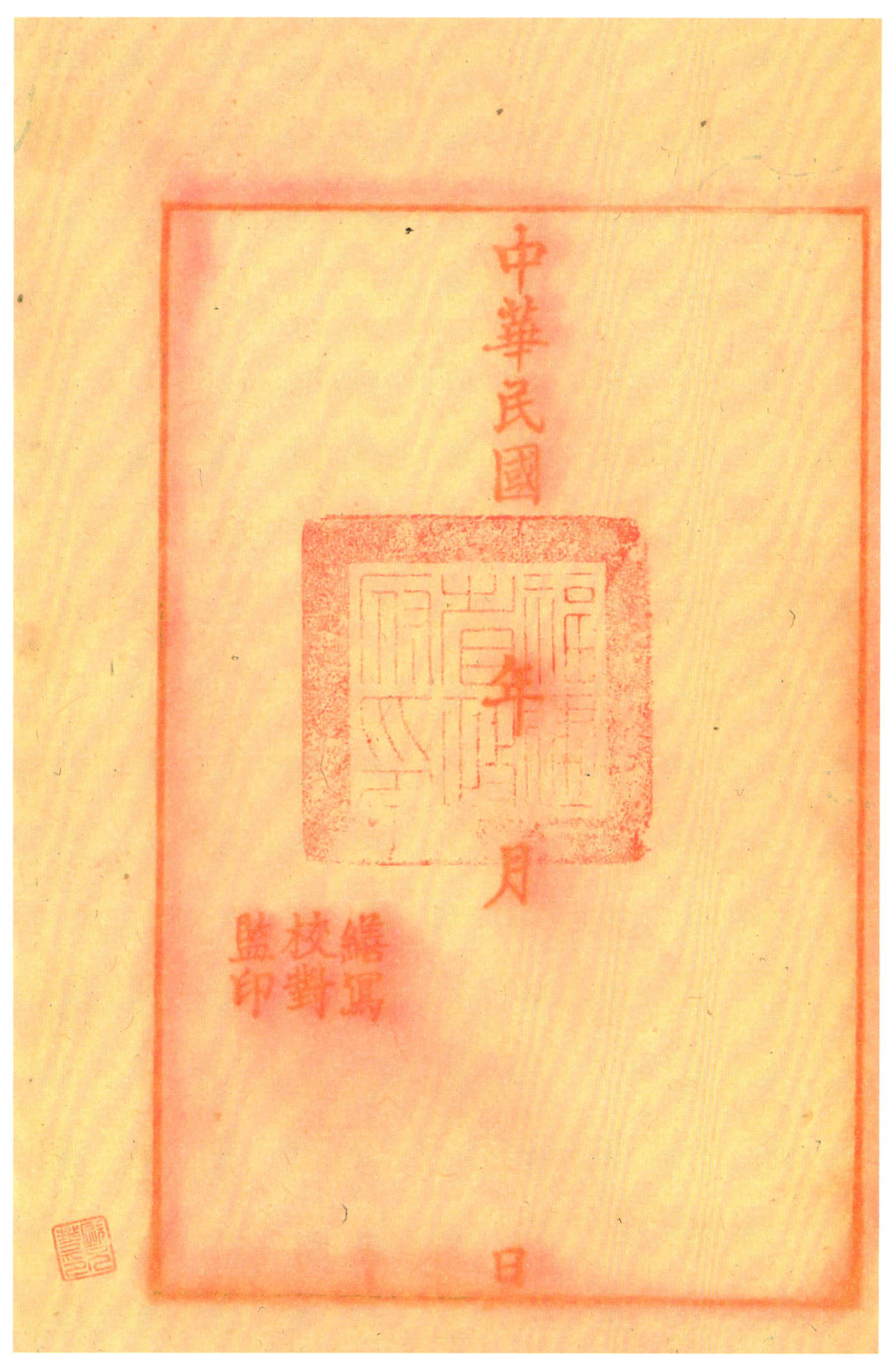

中華民國　年　月　日

繕寫

校對

監印

福建省民政厅关于呈送总动员民政部分计划致省政府的密呈（一九三七年十一月六日）

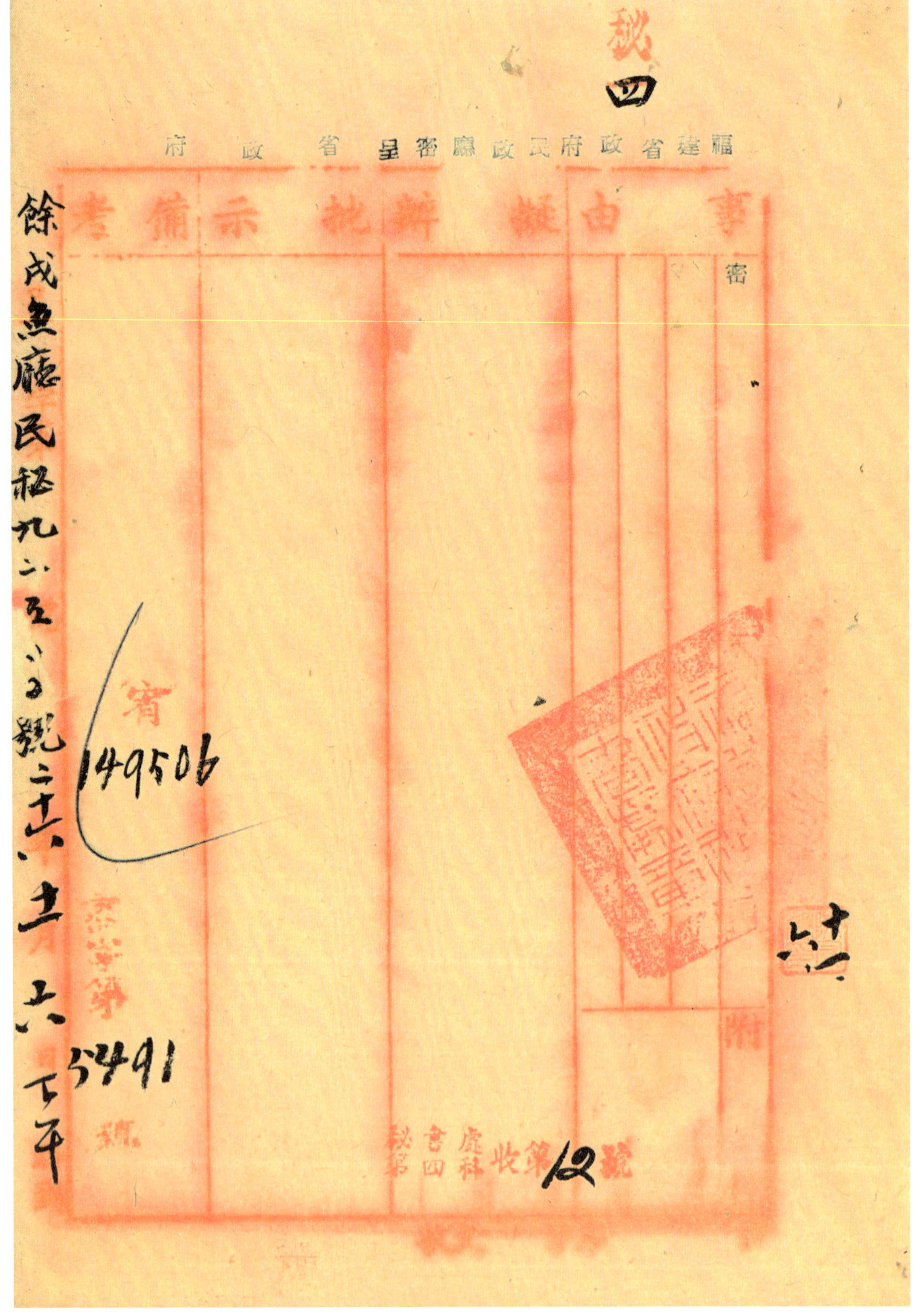
秘
四
福建省政府民政廳密呈　省　政　府
事由　擬辦　批示　備考
密
附
餘戌魚廳民秘九二五八三號 二十六 十一 十六 下午
省 149506
字第 5491 號
處秘書科第四收第 12 號

事由：奉發總動員計畫大綱遵照擬具計畫請察核由

案奉

鈞府餘申敬府秘丁七八七四四號密令轉發總動員計畫大綱一件，飭就主管範圍，妥擬計畫呈核等因；奉此，茲經遵照奉發大綱規定事項，就民政主管部分，分別擬具計畫，理合備文呈送

察核。再原大綱內，戊項V款「規定簡單之婚喪儀式，及限制一切奢侈物品之設置」業已擬定具體辦法，俟與法制室商洽完妥，另行呈

核合併聲明。謹呈

福建省政府主席陳

計呈計畫一份

民政廳廳長高登艇

中華民國二十六年十一月　日

大

附：福建省总动员民政部分计划

福建省總動員『民政部分』計畫

第一兵役方面

(甲)補充士兵人員

子、前方補充兵員

一、關於前方士兵之補充，除建延師管區廿六年已開始征兵，其應征現役適齡之壯丁奉軍部之令自九月中旬起陸續徵集入營二千五百名外，該區暨閩海汀漳兩師管區亦均同時於九月間各成立後方補充營二營，每營兵員約六百至一千名，訓練時間限六星期，完成戰鬬教育，備前方需要之補充，如得時間充裕，得再增加六週，逾十二週尚無補充需要時即予退伍回鄉另行召集訓練其兵卒之來源由各縣市區義勇壯丁隊已受訓壯丁普通壯丁及在鄉士兵等由各縣市等平均分配征募名額分期徵募之預計在此非常時期每一師管區每三個月須征集八千至一萬人現正趕辦現役及國民兵役及齡壯丁之調查加緊壯丁之訓練以供長期抗戰之需求

二關於前方幹部人員之補充 1、由中央各軍事學校畢業生調查處登記無職業軍官擇優委充 2、編餘資遣軍官暫緩辦理被資遣軍官一律留營 3、投效軍官交畢業生調查處考查後設法先予收容 4、在鄉無職業軍官統籌

召集本省已設師管區現正從事在鄉軍官之登記与建延區設軍官教導隊閩海區設軍士教導隊訓練之

丑在戰爭地帶補充兵員

本省沿海地區一旦轉入戰爭地帶時應一部分動員擔任戰鬥任務前項兵員之補充自可運用各地義勇壯丁總隊之組織力量直接間接負協助大軍之企圖其兵員補充辦法悉依師管區所訂國民義勇壯丁隊征集辦法及程序辦理

寅在戰爭不能即刻到達地帶一部準備補充兵員

此項兵員之補充辦法由各師管區專司其事除嚴督各地方政府加緊壯丁之組織訓練外並由省府擬訂民力之調查予

以相當之統制已依據中央規定本省現情訂定實施辦法於
九月頒布通令各縣市局隊區一體遵行
卯在戰爭不能到達地帶小部準備補充兵員
關於此項工作依國民兵之編組與訓練乃為戰時兵員補充
之來源本省已由各師管區掌理推行
（乙）組織訓練民衆
關於是項工作前經訓練總監部令頒戰時民衆組織訓練辦
法到省由軍訓會主辦令飭各地社訓總隊部遵照實施辦
法切實進行
（丙）編配壯丁任務

在被敵佔領之地帶應實施破壞擾亂偵察聯絡等工作本

省現已組織義勇壯丁總隊受軍事最高長官之命使用之

並於總隊之下因有某種任務之需要可隨時抽編為某種聯

隊茲以警備為目的由保安處督令各縣區編組警備聯隊

經已詳訂一切辦法頒布施行

第二救濟方面

(甲)關於一般難民之救濟

子、急賑

一在戰爭區域民衆急迫逃亡空無所有應施以急賑

二急賑之散放以發給必需物品為原則遇必要情形得發給

賑款

三、散放急賑之數量以在必要限度內平均分配為標準凡難民年齡在十二歲以上為大口十二歲以下為小口

四、散放急賑之人員須取具妥保嚴杜侵蝕情弊

五、散放急賑之手續先由放賑人員查點人數編造名冊載明應發物品之數量再由監賑人員會同有關係機關團體眼同散發

丑、收容

一、在戰爭地帶逃難災民流離失所無可投止者應於後方設所收容

二、收容之地点以在安全之鄉村交通適宜柴水方便者為準

三、收容之塲所以地方之寺廟祠堂或其他公共處所充之如不敷用得搭盖草棚以資住宿

四、收容之管理依左列之原則

1. 按收容人數之多寡分組編配規定共同應守之規則以維公共秩序

2. 按收容人之技藝能力分配或介紹相當工作俾得自維生活

3. 被難失學之兒童按其程度送入相當學校借讀

4. 管理人員對於收容難民應利用機會加以訓練及宣傳

卜、收容所內應注意衛生之設備

五、收容之給養以食料及必需品為限在必要時得加以相當限制其有工作能力者於配置工作後停止給養無工作能力者得酌量情况送交其戚友同鄉分別安插

寅、遣送

一、難民有原籍可歸或有親屬故舊可以投止者應予遣送原籍地或其親屬故舊受領

二、遣送難民之人口當地主管機關應發給証明書以備沿途查驗

三、遣送難民所需之舟車得斟酌情形由當地政府商洽交

通機關予以免費運送或酌給津貼

四、遣送難民之防護由當地政府酌量情形派隊護送其交替地點以縣為單位每經過一縣遞接遞送至目的地為止

(乙)關於婦孺之救濟

子、遷移

一、在戰爭地帶之婦女兒童應儘先援救出險移置於安全區域其應資遣者參照一般遣送之原則辦理

二、在戰爭地帶之後方婦女兒童有原籍可回者應先期勸令遷回原籍地其係本籍或因事故一時不能遠離者應

指定適宜地區勸令移徙

丑施賑

關於戰地被難之婦孺應行賑濟者參照一般施賑之原則分别散給

(丙)關於遠道難民之收容

在戰爭不能即刻到達之地域對於遠道難民前來投止者無論本籍客籍均應予以收容至收容之辦法參照一般收容之原則辦理

(丁)關於救濟機關之設置

遵照中央頒發難民救濟委員會組設福建省分會並於廈

門市及各縣政府各特種區署組設支會辦理非常時期救
濟事宜
(戊)關於救濟經費之籌集
子、原有慈善費
丑、救災準備金
寅、積穀款
卯、募捐
第三衛生方面
(甲)戰爭未到準備工作
一、組織福建省醫藥救護委員會

本省遵照　行政院非常區域救護事業辦法大綱於本年八月十七日由本府招集黨政軍地方醫藥團體及慈善機關組織福建省醫藥救護委員會開始訓練救護人員並促進全省各市縣成立救護隊以備應用

二指定公私立及教會醫院準備收容負傷軍民

遵照　中央非常時期徵用衛生人員規則令各市縣飭境內公私立及教會醫院為收容負傷軍民之準備

三預籌臨時醫院

如各市縣之各醫院容量過少宜設法籌設臨時醫院該院人員由當地徵用一切器械設法借用以節經費

四、速成卫生人员

本省註册医师仅有八百余人，用之分配全省实不足用，为补救计，特在省立医学专科学校设立速成班，以便赶造服务人员。

五、组织战地卫生服务团

前方战线绵长，医药救护人员需要甚多，本省特选省府公共卫生助理人员训练班学员三十余人组织战地卫生服务团，派往南京由卫生署分配工作地点，实地服务战地。

六、赶製药品卫生材料

吾国日用之药品均来自外邦，现沿海阻於敌舰，来源中断，若不设法自製，将来实无法维持。现由民政厅卫生科製药室在可能

範圍内分在福州浦城二處趕製醫藥材料並在浦城設立存儲庫

七、添設衛生院

本省爲增加後方救護力量在南平建陽崇安順昌邵武添設衛生院並將原有之建甌浦城沙縣各衛生院經費增加以便添設病床使將來能有收容住院患者力量必要時斟酌情形改爲後方醫院無衛生院縣份擬令戒煙醫院所作同樣之準備

八、擬通令各縣辦霍亂傷寒免費注射

戰時一切衛生狀况低落消化器傳染病之流行在所不免况自滬戰開始以來霍亂流行甚烈本省與滬水路交通頻繁傳播

機會頗多亟宜及早設法防遏以免侵入現除飭水路檢疫機關詳密注意檢查由滬方來省旅客並由省會衛生事務所開始免費注射傷寒霍亂預防注射外並擬通令各縣政府衛生機關辦理免費注射並注意各地環境衛生改善

九、增進一般民衆救護常識及衛生教育

欲增進救護力量防疫効力推進一般民衆救護常識及衛生教育極關重要其辦法擬通令全省各地衛生人員聯合組織學會努力於此項工作並以普遍為目標

（乙）戰爭地帶實施工作

一、組織救護隊

將來本省如淪為戰爭地帶時將現有之民衆救護隊均加以
擴大組織以為救護民衆之用並選擇一部加重訓練令赴戰地
救護傷兵以補助部隊担架兵之不足關於經費政府須酌予
補助或全部改編為政府救護隊

二設立後方醫院

(一)擬設立後方醫院地點如左
福州延平建甌建陽浦城龍溪龍岩長汀晉江羅源霞浦
以上各地點先尋覓相當房屋以能容千人者為最佳或五百人
二處最少三百人三處是項房屋以利用公共場所為最宜覓定
後交由各所在地縣政府保管該所對於飲水之來源環境之衛

生交通之狀況是否適宜醫院之用令所在地衛生主管機關決定之

（二）其他各市縣將原有之衛生院或戒煙醫院擴大使收相當之傷兵以補後方醫院之不足所需人員以衛生院戒煙醫院人員為基本人員不敷應用時可徵集當地醫師協助治療事宜

（三）利用原預定之公私立及教會醫院收容傷病軍民但所耗醫葯衛生材料及食費由政府歸還

三傷兵運輸方法

（一）由省府令汽車船舶總隊部先行預定汽車船隻若干專供輸送傷兵之用

(二)組織傷兵輸送隊由衛生科遴選人員制定編制呈請政府設立

四、用具及衛生材料問題

(一)醫院病室用具

辦公用具可就各該地政府及衛生機關借用不足者臨時向地方借用病床一項務求節省設法由地方借竹床或舖板不得已時再設法採購用費得作正式開銷

(二)被褥服裝

被服以每處一千人計每人一被一褥一被單需洋十元共計需洋一萬元由地方政府籌措必要時得請省府補助之服裝一項擬臨時醫院成立後由保安處統籌領發

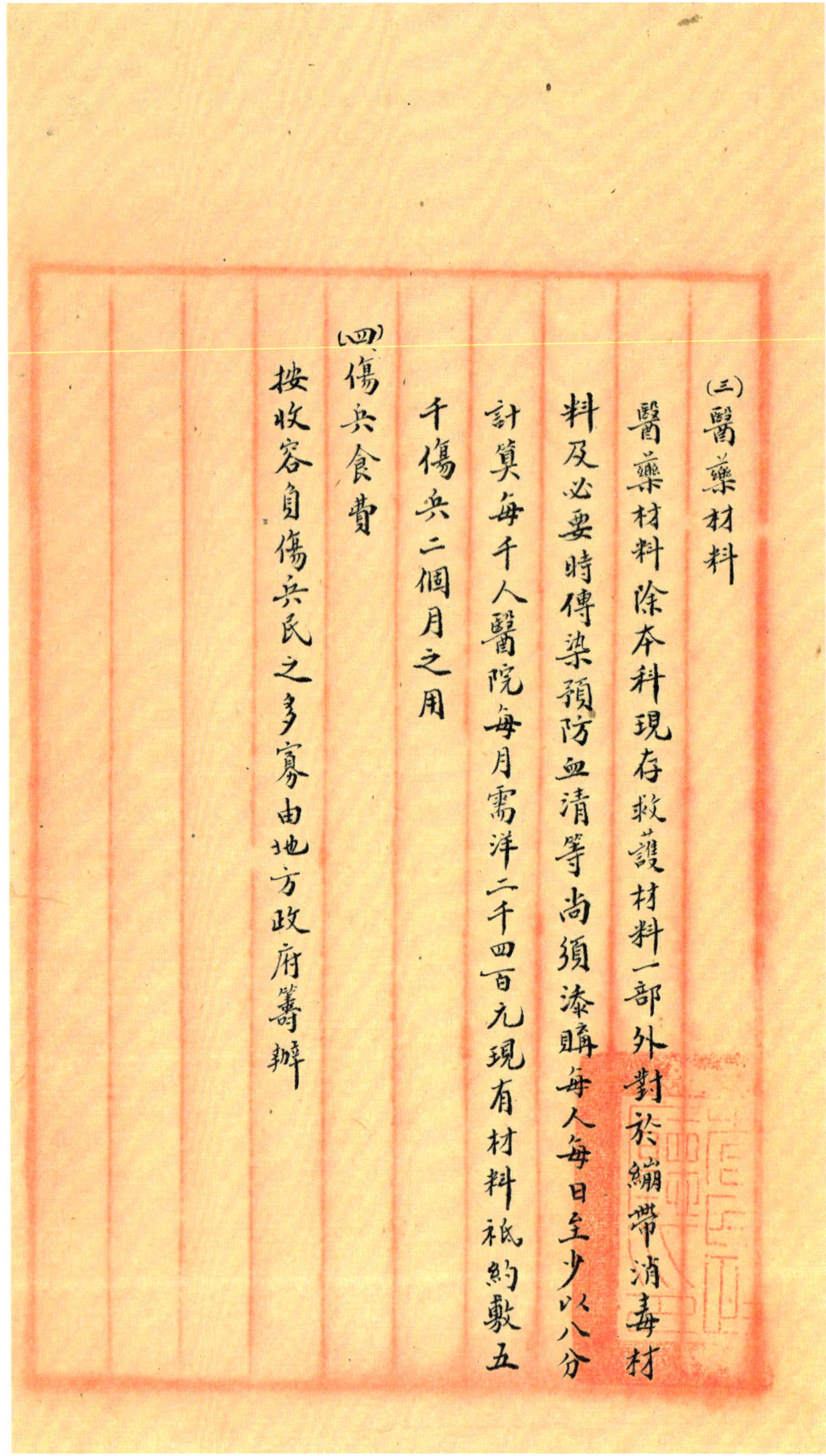

(三)醫藥材料

醫藥材料除本科現存救護材料一部外對於繃帶消毒材料及必要時傳染預防血清等尚須添購每人每日至少以八分計算每千人醫院每月需洋二千四百元現有材料祗約敷五千傷兵二個月之用

(四)傷兵食費

按收容負傷兵民之多寡由地方政府籌辦

中華民國　　月　　日

福建省政府秘書處章

繕寫
校對
監印

福建省教育厅关于呈送「教育方面之补备问题」及签复书致省政府秘书处的签函（一九三七年十一月三十日）

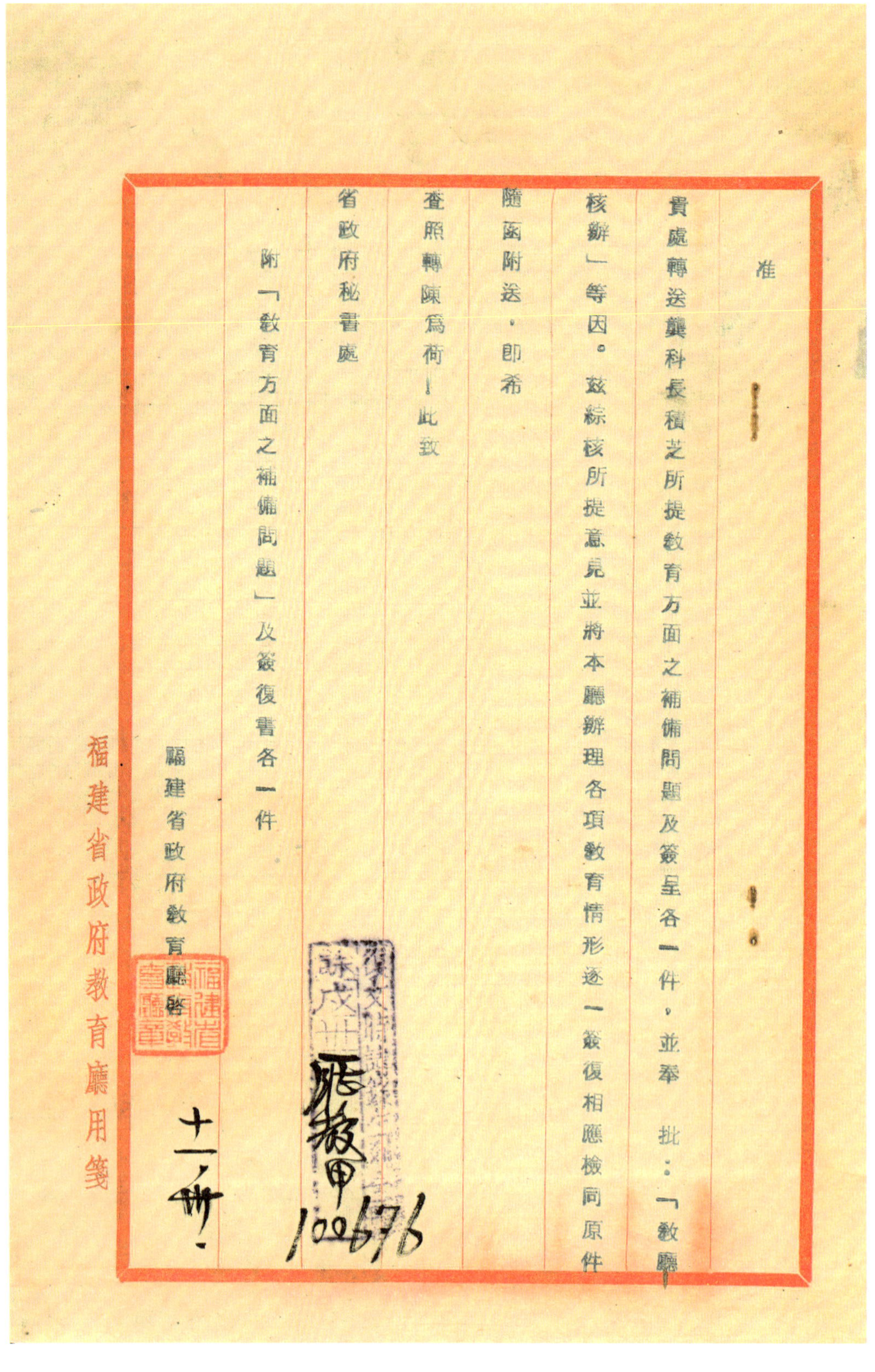
准

貴處轉送龔科長積芝所提教育方面之補備問題及簽呈各一件，並奉批：「教廳核辦」等因。茲綜核所提意見並將本廳辦理各項教育情形逐一簽復相應檢同原件隨函附送，即希

查照轉陳為荷！此致

省政府秘書處

附「教育方面之補備問題」及簽復書各一件

福建省政府教育廳啓

十一月卅日

福建省政府教育廳用箋

福建省政府教育廳函送教育方面之補備問題簽覆書

福建省教育廳之印

教育方面之補備問題簽覆書

綜核所提意見，在于解決下述三個問題，即普及教育機會問題，課程內容問題，及教育機關設備問題，逐一簽覆如左：

一、普及教育機會問題

查教育機會之普及，必須着眼于學校之廣設，與分配之均勻。來件所提普遍設校一節，確屬均勻分配設校之要圖，所擬掃除文盲辦法，以保留私塾，商店學徒夜讀，一般家屬及雇工之入學，及規定奬懲辦法等項，亦爲切要之舉。惟查掃除文盲爲義務教育與民衆教育之主要工作，其方法當不止此，兹將本廳所已推行或計劃推行者略述如左。

（一）遍設義務小學　各種義務小學爲實施義務教育之主要機關，欲求教育普及，必須遍設義務小學。本省本年度實施義教計劃，規定各縣市須按照人口，普遍設校，凡不足一百戶八口之鄉村應辦短期小學班一班，二百戶以上人口之鄉村應辦短期小學班兩班。並規定普設簡易小學。以資提高義教效率。

（二）增設初級小學並充實普小學額　本縣規定本年度各縣市特區新設之公私立小學，應以初級小學為限，其學額不足之普通小學限于學年開始時設法招足。學額已超過規定者，亦應推行二部制，以資廣收學生。

（三）推行二部制　二部制之優點，在能利用有限之校舍、設備、與教員、而多收學生。如全日間時二部制，半日二部制，間日二部制等，均屬普及義教之良法，已由府嚴令推行。

（四）推行流動教學　窮鄉僻壤，兒童就學爲艱，因有流動教學之實施，將教育「送上門去」。如巡迴文庫之舉辦，逐家施教之施行，均爲流動教學之方式，本廳亦經于義教實施計劃及各種辦法中，詳加規定，期在必行。

（五）推行教生制及小先生制　大量推行義教師資必感不足，故不得不設法救濟，因有教生制及小先生制之推行。教生制乃利用年齡較大，成績較優之學生帮助教學。小先生制係利用已受教育之兒童，教育未受教育之兒童或成人，此種辦法，亦有可取，本廳亦已飭各縣市區小學酌量推行。

（六）實施失學民衆補習教育　自廿五年度起以聯保爲單位，分期設立民衆學校，強迫超過義務教育年齡之失學民衆入學，授以國語，算術，樂歌，體育各科。修業期間定爲四個月，全期授課二百四十小時。每校每期應辦班數，視當地失學民衆數而定。每班學額五十人，期以六年肅清文盲。各縣市每年應設民衆學校數，由廳先期列表呈送　省政府核定公布。上年度設校，多採附設。自本年度起，暫採單獨設立，并於各縣分區設立中山民衆學校負示範及輔導之責。詳細辦法，見福建省實施失學民衆補習教育六年計劃大綱，及第一二年度計劃。施行以來，所最感困難者，即各縣庫收有限，而庶政百般待舉；既不能劃多量經費用于掃除文盲，又絕少以政治力量強迫入學，致此項教育，未能十分猛進耳。

（七）組織宣傳除與本廳前此實施通俗講演用意相同，當再重申前令，通飭切實施行。

（八）學校圖書館之開放　學校圖書設備除供本校學生應用外，在可能範圍內，亦應開放，俾民衆得多有閱覽之機會。

二、課程內容問題

教育之成敗，一半由于制度與人力，一半由于課程之內容。故課程是否適合受教者之需要，殊堪重視。來件所提關于課程之意見，大致均屬正確，其中有已爲本廳所舉辦者，亦有非本廳能力所及無從辦理者，茲分別說明補充如左

（一）來件對于現行小學課本，多所摘發，不爲無見。惟現行課本之編制語法均利用兒童心理及興趣原則，似亦不能全廢；應視兒童年齡及程度分別編撰適當課本，以應需要。

（二）來件所提課本應由教育部編撰一層，所見極是。惟鄉土教材可由地方自編，以適應地方之需要。本廳關于省立義教師資訓練班課本及簡易小學課本均自行選編，并隨時印發各種叢書，即本此意。最近關于非常時期中小學各科補充

教材亦經編印分發，務以發揚民族精神，適合實際需要爲依歸。

（三）優美之音樂戲劇，其效識足以增進民氣，發揚精神。音樂方面已選編雄壯激昂之歌曲，分發各中小學學生及一般民衆習唱。改良戲劇亦屬推進社教工作，本廳曾與省會有關各機關合組閩劇改良委員會負責辦理。

（四）民衆學校之課本，在二十四年度以前，原用省編課本，無代價供給各縣使用。上年度起，始遵部令改用部頒民衆學校課本。但仍由廳供給補充教材。至教材內容，均依施教方針，以識字教育公民教育自衛訓練爲重心，編撰，大體尚能適應時代需要。

（五）編訂適用日曆一節，所見甚是，擬令省會民教處即辦。

三、教育機關設備問題

教育機關必須具有相當之設備，然後施教上始易收到各種便利。來件所提關于教育機關設備方面之意見，亦多可取其大部均經本廳通令施行，茲逐項說明如左：

（一）圖書館及巡迴圖書館之設置　圖書館爲實施社會教育之重要機關，其設備不在華美，但求適合一般民衆之需要（含有學術性質之圖書館在外）而巡迴書庫則所以便利窮鄉僻壤之民衆尤屬必要，其設施辦法均已由本廳于實施民衆教育計劃內詳加規定，通飭施行。

（二）博物館之設置　中等學校均有理化生物儀器設備，惟因經費關係，內容多欠充實，欲求普遍設置博物館，則困難必多。與其因陋就簡，多設有名無實之博物館，不如集中數處設立，較爲妥適。

一、教育方面之補備問題

國防之基礎為教育與工業，而工業之發展，亦賴教育，故教育實為立國之本，所謂十年樹木百年樹人，為國家永久計首在樹人也，又越王勾踐之亡吳復仇由於十年教訓（教育）十年生聚（建設），更足証教育之必要焉。

現在教育方面，雖有各種學校之設立，但皆集中於各大都市尚無相當資產，仍難受教，尤以本省山嶺遍地，村落星散，學校難於遍設，困難問題不一而足，謹就管見所及條陳一二，倘屬一得，幸何如之！

1. 掃除文盲

無論任何教育，首須識字，識字之後，始能獲悉各項智識及政令，故掃除文盲，應迅速求其徹底，觀蘇聯五年計劃，掃除文盲為主要工作，亦可証明其重要，而其效果且已卓著。

辦法：掃除文盲之辦法必多，茲述管見：

甲、保留私塾　本省交通不便，學校既難遍設，亦無此許多經費，故各地（尤以鄉村）之私塾，仍可予以保留，或設法獎勵其設立，惟所用之書籍，由省統一編訂，絕對不准任意使用。

乙、商店學徒之夜讀　任何大小商店所有之學徒、夥計工人（五十歲以下十歲以上）均須讀書，地方大，各業有同業公會或商會者，即令分段設立夜校，或私塾，否則附讀於附近之私塾，其用書與私塾同，惟費用（書籍費及設備費等等）則由店主負担之，凡學徒夥計在若干年月內，未將所定之書本讀完者，處分其店主。

丙、一般家屬及雇人　一般家屬（年齡同前）均須進入民眾學校私塾或自行教授，將有定之課本讀完，對於雇傭（年齡同前）其主人即負教育之責，否則須令入學，惟本項辦法，先從設有學校之較大地方着手。又船戶之教育，尚須研究經濟之辦法

丁、規定獎懲辦法　擬特定各項獎懲，如違警時，已識字者可以少罰，担任公務，如合作社人員保甲長警丁等有優先權，徵兵先徵不

識字者（不用抽籤法）等；並明白通傳，在若干時期內（一年或半年）未將省編書本讀完者，處分其家長店主。

又、編訂教育書籍

我國教育，以前尚有尊王攘夷等為目標，近年來則時有更變，或嫌太泛，致人民意志不易統一，亟須改正，再查外國之小學教科書，概由國家政府編訂，故不若我國小學教本中有「大貓叫小貓跳」等無聊而害人之文句，惟此事體大或非省力所及，但自甲午以來，吾國時刻皆在非常時期，徒以教育目標不確定，致屢蒙羞辱，假使能似越王勾踐之以沼吳復仇為目的，而十年教訓者，應不致有今日也！世界上帝國主義存在一日，則和平之望亦絕一日，故日日均在非常時期，日日仍須準備，以此為目標，無論如何，不致錯誤，為掃除文盲起見，擬以此為目標，由省編訂適於本省之書物供用。

辦法

甲 編訂適用之教科書 供私塾、商店學徒、家庭、等業餘補習識字及壯丁訓練識字之用（前述掃除文盲用）為欲利用此項課本，使其識字，同時灌輸各項智識並誘引其求智慾，故內容至少應包括左列各項目：

愛國（用國貨等） 愛同胞 奉公守法 團結（合群） 勿私鬥（勿械鬥勿訴訟）

自衛 保甲 戶籍 兵役 誠實 忍耐 合作 造林 防災 防空

除蟲 生產科學化 衛生 交通 記賬 寫條 寫信 等等（全書

項目偏重農村事實）

至該項書籍，應否依年齡而分別編訂，擬從長議決之。（竊以不分為便）

乙 編定適用之日曆 市售各種日曆皆不合用，為使日常生活有準則，改良風俗，並利用以宣傳各項新政，灌輸各項新智識，補教育之不足起見，擬由省訂編日曆，例如植樹節之前後，記載普通樹木之種植方法，徵兵入伍時，載兵役之光榮及入伍之手續，六、七月則載各項傳染病之預防，冬季載明冬耕之利益方法及各種副業，春季分載各種作物之播種期及種植注意各項，其他綠肥、除虫防災、勞動服務、國恥、名人事蹟、識字之必要、愛國等等

逐日排印於日期之下，並隨插各項警惕之圖画，訂出之後，亦售日歷

即一律禁售

丙　編訂適用之唱歌及戲劇　去除文弱淫靡，提倡雄壯、愛國救敵復仇之歌曲及戲劇，以增進民氣。原有各學校所習之漁光曲毛毛雨等絕對禁止之。

丁　其他

甲　組織各級宣講隊　令各縣區教育界為主，各業為副組織宣講隊，隨時宣傳，其宣傳材料，普通者，一年三百六十五日逐日訂之（或分全年為各種宣傳週再訂之之）範圍則民財建教係各項皆有，（與前述日歷聯絡）須妥適排之，使適于某事某

生以前宣傳之（例如四五月間宣傳撲滅蝗蚊植樹節以前宣傳植樹等類）特別材料，則臨時須發之（救國公債之類）此項宣講材料、用口頭並用印刷，並發給各學校私塾教師至校宣講

乙 提倡早操及唤口號 早操注重深呼吸，口號則另行規定之後者不僅為統一意志，並為擴張肺量，故應令極力大呼（一般學生肺部已發育不良故身體甚弱）

丙 各學校之課程 凡農工學校應注重於實習，一般只知學理不熟悉實地工作者本國需要尚少，又沿河沿海學校，應於常識（小學）加授水產生物，中學加授水產學；一般之學校，均應加授農業或林業（除種植外注意用途製造銷售地點等，私塾及補習

學校等，以臨時演講補之，務使學校中之所授，與環境有聯絡，備能務修鄉土地理，叙述本省物產交通歷史，並與外國相比照，使知改進，尤屬良好。

丁　全省各級學校均須設補習夜校　俾失學者得有補習機會，故除補習識字外，應其學校之程度，分別設置相當之補習班，並設法用學分制等使畢業後有某種同等資格，以利人民。

戊　學校之普遍設置　本省交通不便，故各種學校，應普遍分配，以利學生，蓋中國家庭習慣，尚有不願子弟遠離而年幼之男女生，事實亦確有困難，故各種學校，應普遍分散，以師範為例，或一專區一個，或全省縣設三處（福州、建甌、龍岩），或數所。農業學校為例，福州設後，長樂、福清應改為水產、林業，又實業學校之設備及經常費較大，故應儘量省縣公立，而普通學校，則獎勵私立。

至可能範圍內，鄉村設私塾，鎮市設小學，縣設初中，行政區設高中，省設大學，其他學校稱之，似為最低限度，因此，凡有新設私立學校者，應指定其地點，以免需供不均，尤以現代國際情形未能安全之際（帝國主義存在），日日須準備抗戰，更有避免集中之必要。

乙 其他有利教育事項：圖書館及巡迴圖書館，擬設追設置，各縣均須設置，否則指定購書費，委托縣城之學校辦之。

又學校之圖書室，不論大小，宜一律公開。

設置博物館　百聞不如一見，故博物館關係甚大，惟設備需費，難言無補，但最畏見一兒童博物館者，僅一小室，內列物品，大概如左：

動　小學教科書中所載之動物　本地所產之動物（各綱目各一二種剝製及浸漬）　脊椎動物之骨骼　動物之製品（牛羊水產物為例）　各動物之生態（鳥巢獸穴之模型　鳥卵　瘧蚊等）

植　小學教科書中所載及本地常見之木本　被子植物與裸子植物之分別模型　植物之利用（各種製品之順序）　植物之發生（模型）　普通植物應用部份之標本

鑛　金銀銅鐵錫水晶煤石油等之礦石及其純品之標本（貴金屬之純品僅模型）　本地出產礦石之標本名稱　普通礦產品之製成品標本（實

（右五內）

天文　地球儀　地球與其他行星之關係位置（模型）　隕石　雪花之模型

地理　本地之地形模型

生理衛生　人體模型

以上之外牆壁上另有各種圖画，室内中央大桌置金魚一缸，亦設座椅，此項博物館之陳列品，皆以小學教科書為基準多半可以自行製備，似可通飭各地設置（標本之若干請科學館代製），俾於課餘得一覽實物，倘能寫筆畫圖附於陳列之中，或另建房屋於公園或廣場之中，則遊息之餘獲益更多矣！

福建省政府关于检发福建省动员委员会办事细则的训令（一九三七年十二月二十九日）

福建省政府训令

府秘 110893 號

令

國民政府軍事委員會庚秘廳鄧電開：「查本會前以抗戰期間全國總動員業務亟應切實策進，曾頒有中央及地方高級行政机關設置總動員事務專科暫行辦法，施行以來，各省市對於總動員地方應办之業務，雖頗努力從事，但進展能否迅速，成效亦未彰著，推原其故，皆由機構欠健全，人力欠集中，有以致之。茲為適應實際，改善組織，俾一步驟，增進效能，使各省市縣黨政軍民得成一氣起見，特將前項中央及地方高級行政机關設置總動員事務專科暫行辦法予以廢止另訂定各省市縣動員委員會組織大綱共十一條公布施行其全文如次(1)為實施全國總動員計劃促進地方党政軍民之聯繫并統一民眾指導机關特在各省(市)縣設立動員委員會(2)省市動員委員會以省政府主席(市長)省党部常務委員或特派委員(市党部常務委員)各廳處長保安處處長國民軍事訓練委員會主任委員駐軍長官兵役管區司令組成之受軍事委員會之指揮監督委員會設主任委員一人由軍事委員長指定之凡中央派赴各省協助動員工作之人員得參加前項之委員會議(3)縣(市)動員委員會

以縣長(市長)縣(市)党部常務委員軍訓教官駐軍長官師(團)管區司令組成之以縣長(市長)為主任委員受省動員委員会之指揮監督凡省派赴各縣協助動員工作之人員得参加前項委員会會議(廿)動員委員会為党政軍聯合負責指導動員之机關其決定事項交由各参加机関分別負責辦理并以監督指導抗敵後援會(廿一)動員委員会之工作為戰時一切人力財力物力之管理在戰區外糧食燃料船舶車馬工事材料之供應及游擊守望特務交通運輸救護慰勞消防掩埋隊等之組織在非戰區如徵兵宣傳軍需補充生產增加醫務看護人員之訓練及全國總動員

計劃綱要中規定之事項(6)動員委員会成立後各地現有之党政軍聯繫机關或其他類似机關應即取銷其工作統由動員委員会办理(7)動員委員會為動員業務之需要得酌量聘請當地各界人士為設計委員(8)動員委員会工作人員由参加各机關調用必要時得酌用專任人員(9)動員委員会必需之办公費由各該省市縣政府撥給(10)動員委員会應按照工作情形擬具办法規程呈請上級机關核定(11)本大綱自公布之日施行并依該大綱第二條之規定廣東省指定綏靖主任余漢謀為主任委員河南省指定綏靖主任劉峙為主任委員其餘各省及各市動員委員

酌概以各該省省政府主席及各該市市長為主任委員，仰即分
別遵照，并於奉電之日一星期內依照該大綱將動員委員會
組織成立具報。嗣後關於各省市動員業務全般工作之計
劃與推進情形，尤應隨時具報，以憑考核。並分別轉飭所屬
各市縣一体遵照為要。

等因。當經本府遵照奉頒組織大綱規定，於本月二十七日召開第一次
會議，並通過福建省動員委員會辦事細則共十一條，即於同日
組織成立，開始办公。除呈函並分令外，合行檢發福建省動員
委員會办事細則一份，令仰該專員即便遵照，轉飭所屬
一体知照，並剋日將縣（市）（區）動員委員會組織成立，仍擬具

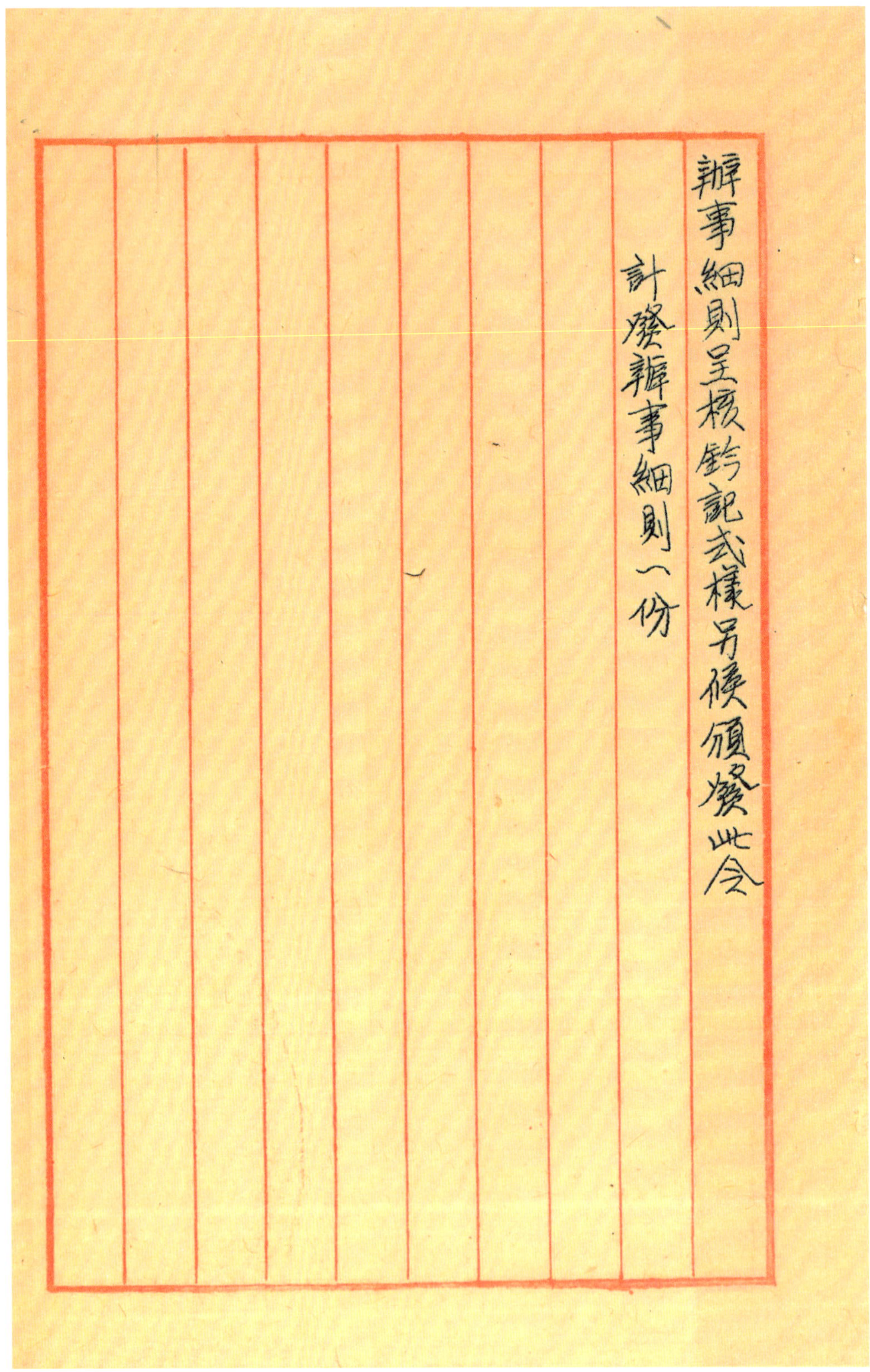
辦事細則呈核鈐記式樣另候頒發此令

計發辦事細則一份

中華民國廿六年十二月九日

主席

附：福建省动员委员会办事细则

福建省動員委員會辦事細則

第一條 本會事務之處理，除遵照組織大綱外，依本細則之規定行之。

第二條 本會每週開會一次（會址在省政府），但遇有緊要事件發生，得由主任委員隨時召集之。

第三條 本會開會時，須有會員過半數之出席。

第四條 本會會議時，以主任委員為主席，主任委員因事不能出席時，得臨時指定委員代理主席。

第五條 本會議案之決議，須有出席委員半數以上之同意，可否同數時，取決於主席。

第六條 本會之議決案，交由各主管機關負責辦理。

第七條 本會設置秘書處，辦理左列諸事項：

一、關於會議之紀錄事項；
二、關於文稿之撰擬保存事項；
三、關於本會關防之典守事項；
四、關於本會之庶務會計事項；
五、主任委員之交辦事項。

第八條　本會設秘書一人，辦事員若干人，由主任委員調用或委用之。

第九條　本會經費由主任委員核定數額編製預算交會通過後函請省政府撥給。

第十條　本細則如有未盡事宜，得隨時修正之。

第十一條　本細則自呈奉　軍事委員會核准之日施行。

福建省各厅处关于报送总动员工作进行状况致省动员委员会的文书（一九三八年一月二十日至二十九日）

福建省民政厅秘书室关于报送总动员工作进行状况致省动员委员会秘书室的笺函（一九三八年一月二十日）

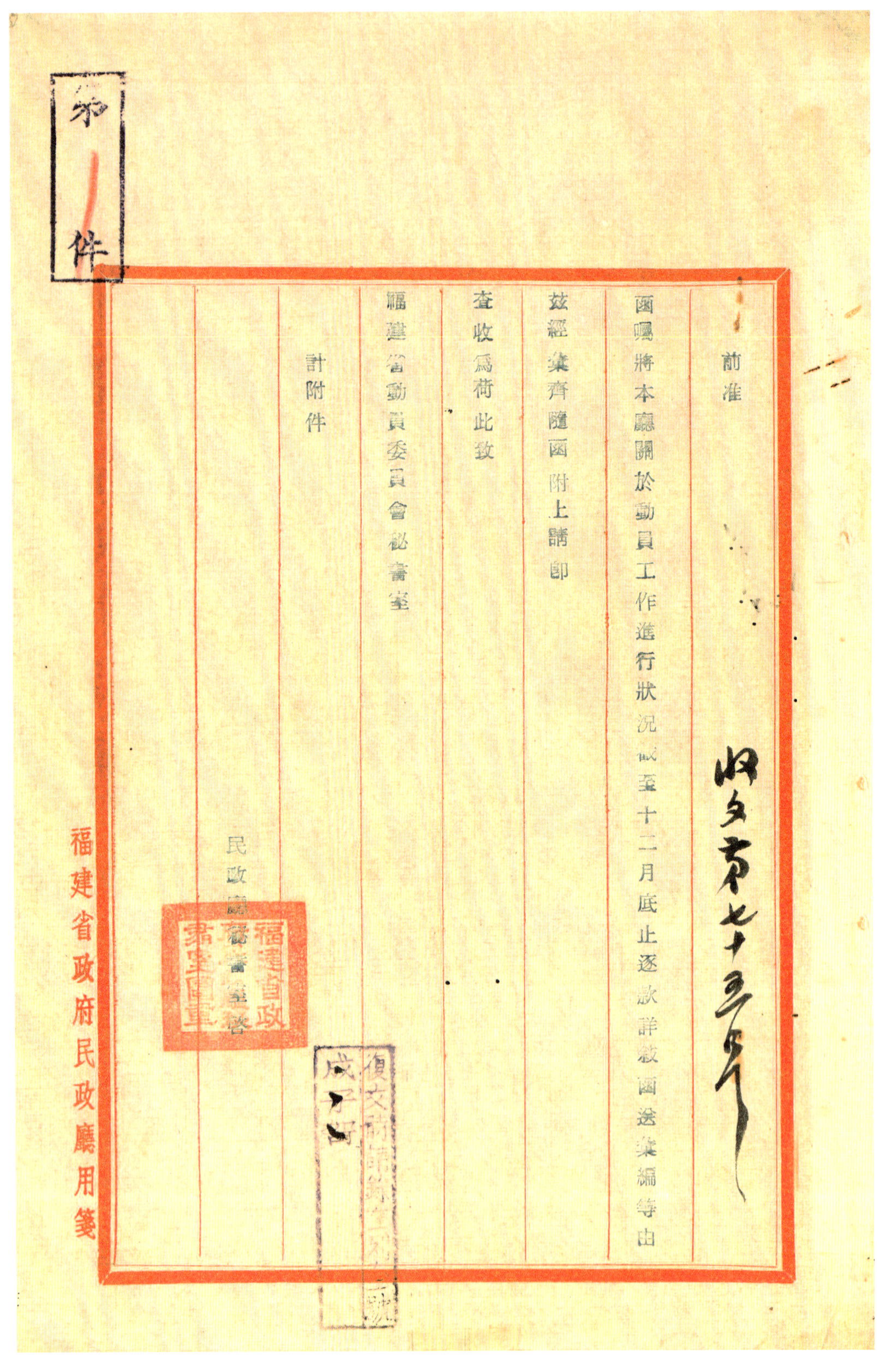

前准

函囑將本廳關於動員工作進行狀況截至十二月底止逐款詳敘函送彙編等由

茲經彙齊隨函附上請即

查收為荷此致

福建省動員委員會秘書室

計附件

民政廳秘書室啓

福建省政府民政廳用箋

甲、關於救濟部份動員工作進行狀況

(一)設立省縣難民救濟分會及支會　省縣難民救濟分會支會遵照行政院頒發非常時期救濟難民辦法大綱之規定分別組織省分會於二十六年十月二十六日成立各地支會計廈門市及長樂閩侯福清連江平潭羅源霞浦福安福鼎寧德閩清永泰尤溪屏南順昌永安將樂浦城建甌建陽崇安壽寧松溪政和同安莆田仙遊晉江惠安南安安溪德化漳浦龍溪詔安雲霄東山南靖海澄長泰龍巖漳平寧洋上杭大田華安長汀連城清流明溪建寧等五十一縣暨南日柘洋上洋石碼峰市五特種區亦均已先後成立

(二)設置難民收容所　省會及閩侯福清羅源霞浦福安福鼎寧德閩清屏南將樂浦城建陽崇安松溪政和晉江德化雲霄長泰漳平寧洋大田連城明溪等縣暨上洋

石碼峰市各特種區共設立難民收容所一百二十四所共可容納二萬三千人左右其餘尚在趕速籌設中

（三）救濟遠道回籍難民　自滬戰發生以後由滬回籍難民先後共計一千餘人又閩籍旅台僑民先後回省者計四千餘人均經分別盤運照料入境其有家可歸者即予遣送間有貧無資力而志願回籍者所有舟車均予免費護送原籍地安置

（四）救濟本省難民　本省自金門縣城失陷後該縣人民逃難同安廈門者數千人經由第四區行政督察專員及難民救濟會設籌款項食米接濟並撥同安荒地約三萬餘畝以供墾殖又由第五區行政督察專員指護該難民約六百人移墾龍溪現均在進行中

乙、關於兵役部分動員工作進行狀況

(一)前方需要兵員之補充

1 關於前方士兵之補充　自抗戰開始前線需兵補充駐閩各部隊亦陸續充實兵力自二十六年十二月底止各師管區徵集暨各師旅與本省保安團隊募補缺額及義勇壯丁常備隊之徵調入營者計建延(區)徵正規兵約(11000)代75D 52D募補約(5000)共(9000)名閩海區徵正規兵約(3000)代80D陸戰隊及廣東佘主任募補約(6100)共(9100)名汀漳區徵募補充團營隊約(8994)代157D及粵佘主任募補約(4282)共(13276)名又省保安團在各縣募補約(3000)名各縣市義勇壯丁常備隊約(20000)總計約(54376)名惟以事屬創舉宣傳未能普及征募又復並行額多期迫頗費周章

2 關於前方幹部人員之補充　各師管區所組軍官隊及軍士隊其來源多征集在鄉失業之軍官軍士加以訓練爲數甚少僅可分配該各役方補充團營服役

(二)防務重要地區施行一部動員時戰鬥員之補充　查本省保安各團裁汰老弱由各縣抽選健壯壯丁補足名額以任地方防務又八十師七十五師及一五七師均先後征補缺額充實抗戰實力現各縣均已編組義勇壯丁總隊加緊訓練並於總隊之下在二十六年十一月悉數成立常備大隊(36)中隊(144)分隊(425)協助正式軍隊抗戰之企圖及謀兵員補充之便利

(三)在目前非戰區之地帶各種工作人員之補充　關於人力統制已於去年九月間飭辦將各縣現有壯丁未已訓練人數及其職業技能分別調查填表具報者已有十之八九最近期間全部即可辦竣以備徵調之用

(四)在敵佔領地內破壞擾亂偵察聯絡各工作之實施　現正籌組各縣義勇壯丁總隊游擊聯隊擔任此項任務其組織辦法及編制業已審定就緒即日施行

丙、關於救護部分動員工作進行狀況

（一）省城設立省醫藥救護委員會於二十六年八月成立各縣成立分會計陸續呈報設立者有閩侯永安永泰尤溪連江閩清壽寧沙縣長樂清流寧德德化屏南雲霄建陽古田浦城華安建寧海澄長泰羅源崇安上杭順昌武平仙遊長汀將樂福清南安等卅一縣及柘洋特區等處並依照救護事業辦法大綱調查衛生人員醫藥團體及衛生材料並購備衛生材料訓練救護人員組織急救擔架掩埋等隊

（二）按照非常時期衛生機關之統制及徵用辦法指定各公私及各教會醫院準備收容負傷軍民

（三）籌設臨時醫院於省城先籌設一處其經費以勸募為原則業已略具端倪地址亦經勘定人員大致亦分配妥當一俟募款收有成數即可開辦

（四）速成衛生人員已由省立醫藥專科學校籌備就緒現已開始招生

（五）本省組織戰地服務團分赴前方服務早經組織就緒於二十六年十月二十四日起程赴京分派各醫院軍隊服務

（六）衛生材料一項本省自抗戰以來因交通梗阻衛生材料頗感缺乏當由民政廳衛生科製藥室趕製紗布棉花及各種應用藥品

（七）南平建陽崇安順昌邵武等處為本省後方要衝衛生設施向極簡陋為應非常時期需要分別成立衛生院業已先後呈報成立並經籌於本省未設立衛生院縣份就已有戒煙院所改組為衛生院業已通飭辦理

（八）霍亂一症本省區域內除省城一處外尚未有發現當飭組設臨時隔離醫院收容病人並施行預防注射

（九）爲普及衛生常識除飭各衛生院所衛生人員於診病之前對來診病人實行受診教育以啓發民衆衛生常識外並訓練民衆及婦女團體等授以救護常識使衛生知識深入民間

福建省保安处处长办公室关于报送该处总动员工作进行状况致省动员委员会秘书室的笺函
（一九三八年一月二十六日）

第3件

福建省保安處用箋

准

貴室成子元會秘動函囑將本處動員工作進行狀況截止廿六年十二月底止所達成度詳敍送會等由；玆將本處總動員工作進行狀況隨函送達，即請

查收爲荷。

此致

福建省動員委員會秘書室

福建省保安處處長辦公室啓

元月廿六日

中華民國　年　月　日

收文第七廿五号

附：保安处总动员工作进行状况（截至一九三七年十二月底止）

總動員工作進行狀況 （截至二十六年十二月底止）

第一 軍事方面

甲、在戰爭地帶

1、一部份動員擔負戰鬭任務

A第一期動員擔負戰鬭任務，查原訂計劃本省沿海一帶除國軍及各縣保安隊，義勇壯丁常備隊外，並配置四個省屬保安團，刻因一五七師調粵，所遺漳廈防務，由七十五師接替外，已將前令各保安旅團位置略爲變更，計連江屬之丹陽以北迄連接浙邊之福鼎止，由保安第二旅所屬第一第二兩團擔任，閩江以南（除八十師及七十五師防地外）迄粵邊詔安止，由保安第三旅所屬第三第十兩團擔任。

B第二期動員擔負戰鬭任務，查本省尙未與敵發生正面接觸致第二期使用之兵力仍分佈於閩西北各縣。

2、補充兵員

A各縣市局特種區義勇壯丁常備隊，完全已編組完竣者，截止本月十五日止計有一百十三個中隊，九個獨立分隊，壯丁一萬五千六百二十四名，槍一萬二千餘枝，尙缺人槍現正陸續征補中。

B查本省大股土匪業已肅淸，各縣僅有少數散匪，正嚴飭各保安團隊及各縣政府淸剿中。至截至上年十二月底止，計收編共黨部隊如下：

(子)閩西南之張鼎丞部鄧子恢部，合計一千二百人，長短槍七百餘枝，由汀漳師管區籌備處接洽收編，現編爲福建抗敵游擊隊，集結龍岩一帶。

(丑)閩東葉飛所屬之阮英平范式人兩部，合計約一千餘人，長短槍六百餘枝，歸保安第二旅指揮，編爲福建抗敵游擊隊第二支隊，集結屏南及寧德之周墩一帶。

3、編組便衣隊

目前本省尚無此項需要，致未通令組織。

4、擔任諜報

奉令由駐閩綏靖主任公署統一辦理。

5、傷兵救護

A收容

關於本處傷兵之收容除陸軍醫院可以儘量利用外，民政廳業準備將所有各縣衞生院戒煙院一律增設床位一百至一百五十改爲臨時醫院，並於必要時擇在適宜地點籌設規模較大設備完善之省立後方醫院若干院，以備應付非常時期本省軍警負傷官兵療養之需。

B 救護

關於戰時救護事務，現正責成各團就原有看護士兵，並酌量選擇戰鬪能力較差之列兵若干，加緊授以救護知識，擔架技術，將來卽依此基礎補充擔架排一排，歸併團醫務所編成衞生隊，以擔任戰地救護工作，俟必要時省處亦集合附屬機關衞生人員及補充擔架排組成衞生隊，擔任臨時調遣補充後方連絡輸送之任務。

C 衞生材料

本處戰時所需藥材亦均由民政廳衛生科統籌供給，救護材料現已領到一部，另由處添置皮十字囊四十個，帆布十字囊一百個以上，均已酌發各團隊備用，並閩衛生科儲存各項藥材約可三四個月之用。

6、擔任構築工事

本省防禦工事係由　駐閩綏靖主任公署統一計劃飭由駐防各該地區之部隊擔任構築，其沿海一帶除漳廈地區尚有一部正趕築外，其餘大部均已完成。

乙、在戰爭後方

1、一部份動員準備調赴前方擔任戰鬬任務

A按原定計劃業將長樂·閩侯·福清·連江·羅源·寧德·霞浦·福安·福鼎·屏南·古田·閩清·永泰·壽寧·安溪·同安·永春·德化·仙遊·

莆田·惠安·南安·晋江·大田等縣及三都柘洋周墩三特種區署之保安隊，除抽撥一部加入各該縣常備隊並淘汰外，其餘官兵統編爲保安第四團，暫時集中福州東湖整訓。

B除已將上列各縣區之保安隊編併保安第四團外，其他各縣縣隊正計劃整編中。

C本省已收編之張鼎丞鄧子恢及阮英平范式人等部，現均分別集結龍岩及屏南寧德等縣，此外並無新收編之民軍。

2、一部份動員從後協助戰鬬

A各縣市局特種區義勇壯丁常備隊，已編成一百十三個中隊，九個獨立分隊，隊兵一萬五千六百二十四名，官佐一部由省派，一部由縣區保安隊人員調，一部由縣市局特區自行遴選在鄉軍人呈省委任，現正一面積極訓練，一面擔任維護地方治安，其隊兵有抽調補國軍或保安團隊兵者，隨抽隨即徵丁補充。

B 完成軍用通信

1、本處及各團已設有電話排，現經積極補充戰時器材，負各軍事機關及旅團隊間軍訊之聯絡，至於分防鄉鎮間之部隊，均盡量利用縣聯區電話，并促進縣區電話網之完成。又遵 中央令飭各縣區嚴密保護防區內電話電報桿線，暨防止竊聽長途電話洩漏軍機，并飭各防區部隊派員駐局監視矣。

2、軍用無線電訊網截至十二月底止，各縣已組成之電台除古田連城建寧泰寧將樂順昌武平上杭崇安大田永春建陽等十二縣尚在籌組外，餘均全數完成。又電隊八個配屬於各旅團，隨軍移動，以期確捷，并於省會設總台及台隊等四座，專於省外電台聯絡。又增防空電台一座，合任轉收省內外之防空情報，設偵察電台一座，司偵察通信人員洩漏機密防止奸究情事，并遵　中央頒發報頭報尾密碼及本處編訂各台隊呼號，令飭隨時更換使用，務期嚴密，近更擬籌設五百瓦特大電力電台一座，能與中央各電台確實聯絡，及儲備各電台隊戰時材料，以增强軍用軍訊機構。

C 擔任公路之保護

查各縣區境內公路除重要路段及橋樑，由駐防國軍及省屬保安團隊派隊擔任外，經嚴飭各縣政府及各特種區署責任公路保甲長督率壯丁負責保護，並規定在兩縣交界地區十華里以內，由兩共同負責，隨時派隊交互巡防，倘有貽誤卽唯各該縣區長是問，並以瀆職論罪，現各縣區境內公路均已由各該縣區派遣縣隊或壯丁常備隊守護矣。

丁、任何地帶皆須負擔之事項

1、肅清漢奸

前奉 中央頒發懲治漢奸條例及漢奸自首條例，又內政部頒發防止漢奸間諜活動辦法大綱，經制定本省防止漢奸間諜活動協助聯絡辦法及防止漢奸間諜活動獎懲辦法，先後令飭各縣市區及各部隊遵辦在案。據各縣呈復其已開辦警察之縣，由警察機關負責主辦，縣保安隊及各保安協助執行任務，未設警察之縣令由區署聯保保甲負責辦理，至逗留本省之日台籍民并飭各縣區依照外交部電所規定，分別有無間諜行爲，予以監視或拘禁。

2、維持地方秩序

查本省各縣區除已駐有國軍或省屬保安團隊外，已飭各縣區察酌地方治安需要，編組義勇壯丁常備大隊，負責維持流竄股匪由省屬保安團隊派隊剿辦，地方散匪由縣隊負責剿滅，並規定各縣民衆均有檢舉漢奸間諜之義務。

戊、在被敵佔領之地帶

本省密邇台灣，敵方久存覬覦，自其僑民撤去後即不斷用其兵艦飛機在沿海肆擾，十月二十六日攻陷金門島，最近又常在霞浦海面之西洋島，及閩侯海面之馬祖澳島登陸，但來去無定，其餘沿海一帶敵雖迭次企圖登陸，均經擊退，查金門西洋馬祖各島均係孤懸海外，指揮進退均不容易，本條規定除偵察工作已

飭屬積極辦理者外，其他各項現均無法實施。

福建省教育厅秘书室关于报送总动员时期教育厅办理各种工作报告致省动员委员会秘书室的笺函

（一九三八年一月二十九日）

第2件

逕啟者昨准

貴室函略開關於動員工作進行狀况截至去年十二月底止已到達何種程度應逐欵詳叙彙齊送下以便趕編等由准此茲送上去年十二月底止總動員時期教育廳辦理各種工作報告一份敬希

察收爲荷此致

福建省動員委員會秘書室

計送總動員時期教育廳辦理各種工作報告一份

福建省政府教育廳用箋

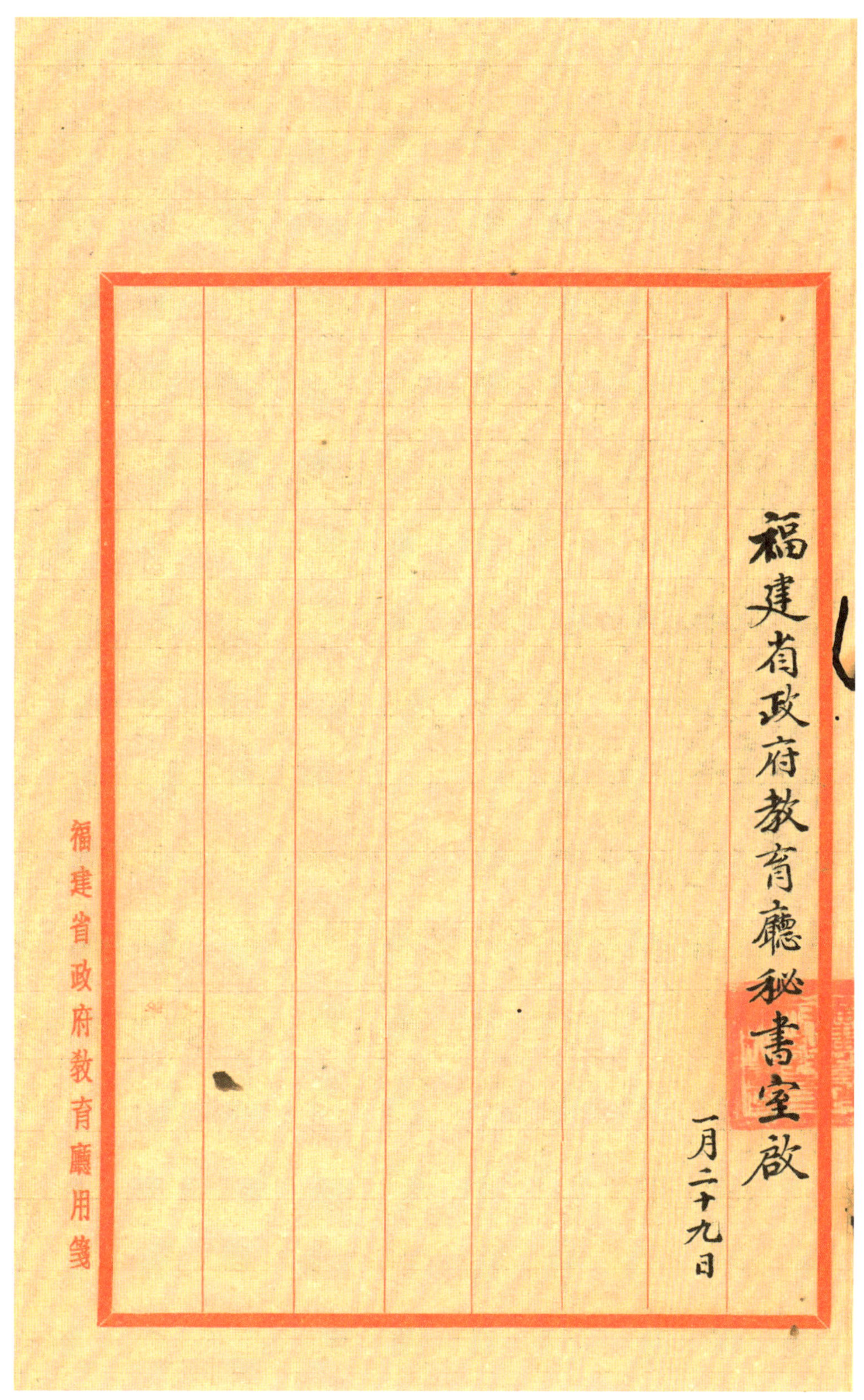

福建省政府教育廳秘書室啟

一月二十九日

福建省政府教育廳用箋

附：总动员时期教育厅办理各种工作报告（至一九三七年十二月止）

總動員時期教育廳辦理各種工作報告 至二十六年十二月止

（甲）宣傳方面

督導全省各教育機關担任宣傳工作 查本省宣傳工作除省抗敵後援會組有宣傳工作團分派各地宣傳外，則為本省各級學校及社教機關之抗敵宣傳為最普遍。自二十六年十一月由省政府頒發福建省各級學校及社教機關抗敵宣傳辦法後，全省各縣市均由縣市政府會同黨部及抗敵後援會組織該縣市教育機關抗敵宣傳指導委員會，每星期上午各初中以上學校學生及小學教職員、社教機關職員、民校教職員均輪流出發，分赴學校附近各鄉宣傳，且有因前往遠地特提前於星期六上午出發作兩日長期宣傳共分方式為講演外、歌詠、戲劇化裝遊行、家庭詢問等、均有採用、而最合民衆心理係為歌詠、戲劇及抗敵漫畫、至於文字宣傳因在鄉間效果不大故甚少用、自十一月開始實施後已繼續進行兩個月、頗有功效、現因本省高中以上學生不日將派往各縣市担任民衆訓練工作、將來擬俟該項學生民訓工作隊到達各縣後即將此項教育機關宣傳工作歸併於各該民訓工作隊辦理、以資統一、以免重複。

(乙)學生訓練方面

(一)舉辦全省高中二年以上學生民訓幹部訓練 二十六

年十一月、本省抗敵後援會議決舉行全省民衆訓練、其工作由高中以上學生受過集中軍訓者担任。先由黨政軍三最高機關會同組織福建省民衆訓練委員會、統一本省民訓機構、普遍訓練民衆。該委員會設委員十五人至十九人，以省黨部特派委員、省政府主席兼綏靖主任爲當然委員，其餘委員由省黨部、省政府、綏靖公署商定就與民訓工作有關係之機關人員及地方熱心人士中聘任之，並於委員中互推常務委員三人，復於常務委員之下設秘書處、軍事訓練處、政治訓練處以處理會務，已於十一月二十七日組織成立。

自本省民訓委員會成立後，由會議決設立福建省民訓幹部訓練總隊，以訓練高中二年以上學生，備為訓練民眾之幹部。該總隊之組織，係由省政府主席兼充總隊長，省黨部書記長、教育廳廳長、保安處副處長、軍訓會主任委員均兼充副總隊長，並於總隊部設總務、教導兩處。又於總務處設文書、會計、庶務三股，教導處設軍事、政治、訓育三股，分理隊務。報名參加之學校共有學院三校、高中二十校、師範二校、簡易師範五校、高級職業學校三校、民眾教育師資訓練所一校，總共三十四校，共有男女教員四十三人、男女學生一千九百二十七人。訓練期間三星期，定於二十七年一月四日開始，其一切籌備手續，限定二十六年十二月底完竣。其訓練科目，政治訓練方面，擬定為抗戰意義、保甲概況、兵役概況、農村生活、國際情勢、日本現狀、農村合作、公眾衛生、宣傳方法、社訓理論與實際、民眾歌詠教材及教法等科。軍事訓練方面，學科為基本戰術、游擊戰術、總動員及地方勤務、戰地救護、防空防毒常識、通訊及諜報術科，則為各種操練并擬於該生受訓完畢後，即行派往各縣市，除以大多數擔任訓練各鄉一般民眾外，并選出一部分學生，協助各縣市社訓總隊訓練壯丁。以期喚起民眾的民族意識、國家觀念及充實民眾抗敵力量。

(二)筹备高中女生集中救护训练 军事救护、係抗战期中女生最重要之工作。且该项技术知识、颇为繁杂，尤有长时间之严格训练、恐不足以应战时之所需。本省省会方面，拟明令高中二三年女生集合一处、由福建省民训干部训练总队代聘政治军事、并救护专门教员前往训练、并实施军事管理，已于二十六年十二月内筹备完毕、拟于二十七年一月十五日开始实施。训练期间为六星期、计报名参加者有省会高中八校、学生人数二百三十人。至于厦门市方面，已由厦门市政府负责主持、拟明令该市各高中二三年女生集中訓練報名參加共有厦門高中五校、學生九十人。尚有晋江龍溪女子高中女生亦擬前往厦門參加訓練，此乃籌備本省高中女生救護訓練情形也。

（三）實施省會初中學生童子軍戰時服務團幹部並團員訓練　本省根據中國童子軍總會所發中國童子軍戰時服務大綱之規定，組織各地童子軍戰時服務團，以準備應付戰時後方服務之用。省會方面已於二十六年九月由福建省童子軍理事會籌備，並聘請省黨部、教育廳代表各一人，學校童子軍團之團長五人，熱心童子軍事業之初中校長共五人，組織省會童子軍戰時服務團之團務委員会。又由團務委員会推舉会中委員兩人為該團〻長、副團長。於九月間舉行團員登記、凡年在十五歲以上之初中學生均應為團員、當時登記者有一千六百餘人、內有六百人係曾充任各校童子軍之小隊長者。因此將省会童子軍戰時服務團之訓練分為兩種、第一係開辦省会童子軍戰時服務團幹部訓練班、先將小隊長六百人施以五星期之幹部訓練、自十月十日起至十一月十二日止、每日下午四時至六時在省会公共體育場集合訓練、既不妨礙普遍課業、又可增進童軍技能。此項幹部六百人、已於十一月訓練完畢、故於十二月間將省会初中及初級職業學校之童子軍學生凡年在十五歲以上者均編為戰時服務團團員，施行戰時服務團訓練。又閩省會各校分佈地點紛歧，且人數過多，為訓練便利起見，將省會分為五訓練區，每區編為四大隊，共二十大隊，人數共四千一百餘人，并於每區設督導員一人，總務組長、服務組長各一人，每一大隊設大隊長一人。凡大隊長以上職員均由各校童子軍教練員及訓育主任考選任，其大隊長以下人員則由戰時服務團幹部訓練班畢業之學生甄選充。訓練日期每星期一、三、五各下半日，共一日半，訓練課目為交通、保安、工程、偵察、軍需、救

護、消防等。現商會正在繼續進行、商會以外、各教、宗正在籌辦。

福建省动员委员会关于颁发本省总动员业务全盘工作计划致各县（金门除外）、石码特种区动员委员会的密令（一九三八年五月十四日）

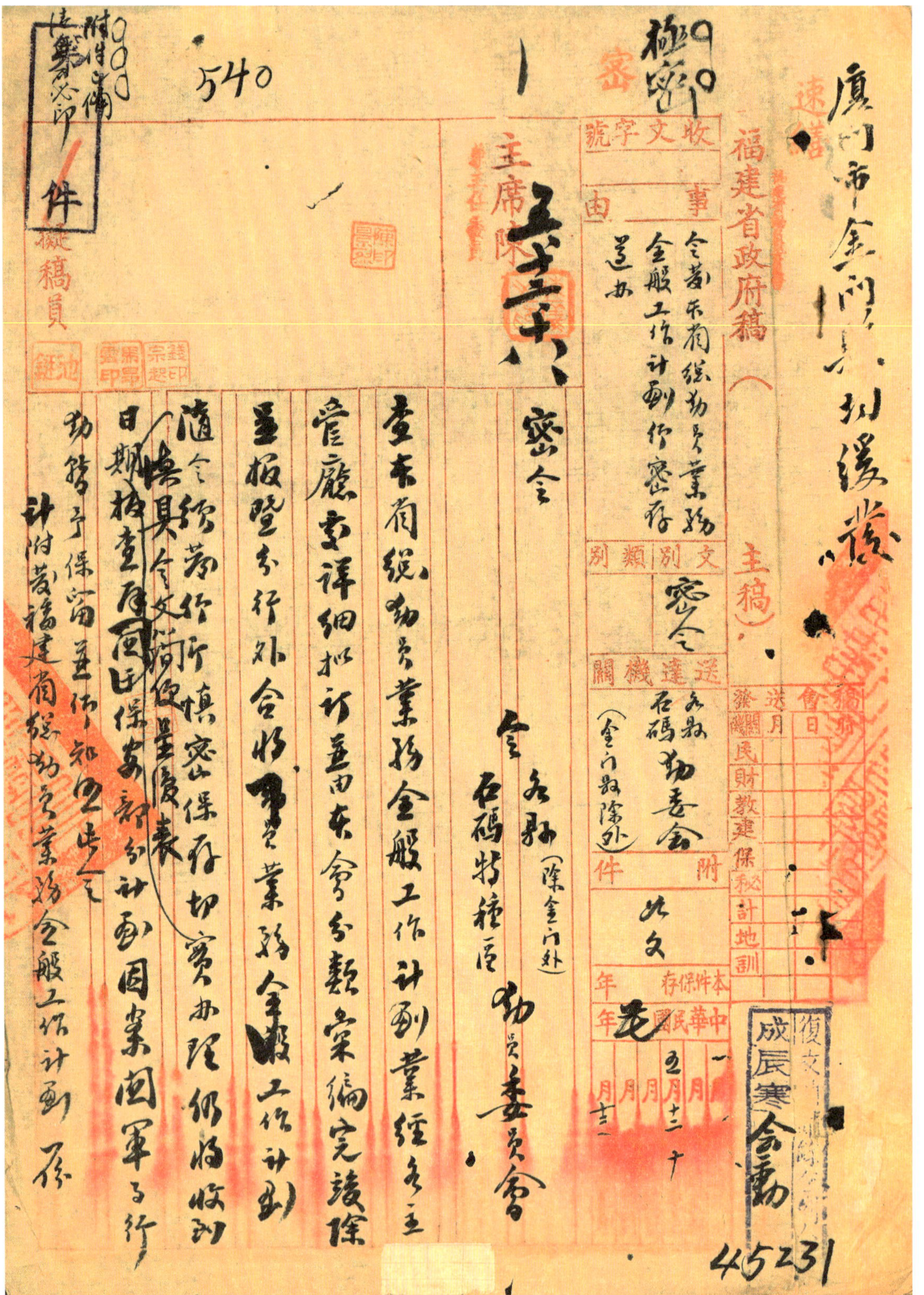

福建省政府稿

事由：令发本省总动员业务全盘工作计划仰密存遵办

文别：密令

送达机关：各县（金门县除外）、石码动委会

附件：此文

密令

令各县（除金门外）、石码特种区动员委员会

查本省总动员业务全盘工作计划，业经各主管厅处详细拟订，并由本会分类汇编完竣，除呈报暨分行外，合将本业务全盘工作计划随令颁发，仰即慎密保存，切实办理，仍将收到日期，……

计附发福建省总动员业务全盘工作计划 份

45231

分發各縣市區動委會之本省總動員計劃號数清单

閩侯 第一號 平潭 第十號 閩清 第十九號 壽寧 第二十八號

福清 第二號 南平 第十一號 屏南 第二十號 晉江 第二十九號

長樂 第三號 永安 第十二號 浦城 第二十一號 莆田 第三十號

霞浦 第四號 古田 第十三號 建甌 第二十二號 仙遊 第三十一號

連江 第五號 沙縣 第十四號 邵武 第二十三號 南安 第三十二號

福安 第六號 順昌 第十五號 崇安 第二十四號 同安 第三十三號

福鼎 第七號 將樂 第十六號 建陽 第二十五號 永春 第三十四號

寧德 第八號 尤溪 第十七號 松溪 第二十六號 惠安 第三十五號

羅源 第九號 永泰 第十八號 政和 第二十七號 安溪 第三十六號

德化 第三十七號 龍巖 第四十七號 寧化 第五十七號
龍溪 第三十八號 永定 第四十八號 泰寧 第五十八號
漳浦 第三十九號 上杭 第四十九號 武平 第五十九號
詔安 第四十號 漳平 第五十號 清流 第六十號
海澄 第四十一號 華安 第五十一號 明溪 第六十一號
南靖 第四十二號 寧洋 第五十二號 石碼 第六十二號
長泰 第四十三號 大田 第五十三號
平和 第四十四號 長汀 第五十四號
雲霄 第四十五號 連城 第五十五號
東山 第四十六號 建寧 第五十六號

查本省總動員計劃前經本會查案分類彙編並擬(一)將此項計劃繕正一份呈報

軍委會備查(二)將全部計劃中除保安部分計劃有關軍事動作擬不予抄發以

昭慎重外其餘如民財建教各部分計劃概擬頒發各縣俾資遵循曾經簽奉

面諭俟各縣市區動員委員會機構調整之後再行頒發等因頃又據晉江縣縣

長何震續電懇速頒發以策進行等情惟前項計劃是否准予頒發暨呈報中央

之處理合檢同原電並附呈全部動員計劃簽請

鑒核示遵謹呈

秘書長陳

主席陳

計附呈晉江縣原電暨動員計劃各一份

職　　謹呈　四月二十五日

准予頒發暨呈報中央

附：福建省总动员业务全盘工作计划书

注意
(一)民政類另行列
此欄取消

福建省總動員業務全般工作計畫書

(一)民政類

項別　工作綱要　計畫　備考

兵役　補充士兵人員　(子)前方兵員補充

其屬於前方士兵之補充者，規定於建延閩海汀漳三師管區，各成立後方補充營二營，每營兵員規定由六百至一千名，訓練時間為六星期，倘為時間所許可，得再增加六週，庶期如果前方仍無補充需要時，即予退伍回鄉，另再更番召集訓練，其兵卒來源為(1)各縣市區義勇壯丁隊已受訓壯丁、(2)普通壯丁、(3)在鄉士兵、至其名額仍由各縣市平均支配、分期徵募之、預計在此非常時期、每一師管區每三個月可征集八千至一萬人、一面趕辦現役及國民兵役及齡壯丁調查、並加緊壯丁訓練、以備長期抗戰、其屬於前方幹部人員之補充者、規定為(1)由中央各軍事學校畢業生調查處辦理無職業軍官登記，以便擇優補充、(2)編餘軍官一律留營、暫緩資遣、(3)投效軍官交畢業生，調查處考查後，設法先予收容、(4)本省在鄉軍官由參師管區先行辦理登記、(5)建延區設軍官教導隊、閩海區設軍士教導隊，分別担任軍官軍士兩項人材之訓練、

(丑)預籌本省將來戰爭地帶兵員之補充、

本省沿海各區域，一旦轉入戰爭地帶時，自應有一部份丁壯協助軍隊担

任戰鬥任務、此項任務、規定由現在各
地已組織之義勇壯丁總隊任之、至其兵
員補充辦法、悉依師管區所訂國民
義勇壯丁隊征集辦法及程序辦理之、
(寅)在本省戰爭不能即刻達到地帶、
準備一部兵員之補充、
此項兵員之補充、擬由各師管區專司
其事、其辦法(1)嚴督各地方政府積
極訓練壯丁、並加以嚴密組織、(2)由省
府遵照中央規定並參酌地方現狀、

擬訂『民力調查』之實施辦法、以達到民力之相當統制目的、

(卯)在本省戰爭不能達到地帶、普遍的準備兵員之補充、

此項工作乃為戰時兵員補充之來源、擬由各師管區依國民兵之編組與訓練各規定、分別掌理推行、

組織與訓練民眾　此項工作擬遵照訓練總監部令頒戰時民眾組織訓練辦法辦理、

編配壯丁任務　在此長期抗戰期內、無論戰區或非

戰區、對於壯丁任務之編配、均極關重
要、自應預為通盤籌畫、茲查本省
早已將義勇壯丁總隊組織成立、此項
總隊其指揮調遣係受軍事最高長
官之命令行之、總隊以下、遇有某種任
務、並可隨時抽編為某種聯隊、組織
既甚嚴密、運用亦尚靈敏、擬即規定
該隊任務為(1)在非戰區內以担負地
方警備為其任務、由保安處督令各
縣區、將該隊分編組為若干警備聯

隊、(2)在戰區內則以之担負「破壞」「擾亂」「偵察」「聯絡」等任務。

救濟

救濟機關之設置

遵照中央規定組織難民救濟委員會福建省分會，並于厦门市及各縣政府各特種區署組設支會，辦理非常時期救濟事宜。

一般難民之救濟

(子)急賑

關於急賑工作其辦法擬規定為下列數項，(1)在戰爭區域急迫逃亡且空無所有者，(2)急賑之散放，以發給必需物品為原則、遇有必要情形、得發給賑款、(3)散放急賑之數量、在必要限度內、以平均分配為標準、凡難民年齡在十二歲以上為大口、十二歲以下為小口、(4)散放急賑人員、須取具妥保、嚴杜侵蝕情弊、(5)散放急賑手續、先由放賑人員查點人數、編造名冊、並載明應發物品之數量、由監賑人員會同有關係機關團体眼同散發、

(丑)收容

關於收容工作、其辦法擬規定爲下列數項、(1)在戰爭地帶逃難災民而無可投止者、無論本籍客籍或道程遠近、應於後方設法收容、(2)收容地點、以在安全之鄉村交通適宜柴水方便者爲標準、(3)收容場所以地方之寺廟祠堂或其他公共處所充之、如不敷用、得搭蓋草棚以資住宿、(4)收容人如有技藝能力、應爲之分配或介紹相當工作、俾得自維生活、(5)收容中之被難失學兒童、應按其程度、送入相當學校借讀、(6)收容之給養、以食料及必需品為限、在必要時得加以相當限制、其有工作能力者、於配置工作後停止給養、無工作能力者、得酌量情形、送交其戚友同鄉分別安插、(7)收容之管理、(A)管理人員應按收容人數多寡分組編配、規定共同應守之規則、以維公共秩序、(B)管理人員對于收容難民、應利用機會加以訓練及宣傳、(C)

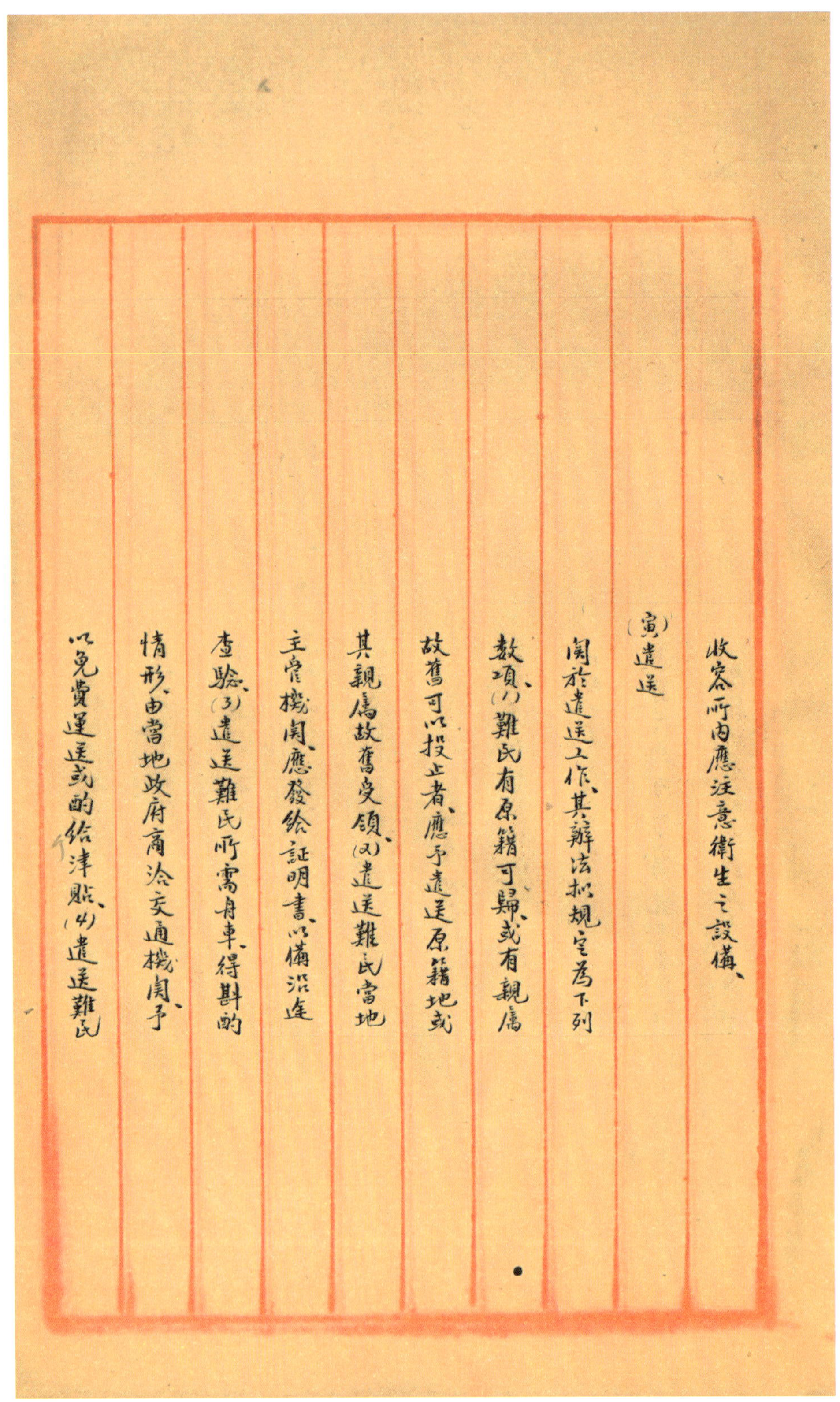
收容所内應注意衛生之設備、

（寅）遣送

關於遣送工作、其辦法擬規定為下列數項、（1）難民有原籍可歸、或有親屬故舊可以投止者、應予遣送原籍地或其親屬故舊受領、（2）遣送難民當地主管機關、應發給証明書、以備沿途查驗、（3）遣送難民所需舟車、得斟酌情形、由當地政府商洽交通機關予以免費運送或酌給津貼、（4）遣送難民

由當地政府酌量情形、派隊護送、其交替地點、以縣為單位、每經過一縣處接遞送至目的地為止、

救濟婦孺　關於婦孺之救濟、除照救濟一般難民規定各辦法辦理外、應特別注意下列兩點工作、(1)在戰爭地帶之婦女兒童、應儘先援救出險、移置於安全區域、(2)在戰爭地帶之後方婦女兒童、有原籍可回者、應先期勸令遣回原籍地、其餘本籍或因事故一時

不能遠離者、應指定適宜地區、勸令遷移、

救濟經費之籌集　救濟經費之來源、擬照下列數項辦法籌集之、(1)原有慈善費、(2)救災準備金、(3)積穀款、(4)募捐、

衛生　組織福建省醫藥救護委員會　遵照行政院非常區域救護事業辦法大綱、由省府招集党政軍地方醫藥團体及慈善機關、組織福建省醫藥救護委員會、積極開始訓練救護人員、並促進全省各市縣成立救護隊

以備應用、

指定公私立及教會醫院準備收容負傷軍民　遵照中央非常時期徵用衛生人員規則、令各市縣將境內公私立及教會醫院、指定為收容負傷軍民之用、但所耗醫藥衛生材料及食費、概由政府歸还、

預籌臨時醫院　各市縣現有各醫院、核其容量、仍恐過少、自宜設法籌設臨時醫院、以資補救、該院人員則由當地徵用、一切器械設法借用、以節經費、

添設衛生院　本省為增加後方救護力量起見、特在南

平建陽崇安順昌邵武等縣添設衛生院、并將原有之建甌浦城沙縣各衛生院增加經費、添設病床、必要時便可斟酌情形、改為後方醫院、其無衛生院縣份、擬令戒煙醫院所作同樣之準備、

速成衛生人員 本省註冊醫師、僅有八百餘人、以之分配全省、實感不符、茲擬特在省立醫學專科學校設立速成班、積極加以訓練、以便將來派往戰地服務、

組織戰地衛生服 前方戰線綿長、醫藥救護人員需要

務團

甚多、本省特擬於省府公共衛生人員訓練班學員中遴選三十餘人組織戰地衛生服務團、派往南京衛生署聽候分配工作、俾令前往戰地實際服務、

趕製藥品衛生材料 吾國日用藥品、均來自外國、現因海口封鎖、來源中斷、若不設法自製、將來實無法維持、現已由民政廳衛生科製藥室在可能範圍內、分在福州浦城二處、趕製醫藥材料、並在浦城設立存儲庫、

通令各縣辦理霍亂傷寒免費注射

戰時一切衛生狀況自易低落、舉凡消化系傳染病之流行、又在所不免、況自滬戰開始以來、霍亂流行、尤極猖獗、則以本省地處海濱、亟宜及早設法防遏、以免侵入、現除令飭水路檢疫機關詳密注意檢查由滬方來省旅客、並由省會衛生事務所開始免費注射傷寒霍亂預防注射外、並擬通令各縣政府衛生機關辦理免費注射、同時注意各地環境衛生、藉謀改善、增進一般民眾救護常識及衛生教育　欲增進救護力量、使防疫效力易於推進起見，則對于一般民眾、如何能使其了解救護常識及衛生教育、其事極關重要、茲擬通令全省各地衛生人員、聯合組織學會、努力從事於此項工作、並以普遍為目的、

組織救護隊　本省現有之民眾救護隊、如遇戰事發生時、均擬加以擴大組織、以為救護民眾之用、並選擇一部、加重訓練、令赴戰地救護傷兵、以補助部隊担架兵之不足、惟

关于經費一項，須由政府酌予補助，或全部改編為政府救護隊。

設立後方醫院關於戰爭未到來時之準備工作部份中，所述指定公私立及教會醫院收容負傷軍民以及預籌臨時醫院暨添設衛生院等項工作，仍感不足以應戰時需要，故對於後方醫院之設置尚須預為通盤籌畫，茲規定擬設後方醫院地點為福州建甌延平建陽浦城龍溪龍岩長汀晉江羅源霞浦等十一縣，以上各地點、擬先尋覓相當房屋、以能容千人者為最佳、或五百人者二處、或最少三百人者三處、是項房屋以利用公共場所為最宜、覓定之後、交由各所在地縣政府保管、該所對于飲水之來源、環境之衛生、交通之狀況等等、是否適於醫院之用、並令所地在衛生主管機關決定之、

運輸傷兵　關於運輸傷兵、擬由省府令汽車船舶總隊部、先行預定汽車船隻若干專

供運輸傷兵之用，或另組織傷兵運輸隊，由衛生科遴選人員，制定編制，呈請政府設立，俟將來察看情形決定之。

用具及衛生材料

（子）屬於醫院病室以及辦公用具，可就各該地政府及衛生機關借用，不足者臨時向地方借用。病床一項，務求節省，設法由地方借用竹床或舖板，不得已時再設法採購，用費得作正式開銷。

（丑）屬於被褥服裝者，則被服以每處一十人計，每人一被一褥一被單，需洋十元。

共計需洋一萬元、由地方政府籌措、必要時得請省府補助之、服裝一項、擬臨時醫院成立後、由保安處統籌領發、

(寅)屬於醫藥材料者、除本科現存救護材料一部外、對於繃帶消毒材料傳染預防血清等、尚須添購、每人每日至少以八分計算、每千人醫院、每月需洋二千四百元、現有材料、祇約敷五千傷兵二個月之用、

(卯)屬於傷兵食費、則須接收容負傷兵

民之多寡，由地方政府筹给之。

(二)財政類

此欄取消

類別	項別	工作綱要	計劃	備攷
財政	改進舊稅、變更稽征办法、維持固有收入。	本省各項舊稅、以田賦營業稅為大宗、擬就該兩項舊稅逐漸改進、增加收入、以維持固有之支出、使普通政務不致受戰事之牽動、	(甲)田賦　本省田賦、向稱紊乱、前曾舉辦陳報、藉謀整理、惟以辦法欠周、收效未宏、現已改辦土地編查、就地問户、就户問粮、增額頗多、嗣後仍擬積極推行於賦額較巨之縣份、如莆田南安建甌永安等縣、以求抗戰期中賦稅之增益、(乙)營業稅　本省普通營業稅、原由貫捐改辦、二十五年五月間、	

訂定特殊調查辦法、實行普遍調查、照章重定稅額、編造征收底冊、按户發給營業稅調查証、以謀澈底改革、現已按照原定計劃整理、計底冊編造完竣者、達五十餘市縣、其餘少数縣份調查未完者、正在加緊催辦、冀於最短期間、全部完成、庶主要稅源之基礎、得以穩固、

舉辦新稅、

切實改進原有房、舖

查徵收房、舖稅、對於自產自

另闢戰時稅、對以增益財源、用、係用估價方法計算稅額、

特別財源、對於租用房鋪、則按每月租額、作為征收房鋪稅之標準、乃業主與租戶往往短報租額、以圖取巧、目下擬按福建省房鋪官租摺章程、先就省垣區域布告實行購用官租摺、由財政廳製發經徵機關及各商店代售、其自產自用者則令赴經徵機關領取憑証、以杜

隱匿、俟省垣辦有成績、再推行於各地、預計此項辦法於房鋪稅當有增加不少、一面籌備國難防務捐、由各縣市政府會同黨部法團及公正士紳組織募集委員會、斟酌當地實際情形、擬定募集辦法、向人民勸募、各户均能踴躍輸將於國防用途深資補助、查本省自抗戰以來、稅收銳減、支出

撙節各項機	核減黨政各費及停止

閲費、移作後方勤務建設經費、

不急需一切事業費之支出、

劇增、非力謀緊縮、不足以資平衡、上年九月間奉　軍事委員會灰執二電、飭節省其他經費、作為後方勤務建設經費、當經照辦、茲將緊縮办法列下、

(一)各項政務以簡单靈活為原則、將財政建設教育各點廳之附屬機関、設法裁撤歸併、其經費按現支数各減支

三分之一、

(二)有關各項政務之主管與監督机關經費暨党務費司法費、以按現支数減支二成為原則、

(三)保安費就訓練經費酌減、

(四)協助費除關於國防養老撫邺及其他必要費外、不得支給之、

(五)各項臨時費以與國防建設有關或急切需要者為限、此次原擬縮減全部經常費三分之一、但事實

			上有未能緊縮者、核計按月尚須支出一百餘萬元、
金融	通貨管理	推計法幣需要數額、預為印製存儲、並注意分儲於完全地區、	本省內地市場籌碼原不充裕、並自抗戰以來、商運停頓、通常信用、驟形緊縮、籌碼缺乏之現象、愈見顯著、茲擬聯同四行及省行、協商推計法幣需要數額、預為存儲、並盡量辦理貼放與轉貼放、務期法幣流通、數量適合內地商場之需要、同時省行、輔幣券之發行、即著

收發行之現銀準備，為安全存儲之措置，並獎勵督促收兌民間之金銀，以厚準備。

該行審度市場情形，妥為調劑，預先準備，並分別儲存內地安全之區，

自白銀國有政策實施以還，本省銀行準備，均以法幣充之，唯民間因積習相沿，猶多窖藏金銀，業經分令各縣市區，責成保甲長切實勸導交兌，一面分令省銀行於內地積極推行收買金銀業務，轉送中央銀行兌換法幣，以

國防民生有關之農工商礦重要事業、其通貨之供給、應為合理之增加、

厚準備、現據省銀行呈報、已經開始放兌者、計有東山龍溪沙縣福安建陽長汀晉江羅源等縣、其餘正在續籌辦理中、

閩省產業落後、資力薄弱、抗戰以來尤形萎縮、業經商請貿易農產工礦調整委員會撥款協助、並令福建省銀行撥款三十萬元、交由經建分會統籌辦理農產貿易調整事宜、組織運

		輸貿易機關收購過剩農産、一面仍就財力可能範圍内、對於各項産業必需資金、儘量予以援助、
滙兑管理	嚴格限制外滙	本省對於限制外滙、均照中央既定方針、切實辦理、最近並嚴令各地銀行、遵照安定金融辦法、限制提款、以免資金外流、此外更派員分向南洋華僑勸銷本省各項債券、並投資發展

省内產業、籍促資金内流、充實外滙基礎、

積極流通内滙、凡未設銀行之地方、應利用郵政机関辦理、

本省市場滙兑、往昔皆賴郵政局及民信局為之溝通、唯郵局對於内地滙票、每有限額、不易買得、民信局則信用欠佳、時有倒閉之虞、故省銀行成立後、對於滙兑業務、即令其積極推行、以加強全省滙兑網之組織、現在通滙地點已遍及各縣、產業基金

當無梗塞之苦、所有偏遠各縣、擬予一律免費滙兑、以期便利、至省縣各重要商埠及南洋僑滙、亦擬令由省銀行妥籌辦理、取費務輕、滙期務速、所有手續應力求簡便、庶滙兑人易於办理、

金融業務管理

必要時主管機關得與各當地銀行公會、規定臨時之適宜办法、以維持

抗戰以来、市面金融雖不免少有浮動、然均已力籌救濟使趨安定、至本省商場習慣、素重信

金融之妥全、

用、在銀行業與各項產業未臻密切聯絡之前、普通工商業對于資金之融通及移轉、仍多與錢莊及滙兑莊往來、唯内容複雜、流弊滋多、如閩南滙兑莊之濫發滙票、及福州錢莊之擅發劃洋、均屬擾亂幣制、擬予實施登記管理、以便取締、一面再增強金融機關組織、(如改組銀錢業公會派員指導)以便事變時可

	會同審度市場實際情形、妥為處理、
主管機關令中中交農四行規定接濟各金融機關辦法、及維持發展內地有關國防民生農工商礦必要事業辦法、	各地產業之發展、已商由閩四行分支行處辦理各業貼放、以資周轉、並經分令省銀行轉飭各分行處、於四行未設行處區域、依照部定辦理法辦理貼放後、轉向四行貼現、藉期普及、此外更撥款設立全省物產貿易公司及物產運輸公司、從事調整、並將該公司劃

歸經建分會管理、以一事權而收實效、

指導投資、使資金運用於必需品之生產儲集事業、

市場投資、原以營利為鵠的、唯現值非常時期、舉凡有關國防民生之各項產業、如軍需化學工業農礦及手工業等、應由各縣市區積極倡辦、並已派員分向南洋各屬華僑集資經營、以應戰時需要所有無關需要之生產、則予以限制、以免浪費物

力、銀行存款利率、亦儘量抑低、並嚴禁民間高利貸、藉促資金流入生產途徑、至必需品之生產消費、應實施統制、一面於內地設立倉庫、廣為儲積、以應急需、

金融機關

促令金融機關將資金逐漸移轉安全地帶

閩省市場資金、多集中於福廈漳泉各沿海商埠、自全面抗戰以來、已令省銀行對內地產業、務須力予扶植、並由

地方政府積極倡導保護、以促資金流入安全地帶、至現在沿海各處產業因受敵機轟炸影響、自必趨於停頓、市面遊資、務由各省銀行儘量吸收、轉投於內地產業、以減免危險與損失、

本省金融機關、均集中於福廈漳泉各地、稍次縣份、則寥若晨星、本省銀行創立以來、能本調

促令各銀行分別就指定地點推設分支行處、或新組銀行、以健全

金融網、

劑金融輔助建設之旨、儘量擴充、不遺偏遠、除福州總行及厦門分行外、先後成立南台仙遊南平建甌泉州浦城涵江漳州長樂福清龍岩賽歧等十一辦事處、長汀古田連江沙縣清流寧德福安石碼等八分理處、斜灘穆洋社口等三滙兑所、及上列各縣與其餘四十五縣暨七特種區金庫、均兼辦滙兑業務、兹為完成金融綱起見、擬以該行為軸心、通貫全省於每行政區均設立一分行、以管轄該區內之支行及辦事處、而總行則總其大成各縣區金庫、亦視實際需要、分別政設分理處、似此層層相屬、不唯管理便利、而整個金融政策之實施、亦如臂使指、運用自如、

促令各銀行組織聯合

省銀行為地方金融機關、對於

準備機関、以健全金融機構、

各地銀錢業應立於領導地位、以協助政府建設所有商營銀行及錢業、準備擬令其發起聯合、以酌劑盈虛便利調度、增厚金融市場實力、

此擱取銷

三（四）教育類

類別	項別	工作綱要	計劃	備攷
教育	訓練	各級學校學生之訓練	（甲）專科以上學校 一、私立學院各年級男女學生，應於二十七年一月四日起，集中於福建省民訓幹部訓練總隊訓練兩星期，受訓完畢，派往各縣協助社會軍訓隊訓練壯丁及其他民衆，其詳細辦法見非常時期高中以上學校學生參加民衆訓練工作實施綱要（附件） 二、省立醫學專科學校學生，應在	

校加緊訓練、尤應注意於救護科目、

(乙)中等學校

一、公私立高中二三年級男生、應參加福建省民訓幹部訓練總隊訓練、其辦法與學院學生同、

二、省會公私立高中二三年級女生、應受集中救護訓練六星期、受訓完畢回校上課、每週應以兩日半時間担任戰時後方服務工作、其詳細辦法見省會高中女生集中救護訓練辦法、

（附件）至各縣公私立高中二三年級女生由校參照省會女生集中救護訓練辦法自行辦理、

三、公私立高中一年級男女學生、在校照常上課、但應參加高中學生戰時後方服務團訓練、每星期三小時至四小時、其詳細辦法見修正福建省中等學校非常時期青年訓練實施辦法、（附件）

四、省會公私立初中學生凡年在十五歲以上者、均應參加童子軍戰時服務團訓練、並應先將各校童子軍小隊長施以一個月之集中幹部訓練、幹部訓練完畢、再行辦理團員訓練、其詳細辦法見中國童子軍福建省會戰時服務團實施辦法、(附件)至各縣公私立初中學生訓練、均參照省會辦法、

五、省立師範二三年級男生及省縣立簡易師範四年級男生、應參加福建省民訓幹部訓練總隊訓練、

其辦法與高中二三年級男生同、

六、省立師範二三年級女生及省縣立簡易師範四年級女生、應受集中救護訓練、其辦法與高中二三年級女生同、

七、省立師範一年級男女學生及省縣立簡易師範一二三年級男女学生、均在校照常上課、但應參加戰時後方服務團之訓練、其辦法與高中一年級学生同、

八、公私立工業職業學校學生在校照常上課，但應就所有電機、土木、建築、機械、應用化學、航空機械、船工、圖算等科中，擇其戰時有關科目加緊訓練，備供戰時應用。

九、公私立農業職業學校學生在校照常上課，但應就農林園藝等科加緊訓練，並抽出一部份時間，前往附近各鄉指導農民改良生產技術，或提倡冬耕，促進戰

時生產、

十、公私立助產職業學校、護士職業學校學生、均應在校加緊各護科之訓練、尤應注意於救護科目、備供戰時救護之用、

宣傳
各級學校及社教機關担任抗敵宣傳
各級學校及社教機關、對於抗敵意義、應加緊宣傳、其辦法擬規定為 一、目標 1、強化民眾民族意識 2、激揚民眾抗敵情緒

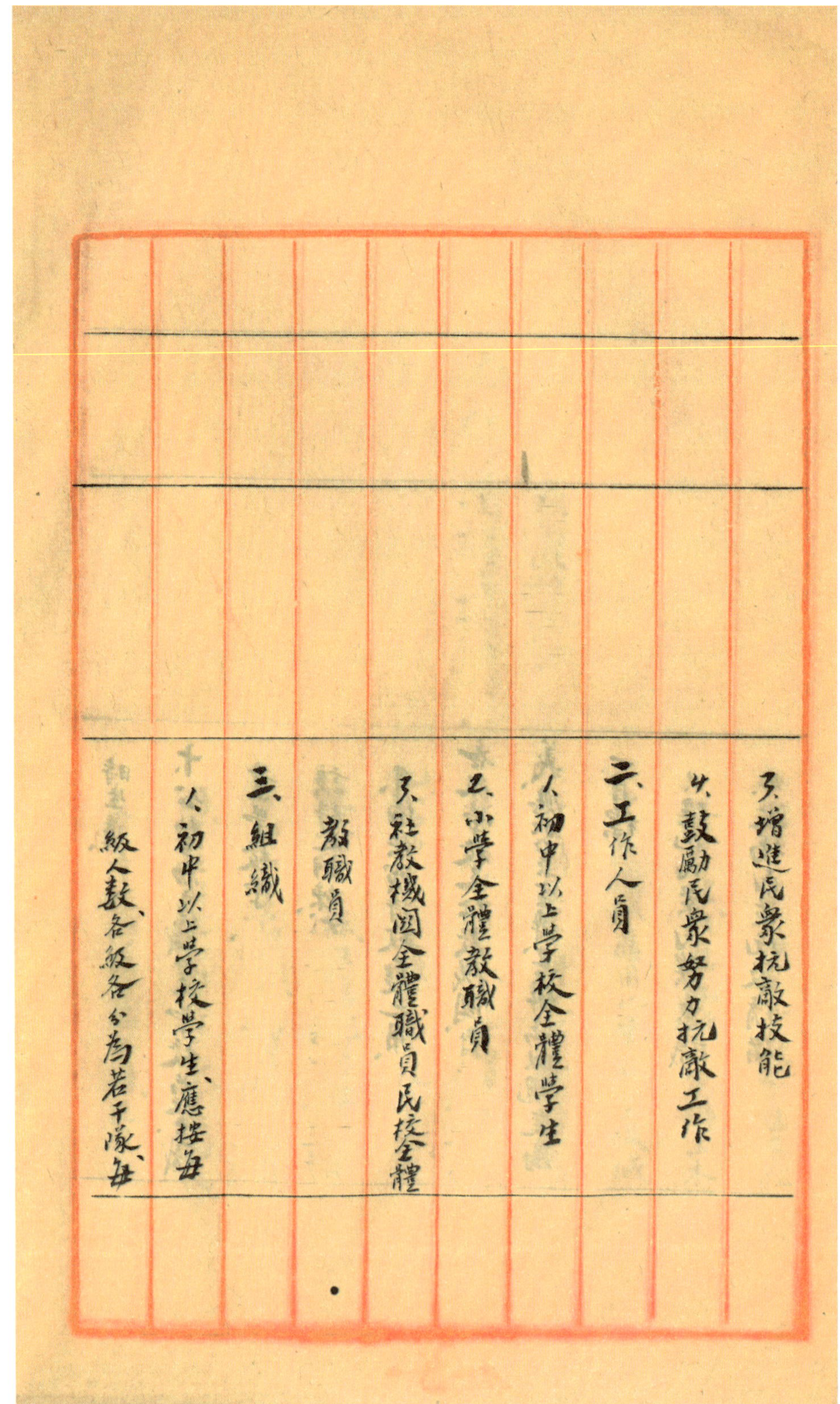
7、增进民众抗敌技能
8、鼓励民众努力抗敌工作
二、工作人员
1、初中以上学校全体学生
2、小学全体教职员
3、社教机关全体职员民校全体
教职员
三、组织
1、初中以上学校学生，应按每
级人数，各级各分为若干队，每

隊五人至九人、（已參加省會抗敵宣傳工作團者除外）

乙、初中以上教職員、應充學生宣傳隊指導、擬全校宣傳隊數目平均分配担任指導之責、（已參加省會抗敵宣傳工作團者除外）

丙、高初級小學教職員、以三人至五人組織一隊、

丁、簡易小學短期小學及民衆學校教職員、每校人數過少不能

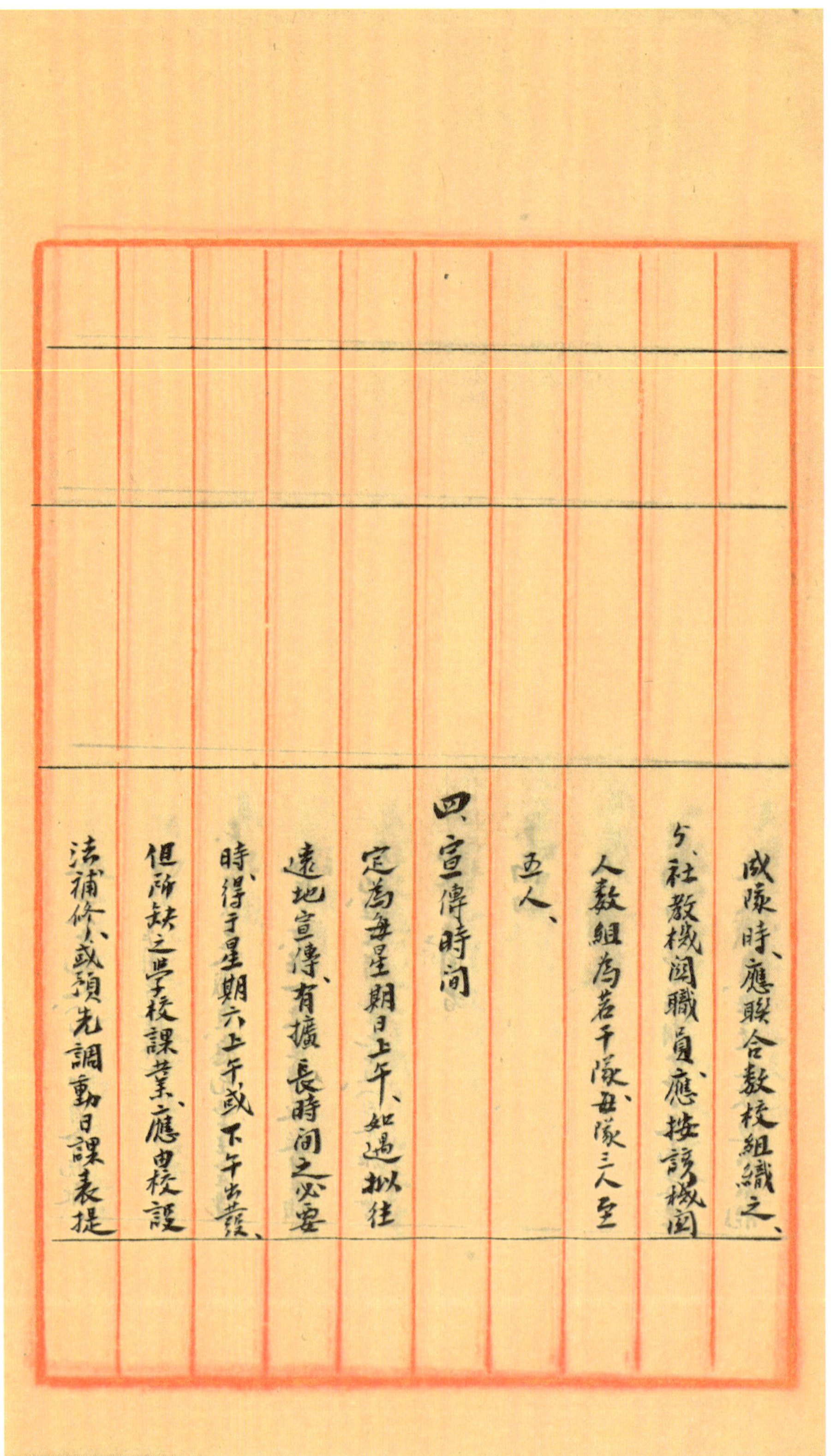

成隊時、應聯合數校組織之、

5、社教機關職員、應按該機關人數組為若干隊、每隊三人至五人、

四、宣傳時間

定為每星期日上午、如遇擬往遠地宣傳、有擴長時間之必要時、得于星期六上午或下午出發、但所缺之學校課業、應由校設法補修、或預先調動日課表提

前處理、

五、宣傳地點

以普及鄉村為原則，城區内之學校及社教機關，應儘量到鄉間宣傳，各學校及社教機關所担任宣傳區域，應由指導機關預為分配，以免重複衝突。

六、宣傳辦法

A 方式

（子）講演　（丑）歌詠

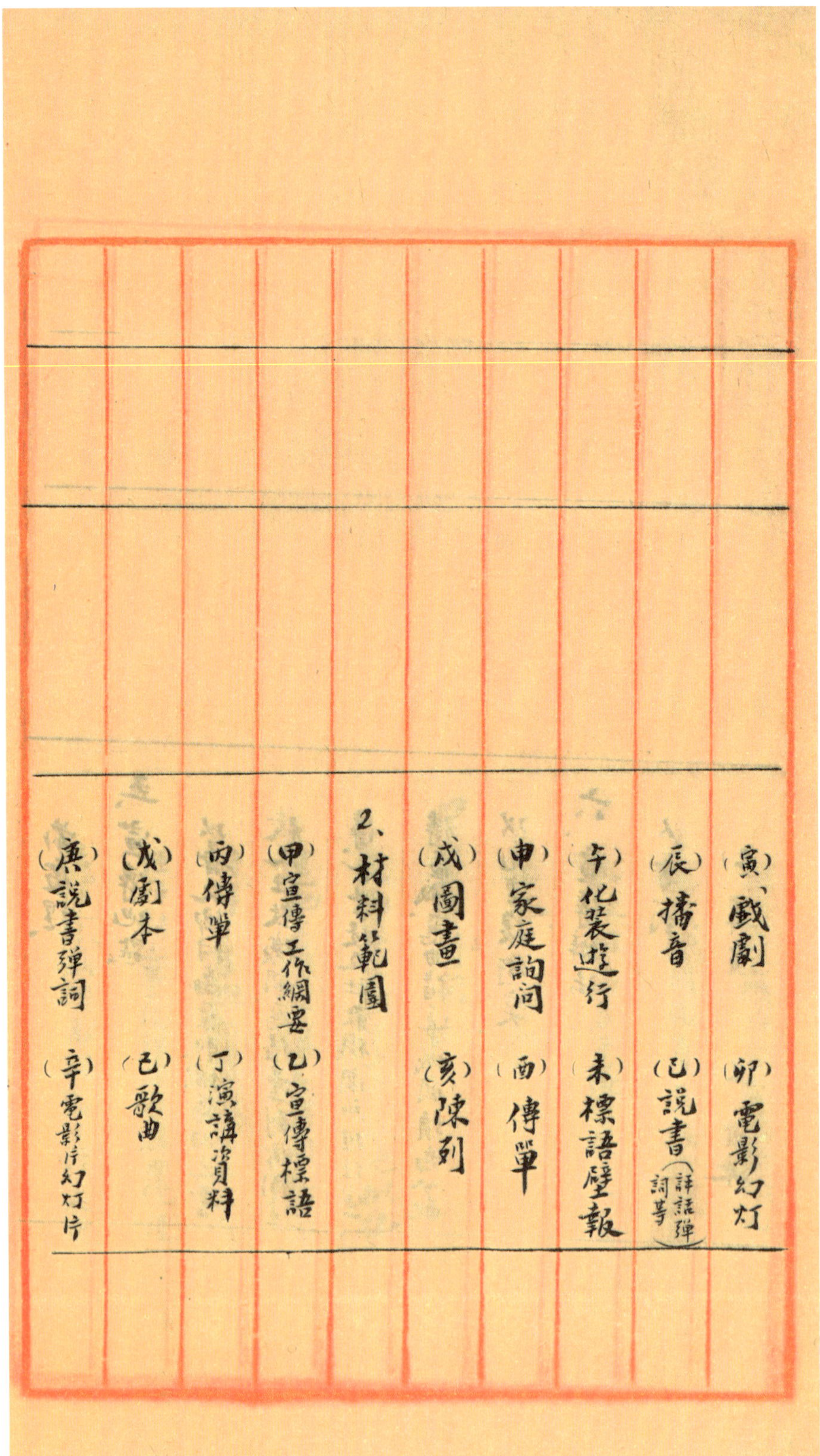

（寅）戲劇　（卯）電影幻灯
（辰）播音　（巳）說書（評話彈詞等）
（午）化裝遊行　（未）標語壁報
（申）家庭詢問　（酉）傳單
（戌）圖畫　（亥）陳列

2、材料範圍
（甲）宣傳工作綱要　（乙）宣傳標語
（丙）傳單　（丁）演講資料
（戊）劇本　（己）歌曲
（庚）說書彈詞　（辛）電影片幻灯片

（壬）圖畫　（癸）留聲機器

各宣傳隊宣傳工作，應依照宣傳工作綱要切實施行，各宣傳隊之宣傳方式由各隊隨時計劃施行，如因某種方式有聯合數隊必要時，得將各隊合併舉行之。

七、工作分配

人初中以上學校學生，每校每星期出發隊數，應有全校宣傳隊總數四分之一，每月由校將各

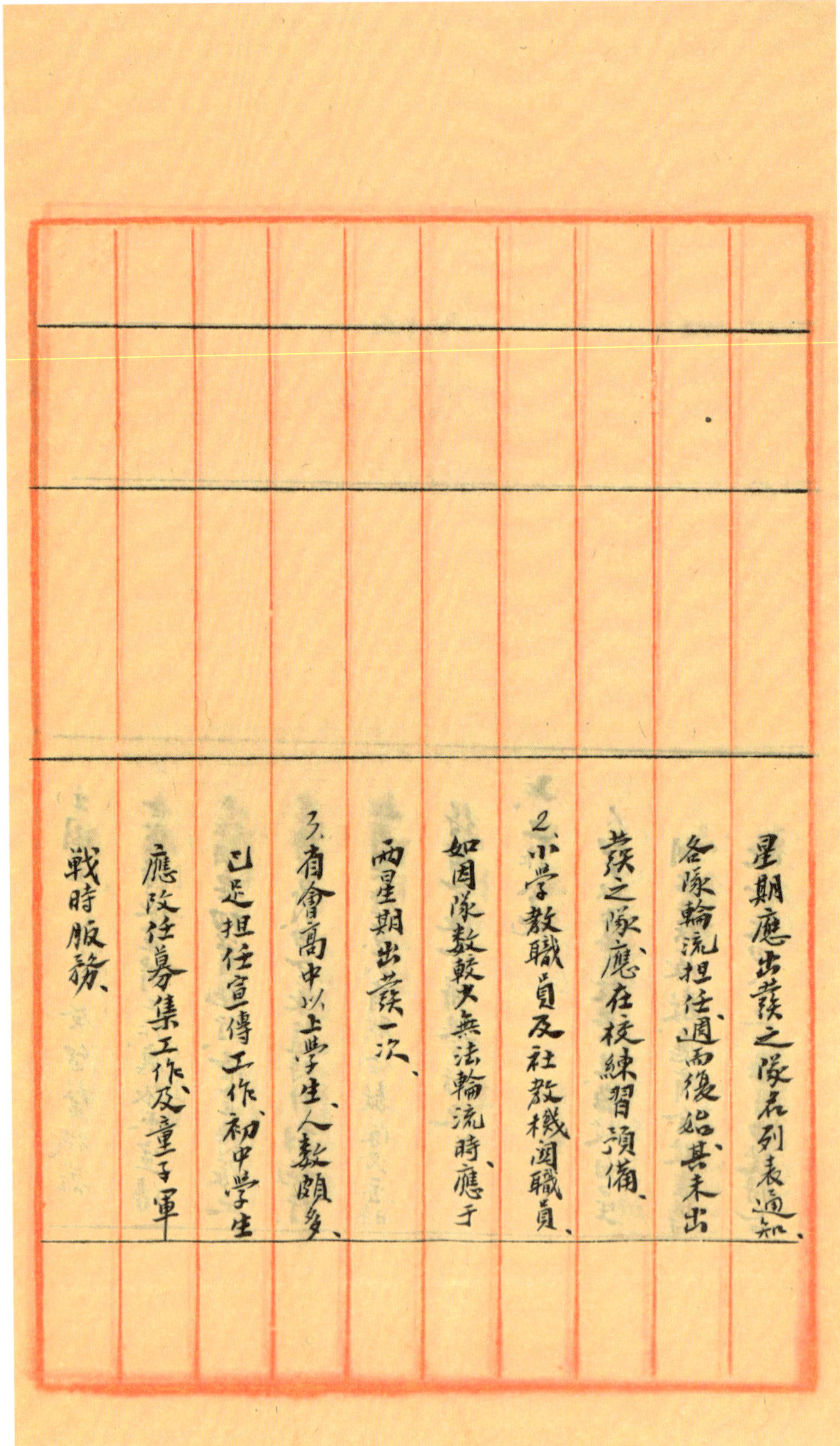

星期應出發之隊名列表通知、各隊輪流担任、週而復始、其未出發之隊、應在校練習預備、

2、小学教職員及社教機關職員、如因隊數較大無法輪流時、應于兩星期出發一次、

3、有會高中以上學生、人數頗多、已足担任宣傳工作、初中學生應改任募集工作、及童子軍戰時服務、

八、工作指導

1、省會應由省政府教育廳會同省黨部、省抗敵後援會、省會教育局、組織省會教育機關抗敵宣傳指導委員會，負指導推行之責。

2、各縣市及特種區，應由縣市政府特種區署會同當地黨部及抗敵後援團體並省立學校主管人員，組織各該縣市特區教

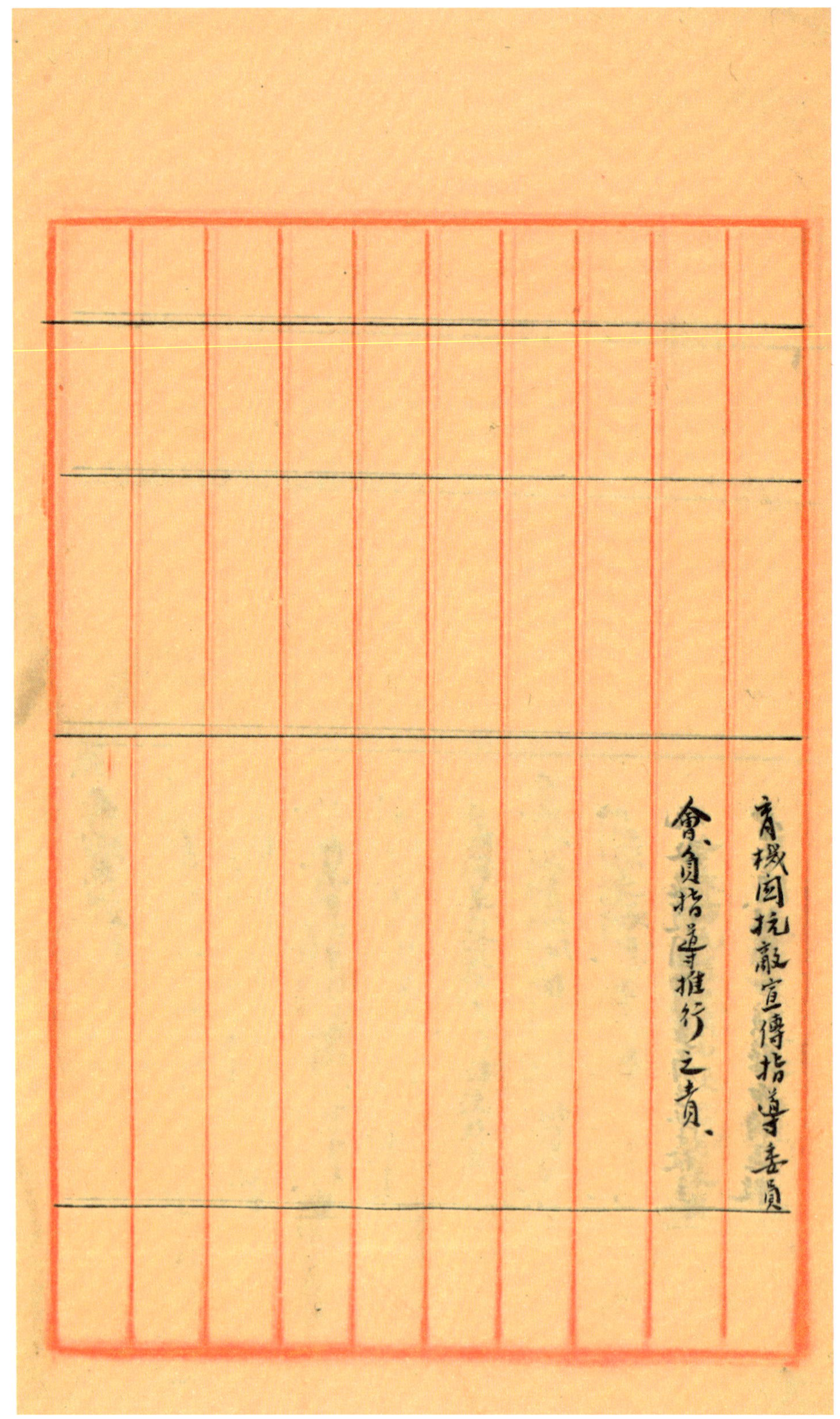
育机关抗敌宣传指导委员
会，负指导推行之责。

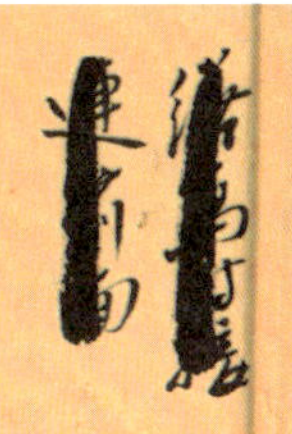

此摘取錯

四（三）建設類

類別	項別	工作綱要	計劃	備考
建設交通		協助軍事前方構築工事	前方工事，因關係軍事秘密，擬仍由當地軍隊自行構築，遇有需要材料，則由地方政府，儘量購備或征集撥用，如需人工，亦由地方政府征派民工補助，必要時，并由建設廳派工程人協助之	
		担任軍事後方運輸與通訊	（甲）汽車 為便利軍事運輸起見，將全省車輛編為三大隊，并設立福泉廈延建邵延永連車隊總段管理所三所，辦理軍	

運，及維持交通事宜，至於普通營業，仍予維持，惟減少行車班次，縮短行車時間，節省物料之消耗，儘量備作有關軍事運輸之用。

上述辦法，如遇戰事發生，所有在戰爭後方，担任運輸各工作，均依此辦理。

(乙)船舶

閩江上游擬編成小輪一大隊，計八十一艘，內劃出建平等暨輪渡十二艘，專任民運，藉維交通，其餘悉數担任後方

單運，又編民船一大隊，業經着手編組，
隨時補助汽船所不及，
閩江下游亦編成小輪一大隊，計汽輪船
一百二十七艘，民船部份亦編成一大隊，担任
萬壽橋以下琯頭以上之運輸工作，并
隨時參酌情形，兼顧民運，
其餘沿海各縣，按照各省市船舶編隊
演習試行辦法之規定，責成各縣長兼
任船舶大隊長，就各縣範圍內將所有
船舶限期編列成隊，分任各地后方運

輸，藉利軍運至於閩江上下游小輪所有船上員工薪餉，以及應用燃料，概予分別籌劃统制，以便调遣，而利運輸。上述各縣市應行編隊各船舶，擬按照演習試行辦法派員指導，即日加緊訓練，以備戰事發生時，可以全部集中戰區，分任運輸工作。

（丙）電訊

一、有线電訊

查本省重要公路，大半經業完成，為便

利軍事運輸及通讯起見，凡沿公路一律先设十二號鍍鋅鉄线乘线長途電話一條。除福州經泉州至厦门，福州至馬江及福州至長樂沿海一带業已設供車運，并共軍隊聯用外，其餘福州經古田建甌建陽至浙邊浦城，又建甌經南平沙縣永安連城至長汀各幹綫，均應設架，適時供给軍事後方運輸電讯之用。

（二）電线電桿之保護及修理

A、桿线保護関于保護電話桿线，及其附属通訊器品，應由各縣政府，各保安团队，督率所属及沿线各保甲長，負責随時巡查保護，如有發覺毁損或窃割桿线情事，即行嚴密緝辦，一面并通知該桿线主管通訊機関查勘修復。

B、桿线修理関于電話桿线之修理，應組修线队，并分段遣派巡线工随時巡護，一面另發线料木桿，沿途指定適當地點分屯準備，以便隨時修整。

(三)無綫電訊

(A)固定電台　查本省各縣，未能通達有綫電訊者，但大半保安處均已裝置無綫電台，以可供給軍用。至公路運輸方面，並擬利用省府保安處設置之各縣無綫電台，由建設廳另定通用規則，藉相聯絡，以資通訊。

(B)移動電台　查軍用電台，貴能隨時移動，除已設十五瓦或五瓦固定電

名，可隨時隨地視軍用需要，联絡移動外，并另備移動無綫電機數部，以增後方通訊之实力，

上述辦法，如遇戰事發生，所有在戰争後方，担任通訊各工作均依此辦理，

完成戰争後方必要汽車路及其他設備並加緊戰争不能即刻到達地帶之軍運所需要之汽車路

（甲）限期完成戰争後方必要之汽車路

本省地處海濱，值茲時局緊張，急要完成之沿海一帶之汽車路，計有(一)由福州經羅橋而達吉田之福田路(二)由馬尾經琯頭而達連江之馬連路，(三)由營前至

峽南之營峽路、所有里程及修築情形、
均見附表一、
(乙)大量加築在戰爭不能即刻達到地帶
單運需要之汽車路
本省內地各縣戰爭、尚不能即刻達到茲
擬在該地帶內應築之軍運汽車路、為下
列五綫、
(一)由建甌經過玉山街而達古田之甌田路、
(二)由仙遊圳口經過湖洋德化赤水而達大
田之仙永德路、

(三)由永安經過西洋而達大田之永大路、

(四)由崇安經過五渡而達汾水關之崇汾路、

(五)由峯市(省界)直趨廣東大浦之峯浦路、

所有里程及修築情形,均見附表二、

(丙)購辦各種車輛以供軍事及國際運輸之用

擬先就現有公路公私車輛以及各種材料、先行供給軍運、一面就財政狀

況可能範圍內、同時在戰爭不能即刻達到地帶、訂購汽車（車輛種類應統一）及其燃料、仍積極製造畜車手車等以補不足、

（丁）購藏大量燃燒油及潤滑油使敷汽車之用

各路段汽車用油、本省業已購備分儲各地、足供四個月需用、至經常用油、仍按月購辦、將來視財政情形、擬再陸續添購儲備、再本省福州厦门兩口晰各

在战争不能即刻达到地带，整理原有之汽车及修理厂

公司存油，已儘量贍回，以後省港航运外商如仍常川行走，當不致斷貨，必要時再逕向外國訂購。

（甲）儘量改造適合運（軍）之車輛，將一部份客車改造料車車身，又特修車輛亦從速修竣，以充軍用。

（乙）各修車廠應備之各種汽車另件由廳計劃，使各廠分工合作，自行仿造，並自制及各項簡易機器，如新式農具救火機等，逐漸創立本省工

業基礎、

（丙）建陽修車廠積極調整裝配原有修車工具、并另行訂購柴油車特備工具、增強修車能力、

（丁）擴充永安連城兩修車廠設備、

公路及橋樑之保護修理與必要橋樑之增加

本省已成各公路及橋樑保護與修理之工作、除由各路原有養路道班橋工隊担任外、並擬遵照 軍事委員會全國經濟委員會㕘照代電所頒各省市設立路工隊及修護公路暫

行辦法之規定、組織路工隊十隊、並飭各縣政府組織民衆養路隊、所有各路工隊經管區域或路段見附表三、至各公路必要之橋樑應增加者、並應即時辦理、以免貽誤軍運、

集中與徵調公私車輛以備軍運需要

(甲)官商辦較優車輛、儘先徵用集中、其次優者分批徵集之、

(乙)車輛徵用後、按車運需要情形分配各處、

(丙)將全省公私汽車統制管理、並編列

號數、以便徵調、

(丁)接管交通衝要地帶之汽車公司車輛、儘量担任軍運、

鄉村道路之溝通

為謀糧食運輸便利起見、縣農業指導員及副指導員、應協同合作指導員督促農民開築可通行畜車之鄉村道路、並介紹採用改良畜車、

農業

改良食糧品質與增加生產

(甲)關于改良種子及改換種植

查本省農林試驗研究機關、開辦僅二年餘、對于作物品種之改良、正在研究、

今後計劃、除仍令各該機關等繼續試驗研究外，對于病虫害之防除、肥料之合理施用及耐旱耕作等工作，特別加以注意。且目前為適應戰時準備，從速增加糧食生產，計擬先從開墾荒地、提倡冬耕、種植綠肥、製造堆肥等入手，茲將計劃列舉如次：

（一）農林試驗機關糧食作物之研究

（A）長樂農場　原為水稻試驗研究專場，因時局關係，擬暫將貴重儀器農具、移存北嶺農民教育師資訓練所、並將一部份人員遷往北嶺辦公外、仍留有一部人員在場繼續工作、至於場舍場地、除試驗用地約百畝外、餘移至長樂縣政府保管、今後水稻試驗仍令繼續研究、

(B)漳浦農場　原為全般之農林試驗場、尤以食用作物之稻薯及工藝作物之甘蔗為研究主要對象、今後

仍令繼續工作、並加緊食用作物之研究、

(C)南平農場　原為林業試驗場、因閩北尚未設有農場、故令其騰出土地兼作食用作物之栽培研究、

(D)其他　如有縣合辦之龍溪宅內農場、原為全般農林之經濟經營農場、官商合辦之漳浦豊祥農場、原以經營蔗糖事業為主之經濟農場、今後視經濟情形、擬設

重於食用作物之經濟經營、

(二)開墾荒地及利用荒地荒山栽種花生黃豆甘薯油桐油茶烏桕、

(A)開墾荒地規定泰寧建寧崇安明溪清流五縣為移墾縣份預定移墾民一萬至二萬人、先於泰寧建寧崇安三縣各設立墾務所、漳州泉州各設招墾所、第一期招募閩侯閩清福清長樂永泰及漳泉廈各縣失業人民

八千名、前往開墾、移墾辦法
(A)墾民以户為單位、每户五人、
十户為一甲、(B)獨身男子年在
三十以下者、按其籍貫編入不滿五
人之户内、作為該户之工友、(C)墾户由
政府借與四個月之伙食及農具種
子、工友借與六個月之伙食、(D)運輸
之必要費用由政府負担、(E)房屋基
地及材料由政府借給、其修繕由墾
户自任、(F)荒地由政府租給、第一年

免租、第二年起自百分之二十五遞增

至百分之四十為止免納田租、

(B)利用荒地荒山栽種花生黄豆甘

薯油桐油茶烏桕、

閩西北各縣及閩南距海岸較遠縣

份、除厲行冬耕外、並於春季利用

荒地種植花生甘薯黄豆油桐油茶

烏桕以增雜糧及植物油之生產、并

間接取得油粕類之肥料、

(三)普及冬耕

订定本省提倡冬耕暫行辦法、通飭各縣一律依照此項辦法施行、冬耕作物以小麥豆類為主、油菜及其他作物為頭副、并規定至少須以冬耕面積之三分一、栽種蠶豆豌豆油菜或其他綠肥作物、供春作基肥之用、印發綠肥淺說堆肥淺說、切實推行綠肥之大量種植與堆肥之合理製造、以謀肥料之自給、麥豆種子以農民自備為原則、各縣如有

不敷、可援由省政府代購貸放、冬耕成績
優良者、給予獎金或同等代價之獎
章或新式農具以獎勵之、冬耕收獲
物、農民如感銷售困難、由縣政府調
查其種類及數量、呈請建設廳
撥款收買、以保障其利益、茲擬先於
閩西北指定二十五縣辦理冬耕種子
貸放、總額預定為四十萬元、現已籌
得十萬元、先從永安沙縣古田建甌
浦城連城明溪邵武建寧泰寧崇

安、龍溪仙遊清流永泰等十五縣
開始辦理、一面向銀行商貸三十萬
元、再行辦理南平建陽順昌龍岩
漳平長汀上杭寧洋尤溪大田等
十縣、并充合補助先辦冬耕縣份。
辦法先核定補助各縣採購種子
款額、發給各縣自行向鄰近縣
份採購麥豆種子、以另一部份款項
由建設廳派員向鄰省接近縣份採購
優良種子以補不足、餘款作獎勵及

準備等費、每縣派縣農業指導員及副指導員二人至四人，協同縣合作指導員負責辦理各縣種子之採購及貸放、各縣办理應行注意之事項如左、

(A)採購種子以小麥豆類為主、但得斟酌情形、採購當地冬耕常用之種子、至所購種子、務須注意新陳純雜、如陳舊夾雜者、切不可收買、

（B）應督率區保甲長選定冬耕農户姓名、冬耕面積、冬耕作物種類、需用種子数量、播種日期等項，分區列冊，由縣政府統计員彙集列表，以作採購種子之準備。

（C）選定冬耕農户，應以區署為中心，而以合作社々員或保甲長為第一對象，如户数有限或未經營農業時，得以區署為中心，選擇適當農户。如不願意，得由區保甲長强制执

行、

（四）採購肥料　查本省肥田粉、以最近二三年輸入、平均推算全年約需三十萬担、縱全國種植緑肥製造堆肥、早晚稻所需肥料稍有補助、但因增加一季冬耕、其肥料自感不足、擬由本省物產貿易公司採購硫酸錏及過燐酸石灰共五萬包、貸放於上列辦理冬耕之二十五縣、以補肥料之不足、

（乙）關于農業人才統籌技術合作

（一）農業研究人才之集中

（A）長樂農校長樂農場及農民教育師資訓練所原有人員一部份集中於北嶺農民教育師資訓練所、從事糧食生產問題之研究、且須注意重適合農村之需要、

（B）就農業改進處籌備處長樂農場農民教育師資訓練所三處人員中、調集一部於建設廳、從事農

業行政之推行、各縣農業生產之設計、

（二）農業推廣人材之分派

（A）調派農業改進處籌備處技佐二人、農民教育師資訓練所農業技士班畢業學員六十三人、為縣農業指導員及副指導員、協助各縣及各墾務所指導並推進食糧生產工作、

（B）隨派建設廳農業技術人員赴各

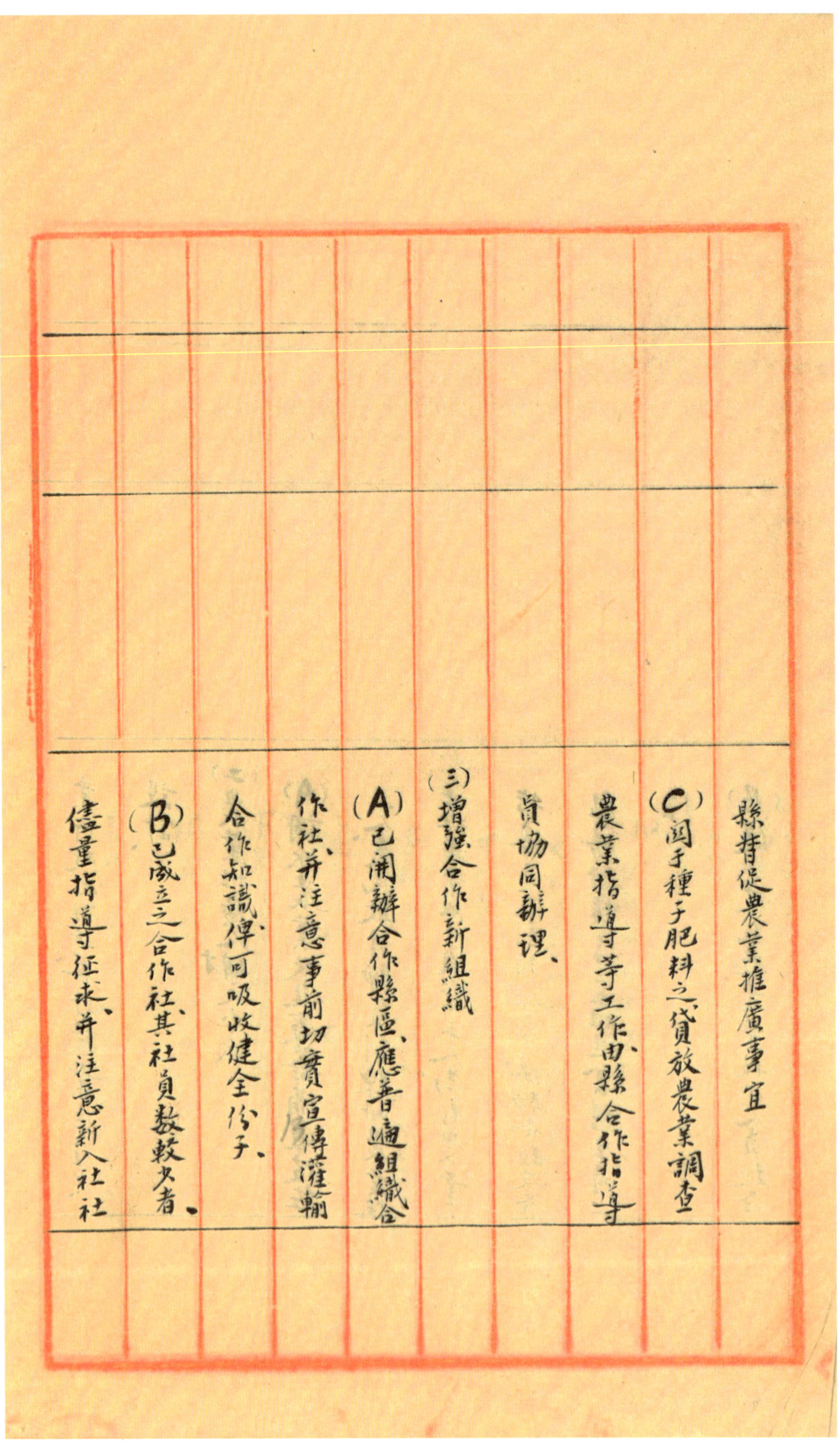

縣督促農業推廣事宜

(C)關于種子肥料之貸放農業調查

農業指導等工作由縣合作指導

員協同辦理、

(三)增强合作新組織

(A)已開辦合作縣區、應普遍組織合

作社、并注意事前切實宣傳灌輸

合作知識俾可吸收健全份子、

(B)已成立之合作社其社員數較少者、

儘量指導征求、并注意新入社社

員之訓練。

（C）各級合作社聯合社，限期指導組織成立，以增厚合作力量，確立組團系統。

（D）推行合作縣區內，儘量指導成立各種生產合作社，促進生產事業。

（E）現有信用合作社辦有成績者，應視地方需要情形，分別指導兼營生產儲藏購買或運銷業務，以增加合作社之效用。

（F）現有合作社非辦理成績特劣者。

而令解体、如有社員出服兵役、應以其及年之法定繼承人為其代表、此項代表亦須對社申請登冊、毋庸辦理入社手續、以為充實合作組織之基礎、

（乙）推行生產合作事業、應由縣長及特種區之長督率農業技術人員、協助合作指導員辦理、俾生產合作之組織更能發揮其效能、

（丙）普遍舉辦合作講習會、所有推

行合作縣區、應儘速一律舉辦、凡合作社社員每十人中選派一人參加講習、授以合作知識及戰時常識、受訓社員應將所習得者轉授其他九人、俾於最短期內全省合作社社員均能直接或間接受合作教育及非常時期之特種訓練、講習會所用講義、由建設廳商同教育廳編印分發應用。

（I）編印合作通訊、分發各級合作社參閱、其內容分日報摘要、各項通

告合作情報、合作社通訊、社員一般訓練、及物價調查等、藉以灌輸合作知識及戰時常識、

食糧運銷

本省糧食向感缺乏、前經由府訂定禁止糧食出口暫行辦法、通飭各市縣遵辦、對于國外輸出、絕對予以禁止、至購運糧食、過去係指由物產貿易公司辦理、此後擬仍責令該公司隨時採購及分散、以期敏捷、調于調節糧食一節、現正精密調

17

查統计全省各市縣生產消耗數量及運輸情形、拟以有餘補不足、其仍感缺乏者則採辦省外之米以資接濟、

食糧食鹽之儲藏

（甲）積穀

本省食糧以稻穀為主、拟設省倉縣倉區倉社倉分別儲藏、省倉拟設長汀（閩西）南平（閩中）浦城（閩北）三處、縣倉由縣分覓倉址、區倉社倉以合作社聯合社及單位合作社兼營之、現已進行舉辦、區倉

社倉者，計有南平浦城崇安建陽建甌邵武長樂閩侯閩清寧德長汀連城建寧將樂等十五縣，其他擬辦縣份在與銀行商洽中。所有前項各類倉庫，暫以修葺民房廟宇公所充用為原則，省倉所儲之穀，擬以現款向豐產縣份採購，縣倉所儲之穀，以收買與徵借兩種方式行之，區倉社倉則專儲押合作社及社員之穀，省倉收買穀量、暫定為一百萬担、縣倉所儲穀量、以足供各該縣人口消費十分之一為原則、區倉社倉因各地情形不同、可視各地稻穀產量盈缺供求定律、自行調整其應儲之穀量。

(乙)儲鹽

本省沿海各鹽場存鹽甚多。亟應移屯內地以足民食。惟海口被敵封鎖、海運不通、兹由福建鹽務管理局委託汽車總隊部先將前下場存鹽二十萬市担、備車運至峽南、再用內河汽船移存於閩北各縣已去年於十月十一日開始趕兩個月內移運完畢、至屯積辦法、仍由福建鹽務管理局計劃辦理、

食糧消費

此節前經由府電令各市縣先行調查每月釀酒製衣糟斤數及用米或雜糧担數、於必要時得強制令其減少釀造至一半、並飭將糕餅改造光餅在案、現擬再通令各市縣對於鹽製衣物

品儘量提倡、并予奬勵、於必要時並應禁止米糧釀酒及飼畜、至牧畜飼料應改用代替品以節消費、

工業

促進有國軍用民生各工廠之成立

（甲）本省之軍工業甚少、其有之之織布廠製衣革廠技術均過於簡陋、除一面照（戊）項加以技術及經濟之協助外、一面並照（丁）項促令有關之新工廠從速成立、務以自行製造為目的、

（乙）擬飭令各市縣對於軍用民生有關工廠、應迅速分別組織、倘因地方財

致不遠、可呈請省府設法補助、至此項工廠出品除廠方所能推銷者外、并得由物產貿易公司代為運銷、

(丙)擬飭福州協利鋸木廠及建華火柴廠移往南平或沙縣、由政府協助其遷移、必要時可酌量給予津貼費用、此外並由省府令飭設有與軍用民生有關之工廠之沿海各市縣切實遵辦、

(丁)參酌本省財力、利用本省及鄰省物產、或

加外國原料若干、積極促進軍用及民生有關工廠之成立、如酒精製紙木炭洋灰耐火磚及牙粉火柴電灯電泡電化苛性鈉植物油灯瓷器等廠、由廳另擬詳細計劃、呈請省府核示辦理。

(戊)擬飭令設有工廠之各市縣政府、先行派員查察所屬與軍用民生有關工廠、對于經濟上技術上如確感困難、應儘量協助其解決、倘因地方財力有限、可呈請省府核准撥款補助之。

（己）擬通令省會警察教育兩局及各市縣政府分別切實遵辦、

（庚）擬通令各市縣政府函請當地駐軍並飭警隨時盡力保護，一面由府令飭省會警察教育兩局遵辦、

加緊製造在戰爭不能即刻達到之地帶易於遷徙之軍需品

擬通令各市縣政府查明境內易於遷徙之軍需品製造業，飭其加緊製造軍需品以備長期抗戰之用、

商業

促進有關民生各物品之運售便利

（甲）與軍用民生有關之重要商品棉紗紗布洋灰鐵筋西藥品電池電筒酒精煤炭

菜油灯花生油菜油花生火柴原料、豆餅肥田粉等項。其間如西藥品酒精等必須向國外採購者、即委託中央信託局購辦、其餘擬由物產貿易公司在漢口九江上海杭州廣州香港各處分別設立辦事處或通訊處統制購運。并飭該公司在本省批發銷售。

(乙)際此海運困難、未能直接採運。舉凡各項物品、勢須改由遵陸運閩、故此後對於節制消費辦法、亟應講求。茲擬凡需要上列貨品者，擬由物產貿易公司採辦，轉發各地商號，並規定另售辦法，以節消費。

（丙）本省出產之松木杉木筍紙茶糖澤瀉香菇桐油松香水果傘等，因海運不通，均致停頓，各商因而停業，救濟之法，惟有遵陸運輸，擬於本省設立物產運輸公司外，並商同浙贛兩省，於浙江江山設立轉運公司，經營本省輸出入貨品事宜，再將上游出產，改由崇安出河口、郃武、出南昌、以達長江各埠、俾便相互交易、并由政府設法接洽公路聯運事宜、一面召集各商組織聯合運輸販賣機關、切實調查存貨情形、再由政府予各商民以相當貸款、各商民即以所產物品為抵押、交聯合運販機關集中向外運銷、輸入貨品亦由聯合運販機關運輸、至屬於必要輸入而不能輸入之貨品、惟有臨時參酌情形、另謀代替物品以資救濟、

(丁)擬通令各市縣政府及特種區署、對于境內各種商業、應切實保護、凡商民合理請求之事件、應儘量予以便利、其必須加以扶助者、除盡地方財力所及外、應再呈請省府設法救濟、又本省自海口被封後、貨物阻滯、商人最感運輸之痛苦、擬於省內及鄰省各交通衝要地點、分設轉運機關、與本省船舶汽車主管機關隨時接洽辦理運輸事宜、對於商民委託轉運貨品、儘量為之設法運出、其他關于運輸之困難，應協助其解決。一面通飭各市縣政府及特種區署切實倣效辦法，以維戰時商業。

（戊）擬參攷海關所報最近兩年來本省進出口情形，選擇奢侈品及其他非必需品若干種，通飭各市縣政府及特種區署暨公安機關嚴禁此項商店之新設。

礦產

協助已開發之軍用及工業用重要金屬礦產，促其產量擴

（甲）已開發之軍用重要金屬礦

一、永泰犁壁坑銅礦，以礦脈太不規則，尚須繼續探求苗脈之富生帶再行

充品質改良

從事擴充開採、并改人工選洗為浮游選鑛裝置、以提高品質、所有擴充計劃、已擬定送請工鑛調整委員會審查撥欵。

六、禾山錳鑛以品質不甚優良、且地臨海濱、因戰時環境關係、暫予停止採鑛。

（乙）已開發之工業重要金屬鑛

此項金屬鑛、計有安溪筆鉛、寧海銀鉛、惟現在狀況、幾類停頓、均須加以督促

		指導，增加其生產，必要時擬派員予協助。實行官民合作，
	協助未開發及開發中之軍用及工業用重要金屬礦並尤注意金銀礦之開採	（甲）永泰硫化鐵礦 該礦探鑛公司成立後，因時局關係，各項機件材料，未能及時辦到，同時該項原料，係供給滬地硫酸廠開採，現在滬地各硫酸廠均停工中，自應暫緩進行，一俟時局轉好，擬即着手辦理。 （乙）建甌東游金沙礦 該礦開採計劃已送請工礦調整會

籌查撥款，俟款有着落，即可按原計劃進行開發。

(丙)建甌梨山煤礦

值茲外煤來源斷絕，本省為謀燃料之自給及維持中小工業起見，雖無適當工業用煤產生，惟對于建甌梨山煤礦，決先撥款五萬元，從事開採，以應需要，又龍岩煤田已測有礦區，俟籌定款項，即進行開發。

(丁)其他重要金屬軍用或工業用礦

產此項鑛產因地質調查工作尚未完成、故產量雖稱豐富、仍未能即予計劃開採、故仍本原定調查工作計劃、仍繼續擇尤調查、

統制重要金屬鑛產之運銷及禁止耗費

本省原擬定有若干種重要金屬鑛物之運銷、由政府統制之前經設立瓷土營運管理處即所以統制本省瓷土之運銷、惟欲便利統制指揮起見、似應設立專處辦理、查本省鑛

在戰事不能即刻達到地帶加緊生產并集中可以輸出之貨品及生金銀

山尚屬不甚發達，此項事務不致至過于紛繁，故雖設立專處，儘可派員兼辦，開支亦屬有限。

擬通令各市縣政府對于地方主要出產品應督飭各業人民加緊工作，增加產量，並應按月查明產銷數量及不能推銷之數量與價格列表呈報，即將不能運銷之貨品交由物品貿易公司代為輸出，一面將所產之生金銀列報，以便交由省銀行代為輸出，並督促其極

力增加生金銀之產量，

組織評價委員會

擬通令各市縣政府召集商會及其他有關係之機關團體，組織評價委員會，對于糧食燃料工商品礦鋁品等，調查其成本及當地需要情形，予以評定公平價格，倘有奸商乘機操縱，即行嚴厲取締，

（五）保安類

類別	項別	工作綱要	計劃	備攷
保安	軍事方面	在戰爭地帶一部份動員担負戰鬥任務	（甲）第一期動員担負戰鬥任務 在本省沿海岸第一線除國軍外兼以保安第一旅所轄之第九團第二旅所轄之第一二兩團保三旅所轄之第三團及沿海各縣保安隊義勇壯丁常備隊等担任第一期前線戰爭鬥任務 （乙）第二期動員担負戰鬥任務 除第一期之各保安團隊外第一旅	

所轄第五團第三旅所轄第十團及保安第八團在第一期開始戰鬥後應就所在防地逐步向東南沿海地區推進於準備便于爾後參加作戰之地帶

以上兩項事關兵力配備應由綏署統一指揮當另商同綏署參謀處辦理

在戰爭地帶兵員之補充

（甲）依照戰時國民兵義勇壯丁常備隊編成辦法及戰時兵員後方

補充實施辦法嚴令各市縣局特區編組義勇壯丁常備大隊依每保徵抽壯丁一名步槍一支全省編成六十二常備大隊一百八十四中隊兵員二萬二千餘人（全省二萬二千餘保）並經常保有建制及名額以備今後可候兵員之徵募抽選并為維護地方之健全武力

（乙）本省潛匪尚多民槍亦夥（已）舉行民槍登記者共六萬四千餘枝未

奉行登記當在大多數）若有抗敵志趨誠意自新亦可召集編隊嚴加訓練在短時間養成一部戰鬪兵員在必要時期亟宜妥善收編俾增兵員及徵用民間藏槍以為補充抗戰之用

在戰爭地帶組織便衣隊

此種便衣隊應担任破壞擾亂及偵察敵方各項工作必要時并應担負游擊之任務其編成人數因時因地制宜暫定最多以

不超過一百名最少應以五名以上為限其組織概分如下

（甲）各縣組成者 應儘量以保安隊或義勇壯丁隊之土着官兵編成之必要時利用在戰地内之民衆

（乙）各保安團組成者 指派或抽調某隊担任最好以不分割建制為宜

在戰爭地帶傷兵之

關于在戰爭地戰傷兵之救護擬

救護	規定下列兩項辦法 (甲)由本處組織臨時野戰病院施行救護 (乙)責由各團隊個別或聯合組織臨時野戰病院及救護隊施行救護 以上兩項均由本處會商民政廳辦理
在戰爭地帶担任構築工事	(甲)戰事之發生當在沿海各縣其中尤以寧德之三都霞浦之東冲連江之東岱閩侯之閩江口長樂之梅花沿晉江

至同安及厦门港金门東山等處為
發軔地點
（乙）防禦線之劃分以閩江口為基點
閩江以北至三都為北防禦線閩江
以南至厦门為南防禦線北防禦
線為本省之主要抵抗線其工事應
特別強固
（丙）沿海各縣之國防禦工事應依
限完成
（丁）內地各縣之野戰防禦工事應

按需要之程度加強之
(戊)各縣工事由駐軍設計指導徵
集民工構築其所需材料由各該縣
政府事先籌辦在指定經費項下動
支
(己)各工事之設計及其強度以能發
揚我炮火威力抵抗敵人砲彈及炸彈
為原則必要時應有破壞之設計及
準備
以上関于構築工事因與工事指揮

	在戰爭後方一部份動員準備調赴前方担任戰鬥任務	有聯帶關係亦須統一支配應由本處會商綏署參謀處辦理 (甲)各縣保安隊集中於省統一使用於便於參加爾後作戰之地區(總計全省各縣現有保安隊人數計五十九百四十餘人除十分之一雜兵及少數缺額外其可能使用之戰鬥兵約為五千三百餘人)其所負地方治安任務由各地義壯常備隊負責 (乙)儘量擴充省保安團編成若干補

充團使任爾後戰鬥任務

(丙)將收編本省各地之民軍開赴戰區參加戰爭鬥任務

在戰爭後方一部份動員從後協助戰鬥

(甲)嚴密組編義勇等常備大隊確保經常建制及額數增強自衛效能維護後方治安并備兵員之補充及徵募選抽

(乙)完成軍用通信

1、完成全省各縣區軍用電話網

2、組成全省各縣軍用無線電台

隊統制全省軍用通信網嚴密軍用電訊機構

(丙)担任公路之保護

1.在戰爭開始前(目前)由指定之保安團隊及護路隊担任護路任務

2.戰爭開始後由現有之護路隊担任之

3.各縣境內之公路仍由各該縣政府責成沿公路保甲長皆率壯

在戰爭不能即刻達到地帶一部份動員為前方準備補充兵員并補充各種工作人員

任何地帶皆須負担

丁負責保護

(甲)嚴密編組義勇壯丁常備大隊確保經常建制及額數增強自衛效能維護後方治安并備兵員之補充及徵募選抽

(乙)抽選省縣各團隊優秀軍士設班訓練備充預備軍官

(丙)收集失業軍官及在鄉軍人設班訓練嚴密統制以備補充

(甲)肅清漢奸

肅清漢奸維持治安等事項

一、遵照 中央頒佈懲治漢奸辦理之
二、依照内政部頒發防止漢奸間諜活動辦法大綱辦理之
三、依照本省頒發防止漢奸間諜活動協助聯繫辦法辦理之
四、依照本省頒發防止漢奸間諜活動奬懲辦法辦理之

(乙)維持地方秩序

一、後方治安以責成民衆自力維持為原則

在被敵佔領之地帶應對敵施行破壞擾亂偵察等工作

二、後方治安由各該縣義勇壯丁常備大隊專責維持

三、各縣民眾除已編為常備大隊者外均有直接間接担任維持地方治安之責任

在被敵佔領之地帶主要者為對敵施行破壞擾亂偵察等工作以下列各方式行之

（甲）由便衣隊担任破壞擾亂及威力偵察等

(乙)以原有之情報員担任情報之蒐集

(丙)組織破壞組暗殺組偵察組等潛入敵方活動工作

(丁)以曾受訓練之偵探人員化裝難民混留戰地工作

人破壞工作

a 焚燬敵人之軍事各項設備如飛機庫電台軍械倉庫等

b 破壞敵人公路橋樑電線電桿

及車站碼頭等

c 焚燬敵人輪船汽車及其他爲

軍運用各種車輛民船等

d 焚燬敵人糧食及其他各種

倉庫

e 破壞自來水電燈及其他公

共設備

f 銷毀或埋藏足以資敵之

各種食與用之品物及器具

g 擾亂言論宣傳機關（如報館

廣播電台電影場及游動集
會散發傳单等）
h.妨害敵人徵工徵材已被徵者
應設法破壞之
i.其他足以減損敵人物質及時间
之一切行動
2.擾亂工作
a.組織多數便衣隊分處游擊
b.散佈足以擾亂敵軍之消息
c.暗殺敵方主要人員

d、運動敵方官兵反對戰爭

e、在敵方統率之偽軍中實行兵運工作使其反正

f、狙擊漢奸及傀儡

g、散佈謠言及偽造敵方紙幣擾亂其金融

h、掠奪敵人財物設法紛亂其市場

i、其他足以動搖敵軍思想及阻害敵軍行動之一切行動

3、偵察工作

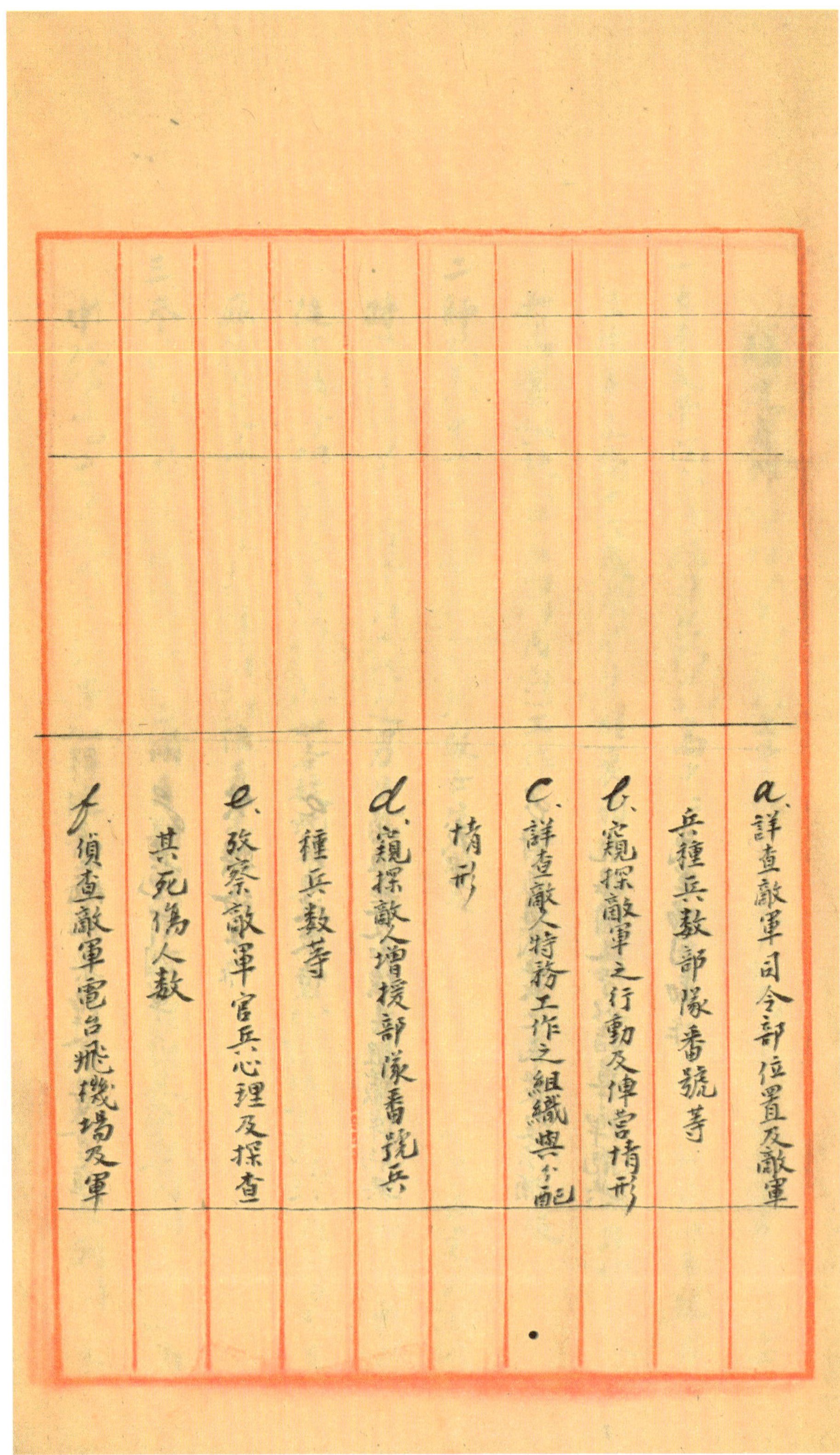

a、詳查敵軍司令部位置及敵軍
兵種兵數部隊番號等
b、窺探敵軍之行動及陣營情形
c、詳查敵人特務工作之組織與分配
情形
d、窺探敵人增援部隊番號兵
種兵數等
e、攷察敵軍官兵心理及探查
其死傷人數
f、偵查敵軍電台飛機場及軍

軍械火藥糧食等倉庫

g.其他有關軍事之情報

七、聯絡工作

a、對于被敵佔領地帶之人民設法喚起及加強其組織俾能與我軍相呼應

b、對于有武裝之民衆設法補充接濟及予以指導俾能與我軍協同動作

福建省民政厅关于请派员参会讨论「全国总动员」「民力统制」两案进行办法致省保安处的笺函（一九三八年九月四日）

關於內政部飭辦「全國總動員」「民力統制」兩案須與各廳處會室商洽之必要兹定本月六日上午九時在省府會議室開會討論進行辦法相應函達

即希

指派負責人員列席參加爲荷

此致

保安處

附抄送總動員方案一件民力統制辦理事項一件

福建省政府民政廳

九月四日

福建省政府民政廳用箋

附一：全国总动员关于户口调查整顿保甲长及协助征工方案

全國總動員關於户口調查整頓保甲長及協助徵工方案

甲、關於户口調查者

一、調查户口在鄉村地方應由鄉鎮村長聯保主任保甲長負責辦理區公所或區署應設置户口調查員負監督指導之責

二、鄉鎮村設有警察地方鄉鎮村長聯保主任及保甲長辦理户口調查事項並應與警察机關取得密切聯繫協同辦理其聯繫辦法由各省政府就地方情形酌量規定方案施行

三、城市地方户口調查事項由警察机關負責辦理之

四、調查对象應特別注意於已訓練或未訓練壯丁之人數及其職業技能以及境内出入人之偵察及外僑之行動等事項

乙、關於整頓保甲長者

一、对於意志頹唐精力衰憊之保甲長應予以撤換儘先就已受社會軍訓之壯丁中擇其精幹者委充之不拘於推選手續

二、所有保甲長應集中於區公所或區署予以三日或一星期之短期訓練授以非常時期之必要知識未設區公所或區署者由縣政府派員分期召集訓練之

丙、關於協助徵工者

一、保甲長應迅將本保甲內壯丁人數按户調查清竣並造具壯丁名冊分左列各項詳細填註

1、姓名

2、年齡

3、住址

4、有無職業

5、技能

6、同户共有壯丁多少

二、保甲長如接到上級機關徵工命令應立即將本保甲內應出

壮丁數目遵照軍事徵用法第十五條人之徵用次序查立前項名冊指名呈報徵用机関領取通知分發各被徵用人

三、本保甲內被徵用人接到通知如有隱匿規避情事应即前往開導如有不遵從者隨即察報徵用机関強制行之

附二：关于民力统制应行办理事项

關於民力統制應行辦理事項

一、各縣市政府應以最迅捷之方法於最短時間內將全縣市人口之姓名年齡住址職業及所任職務與擅長技能詳細調查尤應特別注意於農工船戶漁夫水手車夫搬夫石匠瓦匠木匠泥水匠銅鐵匠及醫師藥劑師等人員俾得隨時征調協助軍事之需要

二、依照上項調查結果應分區統計編製各種人員數目表以為統制之根據

三、各縣市政府為適應戰時需要對於地方民力之統制應依下列各原則預為規劃

1.在戰爭區域內地方長官應與軍隊保持密切聯繫盡量供給軍隊所需之適當勞力

前項民伕之征調應依軍事徵用法之規定

2、在战地後方各項主要生產事業應盡力維護使不中輟
3、對於人民原有工作及勞務當事勢急迫最後吃緊之際無
其他手段補充勞務力之缺乏時得施行强制分配(如壯丁
調赴前綫後應將無業遊民與鄉間富紳及老弱婦女等加
以战時編制使一律從事勞務力之補充)並得變更其工作
場所及條件(如命令其從事於某種與軍事有關或其他必
需之生產事業等)
4、各縣市壯丁如須由原住縣市遷往其他縣市應將遷移原
因及遷移目的地呈請縣市政府核准如其職務與战時服
務有關者縣市政府得不准其所請
各縣市政府對於壯丁之遷移應嚴密偵察其是否有為敵人
所雇用或其他影響作戰等情事
5、各縣市政府對於不重要職業者之雇用勞工(如與國防無

関係之工商業或奢侈消耗品製造業等得加以限制或禁止

6、对於國民生活上必需之勞力應注意相當之保留

7、國民兵役之征集亦須預為規劃之

四、各級政府人員对於民力之統制如辦理失當或偏私徇情致貽誤事機時應受最嚴厲之處分

五、各省市政府應就地方情形詳細擬訂関於實施民力統制之具体辦法

密件

福建省民力統制實施辦法

第一條　本辦法依全國總動員關於戶口調查、整頓保甲長、及協助徵工方案關於民力統制應行辦理事項暨戰時技術人員補充辦法之規定並參酌本省實際情形訂定之。

第二條　本省省會各縣市及特種區應由主管官署將所轄區域內現有農工、船戶、漁夫、水手、車夫、擔夫、石匠、瓦匠、木匠、水泥匠、銅鐵匠、電氣機械、化學礦冶、皮革、汽車司機及修理等工人、暨醫師、藥劑師等人員分區統計填造職業技能統計表呈報省政府審核以備戰時徵調、統計表格式另定之。

前項編記木匠、水泥匠、電氣、化學、機械、礦冶、皮革、汽車司機及修理等工人、依照　行政院頒發戰時技術人員補充辦法，應免其壯丁徵調。

第三條　本辦法所稱之主管官署，在省會為省會警察局，在各縣市為縣市政府，在特種區為特種區署，在水上為水警總隊部。

第四條　戶口調查除省會及廈門市由警察局，水上由水警總隊部負責辦理外，各縣由所轄區署指派有統計常識之區員一人，特種區指派科員一人為戶口調查員，監督或巡迴指導所屬聯保主任保甲長切實辦理。甲長接到調查通知後，應立即按照編查保甲戶口調查表底冊，親自挨戶複查，分別填列職業技能人數，限二日內送該管保長，保長接到後，應立即彙造全保職業技能人數，限二日內送該管區署，區署接到後，應立即彙造全區職業技能統計表，限三日內，送縣政府（警察局暨水警總隊部）縣政府（局隊）接到後，應立即彙造全縣（局隊）職業技能統計表三份，送省政府。

前項各級造送職業技能人數及統計表，省會各縣市局隊及特種區，均按省政府發文之翌日起，視路途遠近扣除郵程外，統限十四日內造竣送府（造送日期以付郵日期為憑）違者依本辦法第十六條之規定，從嚴撤懲，其各級主辦人員違限者亦同。

第五條　聯保主任及保甲長辦理戶口調查，應與警察機關密切聯繫，協同辦理之。

第六條　戶口調查應注意之事項如左：

甲、已訓練及未訓練之壯丁人數。

乙、有職業技能之壯丁人數。

丙、境內出入人之偵察。

丁、外僑之行動等事項。

第七條 保甲長如有意志頹唐，精力衰憊者，應依修正本省各縣選任保甲長補充辦法予以撤換，如選任之保甲長不敷補充時，得就省會各縣市局隊及特種區社訓幹部人員訓練班畢業學員或已受訓之壯丁中擇優委充，不拘於推選手續。

第八條 省會各縣市局隊及特種區所有保甲長均應施以三日或一星期之短期訓練，授以非常時期之必要知識，其召集方法，由主管官署酌定集中一處或數處，會同軍警派員分期召集訓練之。

第九條 在戰爭區域內，主管官署長官，應與軍隊密切聯繫，儘量供給軍隊所需之適當勞力。

前項民伕之征調，保甲長如接到上級機關命令時，應即將本保甲內應派壯丁數目，遵照軍事徵用法第十五條人之徵用次序照本辦法第四條複查實況，指名呈報征用機關，領取通知，分發各被征用人。被征用人接到通知，如有隱匿規避情事，該管保甲長應即前往開導，如有不遵，即簽報征用機關強制行之。（軍事徵用法見二十六年八月十二日福建省政府公報第七三四號）

第十條

戰事發生後，所有本省主要生產（如米穀，雜糧，茶，木，紙，笋，等）應由主管官署盡力維護，使不中輟，再調查各地需要情形，設法推銷，予以運輸上之便利，一面將產量及成本數目，轉運情形，函知本省物產貿易公司協助推銷之。

第十一條 省會各縣市局隊及特種區對於人民原有工作及勞務，當事勢急迫最後吃緊之際，無其他手段補充勞務之缺乏時，得由主管官署施行強制分配。（如壯丁調赴前線後，應將無業游民與鄉間富紳及老弱婦女等，加以戰時編制，使一體從事勞務之補充，並得變更其工作場所及條件。（如命令其從事於某種與軍事有關或其他必需之生產事業等。）

第十二條 省會及各縣市隊暨特種區壯丁，如須由原住地遷往其他縣市局隊或特種區者，應將遷移原因及遷移目的地，呈請主管官署核准，如其職務與戰時服務有關者，主管官署得不准其所請。
主管官署對於壯丁之遷移，應嚴密偵察其是否有為敵人雇用或其他影响作戰情事。

第十三條　主管官署對於不重要職業者之雇用勞工（如與國防無關係之工商業或奢侈消耗品製造業等）得加以限制或禁止，但須呈經省政府核准後行之。

第十四條　主管官署對於國民生活上必需之勞力，應注意相當之保留。

第十五條　省會各縣市局隊及特種區，國民兵役之征集，應依軍政部戰時兵員補充方案，及兵役各管區設立之後方補充營實施暫行辦法辦理（此項方案及實施辦法由師管區分發各縣市特種區）

第十六條　主管官署職員對於民力統制，如辦理失當，或偏私徇情致貽誤事機者，依照內政部頒發民力統制辦理事項（四）之規定，應受最嚴厲之處分。

第十七條　本辦法施行日期以命令定之，並呈　行政院暨咨內政部備案。

福建省某某县(市、局、特种区署)职业技能统计表式

(盖用填表机关印信)

民国二十六年　月　日造报

事项		第一区	第二区	第三区	区数较多者自行增编	统计
壮丁人数	已训练人数					
	未训练人数					
职业技能类别	农工					
	船户					
	渔夫					
	水手					
	车夫					
	挑夫					
	石匠					
	瓦匠					
	铜铁匠					
	医师					
	药剂师					
	电气					
	机械					
	化学					
	矿冶					
	水泥					
	木匠					
	皮革					
	汽车司机及修理					
附记						

(一)本表填写数字，用亚拉伯字。

(二)本表、每一职业、技能项划有两栏人数，上栏系壮丁者，下栏系非壮丁者。

衔　名盖章

驻闽绥靖主任公署、福建省保安处关于检发战时民众动员指导纲领的文书（一九三八年九月二十四日至二十九日）

驻闽绥靖主任公署致福建省保安处的快邮代电（一九三八年九月二十四日）

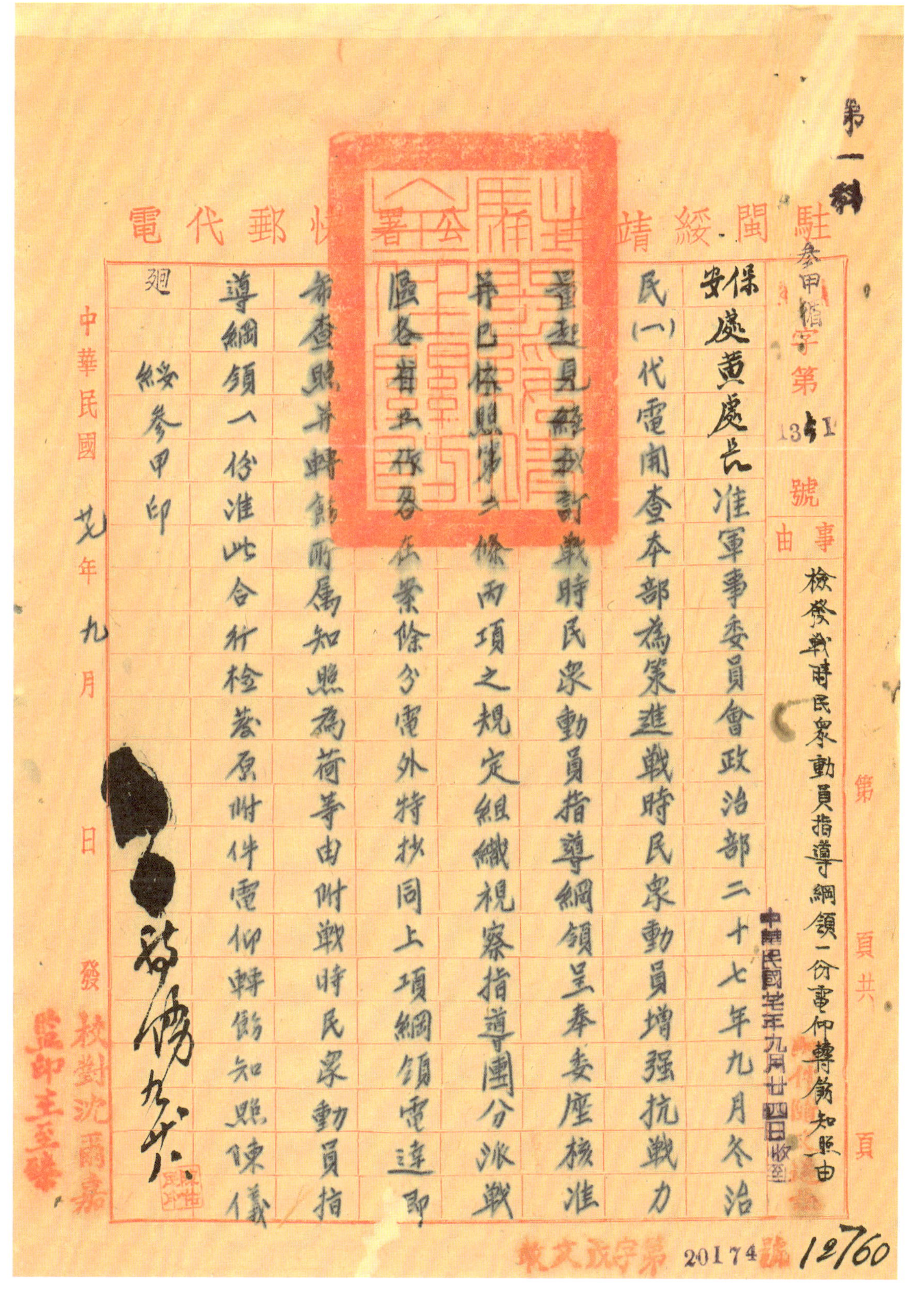

第一科

駐閩綏靖主任公署快郵代電

參甲𢆡字第1331號

事由：檢發戰時民衆動員指導綱領一份電仰轉飭知照由

保安處黃處長：准軍事委員會政治部二十七年九月冬治民(一)代電開：查本部為策進戰時民衆動員，增強抗戰力量起見，經擬訂戰時民衆動員指導綱領，呈奉委座核准，并已依照第二條兩項之規定，組織視察指導團，分派戰區各省工作，各在案。除分電外，特抄同上項綱領，電達，即希查照，并轉飭所屬知照為荷等由，附戰時民衆動員指導綱領一份。准此，合行檢發原附件，電仰轉飭知照。陳儀。綏參甲印

中華民國廿七年九月　日發

校對沈爾嘉　監印王至驊

中華民國廿七年九月廿四日收到

第　字第20174號　12760

附：战时民众动员指导纲领（一九三八年七月）

(一) 戰時民衆動員指導綱領 廿七年七月

戰時民衆動員以實現全民有力出力有錢出錢為原則。

軍事委員會政治部(以下簡稱本部)為使動員運用確實起見特定本綱領。除战時國民軍事組訓整備綱領及其他戰時法令另有規定者外，依左列範圍因人因地因時因事指導

(甲)關於一般性質者：

1.各地動員委員會之指導設計工作。

2.各地抗敵後援會之宣慰救濟徵募偵察等工作。

3.都市防護團防空防毒等工作。

4.社會組合之戰時運用。

(乙)關於軍事性質者各省市軍管區司令部所屬各縣市國民自衛總隊工作：

1.常備隊本隊之在營編練補充及游擊。常備隊支隊(即民

間武裝）之在鄉聚散編練及游擊。（游擊動員祗限於戰場或失陷縣市）

2. 預備隊（即社訓隊）之在鄉編練補充及警備。

3. 後備隊（即國民兵義勇壯丁隊）之在鄉鎮保甲編組補充按期演習及補助任務之分配服務。（即警備工事運輸交通救護等。）

在淪陷地區如有特殊困難未能照（乙）項編練者得利用民間原有之組織適宜運用之

（丙）關於智識份子之戰時指導，及其他有關抗戰建國之地方事項。

上述甲丙兩項屬於普通性質者可酌量指導。乙項屬於軍事性質者之動員運用，於取得當地軍事長官或軍管區司令之同意為之。

（二）本部為便於指導前条事項，經常或臨時派遣左列人員：

甲、省（市）民衆動員指導專員。每省（市）一員，協助省（市）動員委員會主任委員辦理民衆動員一切指導設計事宜。如係失陷省（市）得與國民軍訓處聯合辦公。

乙、縣（市）民衆動員指導員。每縣（市）一員，協助縣（市）動員委員會主任委員辦理民衆動員一切指導設計事宜，如係失陷縣（市）得與國民自衛總隊聯合辦公，并得增派助理人員。

丙、戰區民衆動員視察指導團　視需要情形，分區派遣之，每團設主任一員，團員十員至五十員，巡迴督導。

丁、總動員檢閲官　臨時呈請派遣之。

上述甲乙丙三項人員應與地方各部門主管機關聯絡，並受戰區司令長官、軍管區司令、地方行政長官及所在地高級政治部主任之指導，務使編練整備與動員運用確實聯繫

（三）前條人員除執行職務外，對於第一條甲項地方一般動員機構得呈請加以健全或調整，務使合於抗戰需要。

（四）部派指導檢閱人員對地方黨政人員辦理動員工作之成績，得調查考核，呈由本部轉行該管機關分別獎懲。

（五）部派指導人員，應視當地情形、敵人情況及國軍要求，以決定其每時期之工作重心，並應按旬呈報簡明工作報告，分呈本部及當地軍政高級長官。如有改進意見或亟待解決事項，應逕呈本部。

（六）部派指導人員服務規則另定之。

（七）本綱領呈奉　軍事委員會核准施行。

福建省保安处致保安各旅团、各专员公署等的代电（一九三八年九月二十九日）

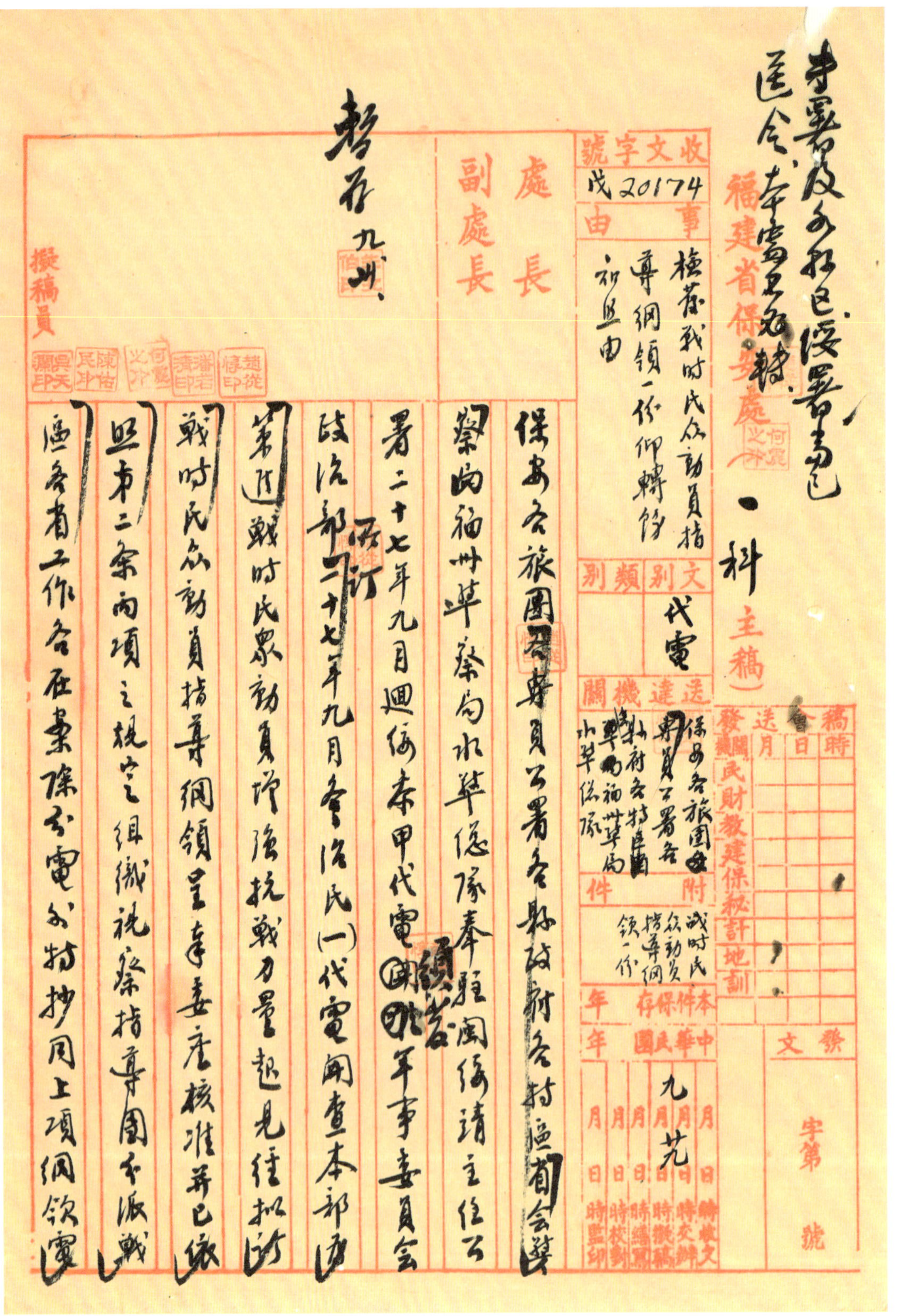

福建省保安處 一科 主稿

收文字號：戊20174

事由：檢發戰時民眾動員指導綱領一份仰轉飭知照由

文別：代電

送達機關：保安各旅團、專員公署、各縣政府、各特區署、福州華僑局、水警總隊

附件：戰時民眾動員指導綱領一份

中華民國 九月廿九日

處長 副處長

擬稿員

保安各旅團、各專員公署、各縣政府、各特區署、福州華僑局、水警總隊鑒：奉駐閩綏靖主任公署二十七年九月迴綏泰甲代電開：准軍事委員會政治部二十七年九月會治民（一）代電開：查本部為適應戰時民眾動員，增強抗戰力量起見，經擬訂戰時民眾動員指導綱領，呈奉委座核准，並已依照第二條兩項之規定組織視察指導團，分派戰區各省工作，在案。除分電外，特抄同上項綱領，欽遵……

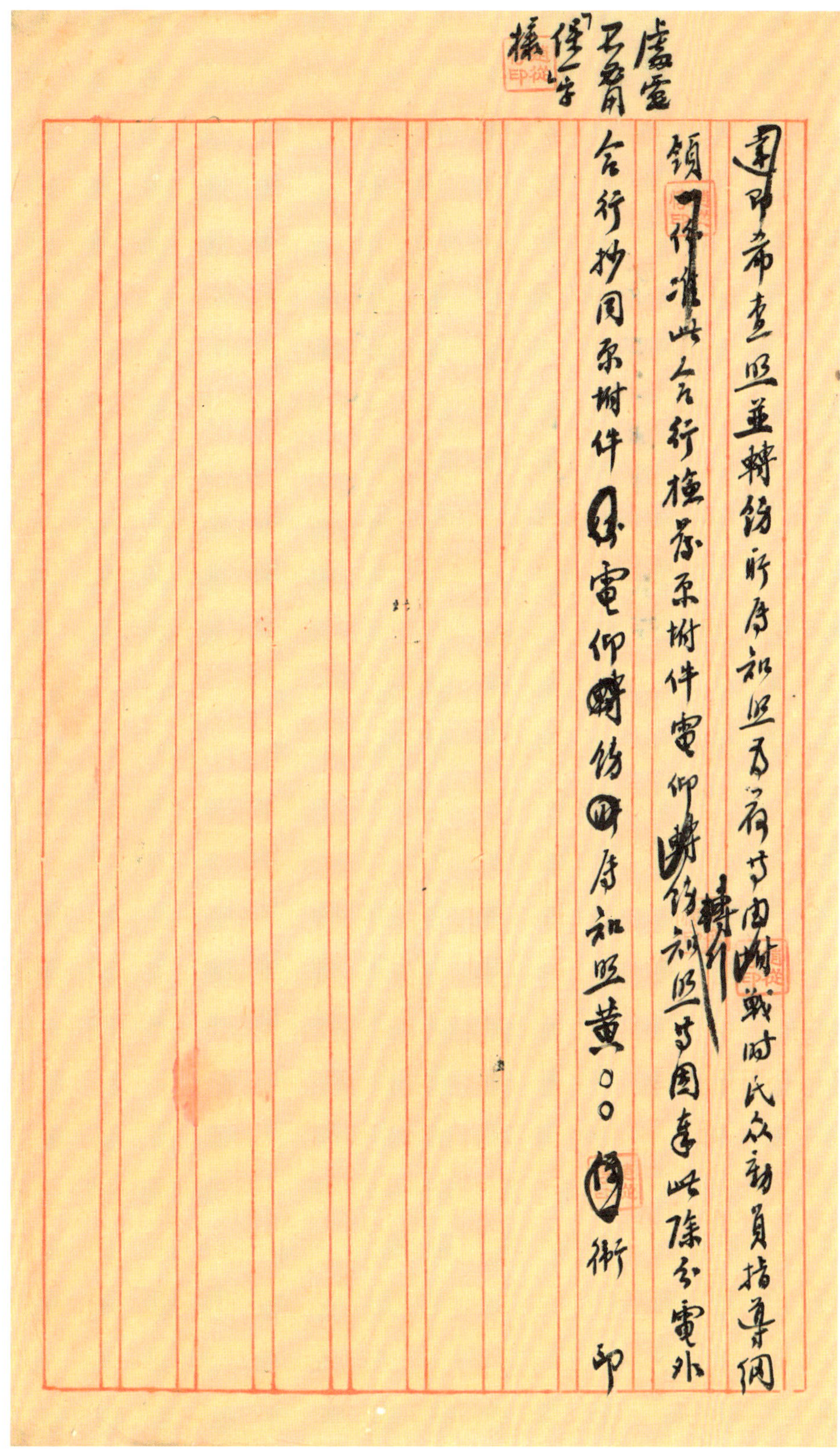

處靈
石各縣
保安字
樣

遵即希查照並轉飭所屬知照爲荷等由附戰時民衆動員指導綱
領一份准此合行檢發原附件電仰轉飭轉行知照等因奉此除分電外
合行抄同原附件電仰轉飭所屬知照黃○○衛印

行政院、福建省政府关于抄发非常时期专门人员服务条例及施行细则的训令（一九三八年十二月至一九三九年一月）

行政院致福建省政府的训令（一九三八年十二月十五日）

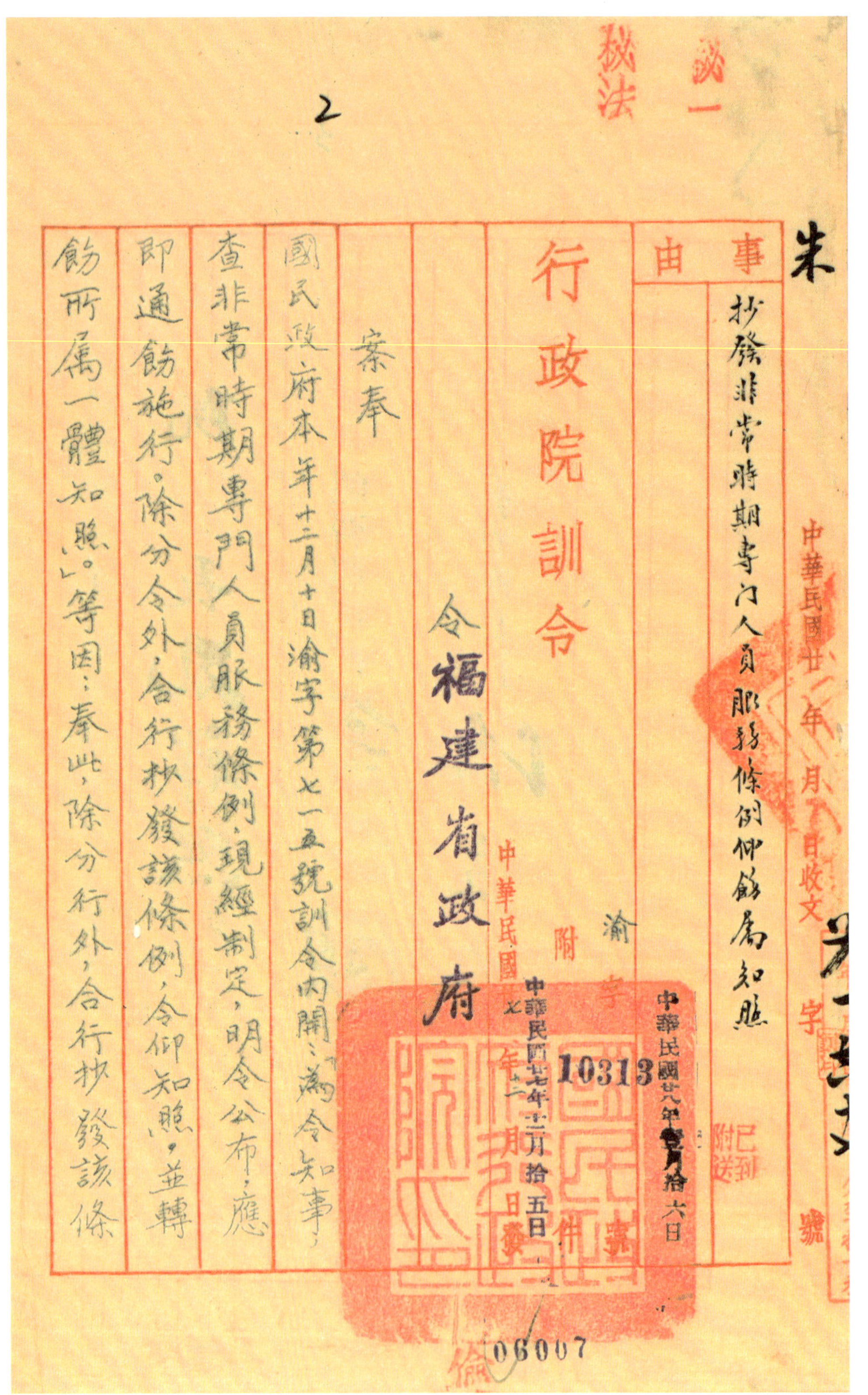

秘法 一

行政院訓令 渝字 10313 號

中華民國廿七年十二月拾五日

事由：抄發非常時期專門人員服務條例仰飭屬知照

令福建省政府

案奉

國民政府本年十二月十日渝字第七一五號訓令內開：「為令知事，查非常時期專門人員服務條例，現經制定，明令公布，應即通飭施行。除分令外，合行抄發該條例，令仰知照，並轉飭所屬一體知照。」等因；奉此，除分行外，合行抄發該條

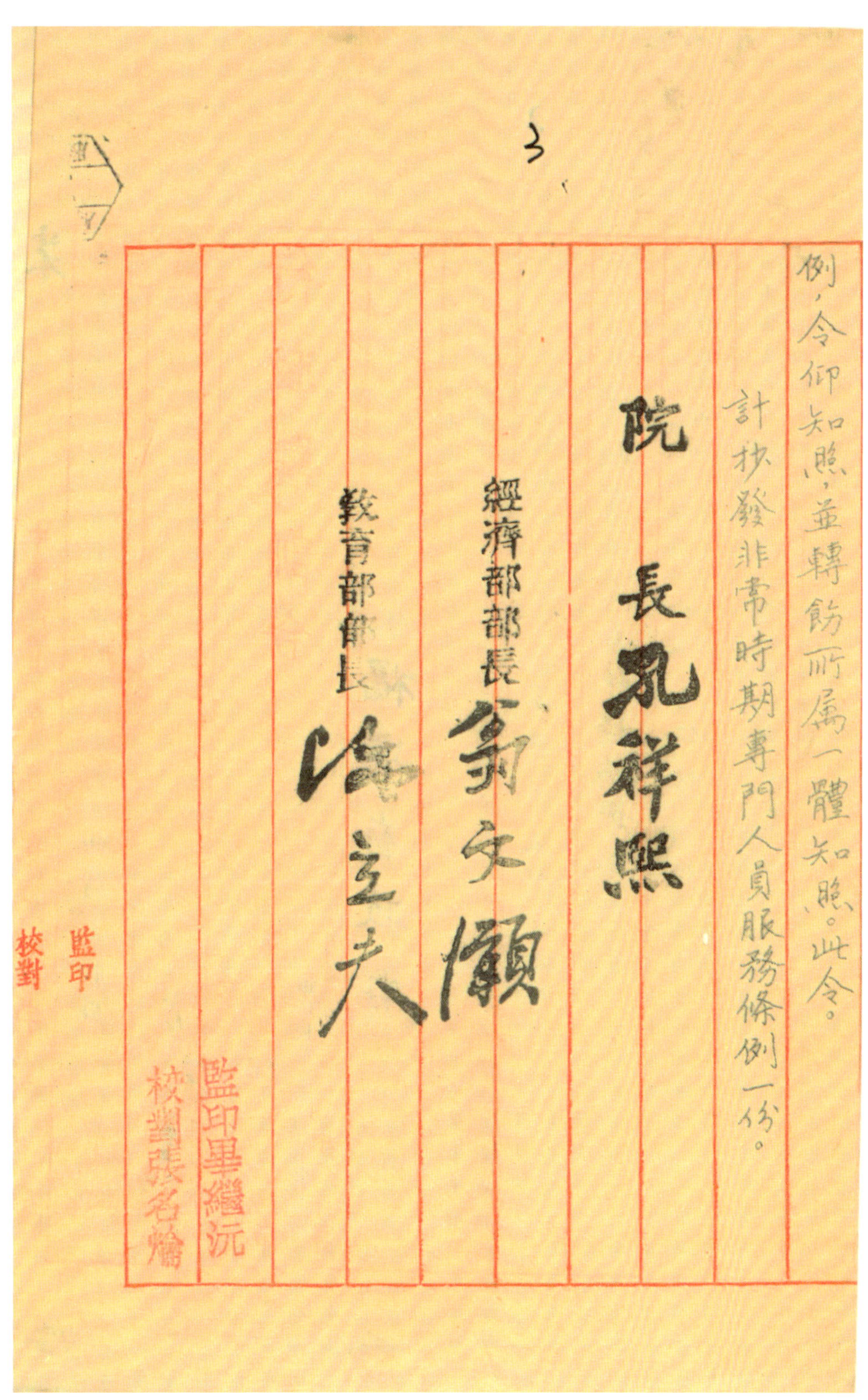
3

例，令仰知照，並轉飭所屬一體知照。此令。

計抄發非常時期專門人員服務條例一份。

院長孔祥熙

經濟部部長翁文灝

教育部部長陳立夫

監印
校對

監印畢繼沅
校對張名綸

附：非常时期专门人员服务条例（一九三八年十二月十日公布）

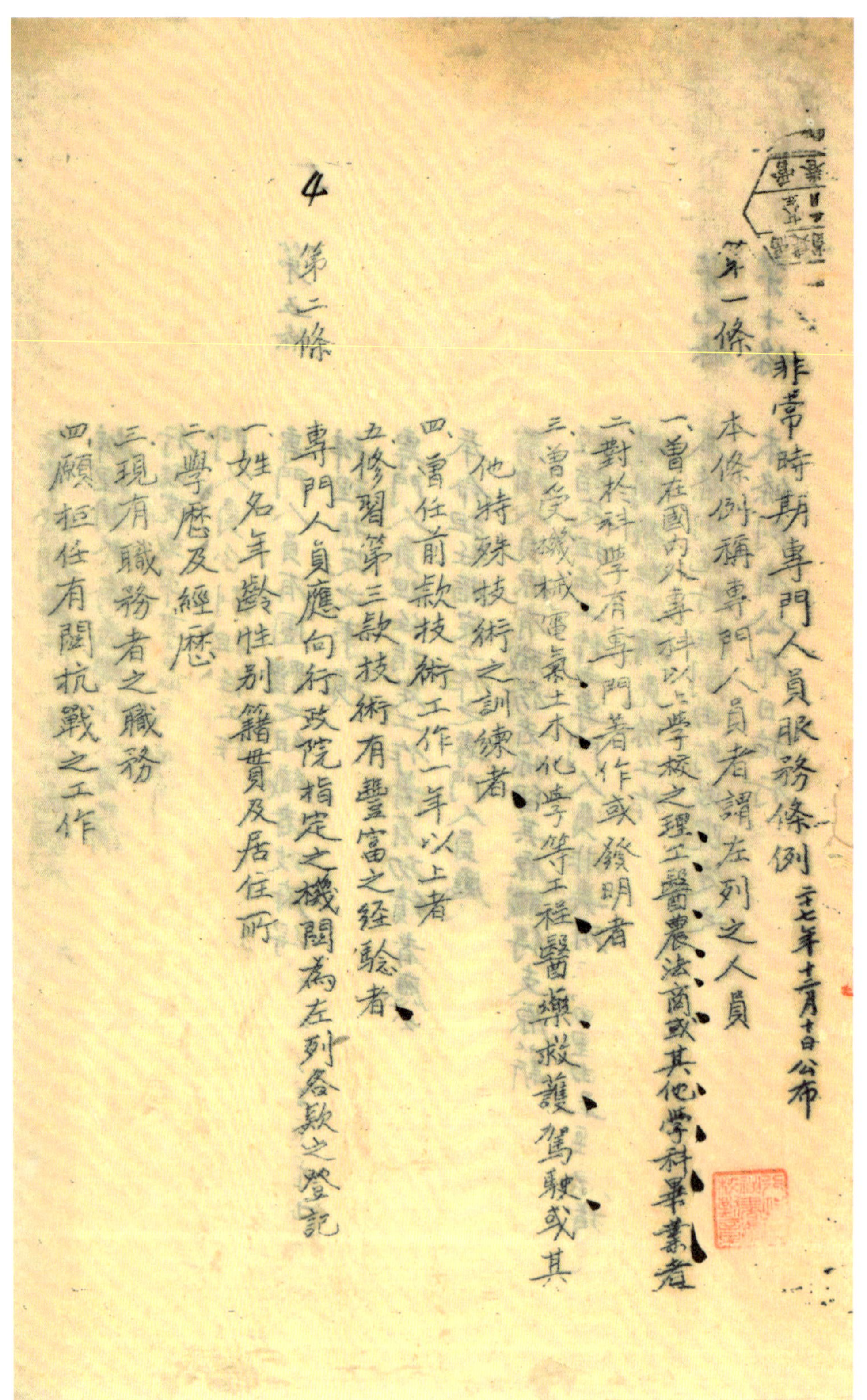
非常時期專門人員服務條例 廿七年十二月十日公布

第一條 本條例稱專門人員者謂左列之人員

一、曾在國內外專科以上學校之理、工、醫、農、法、商或其他學科畢業者

二、對於科學有專門著作或發明者

三、曾受機械、電氣、土木、化學等工程、醫藥、救護、駕駛或其他特殊技術之訓練者

四、曾任前款技術工作一年以上者

五、修習第三款技術有豐富之經驗者

第二條 專門人員應向行政院指定之機關為左列各款之登記

一、姓名、年齡、性別、籍貫及居住所

二、學歷及經歷

三、現有職務者之職務

四、願担任有關抗戰之工作

5

第三條　非常時期專門人員之總調查由行政院令地方政府限期辦理關於僑居國外人員之調查令使領館負責辦理

第四條　行政院或軍事最高機關得按抗戰工作之需要命令專門人員分別担任工作

第五條　專門人員有團體之組織者政府得命令各該團體協助辦理指定之事項

第六條　專門人員担任指定工作著有功績者應分別予以獎勵

第七條　奉命担任指定工作之專門人員應給予旅費及生活費用

前項人員原有職務者保留其原職得支原薪

第八條　經指定担任工作之專門人員非具有正當理由呈經原指定機關核准不得免除工作

第九條　本條例施行細則由行政院定之

第十條　本條例自公布日施行

福建省政府致所属各机关的训令（一九三九年一月二十日）

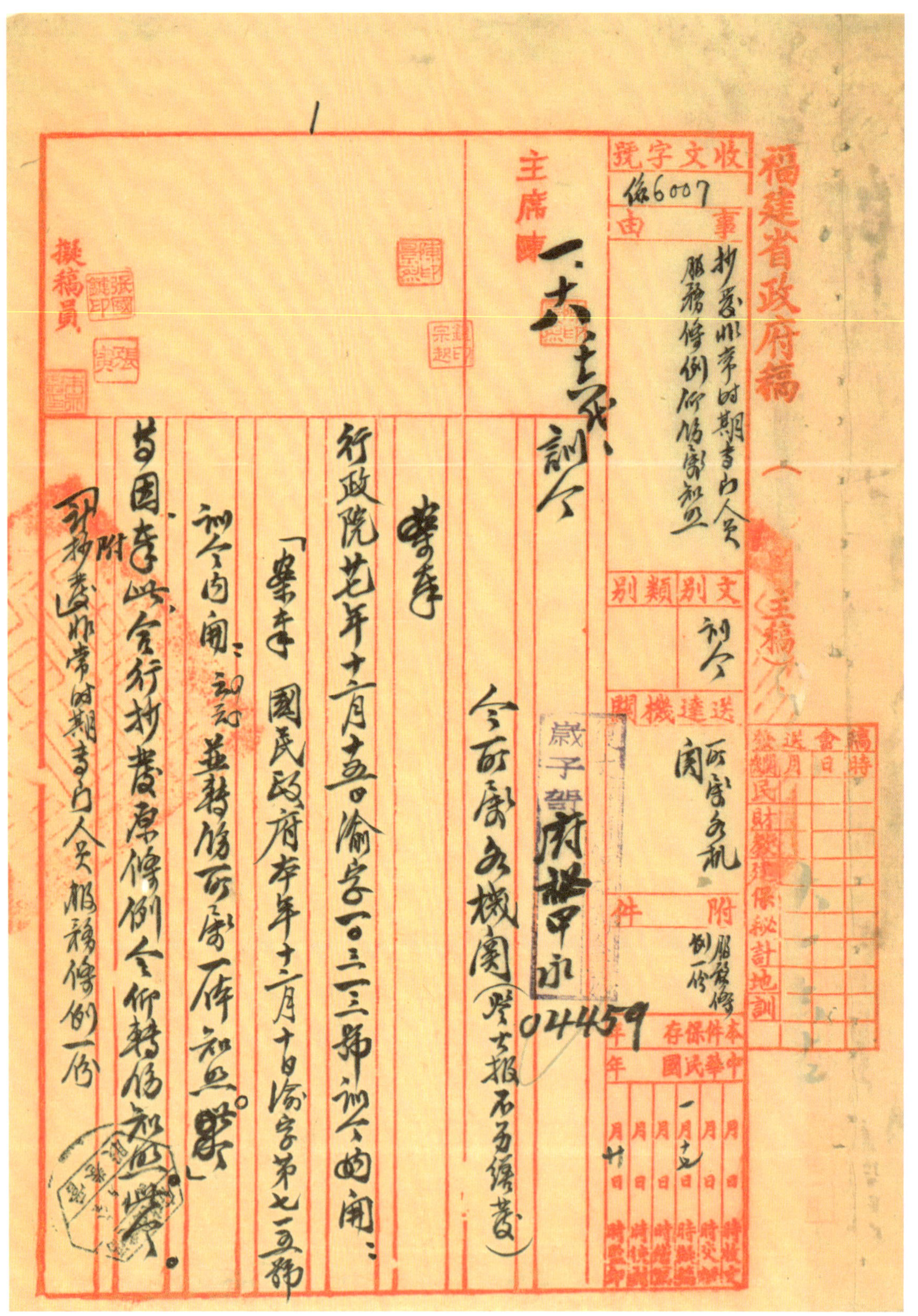
福建省政府稿

收文字號：保6007

事由：抄發非常時期公務員服務條例仰轉飭知照

文別類別：訓令

送達機關：所屬各機關

附件：服務條例一份

中華民國 年 一月十五日

主席 陳

擬稿員

一、廿、發

訓令

令所屬各機關（暨七報不另繕發）

案奉

行政院廿七年十二月[illegible]日渝字一〇三一三號訓令內開：「案奉國民政府本年十二月十日渝字第七一五號訓令內開：[illegible]」等因。

奉此，合行抄發原條例，令仰轉飭知照。此令。

附抄發非常時期公務員服務條例一份

非常時期專門人員服務條例施行細則

第一條 本細則依非常時期專門人員服務條例第九條之規定訂定之。

第二條 專門人員之登記由左列機關辦理之。

一、中央 中央建教合作委員会。

二、各省及直轄市 建教合作委員会 省市建教会未成立者由該省市政府於建設教育兩廳或社会局各机關中指定辦理之。

三、各市 市政府

各縣 縣政府

四、國外 使領館

第三條 專門人員之登記除依照非常時期專門人員服務條例第二條規定各款填具表格（附表二）三份外並須粘貼本人二寸半身相片暨呈驗學歷及經歷各項證明文件。

前項証明文件經核驗後即行發還。

第四條　專門人員登記後登記机關須造具名冊連同登記表一份遞呈　行政院。

前項名冊各登記机關須於登記表收到後一個月呈送。

第五條　非常時期專門人員之總調查由第二條所列登記机關辦理之（附表三）總調查完畢應造具名冊（附表式）遞呈　行政院。

各調查机關自奉令之日起至遲須於三個月內辦理完畢。

第六條　行政院或軍事最高机關命令各專門人員担任工作時應於接到命令後於限期內前往指定地點工作。

第七條　專門人員有團体組織者於奉到政府命令協助辦理指定之事項後應即遵辦其所需經費得呈請政府給予補助。

第八條　專門人員或團体担任工作著有功績者，分別予以左列之獎勵。

国民政府军事委员会战地党政委员会、福建省政府关于订定、抄发沦陷区内人力物力如何利用不以资敌办法纲要的文书（一九三九年三月至五月）

国民政府军事委员会战地党政委员会致福建省政府的代电（一九三九年三月十五日）

國民政府軍事委員會戰地黨政委員會快郵代電

党字第三號 共 字

第（1）頁 共（ ）頁

摘由：沦陷區內之人力物力如何利用不以資敵一項茲訂定办法綱要仰飭屬遵照

福建省政府均鑒：案准中央執行委員會秘書處二十八年二月十四日渝儉字第三〇五號公函略開：第五屆中央執行委員會第五次全體會議關於軍事方面之議案計共六件，均經分別決議在案，茲特抄同各該議案之案由及決議清單，并檢同原案函請貴會查照分別辦理，并希先將各案主辦機關與負責人姓名以及開始及完成之期限先行列表見復，以便彙辦等由，附關於軍事之議案清單凡原案各一件。准此，查該項議案中對於軍事報告之決議案，對於今後軍事方面應注意之事，急應分別遴

中華民國　年　月　日發

（1）

福建省政府二八年五月二二日收文儉字 57173

國民政府軍事委員會戰地黨政委員會快郵代電

第（共頁）

字第　號共　字

摘由

照辦理除関於戰地游擊隊與義勇軍之調整運用等等問題候統盤計劃另令飭遵外関於淪陷區内之人力物力如何利用不以資敵一項玆訂定辦法綱要如下：

2

甲、関於人力方面

（一）擴大戰地宣傳工作務須深入淪陷區内使各個民眾均能確切明瞭抗戰建國之意義與個人應負之責任

（二）加緊戰地民眾之組織與訓練務使淪陷區内之民眾均能直接間接參加抗敵工作貢獻最大之努力

（三）積極剷除重要漢奸務以最嚴厲迅速之手段予以一一

中華民國　年　月　日發

國民政府軍事委員會戰地黨政委員會快郵代電

第（共 頁）

摘由

字第 號共 字

剷除（四）竭力救濟淪陷區內之難民婦女兒童及生產技術分子送入適當地點妥予安置

乙、關於物力方面

（一）淪陷區域除米麥襍糧外一律嚴禁種植並應設法運輸現存之花生棉花菸葉等類物品至我後方以斷絕敵方統制出口物產攫奪外滙之路（二）嚴禁非淪陷區足以資敵利用之物品輸入淪陷區（三）建立經濟游擊隊從事破壞一切足以資敵之經濟交通等機關嚴屬執行淪陷區之經濟封鎖（四）實行統制經濟建立統制機關及產銷合作社等經濟組織從事戰地之經濟

中華民國 年 月 日發

國民政府軍事委員會戰地黨政委員會快郵代電

第　字第　號　共　頁

摘由

建設查淪陷區內之人力物力應如何利用不以資敵關係抗戰前途異常重大准函前由合行抄同原決議案一份令仰該府遵照務須仰體五中全會意旨並依據上開辦法綱要立即分別詳為擘畫並轉令所屬各機關一體遵照剋期切實施行具報為要渝中正元戰會機

計附發五中全會對於軍事報告之決議案一份

中華民國廿八年三月十五日發

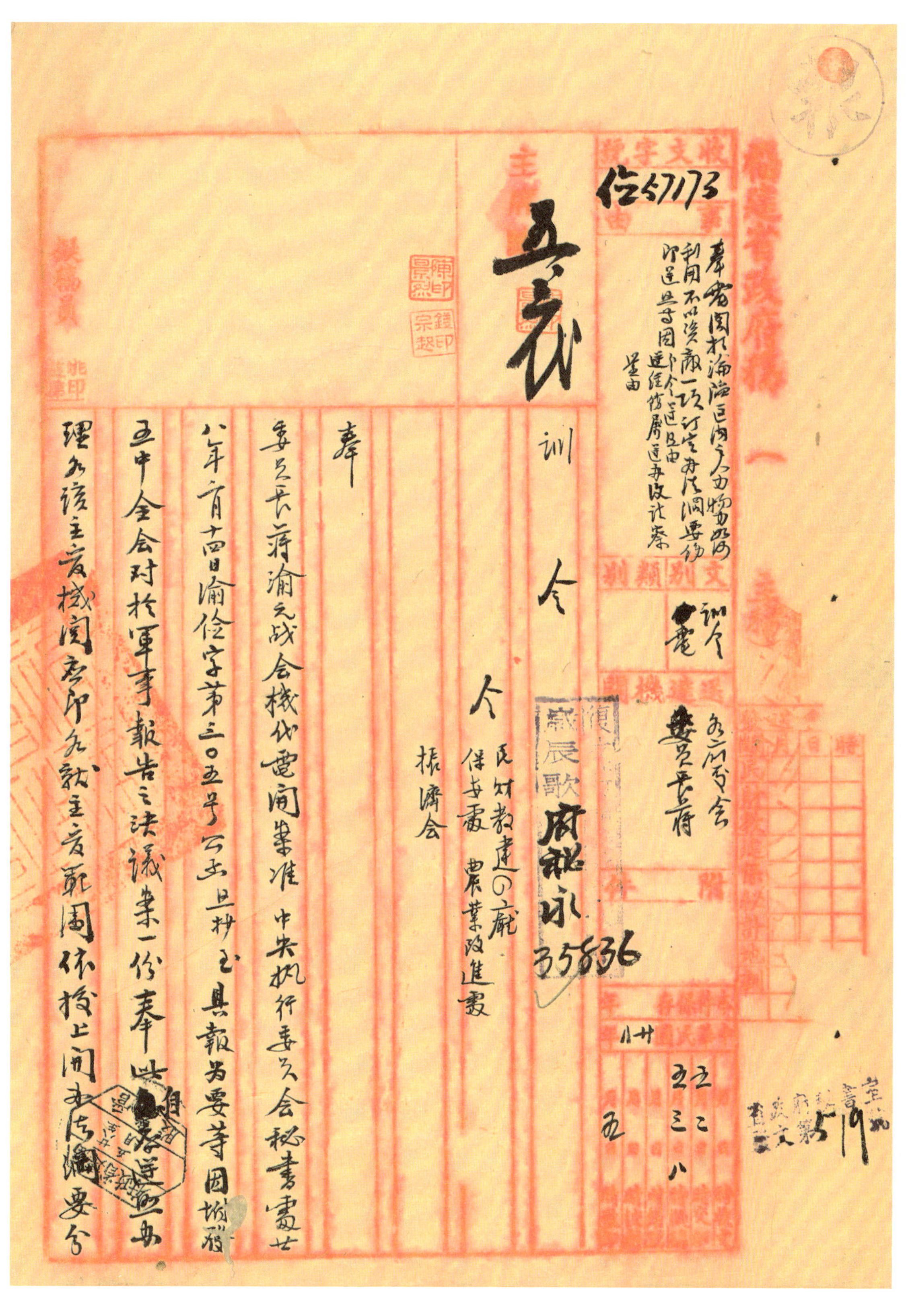
训令
令 民财教建四厅 保安处 农业改进处 振济会
奉
委员长蒋渝元战会机代电开案准 中央执行委员会秘书处廿
八年四月十四日渝佺字第三〇五号公函以抄五具報另要等因據此
五中全会对于军事报告之决议案一份奉此……
理应该主席核阅……就主席亲阅依据上开……摘要令

福建省政府致省民政厅、财政厅、教育厅等的训令（一九三九年五月五日）

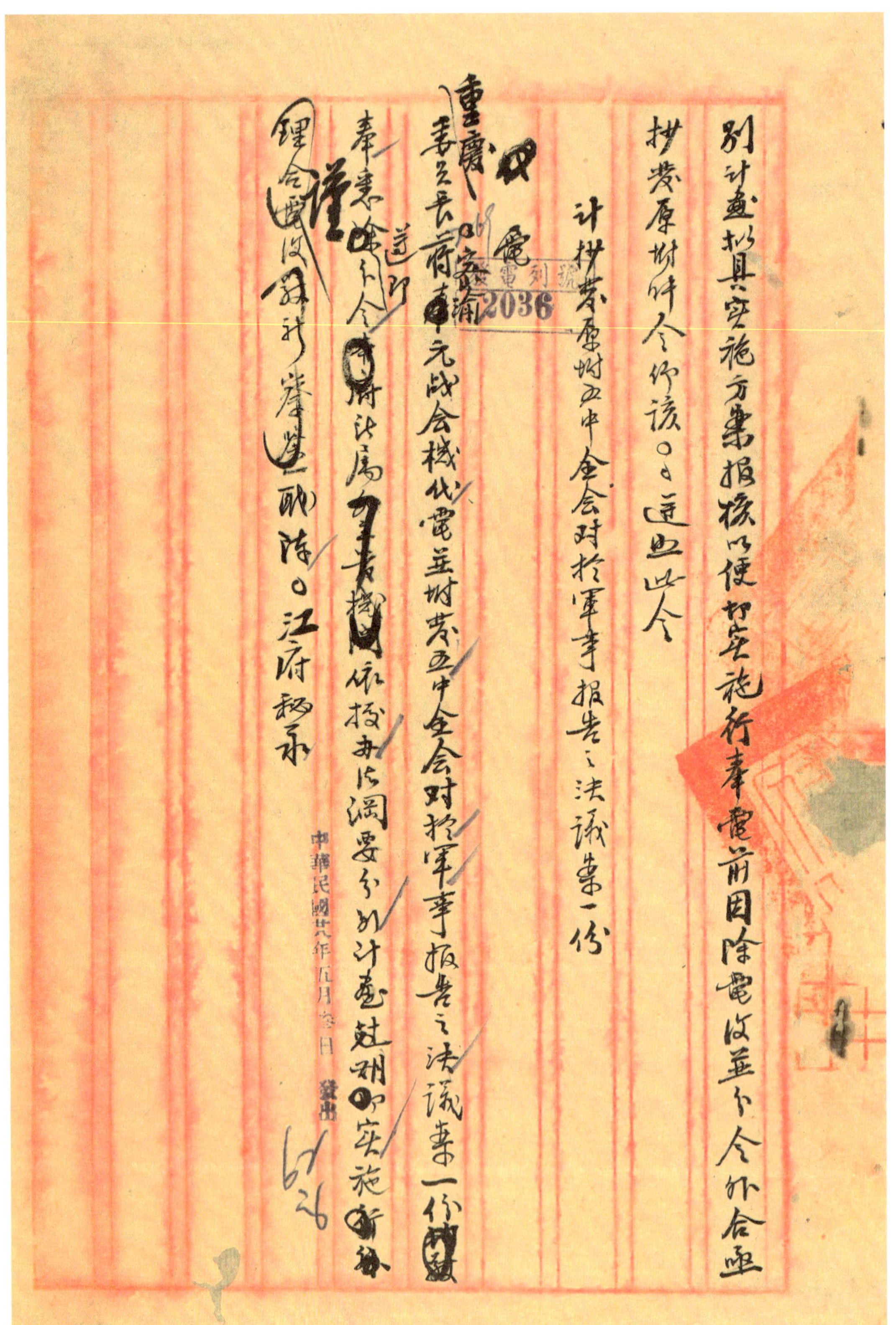

别计画拟具实施方案报核以便切实施行奉电前因除电复并分令外合亟抄发原附件令仰该○○遵照此令

计抄发原附五中全会对于军事报告之决议案一份

重庆 中 电
委员长蒋 明密 渝 亥元战会机代电并附发五中全会对于军事报告之决议案一份饬遵
奉悉遵即分令本府各厅处局分别拟具依据该决议案扼要分别计画赶拟切实施行外谨
理合电复祈鉴核 职陈仪○江府秘永

號列電 2036

中華民國廿八年九月叁日發出

行政院关于抄发各省市国民精神总动员协会组织规程致福建省政府的训令（一九三九年四月二十四日）

動委會

第9件

事由

中華民國廿　年　月　日收文　字　號

收文第一四○七六號
廿八年六月廿七日　時

附件

收字第2898號

行政院訓令

令福建省政府

准國民精神總動員會本年四月精字第三五號寒代電開：

「查國民精神總動員實施辦法乙款第二項，各省市有設精神總動員會協會之規定，茲為劃一組織確定任務起見，已制定各省市國民精神總動員

中華民國廿八年四月廿四日

呂字第4079號

福建省政府二八年六月廿五日收文

收文檢字72843

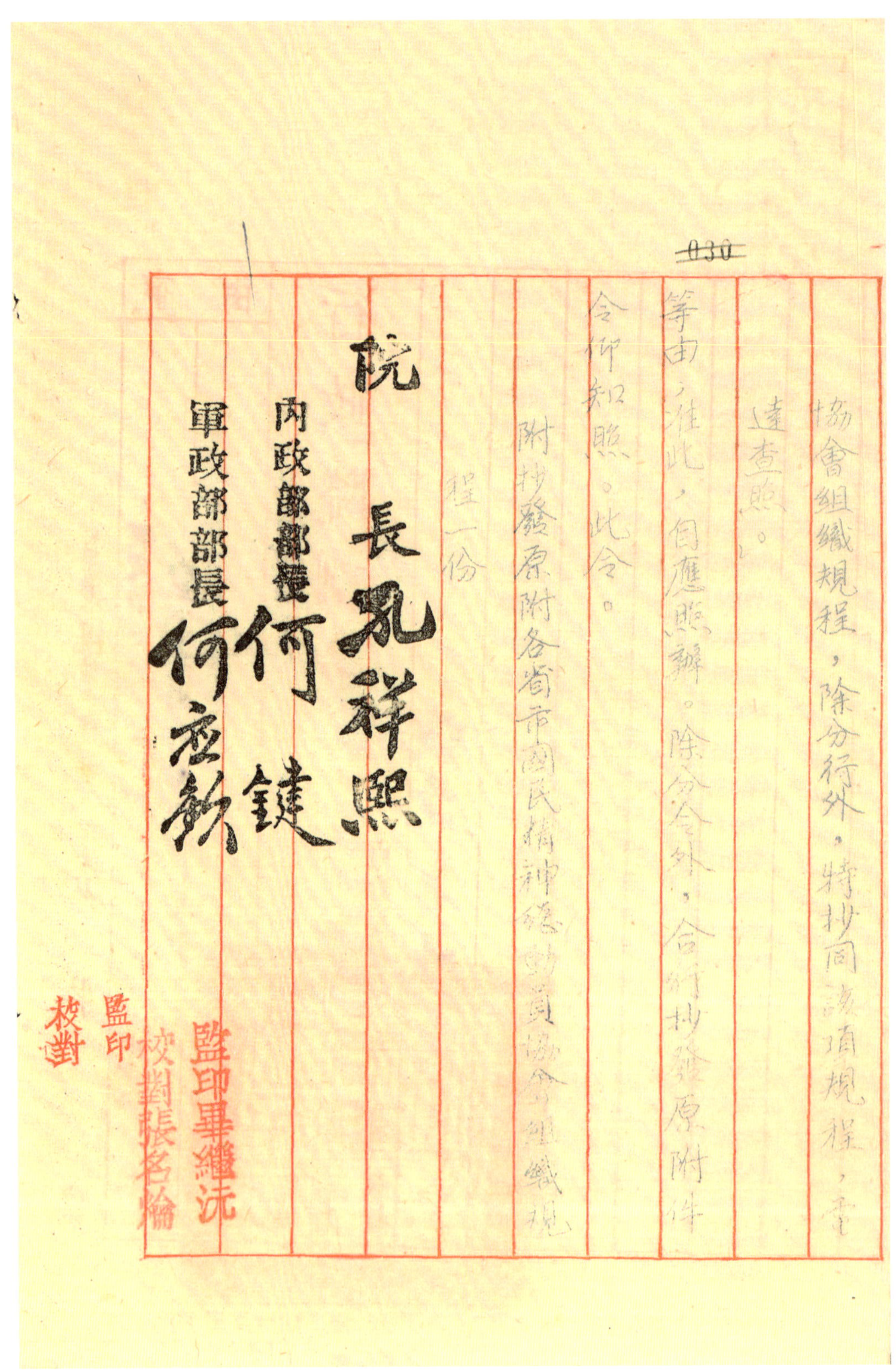
030

協會組織規程，除分行外，特抄同該項規程，令

遵查照。

等由，准此，自應照辦。除分令外，合行抄發原附件

令仰知照。此令。

附抄發原附各省市國民精神總動員協會組織規

程一份

院長 孔祥熙

內政部部長 何鍵

軍政部部長 何應欽

監印 畢繼沆

校對 張名倫

~~025~~

各省（市）國民精神總動員協會組織規程

第一條　本會依國民精神總動員實施辦法之規定設立之。

第二條　本會以輔助省（市）動員委員會實行精神總動員為宗旨。

第三條　本會會員由省（市）動員委員會就左列人員遴聘之。

一、地方公正人士。

二、新生活運動促進會主幹人員。

第四條　本會設理事會，置理事五人至七人，由省（市）動員委員會就會員中指定之，並由各理事互推三人為常務理事。

第五條　理事會設左列二組。

一、設計組　掌理協助國民精神總動員策動之設計事項。

二、指導組　掌理協助國民精神總動員實施之指導事項。

第六條　各組各設組長一人，由理事會就理事中推選之，各組

置幹事若干人由各組長就會員中遴請理事會聘任之

第七條 本會對於國民精神總動員設計之方案及指導之意見請省(市)動員委員會採擇施行、

第八條 本會每月舉行會員會議一次、每半月舉行理事會議一次、必要時得由常務理事召集臨時會議、

第九條 本規程自公布之日施行、

国民精神总动员会、福建省动员委员会关于抄发国民精神总动员工作分配计划及运用原有组织发动精神总动员办法的文书（一九三九年四月至十二月）

国民精神总动员会致各省省政府、各省省党部、各省动员委员会等的代电（一九三九年四月十六日）

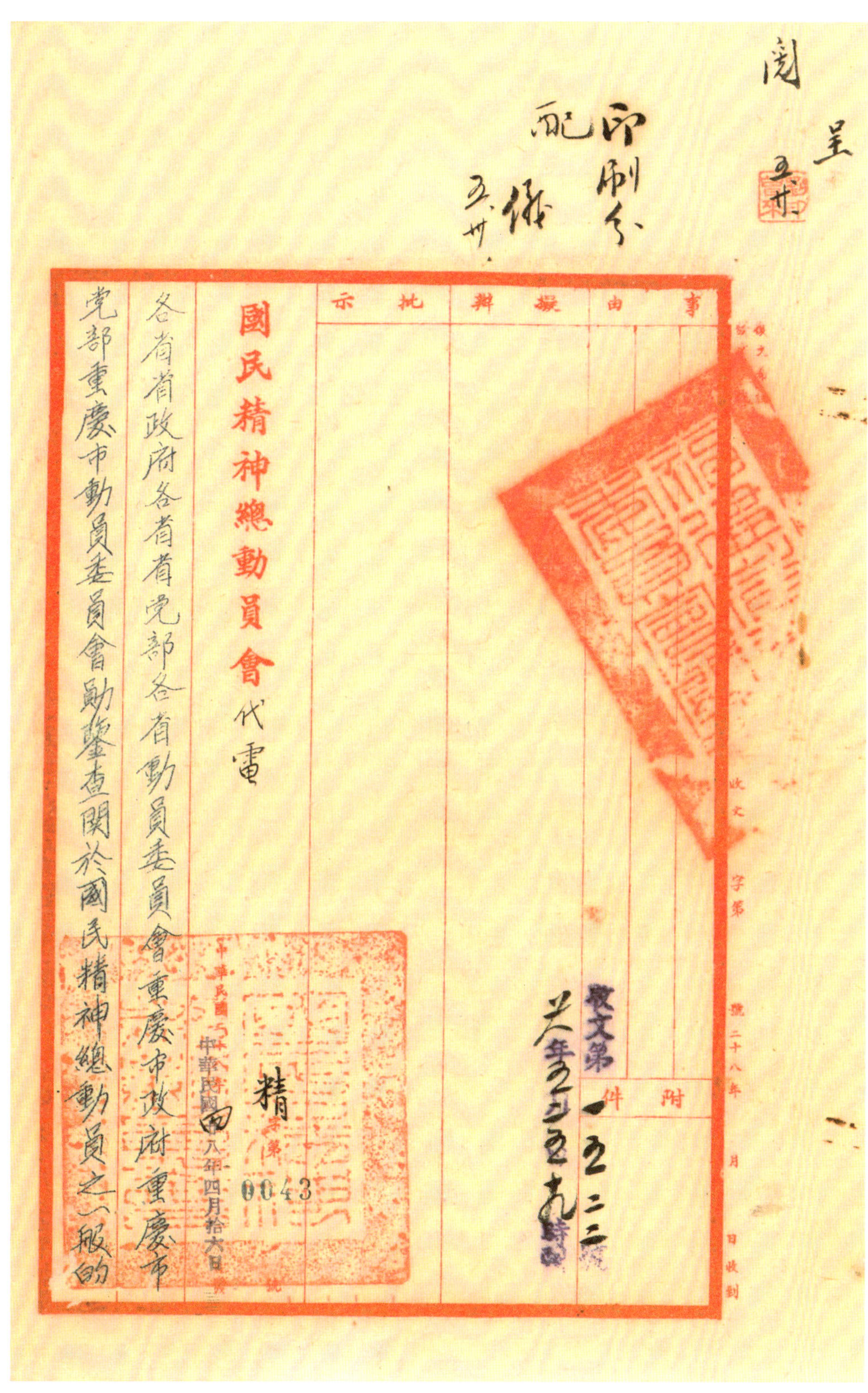
閱

呈 五卅

印刷分配 係 五廿

事由	擬辦	批示

附件

國民精神總動員會代電

各省省政府各省省黨部各省動員委員會重慶市政府重慶市黨部重慶市動員委員會勛鑒查關於國民精神總動員之一般的

精 0043

推動考核綱領之解釋辦法之補充等雖由本會及各級動員委員會精神總動員會議統籌進行而各種具体工作之實施仍有待於党政軍各機關團体之分工合作爰本是旨分别制定國民精神總動員工作分配計劃暨運用原有組織發動精神總動員辦法除分行外特抄同該項計畫及辦法電達查照辦理並希轉飭所屬一体切實遵行為要中正 銑 精

附國民精神總動員工作分配計劃及運用原有組織發動精神總動員辦法各一份

監印 熊昭祖
校對 楊鴻遇

國民精神總動員工作分配計畫

(一)總綱

精神總動員為一切動員之基礎，其要旨在集結國民精神於「國家至上民族至上軍事第一勝利第一意志集中力量集中」之目標，以健全其道德之修養，整飭其生活之規律，確立其思想之準繩，而共赴抗戰必勝建國必成之鵠的。本此原則：

(甲)中央應將有關精神總動員之書籍大量編行，並許各地大量翻印，以供民間各種集會之講材。

(乙)對於精神總動員三個主要目標，即國家至上民族至上軍事第一勝利第一意志集中力量集中之三義，應由中央精神總動員會分別製定淺說，作全國各地精神總動員月會之基本課目。

(丙)精神總動員中之各種實施事項，多有業經主管機關分別單獨進行者，應於精神總動員開始時，由各級主管機關分別作一總檢討，根據以往經驗，增進其成績，矯正其缺點，並參照有關事項，切實配合以謀將來工作之健全，擬具報告及意見提交同級精神總動員會議討論決定，並聯合進行。

(丁)精神總動員之工作，除由黨政軍各機關倡導實行外，尤倚重於社會人士組織之精神總動員協會之協助，此項協會宜一面根據精神總動員之目標，隨時發起社會上各種實際運動（如慰勞捐輸等運動）一面就社會上業已推行之各項運動中，注入精神總動員之質素，使精神與實際得以配合發展。

(二)工作之分配

關於精神總動員之一般的推動考核，綱領之解釋，辦法之補充等，雖由精神總動員會及各級動員委員會精神總動員會議統籌進行，而各種具體工作之實施，仍有待於黨政軍民各機關團體之分工合作，其主要分工如左：

（甲）黨部方面

（子）督飭各級黨部以精神總動員為今後中心工作，領導全體黨員以身作則，策動民衆實施精神總動員。並以推進精神總動員情形，為考績標準之一。（中央秘書處會同組織部辦理）

（丑）指示各級黨部聯合當地精神總動員機關暨各界領袖，發起各種實際運動（中央社會部主辦）

（寅）舉行精神總動員宣傳週，編制精神總動員各種宣傳品，領導各宣傳機關並聯合文化界擴大並繼續宣傳，糾正一切紛歧錯誤之思想，並根據精神總動員之目標，充實各報之言論消息與材料，以樹立輿論權威。（中央宣傳部主辦）

（卯）華僑精神總動員之工作。（中央海外部主辦）

（乙）政府方面

（子）督飭各級政府負責實施精神總動員之工作，並作為考績標準之一。（行政院主辦）

（丑）領導全體公務員以身作則，並領導民衆實施精神總動員。（監察院規定辦法國府所屬各機關長官負責督促實施）

（寅）整飭社會生活，取締不當娛樂。（內政部主辦及各地警政人員負責實施）

（卯）指導各級學校教職員學生實踐精神總動員並作民衆之領導（教育部主辦）

（辰）獎勵關于闡揚民族歷史文化表彰忠勇義烈行為及其他足以啟發民族前途自信之優良著作。（教育部主辦）

（巳）厲行國防資源節約，擴大戰時生產，提倡國貨，獎勵發明。（經濟部主办）

（丙）軍隊方面

（子）督飭各級政治部，以精神總動員為中心工作，並作考績之標準（政治部主辦）

（丑）領導全體軍人，以身作則，並領導民衆實施精神總動員。（各級軍事長官及政治部負責）

(寅)推廣戰地精神總動員之各項工作。(政治部及前方全體將士負責)

(丁)其他

(子)三民主義青年團應與教育部聯合領導全國青年實施精神總動員之工作。

(丑)新生活運動促進會，應普及組織於各地，並聯合當地黨部政府，主辦關於振作國民道德革新社會生活之各項工作。

(寅)其他社會團體之工作，應由各級動員委員會根據『運用原有組織發動精神總動員辦法』分配督促之。

(三)工作之實施

精神總動員綱領中，關於『精神之改造』各項及『實施之事項』提示之略例，為實施一切工作之根據，在工作實施進程中，應編製之講材，應發起之運動，應進行之事項及應適用之方法，分別規定如左：

(甲)關於改正醉生夢死之生活者

(子)在各地月會中，講述改革不良生活之意義，報告前方艱苦犧牲

三

之事蹟喚起哀肅警惕之自省並檢討當地習慣或實際上各種不良生活之實例及其改革之辦法其關於講述部分之要目為

(1)國民道德須知(教育部編)

(2)戰時生活示範(搜集各國戰時艱苦生活之史例及我抗戰前線艱苦之事實彙編成書由政治部教育部主編)

(3)政府禁止不良嗜好之法令(內政部彙編)

(4)烟賭嫖等之害及戒烟方法(新生活運動促進會及內政部編)

(5)戰時節約運動之意義與辦法(社會部編)

(丑)各級精神總動員機關應發起非常時期生活改進運動其要目為

(1)改革不良習俗

(2)戒絕不良嗜好

(3)實行戰時節約及建國儲金

(寅)各級政府應嚴厲執行禁止不良嗜好及提倡節約之法令其有明

知故犯及執行不力者，應採取檢舉及連帶負責之方法，其辦法由政府根據實際情況另行製定。

（卯）各級精神動員機關，應主辦巡視及生活改進的競賽事宜，其主要辦法如左：

（1）由中央編定競賽科目及奬懲綱要。

（2）省（市）動員委員會依據競賽科目、製定表格，發由縣動員委員會舉辦，同日開始巡視，但中央與省（市）亦當隨時派人抽巡或複核。

（3）競賽奬品分三級，按其成績，由各級動員委員會依據奬懲辦法開具事實，送由同級政府核發，於國民月會時頒發並公告之。

（4）懲罰之執行為縣政府，懲罰之檢舉為縣動員委員會。

（乙）關於養成奮發蓬勃之朝氣者。

（子）各地月會均應於清晨舉行，以提倡早起之習慣，並講述左列課目：

（1）中國民族奮鬥之歷史及我先民慘淡經營之事蹟（中央宣傳部編）

四

(2)歷代先烈成功軼事、(教育部編)
(3)總理及領袖生平、(中央宣傳部編)

(丑)各級精神總動員機關，除提倡不良生活之改革外，並應發起左列運動：
(1)早起運動、(極力戒除無益的夜生活)
(2)戰時服務運動。
(3)體育及衛生運動。
(4)生產建設運動。

(寅)社會部教育部内政部政治部及新生活運動促進會，應分别檢討左列工作以往之成績，並謀將來之澈底改進。
(1)國民體育工作。
(2)國民軍訓工作。
(3)戰時服務工作。

(4)戰地服務工作

(5)社會衛生及清潔整齊工作。

(丙)關於革除苟且偷生之習性者

(子)各地月會及一切集會中講述左列課目：

(1)發揚民族至上國家至上之愛國守法觀念。

(2)提倡忠勇尚武之精神。

(3)肅清中途妥協之幻想。

(4)暴露敵軍殘暴之事實。

(5)表揚我國軍民忠勇義烈機智之事蹟。

(6)分析敵人政略戰略之失敗與我軍愈戰愈勇之情形。

(7)宣傳兵役之意義及辦法。

(以上各種材料由中央宣傳部及政治部會同供給之)

(五)各級精神動員機關應發起並進行左列各事：

(1)兵役促進運動。
(2)追悼殉職殉難軍民官吏。
(3)撫慰出征及陣亡將士家屬。
(寅)各地動員委員會，應以精神總動員為基礎發動各種戰事動員使全體國民盡量供獻人力財力於抗戰，同時黨政機關應協同檢舉遊閒怠惰份子，實施強制戰時服役。
(丁)關於打破自私自利之企圖者。
(子)各地月會及一切集會中講述左列課目：
(1)闡揚禮義廉恥之要義（新生活運動促進會編）
(2)肅清逃避兵役及逃避各種法定的戰時徵用之私圖（政治部編）
(3)鼓勵毀家紓難及一切輸財輸力等助戰運動（教育部編）
(丑)各級精神總動員機關，應發起慰勞勸募以及難民救濟傷兵救護等各項運動。

（寅）各級黨政軍機關，應切實肅清貪污及偷惰情事，盡量發揮黨政軍監察機構之效用，並責成各主任人員以身作則，嚴厲執行（此項由精神總動員總會函請主管機關規劃督促辦理）

（戊）關於糾正紛歧錯雜之思想者。

（子）各地月會及一切集會中應經常講述左列課目：

（1）三民主義要義（中央宣傳部編）

（2）服從領袖與鞏固統一（中央宣傳部編）

（3）國家法令與社會秩序（內政部編）

（4）意志集中力量集中（中央宣傳部編）

（丑）各級精神總動員機關及精神總動員協會，應隨時依據精神總動員之目標，會同並協助黨政機關進行下列各事：

（1）整飭民衆團體之組織及其訓練（中央社会部主辦）

（2）統一文化團體之組織及工作方針（中央宣傳部主辦）

六

(3)取締有碍抗戰之言論及非法活動(中央宣傳部政治部及各級黨部政府會合辦)

(4)糾正各種報章刊物言論之不正傾向(中央宣傳部主辦)

運用原有組織發動精神總動員辦法

(一) 一般工作

一、各級黨部、各級政府、各種公務機關、各級學校、及各社會團体、民衆團体、學術團体、均應利用各種集會及其他機會、切實發揮左列各點：

(甲) 精神總動員理論與實際之闡明

(乙) 國家觀念之發揚

(丙) 民族道德之實踐

(丁) 責任精神之貫徹

(戊) 必勝信心之樹立

(己) 錯誤言論之糾正

(庚) 悖謬心理之改造

二、各級黨部工作人員、各機關公務員、各學校校長教職員、各社會團体領袖、均應以身作則、實踐精神總動員綱領、注意左列工作：

（甲）對所屬黨部機關學校或團体之同事，應依照精神總動員之要義，互相規勉砥勵。

（乙）對本人之家族，應予以教導感化，並領導或督促其參加國民月會。

（丙）對本人之隣里鄉黨，應盡可能協助其舉行月會，並担任國民精神總動員督導之責。

（丁）積極參加當地有關精神總動員之集會，並就能力所及，協助其各部門之工作

（戊）隨時依據綱領，以勸導辯論解釋等方法，糾正一切違反精神總動員之思想言論及行動。

三、每一黨員公務員學校教職員及社會並學術團体之會員，除參加其本黨部機關學校團体月會外，並應積極領導一國民月會。

（二）各級黨部及黨員

一、各級黨部每逢年節，應因時因事因地指示下級黨部及黨員，依左列

各種運動：

（甲）領導民眾，組織極經濟而有意義之同樂會，提倡有益身心之各項娛樂。

（乙）取締一切不當娛樂

（丙）鼓勵勸導民眾以人力物力供獻國家。

（丁）禁止奢侈靡糜及一切應酬浪費。

（戊）約束游閒怠惰份子，協助強制戰時服役

二、各級黨部負責人員，應以黨的區分部及小組為訓練黨員實施精神總動員之最好場所，經常舉行討論會，其要旨如左：

（甲）確立抗戰意識。

（乙）明瞭世界大勢。

（丙）研究社會現狀，促進精神動員

（丁）瞭解敵國外患

舉行批評會其要旨如左：

(甲)砥勵革命人格。
(乙)養成團体意旨。
(丙)促進勞動服務。
(丁)推行新生活。

三、各級黨部應指導下級黨部，對黨員日常從事如左訓練：

(甲)生活訓練 此項訓練必須達到整齊，清潔，簡單，樸素，迅速，確實六項標準，做到合乎礼義廉耻

(乙)體格訓練 此項訓練，應儘可能實行軍訓，游泳，爬山，競走，射擊，騎馬等，以喚起尚武愛國之精神，並藉以配合動員工作之需要。

(丙)工作訓練 此項訓練，必須從平日工作技術與效率上求其進步，並做到負責任守紀律

四、各級黨部對於各界黨員，除應予以適當戰時工作之分配外，並應按照其職業及社會地位，特別注意其精神動員事項之實施，例如：

(甲)對農工黨員應使其特別努力於擴大戰時生產利用廢地廢物增進工作時間及效能以作一般農工之模範並領導其國民月會

(乙)對商人黨員應使其特別努力於抑低利潤遵守政府關於貿易租稅之法令推銷國貨減少奢侈品輸入促進國產品輸出並踴躍舉行義賣獻金以為一般商人表率並領導其國民月會

(丙)對青年黨員應使其振奮報國精神堅定奮鬥意志努力知能修養愛惜時間人力物力養成迅速確實習慣以為一般青年表率並領導其國民月會

(丁)對婦女黨員應使其節約消費服用國貨參加生產服務對國家政府有所供獻以為一般婦女表率

(戊)對從事文化事業之黨員應使其相互聯合特別努力於闡揚三民主義與抗戰建國信念及研究精神總動員有效的推行方法

三

五、各級黨部於擬定工作計畫時應將精神總動員事項列為專章並訂定實施程序按期推行

六、各級黨部於工作報告中應按期將精神動員之實施狀況逐級呈報以憑考核

七、精神動員之考核除書面外應着重於視察及檢閱其辦法如左

（甲）中央黨部隨時派員會同國民精神總動員會派員分赴各省市舉行精神動員之檢閱或於各部派員視察黨務時特加注意

（乙）省黨部隨時派員會同省（市）動員委員會派員分赴各縣舉行精神動員之檢閱或於派員視察各縣黨務時特加注意

（丙）各縣黨部應盡量介紹黨員參加縣動員委員會之督導工作

（三）公務機關及公務員

一、各機關公務員之精神動員由各該主管長官倡導及考察之

二、各機關公務員之考績以精神動員為考績標準之一

三、各機關應充分利用小組會議實踐精神總動員首宜注意左列數點

(甲)辦公時間之不虛糜

(乙)公物之不浪費

(丙)工作效率之提高

(丁)與民眾接近辦法之研究及私生活之改進

四、各機關精神動員之考核依照小組會議及公私生活行為輔導辦法所規定之程序辦理

(四)各級學校及全國青年

一、各級學校分別受教育部廳局科之指導監督考核實施精神總動員之教育

二、各級學校應依照精神總動員綱領擬具有系統之具體計畫與訓育方面相配合分期督促學生切實履行

三、各級學校除國民月會外應利用早操朝會紀念週年級會懇親會及其他固有組織會議之機會用競賽與檢查等方法訓練學生實踐精神總動員

四、各級學校教員應於課業上教材上灌輸精神動員之要旨

五、各級學校應普遍採用導師制度由各級導師以個別或團體訓導方法訓練學生實行精神總動員

六、社會教育機關因應實際環境擬具適宜方法實施精神總動員例如

(甲)播音壁報及通俗講演

(乙)民眾衛生指導與鄉村勞動服務

(丙)學生家庭訪問

七、各級學校及社會教育機關分別組織左列團體互相督促勸勉其各級學校應以各科系年級為單位教職員學生一律參加

(甲)規勸團 (乙)監察團 (丙)檢查團 (丁)比賽團

八、利用各級學校兼辦社會教育辦法及中等以下學校推行家庭教育辦法實行精神總動員貫徹於所屬之每一份子以普及於一般國民

(五)學術團體及其會員

一、學術团体應以倡導精神總動員為其基本責任，除自身舉行月會外，並應督率其各個會員，實行精神總動員之宣傳推進研究各項工作。

二、學術团体應與動員委員會取得切實聯絡，接受其指導，積極參加精神動員各項實際工作，如公開演講，發佈文字，刊行小冊子，巡迴宣傳等，並各以其組織發生縱橫之聯繫行動，以擴大並加強精神動員之力量。

（六）宗教团体及其教徒

一、各宗教团体之精神動員，由其主持人負責推行。

二、各宗教信徒之精神動員，以其所屬區域或職業為集合單位。

三、如同一區域或同一職業之各宗教信徒，自動約集國民月會，得於其舉行宗教儀式時合併舉行。

四、凡全國性之宗教团体，應與其世界性之宗教团体取得切實聯繫，說明敵寇侵略及肆虐真相，藉以昌明正義，使舉世之同教信徒，同情於我之自衛抗戰。

(七)工會及工人

一、產業工人之有工會組織者，由工會主持人領導之，其無工會組織者，由工廠負責人主持之，以每一工廠為範圍，切實舉行左列各項工作。

(甲)國民月會

(乙)公約實踐

(丙)生活訓練

(丁)思想訓練

(戊)工作比賽

二、工業工人之有工會組織者，由工會主持人領導，其無組織者，除參加保甲組織舉行前條所列五項工作外，並應參加地方之緊急戰時服役，如軍事工程之興築或撤除，防空消防之任務，軍需品及傷病兵之輸運等各項工作。

(八)同業公會及商人

五

一、各業商人應各參加其同業公會，舉行左列各項工作：

（甲）國民月會

（乙）公約實踐

（丙）生活訓練

（丁）思想訓練

（戊）獻金競賽

（己）分配地方動員服務工作（例如難民救濟工切勸募工作等）

二、各同業公會得因時因地發動下列各項運動，並設法使其實現。

（甲）不販賣敵貨

（乙）不接受偽鈔

（丙）不抬高物價

（丁）不以貨物資敵

三、各同業公會之主幹會員及初中以上畢業之會員，應各領導（國民月會

六

(九)農會及農人

一、農人之參加農會組織者，由農會主持人領導之，切實舉行左列各項工作

(甲)國民月會

(乙)公約實踐

(丙)生活訓練

(丁)思想訓練

(戊)生產競賽

二、農人之未參加農會組織者，除參加保甲組織舉行前條所列五項工作外並應參加地方之緊急戰時服役，如軍事工程之興築或撤除、防空消防之任務、軍需品及傷病兵之輸送等各項工作。

(十)其他社會团体民衆团体

其他社會团体與民衆团体之精神動員工作，可比照前列五六七八九各項類推之。

福建省动员委员会致各县市动员委员会、各专员公署等的训令及致绥靖公署、省府各厅处等的笺函
（一九三九年八月五日、一九三九年十二月十七日）

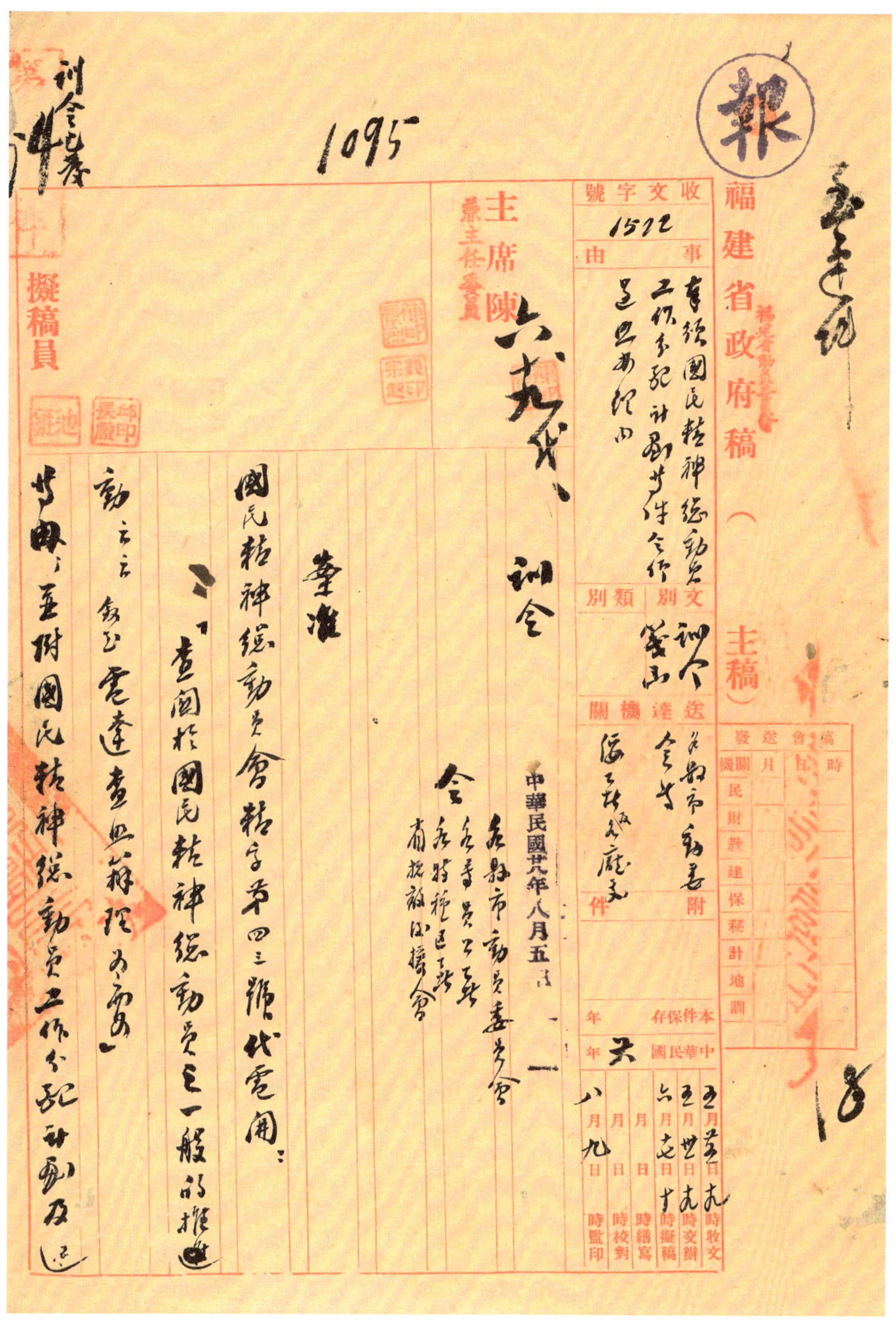

報

1095

福建省政府稿（主稿）

收文字號 1512

事由：奉發國民精神總動員工作分配計劃并條令仰遵照由

文別：訓令　箋函

送達機關：各縣市動員會、各專署、綏靖公署、省府各廳處

主席 陳　兼主任委員

擬稿員

訓令

令各縣市動員委員會、各專員公署、各特種區署、省抗敵後援會

中華民國廿八年八月五日

案准

國民精神總動員會精字第四三號代電開：「查國民精神總動員之一般的推進……」

闽系省组织总动员精神总动员实施办法各条，准此。除分行外，合行

检发原附件，令仰遵照办理为要！此令。

计附国民精神总动员工作分配计划及运用系省组织总动员

精神总动员实施办法各条

等因。

前检送国民精神总动员会精字第一〇〇四三号代电暨

中华民国廿八年十二月拾七日

中华民国廿八年十二月拾七日補遞

附件各一份，请

查照转饬遵照为荷。此致

[illegible]

省府各厅处

新生活运动促进会

福建省总动员委员会启

福建省政府关于印发国民精神总动员纲领及实施办法致各县政府的训令（一九三九年五月二十四日）

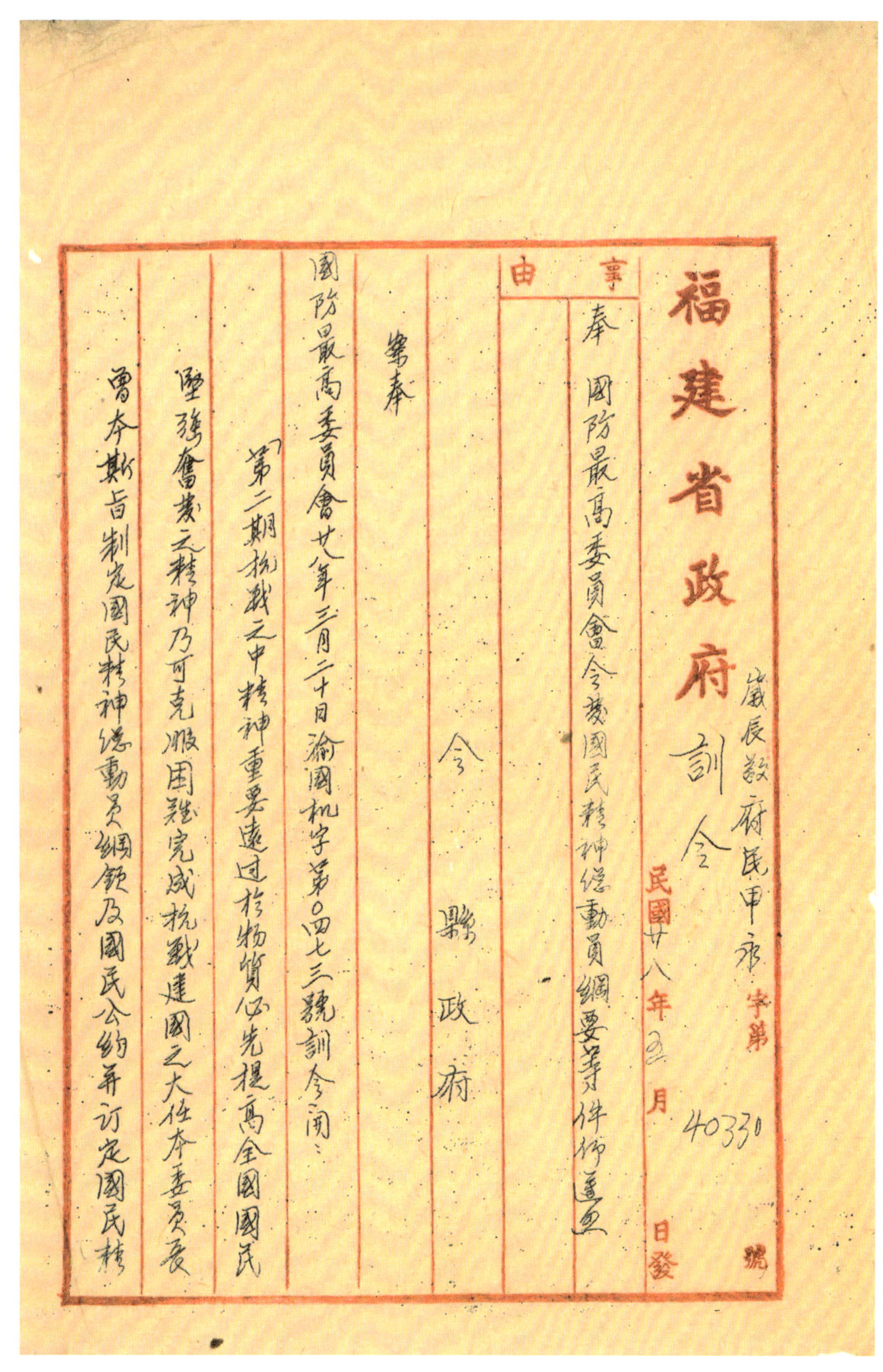

福建省政府訓令 崴辰鼓府民甲永字第40330號

民國廿八年五月　日發

事由

奉 國防最高委員會令發國民精神總動員綱要等件仰遵照

令　縣政府

案奉

國防最高委員會廿八年三月二十日渝國机字第四七三號訓令開：

「第二期抗戰之中精神重要遠过於物質，必先提高全國國民

堅強奮發之精神，乃可克服困難，完成抗戰建國之大任。本委員會

曾本斯旨制定國民精神總動員綱領及國民公約，并訂定國民精

神總動員實施办法國民精神總動員會組織大綱定於本年三月十二日開始實施并由國防最高委員會組設國民精神總動員會主持國民精神總動員之推進督導除分行外合亟檢同國民精神總動員綱領及實施办法國民公約國民精神總動員會組織大綱各一份令仰該省政府遵照办理并轉飭所屬各縣（市）政府一体遵照办理爲要此令」

等因計發國民精神總動員綱領及實施办法國民公約國民精神總動員會組織大綱各一份奉此查前奉

行政院廿八年二月廿日呂字第一九〇四號密訓令頒發國民抗敵公約暨宣誓實行公約办法一份業以寅世府民甲乘二四八五〇號密飭遵在案兹奉前因除先以號酉電飭遵并分令各區專署各市縣政府各特種區署福州警察局水警總隊外合

并印发附件令仰遵照切实办理为要此令

计印发国民精神总动员纲领及实施办法国民公约十条国民精神总动员会组织大纲一份

主席陈仪

附：国民精神总动员纲领及实施办法

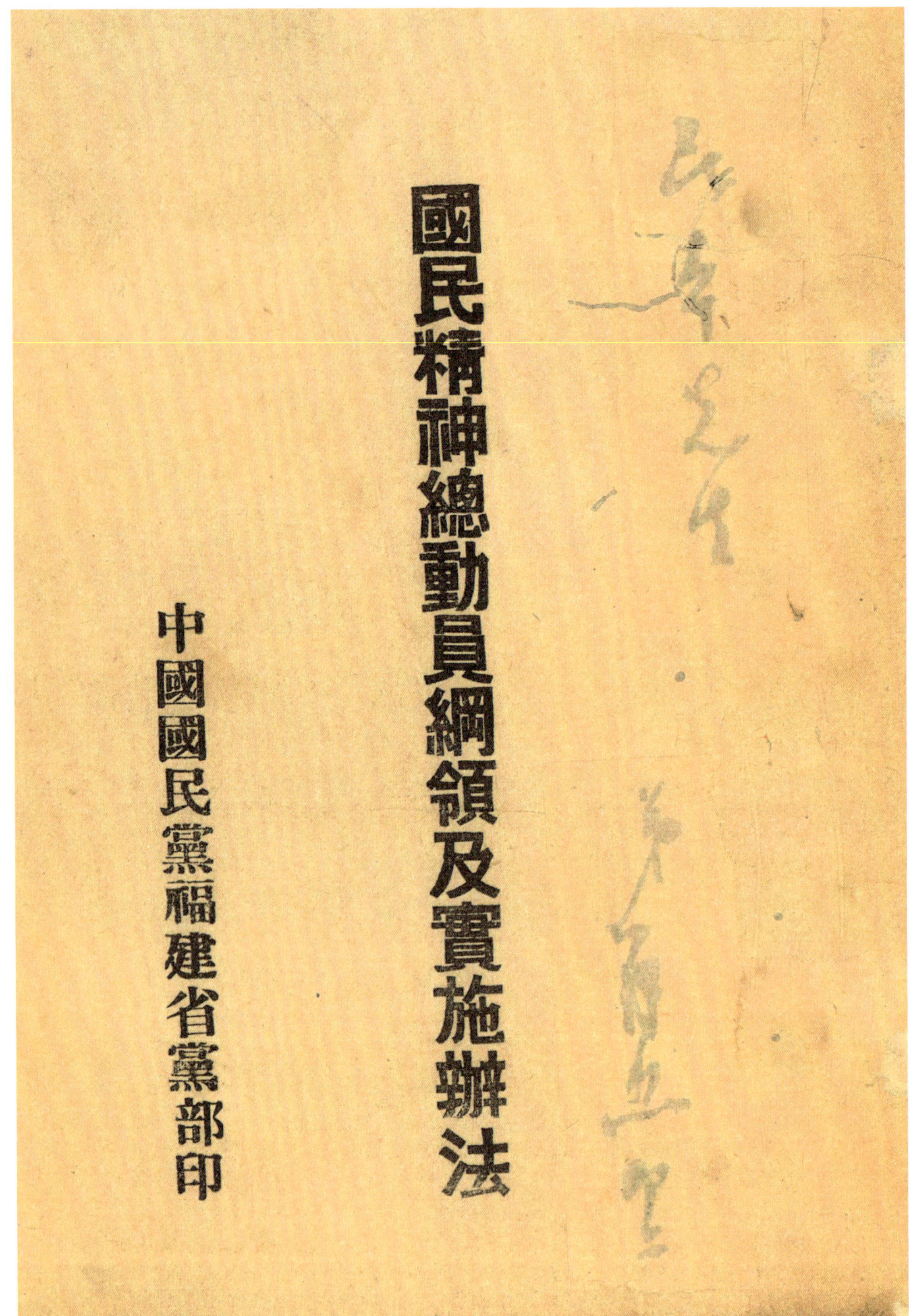

國民精神總動員綱領及實施辦法

中國國民黨福建省黨部印

國民精神總動員綱領及施實辦法

蔣總裁兼國防最高委員會委員長，鑒於國民精神總動員之重要，前經制定國民精神總動員綱領，提出第五次中央全體會議，並於國民參政會第三屆大會中，親自報告，參政員全體一致熱烈贊同。上項國民精神總動員綱領，及實施辦法，刻已由國防最高委員會宣佈，開始實行，並由國防最高委員會組織精神總動員會，即將成立，蔣委員長自兼會長，主持其事。又第五次中央全體會議，曾通過國民抗戰公約九條，嗣國民參政會第三屆大會，復根據上項公約，補充三條，共爲十二條，爲國民抗戰誓約，茲經蔣委員長決定，採用國民參政會通過之原文，實名爲「國民公約」，並以國民宣誓，遵行公約，爲國民精神總動員具體之入手辦法，特訂於實施辦法之內，俾全國國民一致實行。茲將綱領全文，國民公約，及精神總動員實施辦法，分錄如次：

國民精神總動員綱領

一，緒論

抗戰迄今，時逾年半，賴我全國團結之固，將士犧牲之勇，摧挫頑敵之勢燄，消耗敵軍之力量，國譽增高，舉世刮目。然二期抗戰今已開始，來日方長，所需於吾國民之淬厲奮鬥以期克服之艱難，較之前期亦日見其擴大。敵人今日，已知軍事力量不足以屈服吾人而達其速決之目的，故其最近計劃，乃欲以種種方法搖撼吾人之意志，威脅吾人之精神。吾人熟察吾國歷史上外患之深，皆因朝野士夫精神上爲敵人所懾服，致不能發揮吾民族雄厚之力量，如宋如明，皆爲殷鑒，則今日之所宜致力者，尤當注重於精神之振作與集中。質言之，前期抗戰，軍事與精神並重，而第二期即後期之抗戰，則精神尤重於軍事，非提高吾國國民堅強不屈之精神，不足以克服艱危而打破敵人精神制勝之毒計。吾人回撫十八閱月以來奮鬥之經過，而檢討其缺失，則物質條件之欠缺固甚明顯，而精神條件之未備尤居首要。現代戰爭爲全民動員之戰爭，故不僅應動員國內一切之物資與人力，亦必動員全國國民之精神，而動員全國國民之精神以充實抗戰之國力，不僅在於發動，而尤貴於組織，必以有組織之精神，發揮有組織之人力，利用有組織之物資，方足以適應國家當前之需要。且此次抗戰之意義，不僅限於排除暴敵之侵略，而尤在於努力抗戰之中，樹立戰後建國之永久基礎，其任務之重，使命之大，在吾國歷史上將爲空前絕後之無上艱辛的一役。而反觀今日社會，則基礎之團結雖立，而精神之統一未臻，忠勇奮發之表現雖所在多有，而頹廢散漫之狀態，亦同時並存，組織之懈弛，基礎之薄弱，如是之國民精神，何堪負荷國族興亡之鉅任，鑒往察來，不能不認國民精神總動員之實施，爲今日當務之急也。

所謂國民精神總動員者，自其字義言之，則在個人爲集中其一切意識思維智慧與精神力量於一個方向而提高使用之，在國民全體爲集中一切年齡職業思想生活各各不同之國民的精神力量於一個目標而共同鼓舞而增進之，整齊調節以發揮，之確定組織之中心，以增強效率者也。然精神力量之所由表現爲道德，而其所由發揮則必歸着於信仰。古人有言：「成於一敗于二三，」凡事皆然，況在軍事？況在吾國民處此存亡絕續爭死生于呼吸之戰時？是以就今日中國而言國民精神總動員，則其涵義應爲集結全國國民之精神于簡單共同之目標，全國國民對自身皆能確立同一的救國道德，對國家皆堅定同一的建國信仰，而國民每一份子皆能根據同一的道德觀念爲同一的信仰而奮鬥犧牲是也。此所陳述，似極平凡，然中華民族之起死回生必由斯道；吾人如確能舉國一致，實施國民精神總動員，則任何艱鉅皆可負担，任何困難皆可克服，而最後勝利亦事屬必然。反之，若國民對此不能體會而力行，或體會不眞切，力行不一致，則國族危機必將增重，制勝克敵，將益艱難。故抗戰前途，國族命運，成敗安危，實均繫于國民精神總動員之一舉。玆特闡其要義，分節論列，願吾國民一致接受而力行之。

二，共同目標

國民精神總動員，有國民人人所易知易行之簡單而明顯之三個共同目標，而國民精神所當集結者，當首先標揭之，即(一)國家至上民族至上，(二)軍事第一勝利第一，與(三)

意志集中力量集中是也。

（一）國家至上民族至上

吾國民今日無問智愚，應皆以痛切感覺在民族生存受盡威脅之情形下，任何個人與其事業均末由保得安全，敵人之欲消滅我民族意識，折散我民族團結，始則臠切而分割之，繼必奴辱而消滅之，其野心毒計，已日益明顯；故鞏固民族生存應先於一切。然民族生活之最高體系爲國家，無國家則民族生活不能維持與發展，失國之民族如猶太人受人宰割，何等悲慘！則鞏固國家尤應先於一切。是以吾人今日必須認定國家至上民族至上，國家民族之利益應高於一切，在國家民族之前，應犧牲一切私見，私心，私利，私益，乃至於犧牲個人之自由與生命亦非所恤。

（二）軍事第一勝利第一

在此解決國族存亡之軍事期中，國家民族之最大利益爲軍事利益，是以國民一切之思想行動，均應絕對受國家民族軍事利益之支配。爲達成軍事之利益，爲增進軍事之利益，國家民族得要求國民爲一切之犧牲，而爲國民者自亦必自動踴躍而貢獻一切之所有，故曰軍事第一。軍事之惟一目的在求得勝利，則國民務須確立必勝之信念，達成最後勝利之目的，且竭其全部之知能與全部之時間精力，以求取軍事之勝利。在此時期一應無個人得失，個人利害與個人之屈伸與榮辱，唯求得軍事之勝利乃爲吾國民人人共享之光榮，唯不能獲得勝利爲人人最大之恥辱。一切功罪，一切是非，當以此爲標準，故又曰勝利第一。

（三）意志集中力量集中

吾國今當國家民族緊急自衛之時，凡爲國民，所有意志，均當集中，所有力量，均當集中。有理智有良心的國民，此時除殫思竭力於如何鞏護國家求取勝利以外，應無暇有其他思維，亦必不暇有其他行動。而就國家民族以言，則亦必要求國民全體的思想，絕對統一集中於國家至上，民族至上，與軍事第一，勝利第一兩義之下，不容其分歧及懷疑，不容作其他之空想空論，更必須動員一切職業一切部門之國民，均專心一志爲國家民族軍事利益而奮鬥，於艱苦之中，各竭其能，各盡其職，以改進一切，創造一切，以貫澈長期的軍事計劃，同時達到吾建國工作之完成，故曰意志集中，力量集中。

如上三義，意至簡明，事極易舉，國民對此必樂於接受，必一致接受，請進而論述吾人所要求確立之同一道德，及堅定之同一信仰的內容。

三，救國之道德

今日中國之需要　爲振衰起敝，攘寇患以救國，故今日所需於吾國民全體力求實踐之同一道德，厥爲救國之道德。而此救國之道德，實爲吾先民所固有，亦即　總理所倡導之忠孝仁愛信義和平之八德。國民對此八德，認識或有淺深，但中國民族之昔日綿延光大，實賴有此道德，今日之衰弱式微，實由喪此道德，故非要求吾國民一致確立此救國道德不可。八德之中最根本者爲孝，唯忠與孝實中華民族立國之大本，一千年來先民所留遺於後代子孫之至寶，今當國家民族危急之時，全國同胞務必竭忠盡孝，對國家盡其至忠，對民族行其大孝。請先言孝道：中國社會數千來之所謂孝不唯盡孝於其親，亦重在盡孝於其祖，故以不祀無後爲最大之罪惡，此就人人之直系祖先而言之也，至 總理講民族主義，更將中國固有之孝道闡揚光大而及於國族，由親親之義而推及於同國同族之相保，由追遠之義而曉然於同國同族之相關，是以吾人今日行孝之對象，應爲整個之民族，應求不辱吾民族共同之祖先，吾人應時刻自念吾人數百代共同祖先所辛苦經營而遺留於吾人之錦繡河山，如竟喪失於吾人之手，則吾人上何以對先民下何以對共同之種姓？他罪有可贖，不孝無可贖！吾同胞明乎此義，則犧牲一己以維護民族之生存自必引爲人人最高之責任。其次所謂忠者，第一須忠於國家，實卽所以保我民族之生存與發展，就中國今日而言，必須人人以擁護國家獨立爲神聖的責任，而後國家乃有救。國家者有其絕對性者也，欲衞護國家之自由與獨立，其先決條件則爲軍令政令之絕對統一，今當暴敵以絕大武力摧毀我國家，並於各佔領區域製造僞組織，企圖臠割我國家之時，凡我國民，尤必一致忠於國家，以加強國家自衞之力量，忠於職分，忠於紀律，對於法令，萬不可稍萌渙散或違背法紀，以減弱國家之權威。吾國人誠能人人對民族盡孝，對國家盡忠，則抗戰救國之使命卽有確實負荷之人。至於仁愛信義和平諸德皆由忠孝二義演進而來。仁愛爲孝道之擴展，信義爲忠道之延長，和平主義實出於同源，仁愛則不致相殘，而和平實由於信義。吾人今日能推仁愛之心，則必不坐視同胞之被僇辱被殘害，而必有同仇敵愾之勇。推信義之心則必能負責，盡職，不欺，不貳，以造成一致赴難之團結。推吾數千年愛好和平之固有理想，則必樂於爲抵抗暴力與求取永久和平而奮鬥，且必率先爲勇敢無前之奮鬥。凡此救國道德，當其發揮功用，卽無異於堅甲利兵。質言之，此實民族精神的武器，而國民人人當以之武裝自身，以驅除暴敵，開創吾國家光輝之新歷史者也。

四，建國之信仰

夫吾人今日所以要求我國民趨集同一之方向，確立同一之道德不辭艱苦而奮鬥者，其最後目的爲何？曰：在完成建設三民主義的國家。前已言之，此次抗戰意義，不僅在卻敵，而尤在確立建國之基礎，故雖在戰時，必當一刻不忘建國，蓋唯其有一致確立的建國方針，而以全力推進之，始能充分發揮禦侮力量，以求取勝利；亦必國民全體皆能確立建國之信仰，而後國民之精神力量與救國道德乃有確實之寄託，以爲積極之發揮。故救國與建國，義本一貫，事無二致。中國建國之最高原則，厥爲總理孫先生所手創之三民主義，此固爲全國同胞所公認；今日國家存亡，所爭一間，抗戰而勝，則建國必成，民族卽得永久之樂利。故吾國民對吾建國原則之三民主義，必須更鞏固其信仰，共同奮鬥，以求其實現。蓋三民主義之目的，在促成中國之國際地位平等，政治地位平等，經濟地位平等，吾人理想中所欲建設之國家，外則爲獨立自由平等，內則爲民有，民治，民享，此人人心理之所同，而三民主義卽爲達成此國家建設唯一無二之法門。今當戰時，人心振奮，趨向更見一致，救國建國，正宜兼程並進。以言乎民族主義，則抵抗外力侵略，以求得民族之獨立自由與平等，固爲今日抗戰唯一之目的，而國內各民族攜手共肩抗敵之事業，更足以增進整個民族之團結，爲博大的中華民國奠其堅實之基礎。以言乎民權主義，則戰時國民政治意識之普及，既足以加速培養眞正之民權，而戰時政府職權之集中調整，更足以造成高度效率之政治。以言乎民生主義，則戰時增加生產管制消費之努力，卽所以樹立民生均給之始基，而國家根據民生主義以實施戰時經濟政策之結果，必使戰後公私產業均有平衡合理之發展，而最大多數人民必以戰時之生活，戰時之行動，戰時之精神，努力生產，努力創造，以獲得進步與繁榮。循此以進，三民主義的新國家之建立，卽在抗戰獲得光榮的勝利之時，而中國永遠安樂之國基亦將於是乎克奠。前途光明，歷歷在望，此正吾國民所宜懸爲鵠的，一致興奮，共同努力以赴之，而其道則自吾國民一致堅定同一的建國信仰始。

五，精神之改造

國民所必須確立之同一道德與同一信仰既已闡明矣，於是吾人乃進而探討何者爲適合於今日國家民族軍事利益而足以達成抗戰建國目的之健全的精神，何者爲違反此義之不健全的精神，從而分別扶植或淘汰之，以造成共同一致之良好環境，而澈底改造我國民之精神，類而舉之則有下列之數項：

（甲） 醉生夢死之生活必須改正

生活者，精神之根本，無合理之生活，即無健全之精神。是以沉溺於聲色貨利之醉生夢死的生活，必須加以澈底之改正，而實行新生活之信條；否則不僅個人之精神耗散，自誤誤國，必致相習成風，使整個社會頓呈亡國現象，而招致世界之鄙視與寇仇之深入；不唯有害於國家，尤且影響於軍事。

（乙） 奮發蓬勃之朝氣必須養成

次於醉生夢死之生活而爲國民精神之蟊賊者，厥爲消沉頹廢之風氣，此風氣之存在，實由於心理與生理兩方面之原因所造成。在心理方面：由於民族自信心與個人自強心之缺乏，不謂民族無復興之望，即視民族復興之事業於己無關。此兩種心理若不糾正，國民奮發蓬勃之朝氣即無法養成。在生理方面：則運動，衛生，整齊，清潔，乃至早起之習慣，均須提倡與實行，然後能使國民精神充實，朝氣煥發，以担當非常之革命事業。

（丙） 苟且偷生之習性必須革除

抗戰中有一不可不注意之精神現象焉，即在前方之民衆欠缺誓死復仇之決心，而在後方之人員多有避難就易之私圖也。前一現象，足使敵人之順民增多，而敵氛益張；後一現象，足使民族之戰士減少，戰意薄弱。究其動機，則皆由民族至上之觀念不固，苟且偷生之習性猶存。欲糾正前一現象，在於闡明春秋大復讎主義，所謂「爲國復讎雖百世可也」。使淪於失地之國民，永不忘國家至上民族至上之觀念。糾正後一現象，在提倡『見危授命』之風氣，表揚殉職死難之忠烈，更須嚴飭綱紀，昌明正義，使人人咸視規避職守，潛圖安全，爲莫大之恥辱，而後革命之精神乃能樹立。

（丁）自私自利之企圖必須打破

只圖保全個人之生命與財產，增長個人之名位與權利，而不顧民族全體之利害與存亡者，亦猶有兵權者之欲保存其實力與地盤，同一私的動機也。充此自私之心理，必至私見高於一切，私利高於一切，乃至於個人名譽地位權利慾望之擴張與滿足，必先於一切，推衍所極，必至犧牲民族利益，破壞抗戰計劃而後已。今當抗戰劇烈存亡呼吸之際，而猶不自覺悟，豈唯不智，實亦不仁，在國民精神總動員之目的下，此種痼習，必須排除，並當發揚輿論之權威，加以盡量之指正，務使盡祛私見，共輸肝膽，而歸於至公至誠。

（戊）紛歧錯雜之思想必須糾正

抗戰以來，全國之思想與言論，在根本上雖已形成統一，而枝葉上之紛歧，仍所在多有，若任其雜然並存，勢必導民志於分散，貽戰事以不利。故必於吾人上述國家民族至上，軍事勝利第一，意志力量集中之原則下，確立標準，分別糾止，俾統一之基 獲得進一步之堅固；尤必積極疏導，造成共同之國論，俾吾國民與青年，在認識上對國家前途懷抱同一之理想，在行動上趨赴同一之目標。既以萬衆一心而克敵制勝，亦所以造成戰後全國永久之團結，而免於紛歧與牴牾。此之標準，當根據當前事實需要與民族利益，爲全國國民所義當接受亦樂於接受亦樂於接受者，約而舉之，則爲：(一)不違反國民革命最高原則之三民主義，(二)不鼓吹超越民族之理想與損害國家絕對性之言論，(三)不破壞軍政軍令及行政系統之統一，(四)不利用抗戰形勢以達成國家民族利益以外之任何企圖。一切思想言論，悉以此準繩，有違此義，則一體糾正共同擯絕；合乎此義，則多方獎進，使由此基礎，充實發展，蔚爲風氣。

如上五者，僅略舉其大端，吾人欲達到國民精神之澈底改造，更須推而廣之，首求國民精神之充實，次求國民精神之集中，而更求國民精神之革命化。所謂充實者，即使其蓬勃奮發，堅強貞固，有克服環境抵抗艱難之力量。所謂集中者，即求其密合團結，萬衆一心，衆志成城，以達於休戚利害絕對相共及永不離散之境地。所謂革命化者，即本於愛民族愛國家之至高無上的觀念以獻身於革命之事業，對內則矢忠於政府與主義，對外則抵抗民族之敵人。必也富貴不能淫，貧賤不能移，威武不能屈，進而以此精神感化同胞，更進而以此精神戰勝敵國。吾國精神之改造，誠能達此三者之標準，則國民精神總動員之目的，始可謂爲完成。

六，動員領導

精神總動員之對象，雖爲全體之國民，而率先負有倡導實行之責者，則爲下述各類之人員：

(一)黨員與公務人員

本黨繼承總理遺志，實行國民革命，在革命未成時期，本黨負政府施政之責，今多少省區，陷於敵手，千萬民衆，備受摧殘。本黨黨員應如何自責自勉，切實省察其公私行動，是否足爲一般國民之模範，在實施一般國民精神總動員之始，首先須由黨員精神總動員。每一黨員，必須其道德的實踐，無愧於非常時期之天職，較之一般國民，必須更刻苦精勤，更節約廉介，亦更能勇敢犧牲。此就黨員言之也。至於公務人員，特別爲各級行政官吏與地方自治人員，負有施行政令，協和軍民，充實軍事準備之重責，其精神行動更須足以取得國民之信仰，堪爲國民之表率。故精神總動員之實施，黨員以外，即須由公務人員首先實行，以倡導一般之國民。

(二)全體軍人

吾全體軍人應一致認識軍人之本分，不僅在於對敵軍之戰鬥，更應知軍隊代表國家威權，軍人應代表國民精神。且中國在一切民衆組織尚未完備之今日，國軍即爲國家實力之中心，故軍人必須在道德上成爲國民信仰之中心。今日救國家救民族之重責大任，全在我軍人之肩上，故我全軍將士，必須首先實行軍人精神總動員。凡我軍人，絕對應具有救國道德與建國信仰，具備抗戰復興所必需之健全精神，盡忠盡孝，時刻不忘；且須對同胞盡仁愛，對長官袍澤部下盡信義；而最後則尤必重人道，重紀律，以發揚吾民族固有崇高之和平理想。誠使全國軍人一致力行精神總動員，發揚中國固有道德的光輝，則此種偉力，其表現之於軍事者，將無可計量，而全國同胞必一致感動，一致響應，更無疑義矣。

（三）全國各界領袖

吾人在實施精神總動員，於一般國民之前，更熱望全國文化界，實業界，宗教家，與各職業團體的領袖，以及社會中堅份子，與各地之耆賢父老，均同情於國民精神總動員之旨趣而躬為之倡率。抗戰以來，全國賢達，盡力為國家軍事之後盾，其供獻甚大，而諸戰區各種文化事業與產業之被摧殘，其所受犧牲亦至鉅，但今後國家之艱難困苦，益將加深，迄今為止，全國各界在精神上所表現之力量，尚不足以應國家當前之需要，深望更進一步，率先實行精神總動員，一心一德，貢獻全部力量於國家民族。各界領袖與中堅人士躬行實踐以為之倡，則各地方各職業部門之國民，益有以景從而風起。至於文化界，言論界，著作家之人士，更望省察國家安危民族盛衰之責任，百世禍福，千載興亡，均視各界領袖於此時機能否接受精神總動員之德旨而為共同之奮鬥以為斷。

（四）全國青年

青年為國家之命脈，吾人對於全國曾受及現受教育之青年，無論是否失學或失業，均特致其深切之期望。國家民族之命運，在將來固全賴靑年担負，而此日亦賴靑年之盡瘁與努力。日本欲征服我中國，其最所仇視者，卽爲中國之靑年。是以在敵人佔領地區，無數靑年，殞身受禍。而軍興以來，前綫後方，均有不少靑年忍飢耐寒，勤奮工作，此實國家所宜特別愛護與督導者。今日實施國民精總動員，切盼全國靑年，均一致參加，先於一般國民，而爲熱烈之倡導，吾人特別屬望於吾全國靑年，一致實踐中國固有之救國道德，一致信仰三民主義，勿分歧，勿疑惑，勿頽發，勿暴棄，一致篤信國家至上，民族至上，與軍事第一，勝利第一之至理，而共同努力，以從事於抗戰復興之奮門。

七，動員實施辦法

精神動員的實施，大部份有賴於每個國民良知之自覺，而相互之之勉勵與啓發，則爲助成其自覺之手段。至於法紀糾繩，僅當以輔佐啓發與勉勵之所不及，故主要工作，重在倡導與宣傳教化之合宜。至實施之際，必先測度每一工作效果如何，是否能如吾人所預期，然後懸的以求，悉力以赴；選擇經濟之辦法，以求簡迅速與確實，力避官樣文章與繁重之手續，運用自然之方式，因勢利導，以免擾民傷財與妨害事業。茲將其實施辦法，分爲實施之主體，實施之步驟，實施之方法，與實施之事項，分別叙述之。

（甲）　實施之主體

精神總動員之工作，應由黨政軍民全體一致，共同努力，聯合進行，以期貫澈。

一、黨部方面

一面督促所屬之黨員一致實行精神總動員，而加以考核與訓練；一面領導各級黨部與黨員，且聯絡文化機關，利用種種宣傳方法，向全體國民宣傳精神總動員之要義，消極的糾正國民思想言論上之歧誤，積極的供給推動精神總動員之理論。

二、政府方面

一面改革社會上頹廢弛懈之惡習，取締醉生夢死之生活；一面督飭所屬公務人員與地方自治人員，實施精神總動員，而普及於全體國民，同時指導各級學校實施精神總動員之教育。

三、軍事方面

一面由各級政治部規定精神總動員爲軍人精神教育之主要科目，幷兼負民衆精神總動員之推行；一面由各級部隊長官逐級貫澈精神總動員之實施，以及於全體之士兵。

四、社會方面

各種文化團體，民衆團體，職業團體，以及各種雜誌與報館等，應一致以精神總動員之要領，協助黨政軍精神總動員之工作，俾能普遍澈底作有效之施行。

五、家庭方面

一面造成推行精神總動員綱領之環境，（如勵行節約勤勞與衞生早起等），一面以父詔兄勉互相鼓勵之方法，促使家庭內各份子爲抗戰復興之一目的而努力，並須普遍養成民族利益高於家庭利益之觀念。

六、負責主幹

精神總動員之推行，其負責主幹之人物，在政府與部隊應爲各級之長官，在家庭則爲家長，學校則爲校長與教員，在團體則爲會長，在報館雜誌則爲主筆，在縣區與鄉村則爲縣長鄉長與保甲長，此皆羣體之首腦，事業之主幹；一方面必須要求其以身作則，化導風動；同時亦必朝斯夕斯，視精神總動員爲其必要之職務，而貫澈於其全部之事業。

（乙）實施之步驟

精神總動員實施之步驟，除關於整個精神總動員工作之策動考核，以及綱領之解釋，辦法之補充等，應設置精神總動員指導策進機關，以利實施外，所有黨政軍民各機關團體，應分別依照下列之步驟切實進行：

一、擬定具體計劃

黨政軍民各機關團體之主管與負責者，宜各依照精神總動員綱領之所示，按其所舉各事項之性質，屬於本身職權或事業範圍以內者，分別擬就有系統有秩序之具體計劃，切實執行。

二、貫澈所屬份子

黨政軍民各高級機關或團體，一方面應首先督促其直接隸屬之人員，一致實行，一面即發動所有下級機關，利用小組會議等之機會，各依實際環境，制定適宜方法，切實執行，務使逐層督促，用競賽與檢查等方法互相觀摩，確實貫澈於所屬之一份子以普及于一般國民。

三、利用固有團體

除黨政機關直接領導或管轄之人民團體與文化機關等外，對於其他社會上固有之團體，如宗教團體，同鄉團體，同業團體等，亦宜盡量利用，使協助促進精神總動員之工作。

四、注意聯絡進行

各地精神總動員之推進，以由黨政軍民各機關團體分別依照既定計劃盡力推行爲原則，其有依事項性質涉及一般或多方面者，則應互相聯繫，協力進行。

（丙）實施之工作

精神總動員實施之工作，按其性質，可分下列四種。

一、宣傳與創導

例如精神總動員要旨之提示，國家觀念之樹立，民族道德之倡行，必勝信心之建立，錯誤言論之駁斥，悖謬心理之改造，以及關於精神總動員理論與實際之闡發與說明等屬之。此項工作宜由黨部宣傳部，軍隊政治部，及各報館各學校各文化機關團體等負責進行。

二、訓練與改進

宣傳與創導，僅屬精神總動員第一步之工作，繼之者則爲訓練與改進。例如國民思想之錯誤，既以宣傳之方法加以啓示，必進而利用集會等訓練方法，以互相砥礪革命人格，確立抗戰意識，討論世界大勢，研究國家興亡民族盛衰與敵國外患之史實，以共進於精神之充實與統一。又如國民意志之頹廢，既已宣傳指明其缺點，又必進而推廣軍事訓練以及衛生之講求，新生活之推行等，改進國民身心之工作。此項工作宜由黨部社會部，軍隊政治部，教育機關學校等負責實施。

三、督促與規勸

精神總動員之推行，雖發端於由上而下，然欲其效果之眞實不欺，尤必有賴於國人之互相督促與規勉。在家庭則家人兄弟應互相申儆與鼓勵，在機關與團體則各份子應共同砥礪與切磋，在社會則無論身份相侔者，應以同志同胞之關係互相督促與勸勉；即對身份較尊者，遇有違反精神之思想言論與行動，亦宜本國家民族之立場，懇切規勸促其改革。

四、研究與推行

凡精神總動員之工作，既非虛應故事，亦非徒循平時常識進行卽爲滿足，必期有研究與創導之精神。蓋今日爲非常時期，故必有非常之工作，以資適應，而欲有非常之工作，尤非有非常之研究與設計不可。故欲求精神總動員各項工作長足進展，端賴黨政軍民各界一致盡心研究與竭力推行。

（丁）實施之事項

精神總動員實施之事項，自以前述之精神各節爲依據，而以下列事項示其略例，以資觸類旁通，詳細子目有待補充，茲分別陳述如次：

一、關於改進醉生夢死之生活者：

一，整飭國民之日常生活，取締一切不當娛樂；

二，禁絕奢侈虛糜及一切無謂浪費；

三，限制消費減少奢侈品之輸入；

四，勸導國民減低生活水準，實行普遍的緊縮。

二、關於養成奮發蓬勃之朝氣者：

一，愛惜光陰，愛惜人力，物力；

二，擴大戰時生產，增進全國的工作時間及效能；

三，組織與訓練民衆，予以適當的戰時工作之分配。

三、關於革除苟且偷生之習性者：

一，宣傳敵人政略戰略失敗與我軍愈戰愈強之實情；

二，檢舉一切游閒怠惰份子，強制戰時服役；

三、肅清對國際上之依賴心，僥倖心，及中途妥協之幻想。

四、關於打破自私自利之企圖者：

一、切實肅清貪污；

二、鼓勵國民毀家紓難，以個人財產捐助戰費；

三、搜集一切軍需物資，貢獻國家政府；

四、切實推行以精神或物質獻於國家之各種運動。

五、關於糾正紛歧錯雜之思想者：

一、整飭民衆團體之組織及其訓練；

二、統一文化團體之組織及工作方針；

三、取締有碍抗戰之論爭及非法活動；

四、糾正各種報章刊物之言論傾向。

八，結論

如上所述，精神總動員之內容與實施綱要，已略具於斯。最後尚有三義須爲負責實施精神總動員之人士告者：即(一)精神總動員之實施，必求其表裏貫澈，整個革新，勿以細故末節，而任其滋長，以爲害於國民之精神。故吾人檢點身心，銳意克治，必於平錯誤習慣之初萌時着眼，亦必於生活之小節逾閑上着手。(二)必求其效果之持久不渝，蓋精神總動員絕非僅憑一時血氣感情之鼓動，發生五分鐘之救國熱度而已；必須將國家民族至高之觀念，深植於國民之腦中，尤必事事驗之日常生活與行爲，使內心無絲毫之疚愧，而後臨事能不越於準繩。(三)民族精神之建立，必求其堅忍不拔貞固不移，苟一遇外來之壓迫與誘惑卽行動搖，則此精神仍不足以完成非常之事業；是以一切革命的人生觀之理論，必須澈底提倡，此又實施時所宜注意者也。

總之，國民精神總動員實抗戰制勝之主要條件，亦救國建國之最新武器。今日中國國民自非感情絕對麻木，未有不對危殆之國情與痛苦之民衆而切其悲憤之念者，是則認定目標，一致奮進，不惟自盡其國民之天職，亦正所以覓取人生最高之安慰，而國家民族千秋萬世未來光輝燦爛之運命，必肇於此，望吾同胞一致奮起！

國民公約及誓詞

一，公約

(一)不違背三民主義。

(二)不違背政府法令。

(三)不違背國家民族的利益。

(四)不做漢奸和敵國的順民。

(五)不參加漢奸組織。

(六)不做敵軍和漢奸的官兵。

(七)不替敵人和漢奸帶路。

(八)不替敵人和漢奸探聽消息。

(九)不替敵人和漢奸做工。

(十)不用敵人和漢奸銀行的鈔票。

(十一)不買敵人的貨物。

(十二)不賣糧食和一切物品給敵人和漢奸。

二，誓詞

我們各本良心，宣誓遵守國民公約，絕對擁護國民政府，服從蔣委員長的領導，盡心竭力，報效國家。如有背誓行爲，願受政府的處分！謹誓。

國民精神總動員實施辦法

一，各級組織

(甲) 中央：(一)由國防最高委員會組織精神總動員會，以國防最高委員長，兼任會長，行政院院長兼任副會長，中央黨部祕書長，國防最高委員會祕書長，組織部，社會部，宣傳部，經濟部，教育部，政治部，各部部長，及新運總會總幹事，為當然會員。(會員共九人)

(二)精神總動員會，設祕書長一人由會長於會員中指定一人兼任之，辦理會務所需人員，由最高委員會祕書廳及新運總會調用。

(三)精神總動員會每兩星期開會一次，其決議事項，除交主管機關辦理外，並得以本會名義行之。

(四)本會會議性質，注重審定計劃，考核工作，及督導各級主管精神總動員機關之實施。

(乙) 省(市)：(一)各省(市)動員委員會，為省(市)精神總動員執行機關，為推行精神總動員工作起見，每週召開精神總動員會議一次，其性質與中央精神總動員會會議同，議決事項，均以省動員委員會名義行之。

二四

(二)各省(市)設精神總動員協會，由省(市)動員委員會聘請本省市公正人士，及新生活運動促進會主幹人員組織之。其性質爲協助省(市)動員委員會領導人民，實行精神總動員之輔佐機關。

(三)國民精神總動員綱領及本實施辦法公布之後，各省(市)總動員會於一個月內，召開全省(市)精神總動員會議一次，說明精神總動員之重要性與實施步驟及月會辦法。

全省精神總動員會議，出席人員如左：一、各縣黨部書記，二、各縣縣長或秘書及教育局長或科長，三、各縣教育會長及中學校長，四、各縣動員委員會主席或常務委員。

(丙) 各縣：(一)各縣動員委員會爲縣精神總動員執行機關，其尙未設置動員委員會之縣，限於本年五月以前一律成立。各縣動員委員會，爲推行精神總動員工作起見，每週召開精神總動員會議一次，其性質重在研究執行及指導考核與改正。

(二)縣動員委員會，設督導員，循環督率，其人選標準爲地方熱心之紳商各界分子，社會團體領袖，及黨政機關所派教育等各種視察員任之，并須考核負責推動，黨部及其所組織之宣傳隊亦參加。

二，國民月會辦法大綱

爲實施精神總動員及國民公約，並普及貫澈計，特定國民月會辦法大綱如下：

(一)舉行月會組合

甲，同甲之成年男子，每月十五日上午舉行一次。

乙，同業而有公會等組織之分子，每月一日上午舉行一次。

丙，同校或同機關同廠裏之分子，每月一日上午舉行一次。

丁，其有家祠及其他宗族組織者，每月一日上午舉行一次。由國民自動約集舉行。

戊，其他自動約集舉行。

凡成年男女，必須參加於上列五項，且須固定參加云。

（二）國民月會目次

甲，宣誓國民公約誓詞。每次開會，主席應宣讀一遍，會員隨聲朗誦。

乙，講解。應將精神總動員綱領之第五條綱目，及國民公約，向參加人員講解。講解上項內容可逐句爲之。

丙報告時事及其他有關本地生產消費事項。

（三）月會督導

甲，月會之主席，在校爲校長。在甲爲甲長，（講解及報告可另延約），在業爲領袖，在機關在廠裏爲主人，宗族爲族長，在其他自動約集，則推定之。其到會名單，及講解報告紀錄，應報告於督導人。

乙，月會之督導人，爲當地之黨部人員，地方行政人員，校長教師，及地方公正人士，不足時由縣動員委員會指導之。

丙，縣指導員，應隨地參加月會，並紀摘其情形。其有區長聯保主任處，應與同力協作。

丁，區長爲駐地督導員，應派人分頭視察，並彙集月會報告摘要，移送縣動員會。

（四）月會開始

全國月會應於本年五月一日，一律開始舉行。

國民精神總動員會組織大綱

第一條、國防最高委員會爲主持國民精神總動員之實施，設置國民精神總動員會（以下簡稱本會）。

第二條、本會設會長一人，由國防最高委員會委員兼任，副會長一人，由行政院院長兼任並以左列人員爲當然委員：

（一）中央執行委員會秘書長，（二）國防最高委員會秘書長，（三）組織部部長，（四）社會部部長，（五）宣傳部部長，（六）經濟部部長，（七）教育部部長，（八）政治部部長，（九）新生活運動促進會總會總幹事。

第三條、本會設秘書長一人，承會長之命，處理本會事務，由會長於委員中指定一人兼任之。

第四條、本會置秘書處，其職掌如左：

（一）關於議案編製會議紀錄及文書撰擬事項，（二）關于國民精神總動員計劃之擬訂審核事項，（三）關於各級精神總動員主管機關工作之指導考核事項。

第五條、秘書處設秘書二人，總幹事三人，幹事六人，由國防最高委員會秘書廳及新生活運動促進總會職員調用之。

第六條、本會每兩星期開會一次。

第七條、本會決議事項除交主管機關辦理外，並得以本會名義行之。

第八條、本大綱自公布之日施行。

国民精神总动员会、福建省动员委员会关于拟订、抄发各项社会运动的文书（一九三九年六月至八月）

国民精神总动员会致福建省动员委员会的代电（一九三九年六月十七日）

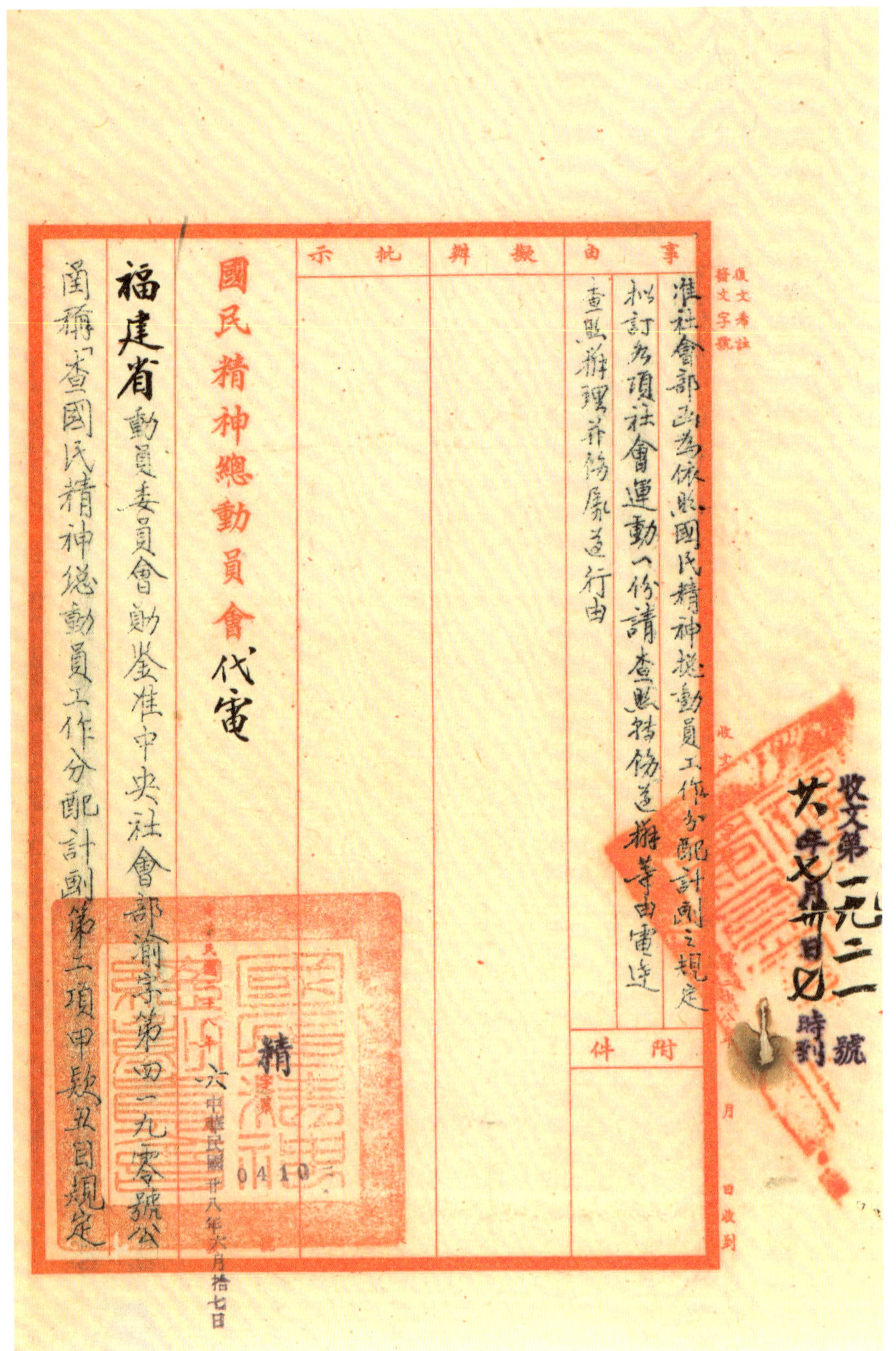

事由：准社會部函為依照國民精神總動員工作分配計劃之規定擬訂各項社會運動一份請查照轉飭遵辦等由電達查照辦理并飭屬遵行由

擬辦

批示

附件

國民精神總動員會代電

福建省動員委員會勛鑒：准中央社會部渝字第四一九零號公函稱「查國民精神總動員工作分配計劃第二項甲款五目規定

中華民國廿八年六月拾七日 精字第 號 0410

收文第一九三二一號 廿八年六月廿日 時到

「指示各級党部聯合當地精神總動員機關暨各界領袖發起各種實際運動」應由本部主辦本部前為樹立黨的社會基礎擴大黨的社會影響曾頒發各項社會運動實施方案並規定革命紀念日舉行各項社會運動爰令各省市党部遵照實施在案茲為使各項社會運動能與國民精神總動員運動適當配合起見特依照前項工作分配計劃第二項甲款丑目之規定將本部先後頒佈之各項社會運動加以整理補充重行頒發各省市黨部遵辦其已發動而未辦完者務須繼續推行尚未發動者仍須聯合當地精神總動員機關暨各界領袖及時發動一面督飭所屬切實遵照辦理俾「國民精神總動員」成為一種持久普及而深入之運動相應抄附各項社會運動一份函請貴會查核轉飭

各地精神总动员机关一体遵行并希赐复等由附抄各项社会
运动一份到会应准照办除分电外合亟抄附各项社会运动
电达查照办理并希转饬所属各县动员委员会切实遵行
国民精神总动员会𠒣精附抄各项社会运动一份

各項社會運動

1、發動革命紀念日之社會運動（按照規定日期實施）

中央對於革命紀念日原有修正革命紀念日簡表之規定，惟所定儀式僅由機關團體奉行，而於社會不生影響。茲擬每逢紀念日均舉行一種社會運動，惟以此事關係較大，未易得適當之決定，茲特擬定革命紀念日之社會運動簡明表先事試行。

革命紀念日之社會運動簡明表

日期	紀念日名稱	運動項目	工作舉例	備註
一月一日	中華民國成立紀念			
三月十二日	總理逝世紀念	造林運動週	種樹 造林 掃墓	自三月十二日至十八日為造林運動週
三月十八日	北平民眾革命紀念			
三月二十三日	鄧仲元先生殉國紀念	兵役運動週	兵役宣傳及祭先烈訪問先烈家屬慰問出征軍人家屬鼓勵壯丁入伍檢查辦理兵役情形事宜	自三月二十三日至三月二十九日舉行兵役運動週
三月二十九日	革命先烈紀念			
四月十二日	清黨紀念日	保甲運動週	發動黨員協助政府抽查保甲	

五月一日	國際勞動節	生產建設運動	举办生產比賽農業品及工業品展覽及生產建設座談會講演會等	
五月五日	革命政府紀念日	國民体育衛生運動週	举办各種体育競賽及健康檢查比賽	自五月五日至五月十二日为举行國民体育衛生運動週
五月九日	國恥紀念			
五月十二日	胡展堂先生殉國紀念日			
五月十八日	先烈陳英士先生殉國紀念日	救濟難民難童運動		
六月十六日	總理廣州蒙難紀念日	肅奸運動	宣傳漢奸罪惡檢舉國民公敵組織及偵緝漢奸等工作	
七月七日	抗戰紀念日	慰勞傷兵運動週	举行慰勞傷兵事宜	自七月七日至七月十二日为慰勞傷兵肅清漢奸運動週
七月九日	國民革命軍誓師紀念日			
八月廿七日	孔子誕辰教師節	举行識字運動		
九月廿一日	朱執信先生殉國紀念日	举行讀書運動	举办讀書比賽民众政治常識測驗等	
十月十日	辛亥革命紀念	依照已往成規办理		
十一月十二日	總理誕辰紀念	举行敬老尊賢運動	举行老人會訪問地方先賢家族祭祀地方先哲	
十二月二十五日	民族復兴節	举行民族文化運動	举办論文競賽民族文化展覽會等	

五、推行党国旗尊敬运动（当列入民运初步工作纲要）

一、各级党部所在地之各机关团体必须每日按时举行升降党国旗典礼对于党国旗使用办法及尊敬意义应普遍灌输于人民心目中

二、先从城市做起务使各机关各团体各学校各公共场所各商店各住户均有党国旗之设备凡遇纪念日应一律悬挂其旗帜与旗杆之大小长短务使整齐划一进而推行到各乡镇

三、党国旗使用条例应尽量翻印并指导民众使用制造党国旗

六、推行普及国歌运动于国民月会时训练唱国歌以期普及

七、推行生产建设运动于五月一日举行

八、推行节约建国储金运动

一、节约建国储金条例于廿七年十二月廿九日公布

二、本部制定之各地党部推行节约建国储金运动办法于廿八年一月十九日第五届中央常务委员会第一一二次会议通过于二月十日通令分别遵办各省

市黨部各特別黨部

6、加緊推行節約運動依據國民精神總動員會即將編發之戰時節約運動之意義與辦法切實推行

7、加緊推行新生活運動 會同各地新生活運動促進會辦理

8、擴大征募運動

一、征募寒衣運動

二、征募戰士鞋襪運動

三、征募藥品運動

四、征募書報雜誌運動

五、征募銅鐵錫運動

福建省动员委员会致各县市动员委员会的训令（一九三九年八月二十七日）

福建省政府秘书处关于筹办抗战建国二周年纪念暨追悼抗战全体阵亡将士及死难同胞大会致省动员委员会的笺函

（一九三九年七月三日）

逕啟者，奉

主席諭，「七月七日為抗戰建國二週年紀念日，関於紀念辦法，經奉

行政院電知仍照上年辦法辦理在案。除抗戰陣亡將士紀念碑省會已於去年建立，不再舉行奠基典禮外，本年紀念日應行籌辦各事項由處擬定呈核」等由，當經本處擬具抗戰建國二週年紀念暨追悼抗戰全体陣亡將士及死難同胞大會應行籌辦各事項十二條簽奉

批「照辦」等因，除分函外，相應抄發應行籌辦各事項十二條

歲午江

府秘丙永

52203

福建省政府秘書處用箋

收文第一七〇五號

廿八年七月三日

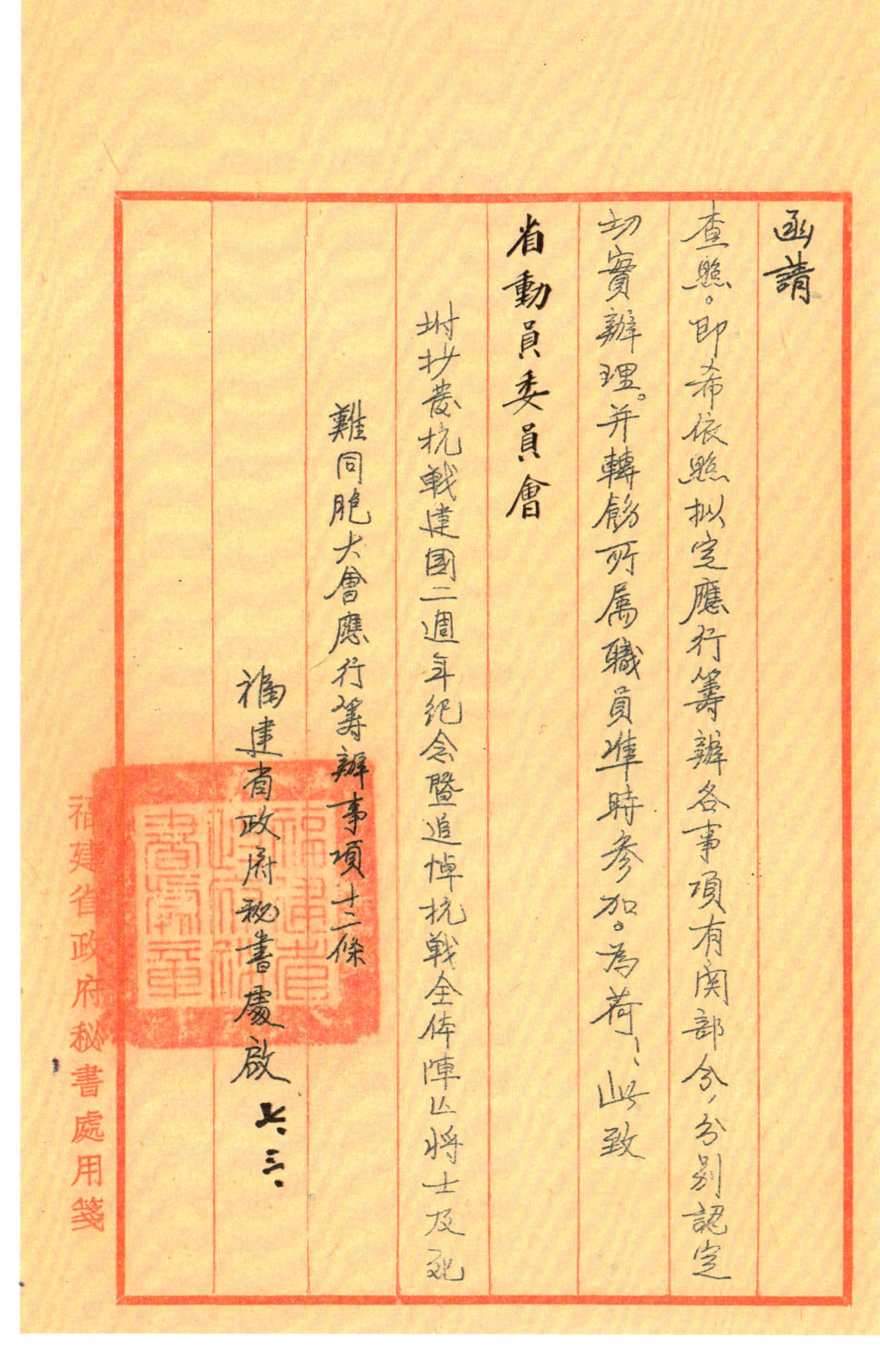

函請
查照。即希依照拟定應行籌辦各事項有關部分，分別認定
切實辦理。并轉飭所屬職員準時參加。爲荷。此致
省動員委員會
附抄發抗戰建國二週年紀念暨追悼抗戰全体陣亡將士及死
難同胞大會應行籌辦事項十二條
福建省政府秘書處啓　七、三、

福建省政府秘書處用箋

附：关于抗战建国二周年纪念暨追悼抗战全体阵亡将士及死难同胞大会应行筹备事项

関於抗戰建國二週年紀念暨追悼抗戰全体陣亡將士及死難同胞大會應行筹備各事項如左

一、設立筹備会　擬參照去年指定機關各負責筹办（附抄名單）名稱定為福建省会各界抗戰建國二週年紀念筹備会，并定七月三日召集開会筹備進行

二、紀念會名稱　擬定為「福建省会各界抗戰建國二週年紀念暨追悼抗戰全体陣亡將士及死難同胞大会」

三、開会地點　擬定師範學校各機關各學校各團体均應參加

四、舉行紀念会及公祭时间　擬定上午五時

五、関於抗戰建國紀念辦法第四項規定（發動各宗教團体佛教道教耶教回教等同时舉行祈禱致礼儀）擬由永安縣政府通知舉行

大會於抗戰建國紀念辦法有五項規定（一）是日全國各地一律下半旗誌哀停止一切娛樂并勸導民众自動禁屠素食一日節省之錢作為慰勞抗戰將士傷兵難民及出征軍人家屬之用（其捐款除公務員在二角至二元之內自行認定由各機關彙交當地抗戰建國週年紀念籌備會統籌支配民眾得自由捐助）前項擬由永安縣政府佈告週知惟公務員及民眾獻金上年係由大會設置獻金台三日并置獻金箱由黨政機關加封由各機關長官公務員於舉行獻金典禮時當場獻金示範民眾隨同獻金將所得獻金款額交籌備會保管并函中央政（省）部陳部長來電留三分之一撥充當地慰勞或慰問抗戰將士及出征家屬之用其餘三分之二匯交省抗敵會彙解中央本年擬仍照案辦理

七、慰劳征人家属及伤兵各事务　拟由永安县政府会同师范学校并通告在乡区各学校员生负责办理

八、关于宣传抗战建国二周年纪念工作　拟由永安县党部负责办理

九、所有大会之场及公祭灵堂献金台等布置各事项　拟由本府主办永安县政府永安县党部派员会同办理

十、关于开会警戒献金台看管　拟由宪三营及永安警察局派队担任

十一、各机关各学校各团体之备送挽联花圈于六日下午十二时前送交本府传达室汇收

十二、关于大会及公祭经费　拟照去年办法由府拨付先预借贰百元交筹备会具领备用

抗戰建國二週年紀念籌備會委員名單

永安縣黨部　林指導員葆忠

永安縣政府　吳縣長石仙

憲兵第三營　張營長蘊泉

師範學校　王校長秀南

永安縣商會　彭常委祥符

省新生活運動促進會　王參議書賢

省政府　吳科長炳東

福建省政府关于抄发领袖指示国民精神总动员纲领等件致各县政府的训令（一九三九年七月十日）

福建省政府 訓令

戊午灰府民甲永字第 898 號

民國廿八年七月 日發

事由：奉國民政府軍事委員會委員長桂林行營令發本行營整補會議決定切實促進國民精神總動員案仰遵照辦理等因仰遵照辦理具報

令 縣政府

案奉

國民政府軍事委員會委員長桂林行營廿八年四月九日政二字第四三三號訓令開：

「查國民精神總動員綱領及實施辦法業經 中央頒布并令飭遵外，茲有案本行營此次整補會議決定之切實促進國民精神總動員一案，其要点：（一）依據 領袖指示之共同目標及救國之道德建國之信仰

精神之改造動員領導動員實施办法之鵠的通令本行營所屬切
實推行。兹由本部製定 領袖指示國民精神總動員綱領掛圖
分發本行營所屬各單位翻印宣傳懸掛。二、國民精神總動員須按行
政及軍事機構設立精神總動員委員會即行政机構設中央省(市)縣
鄉鎮五級精神動員委員會軍事机関設本會戰地軍師團連六級精
神動員委員會等三項最為重要亟应推行除分令外合行令仰遵
照并轉飭所屬遵照办理具报為要此令」
計附發 領袖指示國民精神總動員綱領表新生活的新意義表及國民
公約(誓詞誓約办法)各一份等件查發等
國防最高委員會令頒國民精神總動員綱領及實施办法國民公約誓詞國

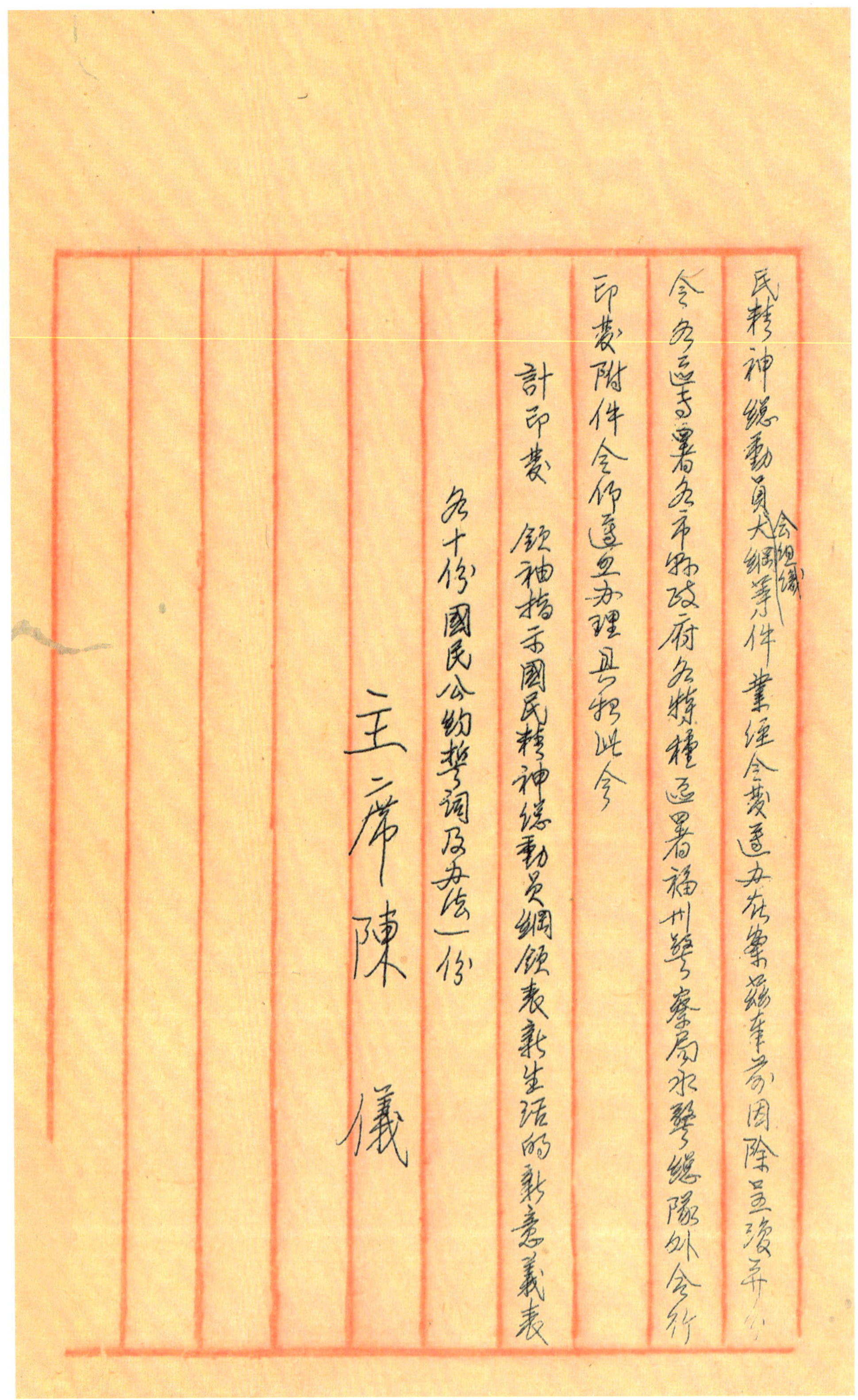
民精神總動員大綱組織
令發送專署各市縣政府各特種區署福州警察局水警總隊外合行
印發附件令仰遵照辦理具報此令
計印發 領袖指示國民精神總動員綱領表新生活的新意義表
各十份 國民公約誓詞及其說明一份
主席 陳儀

國民公約

(一)誓詞

我們各本良心，宣誓遵守「國民公約」，絕對擁護國民政府，服從蔣委員長領導，盡心竭力，報效國家，倘有背誓行為，願受政府的處分，×××謹誓

(二)誓約

一、不違背三民主義
二、不違背政府法令
三、不違背國家民族的利益
四、不做漢奸和敵國的順民
五、不參加漢奸組織
六、不做敵軍和漢奸的官兵
七、不替敵人和漢奸帶路
八、不替敵人和漢奸探聽消息
九、不替敵人和漢奸做工
十、不用敵人和漢奸銀行的鈔票
十一、不買敵人的貨物
十二、不賣糧食和一切物品給敵人和漢奸

(三)辦法

一、由國民政府制定「國民公約」的約文誓詞和宣誓辦法通令全國

一体舉行宣誓儀式

二、在舉行宣誓之前應由政府發動民衆團体和學校等先作普遍深入的宣傳務使家喻户曉

三、宣誓日期由中央規定全國一律在是日宣誓

四、舉行宣誓以鄉鎮（聯保）或保為單位由鄉鎮長（聯保主任）或保長在規定日期召集户長舉行宣誓大会由户長代表全家老幼宣誓並在誓約上簽名劃押此項誓約由鄉鎮長送縣政府備案

五、誓詞和誓約全文應由縣政府翻印分發住户貼於墻上父誡其子兄誡其弟婦誡其夫親戚朋友互相告誡切實遵守

六、宣誓後如有背誓行為得由人民檢舉並請政府依法治罪

領袖指示 新生活的新意義

二十八年二月十八日新運五週年重慶廣播摘要

抗戰一年半全國同胞已秉持中華民族自信心踏上建國復興的大道創造未來的新生命

精神	平時解釋	戰時解釋	表現舉例
禮	規規矩矩的態度	嚴嚴整整的紀律	如勸導男子應服兵役、如歡送出征軍人、敬愛受傷將士、來代為服務等。禮的模範、及照顧其家屬。
義	正正當當的行為	慷慷慨慨的犧牲	如武裝同志在戰場奮勇殺敵、各地同胞踴躍從軍、輸財報國、應徵工作、及破壞自己的工廠、焚燬自積的糧食不肯資敵等。
廉	清清楚楚的辨別	實實在在的節約	現代戰爭、誰的經濟物質能夠持久供給、就是誰獲最後勝利。故對公款私物、要絕對愛惜、不可浪費絲毫。甚至廢銅爛鐵、破布皮紙都要收拾愛惜、以培養國力。要做到儉以養廉、約以儲物。
恥	切切實實的覺悟	轟轟烈烈的奮鬥	如覺悟到抗戰需要兵員補充時、馬上就親自應徵或送子弟去服役、如覺悟到前方將士缺乏某種物品時、馬上就出來宣傳捐助、並且首先集捐來做模樣等、都是轟轟烈烈奮鬥的表現。孔子曰知恥近乎勇。

目的	
合理化	要在抗建進程中、真實建國的基礎、就要國民由散漫自私的舊生活、進到合群互助的公民生活。
軍事化	如國民軍訓及編查保甲人口異動、都是克服敵人、肅清奸諜的重要工作。無論是何種身份的人都應該自動去受訓、及共同幫助。
生產化	如前次告全國士紳及教育界人士書中所說提倡小手工業、開發各地經濟及建設等、應各盡才能智力去提倡、並督促家人婦孺、以餘時餘力躬行實踐。又中央對西南西北各省經濟交通之建設、各地同胞都應該盡量貢獻資本技能、以勞動服務的精神、一致踴躍參加。

軍委會委員長桂林行營政治部印　福建省政府翻印

附三：领袖指示　国民精神总动员纲领

领袖指示 国民精神总动员纲领 二十八年二月 国民参政会

共同目標	國家至上、民族至上。軍事第一、勝利第一。意志集中、力量集中。
救國之道德	忠孝仁愛信義和平
建國之信仰	三民主義
精神之改造	甲、醉生夢死之生活，必須改正。乙、奮發蓬勃之朝氣，必須養成。丙、苟且偷生之習性，必須革除。丁、自私自利之企圖，必須打破。戊、紛歧錯雜之思想，必須糾正。(一)不違反國民革命最高原則之三民主義。(二)不鼓吹超越民族之理想，與損害國家絕對性之言論。(三)不破壞軍政軍令行政系統之統一。(四)不利用抗戰形勢以達成國家民族利益以外之任何企圖。
動員領導	一、黨員與公務員。二、全體軍人。三、全國各界領袖。四、全國青年。
動員實施	甲、實施之主體：(一)黨部方面。(二)政府方面。(三)軍事方面。(四)社會方面。(五)家庭方面。(六)[illegible]負責主幹。乙、實施之步驟：(一)擬定具體計劃。(二)[illegible]份子。(三)利用固有團體。(四)注意聯絡進行。丙、實施之工作：(一)宣傳與[illegible]。(二)訓練與改進。(三)督促與規勸。(四)研究與推行。丁、實施之事項：(一)關於改進生活者。(二)關於養成朝氣者。(三)關於革除惡習者。(四)關於打破不良企圖者。(五)關於糾正思想者。
實施辦法	一、各級組織：(甲)中央，由國防最高委員會組織精神總動員會。(乙)省(市)，由省(市)動員委員會組織之。(丙)縣，由縣動員委員會組織之。二、國民月會：(1)舉行月會組合。(甲)同甲內成年男女。(乙)同業而有公會等組織之分子。(丙)同校同機關同廠埠組織之分子。(丁)有家祠及其他宗族組織者。(戊)其他自動的集舉行者。(2)國民月會日次。(甲)宣讀國民公約誓詞。(乙)講解精神之改造。(丙)報告時事及其他有關本地生產消費風俗等。(3)月會指導。(甲)月會之主席。(乙)當地各級黨政人員。[illegible]

軍事委員會委員長桂林行營政治部[illegible]省政府翻印

国民精神总动员会、福建省动员委员会关于抄发督导国民月会须知的文书（一九三九年七月至八月）

国民精神总动员会致福建省政府的代电（一九三九年七月一日）

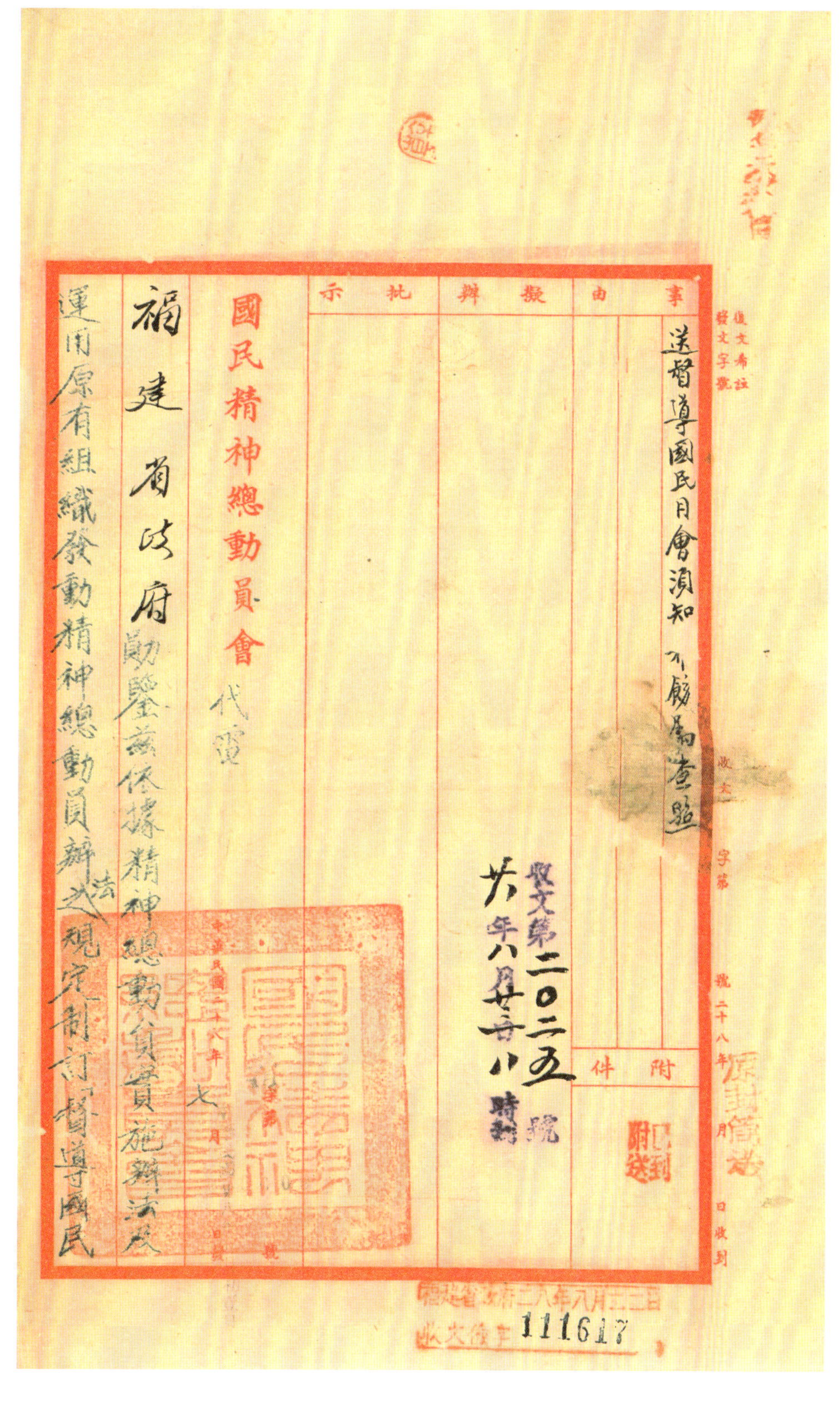
事由：送督導國民月會須知一份希查照

國民精神總動員會代電

福建省政府勛鑒：茲依據精神總動員實施辦法及運用原有組織發動精神總動員辦法規定制訂督導國民

收文第二〇二五號
廿八年八月廿日八時到

111617

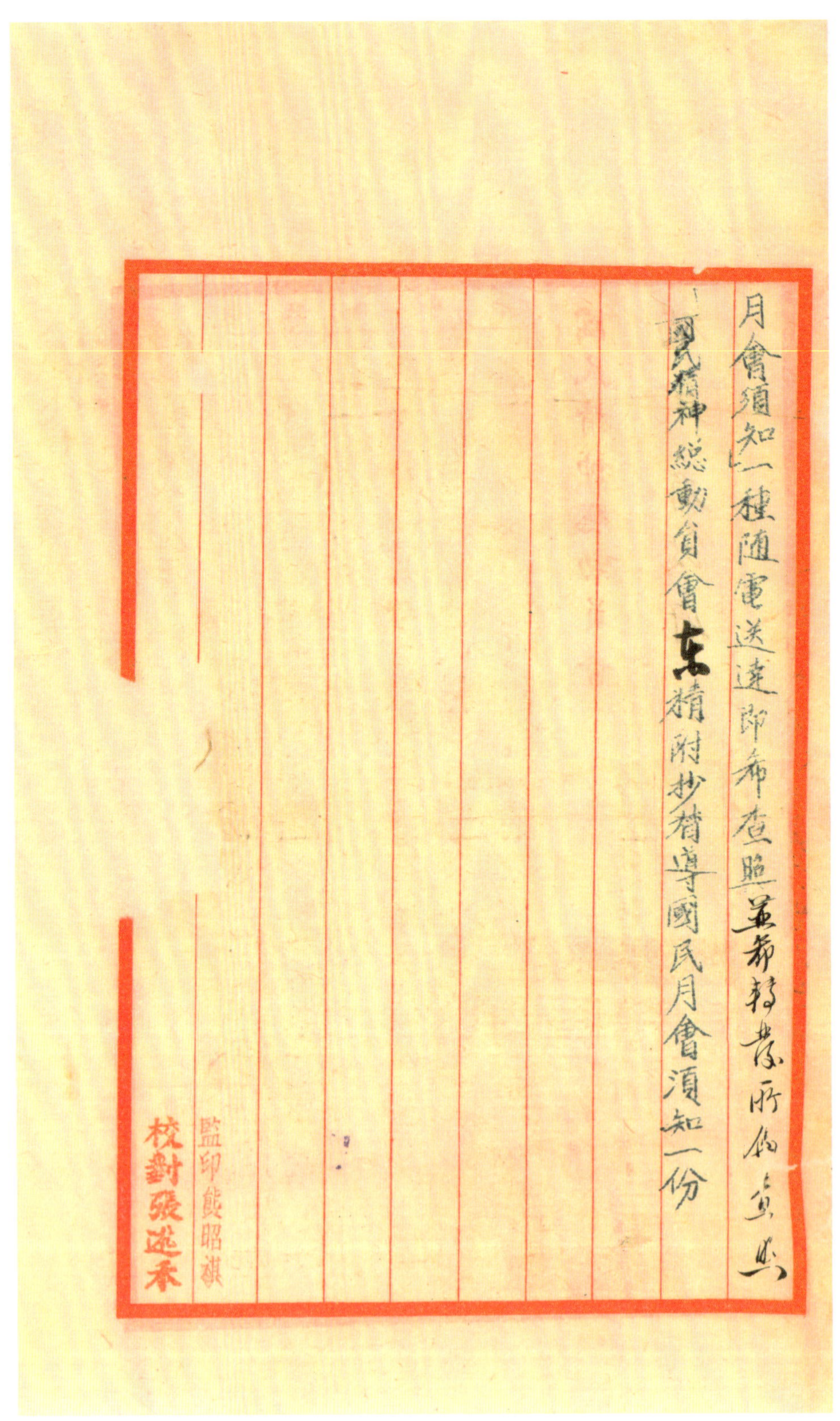

月會須知一種隨電送達即希查照並希轉飭所屬查照

國民精神總動員會 东精附抄精導國民月會須知一份

監印熊昭祺

校對張逖春

督導國民月會須知

一、各級精神總動員機關應查明所在地國民月會之數量及地點就當地黨政機關人員學校教職員學術團體團員及地方有聲望人士中分別指定各月會之督導人

二、各黨政機關學校人員及各團體地方人士自願擔任月會之督導人者須向當地精神總動員機關聲明並接受精神總動員機關之支配

三、國民月會之督導人以每人督導一月會為原則但因地方情形特殊督導人不敷分配時得變通之

四、各縣精神動員之督導員得兼國民月會之督導人

五、督導人應不斷參加所督導之國民月會

六、月會之主席得於舉行月會時延請督導人擔任講解報告

七、督導人得於主席講解報告之後補充講演關於精神動員事項及經

論
八、督導人應於參加月會時相機提倡各種實際運動（如慰勞救濟清潔生產等運動）
九、督導人如發現參加月會人員中有不良習慣或不當生活者應隨時予以指正
十、督導人應向參加月會人員提倡有益身心之娛樂並導引從事體格之鍛練
十一、督導人應與縣督導員密切聯絡並與當地區長聯保主任等盡力協作

福建省动员委员会致各县市动员委员会、各特种区署的训令（一九三九年八月二十七日）

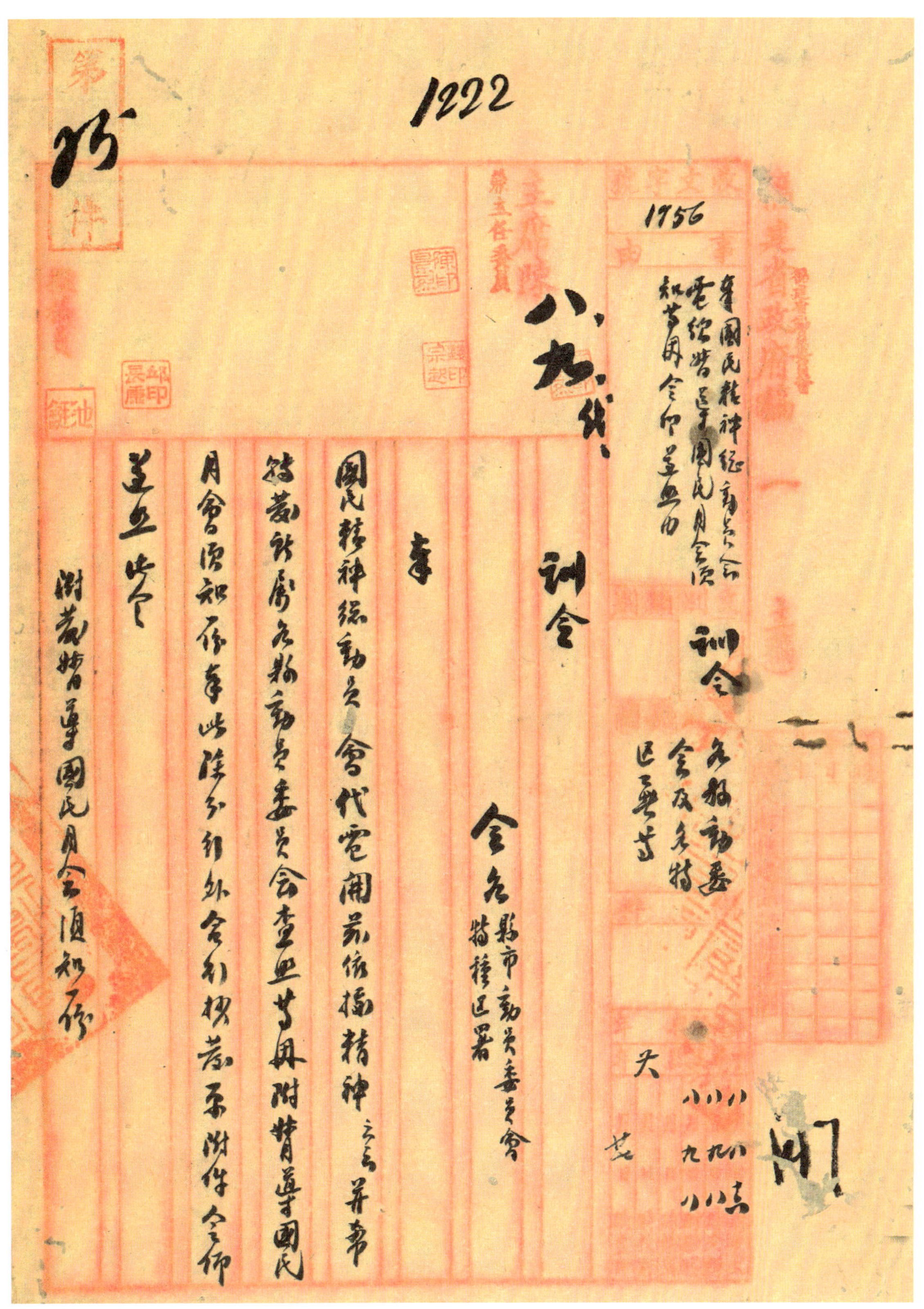

训令

令各县市动员委员会
特种区署

八月廿七

福建省财政厅关于抄送坚壁清野实施办法纲要致省银行的公函（一九三九年八月二十日）

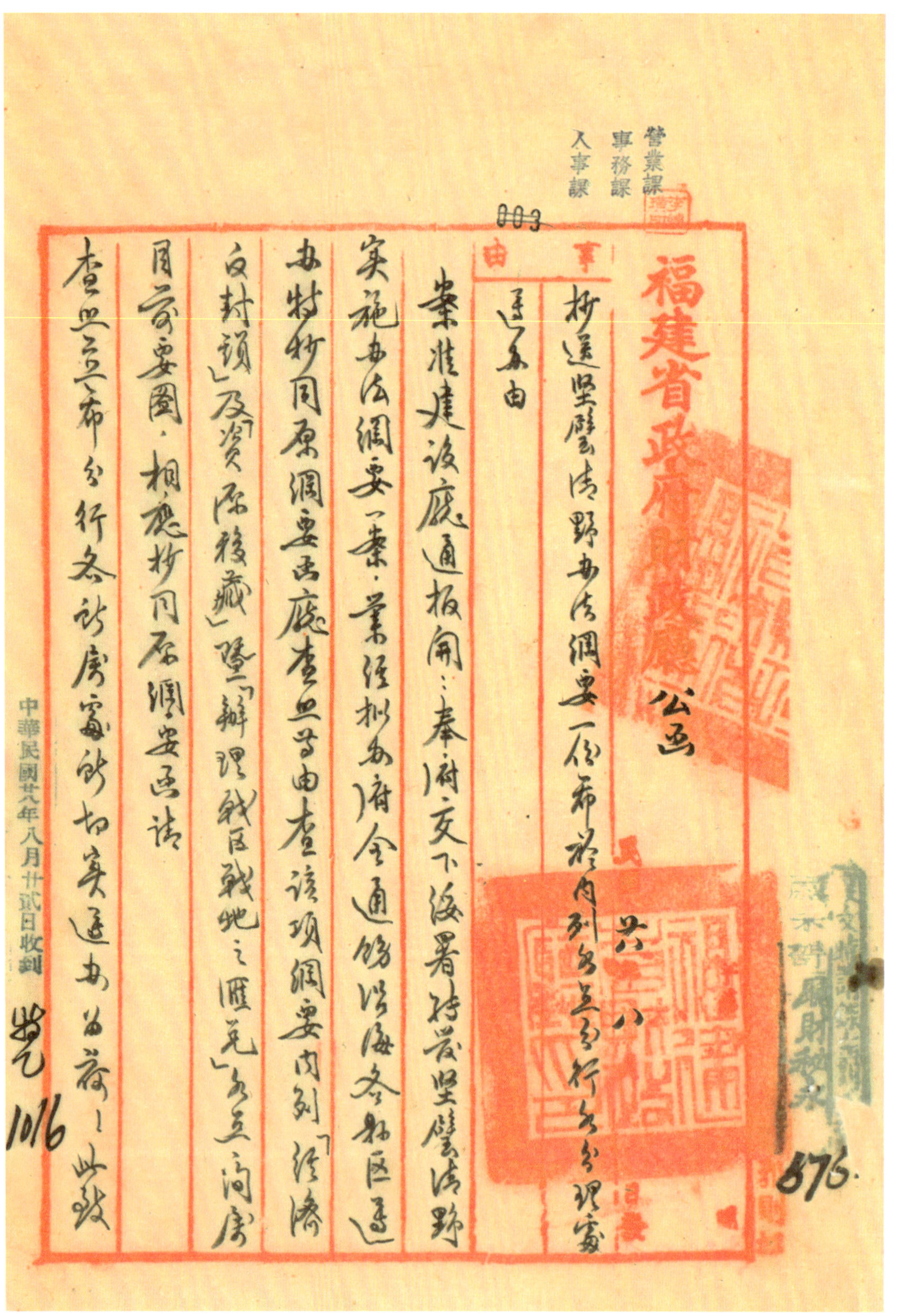

福建省政府财政厅公函

事由：抄送坚壁清野办法纲要一份希将内列各点分行各分理处遵照由

案准建设厅通报开：奉府交下海署转发坚壁清野实施办法纲要一案，业经拟办府令通饬沿海各县区遵照，抄同原纲要函厅查照等由。查该项纲要内列「经济文封锁」及「资源移藏」暨「办理战区战地之汇兑」各点，为商店目前要图。相应抄同原纲要函请

查照，并分行各该分处实遵办为荷。此致

中华民国廿八年八月廿贰日收到

1016

876

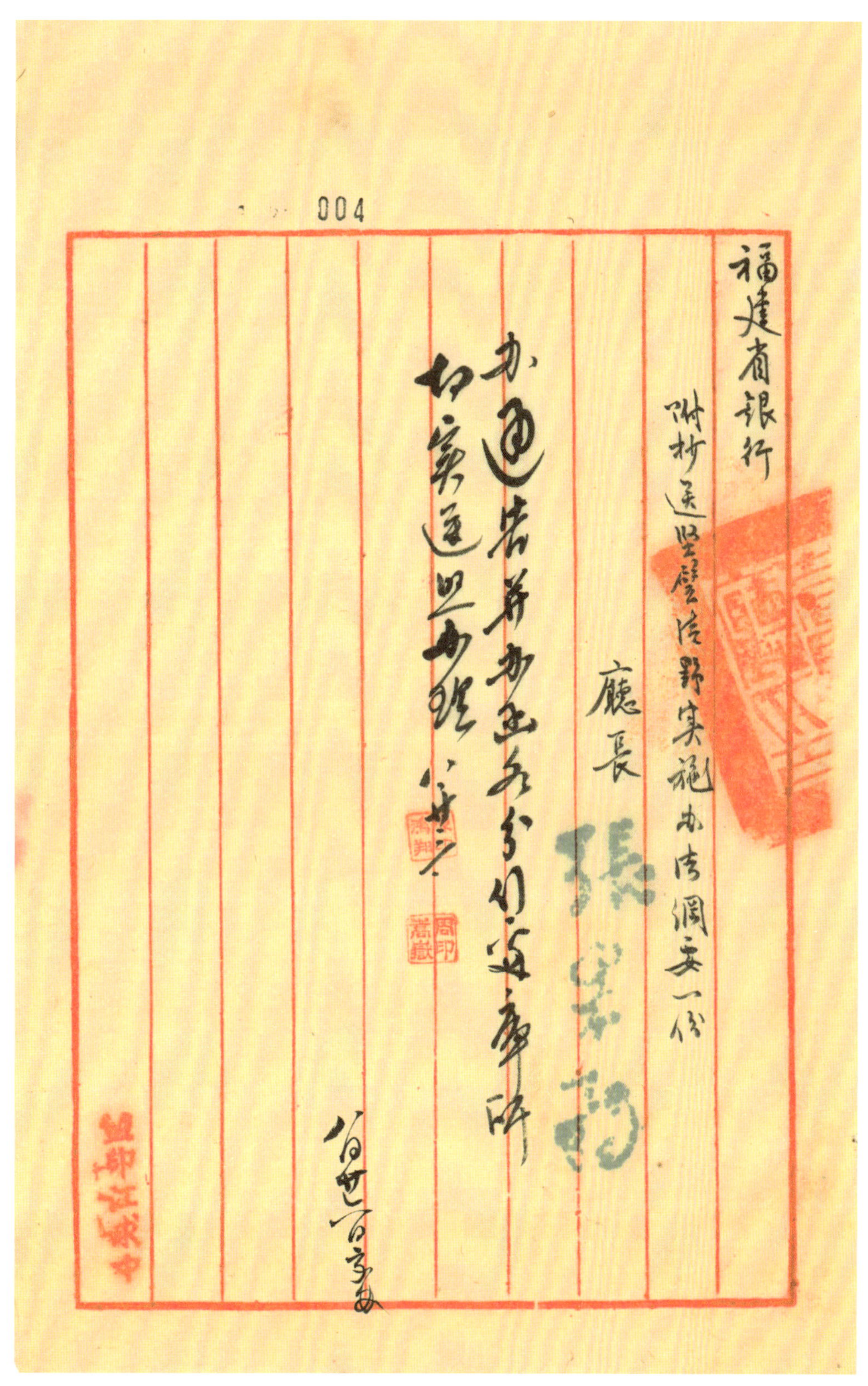
004

福建省银行

附抄送坚壁清野实施办法调查一份

厅长 张果为

办通告并办函分行遵办所

切实遵照办理

八.廿二

省世一百字安

附：坚壁清野实施办法纲要

010

堅壁清野實施辦法綱要

一、為防制敵寇深入並促其覆滅起見，特訂定本辦法

二、堅壁清野之主要工作如左：

(一)破壞可資敵用之建築物

(二)移藏資源

(三)遷徙人民

(四)經濟反封鎖（不合作主義）

三、破壞可資敵用之建築物應依左列實例方法：

(一)可以資敵用之建築物之破壞於戰區及戰地（游擊區）行之

(二)可資敵寇憑藉之軍事建築物及

與軍事有密切關係者而言

（三）除上項所列可資敵憑藉之建築物外其餘以不破壞為原則

（四）應予破壞之建築物及其破壞之時機由當地最高軍事指揮長官以命令定之

四、資源移藏與人民遷徙於戰區及戰地（游擊區）之經濟及封鎖於戰地者由各級行政機關自衛機關動員委員會駐軍政治部會同計劃實行其他有關機關協助

五、資源移藏以不使敵人獲得或利用我資源為目標其實行方法如左、

012

(一)地方公私資源以移藏本縣境內敵寇勢力不易達到地區為原則，必要時可移藏鄰境，人民資源並得自行埋藏。

(二)戶籍稅冊及糧房人員須予先飭移預定遷徙地區。

食糧積穀應擇偏僻區域儲存或埋藏，緊急時無法搬運者得酌借民間製取借券，不得任意焚毀或拋棄資敵。

三、人民遷徙以一面避免以人力資敵，一面發揮民力為目標，其實施方法如下：

(一)人民遷徙應計劃臨時需要區域與次要區域，審度情形分別辦理，但在抗戰第一線軍民合作辦法參加召集之人員不得擅退。

013

（二）將鄉人民遷徙應先審度情形劃定若干安全區域為人民聚居地並應經常派員指導

（三）人民遷徙須予先加以充分之宣傳俾人人均了解集結並予以適當之指導與組織

（四）人民遷徙如無法帶走準備遺棄之食糧牲畜應盡量供應本區各部隊以常給養並予各兵站就地收買徵集之以利

（五）預定遷徙之人民如不能全部遷移亦須將壯丁設法集中移出

七、經濟反封鎖以做到與敵人斷絕買賣往來為目標

014

其宣傳方法如左：

(一)宣傳國民抗敵公約

(二)指導人民遠避敵寇軍事政治勢力範圍

(三)对人民輸往淪陷城之經濟及日用品必須予先籌劃自給自足

(四)一切舊式交通工具如車船之類不資敵用

(五)肅清內部之奸商漢奸

(六)以游擊戰術破壞敵寇一切經濟組織與設施

八、堅壁清野之工作應與當地最高軍事指揮机關交通機關金融機關取得密切聯繫

(一)各級行政機關辦理堅壁清野各項工作應將

015

詳細計劃先送當地最高軍事指揮機關核准

(二)當地軍事指揮機關出發移防地須事先通知各

行政機關

(三)各地交通機關對於堅壁清野工作在不妨礙

軍事運輸原則下應盡量予以方便

(四)各地金融機關應與駐軍連繫辦理戰區戰

地之匯兌盡量撤退前方之財力

九、對於辦理堅壁清野各級工作人員應訂定獎懲

辦法詳細審核功過分別獎懲

十、堅壁清野工作之實施計劃及獎懲辦法由各省主

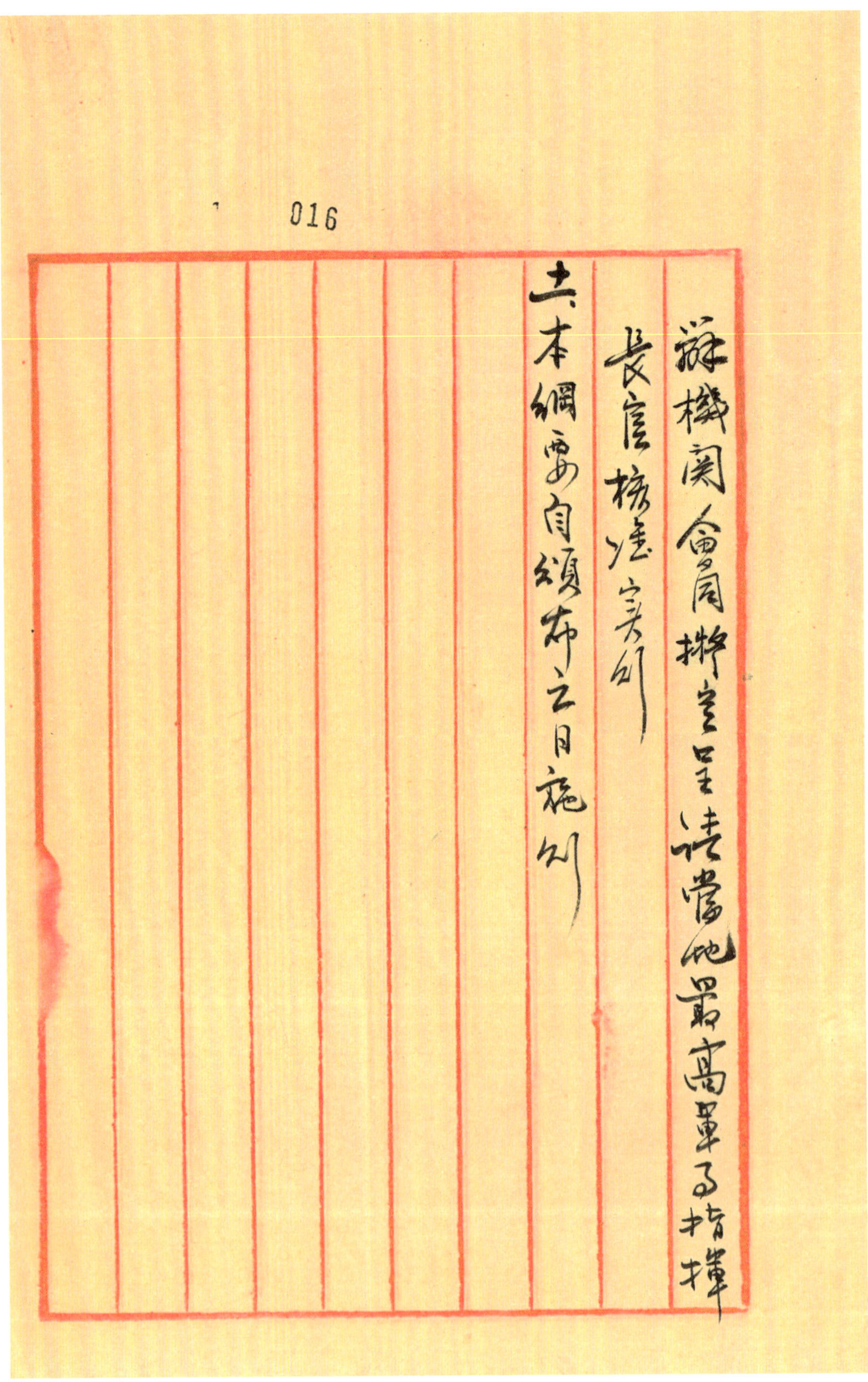
016

該機關會同辦主呈請當地最高軍事指揮長官核準實行

十、本綱要自頒布之日施行

国民精神总动员会秘书处关于抄送国民精神总动员会设计委员会组织规则等件致福建省动员委员会的笺函
（一九三九年九月八日）

頃准本會設計委員會諮詢組潘主任公展函送該組工作計劃請予察核分函查照施行，由到處經查所擬尚無不合應准照辦除分函各省市動員委員會外相應抄同該項計劃檢同設計委員會組織規則及諮詢組委員名單一併函達

貴會請煩查照計劃第三類各項之規定辦理為荷此致

福建省動員委員會

附國民精神總動員會設計委員會諮詢組工作計劃　設計委員會組織規則　設計委員會諮詢組委員名單各一份

國民精神總動員會秘書處啓　九月　日

中華民國廿八年九月八日

國防最高委員會秘書廳用箋

收文第二三九八號　廿八年十月十四日十時到

1372

附一：国民精神总动员会设计委员会组织规则

國民精神總動員會設計委員會組織規則

第一條　國民精神總動員會為推進工作起見設設計委員會（以下簡稱本會）

第二條　設計委員由國民精神總動員會聘任之

第三條　本會每月開會一次由國民精神總動員會秘書處召集之開會時以國民精神總動員會秘書長為主席

第四條　本會分左列各組

一、研究組　研究精神動員之推進方法

二、編纂組　編纂精神動員之各種書報

三、講演組　講演精神動員之理論及實施辦法

四、視察組　視察各地舉行國民月會及推進精神動員情形

第五條　設計委員之分組由各委員自行認定加入一組或二組必要時並得由秘書長指定之

第六條　各組由委員推定主任一人商承秘書長掌理本組事務

第七條　各組每週開會一次討論本組工作之推進

第八條　本規則自核准之日施行

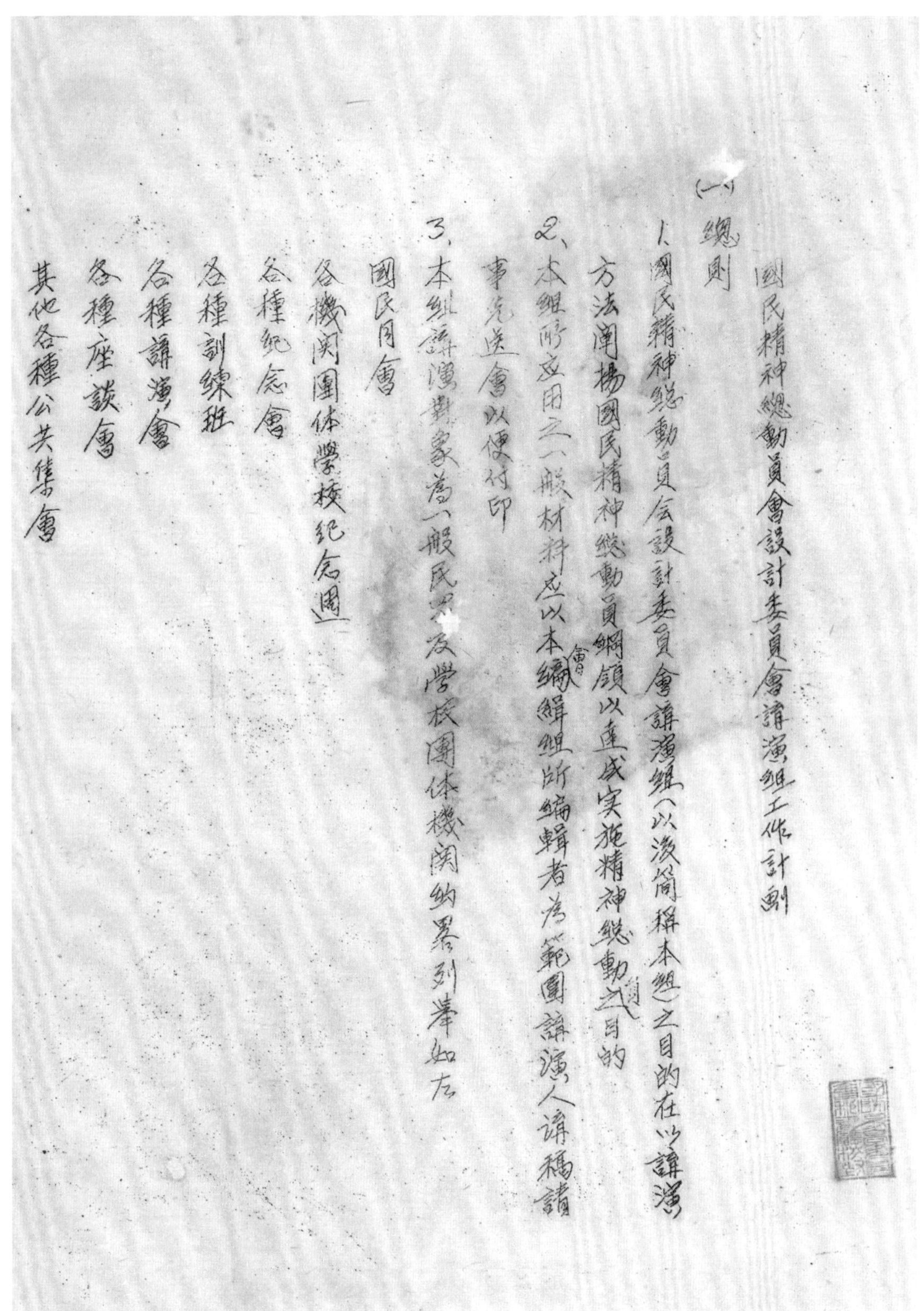

国民精神總動員會設計委員會講演組工作計劃

(一)總則

1.國民精神總動員会設計委員會講演組(以後簡稱本組)之目的在以講演方法闡揚國民精神總動員綱領以達成實施精神總動員之目的

2.本組所應用之一般材料應以本會編輯組所編輯者為範圍講演人講稿請事先送會以便付印

3.本組講演對象為一般民衆及學校團体機関約畧列舉如左

國民月會

各機関團体學校紀念週

各種紀念會

各種訓練班

各種講演會

各種座談會

其他各種公共集會

4、本組每期工作須于上月前半月規定以便下月依據進行

(二)總會

1、本組每月須開會一次決定每期講演材料及大綱

2、本組委員每月輪派若干人就其所在地方分別赴各機關團体學校講演但須先由總會開列接洽就緒之機關團体學校及講演者姓名分別通知

3、總會每月最少須舉行講演會一次可於下半月舉行其地點須適中(如青年會及唯一影戲院)其講演員由本組在渝之委員輪派担任

4、本組每月最少須舉行座談會一次於上半月舉行約集各界領袖舉會座談自由發表意見且隨時提出大綱要義

5、本組委員每月至少須出席各所在地之座談會或講演會一次由總會輪派決定

6、為使本組工作進行有效起見由組長分別商定本組各委員對本組某種工作(如講演會或座談會)負其專責

(三)各省市動員委員會

1、各省市動員委員會應分別舉行講演會及座談會等

2、各省市動員委員會之講演會及座談會等由各動員會策動但須受本組之指導

3、各省市動員委員會講演材料範圍以本會編輯組出版物為範圍但本組每月須發佈講演及討論大綱一次以為各省市動員委員會講演員之參考

4、各省市動員委員會講演員須注重對於國民月會之講演

5、各省市動員委員會舉行講演會及各種集會時本組委員應斟酌情形就近出席講演

附三：国民精神总动员会设计委员会讲演组委员名单

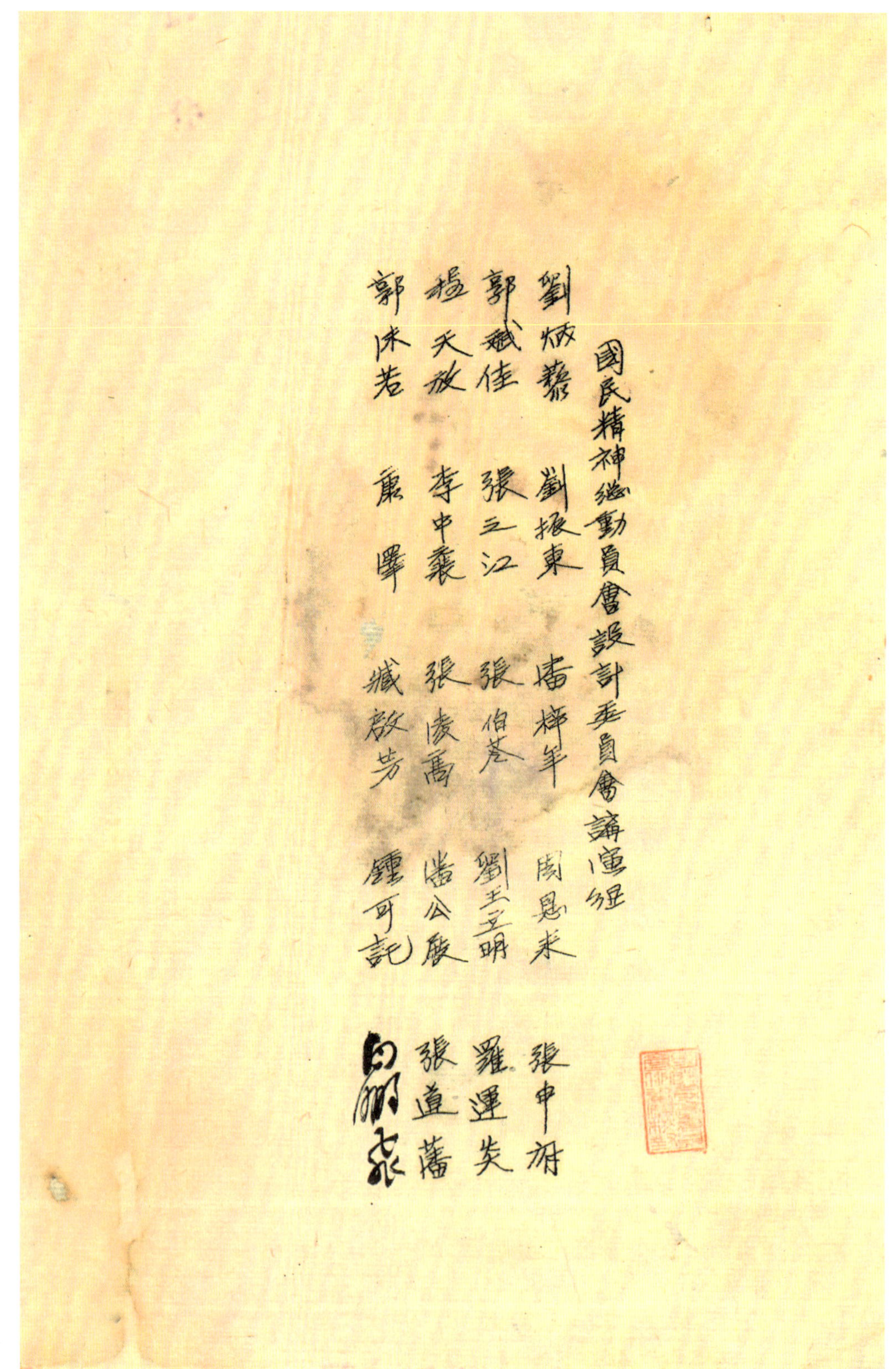

国民精神總動員會設計委員會講演組

劉炳藜 劉振東 潘梓年 周恩來 張申府

郭斌佳 張之江 張伯苓 劉王立明 羅運炎

楊天放 李中襄 張凌高 潘公展 張道藩

郭沫若 康澤 臧啟芳 鍾可託 白鵬飛

福建省民政厅关于报送总动员计划大纲民政部分办理情形致省动员委员会的笺函（一九三九年九月十五日）

准

貴會本年八月十九日動字1221號及九月四日動字1249號先後函囑將總動員計劃大綱本廳部分辦理情形見復並抽送本廳前辦部分之原案囑查收見復各等由准此查本廳前送「福建省總動員計劃民政部分計劃」內兵役事項已移歸軍管區兵役處主管救濟事項現劃歸省振濟會辦理衛生部分則已成立衛生處主管茲准前由除摘錄原計劃內關於兵役救濟衛生各部分抄同省府原訓令暨附發

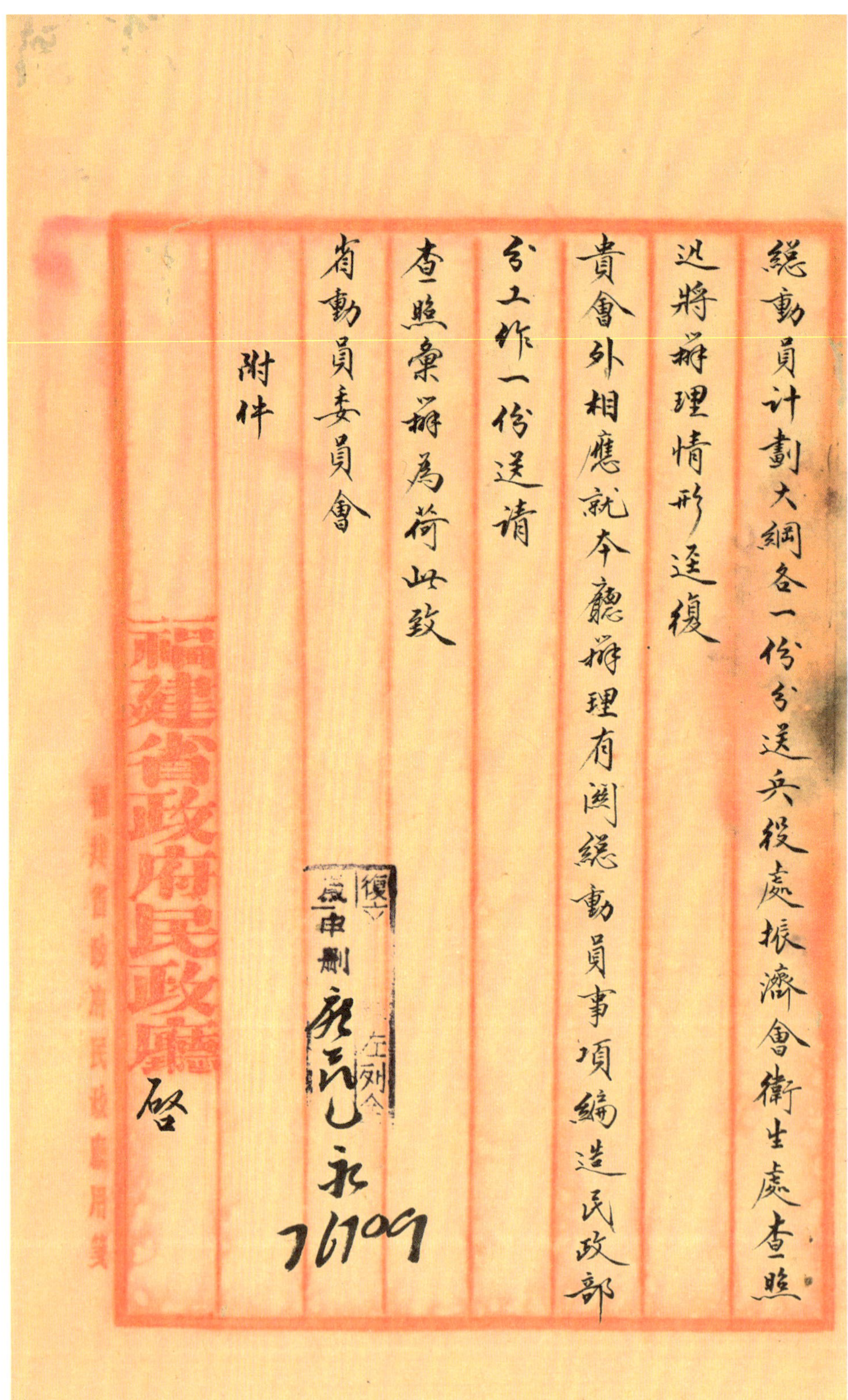

總動員計劃大綱各一份分送兵役處振濟會衛生處查照
迅將辦理情形送復
貴會外相應就本廳辦理有關總動員事項編造民政部
分工作一份送請
查照彙辦爲荷此致
省動員委員會
附件

福建省政府民政廳啓

民政部分工作

甲、保甲

(一)抽查户口：抽查户口，嚴密保甲組織，為消弭奸宄之基本工作，本省自奉令辦理保甲以來，迭经先後整編，組織方面，已漸臻完密，本府于本年五月间准軍管區司令部電請通飭動員協助複查壯丁，當经通飭各縣區切實遵办，並令趁複查壯丁之時，加緊執行，暨訂定抽查辦法飭遵，茲將其辦法分列如左：

(1)各縣政府第一科科長主辦保甲科員事務員區長區員巡官員執行抽查之責任。

(2)稽察聯保主任聯保辦事員保長甲長執行任務能否合法及其勤惰，凡窮山僻處边遠孤村尤应親入嚴密抽查

(3)每月須按原編户數抽查十分之二以上，截至廿八年底止每户須经過抽查一次

(4)抽查應注意於僻處，切勿偏就鄉鎮、地方或通衢大道隨意抽查，并不得敷衍從事

(5)不得委託不明法令及無指導與糾正能力之吏警代為抽查

(6)遇有發生户口上異動，確屬特殊原因未及具報，或不

諳法令者應由抽查者指導糾正，並警告之，不得任意濫罰，至罰款應存為保甲人員賞卹之用。

(二)戶口異動登記：保甲整編以後，若不繼接舉辦戶口異動登記，瞬息之間，就失却它的真實性，甚至不良份子和漢奸等，仍得潛跡其間，影響地方治安與抗戰工作至大，本省依照奉頒「修正剿匪區內各縣戶口異動登記辦法」通飭各縣區切實遵辦，一面增訂一種戶口異動登記簿，並於戶口呈報表之外，補充戶口異動分類表，令發依式填報，由戶而甲，及此逐級遞轉而到省政府，不但全省政府户口数字之增减，乃可明瞭，即其内容亦必为之充实。

兹将关于户口异动登记办法分列如左：

(1)甲长保长联保主任联保办事员负担覆查一保甲内户口异动之责任。

(2)覆查住户内之人口动态实况，并稽察奸宄。

(3)甲长每隔一日普遍覆查一次，保长每隔一日普遍覆查一次，联保主任及联保办事员每月遍历所辖各户覆查一次。

(4)各级保甲人员，如遇因公外出，或因事请假，须委托本管保甲長代行覆查，不得間斷。

(5)保甲長接受户長或保長報告户口動態，应分別種類，立即登入户口異動登記簿，一面親至該户覆查并督同在該户門牌上填注完妥。

(6)保甲長接受户長或民衆通知，有形跡可疑之人潛入或有異動狀態者，除速報聯保處及區署外，立予覆查，但必要時並得依法先為緊急之處分。

以上所定的办法，经调查结果，各縣區皆能切实奉行。現據各縣區呈報保甲户口壯丁數目，截至八

月底止，業经統计，製就本省各縣區保甲户口壯丁数目表，備供考查。（表附）

（三）保甲会議：本府前经依照修正剿匪區内各縣編查保甲户口條例第十九條規定，订定各縣（區）保甲會議暫行办法。通飭各縣區遵办。此項保甲会議，以保為單位，分左列兩種：

（1）保甲會議：由保甲召集甲長舉行之，每月至少应舉行一次。

（2）保甲擴大會議：由保長召集甲長及户長舉行之每月舉行一次

前項会議當地各学校〻長均須列席指導、縣政府及區署應派員到会参加指導或演講、並確立保甲的指導制度。其会議之目的、一面在養成人民之自治能力、使其明瞭選舉讨論及一切集會之方式、同時因会議而成立之公意、又可為全体保民共同遵守之準則；一面以会議之机会、作宣達一切政令及講述抗敵之工作、使人民明瞭當前之政治设施並增進其抗敵意識。

(四)組織民衆肅奸網及聯保連坐切结：查本府前经規定肅清漢奸為非常時期各級保甲人員中心工作

之一，曾令發「非常時期各地舉办聯保連坐注意要点」飭即認真办理。本年上月间又奉令頒「組織民众肅奸網及办理聯保連坐切结办法」當经轉飭各縣區遵办在案。（原办法附）

附送：福建省各縣（區）保甲户口壯丁数目表一份

福建省各縣（區）保甲会議暫行辦法一份

福建省各縣（區）指導員服務暫行通則一份

組織民衆肅奸網及办理聯保連坐切结辦法一份

乙、厲行節約

總動員計劃大綱內戊項V款「規定簡單之婚喪儀式

及限制一切奢侈物品之設置一節，本省業經依照新生活運動綱要及民俗改善運動大綱督飭各縣區切实遵办，並通令省屬各机関厲行節約，以資倡率。一面在福州成立战時節約運動委員會，同時通令各縣區組織各該地節約運動委員会，積極办理；嗣奉中央先後頒發節約運動大綱，當经分飭各縣區依照規定，参酌地方實際情形，继續推展，以期普遍。本年一月间先後奉行政院令發節約運動大綱補充办法並以節約運動应併入新生活運動總会办理；總分會均毋庸設立，等因；復经通令各縣區遵照，並請省新生活運動促

進会查照辦理。

附二：福建省各县区保甲户口壮丁数目表（一九三九年八月三十一日）

表○○○

福建省各縣區保甲戶口壯丁數目表

項目 \ 縣別			閩侯	長樂	福清	連江
區			6	4	4	3
聯保			64	34	49	31
保			925	415	357	287
甲			9.428	4.164	4.376	2.950
户			103.100	42.854	52.477	37.530
人口	總數	男	332.453	129.624	196.794	137.390
		女	270.713	100.946	168.949	110.494
		合計	603.166	230.570	365.743	247.884
	現住數	男	292.015	112.101	174.772	128.747
		女	262.954	99.508	161.622	108.840
		合計	554.969	211.609	336.394	237.587
壯丁			116.124	45.463	60.608	42.812
備攷						

廿八年八月廿日 福建省政府民政廳第三科製

平潭	寧德	福鼎	福安	霞浦	羅源
3	4	3	4	3	3
17	33	30	38	25	22
170	340	326	381	314	166
1,938	3,498	3,449	4,120	3,206	1,686
19,577	40,279	43,708	49,704	37,950	21,310
57,364	122,130	151,621	171,403	123,714	64,224
48,843	80,931	100,695	112,562	84,370	44,724
106,207	203,061	252,316	283,965	208,084	108,948
55,315	113,845	148,194	166,116	120,921	62,772
42,642	77,696	99,967	112,684	84,102	44,540
103,957	191,541	248,161	278,800	205,023	107,312
19,482	43,402	56,151	57,236	46,704	26,562

	田古	溪尤	泰永	清閩	平南	寧壽
	4	4	4	3	4	3
	30	35	33	19	44	15
	269	276	229	142	287	194
	2,758	2,658	2,407	1,680	3,009	2,197
	28,997	30,340	28,407	22,510	44,539	24,386
	109,017	80,396	89,171	64,034	93,593	71,937
2	67,353	57,509	63,093	51,225	71,460	45,638
	176,370	137,905	152,264	120,259	165,053	117,575
	103,074	78,426	80,684	61,666	89,835	68,247
	66,104	57,266	62,818	50,688	70,787	45,453
	169,178	135,692	143,502	112,354	160,622	113,700
	33,840	26,889	33,024	24,108	29,431	26,816

浦城	將樂	順昌	永安	沙縣	屏南
4	3	3	4	3	3
47	15	14	24	25	16
396	111	101	164	188	100
3,845	1,259	958	1,872	2,047	1,253
41,755	14980	10,069	22416	26,799	15,302
103,872	33993	24,040	54,328	60,449	48,787
86,017	28,493	20,926	42,446	48,825	27,672
189,889	62,486	44966	96,774	109,274	76,459
101,806	33262	23,852	53,503	60,001	46,601
84,917	29,069.	20,760	42,256	48,646	27,535
186,723	62,331	44,612	95,759	108,647	74,136
41,294	11,167	7,746	19,856	21,938	18,641

和政	溪松	武邵	安崇	陽建	甌建
3	3	4	4	4	5
13	14	24	16	21	63
117	111	208	130	164	432
1,222	1,153	1,826	1,163	1,579	4,407
15,437	11,827	19,616	13,486	19,523	49,194
45,850	32,611	50,543	32,498	47,208	115,263
32,010	26,266	44,472	25,891	40,147	94,939
77,860	58,877	95,015	58,389	87,355	210,202
43,958	30,581	48,780	31,731	46,822	112,173
30,693	24,774	44,103	25,658	39,868	93,720
74,651	55,355	92,883	57,389	86,690	205,893
16,895	10,853	16,997	11,073	16,762	30,963

同安	莆田	仙遊	晋江	惠安	安溪
3	6	6	4	3	4
31	46	58	98	43	44
406	824	422	843	392	412
4,045	8,397	4,674	8,774	3,744	4,154
48,407	91,734	53,673	99,636	43,970	52,690
135,676	329,026	177,689	352,287	201,726	174,869
127,889	334,322	153,333	324,552	193,623	160,182
263,565	663,348	331,022	676,839	395,349	335,051
125,697	306,561	169,526	283,629	184,773	163,563
126,604	331,670	152,624	311,726	197,101	158,041
252,301	638,231	322,150	595,355	381,874	321,604
53,848	92,610	58,420	118,330	56,375	55,839
僅賴保甲數戶數正在調製中					

龍溪	漳浦	德化	永春	金門	南安
6	5	4	4		4
66	44	21	42	1	53
379	328	114	242	11	440
3,368	3,174	1,067	2,490	109	4,204
39,905	32,778	13,497	30,373	1,136	51,250
150,878	119,273	54,111	103,595	3,827	258,027
143,871	110,073	49,118	99,103	3,781	241,218
294,749	229,346	103,229	202,698	7,608	499,245
146,624	113,814	52,820	92,048	3,655	235,217
142,185	107,336	48,995	97,514	3,750	238,982
288,809	221,150	101,815	189,562	7,405	474,199
38,241	40,502	16,790	35,442	2,069	85,455

海澄	平和	南靖	東山	雲霄	詔安
4	4	3	3	3	4
29	29	31	13	17	28
178	210	211	111	211	245
1,575	2,018	1,903	1,114	2,155	3,185
17,572	25,342	19,540	13,258	22,860	38,172
65,993	110,363	62,527	47,551	75,059	117,783
66,448	92,608	58,367	44,834	58,466	102,195
132,441	202,971	120,894	92,385	133,525	219,978
63,854	107,666	61,199	44,697	72,881	114,027
65,731	92,411	58,213	43,247	58,268	100,789
129,585	200,077	119,412	87,944	131,149	214,816
21,187	41,939	21,409	17,080	23,701	41,494

	上杭	永定	寧洋	漳平	龍岩	長泰
	4	4	3	4	4	3
	34	35	8	26	52	10
	304	257	43	134	357	63
	3,102	2,485	424	1,221	3,001	816
	35,961	28,329	5,368	13,527	28,501	9,655
	96,610	84,386	11,904	40,005	72,327	30,175
5	97,889	76,165	9,391	35,158	64,838	28,905
	194,499	160,551	21,295	75,163	137,165	59,080
	90,491	78,139	11,563	39,417	63,408	28,898
	97,257	75,608	9,380	35,176	65,111	28,669
	187,748	153,747	20,943	74,593	128,519	57,567
	34,411	25,457	4,940	12,662	19,845	11,130

清流	寧化	連城	長汀	華安	大田
3	3	3	4	3	3
19	22	24	26	17	21
110	241	160	328	85	163
1,025	2,307	1,576	2,972	684	1,616
11,450	24,937	17,801	29,338	7,003	20,291
30,246	61,147	55,467	103,146	31,922	59,891
26,980	58,994	49,613	98,837	25,082	43,338
57,226	120,141	105,080	201,983	57,004	103,229
30,246	61,147	53,361	98,794	31,922	57,498
26,980	58,994	49,859	98,165	25,082	43,263
57,226	120,141	103,220	196,959	57,004	100,761
12,043	19,085	19,776	29,572	8,789	20,253
				改選冊造送。人口僅報總數，男女係約數。	

廈門	福州	泰寧	建寧	武平	明溪
5	5	3	3	4	3
18	26	11	10	22	13
178	240	95	92	265	90
2,477	2,400	884	885	2,524	802
10,486	76,807	10,185	9,212	30,834	8,956
94,773	224,813	23,938	27,308	82,104	19,974
83,883	177,172	21,344	24,323	74,100	16,976
178,656	401,985	45,282	51,631	156,204	36,950
94,773	217,585	23,734	26,338	79,156	19,827
83,883	167,842	21,461	23,993	73,736	16,961
178,656	385,427	45,195	50,331	152,892	36,788
50,914	52,016	10,486	9,329	26,293	8,156
未陷落時數目				(第四區未完)	

吉水	壽仁	元三	墩周	洋柘	日南
1	1	1	1	1	1
15	3	3	7	9	3
111	21	20	53	60	25
1,140	199	212	721	701	262
13,924	2,450	2,718	9,415	9,658	2,885
31,747	5,753	8,716	31,705	28,273	8,491
27,455	4,797	5,377	17,607	16,445	7,928
59,202	10,550	14,093	49,312	44,718	16,419
31,737	5,679	8,453	27,203	27,320	8,430
27,453	4,812	5,271	17,651	16,340	7,923
59,190	10,491	13,724	44,854	43,660	16,353
8,912	2,048	2,387	11,172	10,999	2,725

峯市	總計
1	243
4	1,943
27	16,801
271	170,965
3,016	2,006,572
8,816	6,463,204
7,648	5,461,837
16,464	11,925,041
8,155	6,055,325
7,616	5,389,343
15,771	11,444,668
3,739	2,149,707

附記

(1)本表係截至八月廿一日以前据報異動數目。

(2)本表所列壯丁數，係指「壯丁年齡」。

(3)閩侯、建甌、龍溪、平潭、古田、福鼎、莆田、南平、海澄、東山、福清、漳浦、華安等縣均駐有水警，其水上保甲，由水警總隊編組。

附三：福建省各县（特区）保甲会议暂行办法

福建省各縣(特區)保甲會議暫行办法

第一条　本办法依修正剿匪區内各縣編查保甲户口条例第十九条規定訂定之

第二条　保甲會議(以下簡稱會議)以保為单位分左列兩種

一保甲會議　由保長召集甲長舉行之每月舉行一次

二保甲擴大會議　保長認為有必要時得召集甲長及户長舉行之

前項會議當地各學校校長均得列席

第三条　會議地点以在保長办公處舉行為原則其日期由保長酌定之

第四条　會議須有應行出席各員過半数之出席方得開會

前項出席會議各員應於出席簿簽到

第五条　會議以保長為主席并由保長指定一人掌理紀錄
保長因事或因病缺席時得公推甲長一人代理之
第六条　出席會議者均有提案權及表决權
第七条　提案之範圍如左
一　関於改進保甲事項
二　関於生產建設教育衛生振濟改良風俗提倡体
育節約儲蓄及新生活運動事項
三　関於其他地方應行興革事項
第八条　凡政府要求与民衆有切身関係事件（如徵用人力
物力財力等）暨保内收支預算决算均須由保甲會
議通過并公布之
第九条　議案經主席提出後出席會議者得盡量發表意見
第十条　議案經討論後主席得宣告討論終結即付表决其

表决议案取决于出席会议者之多数可否同数时取决于主席

第十一条　会议议决案件应由联保办公处录送区署转呈县政府办理

第十二条　会议所需纸张笔墨各费在保长办公费项下撙节动支

第十三条　本办法自省政府公布日施行如有未尽事宜得随时修正之

福建省各縣(區)保甲指導員服務暫行通則

第一条　福建省政府為厲行保訓教合一健全保甲組織起見特訂定本通則

第二条　各縣(區)設保甲指導員一人暫由民教指導員兼任秉承縣長之命並商承第一科科長推行保甲指導事宜

第三条　各縣保甲行政事項仍由第一科辦理但第一科科長對於保甲指導員所商同辦理之保甲指導文件應負責協助保甲事件科員得先辦理

第四条　保甲指導員之任務如左

一、商同第一科科長擬訂全縣保甲改進計劃呈由縣長核明轉呈省政府核准施行

二、商同第一科科長分區區長分別召集有關保甲指導員會議

三、指導保甲辅導员(戰时国民学校校長兼由縣(區)政府加委為保甲辅導员)办理保甲辅導事項

四、指導联保主任联保办事员保長甲長召開保甲会議及办理有関保甲各事項

五、保甲人員成績之考核事項

六、其他保甲事業之指導事項(保甲指導工作須知附送)

第五条　兼保甲指導員之工作地点範围以設有戰时国民学校周围之三保至五保為原则

第六条　保甲指導員对於各联保及保甲長办公處得隨时检阅一切表冊簿据及文卷等件并隨時糾正之

第七条　保甲指導员如有重要請示事件得直接呈报省政府

第八条　兼保甲指導员对於保甲指導工作之成績列為本職考績之一

第九条　保甲指導員每月应填报工作月报表二份(一份呈縣(區)

政府一份径呈省政府民政厅备查（表式附发）

第十条　本通则如有未尽事宜得随时修改之

第十一条　本通则自通令之日起施行

填表説明

一、「番号別」係将在「第幾區」「某々聯保」「第幾保」「第幾甲」工作地域之番号填入

一、「有何缺点」「及实」欄依照視察注意各項一、二兩項分別視察查填但全部缺误者亦应説明「并無錯误」字樣

一、「指導」「增進」兩欄应将指導情形及增進意見分別查填

一、本表不敷填寫時可接續第二頁

一、表紙之大小以此爲標準不得參差

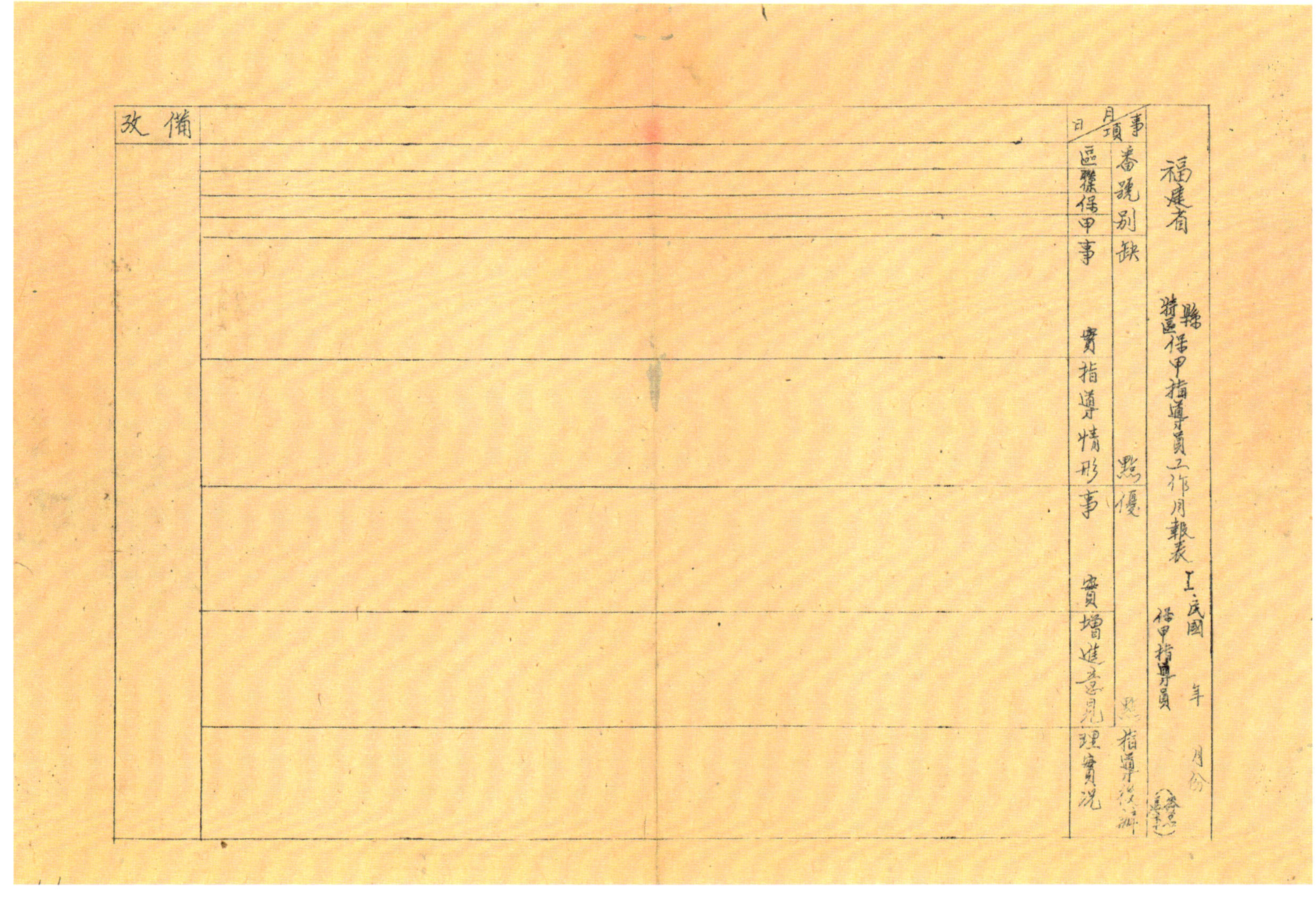

福建省　　縣/特區保甲指導員工作月報表　民國　年　月份

保甲指導員（簽名蓋章）

事項　月日	
區聯保甲番號別	
缺點事實	
指導情形	
優點事實	
增進意見	
指導後辦理實況	
備攷	

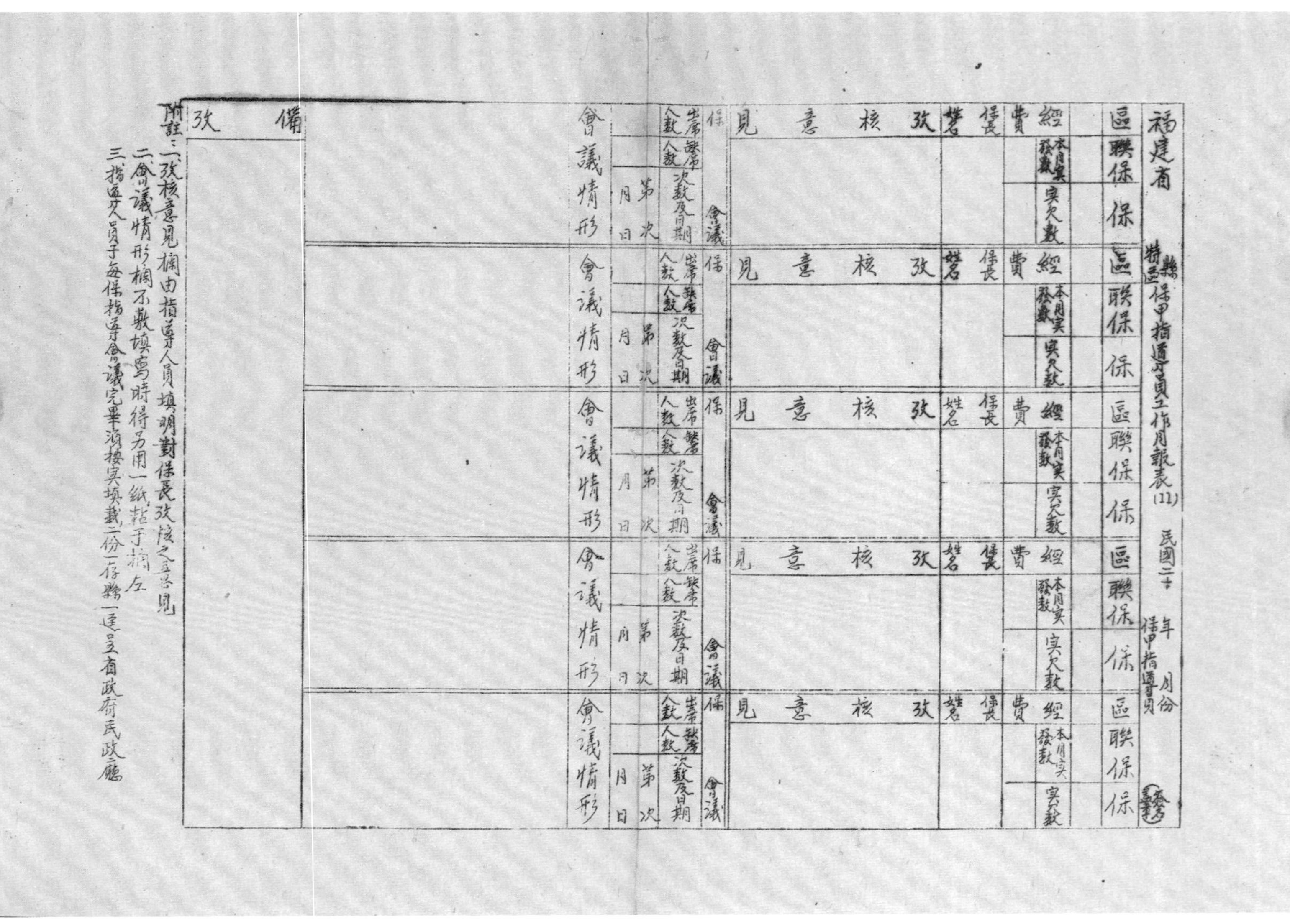

福建省　縣/特區　保甲指導員工作月報表（三）　民國二十　年　月份　保甲指導員（蓋章）

區聯保	保	經費（本月實發數）	經費（實欠數）	保長姓名	考核意見	保會議（出席人數）	保會議（缺席人數）	保會議（次數及日期）	會議情形
								第　次　月　日	
								第　次　月　日	
								第　次　月　日	
								第　次　月　日	
								第　次　月　日	

備考

附註：一、考核意見欄由指導人員填明對保長考核之意見

二、會議情形欄不敷填寫時得另用一紙黏于格左

三、指導人員于每保指導會議完畢須據實填載二份一存縣一送呈省政府民政廳

福建省各縣保甲指導員工作須知

一、總則

甲、辦理保甲可分消極与積極兩方面消極方面在推動自衛工作積極方面在發展地方自治各業此種工作 省政府定為重要施政中心工作之一凡辦理工作人員均應本着 主席公正認真有勇氣之訓示而勤奮忠勇積極推進

乙、健全保甲一在擴籌保甲經費一在慎選保甲長明瞭實地情形勤於督導故保甲指導實為促進保甲健全之一種重要工作

丙、保甲指導人員為達成指導之目的應在消極方面考核保甲人員之品德能力及糾正其工作之錯誤積極方面鼓勵保甲員之服務精神推動保甲各業及設計研究全縣保甲之改進

（兼保甲指導員以推行保甲會議及保甲各業為主）

二、關於保甲方面

1

甲、測驗聯保主任聯保辦公處員保長甲長(一)常識(二)保甲法令

乙、檢查保甲兵役編查冊及戶口動態之登載能否真確

丙、檢查戶口異動登記簿之登載能否真確

丁、檢查戶口異動之分類登記能否真確

戊、保甲規約聯保連坐切結有無實行

己、保甲戶之編組是否合法

庚、聯保之編組及聯保辦公處之組織是否合法

辛、聯保及保甲長辦公處應用表冊是否齊備填載能否真確

(一)聯保辦公處(1)編查冊(2)各類戶口異動登記分類表(3)聯保各保畧圖(4)保甲長姓名冊(5)壯丁姓名冊(6)收發文件簿(7)收支款項各表簿(8)保甲長會議錄

(二)保長辦公處(1)編查冊(2)各類戶口異動登記分類表(3)本保畧圖(4)甲戶長姓名冊(5)壯丁姓名冊(6)保甲規約稿底及聯保連坐切

结（7）收发文件簿（8）保甲会议录（9）保甲扩大会议（或户长大会录）

（三）甲长办公处（1）户口异动登记簿（2）户长姓名册（3）收发文件簿（4）其他表册

壬、联保及保经费有无按月实发

癸、保甲人员是否受训其地位待遇有无保障

三、关于住户方面

甲、保甲户之番号有无错误

乙、住户内人口数与该管保长办公处（联保处）编查表册是否相符

丙、住户内人口数与该户门牌之记载是否相符

丁、鳏寡孤户有无遗漏未编

戊、门牌有无悬挂及悬挂位置是否适当保甲木牌已否完全

己、抽查联保连坐切结是否真确

2

庚、保甲人員有無私自攤派款項情事

辛、測驗居民（或戰時民校學生）對於保甲人员之信仰及保甲事業之興趣

壬、保甲人员对於民衆有無欺侮壓迫情事

癸、保甲人员兼令办理兵役徵工暨協助經征事務能否平允

四、関於保甲会議方面

甲、保甲指導员須視情形分别召開左列会議

(一)到聯保办公處時責成聯保主任召開保長会議并出席指導（保長会議以聯保主任為主席）

(二)到保長办公處時(1)責成保長召開甲長会議（保長為主席）

(2)責成保長督同甲長召集全保户長举行保甲擴大会議（保長為主席）并出席指導

(三)指導國民月会之举行（國民月会可与保甲擴大会議同時举行）

上之開会議之舉行次序保長会議須在甲長会議之先甲長会議須在保甲擴大会議之先

乙、保甲指導員、應督促保甲輔導員（戰时國民學校之長）經常列席当地保甲会議并為之指導

丙、保甲会議開会時保甲指導員及輔導員、應作時事及政府施政報告并指導保甲人員討論左列事項

(一)關於保甲行政事項為戶口異動經費（收支人事變更規約執行）及保甲会議缺席者之處置等

(二)關於生產建設事項為合作社保甲公倉造林水利種棉旱稻栽培道路橋樑之修築及手工場等

(三)關於教育文化事項為中心學校戰时國民學校之開設及擴充衛生娛樂体育及運動之舉办風俗習慣之改良禁煙禁賭之執行等

(四)關於抗敵自衛事項為防土匪除漢奸服兵役及推行社訓等

(五)關於政府興辦各項公物運輸及征用人力財力物力等工作之配與實施步驟等

(六)其他衣食住行日常生活之改進各項

丁、開会指導之原則

(一)討論範圍應不違反中央及本省現行法令

(二)斟酌各件之緩急难易擇先討論勿一时討論太多致生議而不決決而不行之弊

(三)討論时應多多引起其自動精神并隨时加以啟示誘導(如對一議案可提供數種意見讓討論者採納)

(四)注意開会之秩序(開会前可簡單解釋民權初步)

(附討論表決之補充办法)

依照民權初步之規定討論之表決普遍可採用起立舉手或投票(如用於選舉)但一般人民或懾於勢力或顧慮情面往往不能以舉手

起立或表達其真意如用無記名投票則又多不識字為適合實際情形為遇有重要議案之表決或有關人事上之推選時可用黃黑豆表決法表決時由主席指定人員將事先預備之黃黑豆各若干粒分發出席者每人各一粒再以盌或小袋收集贊成者投黃豆一粒反對者投黑豆一粒然後由主席另外指定兩人計其之黃豆多於黑豆時即為通過或當選

戊、保甲各種會議應備紀錄簿保存於聯保或保長辦公處以便保民查閱如有重要之議決事應錄送區署轉呈縣政府核准後始得執行

己、保長會議開會秩序

(一)宣佈開會

(二)主席就位

(三)全体肅立唱國歌(黨歌)

4

(四)主席恭讀 總理遺囑

(五)時事報告(將抗戰大勢及本省政情簡單報告由出席指導人員担任之)

(六)工作報告(由出席指導人員報告本鄉區及本聯保各種工作有何優點或缺點本聯保與其他聯保之工作比較有何進步或落後主席亦得提出報告但絕對禁止對人之毀謗攻擊)

(七)施政說明(由出席指導人員担任對各保應辦工作之說明主席亦得補充說明)

(八)討論(依四丙項之規定)

(九)臨時動議

(十)高呼口號散會

附口號如下一、民眾團結起來二、服從政府命令三、擁護 蔣總裁四、肅清漢奸五、打倒日本軍閥六、提高生產建設七、實行三民主義八、抗戰建國成功萬歲九、中國國民黨萬歲十、中華民國萬歲

庚、甲長会議保甲擴大会議之開会秩序可参照前項擬訂之
選閲指保甲会議之指導事項保甲輔導員亦適用之

五、其他注意事項

(一)保甲指導員應熟悉保甲法令（詳閲保甲法令匯編及縣政府閲發保甲重要案卷）

(二)保甲指導員應與第一科及各區之署保取密切之聯繫

(三)保甲指導員之主要工作以推行保甲会議及保甲事業為主指導員應隨時與第一科商定指導程序

(四)各種表格報告應按期按實記載並報俾各級主管人得以確立保甲改進之計劃

(五)製定表格發交保甲輔導員填報

附保甲長平時戰時獎懲之事項

(一)保甲長平時戰時有左列情事之一者得由區長開具事實呈報縣府

叁、分别奖励之

甲、平时奖励

(1)遇有非常事故能协力防御保卫地方者

(2)辅助军警抵御土匪搜捕人犯异常出力者

(3)缉获重大奸宄或土匪首要经讯明确者

(4)侦悉奸宄或匪徒踪迹报告迅速因而保全地方者

(5)搜获奸宄土匪秘匿或埋藏之枪枝子弹粮秣或其他重要违禁品者

(6)非常灾水火风灾之警戒或救护处理有方使灾害得以减免者

(7)辅助上级公务人员或督导保甲人员办理公务著有成绩者

(8)兵役之征募调查及其他役务办理著有成绩者

(9)工役之分配督率及其他建设事项办理著著有成绩者

(10) 認真教誡保甲内住民均無發生非法行爲者

(11) 經費之籌集征收保管支用及办理救濟均甚適當者

(12) 清查户口編製門牌取具聯保連坐切結均認真確無錯誤者

(13) 檢查保甲内奸宄或稽查出境人民勤慎不懈者

(14) 依法令或保甲規約規定各項執行著有成績者

(15) 办理其他应办各項著有成績者

乙、戰時獎勵

奉行非常時期法令確著有成績者由區長(保甲指導員)每(季)開具事實呈報縣政府核給依下列方法獎勵之

(1) 給予榮譽旗紀念章匾額或其他名譽獎勵

(2) 升用

(3) 其有特殊功績者呈請内政部特予核獎

(二) 保甲長平時有左列情事之一者分别懲罰

(1) 串通或縱容奸宄匪徒貽害地方者
(2) 濫用職權損害人民權利者
(3) 假公濟私損人利己者
(4) 工作疏忽貽誤要公者
(5) 輔助軍警抵禦土匪或緝捕人犯不力者
(6) 報告遲延或洩漏秘密致誤事機者
(7) 輔助上官或督導保甲人員執行職務不力者
(8) 遇有非常事故及災變防禦或救護不力者
(9) 辦理兵役工役及其他建設事務敷衍延宕者
(10) 保甲內居民連續發生非法行為怠不教戒者
(11) 經費之籌集保管支用及辦理報銷浮濫不實者
(12) 清查戶口編製门牌取具聯保連坐切結錯亂虛偽者
(13) 檢查保甲奸宄或出境入境不力致生事端者

(14) 依法令或保甲规约规定事项执行不当者

(15) 有其他失职行为者

附六：组织民众肃奸网及办理联保连坐切结办法

組織民衆肅奸網及辦理聯保連坐切結辦法

一、為非常時期訓導民衆協助政府嚴密檢舉漢奸以期澈底肅清起見特依本辦法之規定組織民衆肅奸網及舉辦聯保連坐切結等事項

二、每保組織肅奸組（五人至十人）保長或其他具有愛國觀念人士担任組長聯保主任兼肅奸隊長區長兼肅奸分團長縣長兼肅奸總團長

三、區署應成立特務組（十人）分赴各保偵查

四、凡破獲漢奸者一經軍法審判機關判決確定後由縣府或區署公開獎勵十元以上之現金并對檢舉者之姓名保守秘密

五、如有利用机会故意誣陷善良者應依法從嚴科以反坐之罪

六、各保肃奸组应由分团長輪流訓練之

七、肃奸团应与駐軍政治部密切發生関係或与當地軍事長官或团政訓員联絡

八、各地应切实举办五户联保連坐切结凡停留各地之难民亦須具保联保

九、联保切结由保長等負責办理但当地駐軍政工人员負指導協助之责

十、本办法自公布之日起施行

福建省政府关于抄发全国青年实施国民精神总动员具体办法致省教育厅的训令（一九三九年九月）

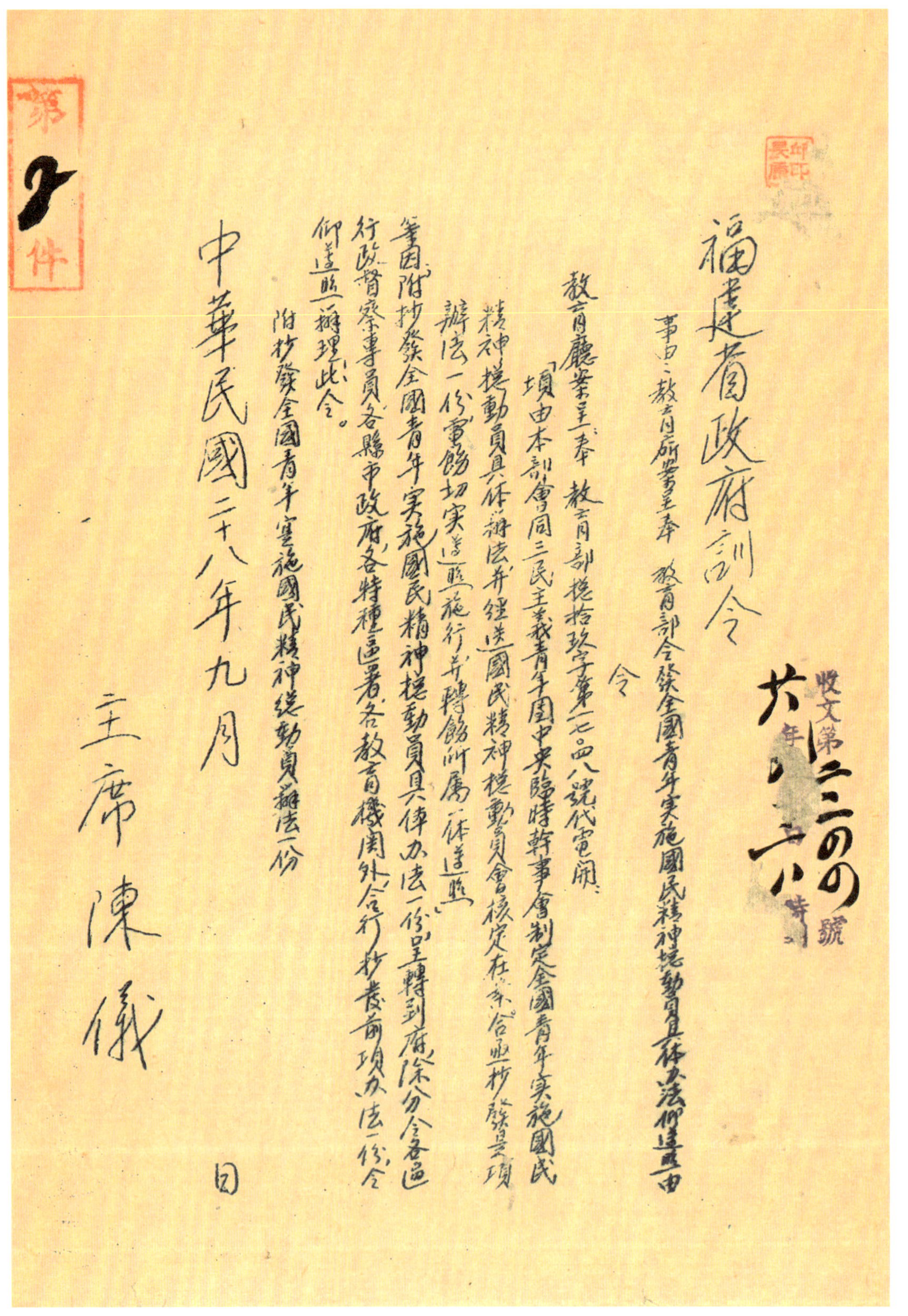
第 件

收文第 号

福建省政府训令

事由：教育厅签呈奉 教育部令发全国青年实施国民精神总动员具体办法仰遵照由

令

教育厅签呈：「奉 教育部总特玖字第一七四八号代电开：

『顷由本部会同三民主义青年团中央临时干事会制定全国青年实施国民精神总动员具体办法并经送国民精神总动员会核定在案，合亟抄发是项办法一份，电饬切实遵照施行，并转饬所属一体遵照。』

等因，附抄发全国青年实施国民精神总动员具体办法一份，呈转到府。除分令各区行政督察专员、各县市政府、各特种区署、各教育机关外，合行抄发前项办法一份，令仰遵照，一并办理。此令。

附抄发全国青年实施国民精神总动员办法一份

中华民国二十八年九月 日

主席 陈仪

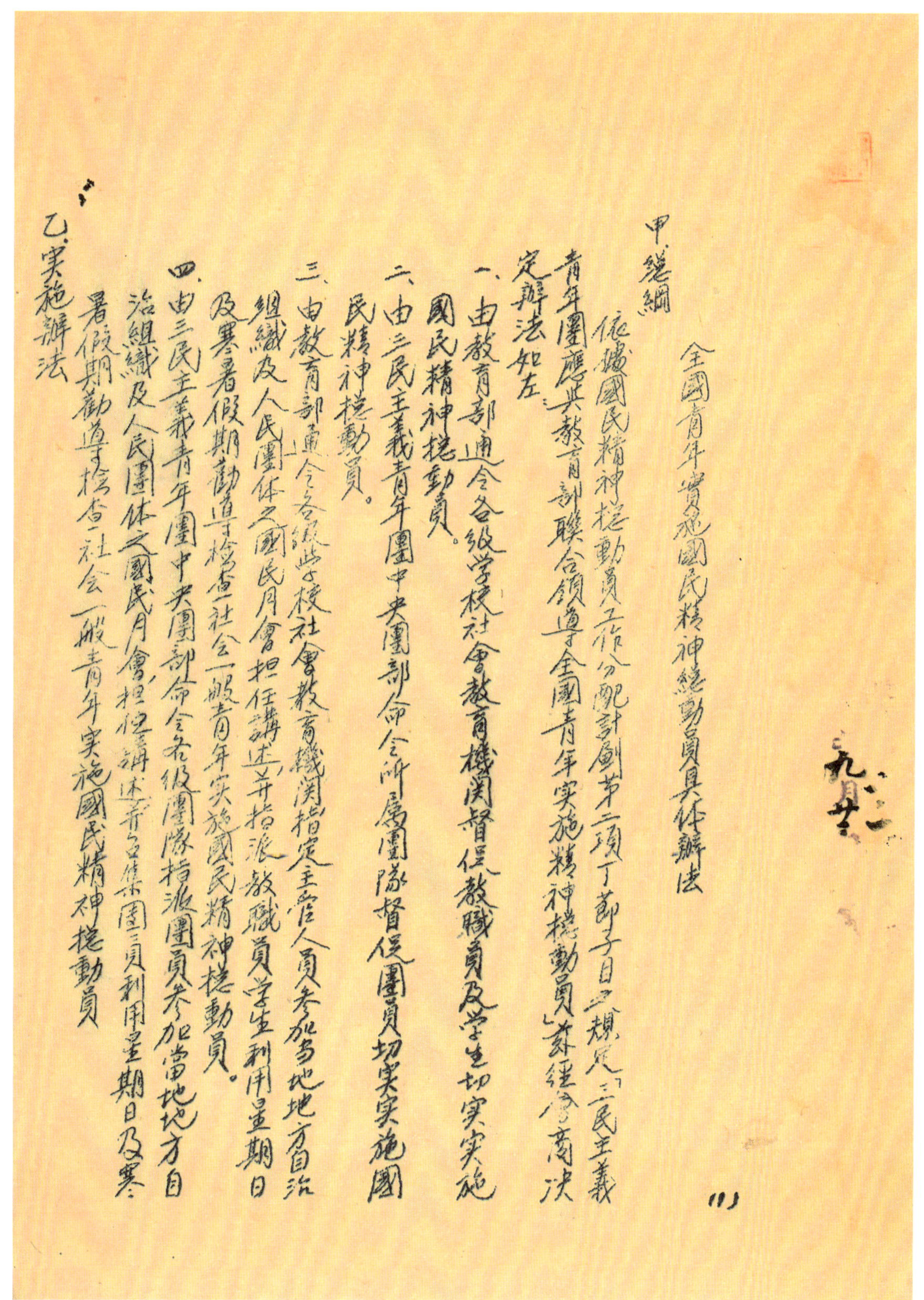

九月廿二

113

全國青年實施國民精神總動員具体辦法

甲、總綱

依據國民精神總動員工作分配計劃第二項丁節子目之規定「三民主義青年團應與教育部聯合領導全國青年實施精神總動員」，茲經會商決定辦法如左：

一、由教育部通令各級学校社會教育機関督促教職員及学生切实实施國民精神總動員。

二、由三民主義青年團中央團部命令所屬團隊督促團員切实实施國民精神總動員。

三、由教育部通令各級学校社會教育機関指定主管人員參加当地地方自治組織及人民團体之國民月會担任講述，並指派教職員学生利用星期日及寒暑假期勸導檢查社会一般青年实施國民精神總動員。

四、由三民主義青年團中央團部命令各級團隊指派團員參加当地地方自治組織及人民團体之國民月會，担任講述，并召集團員利用星期日及寒暑假期勸導檢查社会一般青年实施國民精神總動員

乙、实施辦法

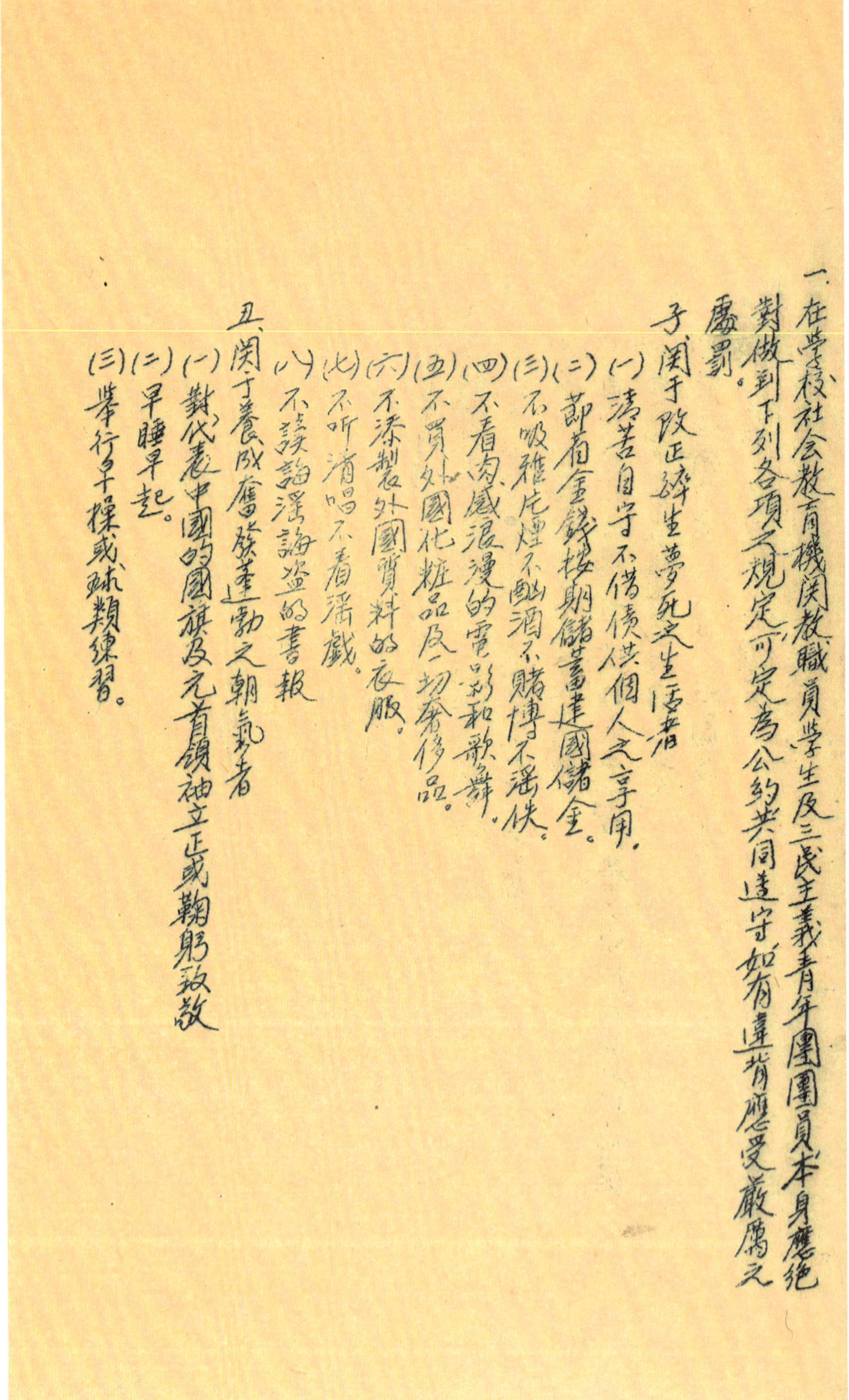

一、在學校社会教育機関教職員學生及三民主義青年團團員本身應絶對做到下列各項之規定可定為公約共同遵守如有違背應受嚴厲之處罰。

子、関于改正醉生夢死之生活者

(一)清苦自守不借債供個人之享用。

(二)節省金錢按期儲蓄建國儲金。

(三)不吸紙烟不酗酒不賭博不淫佚。

(四)不看肉感浪漫的電影和歌舞。

(五)不買外國化粧品及一切奢侈品。

(六)不添製外國貨料的衣服。

(七)不听淫唱不看淫戲。

(八)不讀誨淫誨盜的書報

丑、関于養成奮發蓬勃之朝氣者

(一)對代表中國的國旗及元首領袖立正或鞠躬致敬

(二)早睡早起。

(三)舉行早操或球類練習。

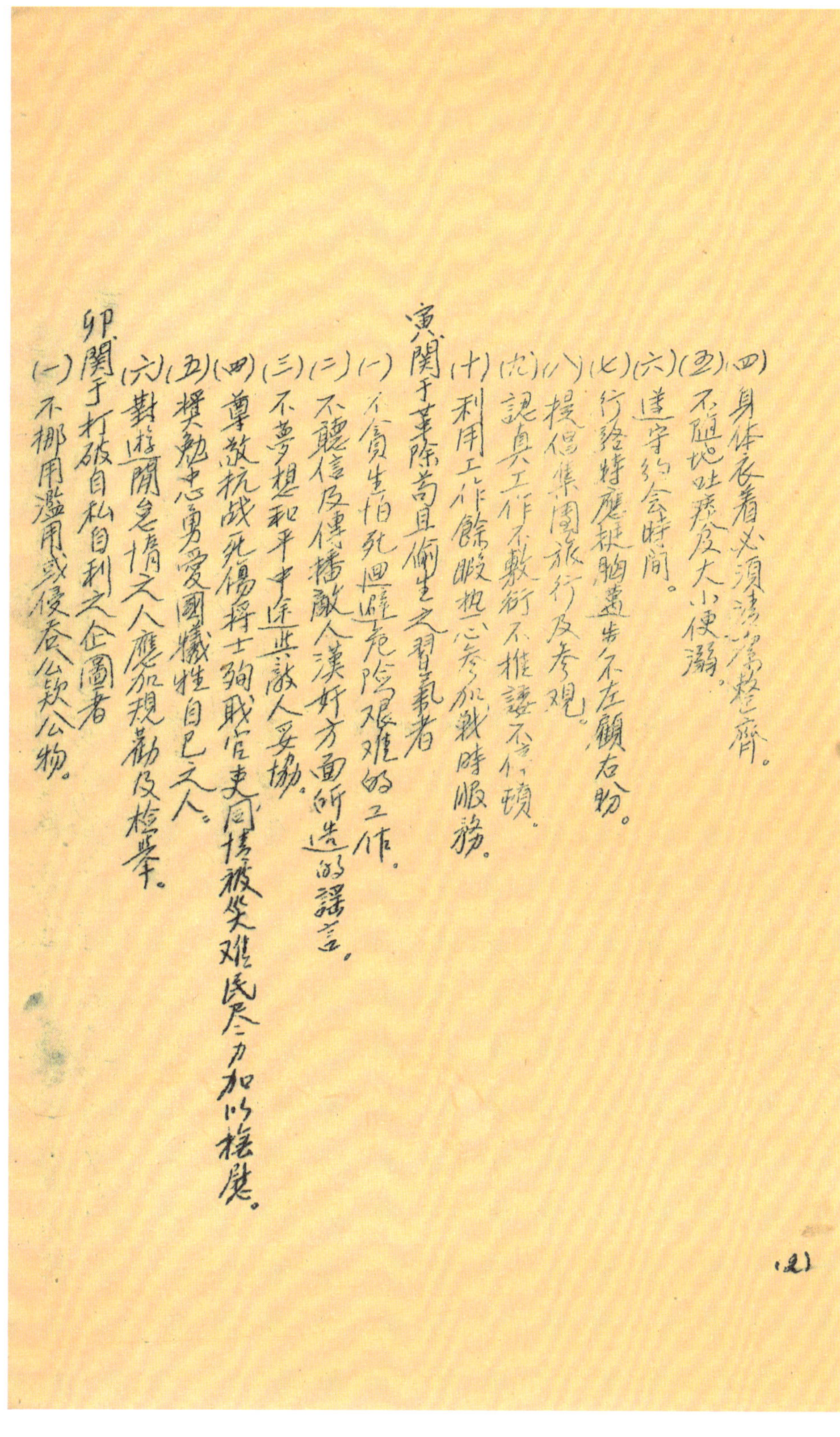

(四)身体衣着必須清潔整齊。

(五)不隨地吐痰及大小便溺。

(六)遵守約会時間。

(七)行路時應挺胸邁步不左顧右盼。

(八)提倡集團旅行及参観。

(九)認真工作不敷衍不推諉不停頓。

(十)利用工作餘暇热心参加戰時服務。

寅、關于革除苟且偷生之習氣者

(一)不貪生怕死迴避危險艱難的工作。

(二)不聽信及傳播敵人漢奸方面所造的謠言。

(三)不夢想和平中途與敵人妥協。

(四)尊敬抗战死傷將士殉職官吏同情被災難民盡力加以撫慰。

(五)獎勉忠勇愛國犧牲自己之人。

(六)對游閑怠惰之人應加規勸及檢舉。

卯、關于打破自私自利之企圖者

(一)不挪用濫用或侵吞公款公物。

(2)

(二)不假借地位营私舞弊。

(三)不收受或[illegible]金银器物或饰品。

(四)不逃避对国家应尽的义务如参加兵役工役及被征用物品。

(五)不假借救国名义为个人图名图利。

(六)不兼职兼薪或兼领车马费。

(七)不看重自己财物随时捐献国家。

辰 关于纠正纷歧错杂之思想者

(一)信仰三民主义切实力行。

(二)不把个人或团体的利益看得比国家民族的利益还重。

(三)不鼓吹有害中华民族国家独立完整之思想。

(四)不自命清高无党无派须有正确之思想为一生立业之基础。

(五)不作表面正直暗中鬼祟的活动。

(六)明知自己思想错误要有改正的勇气。

(七)不利用团体作个人的活动。

(八)参加一个团体不挂名不作事。

(九)在工作上竞争不用手段抢领导权。

(十)做事不爭功不諉過。

二、學校社会教育機関主管人員及三民主義青年團團員被指定参加附近地方自治組織或人民團体之國民月会应作如下之講述：

子 関于改正醉生夢死之生活者

講述改革不良生活之意義，報告前方艱苦犧牲之事蹟，喚起哀肅與惕之自覺，并檢討當地習慣或實際上各種不良生活之實例及其改革办法，其要目為：

(一)國民道德須知。

(二)戰時生活示範。

(三)政府禁止不良嗜好之法令。

(四)烟賭嫖之害及戒除方法。

(五)戰時節約運動之意義與辦法。

丑 関于養成奮發蓬勃之朝氣者

各地月会均应于清晨举行，以提倡早起之習慣，并講述左列課目：

(一)中國民族奮鬥之歷史及我先民拓殖經營之事蹟。

(二)歷代先烈成功軼事。

(3)

(三)撰理及領袖生平。

寅、關于革除苟且偷生之習性者

各地月会中應講述下列課目：

(一)發揚民族至上國家至上之愛國守法觀念。

(二)提倡忠勇尚武之精神。

(三)肅清中途妥協之幻想。

(四)暴露敵軍殘暴之事實。

(五)表揚我國軍民忠勇義烈機智之事蹟。

(六)分析敵人政略戰略之失敗與我軍愈戰愈勇之情形。

(七)宣傳兵役之意義及辦法。

卯、關于打破自私自利之企圖者

各地月会中應講述下列課目：

(一)闡揚礼義廉耻之要意

(二)肅清逃避兵役及逃避各種法定的戰時徵用之私圖。

(三)鼓勵毀家紓難及一切輸財輸力等助战運動。

辰、關于糾正紛歧錯雜之思想者

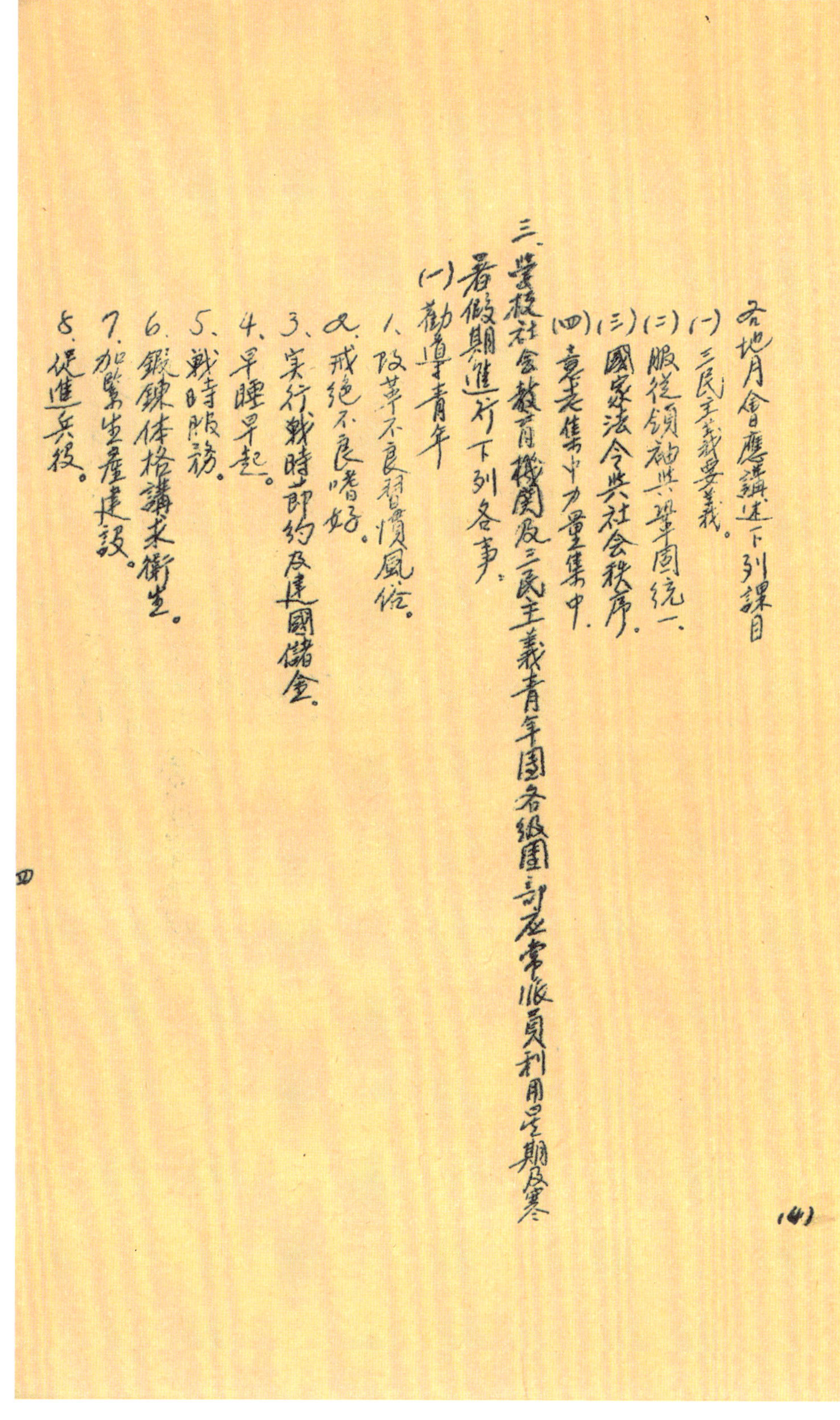

各地月會應講述下列課目

(一) 三民主義要義。

(二) 服從領袖與擁護統一。

(三) 國家法令與社会秩序。

(四) 意志集中力量集中。

三、學校社會教育機關及三民主義青年團各級團部應常派員利用星期及寒暑假期進行下列各事：

(一) 勸導青年

1、改革不良習慣風俗。

2、戒絕不良嗜好。

3、実行戰時節約及建國儲金。

4、早睡早起。

5、戰時服務。

6、鍛鍊体格講求衛生。

7、加緊生產建設。

8、促進兵役。

四

(4)

9、追悼殉職殉難軍民官吏。
10、優慰出征及陣亡將士家屬。
11、信仰三民主義服從 領袖。

（二）檢查青年
1、有無提倡不良習俗者。
2、有無吸食鴉片及其他不良嗜好者。
3、有無遊閒浪蕩浪費時間金錢者。
4、有無酒色不醒日高不起者。
5、有無不熱心參加戰時服務者。
6、有無精神萎靡身体衰弱不講求衛生者。
7、有無荒廢田園停歇工廠不事生產者。
8、有無規避兵役工役者。
9、有無不尊敬殉職殉難軍民官吏者。
10、有無欺凌出征及陣亡將士家屬者。
11、有無違反三民主義不服從 領袖者。

（三）獎勵或懲戒青年

1.屢勸不听確有惡劣思想行為者，輕則將其姓名公佈，重則報告教育部或三民主義青年團中央團部予以合法之懲戒。(5)

2.接受勸導自動遵行者，應予以口頭嘉獎。

3.不經勸導即已遵行者，應將其姓名及事實報告教育部或三民主義青年團中央團部予以獎勵。

（完）

福建全省卫生处关于报送福建省战时总动员民政部分计划内卫生方面办理情形致省动员委员会的公函（一九三九年十一月十四日）

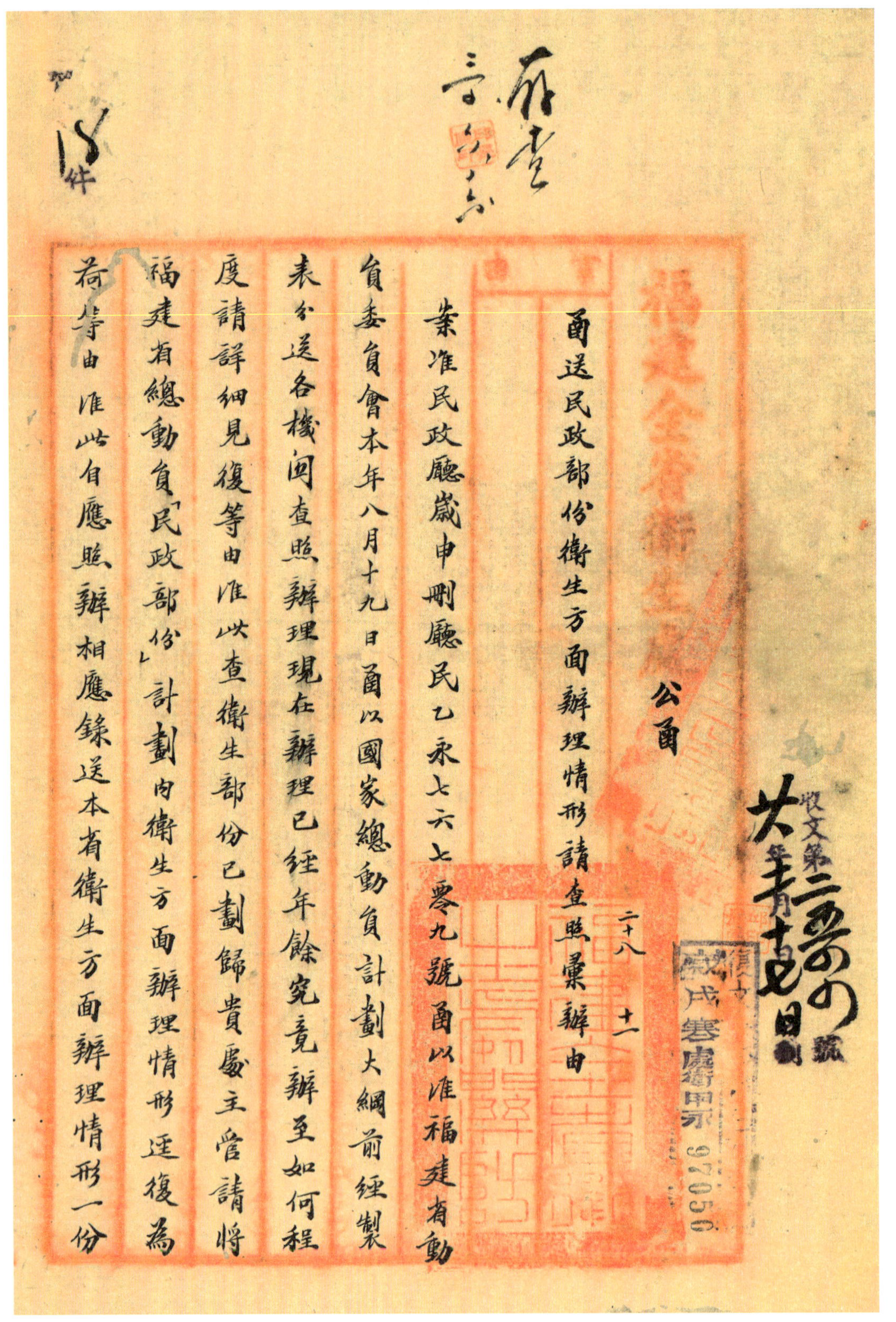

福建全省衛生處公函

函送民政部份衛生方面辦理情形請查照彙辦由

二十八 十一

案准民政廳歲申刪廳民乙永七六七零九號函以准福建省動員委員會本年八月十九日函以國家總動員計劃大綱前經製表分送各機關查照辦理現在辦理已經年餘究竟辦至如何程度請詳細見復等由准此查衛生部份已劃歸貴處主管請將福建省總動員「民政部份」計劃內衛生方面辦理情形逕復為荷等由准此自應照辦相應錄送本省衛生方面辦理情形一份

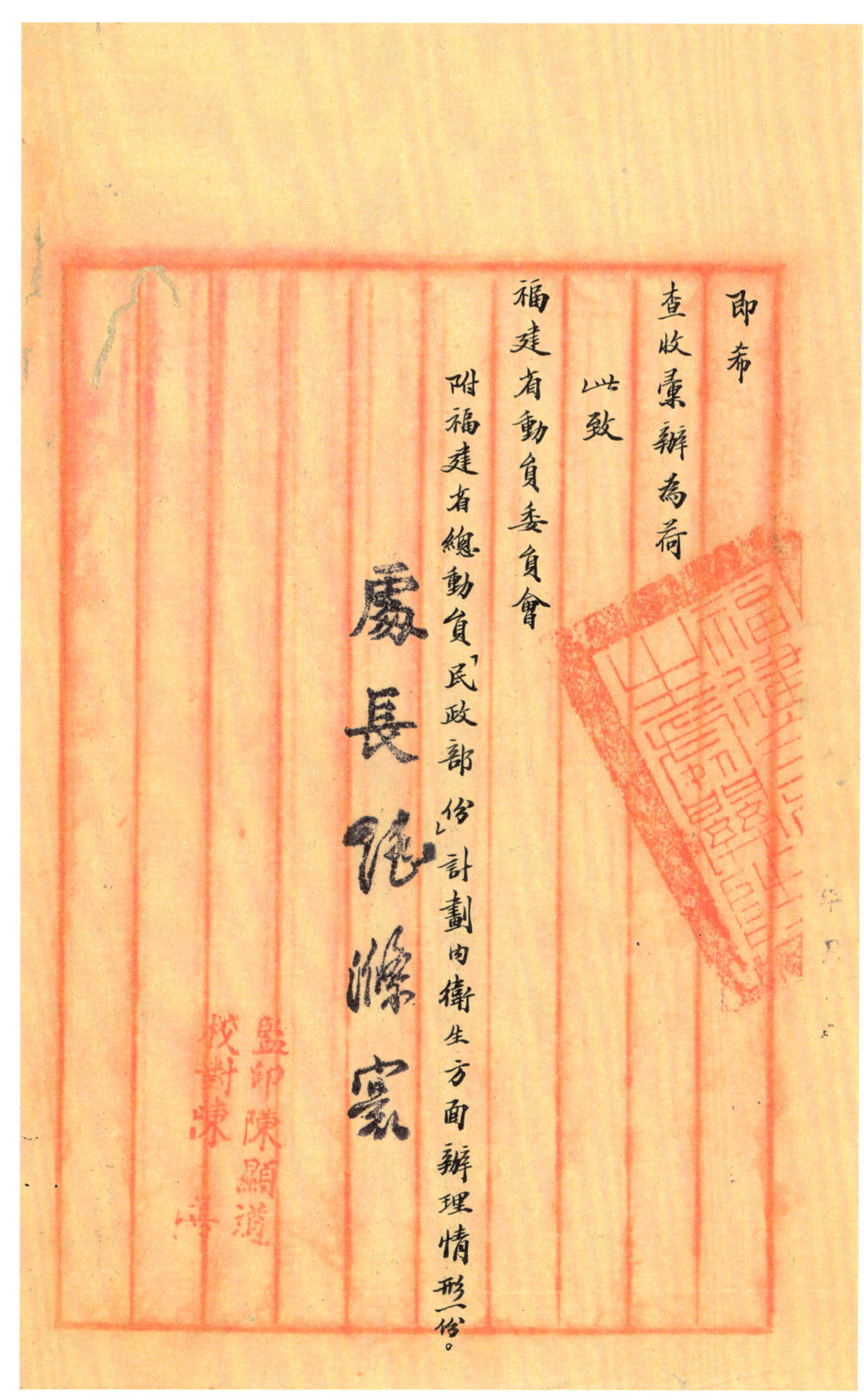
印布
查收彙辦為荷
此致
福建省動員委員會
附福建省總動員「民政部」份計劃內衛生方面辦理情形一份。
處長 張滌宗
監印陳顯道
校對陳[illegible]

附：福建省战时总动员民政部分计划内卫生方面办理情形

福建省戰時總動員「民政部份」計劃内「衛生方面」之辦理情形

甲、已辦事項

一、關於救護方面

1.組織福建省醫藥救護委員會　本省遵照　行政院非常區域救護事業辦法大綱於二十八年八月十七日由本府召集黨政軍地方醫藥團体及慈善機關組織福建省醫藥救護委員會並同時令飭各縣區成立分會兩年以來據報成立者達六十餘縣區其餘或因設備財力等均在陸續籌辦中茲將本省各縣區救護事業實施狀況列表於下

縣區別	救護委員會成立日期	急救隊訓練人數	担架人數	掩埋隊人數	病床實數	地方戰時病院成立日期	民众義務傷兵輸送隊人數	担架實數	備註
長樂	二六、九、二八、	64			10	二七、二、九、		50	
福清					20				
莆田	二七、六、	220	360	30	100		300	100	
龍溪	二六、十、	180			50				
晋江	二六、七、二十、	90	200	28	100	二七、六、			
仙遊	二六	27	30	30					
閩侯	二六、九、廿、	63	168		50	二六、九、			
同安	二七、八、	120	80	30	200			100	
漳浦	二七、六、	50	30		50		150		

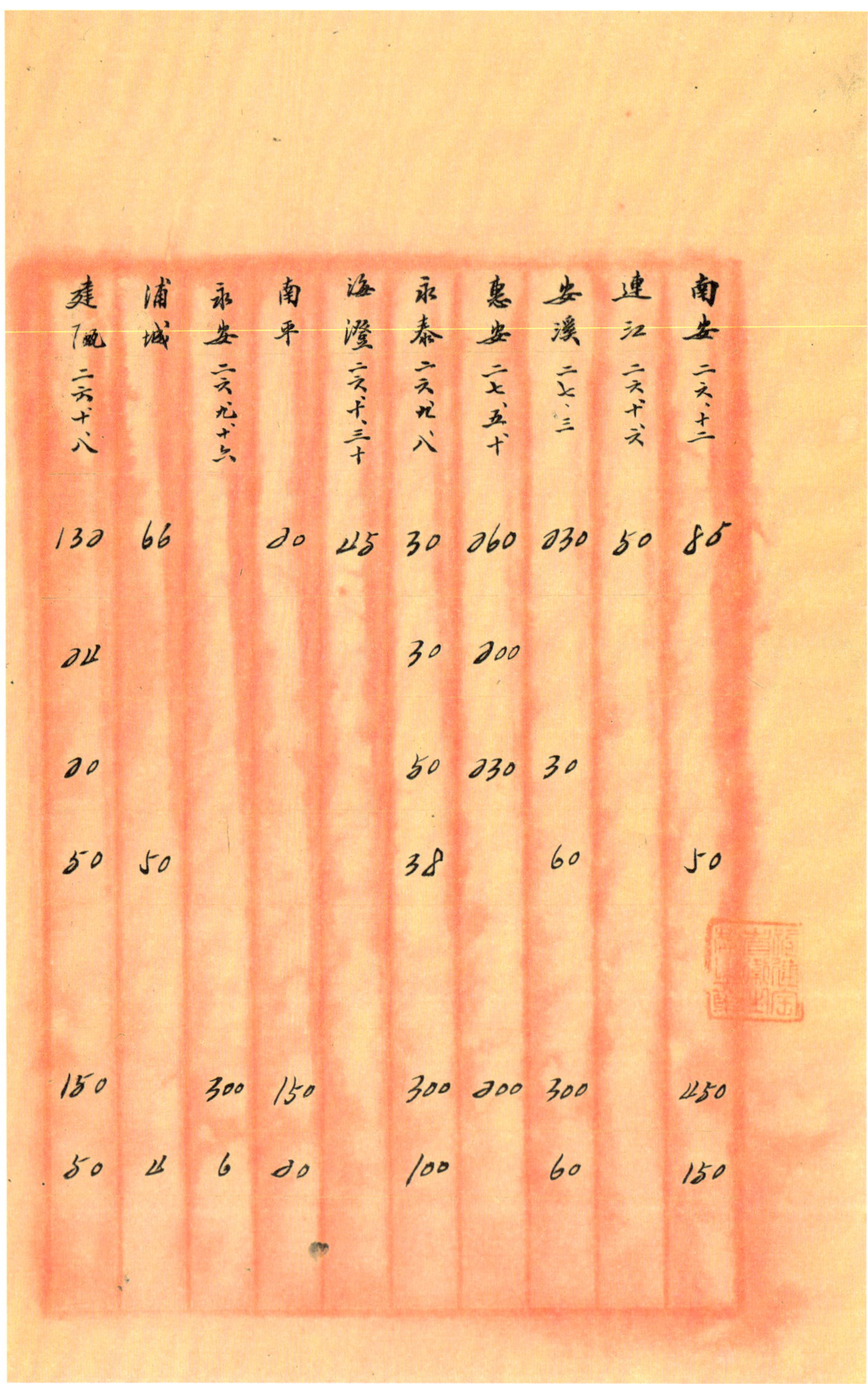

南安	二六、十二	85			50	450	150
連江	二六、十六	50					
安溪	二七、三	230		30	60	300	60
惠安	二七、五、十	260	200	230		200	
永春	二六、九、八	30	30	50	38	300	100
海澄	二六、十、三十	45					
南平		20				150	20
永安	二六、九、十六					300	6
浦城		66			50		4
建甌	二六、十八	132	24	20	50	150	50

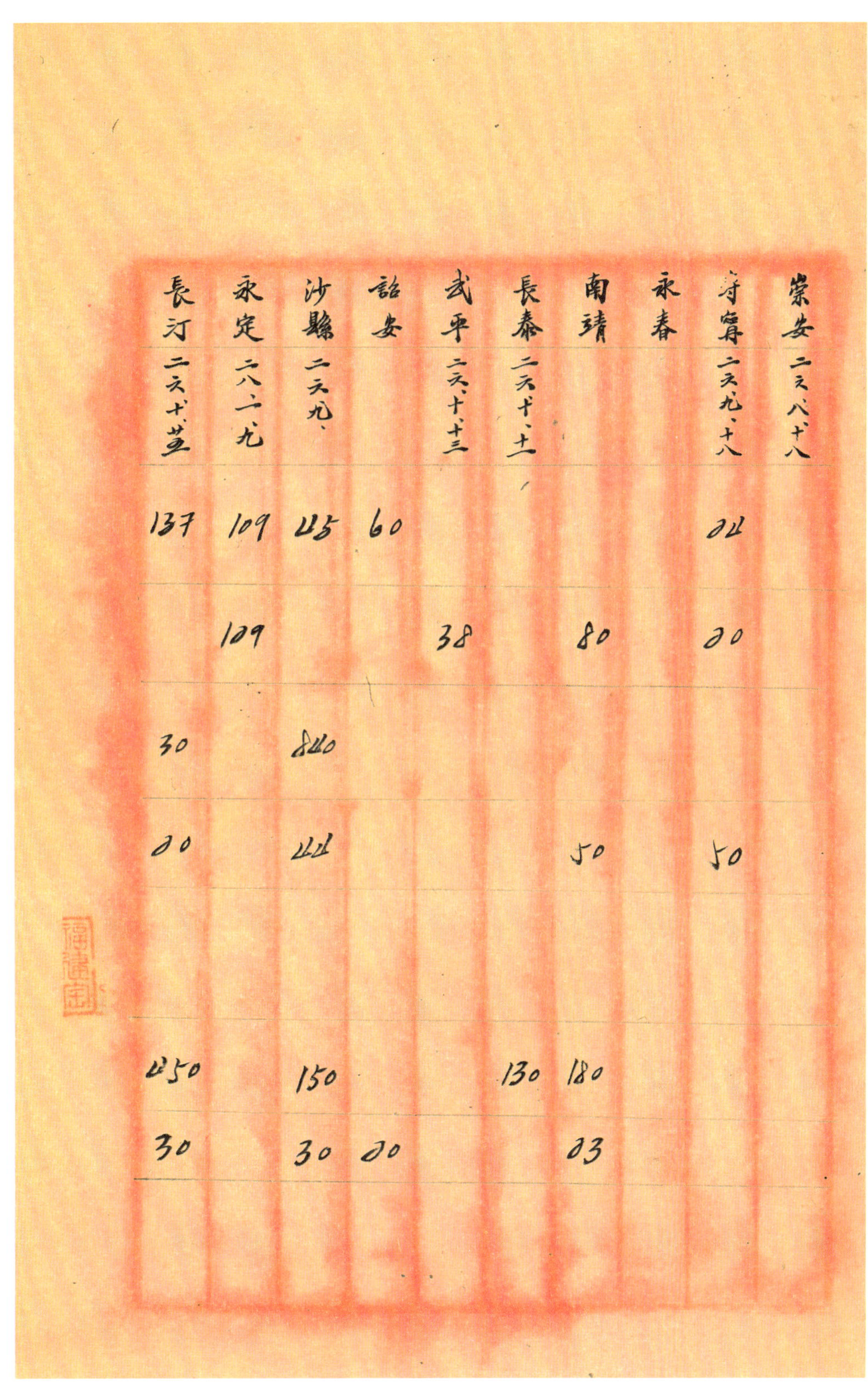

崇安	二六、八、十八						
壽寧	二六、九、十八	22	20		50		
永春							
南靖			80		50	180	23
長泰	二六、十、十一					130	
武平	二六、十、十三		38				
詔安		60					20
沙縣	二六、九、	225		840	222	150	30
永定	二八、一、九	109	109				
長汀	二六、十、廿五	137		30	20	250	30

县别	日期	1	2	3	4	5	6
建甯	二六十四		40	31	12		12
建陽	二六十二	30	50	20	30	48	
邵武	二七二十	105	80			200	
德化	二六八卅		100				50
龍岩		50	50				
連城			36			146	
明溪							
福安		15	30		50	40	80
羅源	二六十廿八	59	300	60	80		100
霞浦	二六廿十九	84	21				

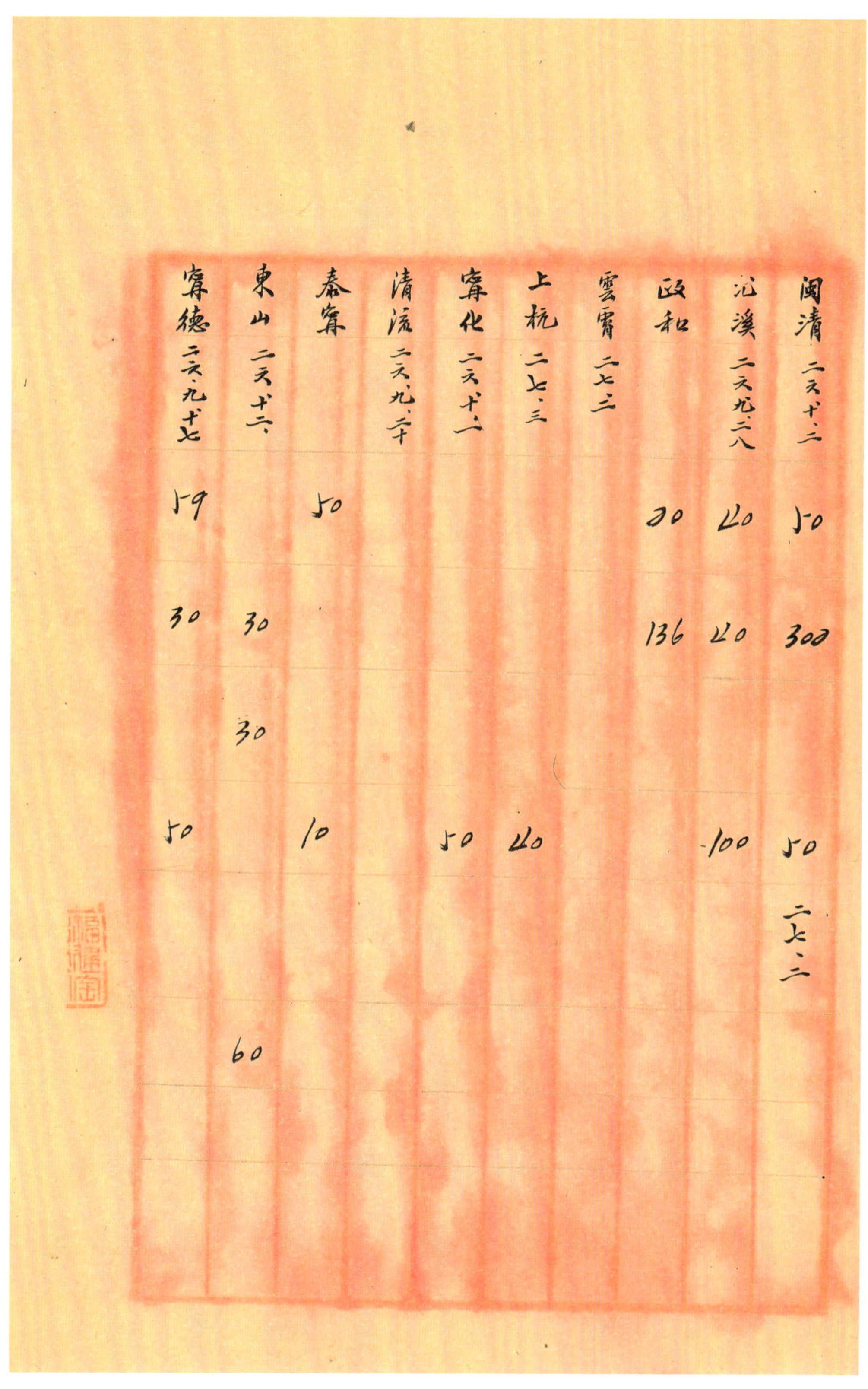

地名	日期						
闽清	二六、十、二	50	300		50	二七、二	
沁溪	二六、九、二八	20	20		100		
政和		20	136				
雲霄	二七、二						
上杭	二七、三				20		
寧化	二六、十、一				50		
清流	二六、九、二十						
泰寧		50			10		
東山	二六、十二		30	30			60
寧德	二六、九、十七	59	30		50		

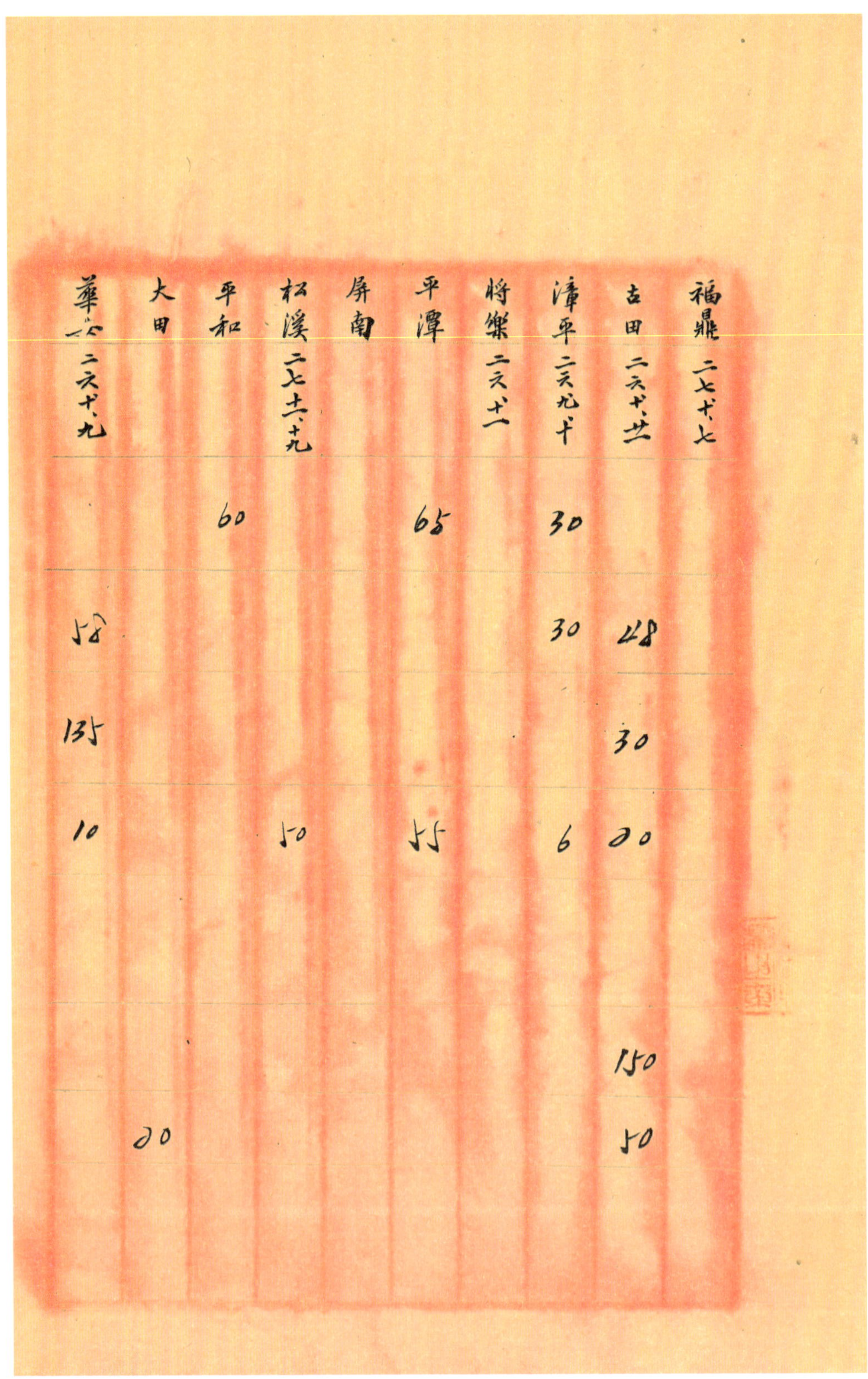

福鼎	二七、十、七							
古田	二六、十、廿		48	30	20		150	50
漳平	二六、九、十	30	30		6			
將樂	二六、十一							
平潭		65			55			
屏南								
松溪	二七、十、十九				50			
平和		60						
大田								20
華安	二六、十、九		58	135	10			

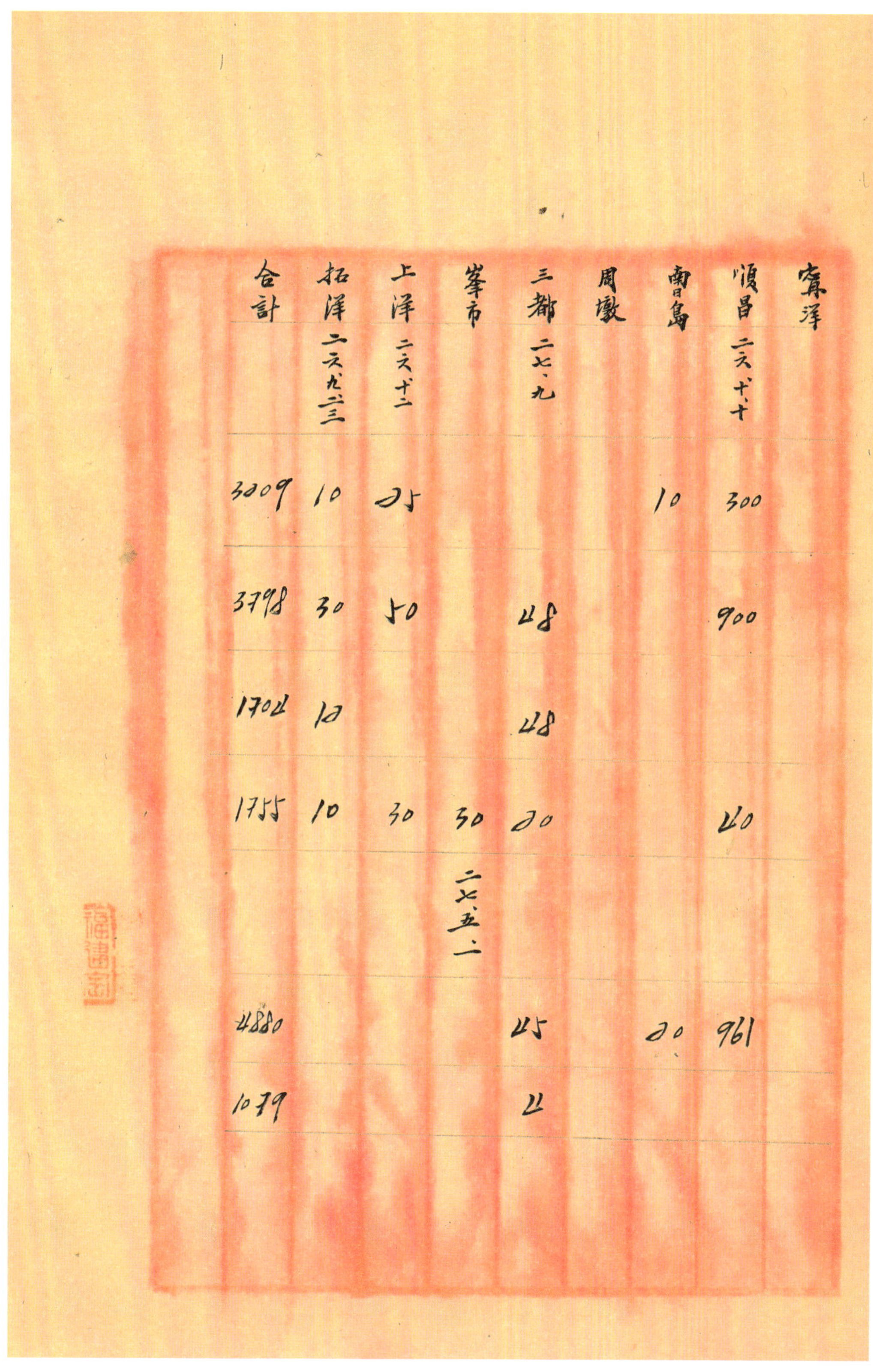

寧洋	順昌	南日島	周墩	三都	峯市	上洋	拓洋	合計
	二六、十、十			二七、九		二六、十二	二六、九、三	
	300	10				25	10	3009
	900			48		50	30	3798
				48			10	1704
	40			20	30	30	10	1755
					二七、五、一			
	961	20		45				4880
				4				1039

六、調查全省醫藥機關及人員

查救護工作為抗戰期中重要工作之一，本省衛生人員不敷分配，衛生材料亦感缺乏，為便於統制徵用起見，業經詳細調查統計，計全省共有醫院三百五十八處，診所五百二十六診，已領證醫師三百九十六人，未領證者六百六十七人，已領護士證者二百二十九人，未領證者二百零九人，已領助產士證書者九十人，未領證者一百三十三人，已領藥師二人，未領證者二人，已領藥劑生者九人，未領證者三十一人，已領牙醫師證者三人，未領證者一百十三人，全省各院診現存藥品價值為十九萬餘，小器械為五萬五千六百三十九件，病床總數為三

千五百七十括云

爲頒發修正福建民衆義務輸送傷病官兵辦法 本省爲協助輸送傷病官兵起見曾於二十七年四月訂定「各縣民衆義務輸送傷病官兵辦法」通令遵行本年八月間復遵照軍委會新頒「民衆輸送傷兵隊組織及運送辦法」將本省現行輸送辦法分別增補修訂先就需要核定下列各縣區組織在省政府及特區駐在地設置中隊部在各區專署駐在地設立分隊部並指定永安縣先予演習並將中隊部及分隊部應備担架及輸送壯丁數列表如左

縣區別	中隊部		分隊部	
	担架數	輸送壯丁數	担架數	輸送壯丁數
閩侯	三〇	九〇	一五	四五
古田	二〇	六〇	一〇	三〇
連江	二〇	六〇	一〇	三〇
罗源	二〇	六〇	一〇	三〇
福清	二〇	六〇	一〇	三〇
霞浦	二〇	六〇	一〇	三〇
寧德	二〇	六〇	一〇	三〇
福安	二〇	六〇	一〇	三〇
福鼎	二〇	六〇	一〇	三〇

南平	二○	六○	一○	三○
永泰	二○	六○	一○	三○
閩清	二○	六○	一○	三○
古田	二○	六○	一○	三○
沙縣	二○	六○	一○	三○
永安	二○	六○	一○	三○
浦城	二○	六○	一○	三○
建陽	二○	六○	一○	三○
建甌	二○	六○	一○	三○
邵武	二○	六○	一○	三○

同安	二〇	六〇	一〇	三〇
莆田	三〇	九〇	一五	四五
仙遊	二〇	六〇	一〇	三〇
惠安	二〇	六〇	一〇	三〇
晋江	三〇	九〇	一五	四五
南安	二〇	六〇	一〇	三〇
安溪	二〇	六〇	一〇	三〇
永春	二〇	六〇	一〇	三〇
德化	二〇	六〇	一〇	三〇
漳浦	二〇	六〇	一〇	三〇

詔安	二〇	六〇	一〇	三〇
雲霄	二〇	六〇	一〇	三〇
龍溪	三〇	九〇	一五	四五
南靖	二〇	六〇	一〇	三〇
海澄	二〇	六〇	一〇	三〇
龍岩	二〇	六〇	一〇	三〇
長泰	二〇	六〇	一〇	三〇
長汀	二〇	六〇	一〇	三〇
連城	二〇	六〇	一〇	三〇
周墩	二〇	六〇	一〇	三〇

拓洋 二〇 六〇 一〇 三〇

〥、令飭各縣籌備收容傷病兵民設備　本省為應付戰事工作特令各縣政府撥用地方原方勤務費設置病床並為救護傷病軍民起見除添病床外並令飭各縣充實衛生人員及儲存救護材料

〦、調查各縣區現存救護材料　查本省自二期抗戰開始以來即切實計劃戰時衛生實際工作關於各縣救護材料急應詳細統計以便計劃進行救護事宜爰於本年七月間頒發表格飭令調查現此項調查表尚未到齊一俟到齊即可統計辦理

六、治療方面

1.成立各縣區衛生院站　本處為謀充實各縣區抗戰及救護力量並謀普及公共衛生事業起見除已設之衛生院站六五處衛生站二處外復自二十七年一月份起將原有戒烟院站改組為衛生院站迄至今日止計共設衛生院六十處特區衛生站七縣衛生事務站一衛生分院二普通衛生站五十七

2.加強衛生院站工作　本省為應付戰時工作起見特令飭各縣區衛生院站籌設臨時醫院共因財力人力而未能舉辦之縣份此項臨時醫院工作

由各該縣區衛生院所負責辦理，必要時並得依照本省非常時期衛生人員徵調辦法施以徵調。

三、組織汽車巡迴醫療隊　本處為巡迴療治受傷軍民及推進鄉村衛生起見，特組織汽車巡迴醫療隊四隊，派姚振宗、林松挺、金劍秋、柯紹雄等為隊長，所需藥品器械亦均分別配備矣。

四、儲存衛生材料

1、擴充製藥室改為製藥廠　本處為謀衛生材料之大量供給，挽回利權外溢起見，特於本年將製藥室擴充為製藥廠，大量製造錠劑及酊劑以及各

種各類藥品以供應用

又請示中央撥助藥品　本省因瘧疾流行限於財力不足曾特請　中央撥助剂已承衛生署允發奎寧丸三十萬粒吐根素五千支撲瘧母星九一千粒霍亂疫苗五百瓶查此項藥品已由桂林起運矣

三　防疫方面

1 令飭辦理戰時環境衛生　查環境衛生係公共衛生最重要工作之一平時固應注意戰時尤應注意以期減少兵民疾病加強抗戰力量經令各縣切實舉辦於井水消毒廁所管理糞便處理等均應嚴加注意

儘先辦理其餘如婦嬰衛生、衛生教育以及傳染病管理及報告等亦須同時推進

三、例行注射及接種工作　查預防工作如接種牛痘注射霍亂傷寒疫苗等工作本省各縣區歷年均已辦理自抗戰軍興各地難民叢集疾病防疫管理更難本省復令飭各縣衛生院所注意難民衛生各種疫苗工作尤須注重幼兒切寔辦理詳細俟各縣彙報後年列統計報告

四、辦理抗瘧工作　本省瘧疾流行四時不斷直接影響民眾健康間接影響抗戰為根治瘧疾起見二十七年曾令

集各种卫生院派人来永训练抗疟本年并于卫生
处设抗疟室成立抗疟队办理全省抗疟情事惟因人
力财力物力缺乏先就南平沙县永安三县成立抗疟分
队三处现已于本年九月十日开始工作

乙、计划事项

一、救护方面

1、派员抽查各县办理救护事业之实际情形

2、举办各区救护大检阅

二、治疗方面

1、计划本省战事发生后前方卫生人员之配备及工作

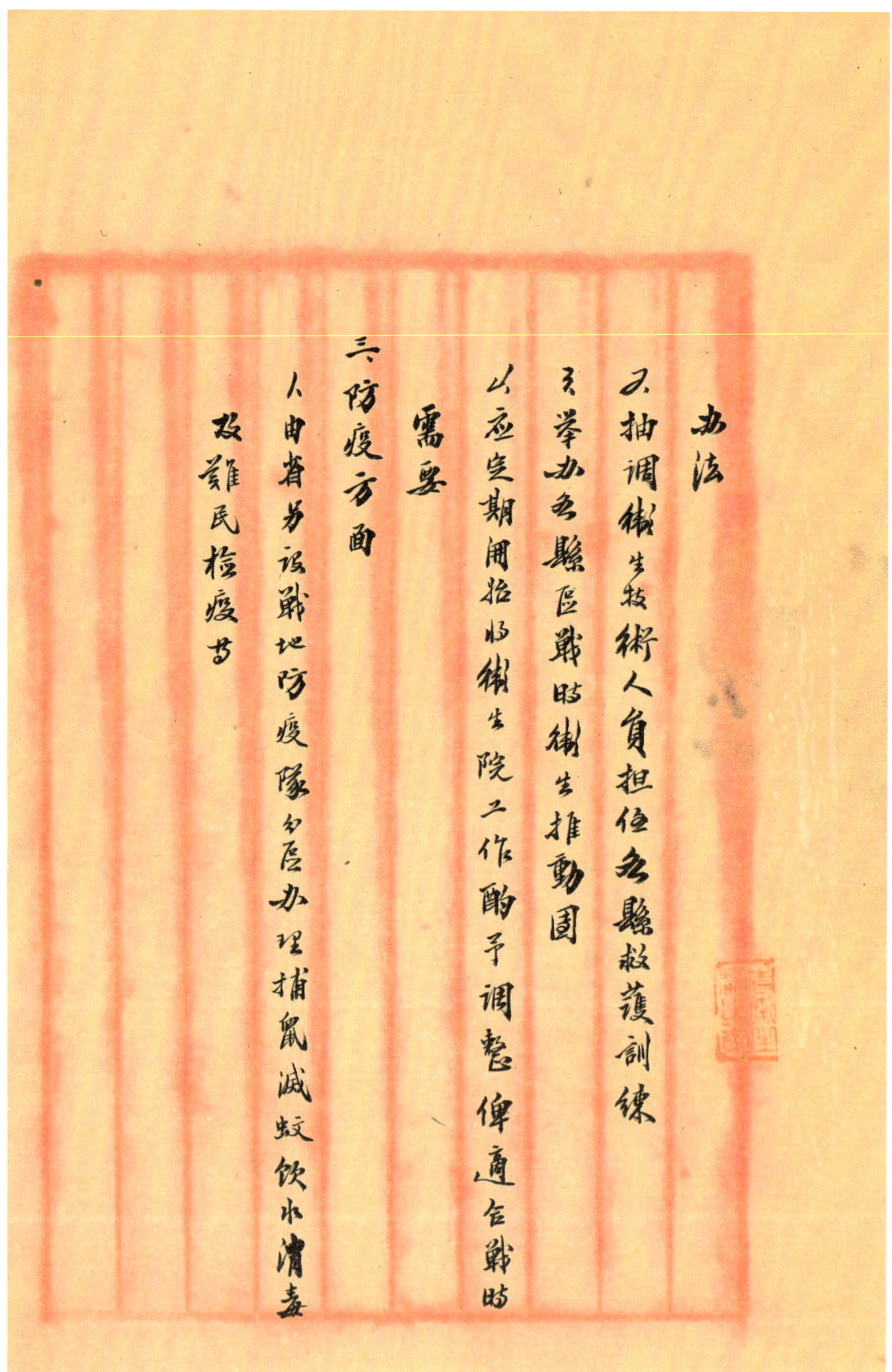

办法

1.抽调卫生救术人员担任各县救护训练

2.举办各县区战时卫生推动团

3.应定期用检各卫生院工作酌予调整俾适合战时需要

三、防疫方面

1.由省另设战地防疫队分区办理捕鼠灭蚊饮水消毒及难民检疫等

福建省政府关于抄发国家总动员设计委员会组织大纲致省保安处的密训令（一九三九年十二月二十一日）

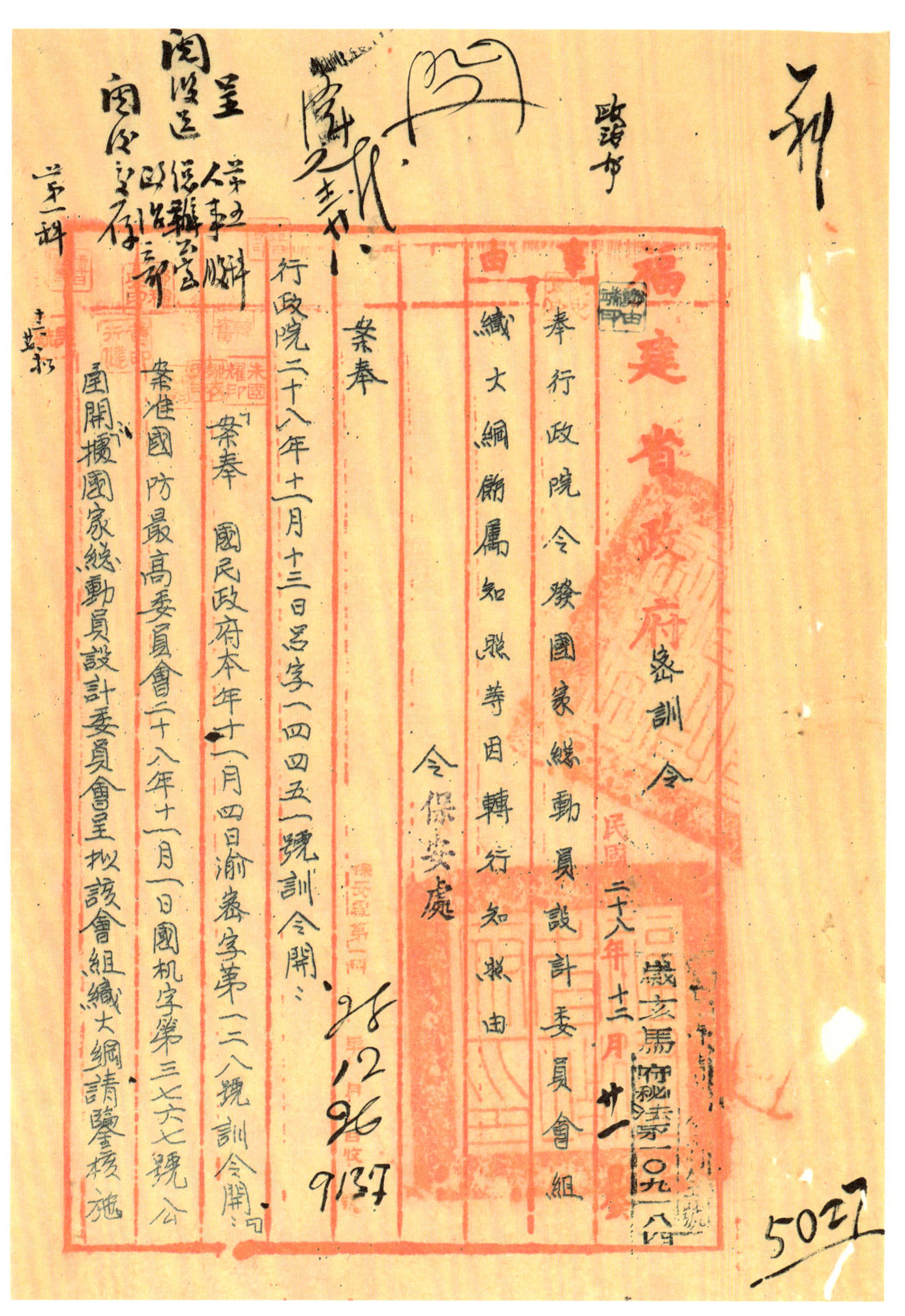

福建省政府密訓令

府秘法字第一九一八四號

民國二十八年十二月廿一日

事由：奉行政院令發國家總動員設計委員會組織大綱飭屬知照等因轉行知照由

令保安處

案奉

行政院二十八年十一月十三日呂字一四四五一號訓令開：

「案奉　國民政府本年十一月四日渝密字第一二八號訓令開：

「案准國防最高委員會二十八年十一月一日國机字第三七六七號公函開：

「據國家總動員設計委員會呈擬該會組織大綱請鑒核施

行到會，當經酌加修改，並令飭遵照在案。相應抄同國家總動員設計委員會組織大綱，函達，請煩查照，密令通飭知照。等由，准此，自應照辦。除分行外，合行抄發原附組織大綱，令仰知照，並密飭所屬一体知照。此令。等因，奉此，除分令外，合行抄發該項組織大綱，令仰知照，並密飭所屬一体知照。此令。

等因，計抄發國家總動員設計委員會組織大綱一份。奉此，除分行外，合行抄發原附組織大綱，令仰知照，並密飭所屬一体知照。此令。

計抄發國家總動員設計委員會組織大綱一份

主席陳儀

國家總動員設計委員會組織大綱

第一條　國防最高委員會為主持國家總動員業務之研究設計及指導督促考核各級動員委員會之業務，進行設置國家總動員設計委員會（以下簡稱本會）。

第二條　本會直隸於國防最高委員會。

第三條　本會設主任委員一人，副主任委員一人，依照國防最高會議第四十一次常務會議決議，以行政院院長、軍事委員會參謀總長分別兼任之，並以左列人員為委員：

一、中央黨部秘書長、社會部部長、訓練委員會主任委員。

二、行政院秘書長、政務處處長、內政部部長、財政部部長、軍政部部長、經濟部部長、交通部部長、

教育部部長、振濟委員會委員長、

三、軍事委員會副參謀總長、辦公廳主任、政治部部長、戰地黨政委員會副主任委員

第四條　本會為研究問題及審查計劃分設四組，其職掌如左：

第一組　主管兵役、慰勞、撫恤、傷兵管理、軍隊衛生等事項。

第二組　主管教育宣傳及民衆組訓等事項。

第三組　主管地方行政、难民救濟、社會衛生等事項。

第四組　主管財政、金融、經濟、交通及國防工業等事項。

第五條　各組設組長一人，由主任委員指派，組員五人至

七人由主任委員派充分掌各組事項並得酌設辦事員及雇員

第六條　本會為考核各級動員工作起見設督導員四人至六人由主任委員派充之

第七條　本會秘書處分左列各股

一、總務股

二、文書股

三、編審股

四、統計股

第八條　秘書處設主任秘書一人由主任委員指派承主任委員副主任委員之命處理本會事務

第九條　秘書處設秘書四人股長四人股員十二人至十六人办事員十人至十四人並得酌用雇員

第十条　本會審議各項總動員業務方案應附具意見呈請國防最高委員會核定施行。

第十一條　本會得隨時指定委員或督導員分赴各省市動員委員會指導督察並參加各省市動員委員会會議。

第十二條　本會督導員及秘書處職員以專任為原則。

第十三條　本會辦事細則另定之。

第十四條　本大綱自核准之日施行。

国民精神总动员会、福建省动员委员会关于抄发国民精神总动员会视察员服务规则的文书
（一九三九年十二月至一九四〇年二月）

国民精神总动员会致福建省动员委员会的代电（一九三九年十二月二十八日）

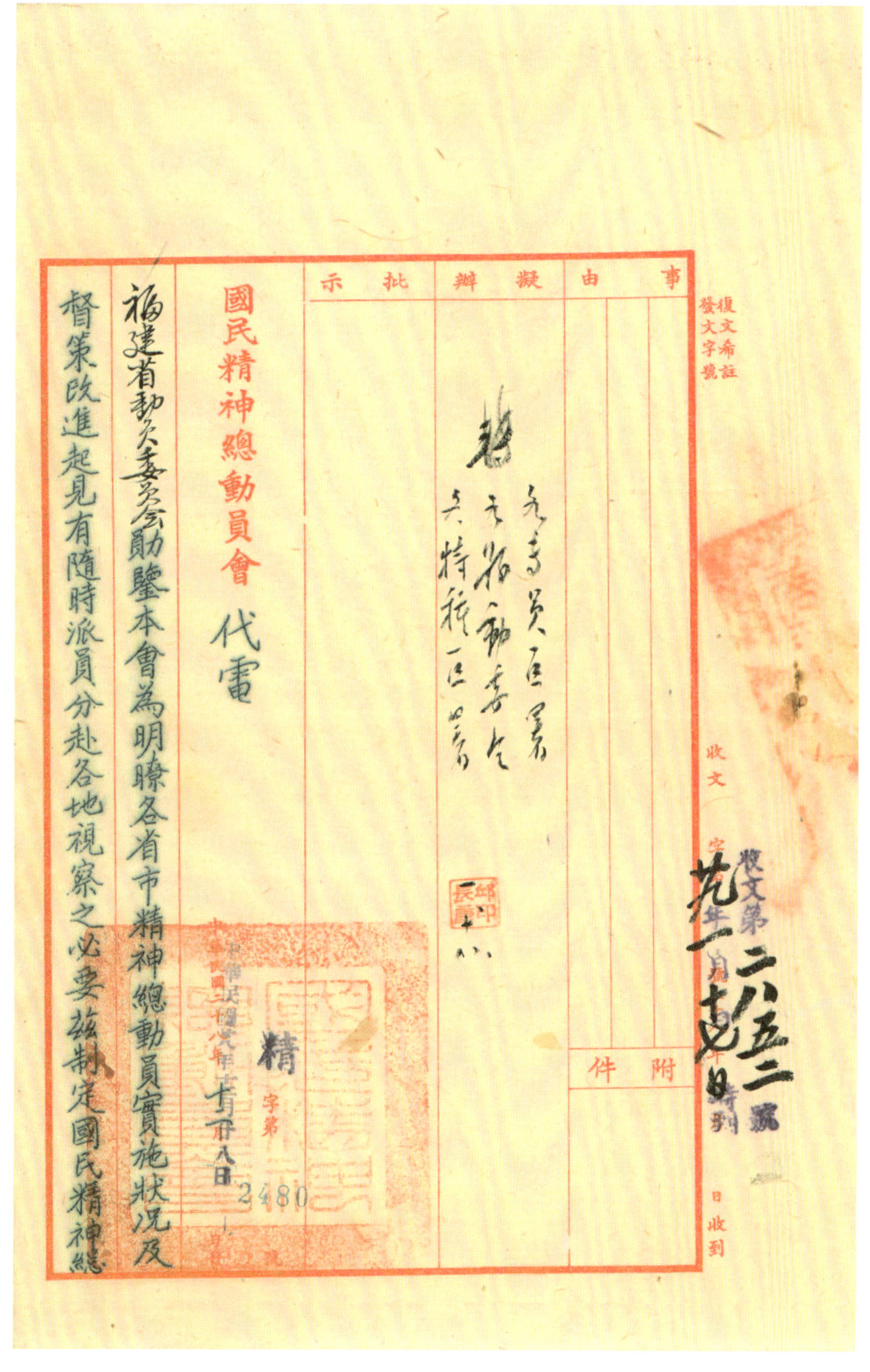
事由
拟办
批示
附件
复文希注
发文字号
收文
国民精神总动员会
代電
福建省動員委員會勛鑒本會為明瞭各省市精神總動員實施狀況及督策改進起見有隨時派員分赴各地視察之必要茲制定國民精神總

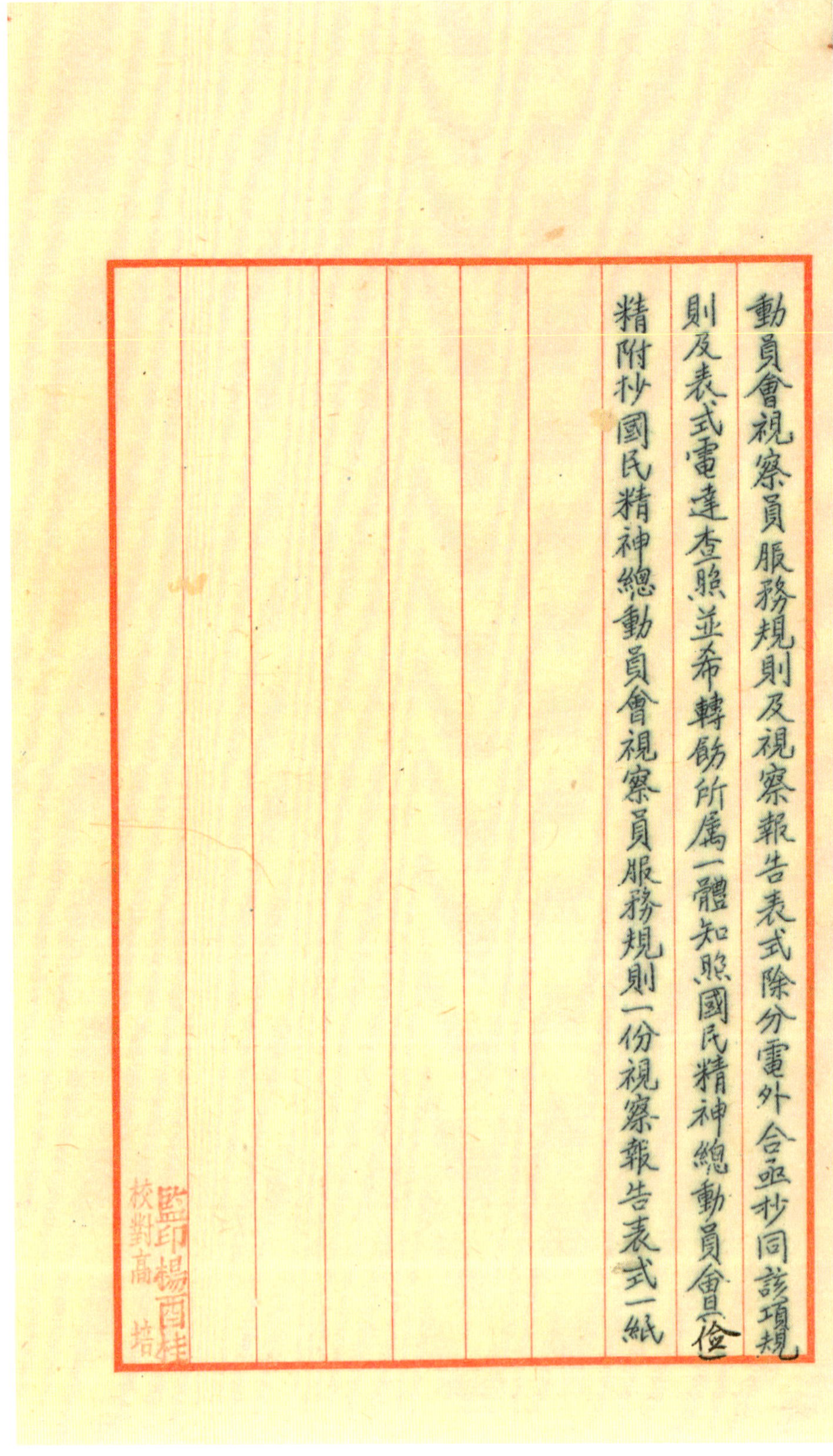

動員會視察員服務規則及視察報告表式除分電外合亟抄同該項規則及表式電達查照並希轉飭所屬一體知照國民精神總動員會俭

精附抄國民精神總動員會視察員服務規則一份視察報告表式一紙

監印楊西桂　校對高培

國民精神總動員會視察員服務規則

第一條　本會為明瞭各省市國民精神總動員實施狀況及督策促進起見得隨時派視察員赴各地視察視察員之服務依本規則之規定

前項視察員得就其他機關或團體職員中委託担任之

第二條　視察員之任務如左

一、視察各級推行精神總動員機構之組織情形

二、視察各級動員機關舉行之精神總動員會議情形

三、視察精神總動員之宣傳情形

四、視察各地國民公約宣誓及國民月會情形

五、考察各級動員機關督導工作實施情形

六、考察各種實際運動情形

七、考察各地國民精神之改造情形

八、考察各方面對於精神總動員之推動情形

九、視察其他有關精神總動員之事項

第三條　視察員負考察報告之責如有改進意見除呈報本會外並得通知各級動員機關注意辦理但不得干涉其內部之行政

第四條　視察員在應行視察之事項範圍內得隨時向有關機關調閱文卷及紀錄各機關不得藉詞拒絕

第五條　視察員得隨時参加各級動員機關每週舉行之精神總動員會議及各組合之國民月會

第六條　視察員得向辦理精神動員之機關人員及保甲民衆詢問有關精神總動員事項

第七條　視察員應將視察經過行程及工作情形按旬報會查核於視察完畢後提出詳細報告及改進意見如遇重要事項並應隨時專案呈報

視察報告表式另定之

第八條　視察員公旅褋費均由本會支給不得接受地方機關或團體之供應但委託視察員在原機關或團體領有上項費用者不另支給

第九條　視察員所至地區得請由當地治安機關保護

第十條　本規則自核定日施行

附二：国民精神总动员视察报告表式样

省市國民精神總動員視察報告表

二十 年 月 日填造

級別		機構名稱	組織概況	工作概況	經費概況	備註
關於組織者	省（市）	動員委員會				
		國民精神總動員協會				
	縣（市）	動員委員會				
		其他推行精神總動員機構				
關於會議者		精神總動員會議已否舉行				
		各級動員總會每週會議是否按期舉行				
		歷次會議有無重要方案之決定				
關於宣傳者		（一）口頭宣傳				
		（二）刊物印發				
		（三）其他宣傳				
關於公約宣誓及國民月會者		國民公約宣誓已否普遍舉行				
		省會各機關及省會民眾月會舉行情形				
		各縣月會舉行情形				
關於督導		省動員委員會已否設置視察員				
		縣動員委員會已否設置督導員				

關於實際運動者	種類	實施經過	效果	備註

關於精神改造之表見	
改正生活方面	
養成朝氣方面	
革除惡習方面	
打破不良企圖方面	
糾正思想方面	

各方面對精神動員之推動情形	
黨部方面	
政府方面（包括學校）	
軍警方面	
社會方面	
家庭方面	

精神總動員已否列入各訓練班課程	

總評	
優點	
缺點	
改進意見	

備考	

附註：（一）關於宣傳一欄（1）口頭宣傳係包括各種講演（學校及鄉村）及廣播等（2）刊物印發係包括翻印本會各種講材及該省市自行編印之刊物（3）其他宣傳包括漫画標語音樂幻燈等

（二）關於公約宣誓及國民月會一欄應將各地奉行情形據實詳記並應註明歷次參加人數之比較以及出席人數與全人口之比率

（三）關於實際運動一欄應注意運動實施之效果如舉辦節約獻金運動其獻金數量若干如識字運動其參加受教人數若干均應詳列數字統計其無法用數字表示者始得用抽象語氣

（四）關於精神之改造一欄應注意一般群眾之生活狀況並對社會各界作廣泛之觀察加具考語如有某地成績最優或最劣者應特別敘明

福建省动员委员会致各专员公署、各县动员委员会等的训令（一九四〇年二月七日）

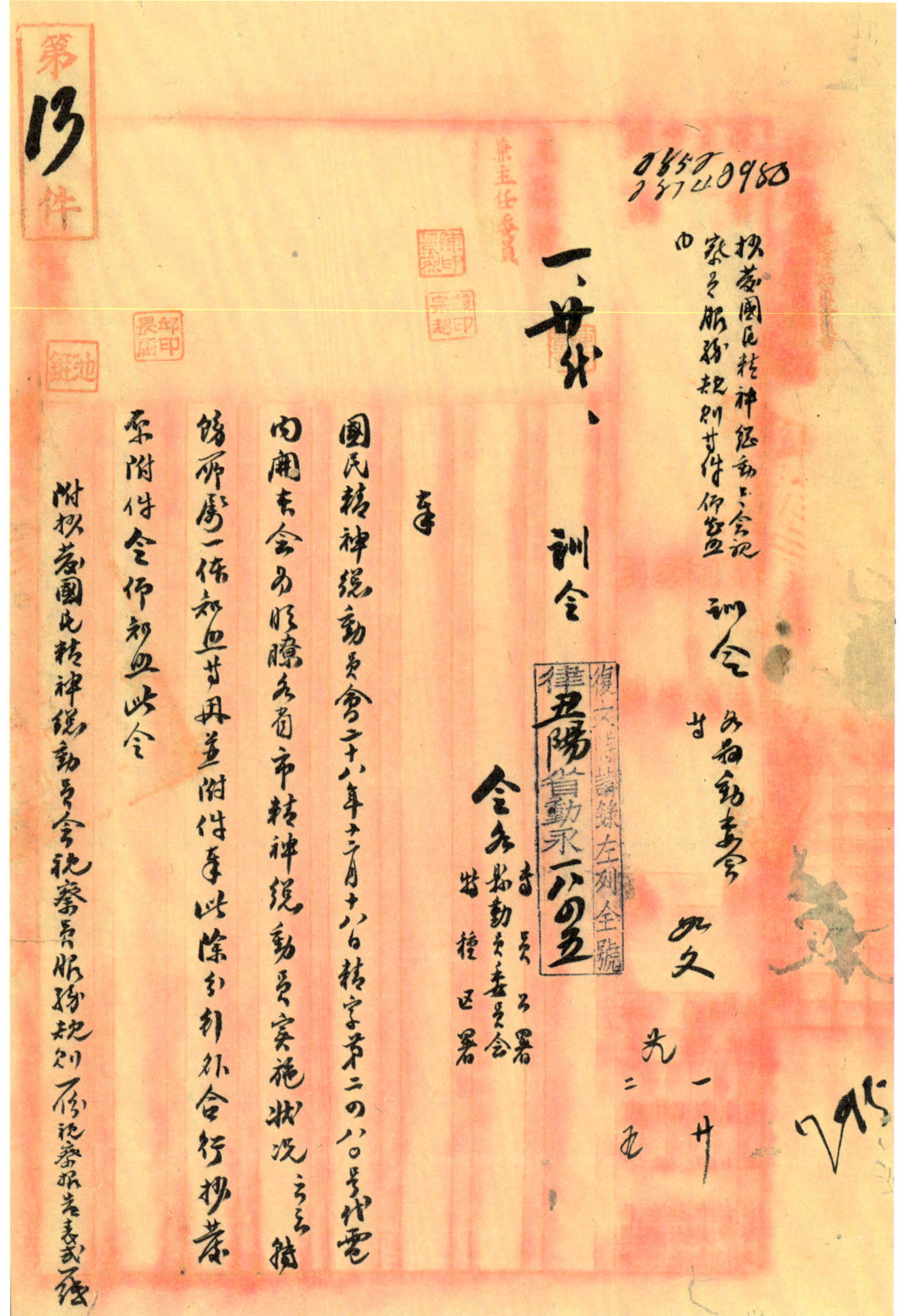

由 拟发国民精神总动员会视察员服务规则等件仰知照

训令 各县动委会 如文

令各专员公署
各县动员委员会

训令

案准

国民精神总动员会二十八年十二月十八日精字第二〇八〇号代电

内开：本会为明瞭各省市精神总动员实施状况……云云，等由

饬所属一体知照并转并附件等由，准此，除分行外，合行抄发

原附件，令仰知照。此令。

附拟发国民精神总动员会视察员服务规则、原视察报告表式各一张

福建省政府訓令

事由：檢發精神總動員歌令仰遵照由

令　縣政府

教育廳案呈奉

教育部總拾玖字第一五二〇〇號訓令開：

「茲檢發天下為公及精神總動員歌各二十份，仰即查收翻印分發所屬各校習唱此令」

又奉總拾玖字第二五一九七號訓令開：

「查國民精神總動員歌，業經本部於本年六月九日以總拾玖字第一五二〇〇号令發翻印習唱在案茲准國民精神總動員會十月二日第一五八七号公函，略以國民月會節目中，唱國民精神總動員歌一項，請加強訓練各省民衆歌詠等由；准此，查該項歌詠，足以激發抗敵情緒，促進精神動員，關係至大。合亟令仰該廳即便遵照轉飭所屬社會教育

機關各級學校暨縣市教育局積極訓練民衆歌詠

為要。此令。

各等因；並附件呈轉到府。查舉行國民月會時，應於呼口號後唱精神總動員歌，業經本省動員委員會電奉國民精神總動員會核示在案。除分令各區行政督察專員、各縣政府、各特種區署，及省私立學院，並飭教育廳分令各直屬教育機關外，合行檢發精神總動員歌　份，天下為公歌一份，令仰遵照！將精神總動員歌轉發各小學、戰時國民學校、中山民校，及社教機關，積極訓練民衆歌詠為要！此令。

計附發精神總動員歌　份　天下為公歌一份

中華民國二十八年十二月　日

主席陳儀

精神總動員歌

陳立夫撰詞　唐學詠作曲

教育部製

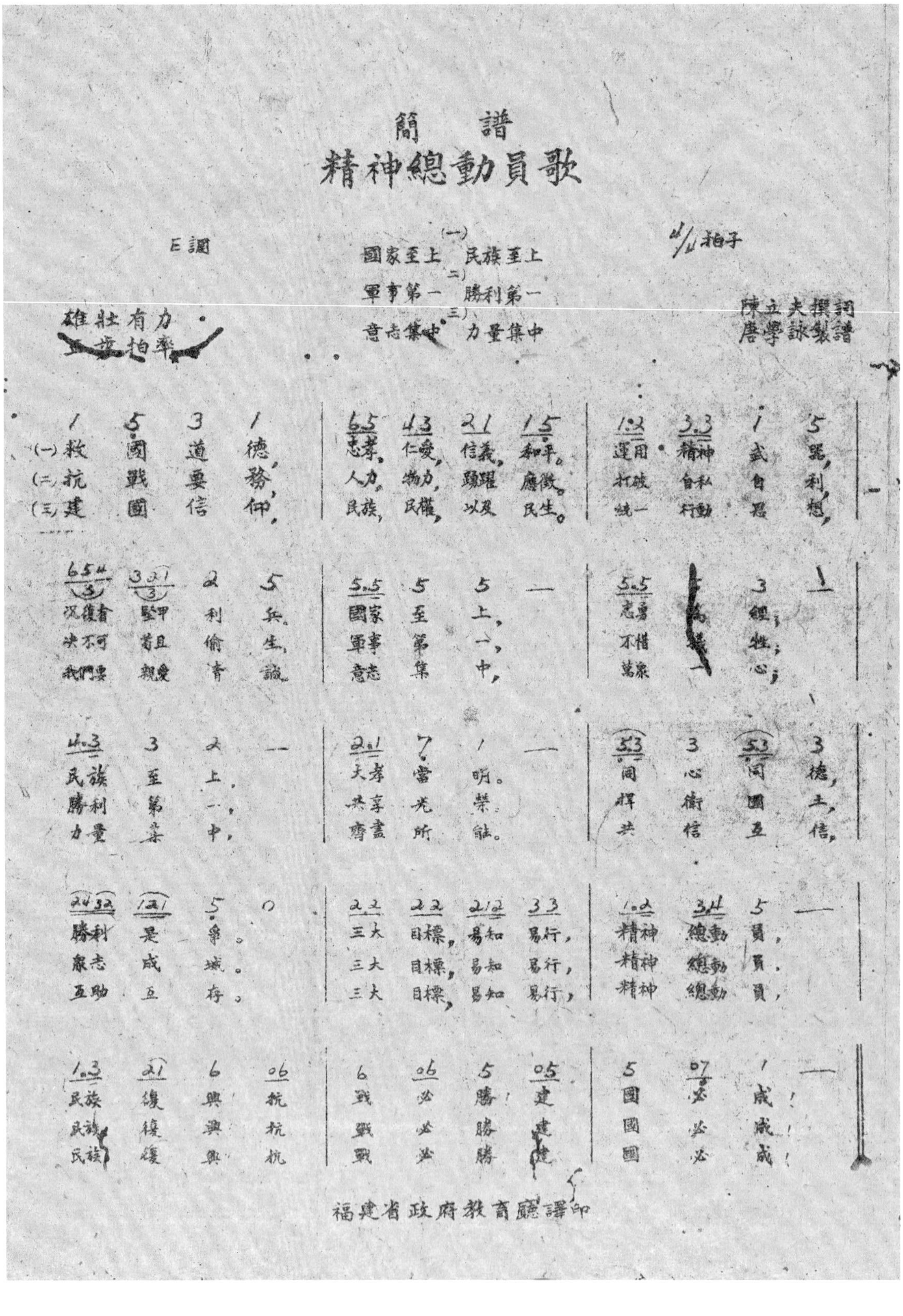

簡 譜

精神總動員歌

E調　　4/4拍子

(一)國家至上　民族至上

(二)軍事第一　勝利第一

(三)意志集中　力量集中

雄壯有力 [illegible]

陳立夫撰詞
唐學詠製譜

1	5	3	1	6.5	4.3	2.1	1.5	1.2	3.3	1	5
(一)救	國	道	德，	忠孝，	仁愛，	信義，	和平。	運用	精神	武	器，
(二)抗	戰	要	務，	人力，	物力，	踴躍	應徵。	打破	自私	自	利，
(三)建	國	信	仰，	民族，	民權，	以及	民生。	統一	行動	思	想，

654(3)	321(3)	2	5	5.5	5	5	—	5.5		3	1
况復舊	堅甲	利	兵。	國家	至	上，		忠勇	[illegible]	經；	
決不可	苟且	偷	生。	軍事	第	一，		不惜	犧	牲；	
我們要	親愛	精	誠。	意志	集	中，		萬衆	一	心；	

4.3	3	2	—	2.1	7	1	—	5.3	3	5.3	3
民族	至	上，		大孝	當	明。		同	心	同	德，
勝利	第	一，		共享	光	榮。		捍	衛	國	土，
力量	集	中，		齊盡	所	能。		共	信	互	信，

2432	121	5	0	22	22	212	33	1.2	3.4	5	—
勝利	是	象。		三大	目標，	易知	易行，	精神	總動	員，	
衆志	成	城。		三大	目標，	易知	易行，	精神	總動	員，	
互助	互	存。		三大	目標，	易知	易行，	精神	總動	員，	

1.3	21	6	06	6	06	5	05	5	07	1	—
民族	復	興	抗	戰	必	勝！	建	國	必	成！	
民族	復	興	抗	戰	必	勝	建	國	必	成！	
民族	復	興	抗	戰	必	勝	建	國	必	成！	

福建省政府教育廳譯印

精神總動員歌

(一)
國家至上　民族至上
(二)
軍事第一　勝利第一
(三)
意志集中　力量集中

民族至上，大孝當明，同心同德，
勝利第一，共享光榮，捍衛國土，
力量集中，各盡所能，共信互信，
勝利是爭。三大目標，易知易行，精神總動員，
衆志成城。三大目標，易知易行，精神總動員，
互助互存。三大目標，易知易行，精神總動員，
民族復興！抗戰必勝！建國必成！
民族復興！抗戰必勝！建國必成！
民族復興！抗戰必勝！建國必成！

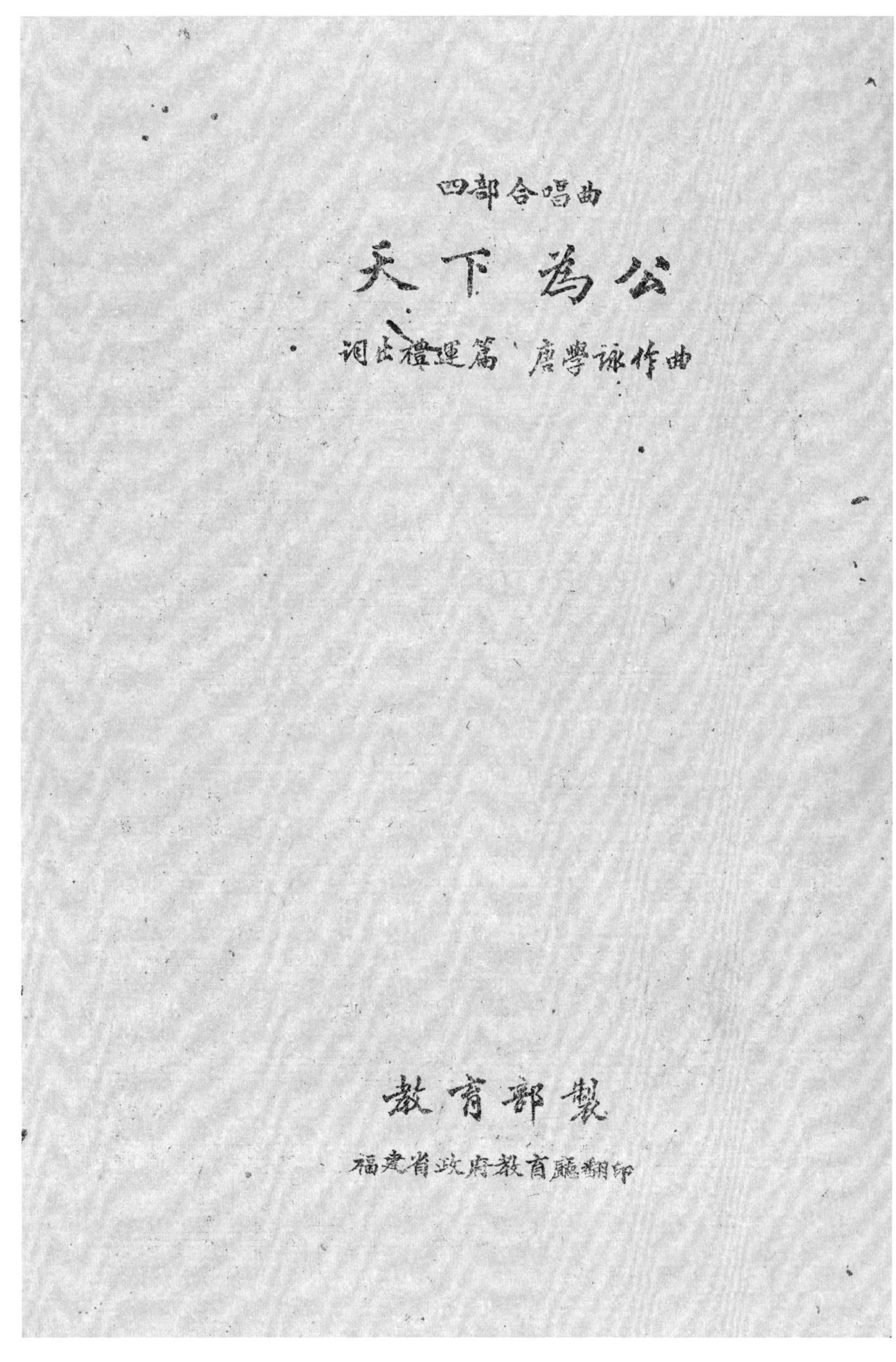
四部合唱曲
天下為公
词出禮運篇　唐學詠作曲
教育部製
福建省政府教育廳翻印

天下為公
表情：莊嚴宏大
拍率：中等速度
詞出禮運篇
唐學詠作曲
高音
上中音
下中音
低音
鋼琴
大道之行也，天下為公，
大道之行也，天下為公，
選賢與能，講信修睦，故人不獨
選賢與能，講信修睦，
故人不獨
marcato
(一)

親其親——，不獨子其子——，使老有所
親其親——，不獨子其子——，使老有所
終，壯有所用，幼有所長，
終，壯有所用，幼有所長，
(二)

矜 寡 孤——獨 廢疾者，皆有所——
矜 寡 孤——獨 廢疾者，皆有所——
養， 男 有 分，女有歸，
養， 男 有 分，女有歸，
(三)

貨惡其棄於地——也，不必藏於己；
貨惡其棄於地——也，不必藏於己；
cresc.
f
力惡其不出於身也，不必為己。
cresc.
f
力惡其不出於身也，不必為己。
cresc.
f
cresc.
f
(四)

是故謀閉而不興，盜竊亂賊而不作，故
是故謀閉而不興，盜竊亂賊而不作，故
Largetto
rit.
外戶而不閉，是謂大——同。
rit.
外戶而不閉，是謂大——同。
rit.
Largetto
rit.
(五)
朱詠葵繪譜

001

福建省第二行政區各縣（特區）實施國民精神總動員各種辦法規則

一、福建省第二行政区各县（特区）实施国民精神总动员暂行办法

002

福建省第二行政區各縣(特區)實施國民精神總動員暫行辦法

第一章總則

第一條　福建省第二區行政督察專員公署為使本行政區各縣(特區)積極實施國民精神總動員促進地方自治以鞏固抗建基礎起見，訂定本辦法。

第二條　各縣(特區)除遵照　省政府動字第一三一一號訓令組設精新經聯辦處(以下簡稱聯辦處)負責統籌計劃並推動各該縣(特區)精新經工作外，關於國民精神總動員之實施適用本辦法。

第二章組織

第三條　各縣第三科特種區第二科科長兼聯辦處書記應負主辦計劃實施各縣(特區)國民精神總動員之責。

第四條　各縣(特區)縣(區)長兼聯保處主任聘任督導員時，除依

一

003

照省頒辦法外，各縣(特區)第一科科長社訓教官(特區督練員)中等以上學校校長中心小學校長區長等必須聘兼，並應聘任各區區長為各該區主任督導員。

第五條 各縣(特區)督導員之人數以與各縣(特區)聯保數相等為原則。

督導員服務通則另定之。

第六條 各區應分別舉行國民精神總動員督導會議，各縣城區及各特種區督導員應出席各該縣(特區)聯辦處會議研討有關督導事務，不必另開督導會議。

各區國民精神總動員督導會議規則另定之。

第七條 各縣(特區)聯辦處應指派國民月會輔導員，其人數以與各該縣(特區)保數相等為原則(但應減去督導員數目)

第八條 各縣(特區)國民月會輔導員，除指派保甲輔導員(戰時國民學校校長）兼任外，並應指派小學校長、教員、國民學校教員及當地熱心人士充任之，每一聯保設主任輔導員一人由聯保主任兼任。

國民月會輔導員服務通則另定之。

第九條 各聯保應分別舉行國民月會輔導會議，會議規則另定之。

第三章 保月會

第十條 各縣（特區）除遵照 奉頒國民精神總動員實施辦法，關於國民月會辦法大綱之規定，舉行各保甲各同業各學校各機關各廠肆等之月會外，各保舉行月會依照本辦法辦理。

第十一條 各縣（特區）舉行國民月會以保為單位，各保保甲擴大會議應與國民月會合併舉行（此種聯合會以下簡稱

第十二條　保月會以保長為主席，如保長因事不能出席時得託由甲長或輔導員代理之。

第十三條　保月會應由各保長於開會前三日通告各甲長，並在保民較常經過之地點張貼宣告，各甲長於開會前一日負責通告全體户長出席，並須分别率領到會，負責點名，點名簿送由保長妥存以便查考。

前項保月會通告宣告及出席表格式另定之。

第十四條　各保甲户長，除因婚喪疾病及重要事故，可以請假外必須出席保月會。

户長請假由該管甲長轉請保長核准，甲長請假由保長核准，保長請假由辦保主任核准。

甲長請假時前條關於甲長之工作應託由甲内户長

代理之戶長請假時，應派成年男女一人代表出席。

第十五條　保月會開會前保長應派人鳴鑼或利用其他信號藉便召集

第十六條　各保甲長對於推行保月會工作之勤惰，得酌量情形，依照福建省各縣保甲長獎懲規則第二三兩條各款之規定分別懲獎之，各戶長對於保月會之出缺席，亦應分別情形予以懲獎。

前項戶長出缺席獎懲辦法另定之。

第十七條　保月會開會秩序、議事規則、會場規則另定之。

第十八條　保月會開會時間，得依照各保實際情形於上午或晚間舉行。

第十九條　保月會開會時，得舉行各種遊藝或利用本地固有技藝以增出席人員之興趣。

三

007

第二十條　保月會會場應在保内適中地點，并得借用當地學校祠堂廟宇等公共場所。

第四章　附則

第二十一條　各縣（特區）應根據本辦法，并參照各該縣（特區）實際情形，另訂實施細則。

第二十二條　本辦法如有未盡事宜，得隨時修改之。

第二十三條　本辦法自通令之日起施行

三

二、福建省第二行政区各县（特区）国民精神总动员督导员服务通则

008

福建省第二行政區各縣（特區）國民精神總動員督導員服務通則

一、本通則依據福建省第二行政區各縣（特區）實施國民精神總動員暫行辦法第五條之規定訂定之。

二、各區主任督導員應負責主持各該區國民精神總動員督導會議。

三、各該區主任督導員應出席精新經會辦辦處會議報告各該區國民精神總動員推進情形。

四、各區主任督導員及督導員均應出席各該聯保内國民月會輔導會議，指導解决有關輔導工作各項困難問題。

五、各區主任督導員及督導員除應直接指導一保之保月會外，每月至少應輪流出席兩個以上之保月會指導輔導員輔導月會之舉行。

六、各區主任督導員及督導員應考查各該聯保内輔導員對於

009

保月會輔導工作之成績。

七、各區主任督導員及督導員對於國民精神總動員督導工作之成績，列爲本職考績之一。

八、各區主任督導員及督導員應與各該聯保内各輔導員時常通訊予以指導。

九、各區督導員應每月填具工作報告表二份分報縣長兼主任及各該區主任督導員備核，城廂督導員應填具一份逕呈縣長兼主任。

前項工作報告表式另定之。

三、福建省第二行政区各县（特区）国民月会辅导员服务通则

福建省第二行政區各縣(特區)國民月會輔導員服務通則

一、本通則依據福建省第二行政區各縣(特區)實施國民精神總動員暫行辦法第八條之規定訂定之。

二、國民月會輔導員兼任保甲輔導員者，除遵守本通則外，並應遵守省頒各縣(區)保甲輔導員服務暫行通則之規定。

三、國民月會輔導員之任務如左：

1、輔導保長召開保月會；

2、出席保月會為時事報告及為縣政府或區署施政報告；

3、出席保月會為國民精神總動員綱領及國民公約之講解

4、其他有關於保月會輔導事項。

四、講解前條三款國民精神總動員綱領關於精神之改造部分應特別注重左列各款：

1、關於講述改正醉生夢死生活之要旨目：

011

甲、戰時生活示範（注重演述抗戰前線艱苦之事實）；

乙、政府禁止不良嗜好之法令；

丙、戰時節約之重要與辦法。

2、關於講述養成奮發蓬勃朝氣之要旨目：

甲、總理　總裁及革命先烈之生平；

乙、抗敵將軍故事；

丙、社會衛生及清潔整齊工作。

3、關於講述革除苟且偷生習性之要目：

甲、表揚我國軍民忠勇義烈機智之事蹟；

乙、暴露敵軍殘暴之事實；

丙、撫慰出征及陣亡將士家屬之意義與辦法。

4、關於講述打破自私自利企圖之要目：

甲、闡揚新生活禮義廉恥之要義；

012

乙、肅清漢奸之重要；

丙、暴露傀儡組織之醜態。

5、關於講述糾正紛歧錯什思想之要目：

甲、三民主義及抗戰建國綱領之要義；

乙、服從總裁加强團結；

丙、官民合作與軍民合作。

輔導員爲前項之講解，以一次一欵爲原則，並應儘量搜集故事資料，多舉實例，講詞務求通俗，并須預備演稿大綱。

五、輔導員出席保月會爲時事及施政報告，必須依據縣府或區署令發或轉發之資料。

六、輔導員輔導保月會應特别注重指導民權初步之實施。

七、輔導員應注意保月會出席人數之考查，並應輔導保長解決關於開會各種困難問題。

關於開會各種困難問題。

八、輔導員應出席輔導會議。

九、輔導員如係兼任者，其輔導保月會之成績列爲本職考績之一。

十、輔導員應會同保長填報工作報告表兩份分送本聯保督導員及聯保辦公處備核。

前項報告表式另定之。

二

013

四、福建省第二行政区各县（特区）国民精神总动员督导会议规则

014

福建省第二行政區各縣（特區）國民精神總動員督導會議規則

一、本規則依據福建省第二行政區各縣（特區）實施國民精神總動員暫行辦法第七條之規定訂定之。

二、本會議之任務如左：

1、各督導員工作之分配與檢討；

2、月會輔導員工作之考核；

3、社會上各種實際運動之發起及其實施辦法之決定。

三、前條各種實際運動，應特別注重左列各項工作：

1、改革不良習俗；

2、實行戰時節約；

3、戒絶不良嗜好；

4、提倡環境衛生；

5、促進生產建設。

015

四、本會議每月舉行一次，必要時得臨時召集之。

五、本會議地點以在區署為原則。

六、本會議由區長兼主任督導員召集開會時並為主席。

七、凡屬同區國民精神總動員督導員均應出席會議。

八、區署主辦教育區員應列席本會議兼理會議紀錄。

九、本會議會議紀錄應呈報縣長兼主任備查。

五、福建省第二行政区各县（特区）国民月会辅导会议规则

016

福建省第二行政區各縣（特區）國民月會輔導會議規則

一、本規則依據福建省第二行政區各縣（特區）實施國民精神總動員暫行辦法第十條規定訂定之。

二、本會議之任務如左：

1. 保月會輔導工作之報告與檢討；
2. 保月會輔導方法之研究；
3. 輔導員工作之分配。

三、本會議每月舉行一次，必要時得臨時召集之。

四、本會議地點以在聯保辦公處為原則。

五、本會議由聯保主任兼國民月會主任輔導員召集之，開會時並為主席。

六、凡屬同一聯保內國民月會輔導員均應出席本會議。

017

七、聯保辦公處辦事員得列席本會議。

八、本會議會議錄應呈報區署備查。

六、福建省第二行政区各县（特区）各保国民月会暨保甲扩大会议（保月会）开会通告式样

018

福建省第二行政區各縣(特區)各保國民月會暨保甲擴大會議(保月會)開會通告式樣

保長通告式樣：

通告　二十　年　月　日

于保長办公處

本保　月份保月會定於　月　日　午　時在　地方

舉行希轉知並率同各該甲內各戶長按時出席為荷此致

第一甲甲長

第二甲甲長

第三甲甲長

……

……

保長　啓

保長　　啓

019

甲長通告式樣

通告　二十　年　月　日　于甲長辦公處

本保　月份保月會經

保長通告定於　月　日　午　時在　地方舉行希各

戶長（或派成人男女一人代表）屆時先在本甲辦公處會齊

前往出席為荷此致

第一戶戶長……

第二戶戶長……

甲長　　啓

七、福建省第二行政区各县（特区）各保国民月会暨保甲扩大会议（保月会）开会宣告式样

020

福建省第二行政區各縣（特區）各保國民月會暨保甲擴大會議（保月會）開會宣告式樣

宣告 於二十　年　月　日　保保長办公處

本保　月份保月會定于　月　日在　地方舉行屆時鳴鑼（或其他信號）為號各戶長（或派成人男女一人代表）應隨同各甲長準時出席此告

保保長　啓

八、福建省第二行政区各县（特区）各保国民月会暨保甲扩大会议（保月会）出席表式样

福建省第二行政區各縣（特區）各保國民月會暨保甲擴大會議（保月會）出席表式樣

戶別	第一戶	第二戶	第三戶	第四戶	第五戶	第六戶	第七戶	第八戶	第九戶	第十戶	第十一戶	第十二戶	第十三戶	第十四戶	第十五戶	甲長姓名
戶長姓名																
一月																[illegible]
二月																〃
三月																〃
四月																〃
五月																〃
六月																〃
七月																〃
八月																〃
九月																〃
十月																〃
十一月																〃
十二月																〃

說明：一、各戶長出席符號「/」，缺席符號「○」。
二、出席表每甲一張，由甲長負責[illegible]送繳保長存。

九、福建省第二行政区各县（特区）各保国民月会暨保甲扩大会议（保月会）户长出缺席奖惩办法

福建省第二行政区各县（特区）各保国民月会暨保甲扩大会议（保月会）户长出缺席奖惩办法

一、本办法依照福建省第二行政区各县（特区）实施国民精神总动员暂行办法第十六条之规定订定之。

二、奖励分为左列三种：

（一）口头赞扬

（二）牌示

（三）奖状

三、惩处分为左列分种：

（一）警告

（二）立正

（三）劳役

024

四、户長有左列情事之一者依照第二條各款規定奬勵之

(一)按時連續出席滿四次者依照第一款規定奬勵之

(二)按時連續出席滿八次者依照第二款規定奬勵之

(三)按時連續出席滿十二次者依照第三款規定奬勵之

(四)一户有成人男女以上出席者得斟酌出席次數之多少依照一、二、三各款規定奬勵之

五、户長有左列情事之一者依照第三條各款之規定分別懲處之

(一)無故缺席一次者依照第一款規定懲處之

(二)無故連續缺席二次者依照第二款規定懲處之

(三)無故連續缺席三次以上者依照第三款規定懲處之

六、户長代表出缺席以户長出缺席論

七、户長應受奬狀之奬勵者由保長呈鄉聯保主任核轉區署轉呈縣政府發給之

户長受五元之懲處者應于開會時由保長宣佈執行其時間應在半小時以下

九. 勞役期間以一日以上五日以內為限由保長指定工作執行但執行有困難時得以一日之勞役易科三角之罰金

前項罰鍰保長應在保月會中宣佈其數目動用時須經保月會議決通過並應按月將數目及用途報經聯保主任核轉該管區署備查

十. 口頭宣揚及警告由保長在開會時以言辭行之

十、各保国民月会暨保甲扩大会议（保月会）开会秩序

026

各保國民月會暨保甲擴大會議（保月會）開會秩序

一、全體肅立

二、唱國歌

三、向黨國旗及總理遺像行三鞠躬禮

四、主席恭讀總理遺囑

五、主席宣讀國民公約全體循聲朗誦

六、講解國民精神總動員綱領及國民公約

七、時事報告

八、工作報告及討論

九、呼口號

十、會畢

十一、福建省第二行政区各县（特区）各保国民月会暨保甲扩大会议（保月会）议事规则

027

福建省第二行政區各縣（特區）各保國民月會暨保甲擴大會議（保月會）

議事規則

一、本規則依據福建省第二行政區各縣（特區）實施國民精神總動員暫行辦法第十七條之規定訂定之。

二、保長提交會議討論事項，須於會前擬具辦法，甲戶長如有提案，亦須於會前送交保長整理。

三、保甲長及戶長在會議開始討論後，如有臨時意見，亦得口頭提出討論之。

四、保甲長及戶長提出會議討論之事項，其內容不得抵觸現行法令。

五、出席人員發言時，須先行舉手，經主席許可後方得起立發言

六、出席人員言論如有謊謬過激時，主席得制止其發言。

七、出席人員發言應按次序，後發言者應俟先發言者完畢後，方

得發言。

八、凡討論及查詢事項，須一事完畢方及他事，不得攪雜紊亂。

九、保月會每次會議以二小時為原則，必要時得縮短或延長之。

十、會議須備記錄簿，由保長指定通識文字之甲戶長一人或請輔導員負責紀錄。

十一、會議錄須由主席及輔導員簽名蓋章，並由保長妥存以便查攷。

十二、關於會議事項本規則未規定者，適用民權初步之規定辦理。

十三、凡經會議決議事項由保長執行之，或呈准上級後執行之。

十二、福建省第二行政区各县（特区）各保国民月会暨保甲扩大会议（保月会）会场规则

029

福建省第二行政區各縣（特區）各保國民月會暨保甲擴大會議（保月會）會場規則

一、本規則依據福建省第二行政區各縣（特區）實施國民精神總動員暫行辦法第十七條之規定訂定之

二、會場須設坐位，如無坐位亦得站立，並須按照甲户編制次序排列

三、出席人員入場後須按編排位置就坐或站立，不得紊亂會

四、出席人員不得攜帶槍刀木棍或其他武器

五、出席人員不得攜帶小孩，俾免啼哭喧嘩擾亂秩序

六、出席人員不得吸煙及隨地吐痰

七、出席人員不得大聲喧嘩或謾駡

八、出席人員在開會時不得自由走動

030

九、出席人員不得以足蹺在椅上或為其他不規則之舉動

十、出席人員不得遲到或早退

十一、出席人員如有違反本規則第三條至第十條之規定時保甲長及輔導員應隨時予以指導糾正

十二、出席戶長不服糾正時保長得依照福建省第二行政區各縣(特區)保月會戶長出缺席獎懲辦法第三條各款規定懲處之

十三、各保国民月会暨保甲扩大会议报告表式样

縣　區　保國民月會暨保甲擴大會議報告表

地點		開會日期		主席姓名			
戶數		出席人數		缺席人數		告假人數	
精神總動員綱領及國民公約講解	講解人姓名	内容摘要					
時事報告	報告人姓名	内容摘要					
工作報告	報告人姓名	内容摘要					
情形							
意見							

中華民國二十　年　月　日　保長　蓋章　輔導員　蓋章

說明：會場情形欄應由輔導員將開會經過、秩序、情緒及其他偶發事件摘要填寫。

縣第　　區　　聯保　國民精神總動員督導員工作報告表

督導輔導員經過	輔導員輔導國民月會方法之指示			
	輔導員輔導國民月會工作之批評			
指導輔導會議經過	輔導會議情形之批評			
	指導輔導會議之要點			
督導國民月會經過	參加何保國民月會	所參加國民月會保長及輔導員之姓名	所參加國民月會出席人數若干	所參加國民月會會場情形
	對于所參加國民月會主持及輔導人員之批評			
	指導所參加國民月會之要點			

中華民國二十　年　　月　　日　國民精神總動員督導員　　填報

抗日战争档案汇编

福建省档案馆藏抗战动员档案汇编

2

福建省档案馆 编

五洲传播出版社

福建省动员委员会关于抄送省临时参议会工作报告致省政府秘书处的笺函（一九四〇年一月二日）

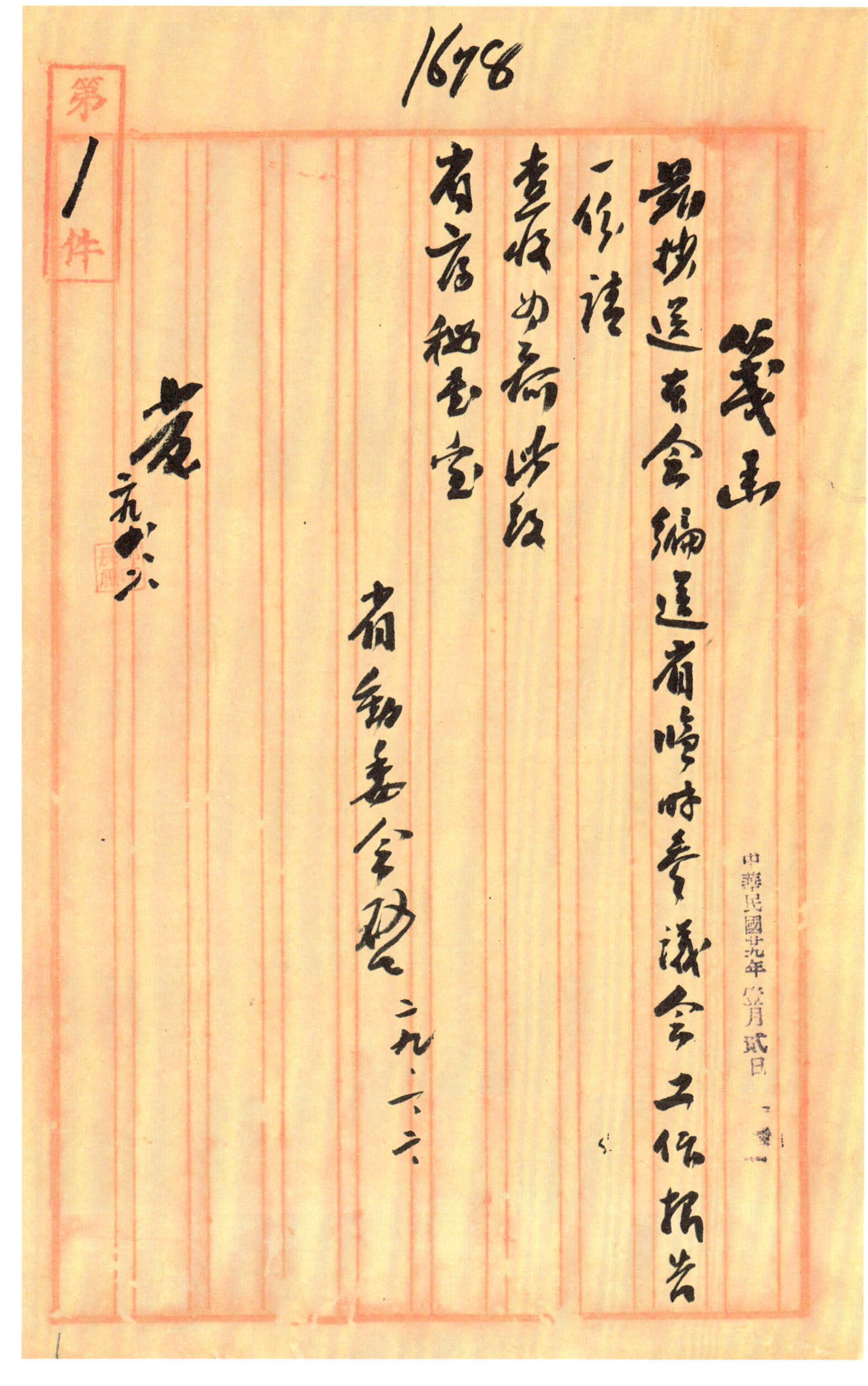

1678

第1件

笺函

兹抄送本会编送省临时参议会工作报告一份，请查收为荷。此致

省府秘书处

省动委会启

二九、一、六

中华民国廿九年壹月贰日

附：福建省动员委员会一九三九年度下半年工作报告

福建省动员委员会二十八年度下半年度工作报告

一、关于本省临时参议会第一届大会议决增强国民精神总动员机构并充实国民月会内容案之实施经过

（一）关于增强精神总动员执行机关者

1.本省国民精神总动员协会业已组织成立，各县（特区）国民精神总动员协会亦经通饬将前令设置之精神总动员委员会予以改组，俾以精神动员业务与新生活运动促进会及国民经济建设运动会事业性质类似，且同为抗建要政，经饬各县（特区）组织精新经会联合办事处，集中一切力量，增强动员机构，俾利抗建工作。

2.各县市动员委员会专设常务干事，因限于经费，暂难实现。

3.各县市动员委员会（特区署）均已设置督导员，并经省政府指定各专员公署之视导人员兼任督导职务，省督导员视需要随时由省政府指派，至于抽调人员分配担任督导员，或助理

督導員一節因限於人力尚難設置

4 各縣市動員委員會經費均有專款開支

二 關於充實國民月會內容者

原辦法用意至善惟以本省教育落後民智閉塞一般民眾對於新政之設施漠不關心因此多不瞭解在此種情形之下並應啟發民智所以舉行月会除照章辦理外擬先從授予一般常識與技術着手以引起興趣為將來實行研討各種事業之準備

（三）關於工作之考核者

考核辦法正在根據事實擬訂中

調整本省現有刊物及新舊劇團

推行精神總動員之工作莫如先由調整為宣傳最有效之刊物及戲劇入手經擬定調整方法（分別函請省政府中國國民黨福建省執行委員会会同策動並准省政府函復抄送民政廳教育廳等机関簽擬調整充實本省現有刊物及新舊劇團意見現正在彙案辦

理中

一 組設各縣(特區)精神總動員協會

本會於本年九月間遵照桂林行營令示行營整補会議決定切實促進國民精神總動員案要點經訂定各縣(特區)精神總動員委員会暫行組織要點三項通令飭遵 本年十二月三日又准第三戰區司令長官司令部政治部 電准桂林行營政治部 電知各縣暫准設國民精神總動員協会等由復經通飭將前項委員會改为國民精神總動員協会

一 各縣(特區)組織巡迴宣傳團

本會於本年六月二十七日奉國民精神總動員會精字第一三八號代電略以精神總動員工作應注重廣大農村及淪陷區域各縣應切實聯合地方熱心人士並聯合各學校之長教員等組織巡迴宣傳团赴各鄉循環宣傳喚起村長民等因業經通令遵辦

一 各縣（特區）組織晨呼隊

本會為破除一般民眾晏起遲眠之不良習慣，而期養成奮發蓬勃之朝氣起見，特定由各縣動員委員會及各特種區署召集各該縣各該特種區黨政軍警工商婦女團體及各級學校等代表會商組織城區晨呼隊，於每日黎明出發高呼國民公約及口號，以資警惕。鄉區晨呼隊由各該會及各該特種區署分別函令當地機關學校及民眾團體共同組織之，同時規定各商店開業時間。經於本年六月間通令遵辦。

一 各縣（特區）以電話傳播消息

本會鑒於省內交通阻塞，報章傳送稽遲，比較偏僻縣區及時消息已不易得到，窮鄉僻壤時事更屬罕聞。值茲全面抗戰時期，喚醒民眾動員，均有隨時使民眾明瞭我敵情形之必要。欲使民眾思想生活現代化，亟應先使民眾關心國事，始為謀消息傳播普遍起見，特規定各縣市區電話傳播消息辦法共七條，呈准於本年九月間通令遵辦。

福建省政府关于抄发修正各省市县动员委员会组织大纲的密训令（一九四〇年二月十日）

事由 密

擬辦

批示

附件

備考

福建省政府密訓令

令

案奉

行政院陽字第一一八號訓令開：

民國二十九年二月十日發

府秘甲字第15840號

收文 字第 號

「案奉　國防最高委員會二十八年十二月二十六日國文字第
三二九二號宥代電開：「案據國家總動員設計委員會呈稱：各省
市縣動員委員會組織大綱，頒行業將兩年，按照現在實際情
形，實有修改必要，爰將各省市縣動員委員會組織大綱加以審
研，重為修正，呈請核定通令施行，並指令祇遵等情，附呈修正各
省市縣動員委員會組織大綱一份。據此，業經本會第二十三次常務
會議決議修正通過，應即通飭施行，除分電外，合亟抄同修正組織
大綱，電達查照，並希轉飭所屬一体遵照。」等因，奉此，自應照辦。
除通行外，合行抄發修正組織大綱，令仰遵照，并飭屬一体遵照。」
等因。附發修正各省市縣動員委員會組織大綱一份。奉此，除通令外

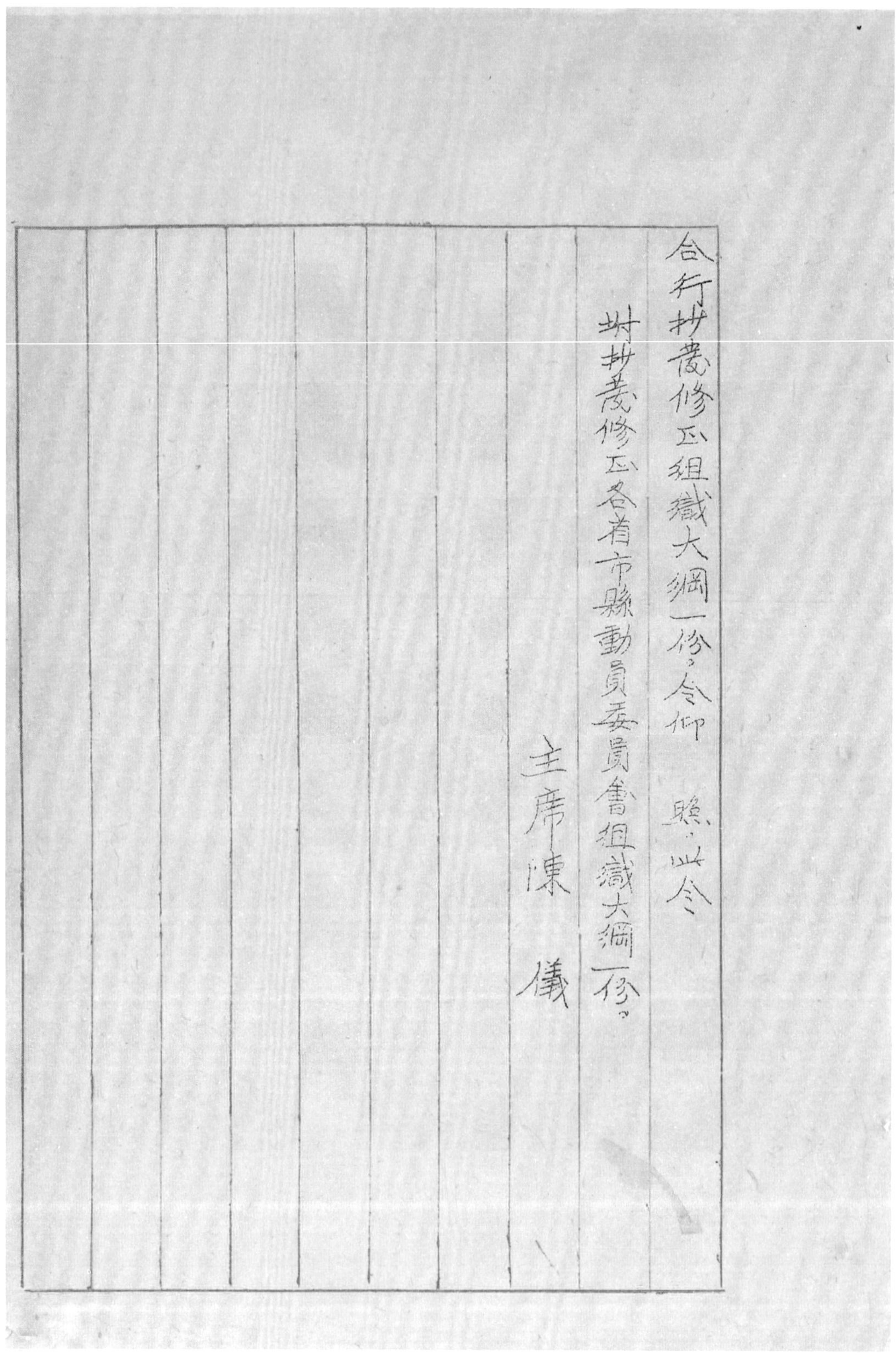

合行抄发修正组织大纲一份，令仰遵照。此令

计抄发修正各省市县动员委员会组织大纲一份。

主席陈仪

修正各省市縣動員委員會組織大綱

第一條　國防最高委員會為實施全國總動員計畫促進地方黨政軍民之聯繫并統一民衆指導機關特於各省市縣設立動員委員會

第二條　省(市)動員委員會以省(市)政府主席(市長)各廳(局)長保安處長省(市)黨部主任委員軍(師)管區司令兵役處長國民軍訓處長駐軍長官及其政治部主任為委員以省(市)政府主席(市長)為主任委員秉承國防最高委員會計畫指導各該省(市)動員業務之實施並受國家總動員設計委員會之指導督促及該管戰區司令長官之指揮

第三條　縣(市)動員委員會以縣(市)長縣(市)黨部幹事兵役管區司令駐軍長官及其政治部主任為委員以

第四條　縣（市）長為主任委員受省動員委員會之監督指揮主持各該縣（市）動員業務

動員委員會設書記長一人承主任委員之命處理日常事務

第五條　動員委員會設左列各股

（一）組訓股

（二）徵調股

（三）經濟股

（四）宣傳股

（五）總務股

第六條　各股設主任一人由委員兼任幹事三人至五人由各關係機關調派必要時得酌用專任人員

第七條　動員委員會視動員業務之需要得酌聘當地正

紳為設計委員

第八條　動員委員會決定事項以交主管机關辦理為原則

第九條　動員委員會必需之辦公費及專任人員之薪給由各該省（市）縣政府籌撥

第十條　省（市）動員委員會應擬具辦事細則呈國防最高委員會核定縣（市）動員委員會之辦事細則呈省動員委員會核定

第十一條　省（市）動員委員會工作情形應按月呈報國防最高委員會查考關於計畫方案之製定並應專案呈核縣（市）動員委員會之工作情形及計畫方案呈報省動員委員會查核

第十二條　動員委員會成立之後各地現有之黨政軍聯繫機關或其他類似机關應即取銷其工作統由動員

委員會辦理

第十三條　本大綱自核准之日施行

福建省政府秘书处关于抄送国民精神总动员会密电暨省会举行国民精神总动员周年纪念实施办法致省动员委员会的笺函（一九四〇年二月二十六日）

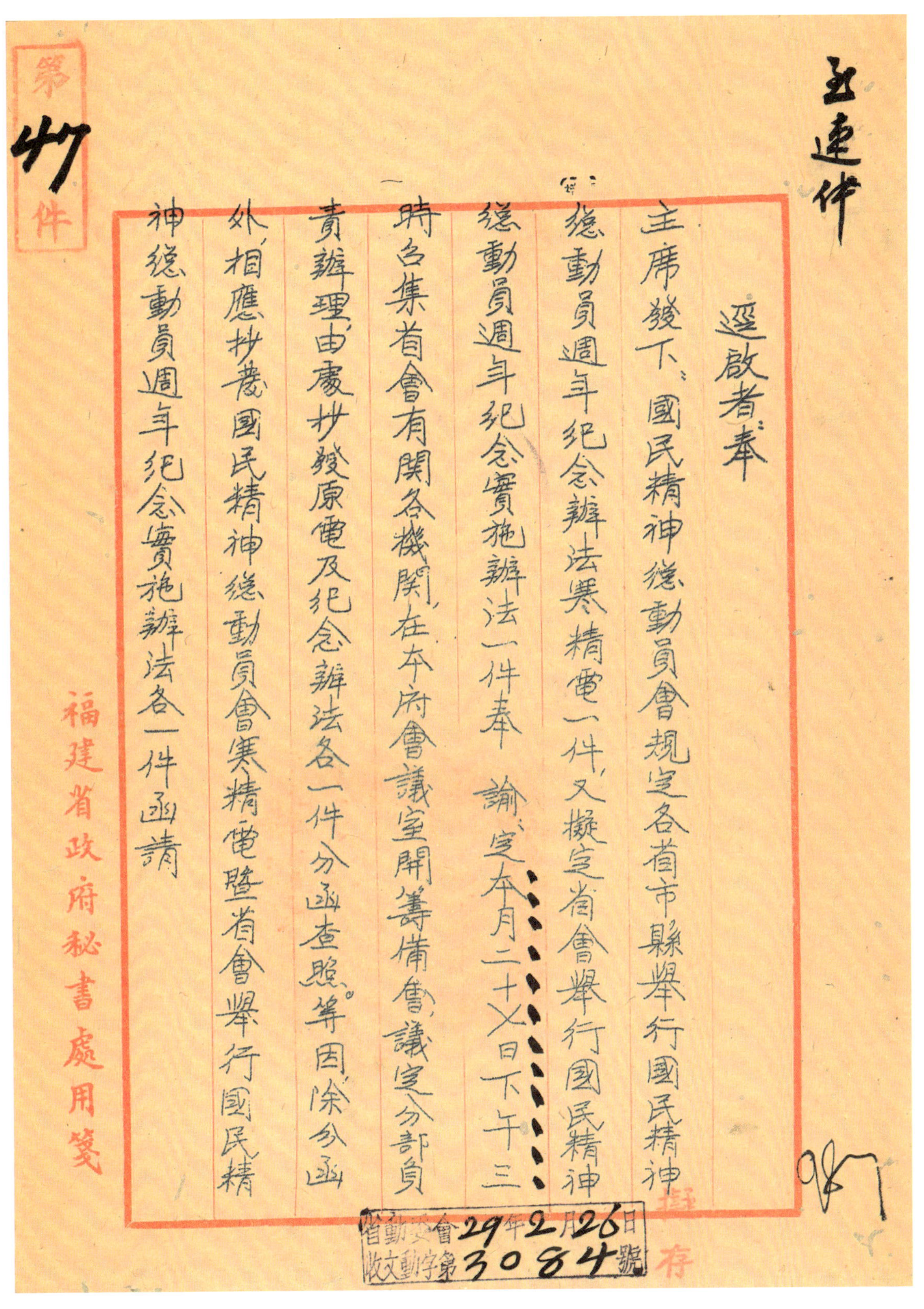

速件

第47件

逕啓者：奉

主席發下：國民精神總動員會規定各省市縣舉行國民精神總動員週年紀念辦法寒精電一件，又擬定省會舉行國民精神總動員週年紀念實施辦法一件，奉　諭：定本月二十七日下午三時召集省會有關各機關在本府會議室開籌備會議，定分部負責辦理，由處抄發原電及紀念辦法各一件分函查照。等因，除分函外，相應抄發國民精神總動員會寒精電暨省會舉行國民精神總動員週年紀念實施辦法各一件，函請

福建省政府秘書處用箋

省動委會 29年2月26日 收文動字第3084號

擬存

987

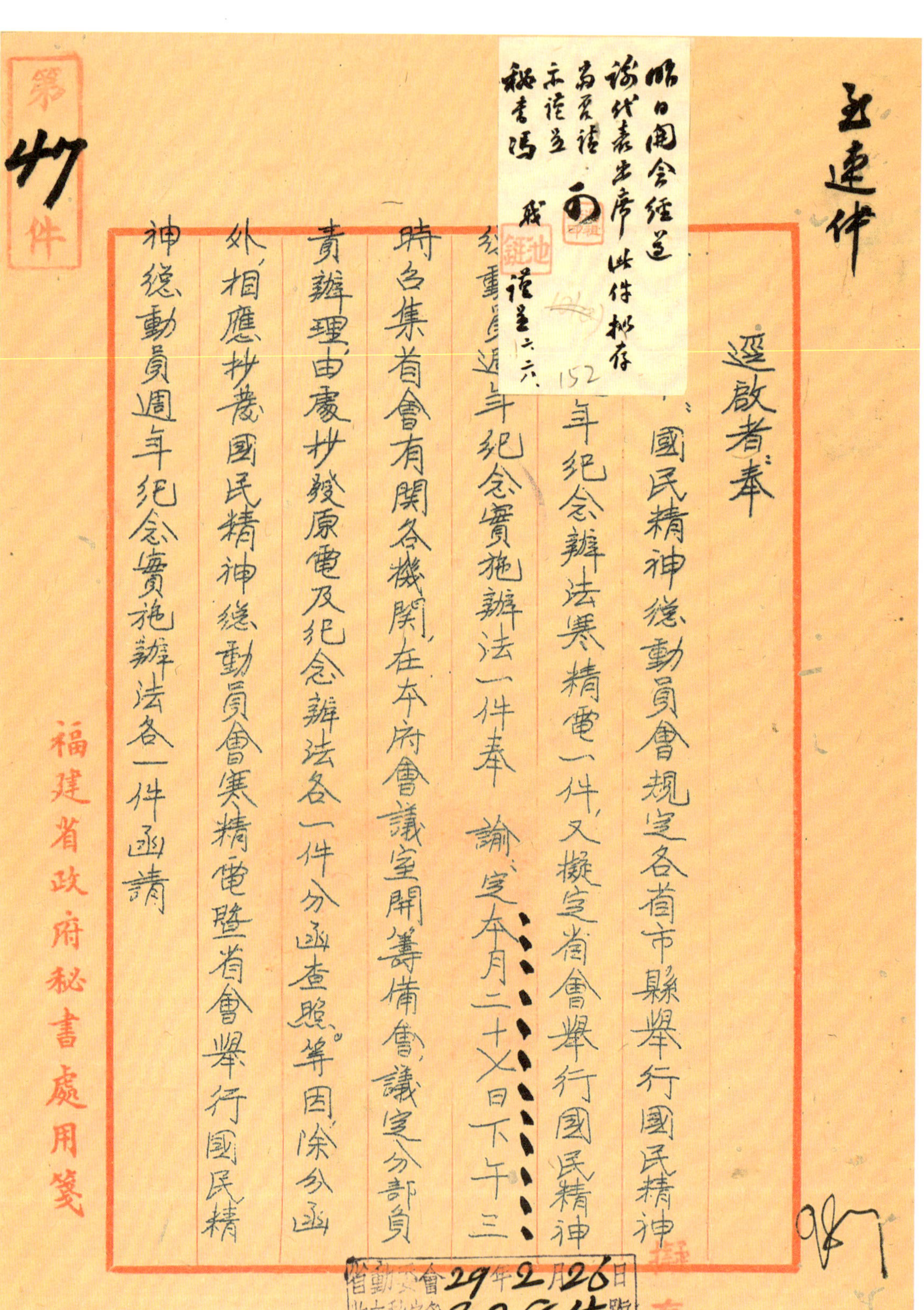

至速件

第47件

明日開會經遂
諭代表出席，此件擬存
留覽。請
示，謹呈
秘書馮
職〔印〕謹呈 二，六

逕啟者：奉
〔鈞〕國民精神總動員會規定各省市縣舉行國民精神〔總動員週〕年紀念辦法寅精電一件，又擬定省會舉行國民精神總動員週年紀念實施辦法一件，奉諭：定本月二十七日下午三時召集省會有關各機關在本府會議室開籌備會議，定分部負責辦理，由處抄發原電及紀念辦法各一件分函查照，等因。除分函外，相應抄發國民精神總動員會寅精電暨省會舉行國民精神總動員週年紀念實施辦法各一件，函請

福建省政府秘書處用箋

擬存

省動員會 29年2月26日 收文動字第3084號

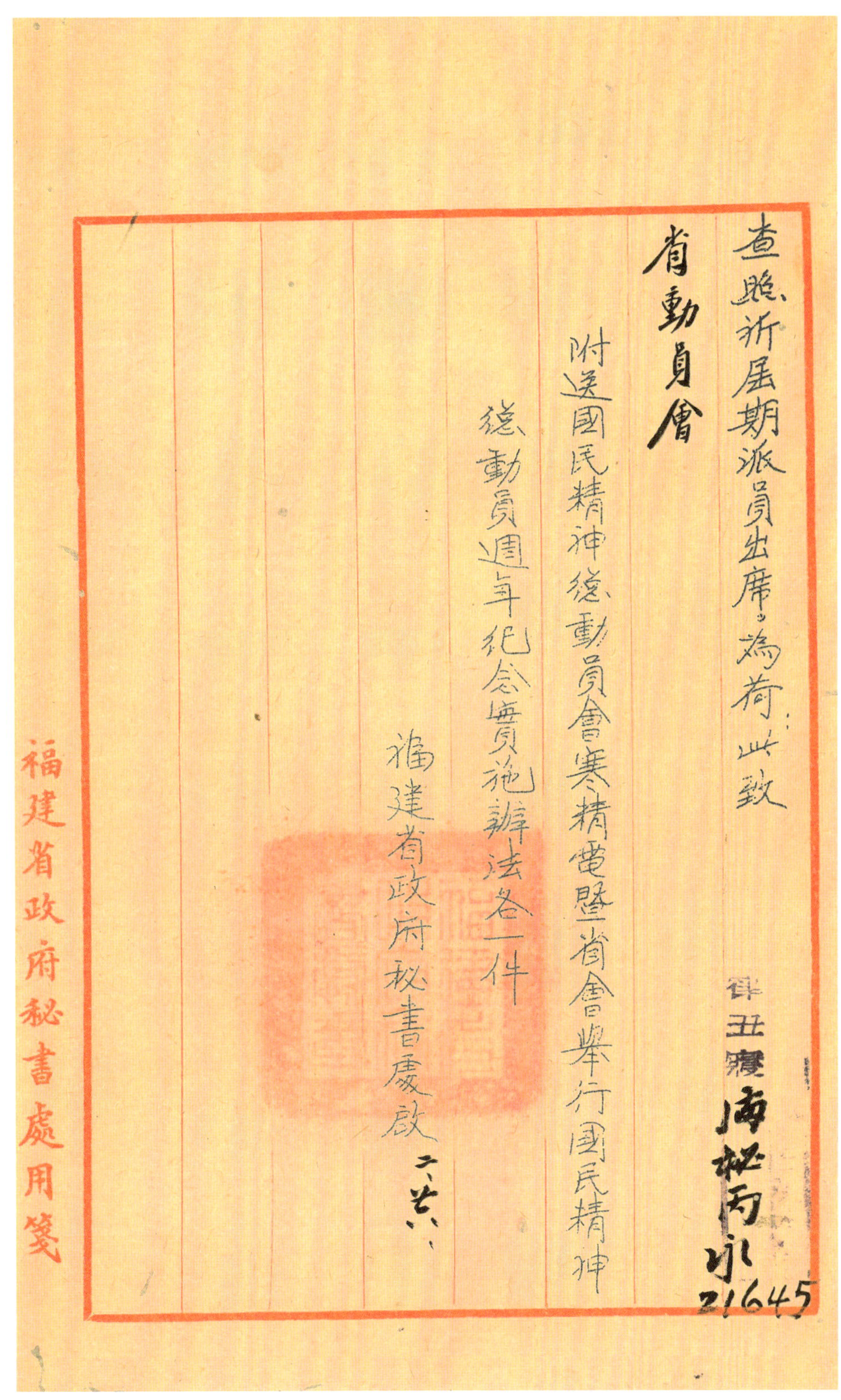

查照，祈屆期派員出席，為荷！此致

省動員會

附送國民精神總動員會寒精電暨省會舉行國民精神總動員週年紀念實施辦法各一件

福建省政府秘書處啟 二、廿六

肆丑寢 府秘丙永 21645

福建省政府秘書處用箋

附一：国民精神总动员会关于举行国民精神总动员周年纪念办法致福建省政府的密电

永安福建省政府並譯轉省党部省動員會密茲規定各省（市）縣舉行國民精神總動員週年紀念辦法如下（甲）紀念儀式（1）國民精神總動員週年紀念與總理逝世紀念暨植樹運動合併舉行（2）各省（市）由主席（市長）兼省（市）動員委員會主任委員領導縣由縣長兼縣動員委員會主任委員領導（3）各區鄉（鎮）保由區長鄉長（鎮長）保長領導（4）會場內應佈置精神動員之漫畫標語及一年來推行精神動員概況之統計圖表（5）區鄉（鎮）保開會時應請當地有聲望者担任講演（乙）檢閱參加檢閱者為當地軍隊警察國民兵及受軍訓之學生與戰時服務團等由當地最高長官集合檢閱或由各主管者分別檢閱依各地方情形酌定之（丙）競賽（1）体育競賽如地方之學校團体聯合或分別舉行体育競賽（2）演講競賽各地方之學校團体聯合或分別舉行關於精神

動員之演講競賽(丁)展覽(八)生產展覽徵集当地農產或工藝品之比較優良者陳列展覽(己)文化展覽徵集関于精神動員之書報論坦陳列展覽(戊)宣傳各省(市)縣動員委員会暨省以下各級党部分派宣傳隊赴所轄各地宣傳精神動員及植樹運動之重要意義上列各項办法如各省(市)縣區鄉(鎮)保因地方情形特殊有變更之必要時亦得酌量增減之除分電外合亟電達查照办理並飭屬普遍舉行為盼再生產文化兩項展覽如萬一時間赶办不及亦可從略合併電知國民精神總動員會寒精印

附二：福建省国民精神总动员周年纪念实施办法

福建省國民精神總動員週年紀念實施辦法

一、將原電迅即轉知各縣區遵照辦理

二、關於省會方面紀念辦法擬定於左

甲、紀念儀式

(1) 照原電三月十二日上午六時在永安公共体育場舉行「省會各界國民精神總動員週年紀念、總理逝世週年紀念大會、植樹運動大會」

(2) 請各界領袖任大會主席團由省政府主席兼省動員委員會主任委員任總主席領導開會

(3) 會場佈置由省動員會收集各機關、各學校、各社團等將一年來推行精神動員概況之統計圖表懸掛並佈置漫畫標語。

乙、檢閱

(1) 日期 定三月十二日大會後繼續舉行

(2)地點　公共体育場

(3)参加團体　憲兵第三營　永安縣國民兵團、常備隊、店員隊、省立師範軍訓学生、保安警察、義務警察、

(4)檢閱官　由省動員會主任委員担任

(5)檢閱總指揮　請憲兵營營長担任

丙、競賽

(1)体育競賽

已於三月叁拾叁日在永安第三体育場舉行

(2)演講競賽

1、日期　定三月十六日

2、地點　省臨時参議會

3、題材　以精神綱領中生活改造三項及國民公約為範圍

4、主辦机關 由教育廳担任

丁、展覽

（1）日期

（2）地點 以疏散為原則

（3）項目

1、農業生產展覽（附列廢物利用及糙米運動）由農業改進處主办

（2）工業生產展覽（附列廢物利用及舶來品奢侈品與土貨之比較展覽）由建設廳主辦

3、文化展覽（教育用品及関於國民精神總動員之書報論著抗建節約漫畫等展覽在內）由教育廳主辦

戊、宣傳

三月十二日下午由省動員會、省新運會、省農場、縣党部、縣動員会、省國民精神總動員協会会員、

各机関新生活劳動服務团各學校组織宣傳隊

分组担任宣傳精神總動員及植樹運動

巳、植樹

(1)由各机関团体分别選擇造林地點，每团体規定至少須種一千株以上

(2)選定中山公園為各界領袖植樹地點，時间定於開会之後，由省政府机関主辦

三、以上各項办法拟定本月二十七日召集各有関机関开筹備会分部負責办理参加筹備各机関团体名稱列左

1、省政府

2、省党部駐永办事處

3、省動員会

4、省國民精神總動員協会

5、省新運会
6、民政廳
7、財政廳
8、建設廳
9、教育廳
10、農業改進處
11、衛生處
12、會計處
13、地政局
14、永安縣政府
15、憲兵第三營
16、師範學校
17、高等法院

18、福建電政管理局

19、福建省銀行

20、福建民報社

四、經費由籌備会商定數額函省政府核给之。

福建省动员委员会关于检发福建省各县（市）国民月会实施暂行办法致各县政府、各县市动员委员会及各特种区署的训令（一九四〇年三月七日）

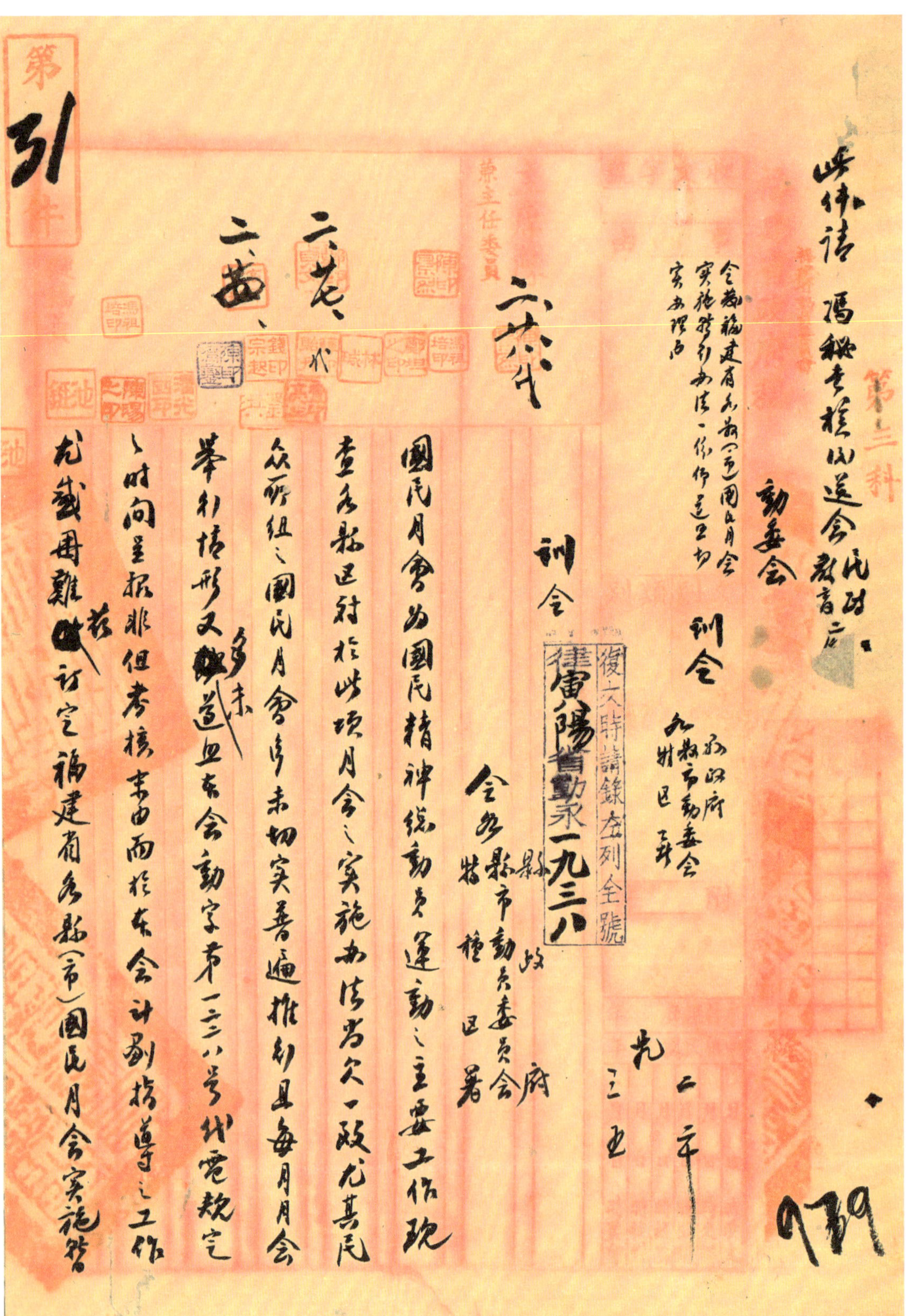

训令

全省各县政府
各县市动员委员会
各特种区署

国民月会为国民精神总动员运动之主要工作，现查各县区对于此项月会之实施办法尚欠一致，尤其民众所组之国民月会多未切实普遍推行，且每月月会举行情形又殊多未遵照本会动字第一二三八号代电规定之时间呈报，非但考核未由，而于本会计划指导之工作尤感困难。兹订定福建省各县（市）国民月会实施暂

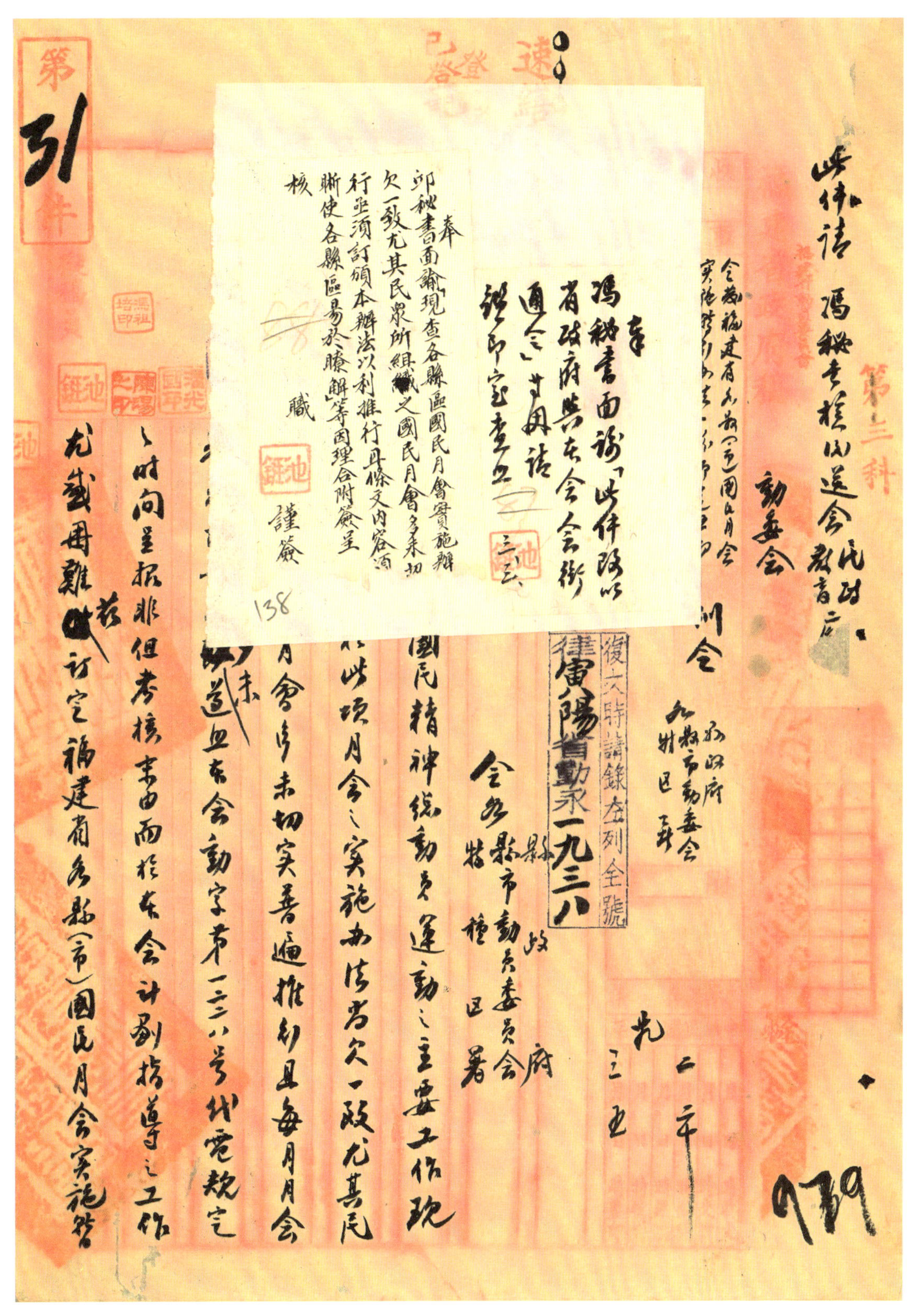

第 31 件

速 登

此件请冯秘书核阅送会 民政厅 教育厅 动委会

令各县（市）国民月会实施办法

第三科

冯秘书面谕：此件以省政府省动员会会衔通令，并请鉴印，宜速发出

奉
邱秘书面谕：现查各县区国民月会实施办法，欠一致，尤其民众所组织之国民月会多未切实推行，亟须订颁本办法以利推行，且条文内容须晰，使各县区易于瞭解等因，理合附签呈
核
职 □ 谨签

138

复文时请录左列全号
建寅阳省动员一九三八

训令

令各县市政府县动员委员会 特种区署

案查国民精神总动员运动之主要工作，就在此项月会之实施，而办法尚欠一致，尤其民众月会多未切实普遍推行，且每月月会……道由本会动字第一二三八号代电规定……之时间呈报，非但考核未由，而于本会计划指导之工作尤感困难，兹订定福建省各县（市）国民月会实施办法

廿九 二 三

9789

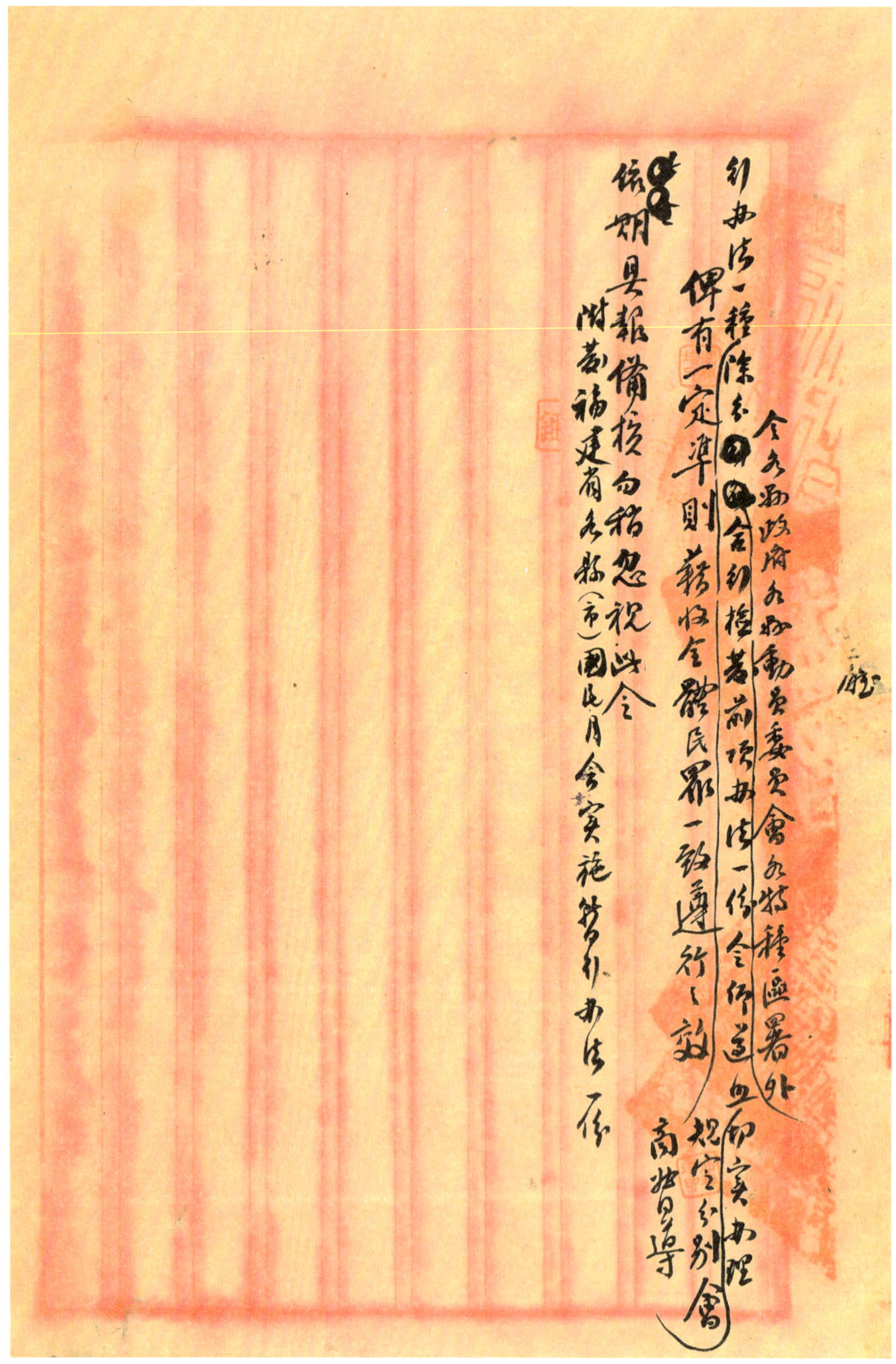

令各縣政府各縣動員委員會各特種區署外

行辦法一種，除分令各分會外，合行檢發前項辦法一份，令仰遵照切實辦理，並查照規定分別會商指導，

俾有一定準則，藉收全體民眾一致遵行之效。

統仰遵照具報備核勿稍忽視。此令。

附發福建省各縣（市）國民月會實施暫行辦法一份

福建省各縣（市）國民月會實施暫行辦法

第一條　福建省動員委員會（以下簡稱本會）為切實推動本省國民月會起見特訂定本辦法

第二條　本省國民月會除學校或工廠單獨及機關得聯合舉行外同甲國民月會均暫聯合舉行

第三條　在城區之同甲國民月會暫以保或街為單位並得數保或數街聯合舉行

第四條　在鄉區之同甲國民月會暫以鄉村為單位其較大鄉村得分數組合舉行

第五條　三四兩條所稱月會之組合劃分由縣（市）政府決定之以原有

機關學校保街或鄉村之名名之

第六條　縣（市）政府應將所有月會組合名稱列表送由縣（市）動員委員會呈報本會備查（附表一）

第七條　同甲國民月會之召集人為保長不滿一保之鄉村由其所屬保長指定甲長召集之召集人為月會主席

第八條　同甲國民月會設固定輔導員一人由區署及鄉（鎮）公所職員暨學校教職員充任之輔導員負講解與報告之責

前項人員不敷分配時得遴選地方公正熱心人士担任之

第九條　各縣（市）設國民月會督導員若干人由縣（市）党政軍機關高級職員及各區區長充任之負督促指導及考核之責

第十條　八九兩條所稱人員分別由縣(市)動員委員會及縣(市)政府指派充任

第十一條　督導員每月開會一次由縣(市)動員委員會定期召集考核過去工作並檢討改進意見

第十二條　區署及鄉(鎮)公所職員輔導區為非學校所在地學校教職員除輔導學校所在地國民月會外得派往離校五里以内之鄉村担任輔導工作

第十三條　同甲國民月會均於每月十五號早晨舉行時間以一小時為度學校機関工廠國民月會均於每月一日舉行

第十四條　同甲國民月會組合均應設簽到簿參加民衆均須簽到遇有不能書寫

民衆時由輔導員及臨時由主席指定人員代為簽到

第十五條 同甲國民月會儀式除照規定辦理外輔導員並應教唱抗戰歌曲時間以十五分鐘為度

第十六條 同甲國民月會禮成後召集人及輔導員應即會填同甲國民月會報告表逕呈縣（市）政府核轉縣（市）動員委員會彙報本會備查（表式二）

第十七條 縣（市）政府審核前條所稱報告表後應按照參加人數之多寡分別指令獎懲指令發交主管區署飭由鄉（鎮）公所轉發各該保長以明賞罰（指令格式）

是項獎懲作為年終考績依據之一

第十八條　縣(市)所屬機關及中等以下學校送由縣(市)政府核轉縣動
員委員會彙報
不屬於縣(市)政府之機關及專科以上學校逕送縣(市)動
員委員會彙報(表式三)
第十九條　工廠國民月會報告及報告表式得適用第十八條之規定
辦法辦理
第二十條　縣(市)動員委員會彙報國民月會報告表期間應在每
月二十五號以前(表式四)
第二十一條　本省各特種區適用本辦法之規定
第二十二條　本辦法如有未盡事宜得由本會修正之

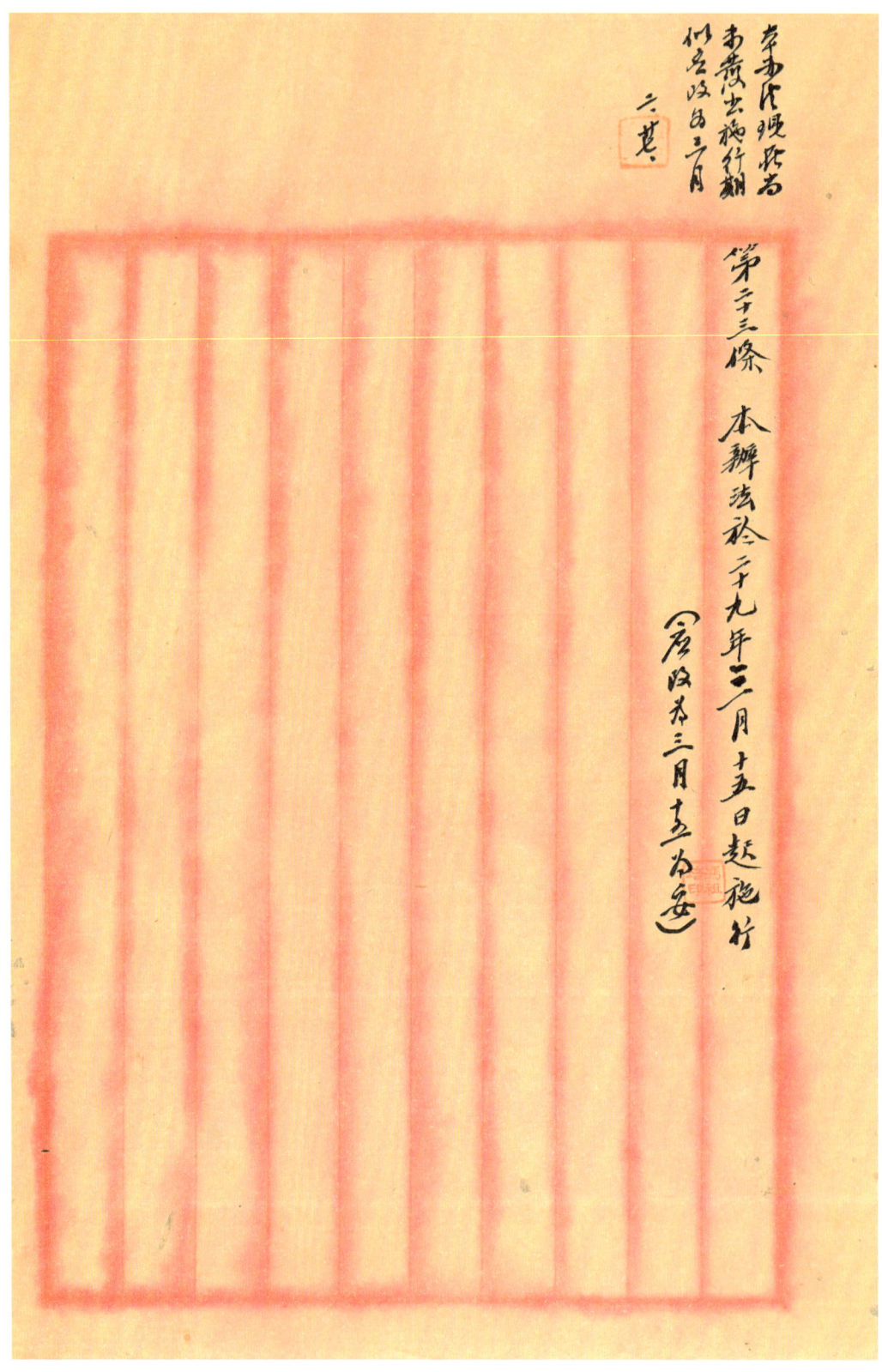

本办法现改为
由发出施行期
似呈政府二月
二六 甚

第二十三條　本辦法於二十九年二月十五日起施行

（府政第三月十五为安）

表式(一)

福建省△△縣(市)國民月會組合名稱表

年　月　日製表

組合名稱	備註	組合名稱	備註
機關		機關	
縣政府組合 党部組合 ……			
學校		學校	
某某國民學校組合 某某中心學校組合 ……			
第　區		第　區	
某鄉組合 某街組合 某保組合 ……			
第　區		第　區	

說明：

一、機關及學校組合列在同甲組合之前同甲組合應分區排列

二、一鄉有數組合者應以甲乙丙字樣註明於組合名稱之下

三、表報組合如有更變時應隨時具報備查

四、本表由縣(市)政府送由縣(市)動員委員會呈報省動員委員會

（表式二）

福建省△△县（市）同甲國民月會報告表

組合名稱	
講解題材	
報告事項	
參加人數	男　女
備　　註	

填報者　召集人　輔導人　簽名蓋章

年　月　日填

說明：本表於禮成後填就，由召集人呈送縣（市）政府核送縣（市）動員委員會彙報

（表式三）

福建省△△市縣△△機關學校國民月會報告表

年　月　日填

組合名称	主席	講解人姓名及講解題材	報告人姓名及報告事項	參加人數	備註

填報者　　簽名蓋章

說明：本表由機關長官學校校長或主席填報

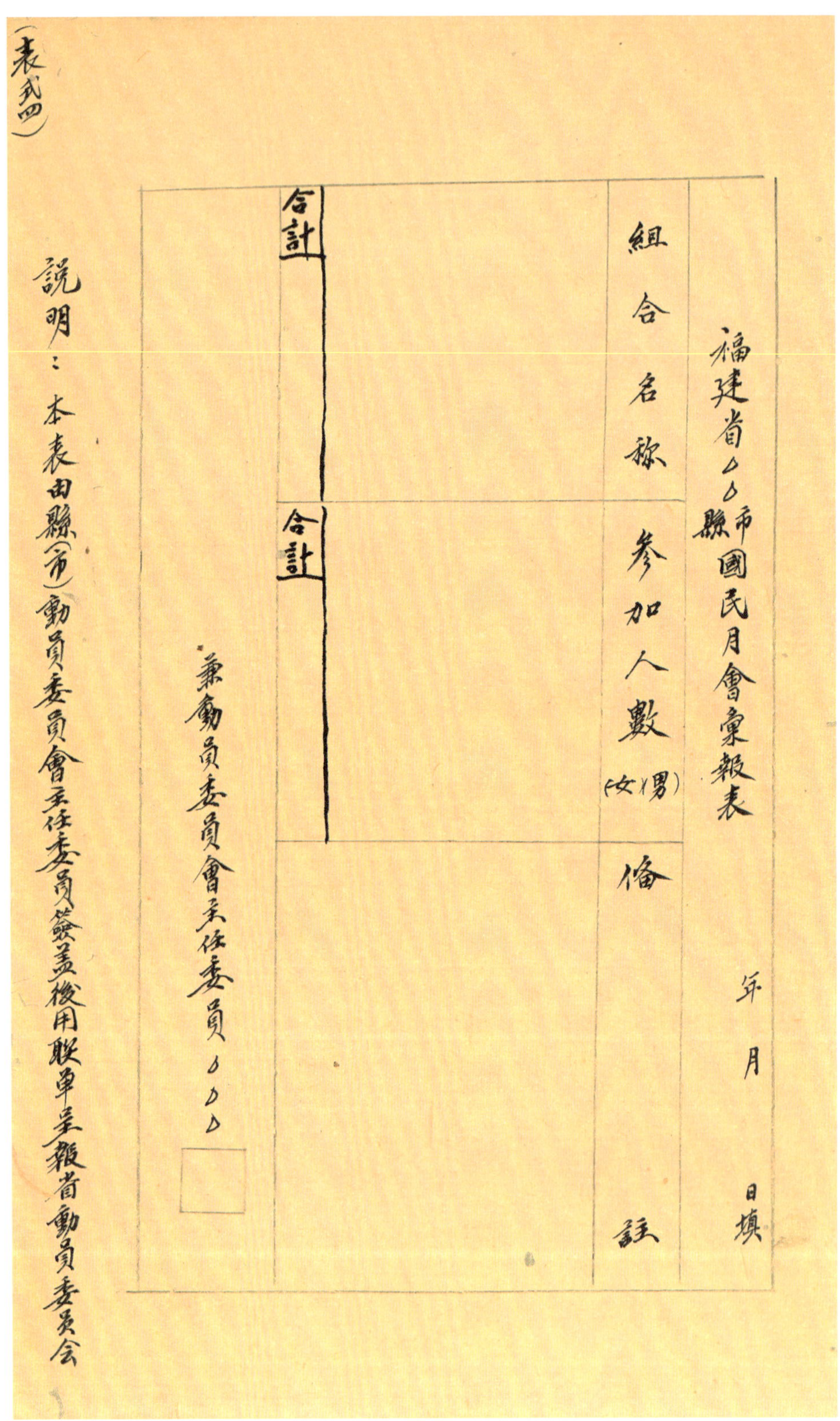
（表式四）

福建省〇〇县市国民月会汇报表

年 月 日填

组合名称	参加人数（男）（女）	备注
合計	合計	

兼动员委员会主任委员〇〇〇

说明：本表由县（市）动员委员会主任委员签盖后用快单呈报省动员委员会

（指令格式）

指令

令 召集人 △△△
輔導人 △△△

呈報△月份國民月會舉行情形由

報告悉查△△組合△月份民衆參加 應予 此令

市
縣 長 △△△

年 月 日

說明：

一、參加人數達應參加人數（公務人員及學校員生扣除）二分之一以上者予以嘉獎（全數出席者記功）不滿三分之一者初次予以申誡警告第二次予以申誡第三次予以記過

二、參加二字下留填「踴躍」或「不踴躍」字樣「應予」二字下留填「嘉獎」「記功」「警告」或「申誡」「記過」字樣

三、本獎懲作為年終考績依據之一

福建省动员委员会关于函送广播演稿《国民精神总动员的意义》致严家淦的笺函（一九四〇年三月十一日）

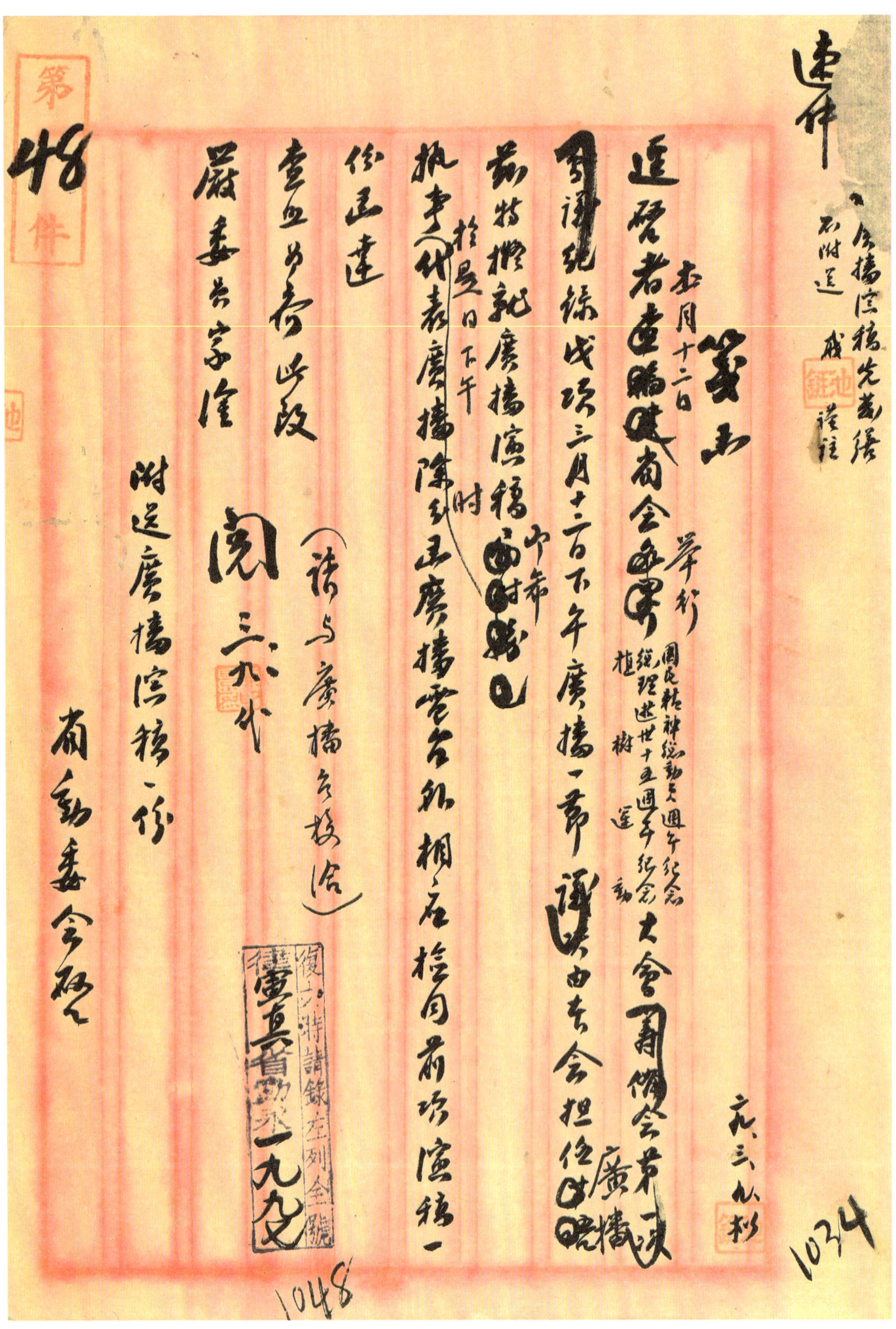

速件

广播演稿先发缮 不附送

笺函

迳启者：查本会举行国民精神总动员周年纪念、总理逝世十五周年纪念、植树运动大会，筹备会决议：本月十二日下午广播一节，由本会担任广播……

执事代表广播……于是日下午……时到广播电台……相应检同前项演稿一份函达

查照为荷

此致

严委员家淦

附送广播演稿一份

省动委会启

阅 三、九、八

（请与广播台接洽）

复文时请录左列全号

國民精神總動員的意義

今天本省省會各界籌開　總理逝世第十五週年紀念國民精神總動員週年紀念及植樹運動大會，這在我們第二期抗戰中是一個意義重大的大會。我們現在的抗戰，是我們進行國民革命途中必經的階段，在這抗戰時期紀念總理，使得我們感著責任的重大，必須抗戰得到勝利，才能完成　總理的國民革命之志。而植樹運動，向來都是定在　總理逝世紀念日舉行的，這個運動，不但是有裨於國民經濟，並因以紀念　總理。至國民精神總動員，是去年在這個時候開始實行的，今天與　總理逝世紀念植樹運動合併舉行週年紀念。會本人特乘這個大會的機會，就國民精神總動員的意義，為大家說一說：

三七

国民精神总动员纲领中所定的三个共同目标之中，第一个是国家至上民族至上。这是什么意思呢？我现在想由我们两种日常生活，说明国家至上民族至上的意义：第一是我们的物质生活。物质生活虽是我们全部生活中的一种，可是它对于人们的生存，是极其重要的，因为谁也不能离开供给我们衣食住行的物质而能够生存。谁要生存，也要保障这些在生活上不可缺的物质。现在关于这种保障的方法，在国内是靠着法律。如果有侵犯或破坏他人的物质生活者，法律就予以制裁，因此国内的人民，活得在法律保护之下，维持其物质生活。但若一国的人民生活受到外国的侵犯或破坏，那就不是本国的法律所能保障了。如日本这次破坏我们的产业、屠戮我们的人民，这不是中国的法律能够保障的。在这个时候而欲保障人民的生活，惟有拿国家民族的力量以与外国抵权、才能保障人民的生存。故国家民族是我们的生活之最后保障者。此在我们的物质生活的保障上，国家民族是至上的。第二是我们的道德生活。有些人说道德是千古不变的，其实道德亦是随时代而进步，就现代而论，道德的最高水准便是人们对于国家民族的道德，就是说现代人们的道德，是以国家民族的道德为极限。而超过国家民族的范围，便无所谓道德，此国对于他国的诈欺，并不受什么国际道德的訾议，此国对于他国的攻击，甚且为国际公法所允许，可知国际间并无所谓道德，国家民族，便是现代道德的界限与最高水准。现代人视反国家反民族的罪恶，比古人所蔑视的违背伦常的罪恶为尤甚，人知有国家民族的道德，便是健全的国民，反之便是狗彘不食的败类。此在我们道德生活的评价上，国家民族是至上的。

依上所述，可見國家民族的利益，是超越個人的利益之上，而同時國家民族的利益，不但不與個人利益衝突，而且與個人利益有緊密的關係，所以個人如欲保障自己的利益，非先鞏固國家民族的利益不可。今如我們的國家民族利益，現在確被日本的侵犯和破壞了！我們民衆為保護國家民族的生存，因實行全民抗戰，演成這次中日戰争。這次戰争規模之大，除了一九一四年歐戰以外，在世界史上要算是個最激烈的戰争，而且這次戰争，並非中日兩國間的一時衝突，而是有歷史的重大意義的：在日本方面，是施行大陸政策的侵略戰争，在我國方面，是保持國家生存的反侵略戰争。我們國家現在既捲入這樣的戰争之中，唯一的出路，就是求軍事的健全，因為戰争是軍事力量的比賽，戰争的勝敗，自然要看軍事的力量如何而定。我們為求軍事力量的加强，不僅在軍事方面着力，并應在國家政治社會經濟以及民衆各方面的生活，都應該使其軍事化，就是說在社會中一切的一切，都應該受軍事的支配，故曰軍事第一。又我們這次抗戰，是與國家存亡民族興廢有關，故我們不抗戰則已，抗戰如非爭取勝利不可。凡可以使抗戰勝利者我們不惜犧牲一切以赴之，凡足以妨碍抗戰勝利者我們不惜犧牲一切以除之，故曰勝利第一。精神總動員綱領中列軍事第一勝利第一為第二種共同目標，就是這個緣故。

我們既知道國族的利益，是超越於個人利益之上，而國族當此存亡危急之時，我們又知道唯有靠軍事力量與戰勝，才能挽救國族於危亡，那末，我們的意志，自必集中於國家至上民族至上軍事第一勝利第一的目標之下，全力以赴，以求其目的之實現。但是這個意志就是行為，行為就是力量的表現，於是我们的力量，亦自然集中起来。又力可分为人力物力两种，人力的集中，有二种方式：一为前方兵源的补充，一为后方产业的开发，如果国民逃避兵役与在后方者不能努力生产，便是人力的浪费，不是人力的集中了。物力的集中，亦有二种方式：一为生产并供给军需品，以足军用，一为生产日常用品向外输出，换取外汇，以购入我们缺乏的军用品，如果生产者不愿以生产品供给军用，并于战时物价贪图个人私利，这不但是物力不能集中，简直是反国家反民族的行为，与汉奸相去不远了。天地间任何事物，唯有集中才能发生力量，例如磁铁的分子能向同一的方向，便能发生吸引的力量，若无吸引力就会消失，故我们为争取最后胜利，力量必须集中。此精神总动员纲领所以定意志集中力量集中为第三种共同目标也。

自去年国民精神总动员实施以来，我们军事力量日见增强，在全部战线屡予敌以重创。反之在敌人方面，在前线者如厌战反战，在后方者则内讧日趋崩溃，即在目前。希望我们民众继续向精神总动员的共同目标迈进，以迎胜利之来临。

此外本人还要附带说几句：即今天浙南的大会，除纪念　总理逝世及国民精神总动员周年纪念以外，尚有植树运动一项。这项运动，在本省是极重要的，因为本省是国内有名的林区。这森林差不多在平时国民经济或供给战时物资之用，都是有重大价值的。希望本省民众总动员起来，完成这植树运动。（完了）

派嚴廳長代表廣播　竑

国防最高委员会、福建省动员委员会关于抄发修正国民精神总动员会组织大纲及修正国民精神总动员实施办法条文的训令（一九四〇年三月至五月）

国防最高委员会致福建省动员委员会的训令（一九四〇年三月十一日）

事由：兹将国民精神总动员会业务改为社会部经常工作并修正该会组织大纲及国民精神总动员实施办法条文令仰知照由

国防最高委员会训令

令福建省动员委员会

查国民精神总动员实施办法国民精神总动员会组织大纲前经本会

制定公布於二十八年三月十二日開始實施並成立國民精神總動員會主持精神動員之推進督導事在案茲為推行便利起見將國民精神總動員會業務改由社會部主辦所有國民精神總動員會組織大綱及國民精神總動員實施辦法中關於組織之規定亦經分別予以修正除分行外合亟抄同修正國民精神總動員會組織大綱及實施辦法修正條文令仰該省動員會知照並轉飭所屬各縣動員委員會一体知照。此令

計抄發修正國民精神總動員會組織大綱暨修正國民精神總動員實施辦法(二)

甲、六、三、丙各条文各一份

委員長 蔣中正

監印楊酉桂
校對許耀東

附一：修正国民精神总动员实施办法条文

國民精神總動員實施辦法

(一)各級組織

甲、中央

二、精神總動員會設秘書長一人由會長於委員中指定一人兼任之辦理會務所需助理人員由國防最高委員會及新運總會調用（原案）

二、精神總動員會設秘書長及副秘書長各一人由會長於委員中指定兼任會務由社會部辦理之（修正案）

三、精神總動員會每兩星期開會一次其決議事項除交主管機關辦理外並得以本會名義行之（原案）

三、精神總動員會會議由會長隨時召集其決議事項除交主管機關辦理外並得以本會名義行之（修正案）

修正國民精神總動員會組織大綱

第一條　國防最高委員會為主持國民精神總動員之實施設置國民精神總動員會（以下簡稱本會）

第二條　本會設會長一人由國防最高委員會委員長兼任副會長一人由行政院院長兼任並以左列人員為當然委員

一、中央執行委員會秘書長
二、國防最高委員會秘書長
三、組織部々長
四、社會部々長
五、宣傳部々長
六、內政部々長
七、經濟部々長
八、教育部々長

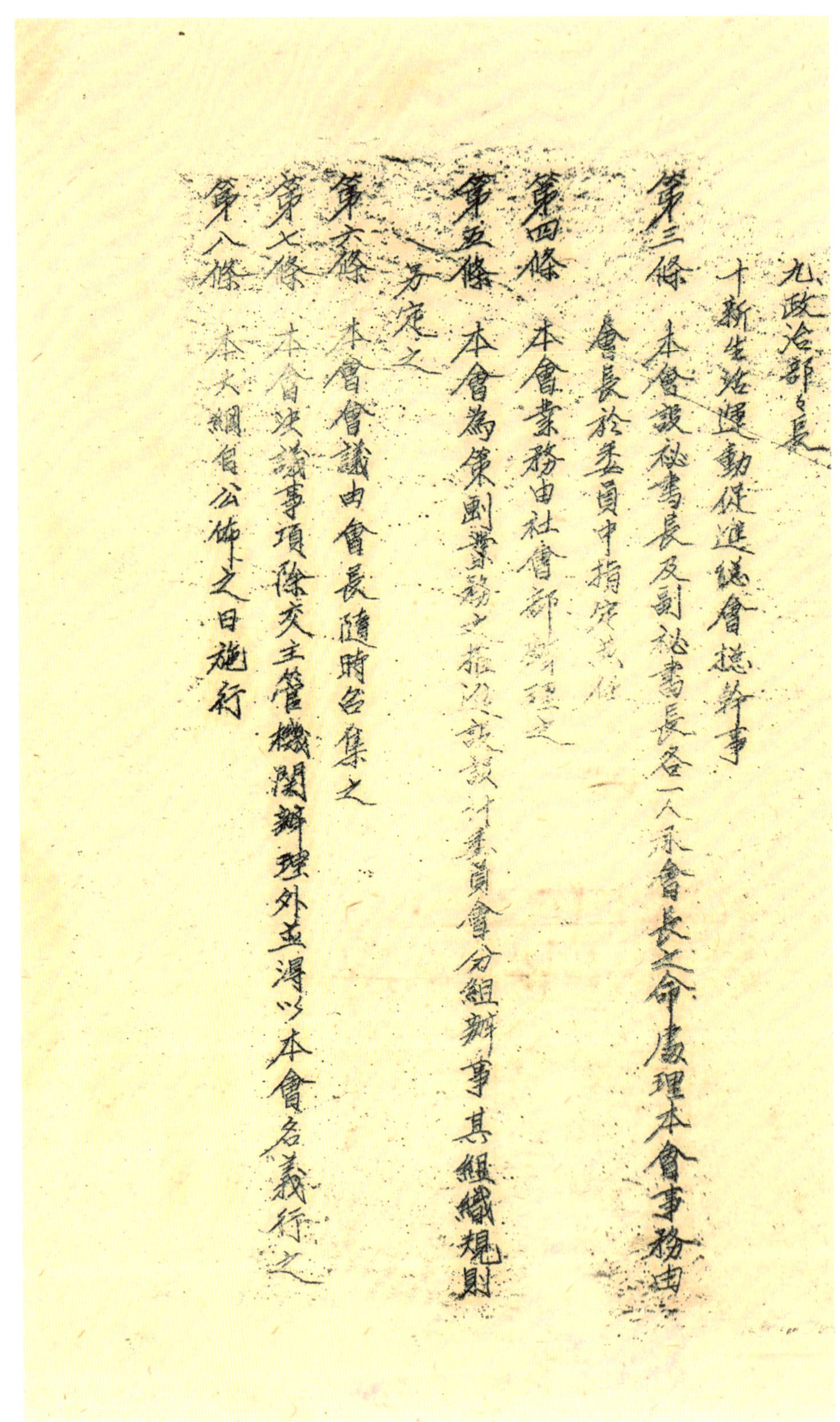

九、政治部部長

十、新生活運動促進總會總幹事

第三條 本會設秘書長及副秘書長各一人承會長之命處理本會事務由會長於委員中指定兼任

第四條 本會業務由社會部辦理之

第五條 本會為策劃業務之推進設計委員會分組辦事其組織規則另定之

第六條 本會會議由會長隨時召集之

第七條 本會決議事項除交主管機關辦理外並得以本會名義行之

第八條 本大綱自公佈之日施行

福建省动员委员会致各县政府、各县市动员委员会及各特种区署的训令（一九四〇年五月一日）

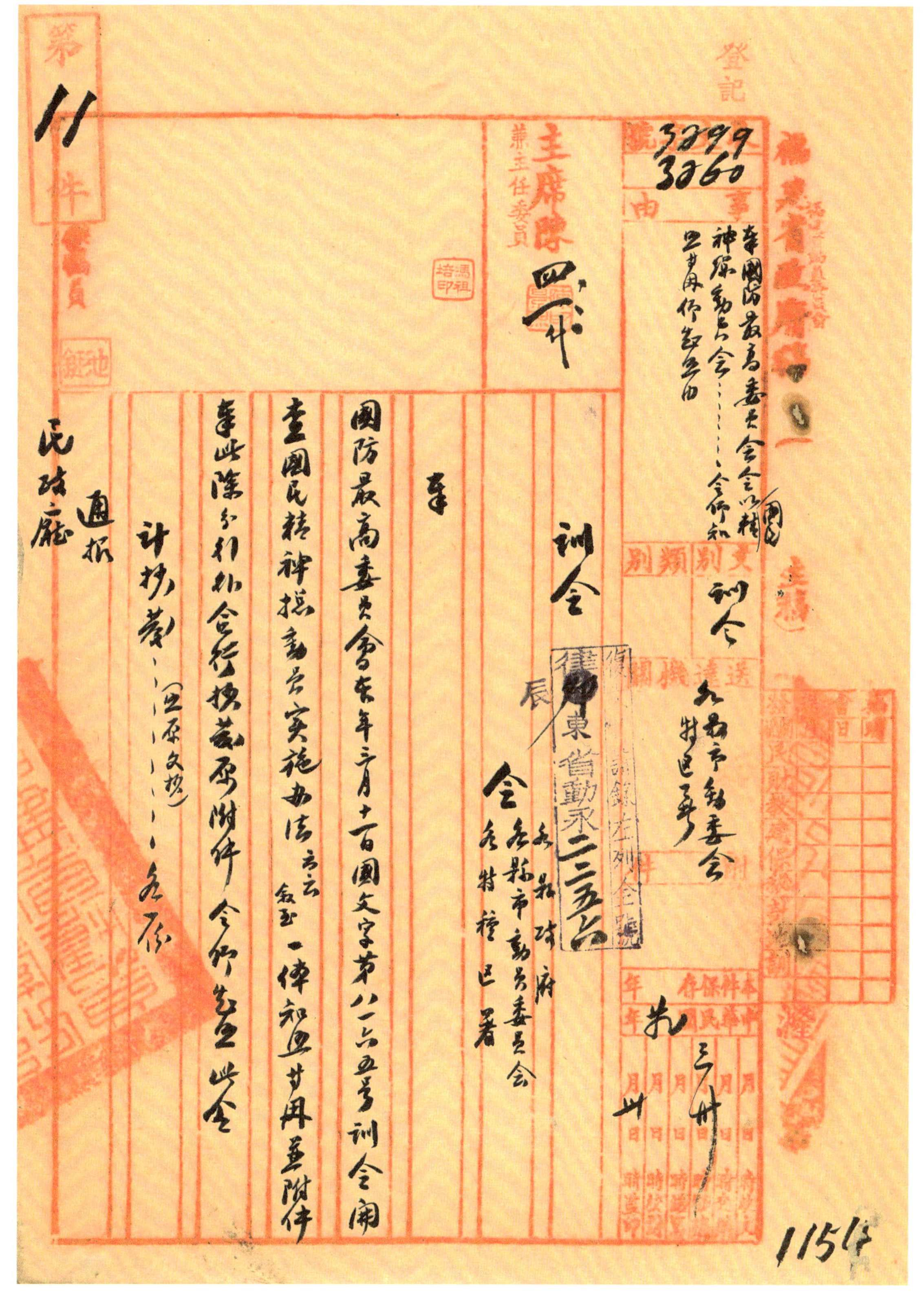

国防最高委员会、福建省动员委员会关于抄发修正国民精神总动员实施办法第二项国民月会办法大纲的训令（一九四〇年三月至五月）

国防最高委员会致福建省动员委员会的训令（一九四〇年三月二十一日）

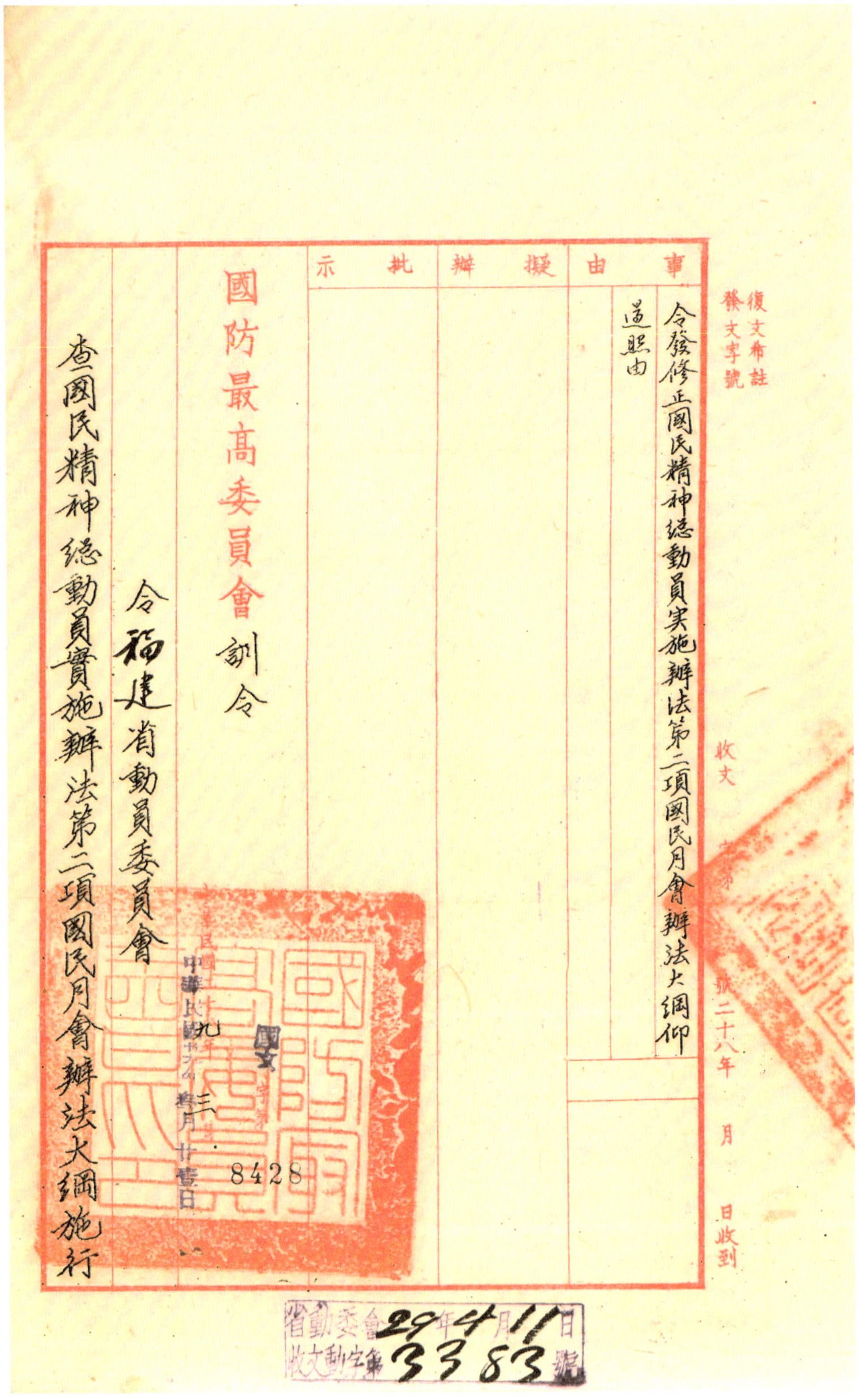

事由：令發修正國民精神總動員實施辦法第二項國民月會辦法大綱仰遵照由

擬辦

批示

國防最高委員會訓令

令福建省動員委員會

查國民精神總動員實施辦法第二項國民月會辦法大綱施行

中華民國二十九年三月廿壹日

8428

省動委會收文動字第3383號 29年4月11日

以来有經國民精神總動員會採納各方意見允其局部變通者亦有根據事實需要隨時以文電補充者茲將該辦法大綱各項條文重加檢討其事實上已有增改或尚有未盡妥愜之處均正式予以修改俾符實際而利推行除分行外合亟抄同修正國民月會辦法大綱令仰該省動員委員會遵照並轉飭所屬各縣動員委員會一体遵照

此令

計抄發修正國民精神總動員實施辦法第二項國民月會辦法大綱一份

委員長 蔣中正

校對 許耀東
監印 楊酉桂

附：修正国民精神总动员实施办法第二项国民月会办法大纲

修正國民精神總動員實施辦法第二項國民月會辦法大綱

(三)國民月會辦法大綱

為實施精神總動員及國民公約並貫澈計特定國民月會辦法大綱如下

一、舉行月會組合

(甲)同保之成年男女每月十五日上午舉行一次

(乙)同業而有公會等組織之分子每月一日上午舉行一次

(丙)同校或同機關同廠肆之分子每月一日上午舉行一次

(丁)其有家祠及其他宗族組織者每月一日上午舉行一次

(戊)其他自動的集舉行

凡成年男女必須參加於上列五項之下且須固定參加之至各組合舉行月會日期及時間如有特殊情形時准予酌量變通辦理

二、國民月會目次

(甲)宣誓　國民公約誓詞每次開會主席應宣讀一遍會員隨聲朗誦

(乙)講解　應將精神總動員綱領之第五章綱目及國民公約向參加人

員講解對於　總理遺教　總裁言論及新生活運動之要義
亦可徵引以求講解內容之充實

(丙)報告　時事及其他有關本地生產消費風俗等

(丁)提議　參加人對地方應興應革事宜如有意見得提出討論

三、月會督導

(甲)月會之主席在校為校長在保為保長(講解及報告可另延紹)在業為領袖在機關在廠肆為主管人在宗族為族長在其他自動約集則推定之其到會人名單及講解報告紀錄應報告於督導人

(乙)月會之督導人為當地之黨部人員地方行政人員校長教師及地方公正人士不足時由縣動員委員會指定之

(丙)縣督導員應隨地參加月會並紀摘其情形區長及鄉(鎮)長應与尽力協作

(丁)區長為駐地督導員應派人分頭視察並彙集月會報告摘要移送縣動員委員會

四、月會開始

全國月會於二十八年五月一日一律開始舉行

福建省动员委员会致各县市动员委员会、各特种区署的训令（一九四〇年五月九日）

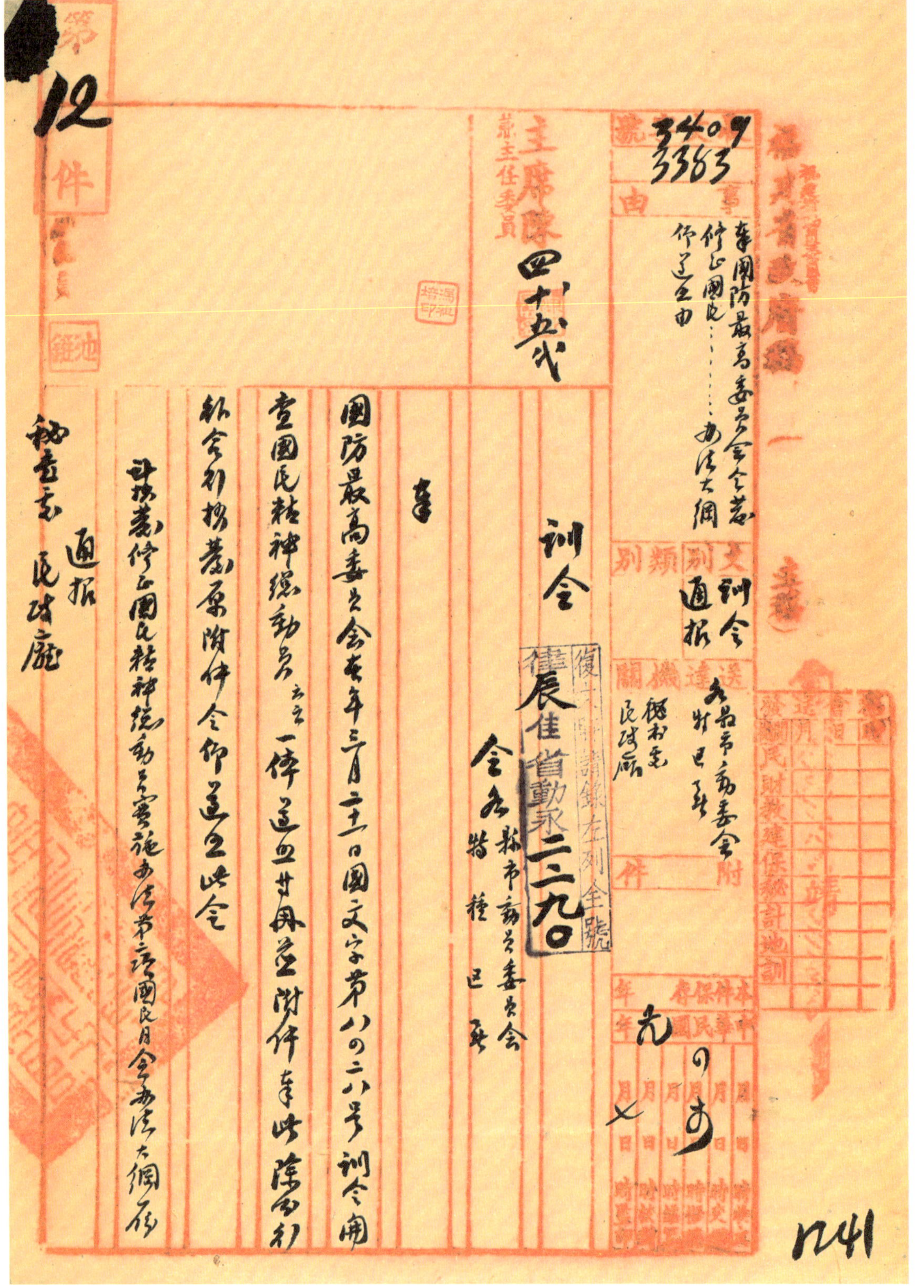

事由：奉国防最高委员会令发修正国民精神总动员实施办法大纲仰遵照由

训令

令各县市动员委员会、各特种区署

案奉国防最高委员会本年三月二十日国文字第八〇二八号训令开：查国民精神总动员……一件送达外，并附件奉此，除分行外，合行抄发原附件，令仰遵照。此令。

计抄发修正国民精神总动员实施办法第三项国民月会办法大纲一份

福建省振济会关于报送本省总动员民政部分计划内振济方面办理情形致省动员委员会的公函（一九四〇年四月十三日）

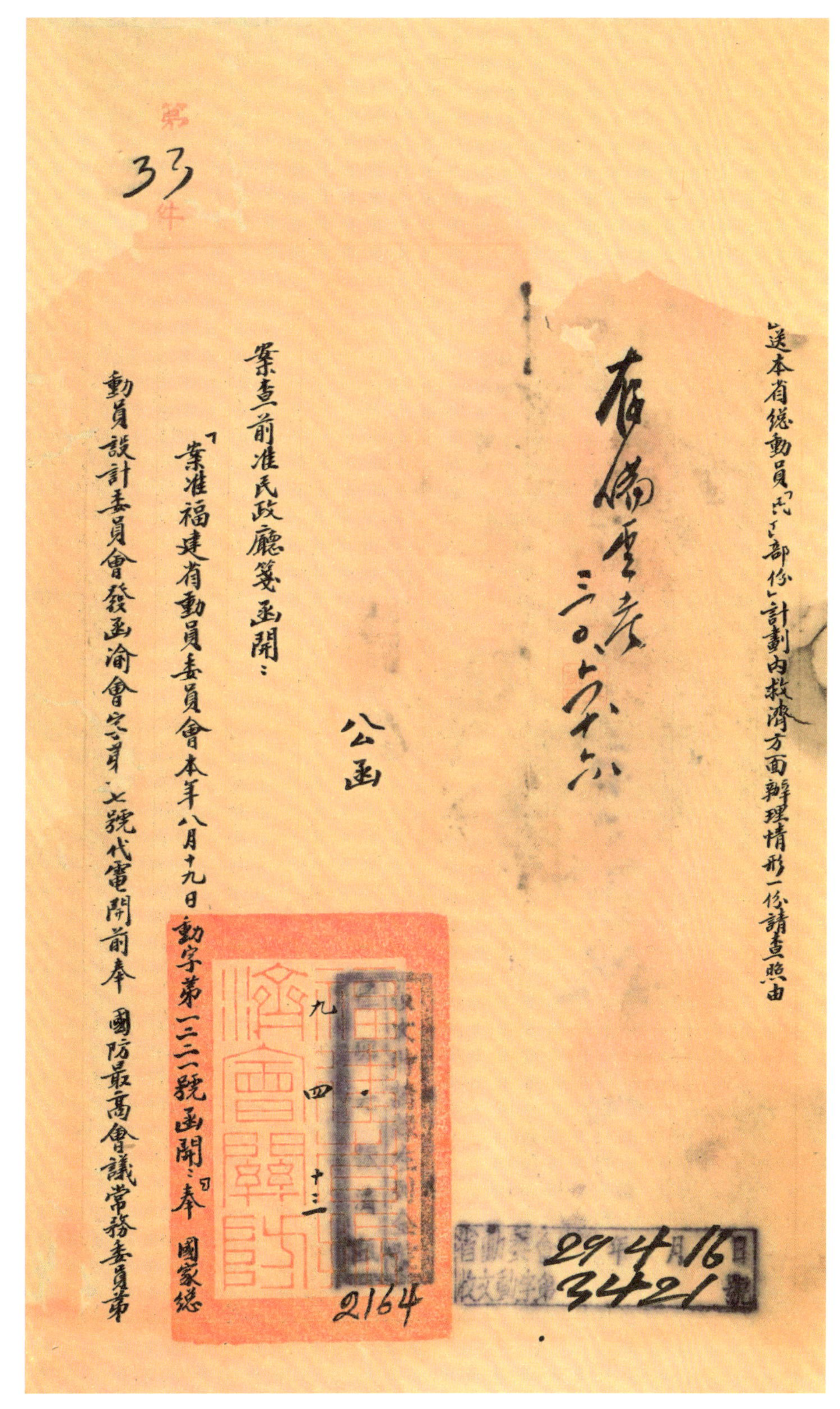

第33件

送本省總動員民政部份計劃內救濟方面辦理情形一份請查照由

存備查 三〇、六、十六

公函

案查前准民政廳箋函開：

「案准福建省動員委員會本年八月十九日動字第一三二一號函開：「奉國家總

動員設計委員會發函渝會字第七號代電開前奉國防最高會議常務委員第

九 四 十三

29 4 16

3421

2164

四十一次會議議決國家總動員設計委員會改屬於國防最高會議以行政院院長為主任委員軍事委員會總參謀長為副主任委員等因遵即賃定渝市至聖宮十九號房屋為會址並派閻天培為主任秘書於本年五月二十三日繼續辦公并分別呈報國民政府國防最高委員會鑒核備案各在案卷查國家總動員計劃大綱前經製表分送關係各機關查照辦理現在辦理已有年餘究竟辦至如何程度本會無從懸揣請將辦理情形詳細見復以便彙集而資策畫等因奉此查是項計劃大綱業經省政府以餘申敬府秘丁七八七四四號密令抄發貴廳遵辦在案奉電前因除分函外相應函請查照迅將辦理情形詳細見復以便彙辦為荷等由查此案前奉 省政府餘申敬府秘丁七八七四四號密令抄發總動員計劃大綱到廳當經就本廳主管事項擬具計劃於廿六年十一月五日呈復在案現救濟部份已劃歸貴會主管准函前由相應抄錄原計劃內關於

救濟部分及省政府餘申敬府秘丁七八七四四號訓令暨附發總動員計劃大綱各一份，函請
貴會查照，迅將辦理情形逕復省動員委員會彙辦為荷」

「由附抄送福建省總動員「民政部份」計劃內救濟方面一份，省府餘申敬府秘丁七八七四四號訓令及附發總動員計劃大綱各一份。正辦理間，復准
貴會律卯東省動永第二一〇二號箋函開：

「業查前奉國家總動員設計委員會代電飭報「國家總動員計劃」內規定之各種動員業務辦理情形等因，經准民政廳函復略開：查本省總動員計劃民政部分兵役事項已移歸軍管區兵役處主管，救濟事項已劃歸省振濟會辦理，茲摘錄原計劃內關於兵役救濟各事項，抄同省府原訓令暨附發總動員計劃大綱各一份，分送兵役處、振濟會查照，請將辦理情形逕送復本會等由。准此。茲已閱時已久，尚未准復

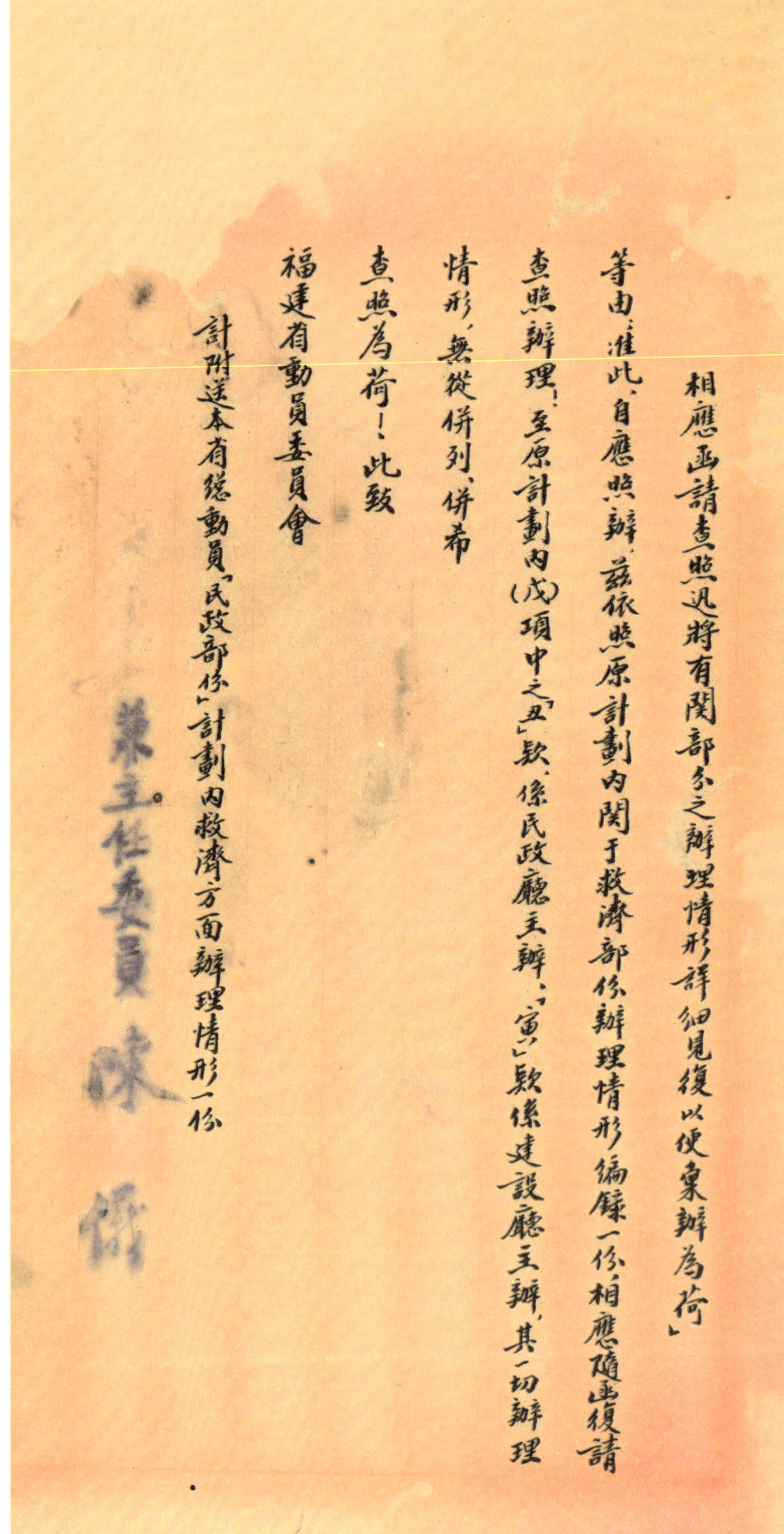

相應函請查照迅將有關部分之辦理情形詳細見復以便彙辦為荷」

等由；准此，自應照辦，茲依照原計劃內關于救濟部份辦理情形編錄一份，相應隨函復請

查照辦理！至原計劃內(戊)項中之「丑」款，係民政廳主辦；「寅」款係建設廳主辦，其一切辦理

情形，無從併列，併希

查照為荷！此致

福建省動員委員會

計附送本省總動員「民政部份」計劃內救濟方面辦理情形一份

兼主任委員 陳儀

福建省總動員「民政部份」計劃內救濟方面辦理情形

(甲)關于一般難民之救濟

子、急振： 本會對於各縣區空襲被難民衆救濟事宜，飭由各縣區空襲緊急救濟聯合辦事處，依照省頒本省救濟空襲被難民衆暫行辦法，對於被炸死傷者分別予以慰問，贈品，醫療，卹金及收容以資救濟，被炸死者每人發給收殮費二十元，重傷者發給撫慰費十元，輕傷者五元；至沿海各縣區遭遇敵艦砲擊時其死傷民衆，亦可比照上項辦法辦理。至若被炸後流離失所之民衆，確係赤貧經查明屬實者，由空襲處送入難民收容所收容之，此外凡由淪陷及戰爭區域逃出之民衆，可請求縣區振濟會檢查後，予以收容救濟，難民別其年齡，在十三歲以上者為大口，十二歲以下者為小口，每日所發之口糧費標準，就各縣區米價漲落情形，隨時核定之，上年九月一日起，難民每名每日口粮一律改為大口一角二分，小口八分，近如福州、建甌、晋江、龍溪等縣，因當地米價騰貴，特酌予增加，福州、建甌已增為大口二角五分，小口一角五分，晋江、龍溪則增為大口每日二角，小口一角五分，藉資生活，所撥口粮等費，按月由縣檢據報銷，以杜侵蝕。

丑、收容：本省自金廈淪陷後，至平潭、東山、南日一度淪陷止，難民散居各處，為數頗多，為使彼等免于流離失所起見，已通令各縣區就地選擇交通適宜、柴水方便之安全地區，修繕寺廟祠堂或其他公共處所，普設難民收容所，至現在止，據報已成立者，達八百餘所，以備收容戰區退出及受敵機襲炸致流離失所之難民，並訂定本省處理難民辦法、本省難民防範辦法、本省難民收容所管理規則，管理難民之行動與生活，且就收容所內，按日舉行精神講話，灌輸抗戰情緒，以堅定其抗建必勝必成之信念，此外並須發難民登記表式，令飭各縣區遵照，遇有收容難民，隨時填報，既可稽考難民之動態，又可詳悉難民之年齡，及其工作能力，對壯年難民，則予以配置生產工作，失學難童，則送入兒童教養院及其他救濟院所，收容教養，計自七七抗戰後，至上年九月底止，共計收容男女難民七萬五千四百三十餘名，發給口糧等費，自二十七年五月至上年十二月，共計八萬餘元，至難民收容所內醫療衛生之設備，亦經令飭各縣區切實注意設備，以應需要，並准撥款購置藥品，自二十八年六月至十二月，各縣區購置是項藥品款額，共一萬一千九百餘元，

寅、遣送　收容難民如有工作能力之壯年，或技術人員，智識份子，則分別予以配置生產工作，或介紹職業，或予小本貸款，使其經營小工商業，老弱鰥寡，予以終養，幼年孤兒，送入兒童教養院，其餘有原籍可歸，或有親戚故舊可以投止者，則由縣

區振濟會填給証明書，給資遣散，若夫遣送大批難民時，多由本會派員及由當地政府派隊護送，其交接地点，以縣為單位，至所需舟車，則商由交通機関予以照章優待運輸，自二十七年起至本年九月份止，全省計遣送難民共計八萬零六百三十二人，至本會對於壯年難民所配置之生產工作，計分工藝墾殖兩部門，由本會難民生產事業管理處專責辦理，工藝方面現已成立難民工廠九所，計第一為織布廠，第二為樟腦廠，第三為磚瓦廠，第四為毛巾廠，第五為衛生材料廠，第六為編織廠，第七為肥皂廠，第八為紡織廠，第九為針織廠，以上九所工廠，共計資金十一萬四千五百元，現有難民七百人，墾殖方面，現已成立崇安、建寧、泰寧、建陽、清流、寧洋、德化七縣墾務所，同安水頭墾區，邵武試驗墾區，七里街種苗繁殖場，除試驗墾區墾民正在移運難民配墾外，現有墾民合計一千二百九十三户，五千三百七十七名，配墾荒地二萬七千另九十八市畝，墾竣荒地一萬五千九百十九市畝，本年一月間復派員前往沿海各縣，招墾難民，移運內地，配置各墾區從事墾殖，現已招墾竣事，至難童教養方面，現由本會撥款成立之兒童教養院，計在崇安、建甌、閩清三縣，設立第一、二、三兒童教養院，現有難童六百八十名，各縣區兒童教養機關，計有建甌等十四縣區設立兒童保育所每縣區一所計十四所，崇安等六縣設立兒童教養院每縣一處計六處，古田縣除設立兒童保育所一所外，又設立福建孤兒院一處，莆田縣設立惠兒院一處，晉江縣設立開元慈兒院一處，德化縣設立楓林慈兒院一處，以上各院所，現有兒童共計二千一百六十九名。

(乙)關于婦孺之救濟

子、遷移：　本會對于戰區退出之婦女兒童之救濟，除予以迅速之處置外，仍照前述收容遣送辦法辦理，茲不贅言。

丑、施振：本會對於戰區退出被難之婦孺應予振濟者，仍照定章辦理。

（丙）關于遠道難民之收容：

本會對于遠道難民到達各縣區時，無論是否本籍，當地縣區振濟會，經檢查確屬難民後，即予以收容，其收容遣送等事，仍照一般收容之原則辦理。

（丁）關于救濟机關之設置：

子、改組省振濟机關：二十七年十一月間，行政院頒佈各省市振濟會組織規程，將一切振濟事宜，歸併統一，由省振濟會辦理，本省奉令後，即將前振濟委員會，改組為省振濟會，內部計分總務、財務、籌募、救濟、查核等五組，每組以事務繁簡，分股辦事，由是本省振濟机構，遂告統一，事權漸臻集中，丑、設立難民生產事業管理處：　本會為求積極推動難民生產事業計，特于上年二月初，設立難民生產事業管理處，以專責成，現有之難民工廠九所、墾務机關十個單位，統歸管轄。

寅、遍設各縣振濟會：　抗戰後，本省各縣區雖有難民救濟支會之設立，而工作僅限于救濟難民一項，對于一般振濟事業，尚無獨立健全之振濟机關，總理其事，本會成立後，為健全基層振濟行政机構計，釐訂各縣(區)振濟會組織規程，通令各縣區遵照辦理，積極改組，現均已據報一律成立。

卯、設立各縣(區)空襲緊急救濟聯合辦事處：　本會為救濟遭受敵机空襲被難民眾起見，于上年五月間，訂定本省各縣區空襲緊急救濟聯合辦事處組織規程，通令全省各縣區一律組織成立，現在六十八縣區空襲處均已一律成立。

戊、關于救濟經費之籌集

子、原有慈善費：本省財政支絀，此項經費，極為有限，根據上年各方報告，年約十五萬二千六百二十五元。

丑、救災準備金：此項經費係由省府民政廳主管，其一切情形，本會莫從揣悉。

寅、積穀款：此項經費，係由省府建設廳主管，本會無從揣悉。

卯、募款：本省于二十七年九月間，舉辦募集救濟準備金，按照各縣市區歲入出預算及人口數核定配額二百萬元，現據各縣市區報稱已募有相當成數，正在辦理結束，此項救濟準備金定為救濟專款，非屬救濟用途，不得動用，並訂有保管及動支辦法。

国民精神总动员会、福建省动员委员会关于抄发改进国民月会试行办法及国民月会仪式的文书（一九四〇年四月至六月）

国民精神总动员会致福建省动员委员会的快邮代电（一九四〇年四月二十七日）

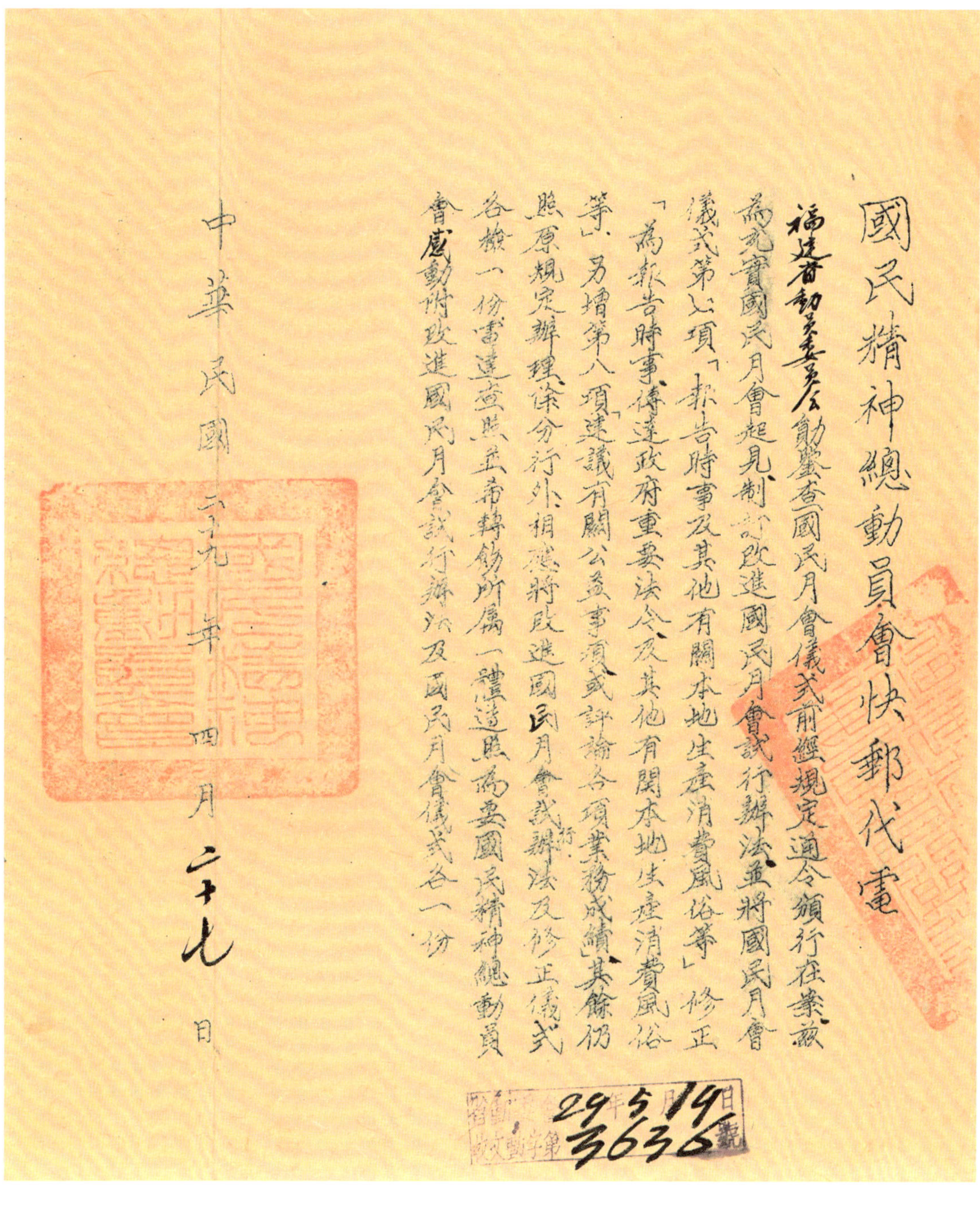

國民精神總動員會快郵代電

福建省動員委員會鑒：查國民月會儀式前經規定通令頒行在案。茲為充實國民月會起見，制訂改進國民月會試行辦法，並將國民月會儀式第七項「報告時事及其他有關本地生產消費風俗等」修正「為報告時事、傳達政府重要法令及其他有關本地生產消費風俗等」，另增第八項「建議有關公益事項或評論各項業務成績」，其餘仍照原規定辦理。除分行外，相應將改進國民月會試行辦法及修正儀式各檢一份，電達查照，並希轉飭所屬一體遵照為要。國民精神總動員會感動附。改進國民月會試行辦法及國民月會儀式各一份

中華民國二十九年四月二十七日

29 5 19
3636

附一：改进国民月会试行办法

改進國民月會試行辦法

一、為利用國民月會訓練行使民權及獎進工作效率起見特訂定本辦法

二、參加國民月會之民眾得提出有關本地方公益公務上應興應革之意見

甲、每人發言以五分鐘為度每次月會以五人為度

乙、發言時如有越範圍情事主席得糾正或停止之

丙、月會主持人應將民眾所發表之意見據實紀錄詳報當地動員機關

丁、民眾如有切中肯綮之建議當地動員機關應一面通知其月會主持人於下次月會當眾嘉獎同時應通知有關機關酌量辦理

三、國民月會中得討論本地方各人各家或其他單位各項足資比較之業務工作成績

甲、月會主持人得酌量情形試辦各種工作競賽於月會中提出報告與評論

乙、月會主席或到會人眾得就本地方各人各家或其他各單位各項業務工作成績提出討論並評定優劣時間以半小時為度

丙、到會民眾得提出有關增進各項業務工作之效率問題討論時間以半小時為度

丁、月會主持人應將評論情形詳報當地動員機關

四、當地動員機關應每月彙集各國民月會開會情形為優劣之比較於下月開會時擇要報告俾到會人員知勸勉

附二：国民月会仪式

國民月會儀式

一、全體肅立

二、唱國歌

三、向黨國旗及

總理遺像行三鞠躬禮

四、主席恭讀

總理遺囑

五、主席宣讀國民公約誓詞全體循聲朗誦

六、講解精神總動員綱領第五章綱目及國民公約

七、報告時事或傳達政府重要法令及其他有關本地生產消費風俗等

（關於地方公務公益之建議——於城市中試行之）

（關於各項業務工作之討論——於鄉村中試行之）

八、呼口號

此件已存令稿[illegible]

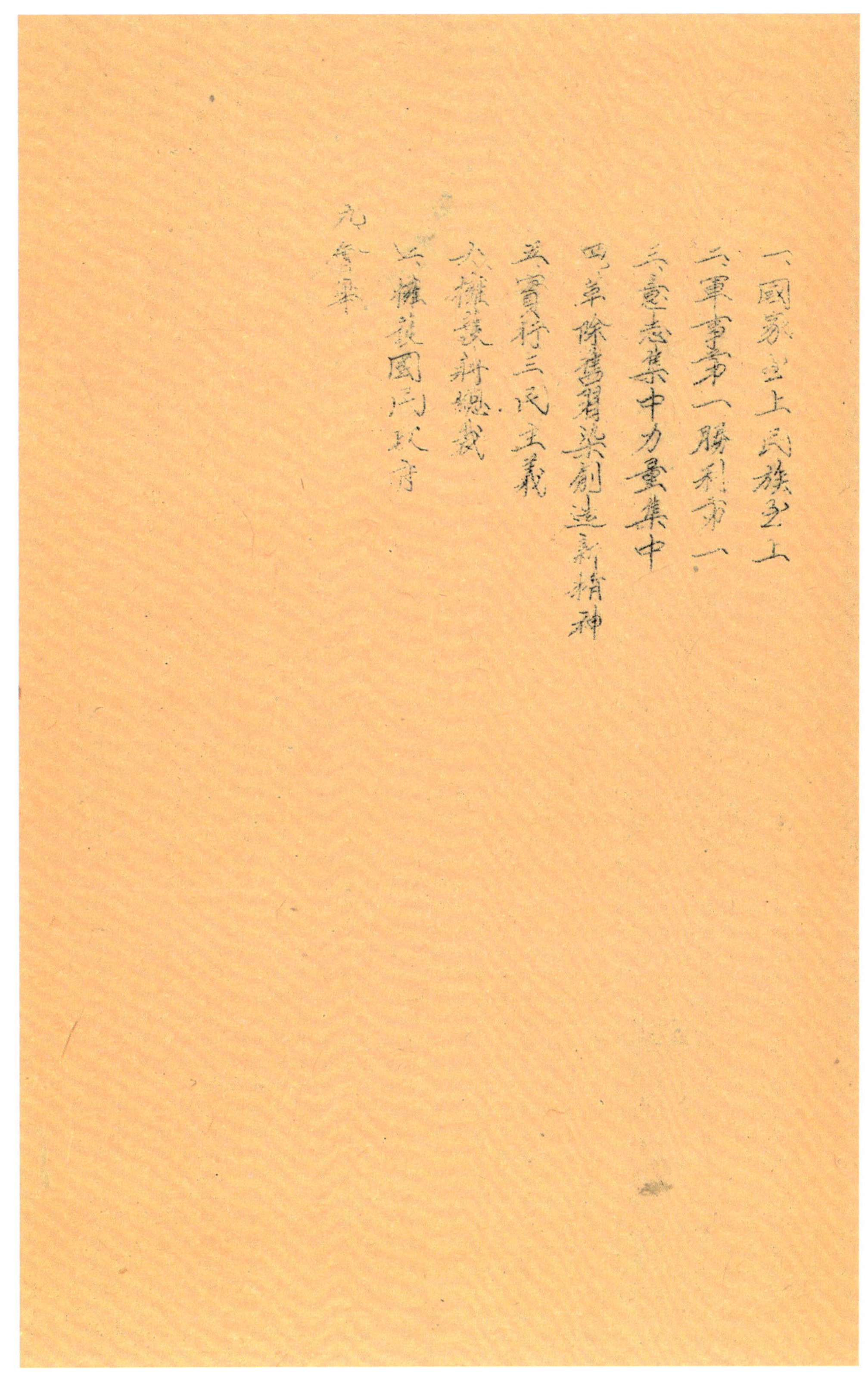
一、國家至上民族至上
二、軍事第一勝利第一
三、意志集中力量集中
四、革除舊習染創造新精神
五、實行三民主義
六、擁護新總裁
七、擁護國民政府
九、會[illegible]

福建省动员委员会致各县市动员委员会、各专员公署等的训令、笺函（一九四〇年六月八日）

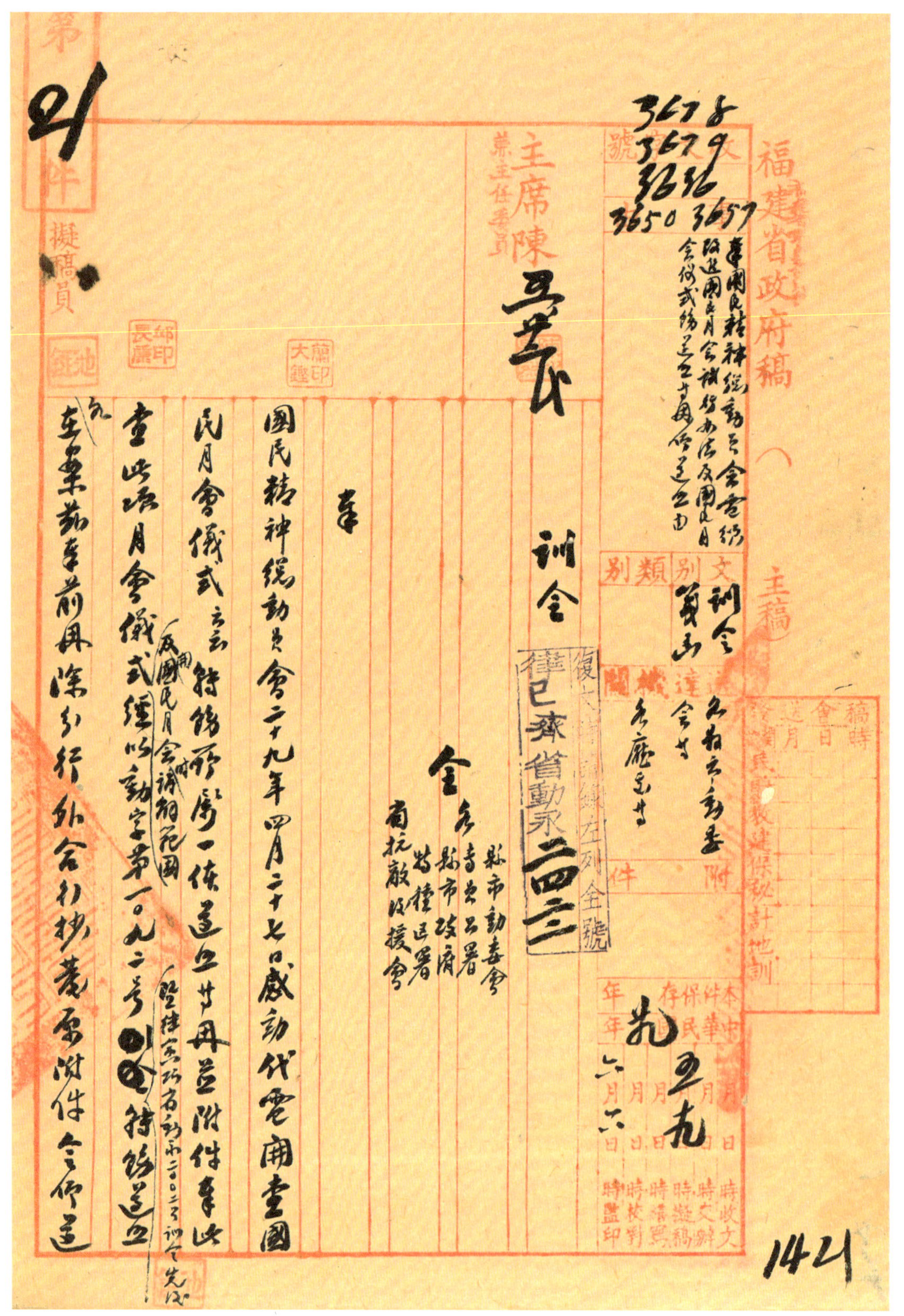

四、並將協助處工作是否有當（該委會未另下文者可用此句）此令

附抄改進國民月會議行辦法及國民月會儀式各份

簽呈

茲抄送國民精神總動員會二十九年四月二十七日戰動代電暨附件併請

查照並協助進行為荷此致

各機關（照清單繕發）

附抄代電暨附件一件

戰動委會啟

福建省教育厅关于报送训练各级工作人员计划致省动员委员会的笺函（一九四〇年五月十七日）

案准

貴會動字第一二二一號及律外東省動永二一零二號函以國家總動員計劃大綱業經 省政府以餘申敬府秘丁七八七四四號密令發廳並飭就主管部分妥擬計劃呈核在案囑迅辦理等由茲經按照前項計劃大綱擬就訓練各級工作人員計劃相應隨函送請

查收彙辦爲荷此致

福建省動員委員會

福建省政府教育廳啟 二十九年五月十七

附計劃一份

福建省政府教育廳用箋

訓練各級工作人員計劃

(甲) 學生軍訓童訓

1. 增長平時軍訓年限及時數　學生平時軍訓原定期限一年，應延長為二年，於高中一二年級時行之，並應將原定每週學術科訓練三小時增加一倍。

2. 改進集中軍訓辦法　高中以上學生集中軍訓應注重陣地攻守之演習與戰時特種技術訓練，以適應戰時之需要。

3. 實施女生救護訓練　女生救護訓練亦應分平時與集中兩種，即在男生施行平時軍訓時，女生施行平時救護訓練男生施行集中軍訓時女生施行集中救護訓練。未實施學生戰時常訓 初中學生童子軍訓練除在校照常學習基本學術外應予以後方服務訓練以組織戰時後方服務團。

（乙）學生戰時勤務訓練

高中學生應遵照教育部頒發高中以上學校學生服務與訓練辦法大綱辦理並組織青年後方服務團應予宣傳救護防空防毒警衛偵察交通慰勞募集九種。初中學生應遵照童子軍總會頒發童子軍戰時服務團辦法大綱辦理組織童子軍戰時服務團。

(丙)民訓幹部及戰时民教幹部、訓練

1、辦理民訓幹部訓練　為求喚醒民衆支抗戰初期應先將民衆予以初步的訓練此項民訓工作係以全省各學院學生並師範及高中二三年級簡師四年級學生充任在未出發以前先將此項幹部一千餘人集合於民訓幹部訓練總隊予以三星期之訓練其課程分軍事訓練及政治訓練兩種訓練完畢派往全省各縣區担任政訓軍訓工作时间四个月每三五人為一組每一二週辦理一鄉政訓或軍訓按鄉逐漸進行以期普及。

2、辦理戰时民教幹部訓練　自經初步民訓之後應進行一步推行戰时民教将民衆教育與社會打成一片擬自二十七年度起至兩年之内全省開辦戰时民衆學校一萬所使全省十六歲至四十歲之失學男女均能受到戰时的教育担任辦理此項戰时民教之幹部即戰时民衆學校校長教員係由高中及師範二三年級簡易師範三四年級學生充任約二千人各該學生均停學一年專辦戰时民教在未派往各校以前先由軍訓處予以兩个月之訓練此項戰时民教幹部訓練除與高中學生集中軍訓予以軍事訓練外並授以教育科目為教授民衆學校之用訓練完畢應即派充戰时民衆學校校長教員

又在戰時民教辦理頗有成效之省應進一步辦理國民教育將民衆教育與初等教育合成一片改各縣中心學校及國民學校此項辦理國民教育之幹部除以原有小學及民衆學校之校長教員訓練改充外並應由國民師範學校分期培養。

（丁）工業技術人員訓練

1、擴充工業學生學額　為適應戰時需要起見本省各高級工業職業學校應增設班級擴充學生名額俾便多量培育機械化學各科技術人員。

2、戰時技工訓練　為迅速養成戰時技工起見在本省各高級工業職業學校應附設電機機械土木各科訓練班先由軍隊保送相當程度士兵或招收志願青年予以短期訓練期限三個月一面另添設備增聘教員再辦一年制戰工訓練班俾授以較高深的技術以供應用。

福建省动员委员会救济股关于拟定救济工作计划致总务股的笺函（一九四〇年六月十三日）

准

贵股五月廿九日律辰艷省動永2413函囑擬定救濟工作計劃彙辦呈核等由准此兹擬定救濟工作計劃一份相應

復請

查照辦理為荷此致

總務股

附救濟工作計劃一份

省動員委員會救濟股啟

六月十三日

存查

第16件

3180

省動委會收文動字第8228號 29年6月16日

附：福建省动员委员会救济工作计划

福建省動員委員會救濟工作計劃

一、救濟義民

本省自金廈失陷，沿海情勢緊張，遭受敵人迫害而淪為流離顛沛之義民，為數至夥，故欲安定治安，培養國力，以爭取最後勝利起見，必須致力於義民之救濟，使各得所歸，各盡其力，共同完成抗建工作，本會除與有關機關依照成章，通力合作外，并擬通令各縣分會切實協助辦理。

二、救濟空襲被難民衆

自抗戰以後，本省各地時受敵機肆虐，被炸區域，房舍為墟，產業蕩盡，而死傷及流離民衆，為數亦夥，安輯撫綏，要在妥善救濟，本會除督飭各縣分會廣設避難場所，以期防患未然，并於空襲發生時，盡力救護撫慰及籌募醫療急振事宜外，一面并與有關機關妥籌救濟辦法。

六、救濟傷兵

本會擬推動傷兵友社之組織，廣泛徵求社員，并擬飭沿海及衝要縣份購儲醫藥，以資因應。

四、救濟出征軍人家屬

為使出征軍人無後顧之憂，以激勵各地壯丁踴躍應募起見，關於出征軍人家屬之救濟，實為要圖，除請主管機關切實辦理外，并擬調查各縣出征軍人家屬之生活實況，予以分別救濟

国民政府军事委员会政治部、福建省动员委员会关于抄发奖励祠宇献金办法等件的文书（一九四〇年六月至七月）

国民政府军事委员会政治部致福建省动员委员会的快邮代电（一九四〇年六月一日）

國民政府軍事委員會政治部代電　治化渝字第471號

福建省動員委員會鑒案據福建省抗敵後援會主任委員陳肇英呈畧
稱查我國各姓祠宇公產多為祭祀及其他迷信儀式之用如能激勵民衆輸
以救國所裨實多特發起祠宇獻金運動期使推其愛族之心以愛國藉以
充實抗戰之資力推行以來尚見順利先後計捐募叁萬餘元預料成績
當有可觀理合備文連同本會所訂奬勵祠宇獻金辦法並奬勵祠宇獻金
補充辦法各縣祠宇調查表奬匾詞句一覽各一份呈請察核令飭各省仿
照推動藉收宏效等情查核來呈立意及辦法均屬妥善除指令嘉勉外相應
抄送原辦法各一份電達查照一致發動舉辦並轉飭所屬一體遵辦以收集腋
成裘之效為荷軍委會政治部部長陳誠治化渝辰　印附抄送奬勵
祠宇獻金辦法奬勵祠宇獻金補充辦法各縣祠宇調查表奬匾詞句一
覽各一份

中華民國二十九年六月一日

省動員委員會收文動字第3861號　29年6月24日

福建省抗敵後援會獎勵祠宇獻金辦法

一、本會為推行各縣宗祠獻金救國，特訂定本辦法。

二、推行宗祠獻金，應由縣抗敵後援分會推定委員分赴各區，邀集各宗祠當事人，曉以大義，勸導認捐，報由本會分別獎勵之。

三、獻金滿五千元者，除由本会獎贈匾額外，並由会呈請中國國民党中央執行委員会暨國民政府給獎。

四、獻金滿壹千元者，除由本会獎贈匾額外，並由会函請中國國民党福建省執行委員会暨福建省政府給獎。

五、獻金滿弍百元至伍百元者，由本會分別獎贈匾額。

六、懸匾日期，必由縣抗敵後援分会預先通知該宗祠當事人，或由該宗祠自定日期，屆期由会協同地方党政長官隨帶樂隊送往懸掛，以資表揚。

七、私人獻金滿五百元者，準用本办法之規定。所獎之匾額，須懸掛其宗祠或本宅者，各從其便。

八、製匾及懸掛等用費，由本会支付。

九、獻金由縣抗敵後援分会收繳本会彙解中央，除發給正式收據外，並登報公佈。

十、本办法经本会議決施行。

奬勵祠宇献金補充辦法

一、各縣祠宇及個人献金，應依照本会奬勵祠宇献金办法第九條之規定由縣抗敵分会经收，掣發臨時收據，專案呈報本会，發给正式收據。捐献人於正式收據到縣時，即以臨時收據换取正式收據。

二、献金奬匾由本会發给代價，交各縣分会製送。

三、各縣分會经收献金，應随收随解，以便本会依左列規定發给奬匾代價：

1. 献金滿五千元者，發代價五十元。
2. 献金滿壹千元者，發代價四十元。
3. 献金滿伍百元者，發代價三十元。
4. 献金滿弍百元者，發代價二十五元。

以上代價應以一部劃充送匾之什耗。

四、奬匾題詞，由本会主任委員撰就印發備用。

五、奬匾種類規定如左：

1.代價五十元者，應製黑漆地，金凸字，金边緣匾額一面。

2.代價四十元者，應製黑漆地，金凹字匾額一面。

3.代價三十元者，應製紅漆地，黑凸字匾額一面。

4.代價二十五元者，應製紅漆地，黑凹字匾額一面。

六、舉行授匾典礼時，礼堂佈置之費用及送匾之工資，准就什耗內開支。

七、各分会於每次送匾結束時，應將製匾及什耗數目連同單据粘存簿呈送本会核銷。

八、送匾時間及匾額長度定度，應由各分会向受匾人商定之。

九、舉行授匾典礼時，該縣党政軍長官及縣抗敵分会委員應親臨或派代表参加，各機關學校社團應派代表参加。

十、授匾典礼在城區者，應在縣抗敵分会举行，其在遠僻之村落者，可假區分部举行，並由當地區分部及區署協同辦理之。

十一、各祠宇献金不满贰百元，個人献金不满五百元者，得由各縣分会專案呈報本會，分別核給甲乙種獎章或獎狀。

十二、本辦法經本會議決施行。

附三：各县祠宇调查表

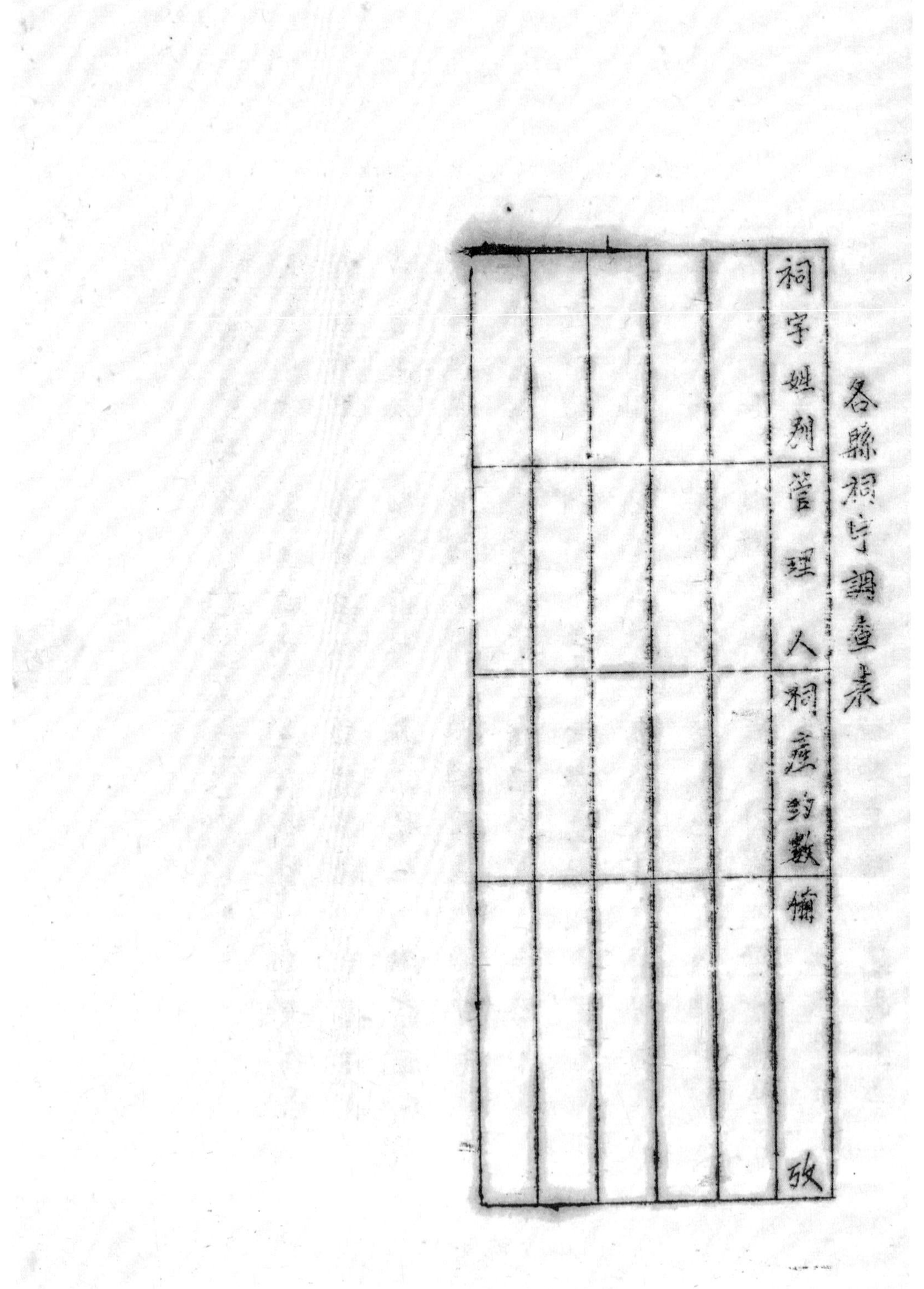

各县祠宇调查表

祠宇姓别	管理人	祠产约数	备考

獎匾詞句一覽

闔族之庥　家國同光　急公好義　宗功遠播

國族相維　積德累仁　詒穀子孫　忠孝兩全

族有達人　國脈同延　義不後人　維護國族

芳流後葉　良模啟後　救國榮宗　保邦受祜

衛國有功　義舉足式　闔里之榮　盡忠克孝

義方啓後　國同榮華　宗族惠國　華胄之光

衛我邦族　家聲振興　革命之族　資訓永年

乃大其族　保族功深　義訓昭垂　行道有福

忠孝流芳　功侔卜式　興國同興　紓難揚旌

明其禮義　義問昭宣　踵揚足式　孫忠子孝

家邦攸賴　光揚祖德　功昭史譜　見義勇為

榮宗耀祖　宗國永光　共濟時艱　有功於國
艱危共赴　功鑄前方　增強國力　里閭生色
世執其功　愛國敬宗　愛秉國族　家齊國治
福及子孫　閩族增光　維族之慶　光前裕後
千金報國　共紓國難　為國傾財　孝益民族
保世滋大　愛國熱忱　勵志成城　存心濟物
毫濟邦家　舍私從義　行義高勳　幸福同沾
視國猶家　心懷桑梓　家族增光　含謨吐忠
義聲克著　種德收福　德澤及國　衛國保家
心田受潤　榮襄義舉　抗建有功　同心體國
舉族向義　光輝百世　同德同心　一族之光
為出錢倡　邦國之光　功在家國　忠於國家
光揚族聲　光國光宗　獨識興亡　榮光代世
為善好義　富能濟國　為族爭先　輸財助國

福建省动员委员会致各县市政府、各县市动员委员会及各特种区署的训令（一九四〇年七月十八日）

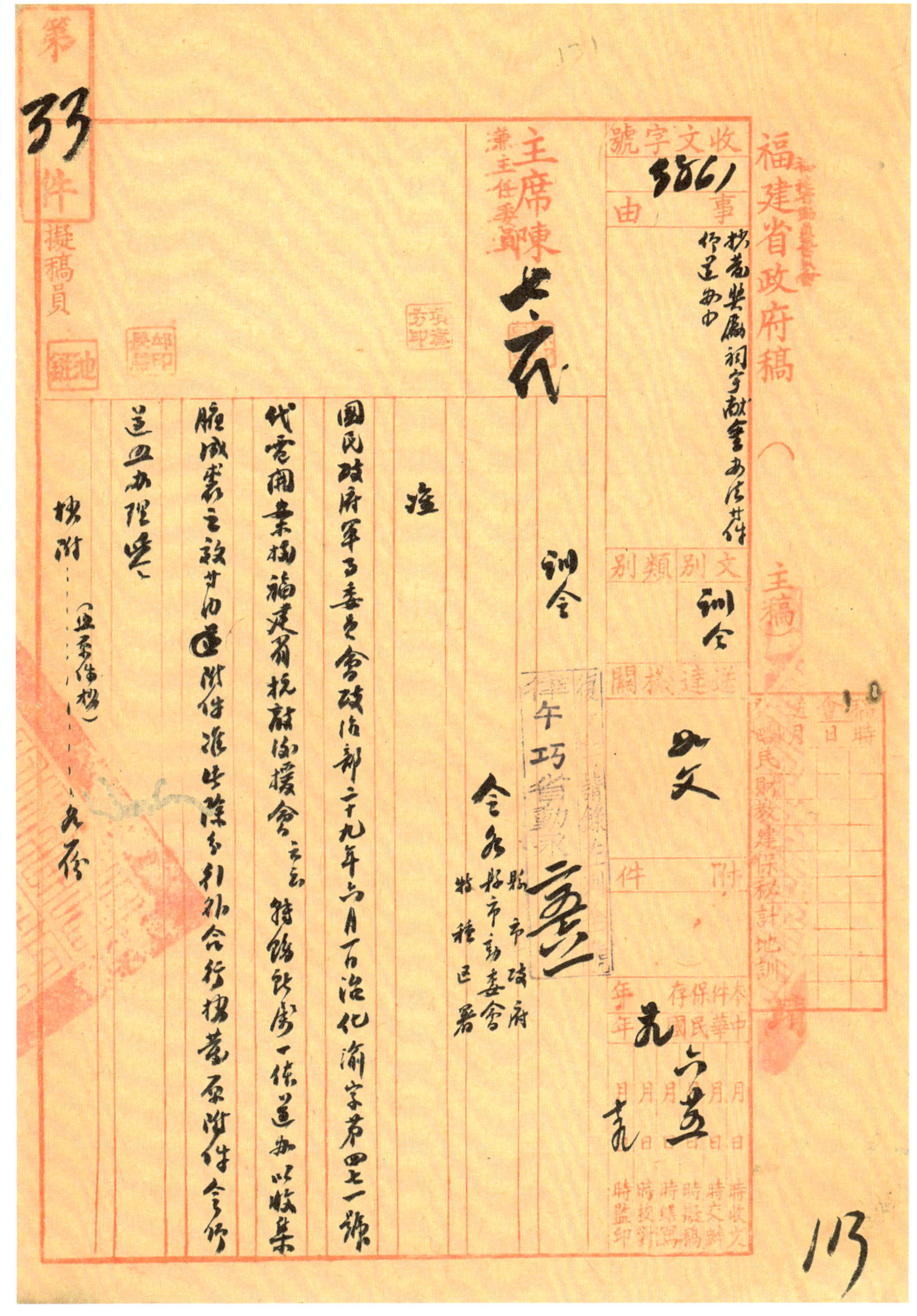

国民精神总动员会、福建省动员委员会关于抄发各级党部推进国民精神总动员工作纲要的文书（一九四〇年九月至十月）

国民精神总动员会致福建省动员委员会的代电（一九四〇年九月十四日）

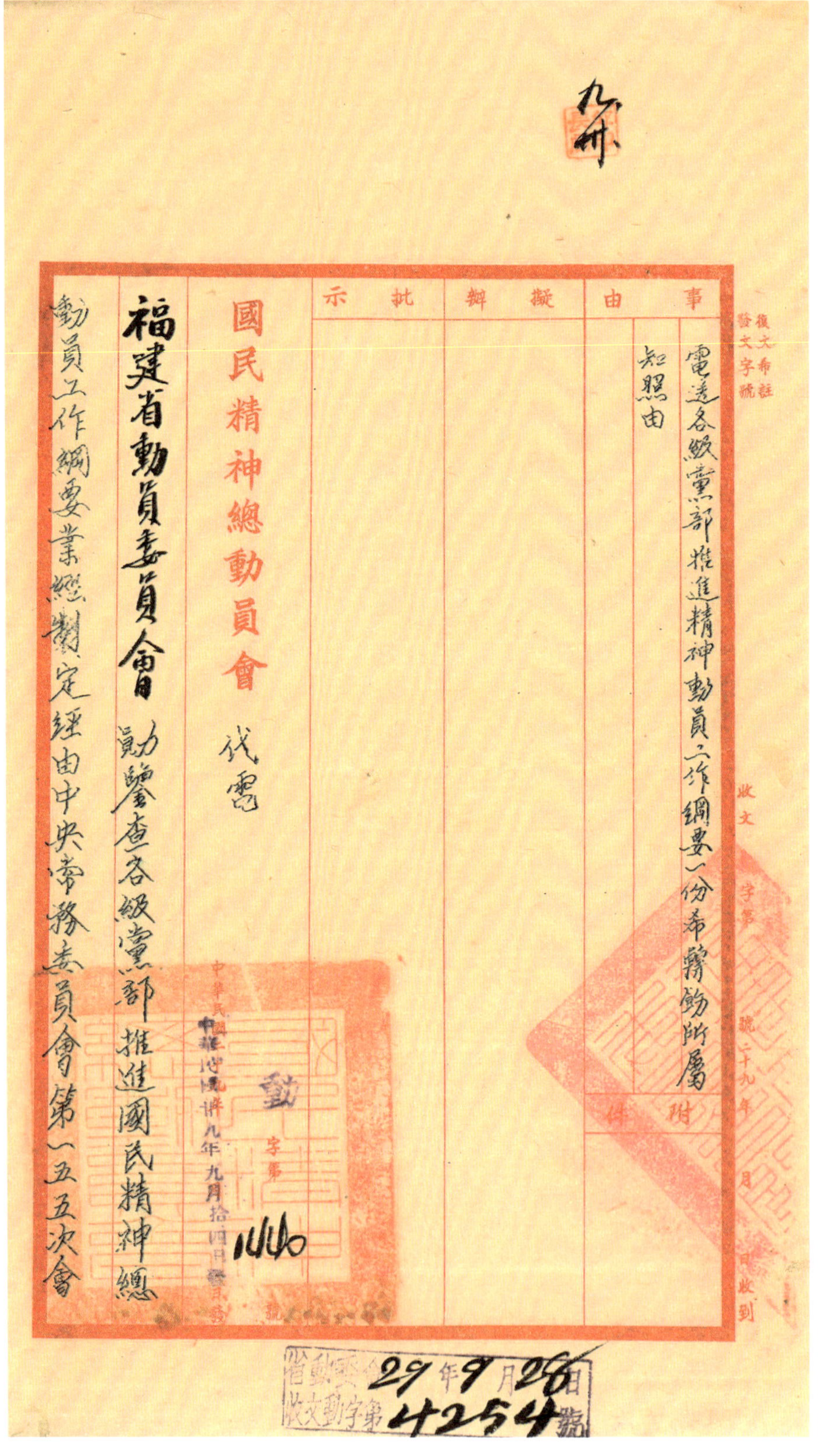

事由：電送各級黨部推進精神動員工作綱要一份希轉飭所屬知照由

國民精神總動員會 代電

福建省動員委員會勛鑒：查各級黨部推進國民精神總動員工作綱要業經制定，經由中央常務委員會第一五五次會

中華民國廿九年九月拾四日發出 動字第1140號

省動委會收文動字第4254號 29年9月26日

議決議修正通過在案除分行外合行檢同該項綱要電達查

照并希轉飭所屬一体知照國民精神總動員會 〔簽章〕 動附

送各級黨部推進國民精神總動員工作綱要一份

附：各级党部推进国民精神总动员工作实施纲要

各級黨部推進國民精神總動員工作實施綱要

二十九年八月廿二日第五屆中央常務委員會第一五五次會議通過

一、中國國民黨為協助各級精神總動員機關推行精神總動員起見，特制定各級黨部推進國民精神總動員工作實施綱要。

二、各級黨部應以國民精神總動員為今後中心工作之一，黨部負責人員及全體黨員應以身作則，為社會倡導。

三、各級黨部應利用黨員小組會議注意下列工作：

甲、研討當地國民精神總動員工作之推行方法及其困難問題之解決。

乙、檢討當地黨部及黨員對於國民精神總動員工作之成績。

丙、訓練黨員有關推進國民精神總動員工作之知識與技術。

四、各級黨部應分別督導當地各界黨員按照其職業及社會地位領導各該界民眾積極推行國民精神總動員工作。

五、各級黨部對所轄區內人民團體，除督導其推行一般國民精神總動員工作外，應分別其團體性質，規定一種或數種精神總動員業務為其中心工作。

六、各級黨部應設法利用各種節會或紀念日推行各項精神總動員工作。

七、各省（市）黨部應執行下列工作。

甲、各省（市）黨部工作計劃及工作進行程度表，應將精神總動員列為中心工作，並配合全省（市）黨務工作內切實推進。

乙、各省（市）黨部負責人應協助省（市）動員委員會輔導精神總動員協會，切實推進精神總動員工作。

丙、各省（市）黨部應力謀省（市）動員委員會與精神總動員協會之密切聯繫。

丁、各省（市）黨部應令全省（市）黨員監察網同時担任監察全省（市）精神總動員工作，並配備為全省（市）精神總動員工作監察網。

戊、各省黨部應商同省動員委員會指定一縣或數縣為精神總動員工作示範區，派遣得力工作人員前往實地主持，並依次推及於全省。

八、各省區黨務指導及督導人員應注意下列事項。

甲、各區黨務指導專員及督導專員（以下一律簡稱各區專員）應以精神總動員工作為其中心工作之一。

乙、各區專員應製定區屬各縣精神總動員工作實施辦法，督飭區屬各級黨部，切實辦理。

丙、各區專員視察各縣時，應召集各該縣精神總動員工作有關人員，切實商討推進方案，並考核其成績。

丁、各區專員應注意所在地之精神改造工作，以為示範。

九、縣（市）黨部及區黨部區分部應切實施行下列工作。

甲、各縣（市）工作計劃及工作進度表，應將精神總動員列為中心工作，配合於全縣黨務，切實推進。

乙、縣黨部負責人應協助縣動員委員會主任委員，並策動全縣優秀份子切實推進精神總動員工作。

丙、全縣督導員應以黨員為主幹，由縣黨部遴選商由縣動員委員會派造之縣黨部對於充任督導員之黨員應先期予以訓練加強其領導能力。

丁、縣黨部應協助縣動員委員會特別注意重各縣之精神改造工作。

戊、各區黨部負責人應協助各該區區長切實執行精神總動員工作，遵照國民精神總動員綱領之規定參酌地方情況發為實際運動，並須注意普遍及深入。

己、各區（分）黨部應就所轄黨員之職業及社會地位令其加入保甲或職業組合內作為核心，發揮精神總動員工作領導作用。

十、在戰地及戰區之省（市）黨部仍應依照本綱要第七條各項切實執行，各區專員及縣以下各級黨部得斟酌情形變通辦理之，惟必須加強國民公約各項之宣傳與實施。

十一、各級黨部對於「國民精神總動員工作分配計劃」第三項「工作之實施」各項，應配合地方環境盡力推行。

十二、海外各級黨部得參酌本綱要變通辦理

十三、本綱要由　中央執行委員會核准施行。

福建省动员委员会致各县市动员委员会及各特种区署的训令（一九四〇年十月十九日）

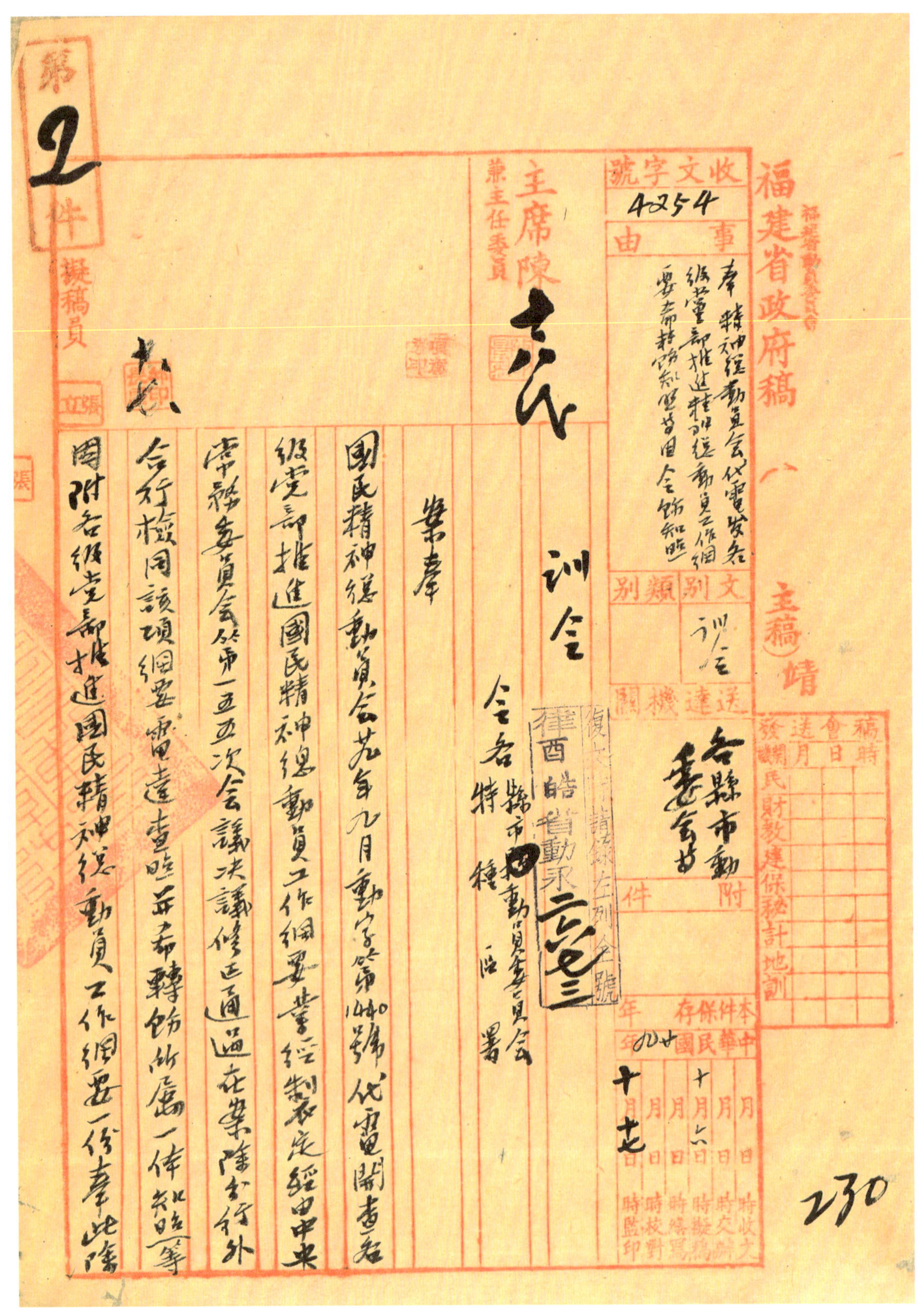
福建省政府稿

收文字號 4254

事由：奉精神總動員会代電發各級黨部推進精神總動員工作綱要希轉飭知照一案令飭知照

文別：訓令

送達機關：各縣市動員委員会

主席陳　兼主任委員

訓令

令各縣市動員委員会
各特種區署

案奉
國民精神總動員会本年九月動字第1440號代電開：查各級黨部推進國民精神總動員工作綱要業經制定，經由中央常務委員会第一五五次會議決議修正通過，在案除分行外，合行檢同該項綱要，電達查照，並希轉飭所屬一体知照等因，附各級黨部推進國民精神總動員工作綱要一份，奉此除

230

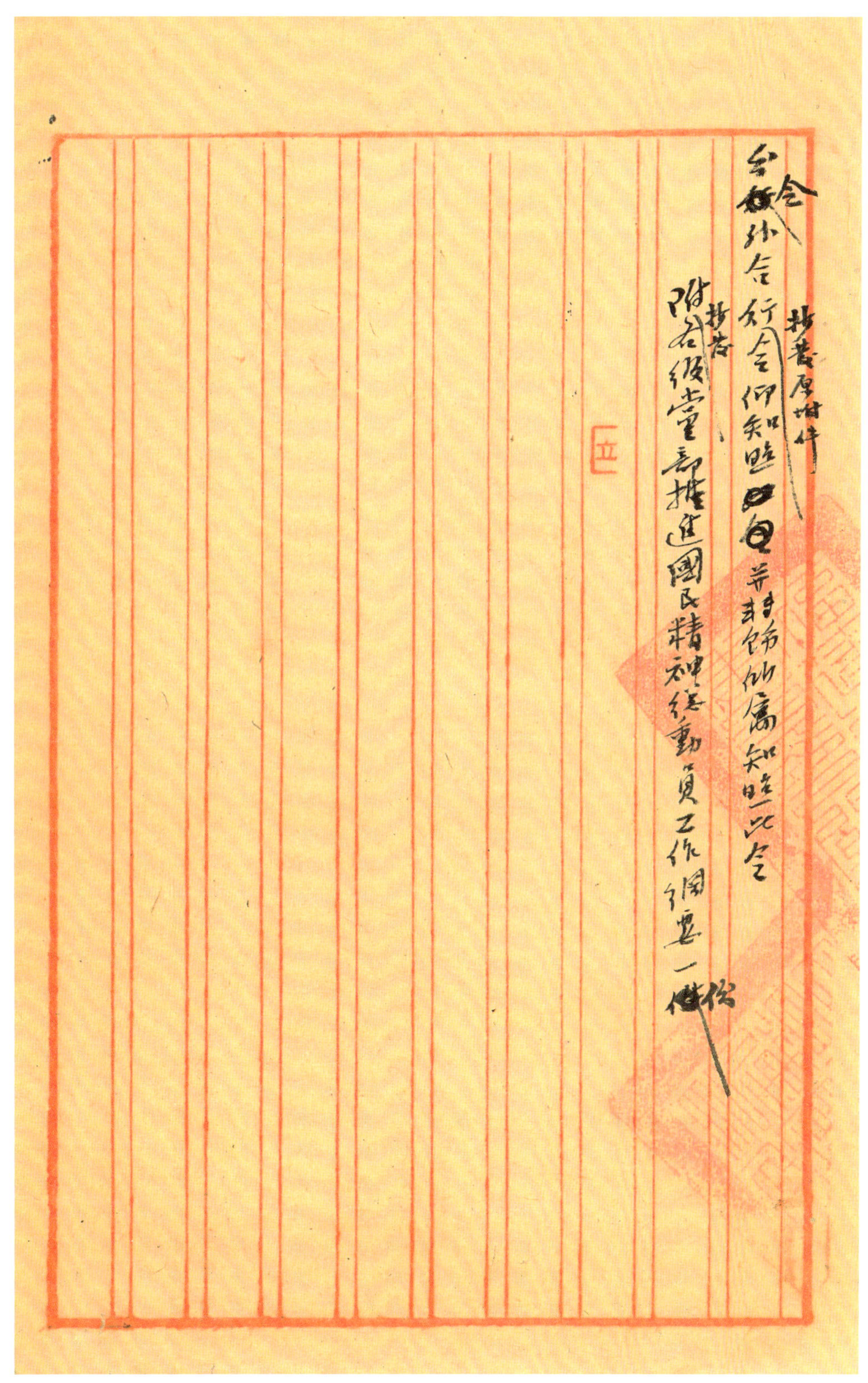
分令外合行令仰知照并转饬所属知照此令

抄发原附件

附各级党部推进国民精神总动员工作纲要一份

抄发

五

福建省国民精神总动员协会关于寄还统计表五种致省动员委员会的笺函（一九四〇年十月四日）

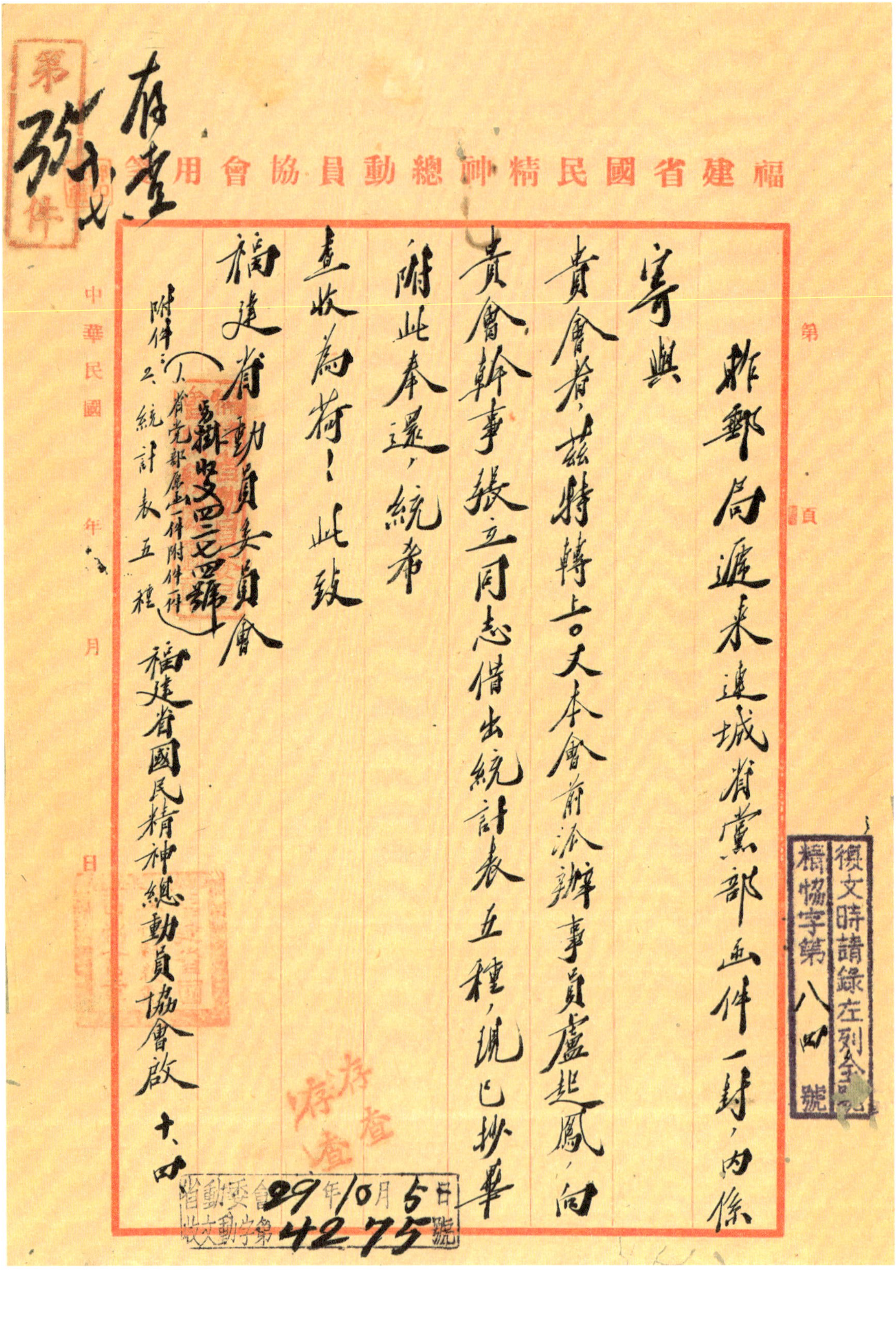

福建省國民精神總動員協會用箋

郵局遞來連城省黨部函件一封，內係寄與
貴會者，茲特轉上。又本會前派辦事員盧趙鳳，向
貴會幹事張立同志借出統計表五種，現已抄畢，
附此奉還，統希
查收為荷！此致
福建省動員委員會

附件：（一）省黨部原函一件附件
（二）統計表五種

福建省國民精神總動員協會啟　十、四

收文時請錄左列字號　精協字第八四號

省動委會收文動字第4275號　29年10月5日

附一：各县区已报国民月会组合数统计表

各縣區已報國民月會組合數統計表

縣區別	組合數	備攷
福清縣	四八六組合	
霞浦縣	一三二組合	
連江縣	一四〇組合	
沙縣	二五六組合	
順昌縣	一六三組合	
將樂縣	一八九組合	
閩清縣	二一四組合	
屏南縣	五七組合	

建甌縣	五二五組合
政和縣	四六組合
南安縣	四四七組合
惠安縣	二五三組合
金门縣	六組合
龍溪縣	六三二組合
漳浦縣	四一九組合
海澄縣	三六組合
長泰縣	一一二組合
雲霄縣	一三組合

永定縣	一一五組合
寧洋縣	四三組合
大田縣	六六組合
連城縣	二三三組合
泰寧縣	四一組合
明溪縣	一二六組合
壽寧縣	二五組合
三元特區	一七組合
柘洋特區	七一組合

附二：各县区一九三九年五月至十二月国民月会已报单位（县、特区）及参加人数统计表

各縣區二十八年五月至十二月份國民月會已報單位（縣特區）及參加人數統計表

月别	参加人數	已報单位	備考
五月	四四、七九一六人	四十二縣四特區	
六月	五六、四二六八人	四十三縣六特區	
七月	三七、六一三二人	三十九縣六特區	
八月	三四、五六一七人	三十八縣五特區	
九月	一三〇、五二四八人	三十九縣五特區	
十月	四二、六三四三人	三十八縣四特區	
十一月	四〇、四四六七人	三十九縣四特區	
十二月	三五、二五〇二人	三十九縣四特區	

附三：各县区一九四〇年一月至五月国民月会已报单位（县、特区）及参加人数统计表

各縣區二十九年一月至五月份國民月會已報單位（縣特區）及參加人數統計表

月別	參加人數	已報單位	備考
一月	五三、七一九八人	四十縣三特區	
二月	三六、五二四人	三十五縣三特區	
三月	四四、四五九六人	三十四縣三特區	
四月	四四、七四八四人	三十二縣三特區	
五月	一三、三〇三三人	十七縣一特區	

附四：省政府所属各机关国民公约宣誓日期人数一览表

省政府所屬各機關國民公約宣誓日期人數一覽表

機關別	宣誓日期	人數	備註
秘書處	四月二十四日	一三九	
民政廳	仝上	四五	
財政廳	仝上	一六五	
教育廳	仝上	一二四	
會計處	仝上	七五	
衛生處	仝上	六七	
地政局	仝上	二五	
振濟會	仝上	八三	難民生產事業管理處福州救濟院福州小本借貸處兒童教養院在內

公務人員訓練所	四月二十四日	八〇一
省立衛生試驗所	仝　上	六〇
福州警察局	仝　上	二三六四
建設廳	仝　上	七九四
		合計四七四二人

運輸公司員工

附五：各县区国民公约宣誓日期人数一览表

各縣區國民公約宣誓日期人數一覽表

縣別	宣誓日期	人數	備註
閩侯	四月二十四日	尚未具報	
長樂	五月十五日	尚未具報	
連江	四月二十七日	尚未具報	
福安	五月二十三日	二〇〇餘	
福鼎	四月二十四日	二〇〇〇餘	
寧德	五月一日	四七〇〇餘	
平潭	四月十八日	一四四〇	
南平	四月十七日	一〇八四五	

古田	沙縣	順昌	將樂	尤溪	閩清	浦城	建甌	邵武	崇安
四月十七日	四月廿四日	五月九日	六月一日	四月十七日	城区 四月十日 一区 六月廿三至二十五日 二区 六月廿三至三十日 三区 四月十九至廿七日	四月十七日	四月十日	四月十七、十九、廿四日	二月一日
四八五七	四二九〇	三〇〇〇	尚未具報	尚未具報	一一九八 一五四六〇 一一五〇八 三二五〇	一三一〇六	約二〇〇〇	二三三五〇	三五六九

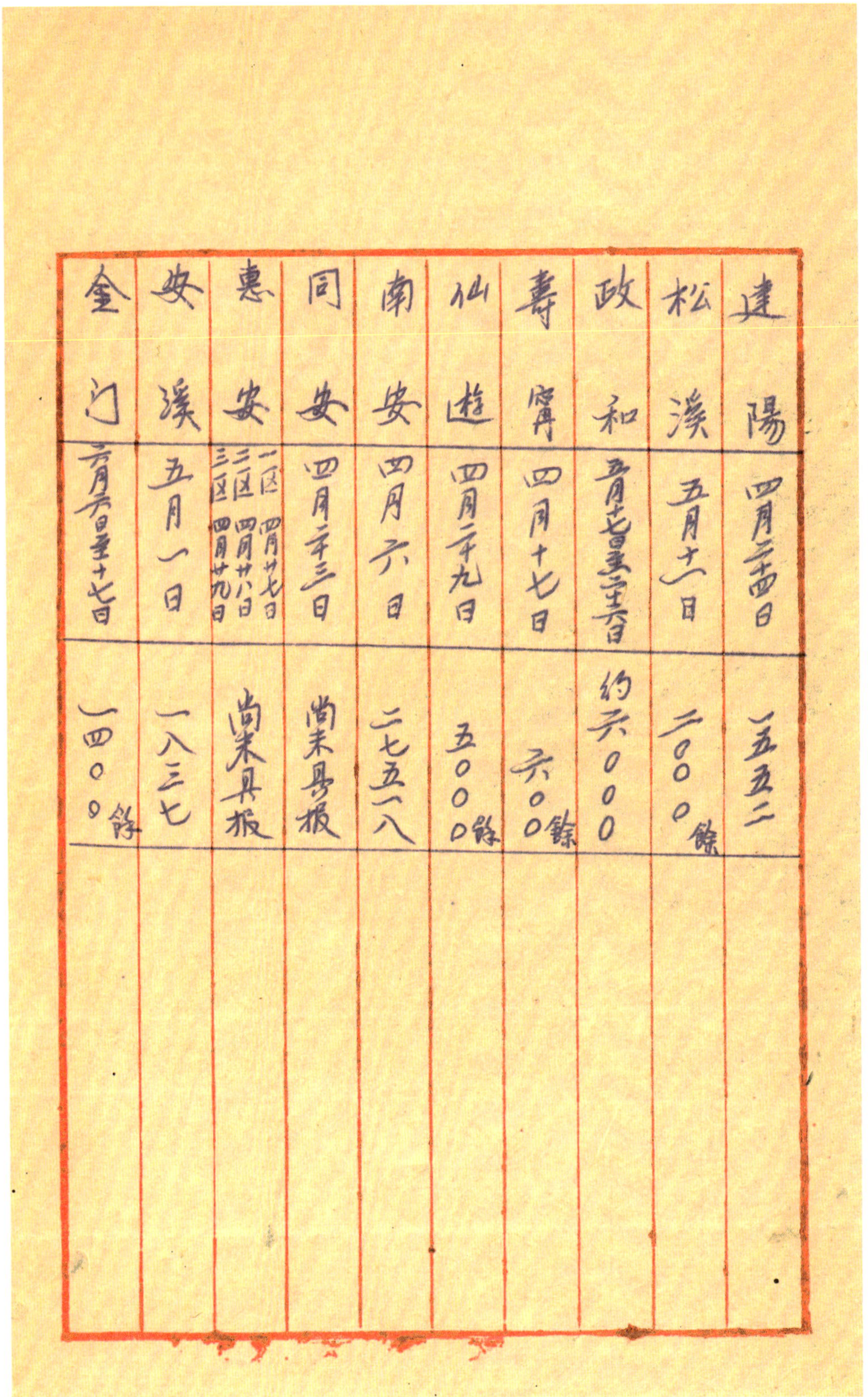

建陽	四月二十四日	一五五二
松溪	五月十一日	二〇〇〇餘
政和	五月十七日至二十六日	約六〇〇〇
壽寧	四月十七日	六〇〇餘
仙遊	四月二十九日	五〇〇〇餘
南安	四月六日	二七五一八
同安	四月二十三日	尚未具报
惠安	一区 四月廿七日 二区 四月廿八日 三区 四月廿九日	尚未具报
安溪	五月一日	一八三七
金门	六月六日至十七日	一四〇〇餘

龍溪	六月一日	八一九三四
海澄	五月六 十八日	未報
南靖	四月二十四日 二月二日	一六七九
長泰	五月二十二日	一五七二
平和	五月一日	五〇〇〇餘
東山	五月十五日	三九〇
龍岩	五月九日	二〇〇〇餘
永定		五六八二
漳平	五月十五日	一四一八
華安	四月二十四日	一〇七

大田	四月十八二十廿二日	一一〇五
長汀	五月一日	八〇〇〇餘
建寧	五月二十三日	未報
寧化	五月一日	四五七九
泰寧	四月十八日	二〇〇〇餘
武平	五月十五日	一四一八
明溪	五月十五日	八一二
清流	五月五日	三四四三七
永吉特種區	六月五日	一三六八五
三元特種區	五月二十三日	四六九五餘

寿特種區	六月一日	二四二三
崇市特種區	五月九日	一三八六
周墩特種區	五月十五日	五四七
南島特種區		一八九一
		合計三、五四四〇餘

附六：福建省各县区一九四〇年度国民月会组合数统计表

福建省各縣區二十九年度國民月會組合數統計表

縣區别	組合數	備考
福清縣	四八六組合	
霞浦縣	一三二組合	
建江縣	一四〇組合	
沙縣	二五六組合	
順昌縣	一六三組合	
將樂縣	一八九組合	
閩清縣	二一四組合	
屏南縣	五七組合	

建甌縣	五二五組合
政和縣	四二組合
南安縣	四七組合
惠安縣	二五三組合
龍溪縣	六三二組合
漳浦縣	四一九組合
海澄縣	三六組合
長泰縣	一二二組合
金門縣	六組合
雲霄縣	一三組合

永定縣	一一五組合
寧洋縣	四三組合
大田縣	六六組合
連城縣	二三三組合
泰寧縣	四一組合
明溪縣	一二六組合
壽寧縣	二五組合
南平縣	三九組合
永春縣	四五組合
上杭縣	一七組合

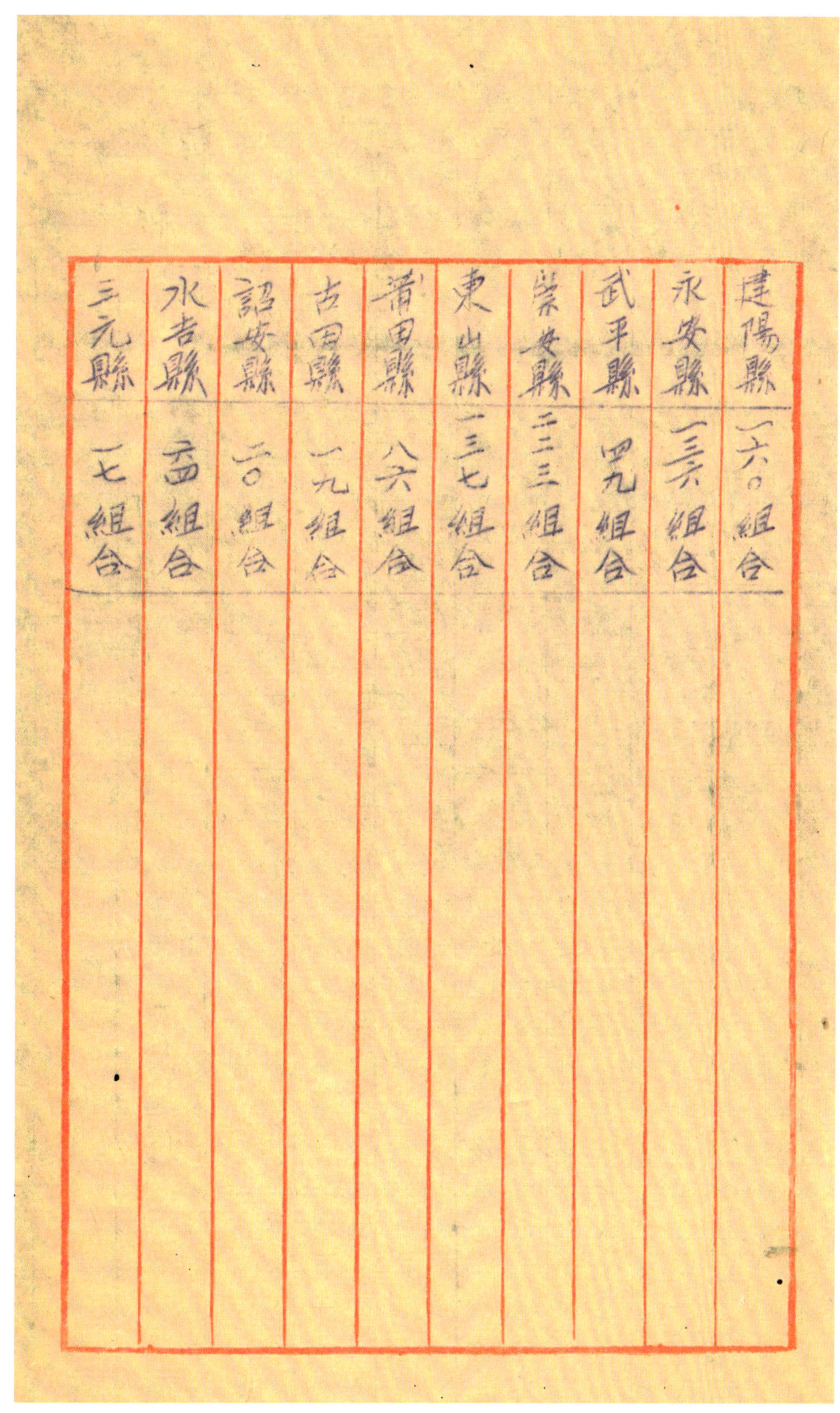

縣	數
建陽縣	一六〇組合
永安縣	一三六組合
武平縣	四九組合
崇安縣	二三三組合
東山縣	一三七組合
莆田縣	八六組合
古田縣	一九組合
詔安縣	二〇組合
水吉縣	五四組合
三元縣	一七組合

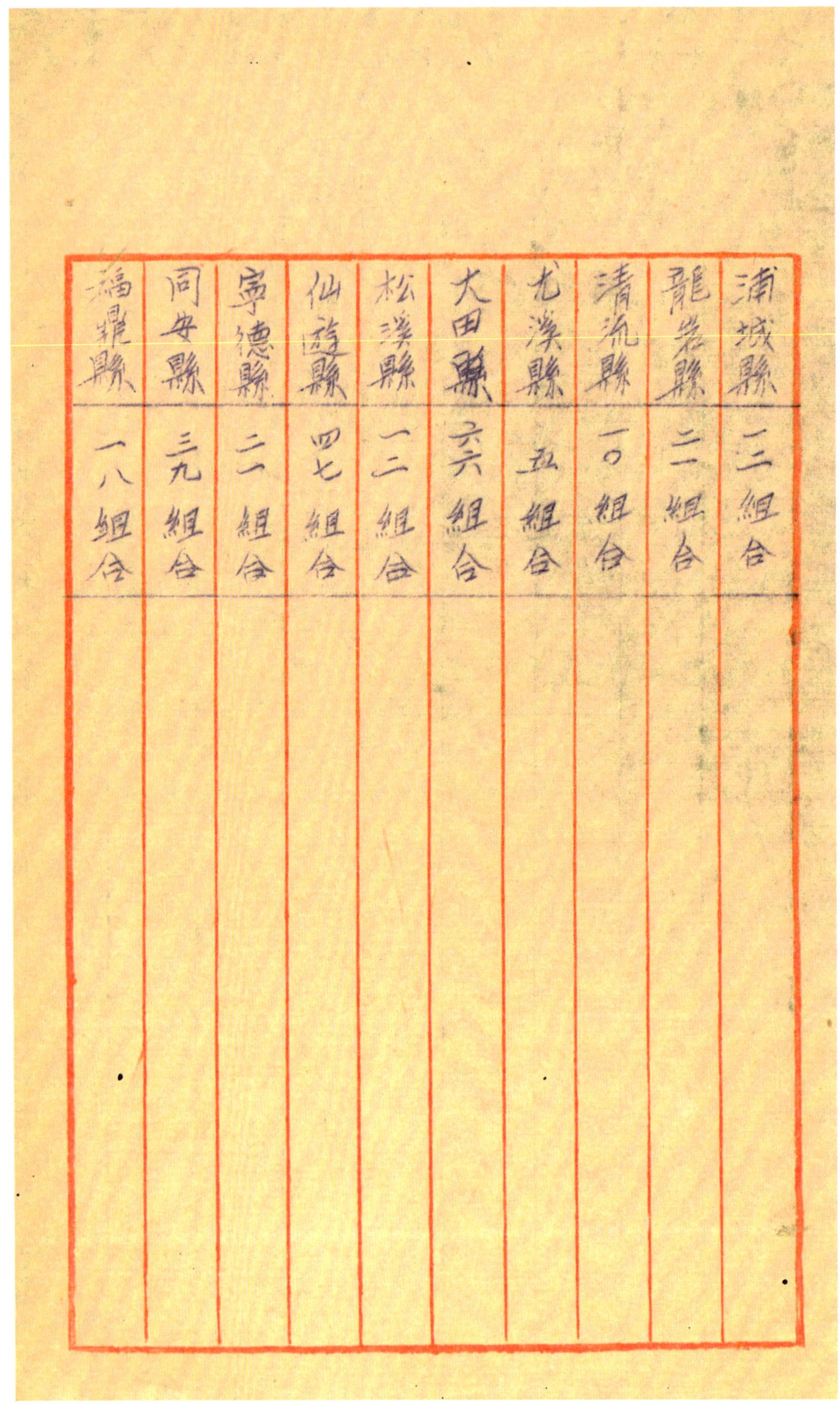

浦城縣	一二組合
龍岩縣	二一組合
清流縣	一〇組合
尤溪縣	五組合
大田縣	六組合
松溪縣	一二組合
仙遊縣	四七組合
寧德縣	二一組合
同安縣	三九組合
福鼎縣	一八組合

南靖縣	四組合
福安縣	一〇九組合
建寧縣	一三〇組合
漳平縣	七組合
柘洋特種區	七一組合
周墩特種區	四五組合

附七：福建省各县区一九四〇年度各月国民月会已报单位及参加人数统计表

福建省各縣區二十九年度各月份國民月會已報單位及參加人數統計表

月別	參加人數	已報單位	備攷
一月	五三七八九八	四〇縣三特區	
二月	三六〇五二〇	三五縣三特區	
三月	四四四五九六	三四縣三特區	
四月	四四七四八四	三二縣三特區	
五月	三六八二七五	三一縣一特區	
六月	三三四〇九七	三三縣一特區	
七月	三三八三〇四	二七縣一特區	
八月	二一九一一二	二一縣一特區	

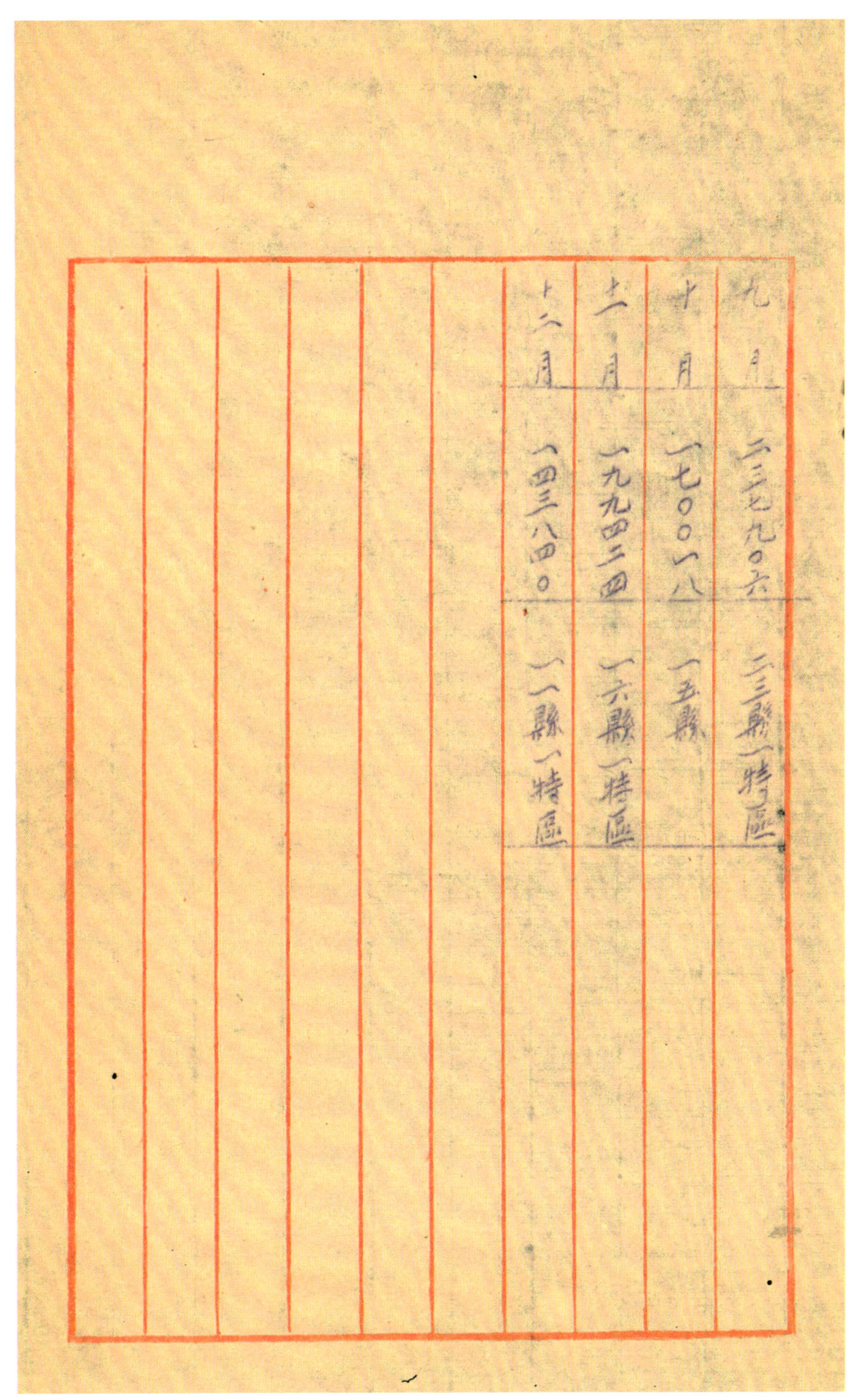

九月	二三七九〇六	二三縣一特區
十月	一七〇〇一八	一五縣
十一月	一九九四二四	一六縣一特區
十二月	一四三八四〇	一一縣一特區

附八：各县市区各项动员业务已未呈报一览表

各縣市區各項動員業務已未呈報一覽表

項別	單位數目	單位名稱	備攷
精神總動員協會	四十八縣二特區	閩侯、福清、長樂、霞浦、連江、福安、福鼎、寧德、羅源、南平、永安、古田、沙縣、順昌、將樂、屏南、建甌、邵武、崇安、建陽、松溪、政和、壽寧、同安、永春、惠安、安溪、龍溪、漳浦、南靖、長泰、平和、龍巖、永定、上杭、漳平、華安、寧洋、大田、連城、泰寧、清流、寧化、浦城、仙遊、南安、金門、水吉、三元、明溪	
精經會聯辦處	四十八縣	閩侯、福清、長樂、霞浦、連江、福安、福鼎、寧德、南平、古田、順昌、將樂、尤溪、浦城、建甌、邵武、崇安、建陽、松溪、政和、壽寧、永春、惠安、安溪、詔安、南靖、東山、龍巖、永定、漳平、華安、寧洋、大田、連城、泰寧、明溪、屏南、晉江、南安、漳浦、長泰	
晨呼隊	四十八縣五特區	福清、羅源、南平、順昌、尤溪、永泰、建甌、邵武、建陽、松溪、政和、南安、漳浦、海澄、南靖、永定、上杭、華安、寧洋、大田、連城、泰寧、霞浦、福鼎、漳平、寧化、清流、明溪、龍溪、詔安、長泰、雲霄、壽寧、同安、惠安、金门、永安、沙縣、將樂、閩清、屏南、水吉、南日島、峯市、周墩、柘洋	
電話傳播消息	二十八縣三特區	霞浦、古田、將樂、尤溪、崇安、政和、仙遊、南安、龍溪、長泰、漳平、華安、寧洋、長汀、連城、建寧、福鼎、永安、松溪、同安、清流、寧化、漳浦、海澄、雲霄、大田、泰寧、明溪、水吉、柘洋、三元	
巡迴宣傳團	二十二縣	福清、霞浦、古田、將樂、閩清、屏南、邵武、松溪、政和、南靖、寧洋、大田、連城、明溪、福鼎、永安、建陽、壽寧、長泰、雲霄、上杭、清流	

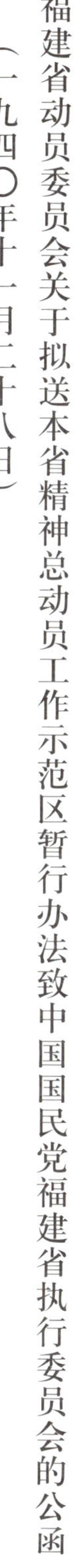

福建省动员委员会关于拟送本省精神总动员工作示范区暂行办法致中国国民党福建省执行委员会的公函

（一九四〇年十一月二十八日）

福建省政府稿

收文字號 4324

事由

文別 公函

送達機關 中國國民黨省執行委員會

案准

貴會社字第一一三號公函開：奉 中央執行委員會訓令，飭發各級黨部推進國民精神總動員工作實施綱要，請查照辦理見復等由，附送各級黨部推進國民精神總動員工作實施綱要一份，准此。

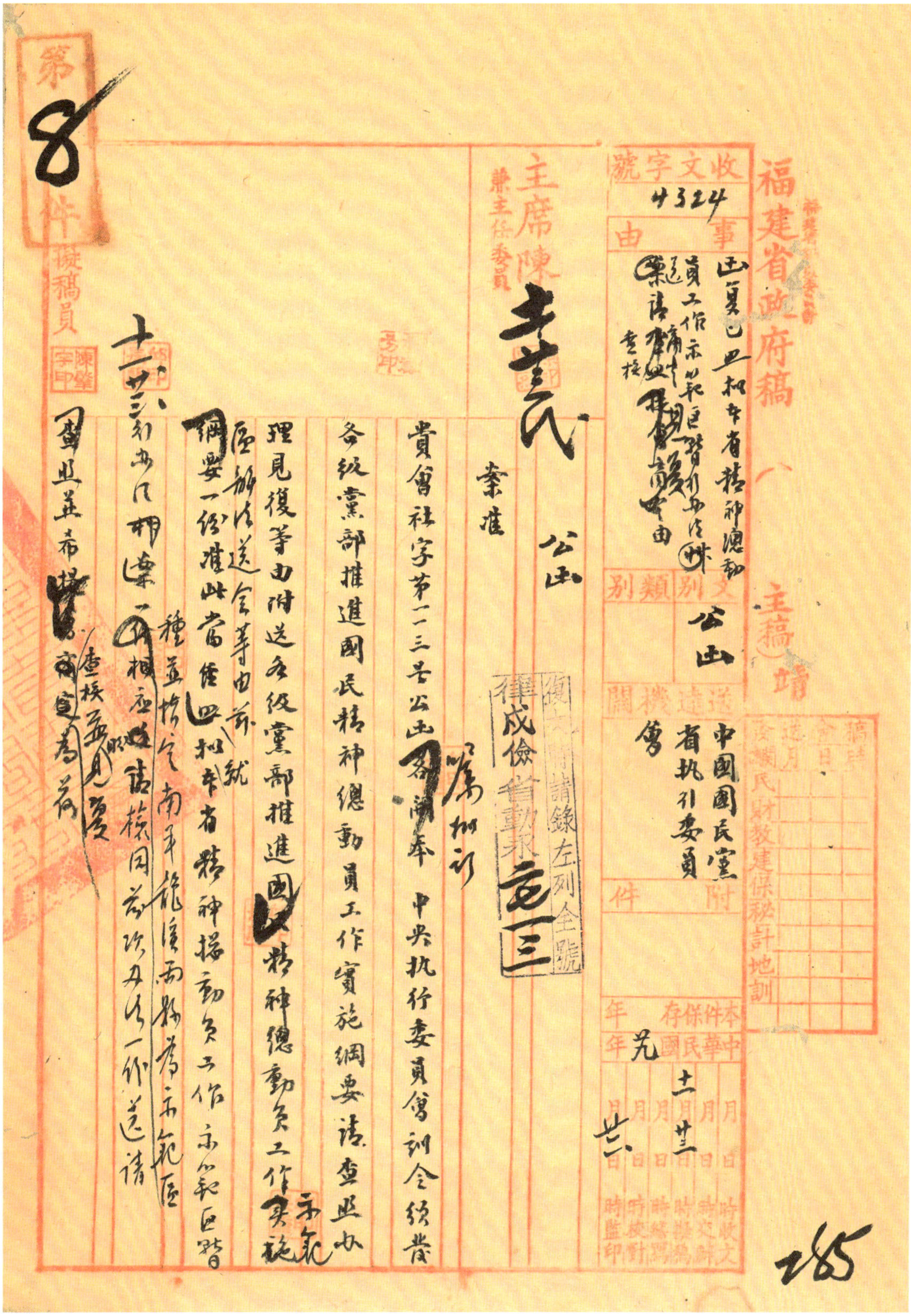

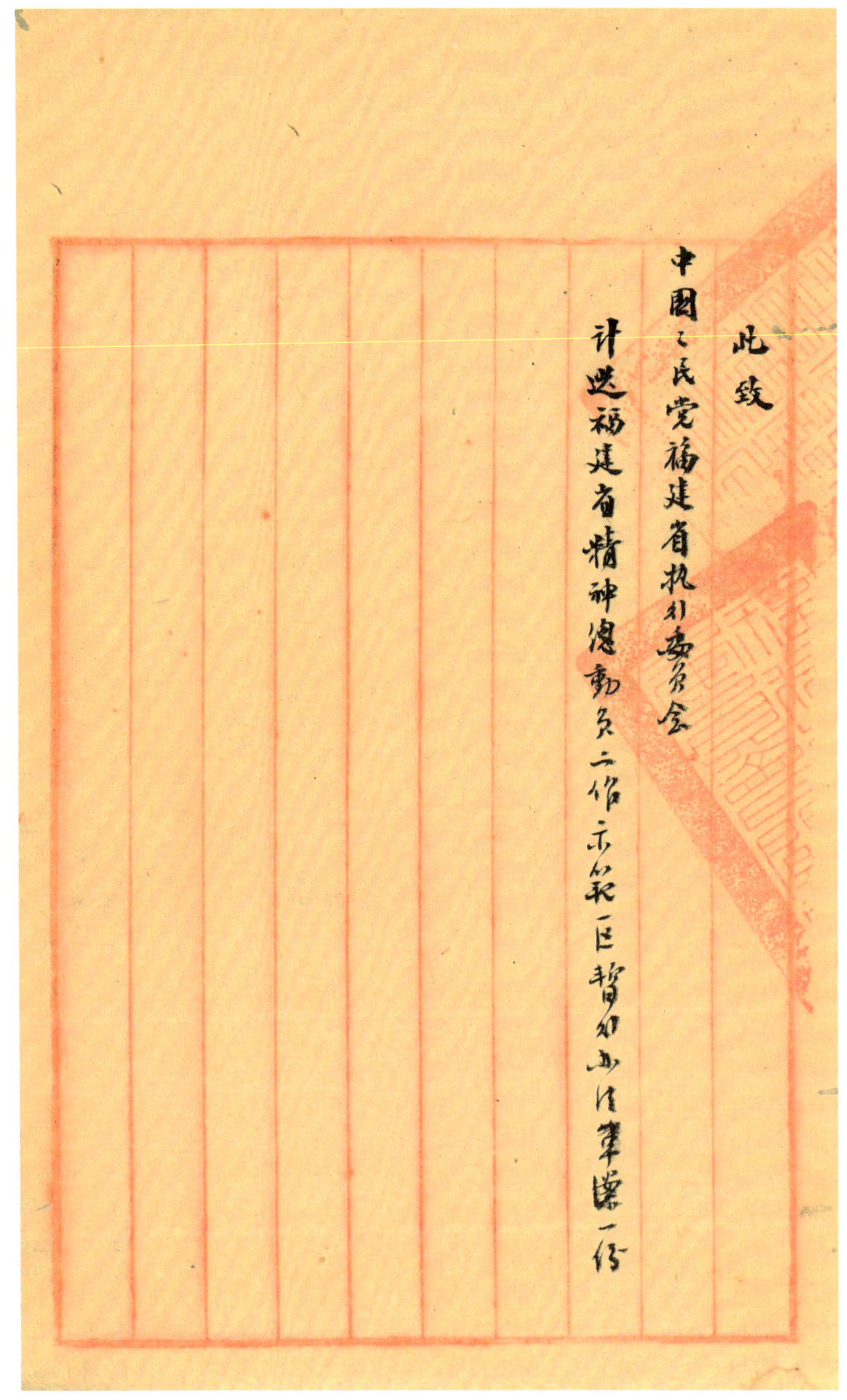
此致

中國國民党福建省執行委員會

計送福建省精神總動員工作示範區暫行辦法草案一份

福建省精神總動員工作示範區暫行辦法草案

一　本辦法由福建省動員委員會商同福建省執行委員會遵照中央執行委員會頒布之各級黨部推進國民精神總動員工作實施綱要第七條戊項之規定訂定之

二　本省精神總動員工作示範區（以下簡稱示範區）暫設二區設置地點由福建省動員委員會指定之

三　示範區工作由縣動員委員會主持之

四　示範區工作之推動全區黨政軍工作人員均應切實參加並應隨（駐在區內之黨政軍高級機關長官）時予以督導

五　示範區暫以左列各項為中心工作

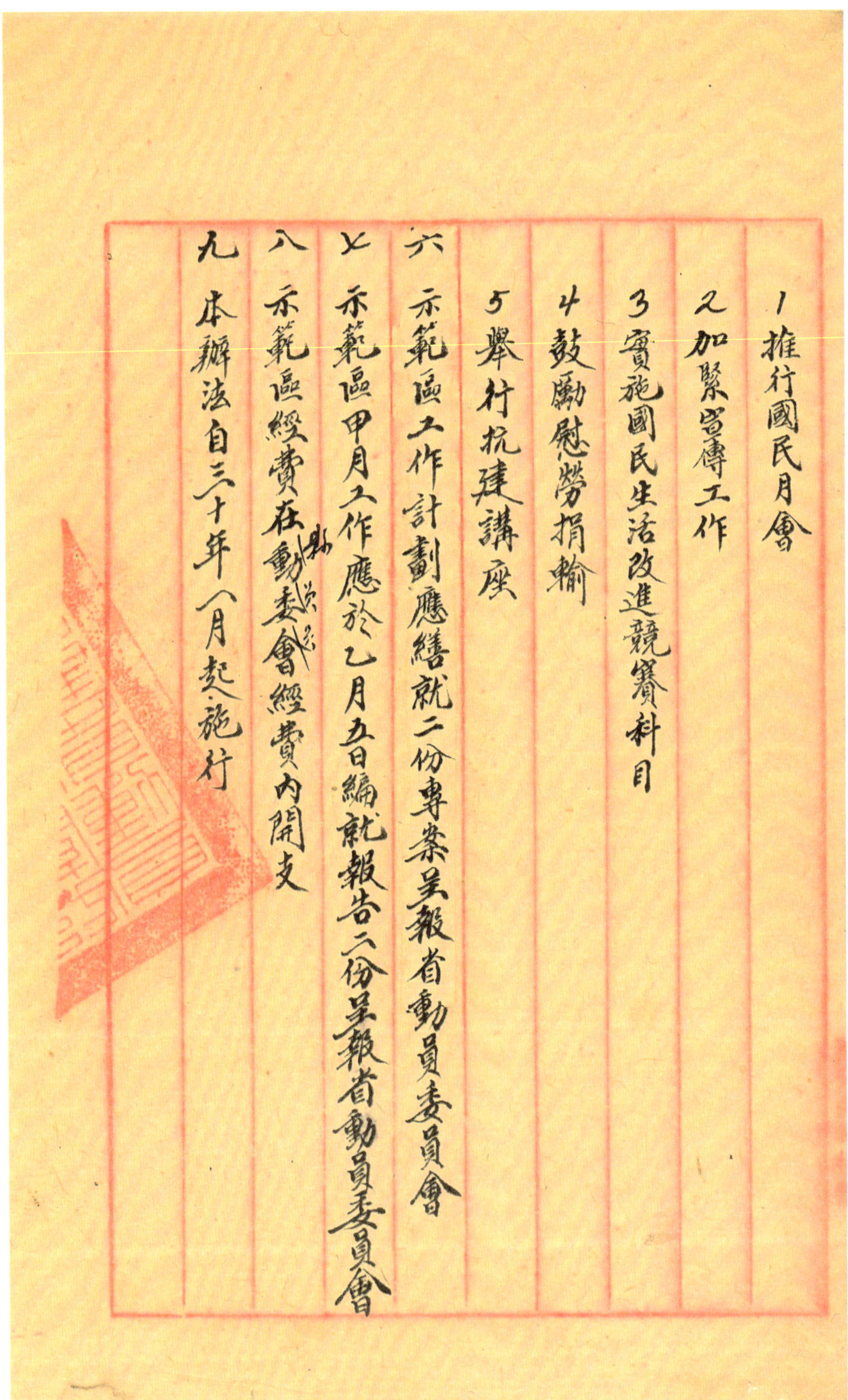

1 推行國民月會
2 加緊宣傳工作
3 實施國民生活改進競賽科目
4 鼓勵慰勞捐輸
5 舉行抗建講座

六 示範區工作計劃應繕就二份專案呈報省動員委員會
七 示範區甲月工作應於乙月五日編就報告二份呈報省動員委員會
八 示範區經費在動員委員會經費內開支
九 本辦法自三十年八月起施行

国民精神总动员会关于一九四一年元旦举行月会时将节约建国储蓄运动列为宣传中心工作致福建省动员委员会的代电（一九四〇年十二月十八日）

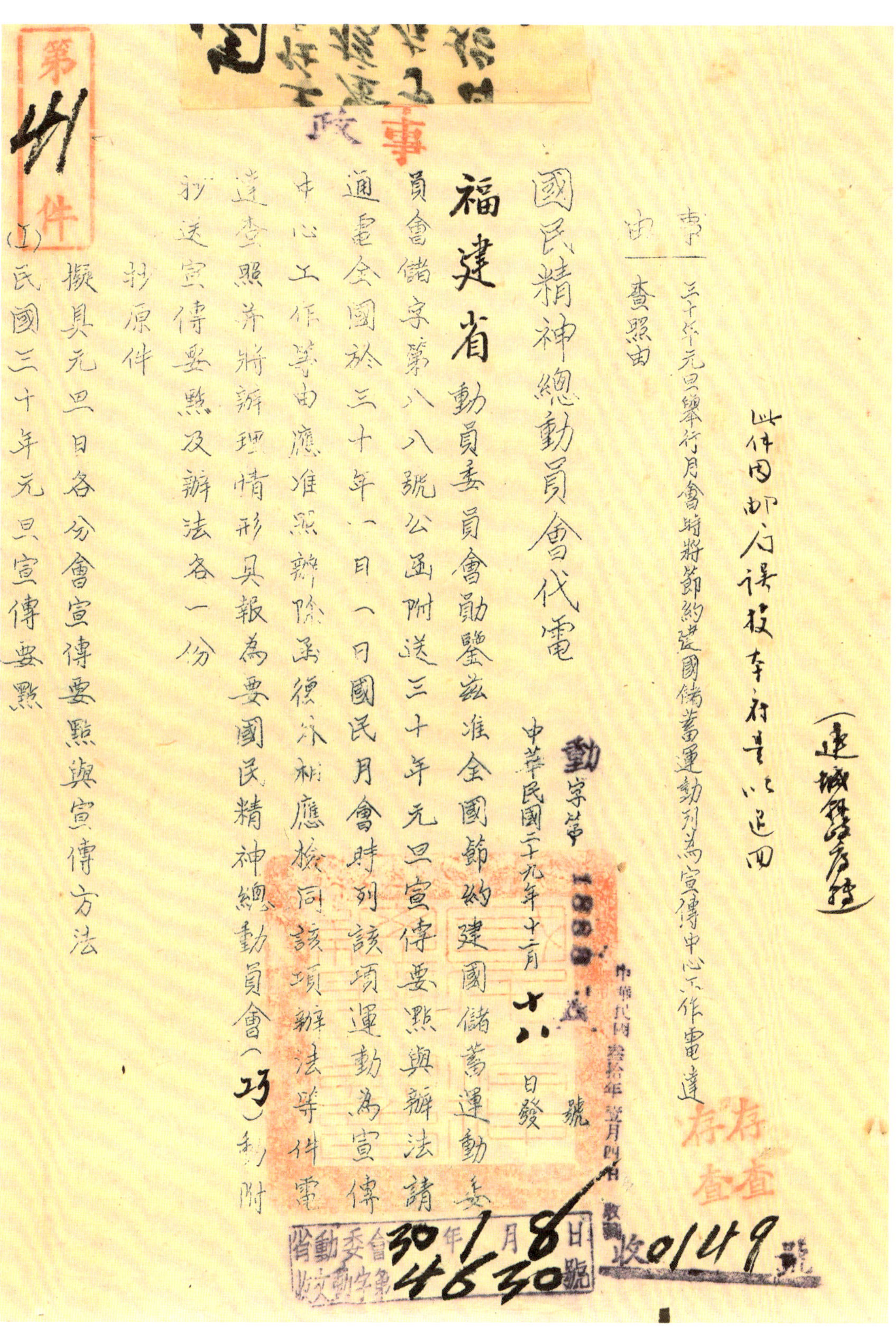

此件因邮局误投李府县以退回

事由　三十年元旦舉行月會時將節約建國儲蓄運動列為宣傳中心工作電達查照由

中華民國二十九年十二月十八日發

動字第1889號

國民精神總動員會代電

福建省動員委員會勛鑒：茲准全國節約建國儲蓄運動委員會儲字第八八號公函附送三十年元旦宣傳要點與辦法，請通飭全國於三十年一月一日國民月會時列該項運動為宣傳中心工作等由。應准照辦，除函復外，相應檢同該項辦法等件，電達查照，并將辦理情形具報為要。國民精神總動員會（巧）動附

抄原件

抄送宣傳要點及辦法各一份

擬具元旦日各分會宣傳要點與宣傳方法

（1）民國三十年元旦宣傳要點

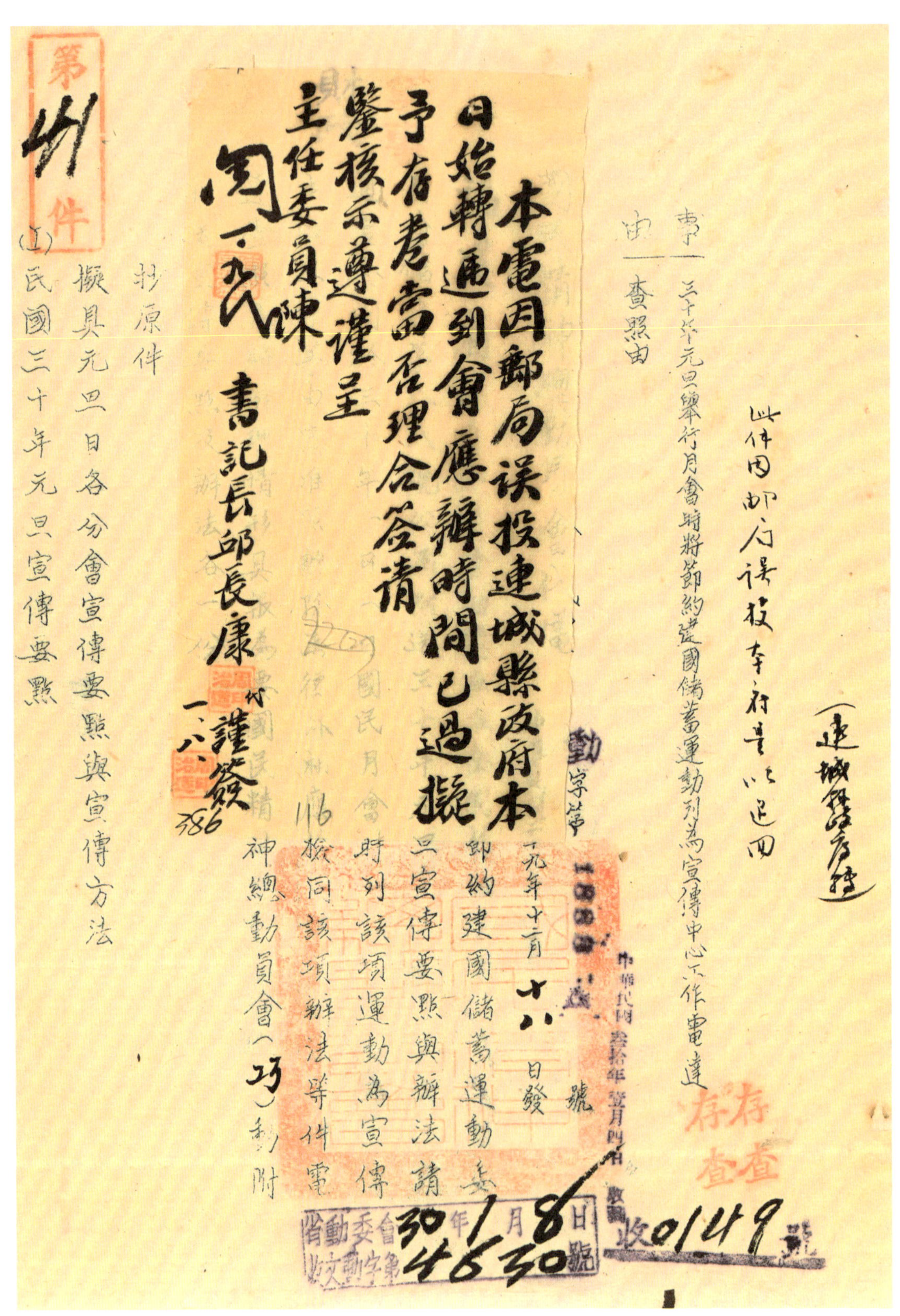

事 三十年元旦举行月会时将节约建国储蓄运动列为宣传中心工作电达

由 查照由

此件因邮局误投本府，是以延回

（连城县政府）

本电因邮局误投连城县政府本日始转递到会，应办时间已过，拟予存考。当否理合签请鉴核示遵。谨呈主任委员陈

书记长邱长康代谨签 一、八

抄原件

民国三十年元旦宣传要点

拟具元旦日各分会宣传要点与宣传方法

(一)根據元旦意義鼓勵人民作一年之新計劃

(二)創造新事業必須勵行節約儲蓄

(三)節約儲蓄為國民新年的報國機會

(四)節約儲蓄為今後建國之原動力

(五)號召人民必須節省一切無謂消耗與應酬將節約所得去儲蓄

(六)新年無謂消耗即是減損抗建力量實行節約儲蓄就是保持國家富力

(七)愈不儲蓄社會游資愈多物價愈行高漲

(八)人人能節約儲蓄可使物價低落

(九)節約儲蓄是與敵人經濟戰爭的利器

(十)節約建國儲蓄券用作新年禮物最有意義

(四)元旦日宣傳方法

(一)各分支會應聯合當地機關團體以節約儲蓄之宣傳為中心工作

(二)利用國民月會及其他關於元旦之集會(如團拜等)

(三)撰擬節儲春聯使人民採用(各分會就地辦理)

(四)利用報紙特刊或撰文及標語圖畫等各項宣傳

(五)電影

(六)燈彩上書寫節儲標語

(七)其他適合當地情形之宣傳方法或各當地特有足可利用之宣傳方法

(五)元旦宣傳費每分會擬酌予補助三百元至五百元

福建省动员委员会关于订发阴历正月节约献金办法致各县市动员委员会、各特种区署的训令及致中国国民党福建省执行委员会的公函（一九四一年一月十九日）

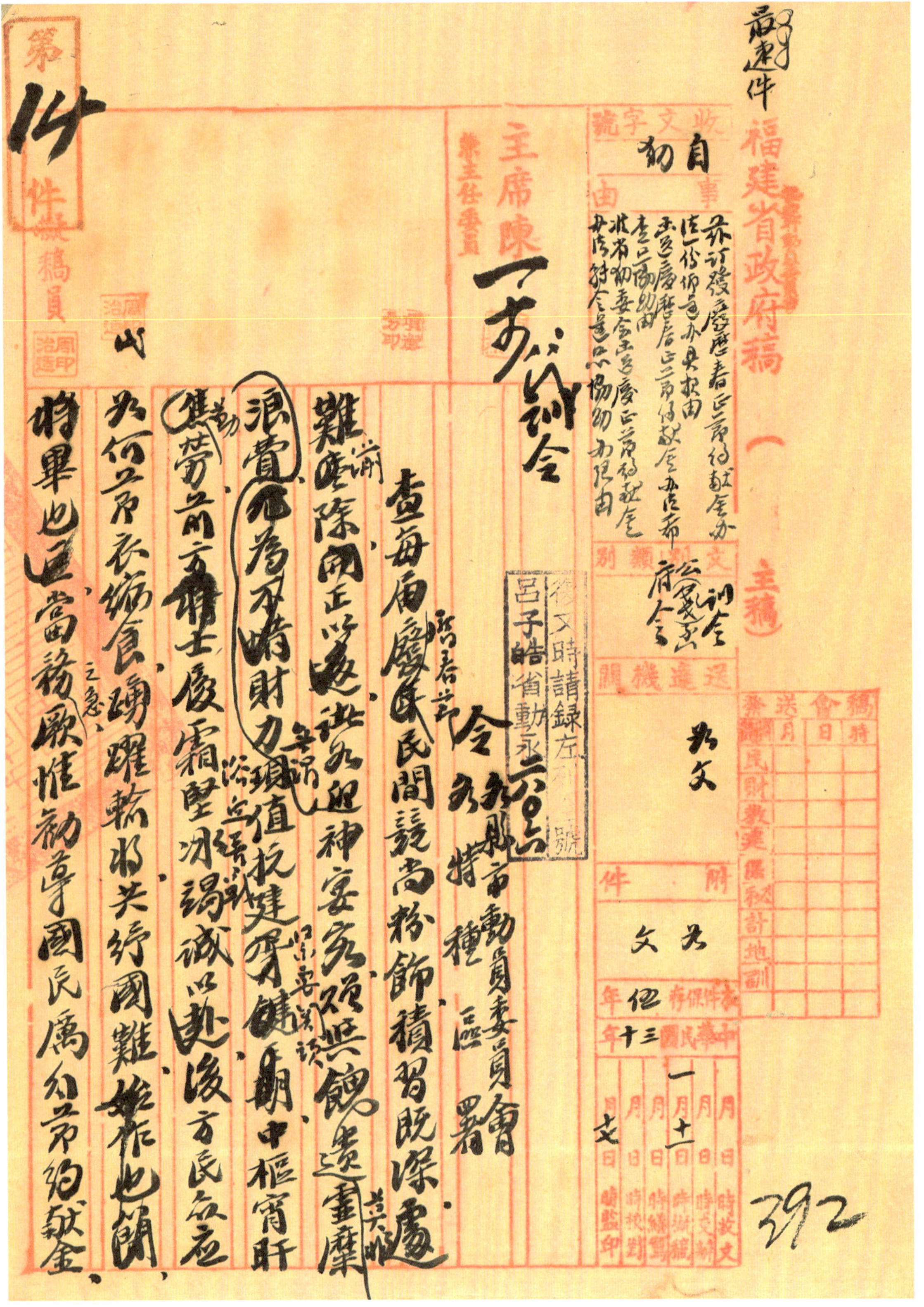

御以廢曆春正無謂之消耗、移作抗戰勝利有用之供需、既可祛
家救國，並得革除不良習尚，務期家喻户曉、普遍實施、爲特
訂定廢曆春正節約獻金辦法，隨令附發、仰即依據。除分
别呈令外，合行令仰該會切實遵照辦理，限期報繳，此令。
附發福建省各縣市動委會及特種黨部廢正節約獻金辦法份。

公（省執委會用）
函

啓
查每屆廢曆 云云 照前文叙至 普遍實施、除由本會訂定廢
曆春正節約獻金辦法、令飭各縣市動委會及特種黨部遵照
辦理、如期報繳外、相應檢同前項辦法、函達、請
查照（并希轉飭所屬一體協助辦理！）（省執委會用）協助辦理爲荷，此致

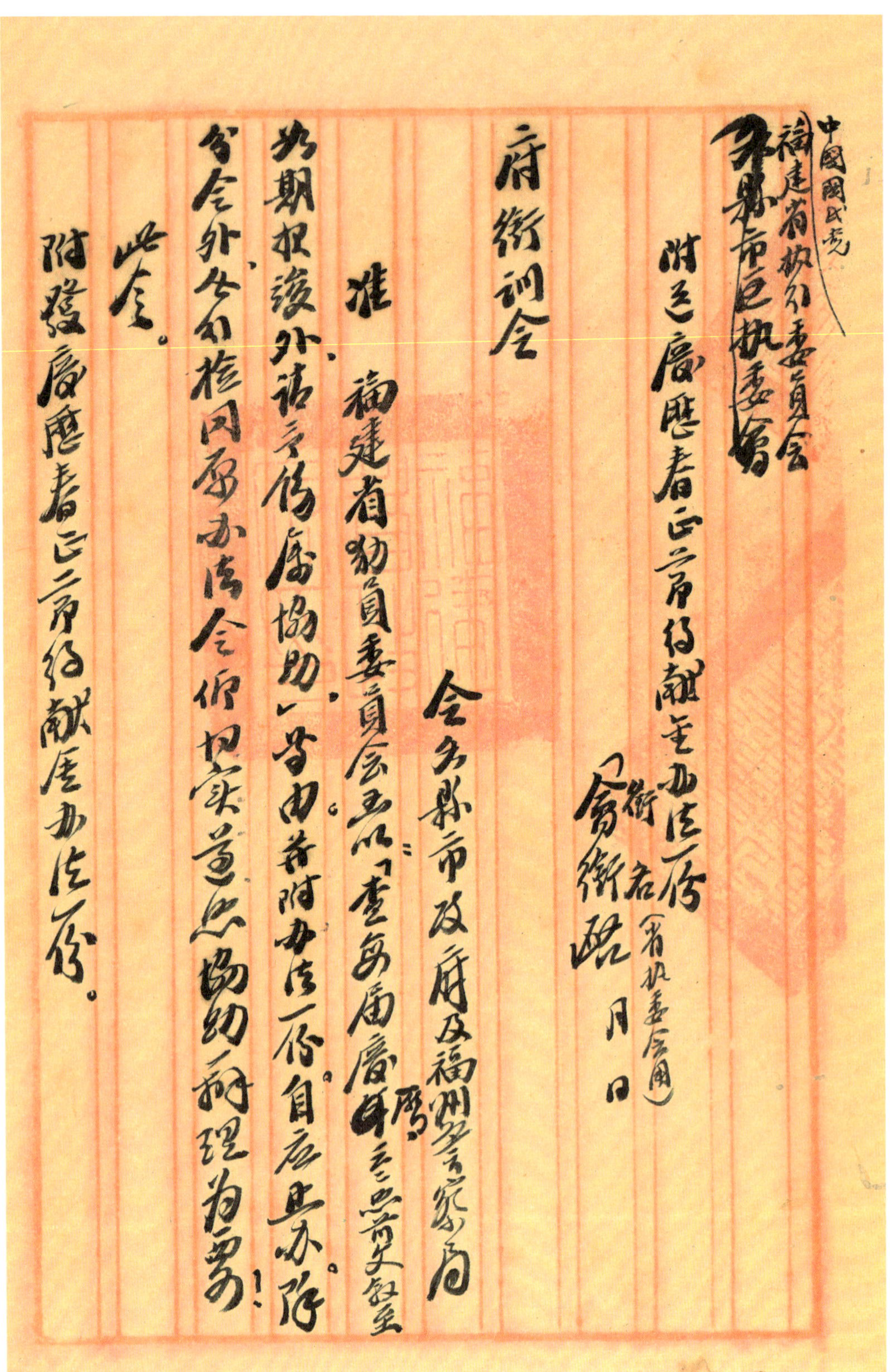

中國國民党

福建省執行委員會

各縣市區執委會

附送廢歷春正二月份獻金辦法一份

會銜[illegible] 銜名（省執委會用） 月 日

府銜訓令

令各縣市及府及福州警察局

准

福建省動員委員會函以：「查每屆廢歷年終前[illegible]至如期收獲外，請予飭屬協助」，當由并附辦法一份。自應照辦，除分令外，合行檢同原辦法，令仰切實遵照協助辦理為要！

此令。

附發廢歷春正二月份獻金辦法一份。

福建省各縣市動員委員會及特種區署舉行廢曆春正節約獻金辦法

一、福建省動員委員會為督導各縣市動員委員會（以下簡稱縣市動委會）及特種區署（以下簡稱特區）舉行廢曆春正節約獻金，特訂定本辦法。

二、前項節約獻金推行事宜，各當地政府應切實協助辦理。

三、舉行前項節約獻金，應會同當地黨政軍機關及社團學校熱心士紳，分組勸獻團分赴城廂及各區鄉鎮，督導各鄉鎮保甲長切實勸導，務使家喻戶曉，踴躍輸將。

前項勸獻團之組織，各區長（普通區）應行參加，負各該區轄勸獻之責，必要時得由縣市動委會或特區派員赴村及指導。

四、前項獻金以三十年一月至二月十五日為節約期間，在此期間以內，並利用民間各種集會，兼作宣傳工作，以收事半功倍之效。

五、前项献金应於终止一星期内由劝献机关（即市劝委会及特区）详将献金人姓名列册汇缴本会转解中央，并予披露，以昭大信。

六、献金之收受，应由当地劝献机关掣具三联收据，编号盖印后发用，第一联收据加盖经手负责人印章，给献金人收执，第二联报告单，汇缴本会审核，第三联存根由劝献机关存查。

七、派赴乡镇办理献金人员，得由劝献机关比照本省县政人员出差旅费支给办法，酌给膳宿费，在献金款内核实报销。

八、献金最高额者得由本会分别给奖，但团体五百元、个人或百元以上之献金为合格。

前项献金奖品分为甲乙丙三种，甲种匾额，乙种奖状，丙种荣誉纪念章。

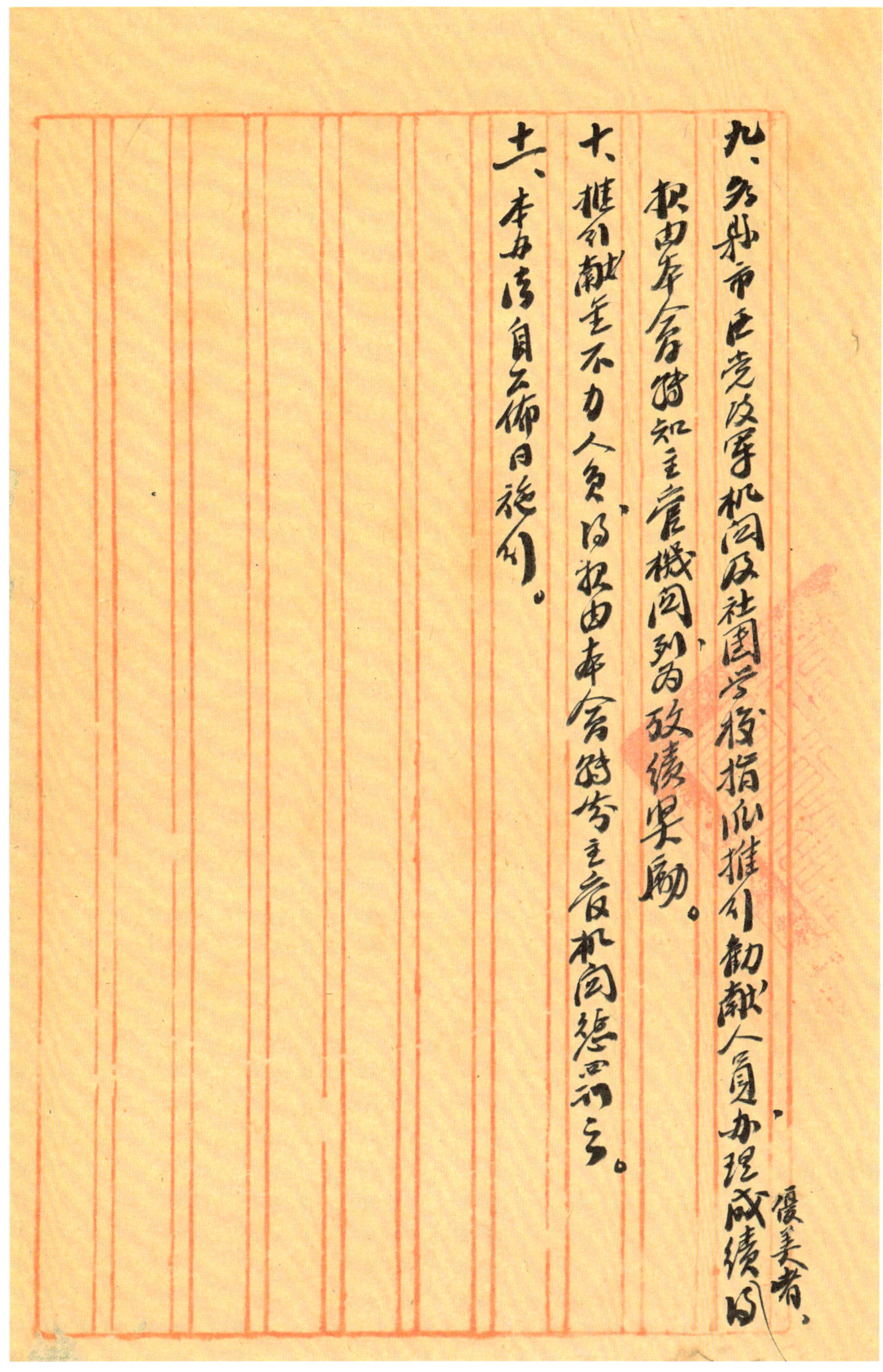

九、各县市区党政军机关及社团学校指派推行勤献人员办理成绩优美者，报由本会转知主管机关列为考绩奖励。

十、推行勤献不力人员，得报由本会转咨主管机关惩罚之。

十一、本办法自公布日施行。

福建省动员委员会关于订发精神总动员讲座办法致各县市动员委员会、各特种区署等的训令并致中国国民党福建省执行委员会的公函（一九四一年一月二十三日）

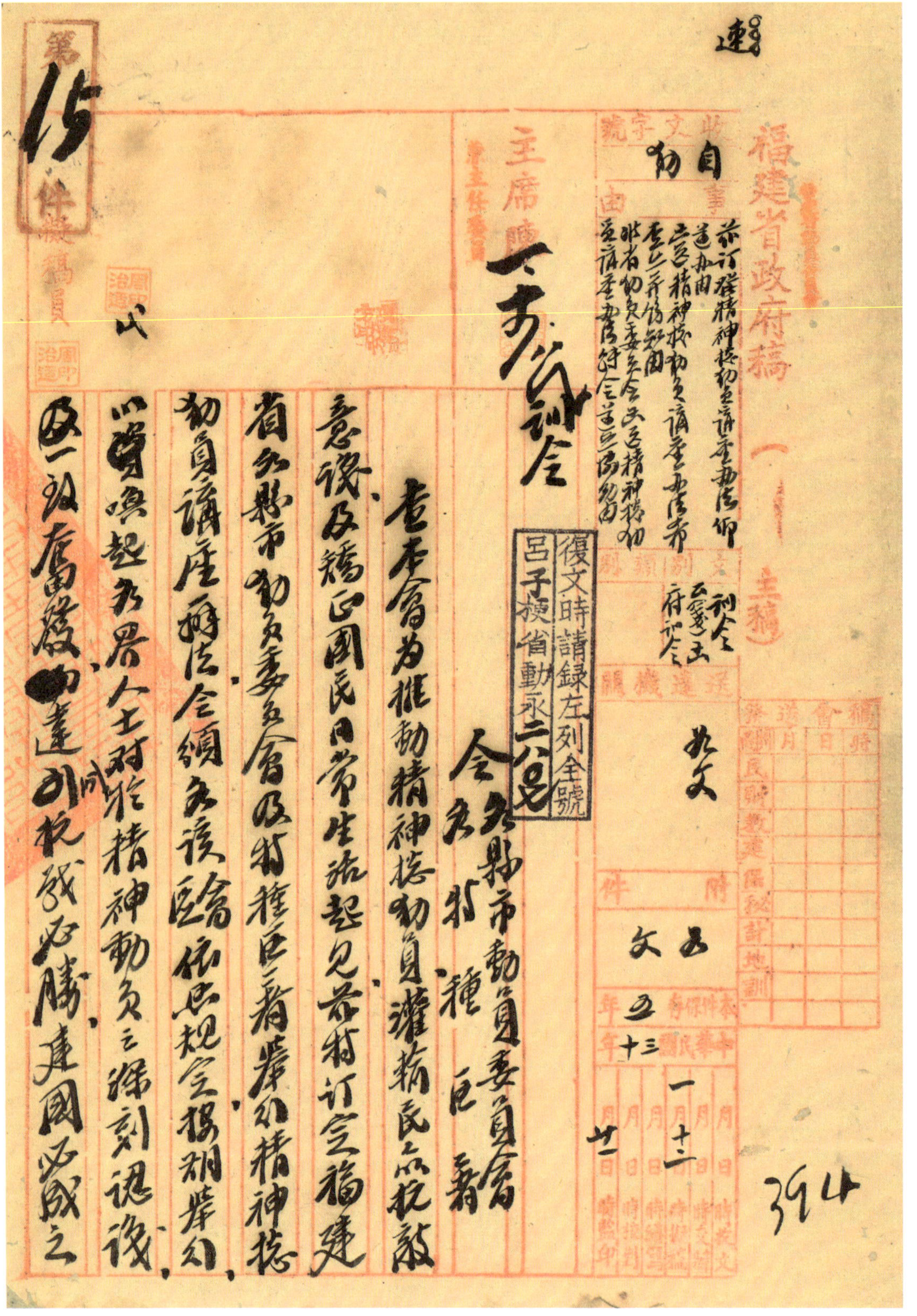

福建省政府稿

主席

训令

复文时请录左列全号
吕子梗省动永二六号

令各县市动员委员会、各特种区署

查本会为推动精神总动员，灌输民众抗敌意识及矫正国民日常生活起见，兹特订定福建省各县市动员委员会及特种区署举办精神总动员讲座办法，令颁各该区会依照规定举办，以资唤起各界人士对于精神动员之深刻认识，及一致奋发，而达到抗战必胜、建国必成之

训令

贵地除分别函令外，合行检同前项办法，令仰遵照办理！此令。

附发精神总动员讲座办法一份。

公函（省执委会用）

查本会为推动精神总动员，并普及宣扬精神总动员讲座办法，令饬各该会自依照规定，按期举行，以资唤起各界人士对于精神动员之深刻认识，一致奋发，以达成国抗战必胜、建国必成之效。注矫，贵地除分别函令外，相应检同前项办法，函达，请查照，并希饬属一体知照为荷！（省执委会用）查照为荷！

此致

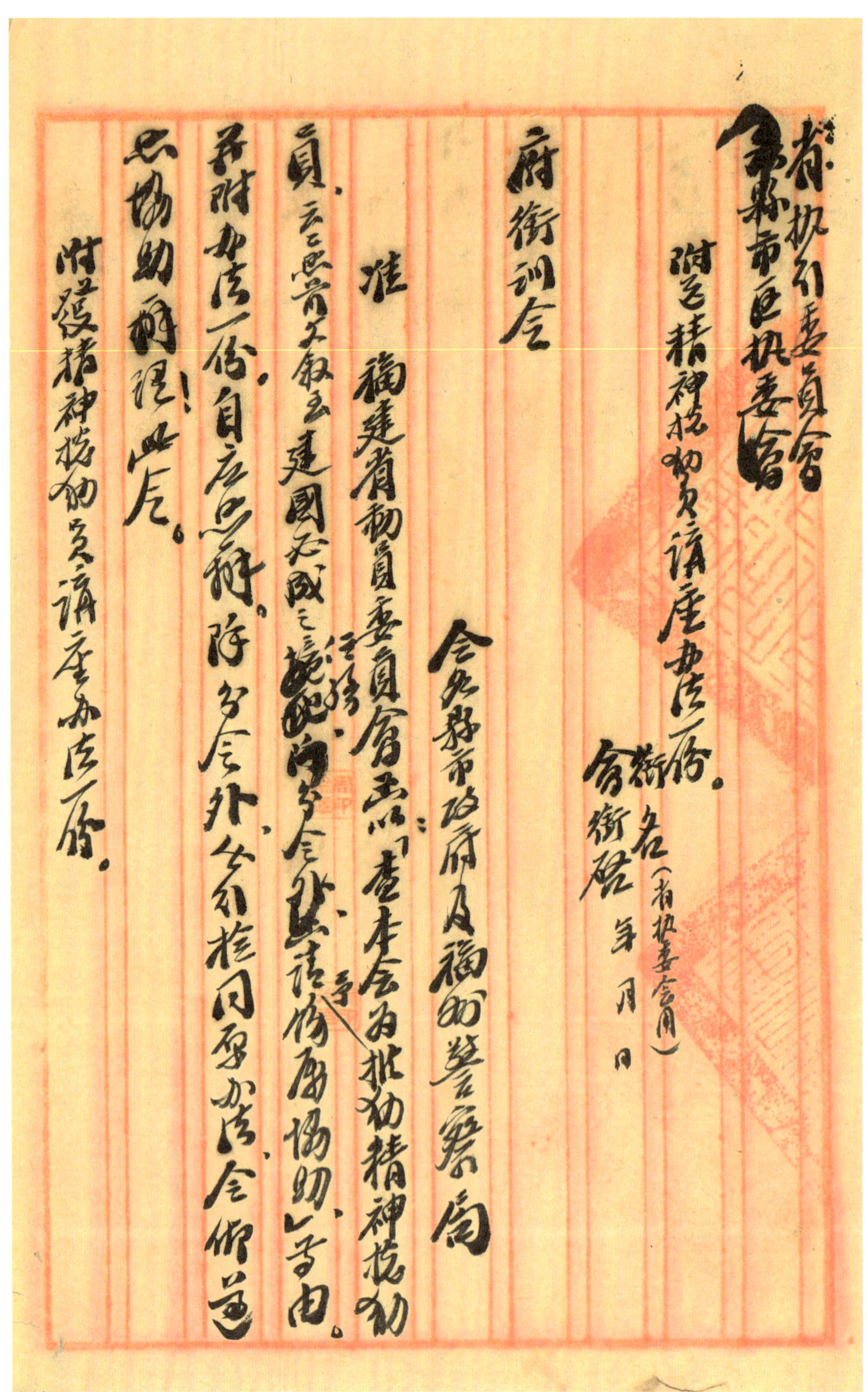

附：福建省各县市动员委员会及特种区署举行精神总动员讲座办法

福建省各縣市動員委員會及特種區署舉行精神總動員講座辦法　年　月　日

一、福建省動員委員會為督導各縣市動員委員會（以下簡稱縣市動委會）及特種區署（以下簡稱特區）推動精神總動員，灌輸民衆抗敵意識，及矯正國民日常生活起見，特訂定本辦法。

二、各縣市動委會暨特種區署每月應於月會之外另行指定日期舉行精神總動員講座一次，聘請當地黨政及軍長官及聞人碩士擔任演講，演題除宣達國民精神總動員綱領內容詮釋揭示，發揮闡揚外，並得將前線我軍英勇抗戰敵寇殘暴侵略情形，暨需要後方民衆精神物質之補充鼓勵，以及新生活須知等項為題材。

三、前項演唱應於適中地點覓定廣場或就學校内舉行，以能容納多數聽衆及集中夜間爲宜，其内容之佈置，秩序之維護，均可請當地政府及軍警機關協助辦理。

四、前項演唱宣傳，於前三天在城廂者應於市集通衢張貼通告，在鄉村者除張貼通告外，并應責成鄉（鎮）保甲長挨户傳知民衆，俾得踴躍參加，其宣傳并於通告時公佈之。

五、凡屬鄉鎮保甲長均應出席每次精神總動員演講聽講。

六、宣詞應盡力求通俗，避免引用深奥文句，并須視需要情形商請當地智識份子加以宣譯方言，以免隔閡而收實效。

七、各期已舉行講座後，應將主講人姓名及講題內容、聽講人數，每月專案呈報一次，其甲月者應於乙月五日前填送，不得延擱。

八、前項講座舉行後，一般民衆對於民族意識有無提高？日常生活是否納入正軌？以及戰時常識增進狀況，均應隨時密切注意，於呈送次月份報告時詳細附列，以覘舉行講座後之實效。

九、本辦法如有未盡事宜，得隨時修正之。

十、本辦法自三十年二月起實行。

福建省动员委员会关于制发各县市区抗日建国宣传标语牌设置须知致各县市动员委员会及特种区署的训令（一九四一年一月三十一日）

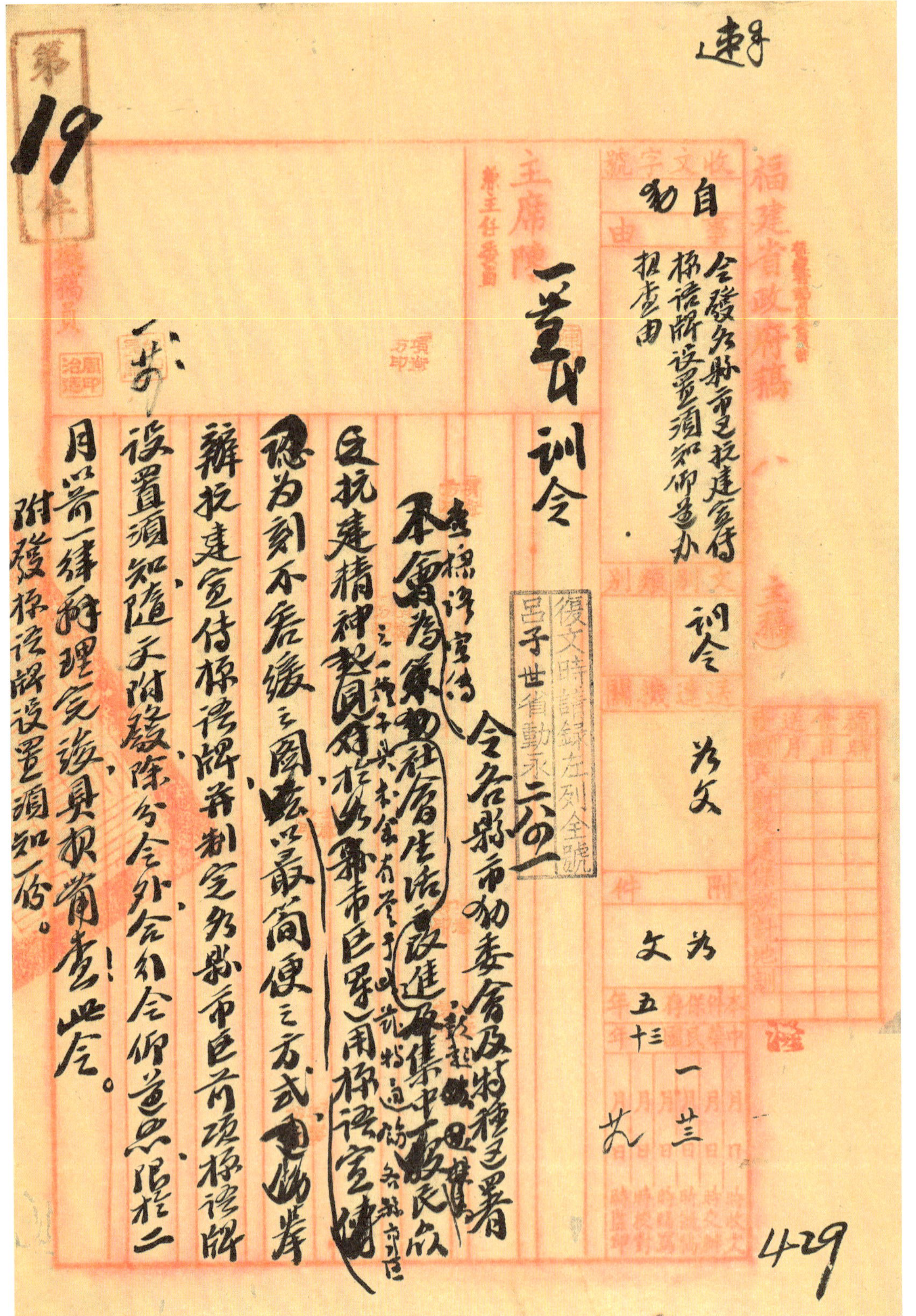

福建省政府稿

收文字号
自 动
事由 令发各县市区抗建宣传标语牌设置须知仰遵办
文别 训令
送达机关 另文
附件 另文

主席
训令
令各县市动委会及特种区署
本会为策动社会生活改进及集中民众反抗建精神起见，对于各县市区采用标语宣传，恐为刻不容缓之图，兹以最简便之方式[illegible]办抗建宣传标语牌，并制定各县市区前项标语牌设置须知，随文附发，除分令外，合行令仰遵照，限于二月以前一律办理完竣具报备查！此令。
附发标语牌设置须知一份。

429

各縣市區抗建宣傳標語牌設置須知

一、各縣市區應於城廂市集通衢碼頭車站、以及機關學校社團公共場所等門前設置抗建宣傳標語牌、以策動社會改進生活、與提爲民衆抗建精神之提高。

一、前項標語牌標語應由各縣市動員委員會及各特種區署照左列各項標準擬定分發應用、以資一律。

一、國民公約。

二、國民精神總動員綱領第五章精神之改造（摘錄甲乙丙丁戊等項綱目）

三、黨員守則。

四、其他屬於自治新運及有關抗建之標語。

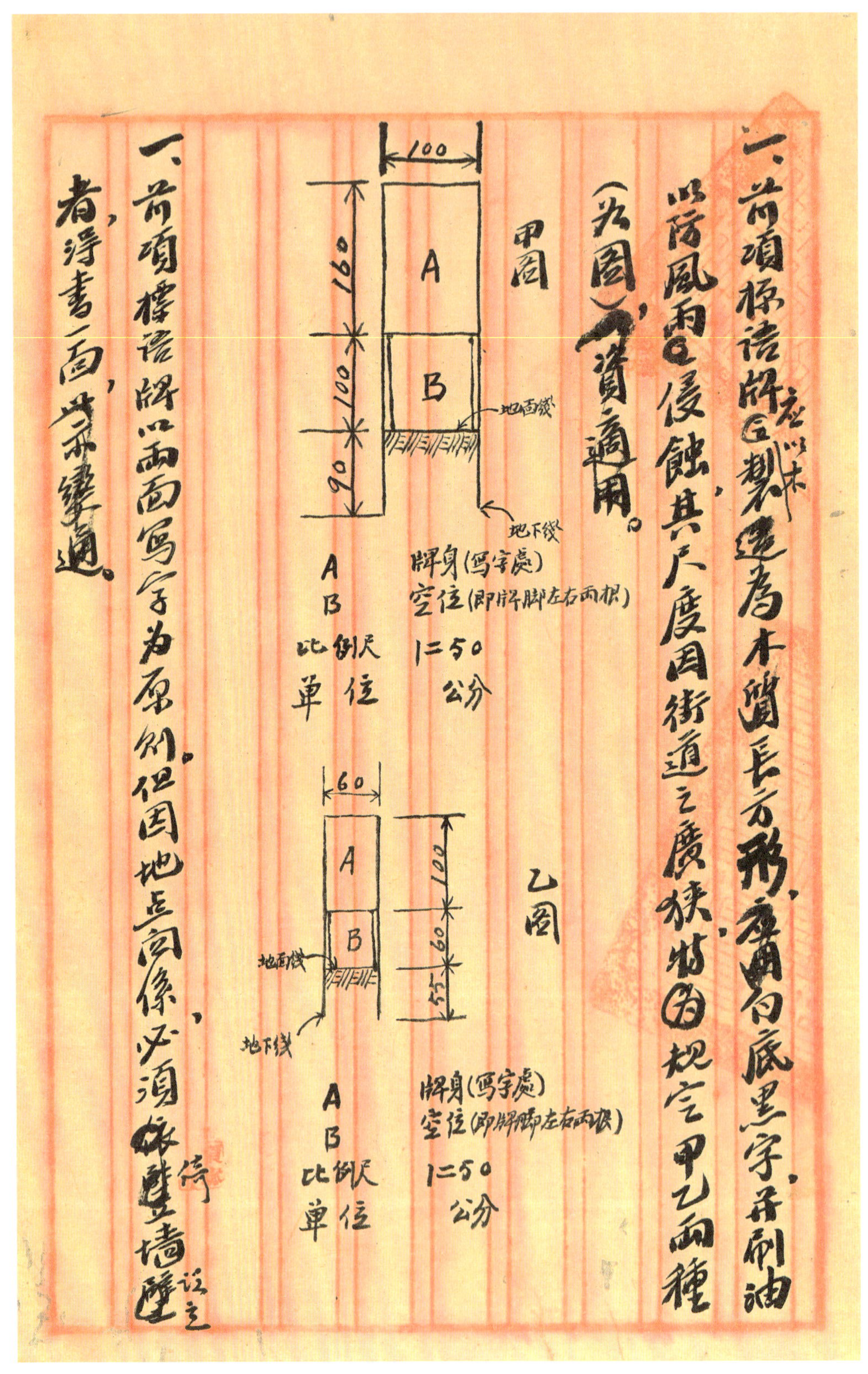

一、前項標語牌應以木製造，為木質長方形，應用白底黑字，並刷油以防風雨之侵蝕。其尺度因街道之廣狹，特規定甲乙兩種（見圖），以資適用。

一、前項標語牌以兩面寫字為原則。但因地点關係，必須依傍墻壁設立者，得書一面，以求變通。

一、前項標語牌以最堅固經濟為原則，每保應置一面，其費用於開保民代表會時公開籌議分攤，機關學校團體及其他公共場所至少須各製一面，其費用各自擔任。

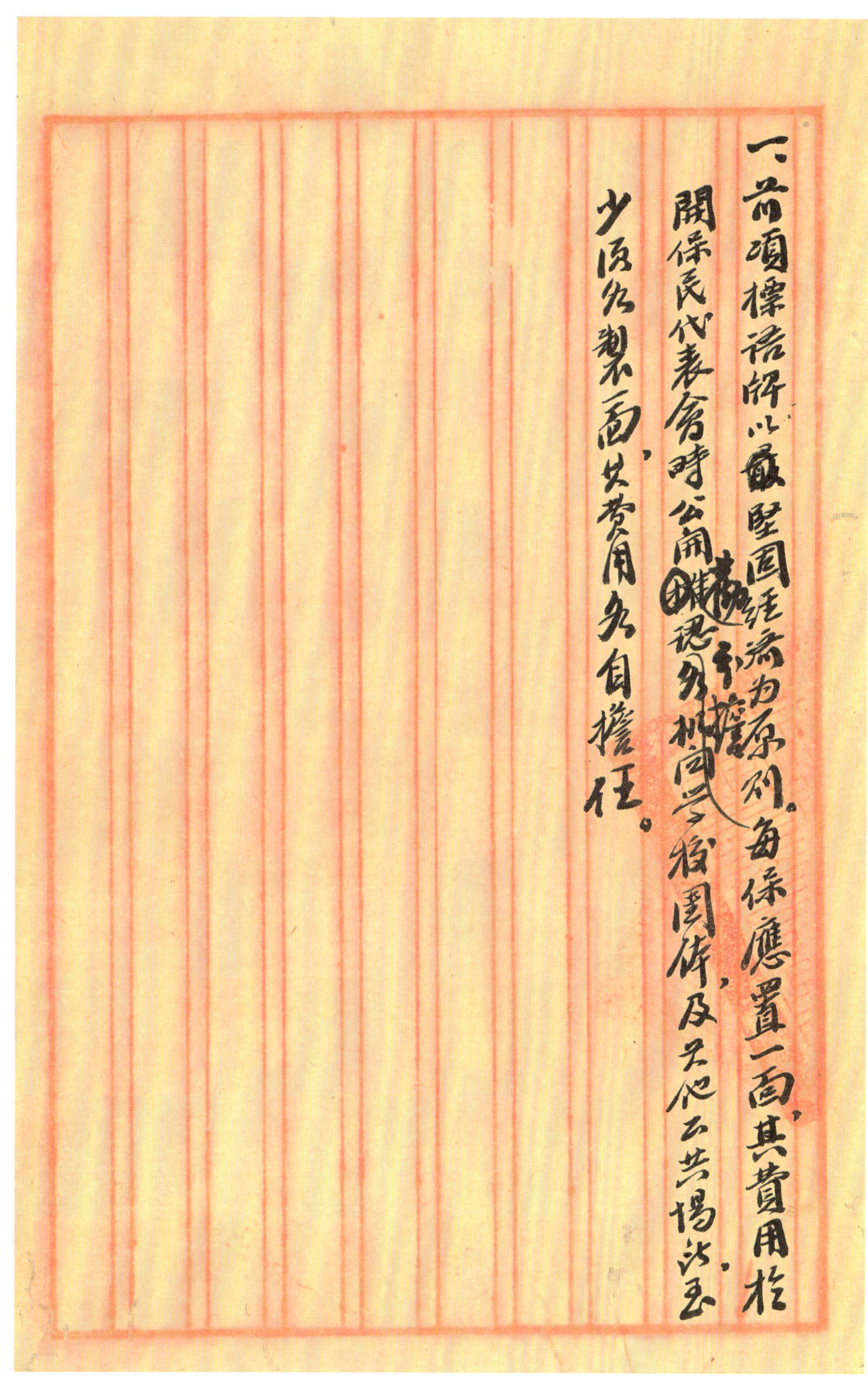

全国慰劳总会、福建省动员委员会等关于举办出钱劳军竞赛运动的文书（一九四一年一月至二月）

全国慰劳总会致福建省动员委员会的快邮代电（一九四一年一月二十二日）

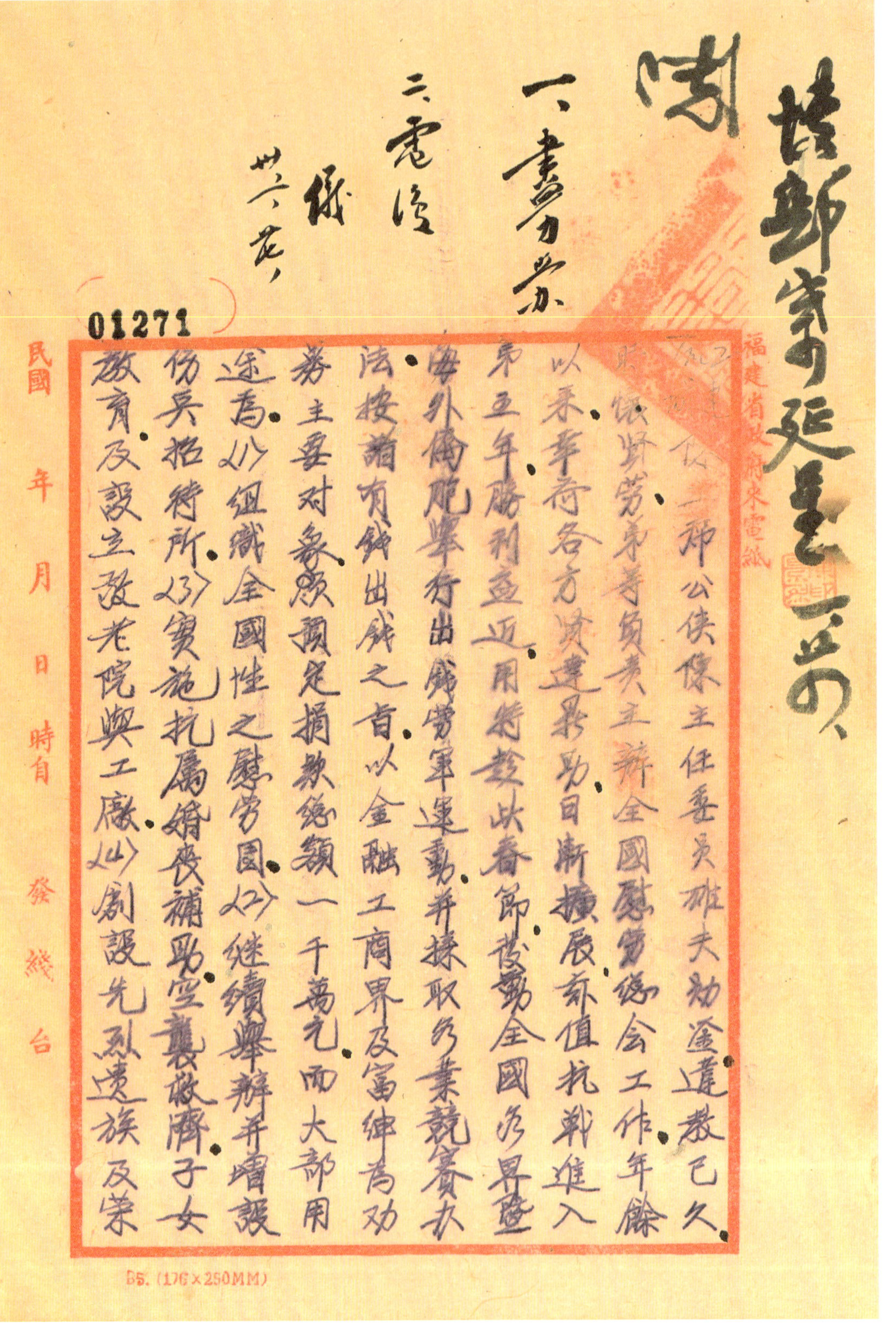
福建省政府来電紙

01271

[illegible]公侠、陈主任委员雄夫勋鉴：违教已久。□□贤劳，弟等负责主办全国慰劳总会工作，年余以来，幸荷各方资遗界助，日渐扩展。兹值抗战进入第五年，胜利益近，用特趁此春节发动全国各界暨海外侨胞举行出钱劳军运动，并採取各业竞赛办法，按有钱出钱之旨，以金融工商界及富绅为劝募主要对象，原预定捐款总额一千万元，而大部用途为：（1）组织全国性之慰劳团，（2）继续举办并增设伤兵招待所，（3）实施抗属婚丧补助、空袭救济、子女教育及设立敬老院与工厂，（4）创设先烈遗族及荣

民國　年　月　日　時自　發　綫　台

B5.(176×250MM)

福建省政府來電紙

譽軍人子弟學校以大量供應前方將士精神食糧。主辦機關在陪都為本會在各省市動員委員會、戰我兄主政福建德威并隆振臂一呼萬流响應、務懇鼎力倡導俾襄圓滿結果在貴省方面并乞籌募(500,000)萬元賜匯中央銀行特繳本會以利勞軍工作。除由本會致聘為指導委員就近指導出錢勞軍進行及詳細辦法另寄外謹此電陳至乞惠允毋任感禱弟陳誠、谷正綱、馬超俊、郭沫若叩子養

此電抄連城特送
已分抄省黨部

民國30年1月22日22時自重慶發 有線台

風 24/1

B5. (176×250MM)

福建省动员委员会致各县政府、各特种区署的电并致福建省政府的通报（一九四一年一月二十九日）

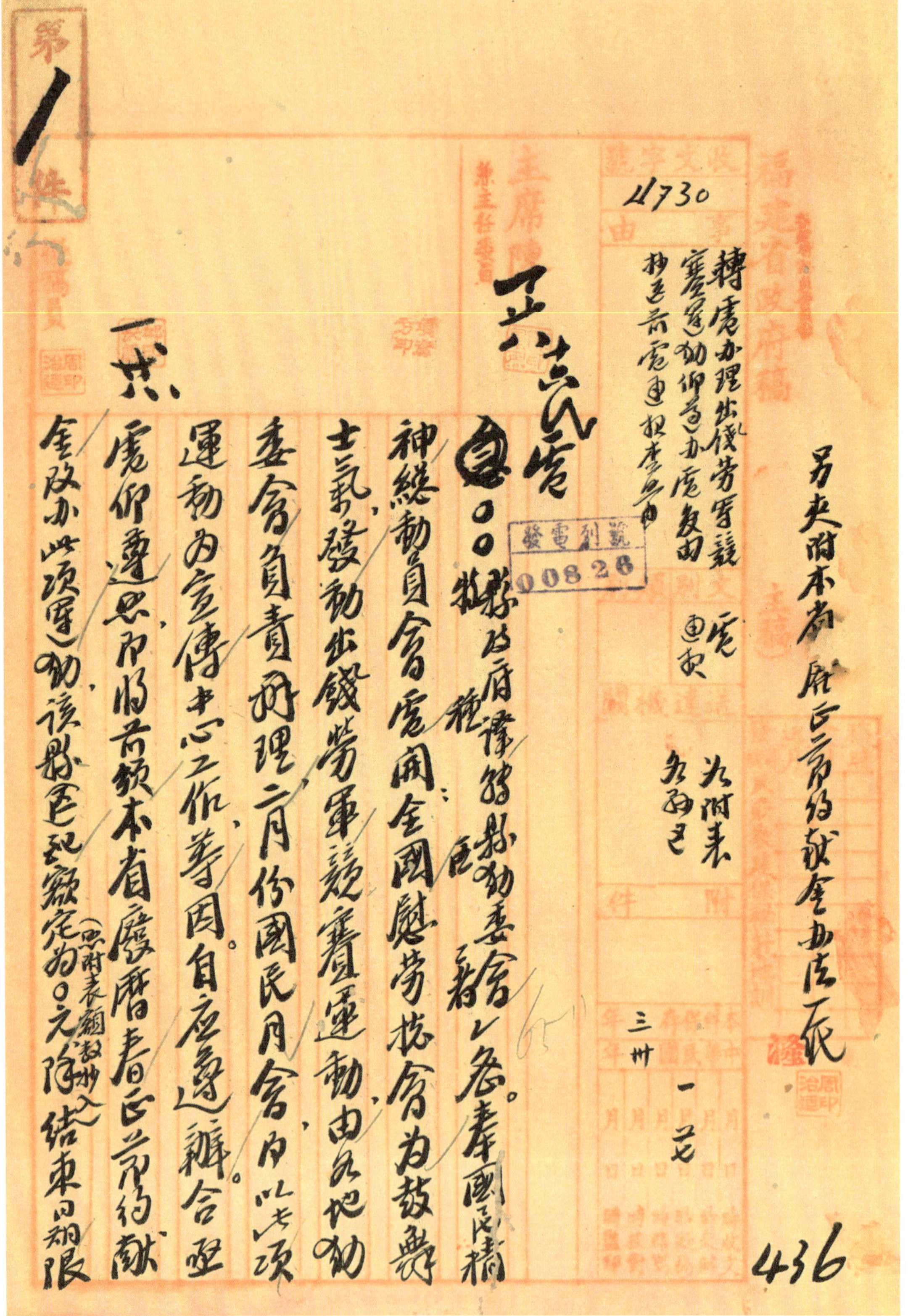
转电办理出钱劳军竞赛运动仰遵办电复由

王六艳代电

各○○县政府、特种区署、各县动委会：奉国民精神总动员会电开：全国慰劳总会为鼓舞士气，发动出钱劳军竞赛运动，由各地动委会负责办理，六月份国民月会以是项运动为宣传中心工作等因，自应遵办，合亟电仰遵照，将前颁本省厉行节约献金（另附表额数抄入）全数办此项运动，该县（区）现额定为○元，限结束日期限

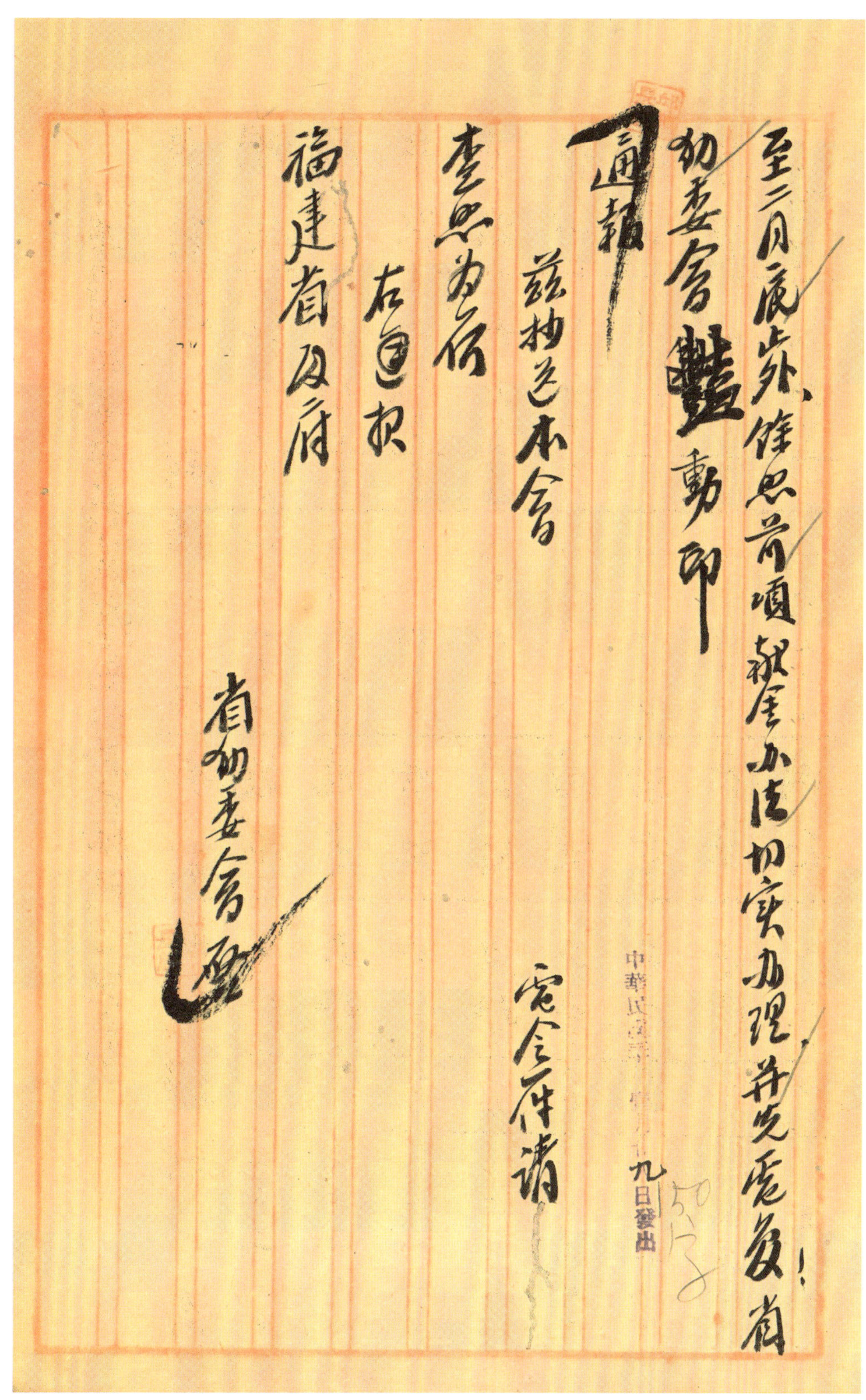
至二月底止外，俾照前項報告辦法切實辦理，並先電復省
動委會鑒。動印

通報

茲抄送本會

查照為荷

右通知

福建省政府

省動委會

電令併請

中華民國……九日發出

附：本省出钱劳军竞赛运动各县区配额一览表

本省出錢勞軍競賽運動各縣區配額一覽表

縣別	配額	備考	縣別	配額	備考
閩侯	一九、〇〇〇〇〇	四一、八〇〇	龍溪	七、五〇〇〇〇	一六、五〇〇
南平	九、八〇〇〇〇	二一、五六〇	龍岩	五、八〇〇〇〇	一二、七六〇
沙縣	八、六〇〇〇〇	一八、九二〇	晉江	八、一〇〇〇〇	一七、八二〇
建甌	九、五〇〇〇〇	二〇、九〇〇	長汀	五、八〇〇〇〇	一二、七六〇
莆田	六、九〇〇〇〇	一五、一八〇	漳浦	二、五〇〇〇〇	五、五〇〇
浦城	六、九〇〇〇〇	一五、一八〇	海澄	二、九〇〇〇〇	六、三八〇
福清	五、八〇〇〇〇	一二、七六〇	長樂	二、五〇〇〇〇	五、五〇〇
永春	五、八〇〇〇〇	一二、七六〇	同安	二、三〇〇〇〇	五、〇六〇

連江	一、二〇〇	〇〇	二、六四〇
霞浦	一、〇〇〇	〇〇	三、〇八〇
寧德	一、二〇〇	〇〇	二、六四〇
福鼎	一、二〇〇	〇〇	二、六四〇
羅源	一、〇〇〇	〇〇	二、二〇〇
漳平	九〇〇	〇〇	一、九八〇
永泰	九〇〇	〇〇	一、九八〇
建寧	九〇〇	〇〇	一、九八〇
屏南	九〇〇	〇〇	一、九八〇
壽寧	九〇〇	〇〇	一、九八〇
長泰	九〇〇	〇〇	一、九八〇
寧洋	九〇〇	〇〇	一、九八〇
平和	九〇〇	〇〇	一、九八〇
雲霄	九〇〇	〇〇	一、九八〇
松溪	一、〇〇〇	〇〇	二、二〇〇
政和	九〇〇	〇〇	一、九八〇
寧化	九〇〇	〇〇	一、九八〇
清流	九〇〇	〇〇	一、九八〇
武平	一、〇〇〇	〇〇	二、二〇〇
明溪	九〇〇	〇〇	一、九八〇

縣別	數額		數
福安	二、〇〇〇	〇〇	四、四〇〇
將樂	二、一〇〇	〇〇	四、六二〇
連城	二、三〇〇	〇〇	五、〇六〇
南靖	一、七〇〇	〇〇	三、七四〇
順昌	二、六〇〇	〇〇	五、七二〇
崇安	一、七〇〇	〇〇	三、七四〇
大田	一、七〇〇	〇〇	三、七四〇
惠安	一、四〇〇	〇〇	三、〇八〇
永安	五、七〇〇	〇〇	一二、五四〇
建陽	四、〇〇〇	〇〇	八、八〇〇
閩清	四、六〇〇	〇〇	一〇、一二〇
邵武	四、〇〇〇	〇〇	八、八〇〇
上杭	四、〇〇〇	〇〇	八、八〇〇
仙遊	四、〇〇〇	〇〇	八、八〇〇
南安	八、一〇〇	〇〇	一七、八二〇
古田	二、九〇〇	〇〇	六、三八〇
安溪	二、九〇〇	〇〇	六、三八〇
尤溪	二、九〇〇	〇〇	六、三八〇
德化	二、九〇〇	〇〇	六、三八〇
詔安	二、三〇〇	〇〇	五、〇六〇

附註不全知

華安	九〇〇	〇〇	一、九八〇〇
泰寧	九〇〇	〇〇	一、九八〇〇
永定	三、五〇〇	〇〇	七、七〇〇〇
東山	六〇〇	〇〇	一、三二〇〇

水吉	七〇〇	〇〇	一、五四〇〇
三元	七〇〇	〇〇	一、五四〇〇
周墩特區	五〇〇	〇〇	一、一〇〇〇
柘洋特區	五〇〇	〇〇	一、一〇〇〇

合計 二三七六〇〇 〇〇

附註

一、本表配額係照本省二十九年度寒衣募款額數各加百分之一五，但十位以下以四舍五入計算（例如閩侯寒衣款一六、五〇〇元，加一五為一八、九七五元，四五捨進計算為一九、〇〇〇元；又南平寒衣款八、〇〇〇元，加一五為九、二〇〇元，四捨計算為九、〇〇〇元）。

一、表內永安、沙縣、建甌未劃出，每一百元加攤三元，水吉兩縣額內。

一、金門、平潭兩縣及廈門市暫行免派。

福建省动员委员会致全国慰劳总会及各县政府、各特种区署的电（一九四一年二月一日）

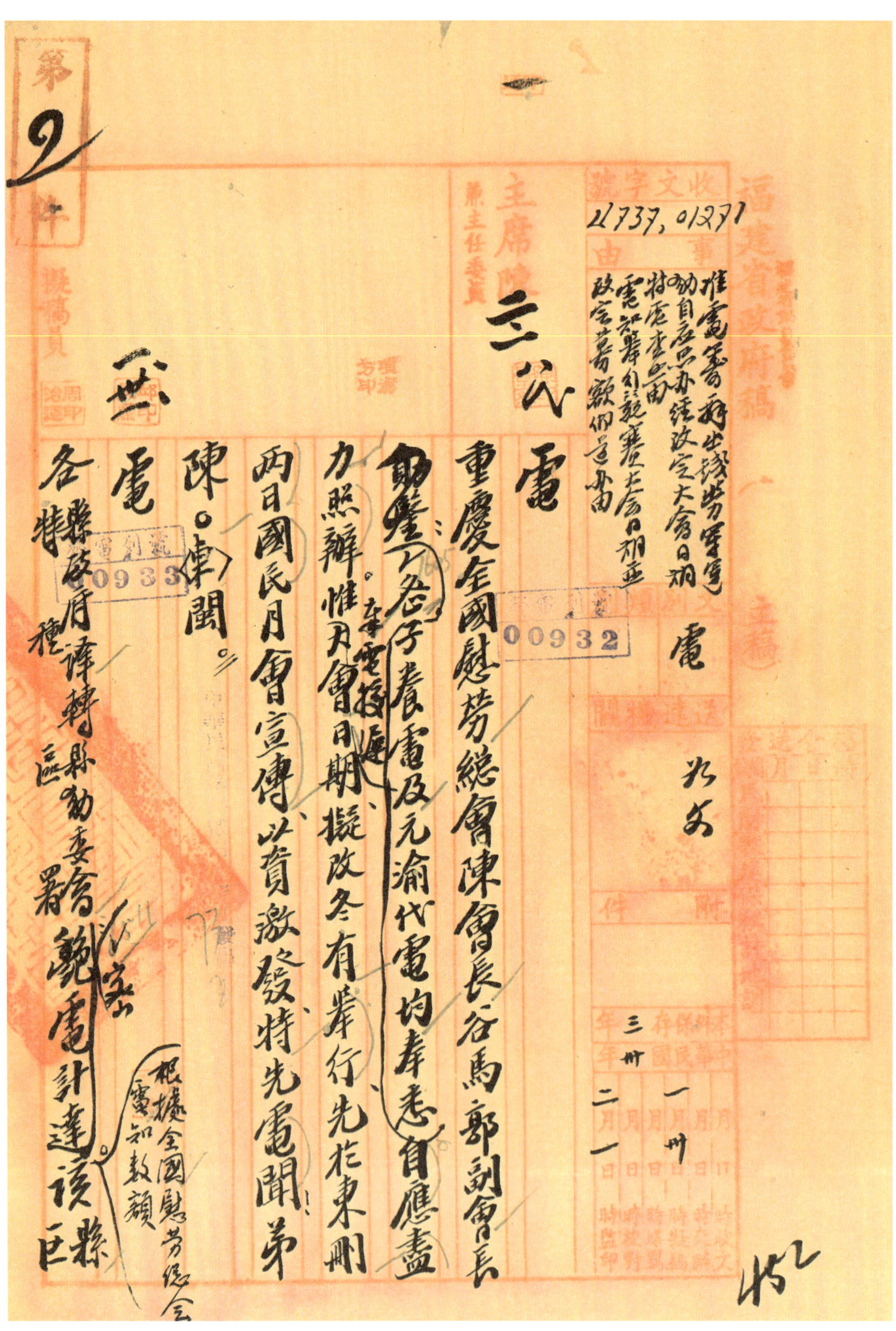
福建省政府稿

收文字號 21737，01271

代電

重慶全國慰勞總會陳會長谷馬鄧副會長勛鑒：子養電及元渝代電均奉悉，自應盡力照辦。惟月會日期擬改冬有舉行，先在東刪兩日國民月會宣傳，以資激發。特先電聞。弟陳○東閩。

電

各縣政府、特種區署：譯轉縣動委會……

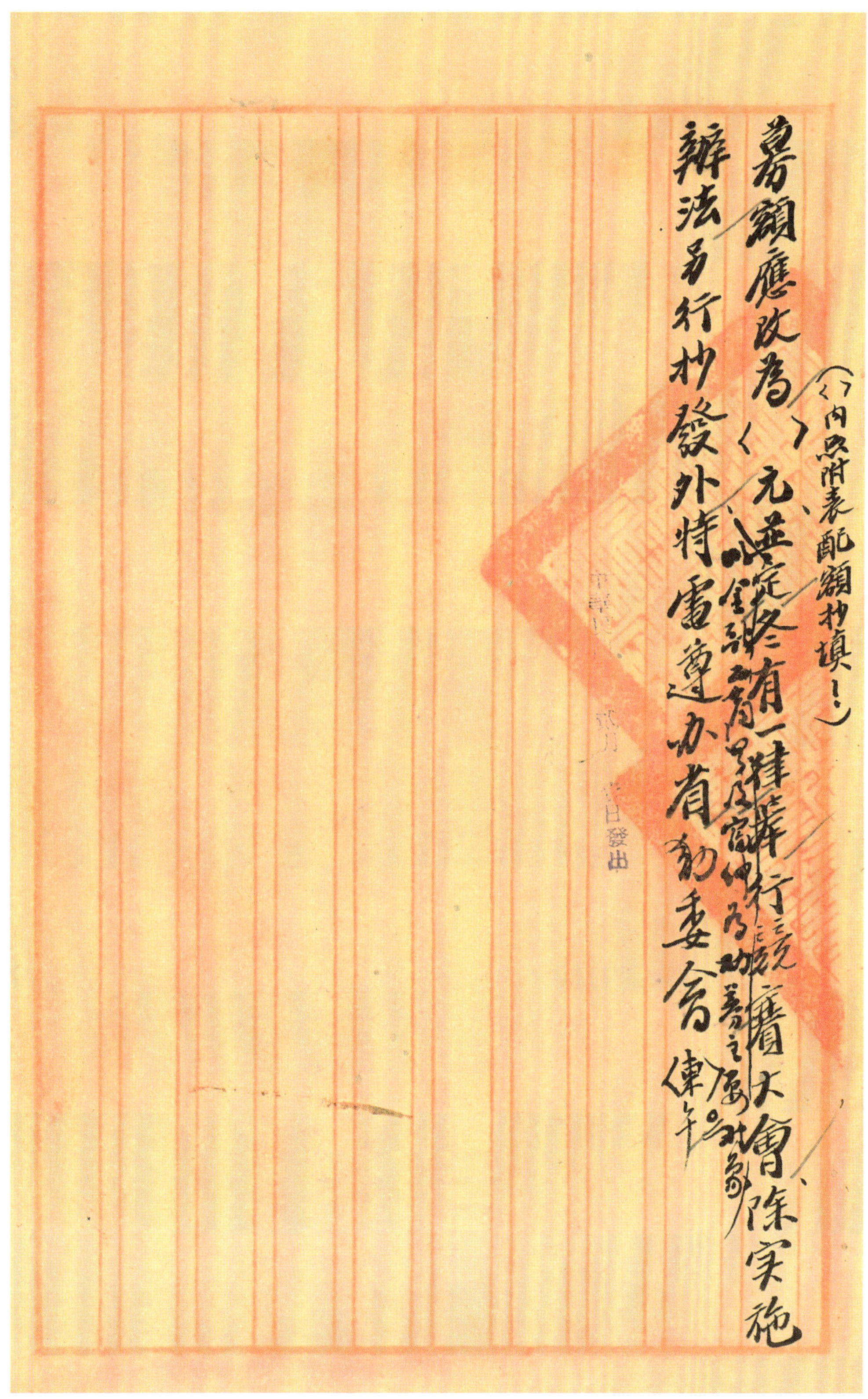

募額應改為〇〇（〇〇內照附表配額抄填）元並定於……有一律舉行……舊大會、除實施

辦法另行抄發外特電遵辦為荷　執委會

月　日發出

附：本省出钱劳军竞赛运动各县区拟募配额一览表

本省出錢勞軍競賽運動各縣區擬募配額一覽表

縣別	配額	備考	縣別	配額	備考
閩侯	四九、五〇〇〇〇		龍溪	二五、〇〇〇 一七、五〇〇	
南平	二五、五〇〇〇〇		龍岩	一五、〇〇〇〇〇	
沙縣	二二、三〇〇〇〇		晉江	二一、〇〇〇〇〇	
建甌	二四、六〇〇〇〇		長汀	一五、〇〇〇〇〇	
莆田	一八、〇〇〇〇〇		漳浦	六、六〇〇〇〇	
浦城	一八、〇〇〇〇〇		海澄	七、五〇〇〇〇	
福清	一五、〇〇〇〇〇		長樂	六、六〇〇〇〇	
永春	一五、〇〇〇〇〇		同安	六、〇〇〇〇〇	

縣	數額
福安	五、二〇〇〇〇
將樂	三、五〇〇〇〇
連江	三、〇〇〇〇〇
南靖	四、五〇〇〇〇
順昌	五、〇〇〇〇〇
崇安	四、五〇〇〇〇
大田	三、三〇〇〇〇
惠安	三、六〇〇〇〇
永安	一〇、〇〇〇〇〇
建陽	一〇、〇〇〇〇〇

縣	數額
閩清	一二、〇〇〇〇〇
邵武	一〇、五〇〇〇〇
上杭	一〇、五〇〇〇〇
仙遊	一〇、五〇〇〇〇
南安	二一、〇〇〇〇〇
古田	七、五〇〇〇〇
安溪	七、五〇〇〇〇
尤溪	七、五〇〇〇〇
德化	六、三〇〇〇〇
詔安	六、〇〇〇〇〇

县别	数额	铅笔批注
建城	六〇〇〇〇〇	4500
霞浦	[illegible]	4500
寧德	[illegible]	1600
福州	[illegible]	1500
羅源	[illegible]	4400
漳平	[illegible]	4500
永泰	[illegible]	8800
建寧	[illegible]	4500
屏南	[illegible]	2125
壽寧	[illegible]	4500
長泰	[illegible]	
甯洋	[illegible]	
平和	二四〇〇〇〇	
雲霄	二二〇〇〇〇	
松溪	一三〇〇〇〇	
政和	[illegible]	
甯化	[illegible]	
清流	[illegible]	
武平	二五〇〇〇〇	
明溪	[illegible]	

縣區	配額	縣區	配額
華安	一、二〇〇〇〇	水吉	一、六〇〇〇〇
泰寧	一、六〇〇〇〇	三元	一、五〇〇〇〇
永定	九、〇〇〇〇	周墩特區	八〇〇〇〇
東山	一、五〇〇〇〇	柘洋特區	八〇〇〇〇
		合計	五〇〇、〇〇〇

一、本省各縣區配額，係根據全國慰勞總會電知數額（五十萬元），參照本省本年度寒衣募額一七四、四〇〇元三倍計算，應為五二三、二〇〇元，多出二三、二〇〇元之數，將將樂、順昌、大田、德化、永泰、建寧、屏南、壽寧、長泰、松溪、政和、寧化、清流、明溪、華安、泰寧等縣各減去一、二六〇元，三元減六〇〇元，水吉減五〇〇元，周墩、柘洋各減五五〇元，再將以上併各縣「十位」零數除去，適為五〇〇、〇〇〇元，為本表。

福建省动员委员会致各县动员委员会、各特种区署的代电并致福建省政府的通报（一九四一年二月五日）

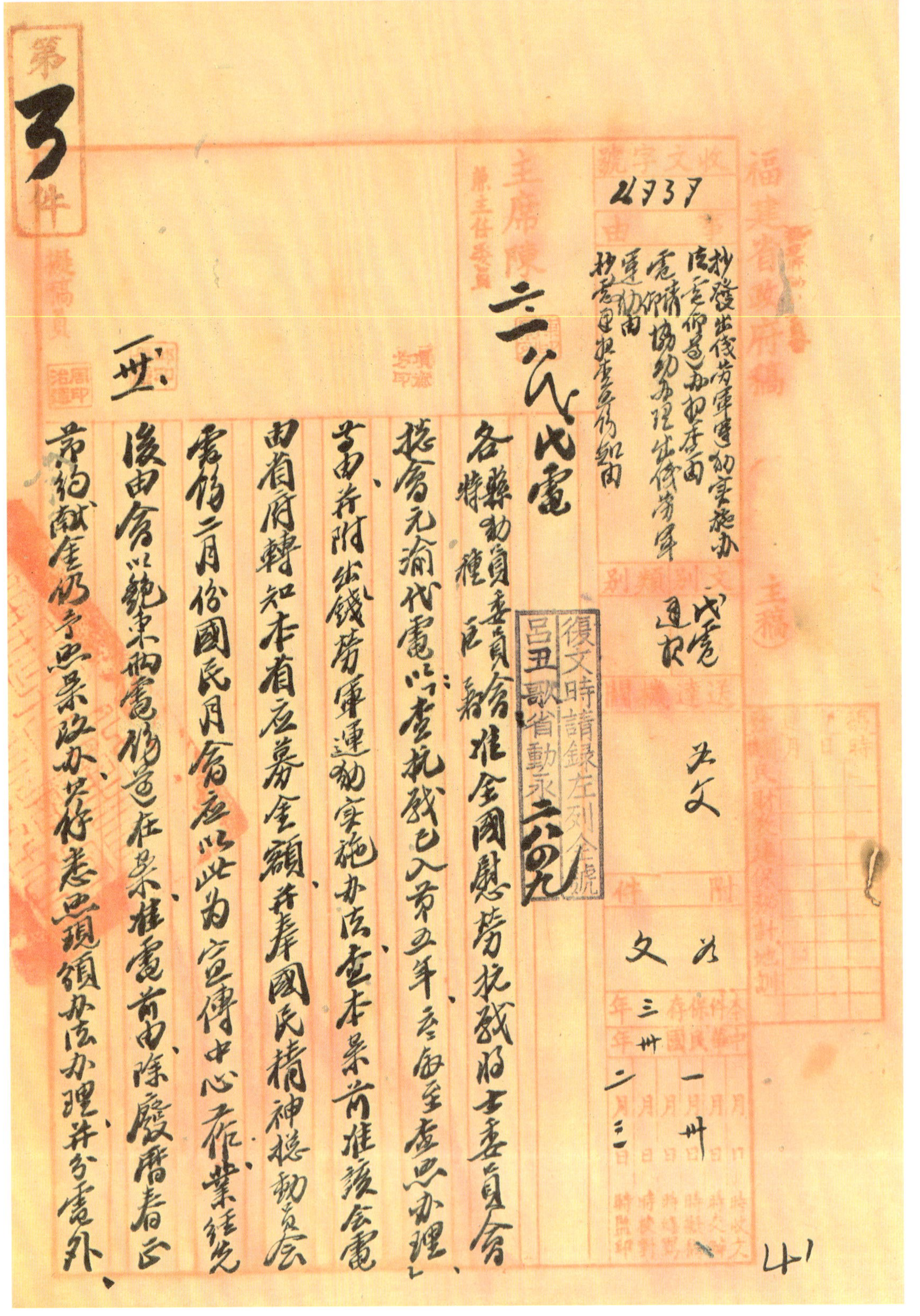
福建省政府稿

收文字號 24337

事由 抄發出錢勞軍運動實施辦法電請協助辦理出錢勞軍運動由

主席陳

二代代電

各縣動員委員會、各特種區署鑒：准全國慰勞抗戰將士委員會總會元渝代電以查抗戰已入第五年，亟宜查照辦理，並附出錢勞軍運動實施辦法，查本案前准該會電由省府轉知本省應募金額，並奉國民精神總動員會電飭二月份國民月會應以此為宣傳中心，應作業經先後由會以魏東兩電飭遵在案，桂電前由。除慶曆春節獻金仍予照案辦理，並須照頒辦法辦理，並分電外、

合再抄發原办法、一本省各縣區募款、各機關社團募款一覽表、
用表募款、不在各縣區募款數目之内、電仰查照办理並將當地
各界出錢勞軍運動籌備委員会工作情形及其組織办法、
連同参加單位、收支清用費賬、参競賽優勝者、詳擬備查、又各機
國社團所定募額應由該在地籌委會逐一通知參加競賽、
以省爭讀省動員委員會（ ）印。附發原办法并存。

代電

各縣市政府
中國國民黨福建省執行委員會

奉國民精神總動員會電以全國慰勞總
會發動出錢勞軍運動、仿於二月份國民月會列為宣傳中心工作
等因。爰推全國慰勞總會電以抗戰已入第五年云云。叙至并附抄

钱劳军运动实施办法自应分别照办除电各县动委会各特种
区委即将本省发动之废历春正节约献金改办此项运动外
并定於二月二十日一律举办外相应抄附原办法电请查照并
饬所属尽力协助办理省动员委员会〻即附发各县举
行出钱劳军运动实施办法份

通知

兹抄送本会

代电一件请（已发福建省政府电文）（及附件各）

查照并转饬所属尽力协助办理为荷

右通知

福建省政府

省动委会启 一、卅

全國慰勞總會發動全國各界舉行「出錢勞軍」運動實施辦法

甲、旨趣：（一）當抗戰開始之際，吾最高統帥蔣委員長即昭示吾人：「地無分南北，人無分老幼，無論何人，皆有守土抗戰的責任，皆應抱定犧牲的決心」。同時，中央對全國民眾尤以「有力出力，有錢出錢」號召我全國民眾，亦隨時隨地以此相勗勉。故抗戰以來，毀家紓難者絡繹不絕，捨身衛國者筆不勝書。惟考察實際情形，則有力者確已做到出力，而有錢者尚未做到出錢，事實昭然，有目共睹。今抗戰雖日益接近最後勝利，然欲達此目的，仍為一長期之艱苦過程。我全國同胞務必發揚已往三年來之奮鬥精神，有力者繼續出力，有錢者真正出錢，克服困難，向前邁進，庶可完成「抗戰必勝，建國必成」之偉大任務。亦值廢曆新年將屆，全國同胞泥於舊習，難免無謂消耗，惟當吾人安居後方，以禮物餽贈戚友，且復家家團圓，安樂度歲之日，倘一思及在冰天雪地中浴血苦鬥之前方將士、裹瘡抱痛之榮譽軍人、生活困苦之抗戰軍人家屬，吾人實應發揮吾人之同情心，尤應抱定「抗戰一日不止，出力出錢亦一日不停」之堅決精神，慷慨捐輸，慰勞前方將士、榮譽軍人及抗戰軍人家屬。本會有鑒及此，特趁此時機發動全國各界一致舉行「出錢勞軍運動」，期我全國同胞以更具體之行動，表示擁護抗戰國策、擁護政府、擁護領袖之堅決意志，表示愛護抗戰將士及其家屬之赤心熱忱，「有錢出錢」之口號成為抗戰第五年頭最偉大之行動，抗戰中最光榮之史蹟。

乙、目的：1、真正實施「有錢出錢」，增強抗戰力量，鼓勵抗戰士氣，發揚民族精神丙、用途：捐款用途有二（一）慰勞抗戰將士及榮譽軍人（二）救濟抗戰軍人家屬並舉辦救濟抗屬生產事業（三）補助抗屬婚喪及子弟教育費

丁、分配：以全部捐款百分之五十分配作慰勞抗戰軍人及榮譽軍人之用，以百分之五十分配作救濟抗屬舉辦抗屬生產事業及補助抗屬婚喪及子弟教育費。慰勞全國抗戰將士及榮譽軍人由本會統籌，至救濟抗屬舉辦抗屬生產事業補助抗屬婚喪及子弟教育費，除重慶由本會辦理外，各地則由本會規定辦法請各地動員委員會就地舉辦。所有出錢勞軍運動全部捐款在重慶方面悉遵本會支配，各省市縣所收捐款須以全數百分之五十匯解本會，以百分之五十集中留存各省市縣備用

戊、辦法：

（一）出錢勞軍運動在城市方面採取各行各業（例如銀行業綢緞業食品業等等）相互舉行出錢競賽及同業中個別相互競賽，如有必要鄉村方面應斟酌當地環境情形以保甲為單位舉行競賽

二、側重勸募，禁止攤派及擱街募捐

三、对一般公務員學生及貧苦民众完全採自由樂捐方式
四、劝募工作僅限于对同業及本機關團体内同人并由各機關團体職業公会及公會办理
巳、辦法
一、組織、
1、全國各地均組織當地各界出錢勞軍運動籌備委員會
2、重慶部都由本会主辦并邀請中央及地方有關機關團体共同組織籌備会會
、市縣由動員委員會主辦并邀請當地党政軍有關機關團体共同組織籌備會
3、各縣動委会受省動委会指導進行工作縣以下之區鎮鄉由動委会視環境情形發動組織并指導其工作進行
4、籌備会得邀請當地党政軍首長為正副主任委員或名誉正副主任委員並得請各界各業領袖參加為委員或常務委員或另聘為指導委員以加強號召及推動力量
5、邀請當地婦女界領袖組織當地婦女界出錢勞軍籌備委員会專負推動婦女界出錢勞軍之責省以下之縣區則不設單独組織
6、籌備委員会內部組織由主办機關酌量實際情形擬定之

7、此項組織均為臨時性質，俟出錢勞軍運動全部結束即宣告解散

二、宣傳：

1、發動當地各種宣傳机關团体并利用一切机会宣傳方法及一切宣傳技術作普遍擴大之宣傳

2、將出錢勞軍運動之意義及各界熱烈響應情形就近向部隊榮譽軍人医院及抗战軍人家屬宣傳

三、推行：

1、發動各机關团体各業公会工會在本机關团体内組織出錢勞軍運動籌備委員会，其任務如左

(1)召集同業或職員会員大会商討出錢勞軍事宜，并向同業或同人作普遍宣傳

(2)向同業普遍劝募，并得視營業情形共同商討出錢標準，同時採取競賽方式，出錢愈多愈佳

(3)向同業劝募時僅備收據舉行登記其出錢數目，俾易估計全業出錢總數，但不得即行出款，仍須於出錢勞軍運動競賽大会開幕時依照大會規定之出錢

競賽日程由同業公会及机關团体領導全体同業或職員整隊前往大会個别捐献
一業之中務以做到人人参加為原則
2、調查当地富有資財或营業獲有厚利者由籌备委員会專函請其参加出錢劳軍
競賽必要時并得運用輿論力量劝促之
3、敦請各机關首長及社會領袖参加出錢劳軍競賽以示倡導
4、分别用茶会或最簡單之宴会招待各界領袖社会聞人請倡導及推動出錢運動

四、競賽：
1、举行各界出錢劳軍競賽大會
2、以開始競賽之日為開幕日举行熱烈隆重之開幕典礼礼畢随即举行出錢競賽。
3、照估計当地各行各業人数过多時出錢競賽不能一日完畢得分别数日并劃分
時間举行但須先将競賽日程及時間排定（如第一日上午九時為銀行業下午二時至四
時為錢莊業是）同時应注意下列各点：
a、估计各該業参加人数及会場可能容納人数之多寡
b、估计各該業出錢之多寡决定其競賽日程上先後次序
c、排定之競賽日程及時間須印妥并於競賽開前一週分别通知各参加單位并在

当地報纸刊巨幅廣告及在交通要道張掛布幅廣告

d 警衛之佈置

4、除開幕典礼外每舉行出錢競賽時仍須舉行熱烈隆重之儀式并請当地机関首長社会領袖輪流任主席并請各該業領袖当場演說

5、在競賽大会中須散發簡短精警之小傳單以激發出錢者之热情

6、出錢競賽登記簿除每本編號并須逐頁編號及加蓋籌备委員会鈐記

7、每次開会儀式完畢即開始出錢競賽由參加人自行在登記簿上寫明姓名及款額但甲業与乙業須分開备登記簿每一業出錢數字均須于競賽完畢時在登記簿上作一總结

8、出錢人登記完畢即將款項点交收款人(關於出錢手續由籌备委員會根據本办法之規定另擬參加出錢勞軍須知委員会并得約請銀行或錢莊職員參加收款工作

9、每日所收款項由籌备委員会函請当地銀行派員經收

10、競賽大会会場最好備播音机当場报告每一人姓名及捐款數量

11、大會場最好佈置軍樂隊及歌詠隊於競賽及報告出錢人姓名款額時不斷奏

樂歌咏及引導呼口號競賽，激發熱忱，同時請攝影記者在場攝製新聞片

12、出錢者不論多寡一律於本會開幕後由主辦機關分別製發給正式收據，屬於某一業者，即由某業公會轉交，同時在報端公佈

13、全部競賽完畢之次日舉行熱烈隆重之閉幕儀式及遊行，參加競賽之各單位一概參加

14、各單位參加遊行須備旗幟，集旗幟上寫明該業出錢數字，而同業各小單位亦須備旗幟寫明出錢數字

五、保管：各省市縣所得捐款除應匯解本會者外，餘款由主辦機關邀請當地機關團體及社會人士共同組織保管委員會，重慶陪都市內捐款依照本辦法所規定之用途，有需動用手續由主辦機關與保管委員會商定，但各動用須函本會備案，各地動用須報告本會備案

六、獎勵：

A、標準：

a、某一業或某一團體出錢在兩萬元以上者

b、某一商店出錢在一萬元以上者

c 個人在三千元以上者

d 某業或某店某人其經濟力量薄弱確屬慷慨捐輸做到「有錢出錢」者

乙、方法：

a 登報讚揚

b 由本会或各地動委会贈送榮誉纪念品

c 呈請政府獎勵

d 敦請地方聞人題字表揚

e 就地建立永久纪念牌或纪念碑

f 各省出錢競賽總成績優良者由本会呈请中央獎勵之，各县由各省獎勵之，獎勵方法根據獎勵標準視出錢之多寡決定之

七、结束：

1、出錢勞軍筹备委員会及競賽大会各種手續須于大会後一個月內全部结束

2、建立当地出錢勞軍運動纪念塔或纪念碑并請当地机關首長為文纪念

3、印纪念册由主要机關酌办之

4、捐款須于结束前匯到本会，各縣匯省轉匯本会，并將全部數量函告本會

另有關此項運動之照片文字圖畫及其他宣傳品材料由主辦機關各種撿出一份寄交本會

八、經費：籌備會所需經費由參加籌備委員會各機關共同担負之不敷時得就近呈請政府補助

庚、日期：全國各地一律於三十年二月十日（廢曆正月十五）舉行出錢勞軍競賽日期之長短由各地舉辦機關視當地情形確定之

福建省动员委员会致福建省妇女会、福建新生活运动促进会等的代电（一九四一年二月十二日）

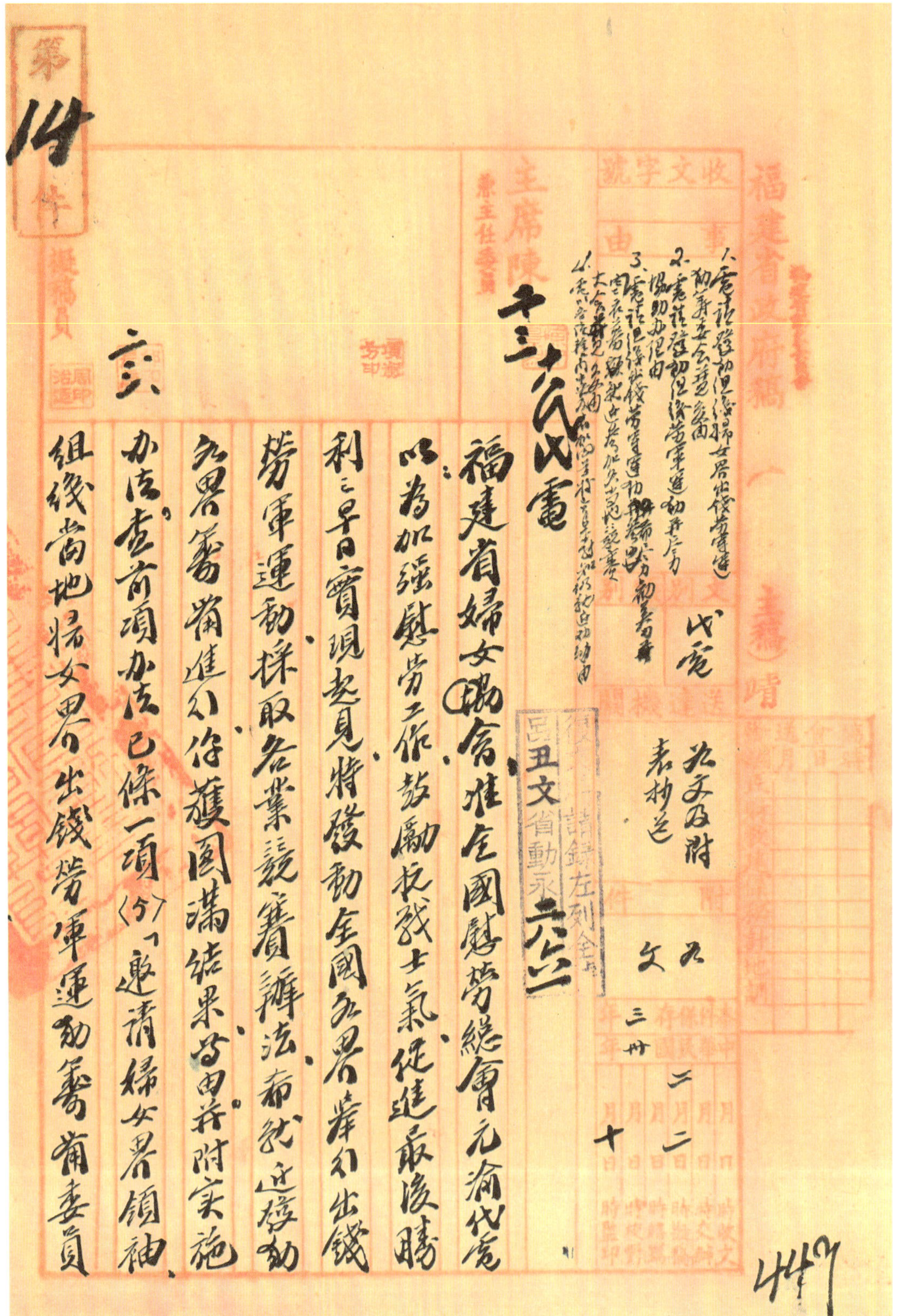
福建省婦女協會：准全國慰勞總會元渝代電
以：為加強慰勞工作，鼓勵抗戰士氣，促進最後勝
利之早日實現起見，特發動全國各界捐獻出錢
勞軍運動，採取各業競賽辦法，希就近發動
各界籌備進行，俾獲圓滿結果等由，并附實施
辦法。查前項辦法已條一項（分）「邀請婦女界領袖、
組織當地婦女界出錢勞軍運動籌備委員

會專負推動婦女界出錢勞軍之責之規定，本省事同一律，自應照辦。貴會為本省婦女界領導機關，倘予登高一呼，必能是響斯應，除電各縣動委會及特種區者，即將本省發動之歷屆春節節約獻金改辦此項運動，並組織籌委會於二月二十五日一律舉行競賽大會外，特抄同原辦法電請查照，迅賜發動組織進行，並見覆為荷！省動員委員會〔〕〔〕印附抄全國婦界出錢勞軍運動實施辦法一份

代電

福建省新生活運動促進會（國民精神總動員協會）奉國民精神總動員會電，以全國慰勞總會發動出錢勞軍競賽運動，由各地動委會負責辦理，二月份

國民月會即以此項運動為宣傳中心工作。當因夏准全國慰勞總會元渝代電以：為加強慰勞工作，云云照前文敘至並附實施辦法，自應遵辦，除電飭各縣動委會外，特種民署即將本省發動之廢曆春正節約獻金改為此項運動，於二月份國民月會切實宣傳，並組設籌委會，限本年月二十五日一律舉行競賽大會外，特抄同原辦法，電請查照辦理，並希飭屬協助，以利進行為荷。省動員委員會（丁印）附抄原暨舉行出錢勞軍運動實施辦法（及[illegible]）

代電

○○○（照附表分配抄填）奉國民精神總動員會代電以：云云照前文敘至特抄同原辦法，電請查照。前項實施辦法戊係四項及已

除三項之規定組織進行、並轉飭所屬〔查照本省二十九年度寒衣募款、〕盡力勸募、（統計處用）

令縣遵參加各當地競賽大會、個別捐獻、以示倡導、仍希將辦理

經過及捐獻數目見復為荷。省動員委員會〔印〕（即附移會施辦法仍）

（並附本代電底發各機關社團一覽表繕成注意一、）（在永安及附城之機關轉繕發）

代電

各縣動員委員會、各特種區：查本省舉行出錢勞軍運動一案、業經由

會先後電飭並辦在案。凡屬各該區縣轄內之中央及省之機關

學校社團銀行商號均經另案轉知查照本省二十九年度寒衣募

額自行勸募、並參加當地競賽大會、個別捐獻、以示倡導。（此項募額、不在各該會區縣募額內）除

分別函（電知）外、合亟電仰就近勸勉為要。省動員委員會〔印〕卯。

47

附：本代电应发各机关社团一览表

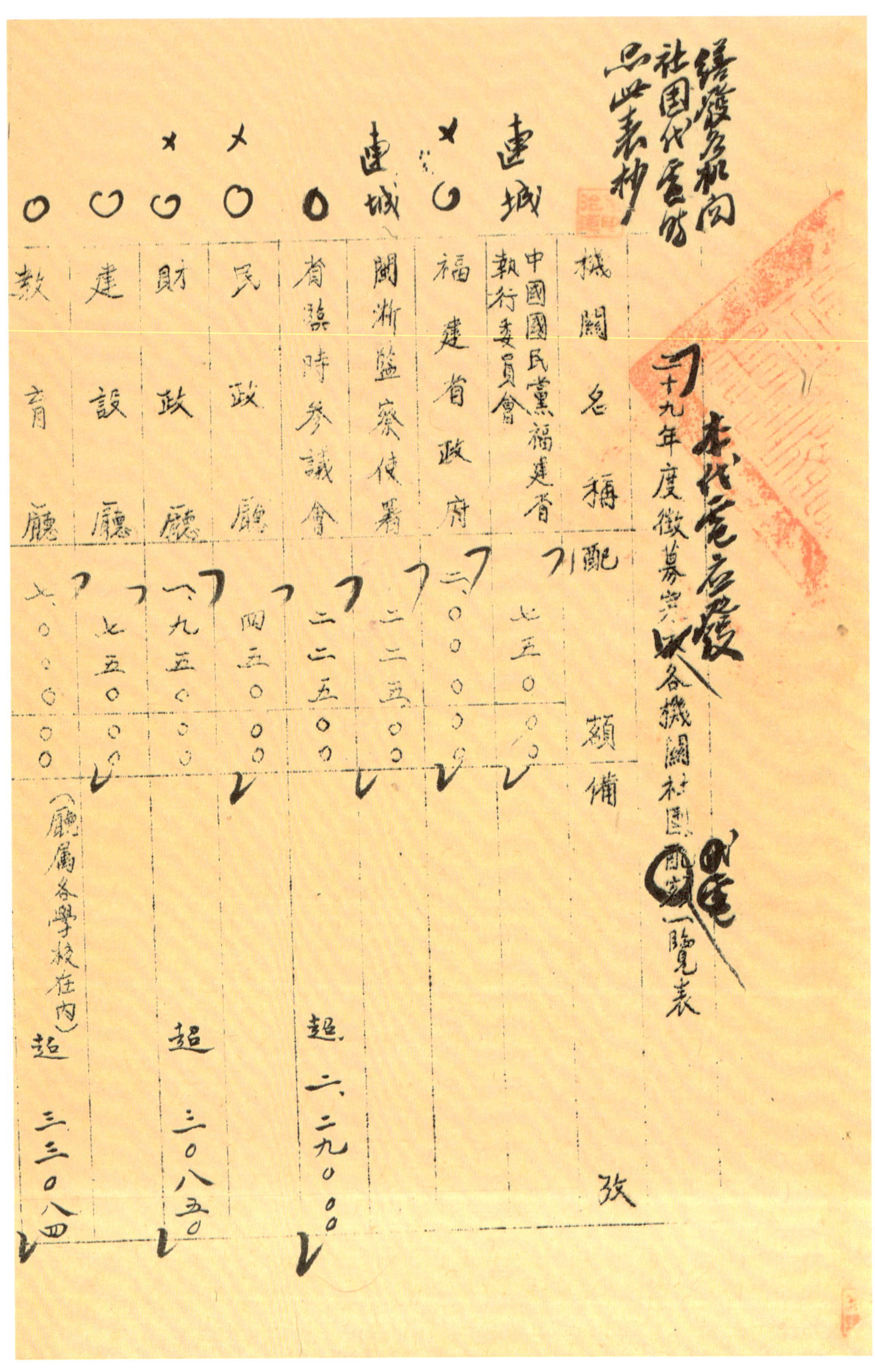

本代电应发

二十九年度徵募寒衣各機關社團配額一覽表

機關名稱	配額	備 攷
中國國民黨福建省執行委員會	七五〇〇	
福建省政府	二〇〇〇〇	
閩浙監察使署	二二五〇〇	
省臨時參議會	二二五〇〇	超二、二九〇〇〇
民政廳	四五〇〇〇	
財政廳	一九五〇〇〇	超三〇八五〇
建設廳	七五〇〇〇	
教育廳	七〇〇〇〇	（廳屬各學校在內）超三三〇八四

保安處	二二五〇	〇〇	
會（統）計處	三〇〇	〇〇	
地政局	二二五	〇〇	
衛生處	七五〇	〇〇	
省農業改進處	二二五	〇〇	
福建高等法院	三七五	〇〇	超 八〇六
福建鹽務管理局	一、五〇〇	〇〇	〃 五〇三九四
福建印花菸酒稅局	七五〇	〇〇	
福建電政管理局	五二五	〇〇	
福建郵政管理局	九〇〇	〇〇	短 二一八七七

南平

福州鶴齡路八号

機關	金額	備註
省統稅管理所	六〇〇〇〇	
所得稅辦事處福州分處	三七五〇〇	未繳
閩海關監督辦公室	一〇〇〇〇	
財政部貿易委員會福建辦事處	一〇〇〇〇	
經濟部廣州商品檢驗局福州分處	一〇〇〇〇	
福建廣播電台	一〇五〇〇	
財政部浙贛皖蘇戰區貨運稽查處南平分處	一〇〇〇〇	
中央振濟委員會非常時期難民救濟會第九救濟區駐永辦事處	一〇〇〇〇	
振濟會建甌小本貸款總處	一五〇〇〇	
振濟會永安小本貸款處	一〇〇〇〇	

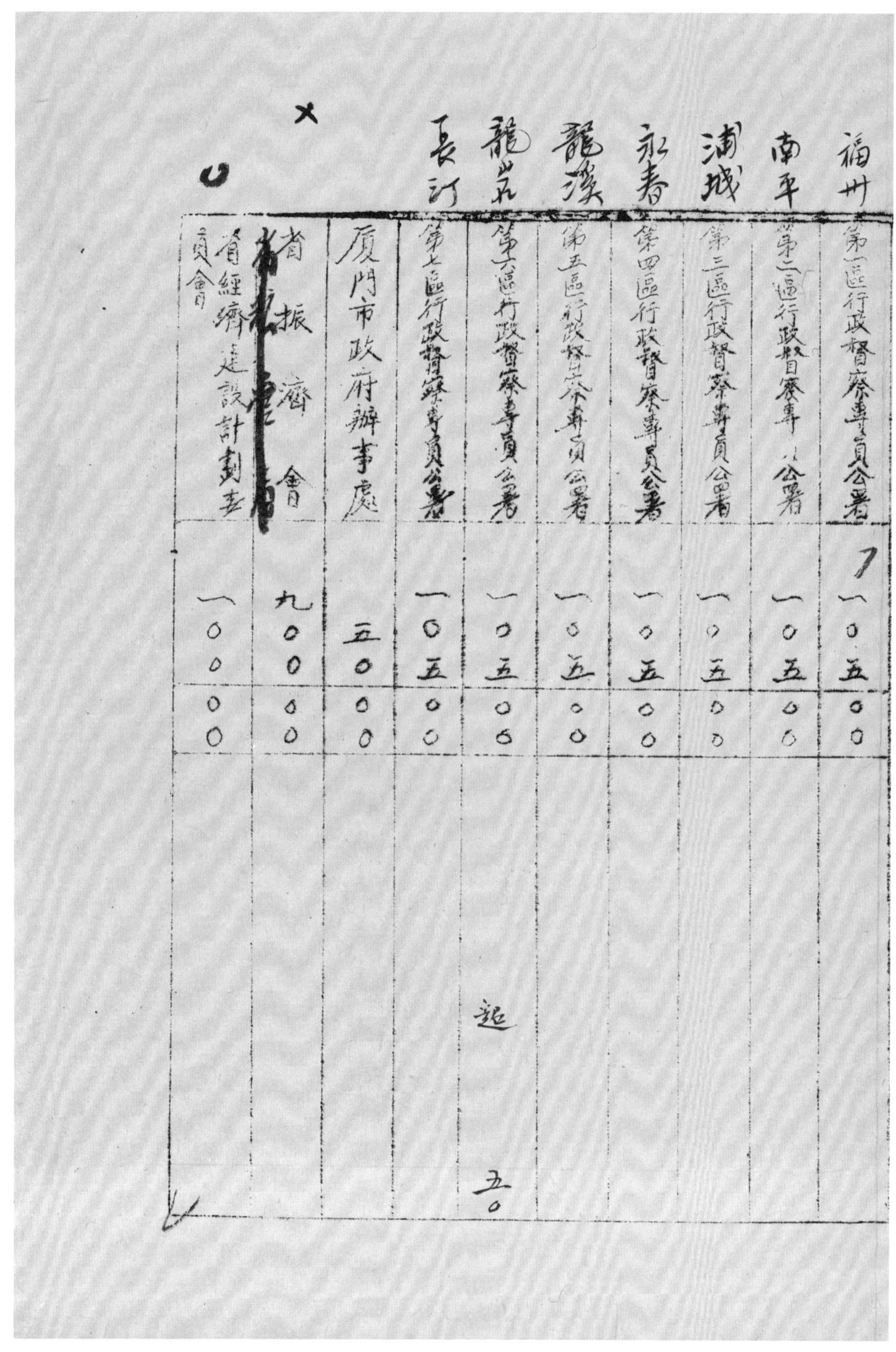

地區	機關	金額
福州	第一區行政督察專員公署	一〇五〇〇
南平	第二區行政督察專員公署	一〇五〇〇
浦城	第三區行政督察專員公署	一〇五〇〇
永春	第四區行政督察專員公署	一〇五〇〇
龍溪	第五區行政督察專員公署	一〇五〇〇
龍岩	第六區行政督察專員公署	一〇五〇〇
長汀	第七區行政督察專員公署	一〇五〇〇
	廈門市政府辦事處	五〇〇〇
	省振濟會	九〇〇〇〇
	省經濟建設計劃委員會	一〇〇〇〇〇

[illegible]

福冊、南平 ○○三○

機關	金額	備考
福建省糧食管理處	三〇〇〇〇	
福建省動員委員會	五〇〇〇	
國民經濟建設運動委員會福建省分會	五〇〇〇	
省新運會	七五〇〇	上年實繳二五〇元查上年因有戰時服務團向外勸募現該團已移併故照上年原配額分配
航空分會	七五〇〇	
省捐稅監理委員會	七五〇〇	取銷
省立醫院	四五〇〇	
省會衛生事務所	五〇〇〇	
福州內河航業辦事處	七五〇〇	
福建省外銷紙品聯營處	五〇〇〇〇	

超 二、三八八、

地点	机关	数目		备注
沙县	省陆地测量队	一五〇	〇〇	
南平	驻闽绥靖主任公署	七五〇	〇〇	
南平	第二十五集团军总司令部	一〇〇	〇〇	
沙县	省军管区司令部	八〇〇	〇〇	凡军管区司令部所属师团管区司令部在内
福州	一百军司令部	二〇〇	〇〇	
	福州警备司令部	一五〇	〇〇	
南平	第二十五集团兵站总监部	五〇〇	〇〇	
南平	第三战区长官司令部福建水陆联运管理处	五〇〇	〇〇	
	保安处政治部	一〇〇	〇〇	
梅列	福建军保联合干部训练所	三〇〇	〇〇	超 六七二

〔併國立廈門大學〕

機關	數額	備考
省警官訓練所	一二〇〇〇	取銷
省水警總隊部〔南平〕	一、五〇〇〇〇	
省船舶〔運輸處〕總隊部〔南平〕	七五〇〇〇	
省汽車總隊部	三〇〇〇	取銷
福州警察局	七、五〇〇〇〇	超一一九〇〇
省〔會〕警察局〔永安〕	一〇〇〇〇	〃二、二〇二四〇
福建榮譽軍人管理分處〔建陽〕	一〇〇〇〇	〃二〇〇
國立廈門大學	三〇〇〇〇	
福建省研究所〔院〕	三〇〇〇〇	取銷
福建省立法學院	三〇〇〇〇	

四

單位	金額	備註
福建省立農學院	三〇〇〇〇	
省立醫學院	六〇〇〇〇	超 七八〇九五
私立福建協和學院	三〇〇〇〇	
私立華南女子文理學院	三〇〇〇〇	未繳
私立福建學院	二〇〇〇〇	
福建省地方幹部訓練團	三〇〇〇〇	超 二二八二〇
福建省立中等學校師資養成所	三〇〇〇〇	
省立音樂專科學校	三〇〇〇〇	超 一六〇〇
中中交農四行聯辦處	六〇〇〇〇	四行分擔 福卅
福建省銀行	三〇〇〇〇	

合

合

合

福州

福州

三元

〇

單位	金額		備註
省貿易公司	三、〇〇〇〇	〇〇	
省運輸公司	三、〇〇〇〇	〇〇	
企業公司	三、〇〇〇〇	〇〇	
省抗敵後援會	六〇〇	〇〇	
中央信託局福州分局	二〇〇	〇〇	未繳
中央儲蓄會福州分會	二二五	〇〇	
三民主義青年團福建支團部	五〇〇	〇〇	
改進出版社	七五	〇〇	
省婦女會	五、〇〇〇	〇〇	超 四、七九四一二
福州教會界	一、五〇〇	〇〇	取銷

五

福州
福州花巷
尚友堂

名稱	金額
閩海關華員俱樂部	九〇〇〇〇
福建基督教協進會	二〇〇〇〇
福建省公路局	
合計	七〇、八一五〇〇

福建省会暨永安各界出钱劳军竞赛大会致省动员委员会的函（一九四一年二月二十一日）

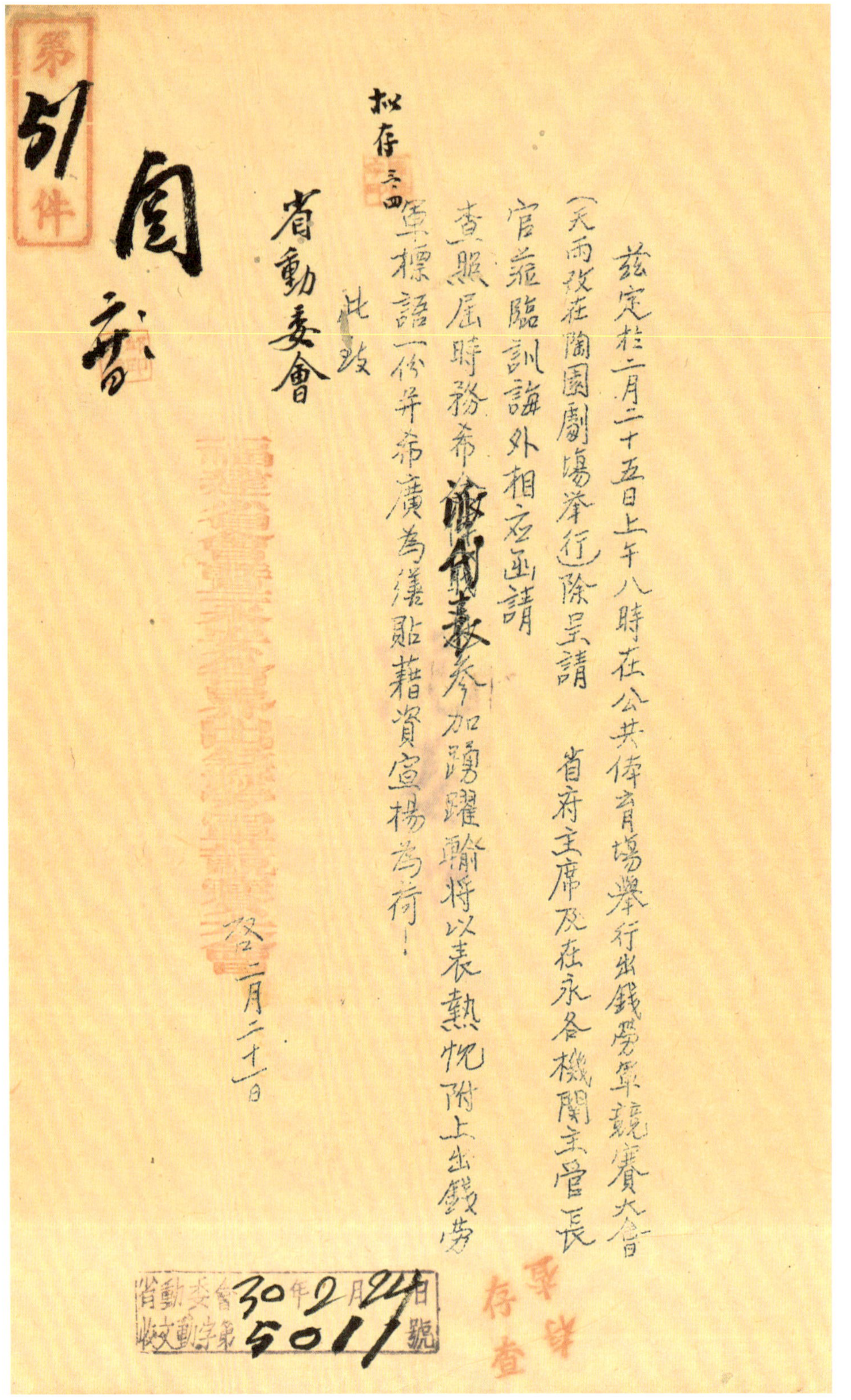

兹定於二月二十五日上午八時在公共体育場舉行出錢勞軍競賽大會（天雨改在陶園劇場舉行）除呈請 省府主席及在永各機關主管長官蒞臨訓誨外相應函請

查照屆時務希派員出席參加踴躍輸將以表熱忱附上出錢勞軍標語一份并希廣為張貼藉資宣揚為荷！

此致

省動委會

福建省會暨永安各界出錢勞軍競賽大會 啓 二月二十一日

省動委會收文動字第5011號 30年2月24日

擬存

閱

存查

抄錄標語

一、有錢出錢 理所當然

二、有錢出錢 多多益善

三、真正有錢出錢 增强抗战力量

四、出錢勞軍是有錢人應尽的天職

五、战士在流血殺敵 我們應出錢勞軍

六、要做到「有錢出錢」才對得起浴血疆場的战

七、有錢不出是大恥辱

八、為抗战出錢是最光榮的行為

九、多出一分錢多增一分抗战力量

十、真正做到「有錢出錢」可使抗战勝利早日实現

十一、出錢勞軍是慰勞抗战将士的誠真表示

十二、出錢勞軍是幫助兵役推行的最好方法

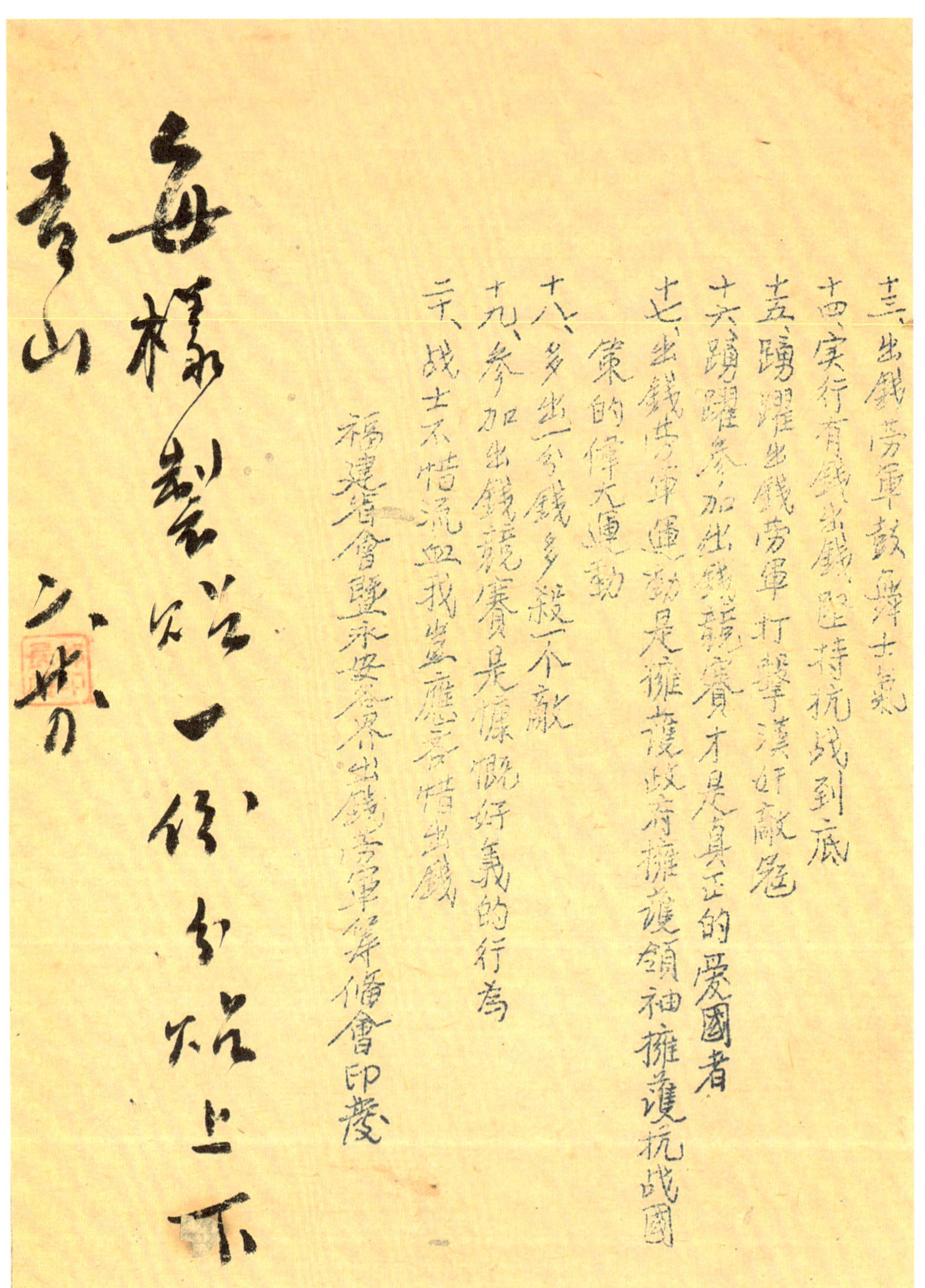

十三、出錢勞軍鼓舞士氣

十四、實行有錢出錢，堅持抗戰到底

十五、踴躍出錢勞軍打擊漢奸敵寇

十六、踴躍參加出錢競賽才是真正的愛國者

十七、出錢勞軍運動是擁護政府擁護領袖擁護抗戰國策的偉大運動

十八、多出一分錢多殺一個敵

十九、參加出錢競賽是慷慨好義的行為

二十、戰士不惜流血我豈應吝惜出錢

福建省會暨永安各界出錢勞軍籌備會印發

每樣製版一份分版上下

青山 六、卅

国民精神总动员会关于三月举行国民月会时将劝募战时公债运动列为宣传中心工作致福建省动员委员会的代电（一九四一年二月二十四日）

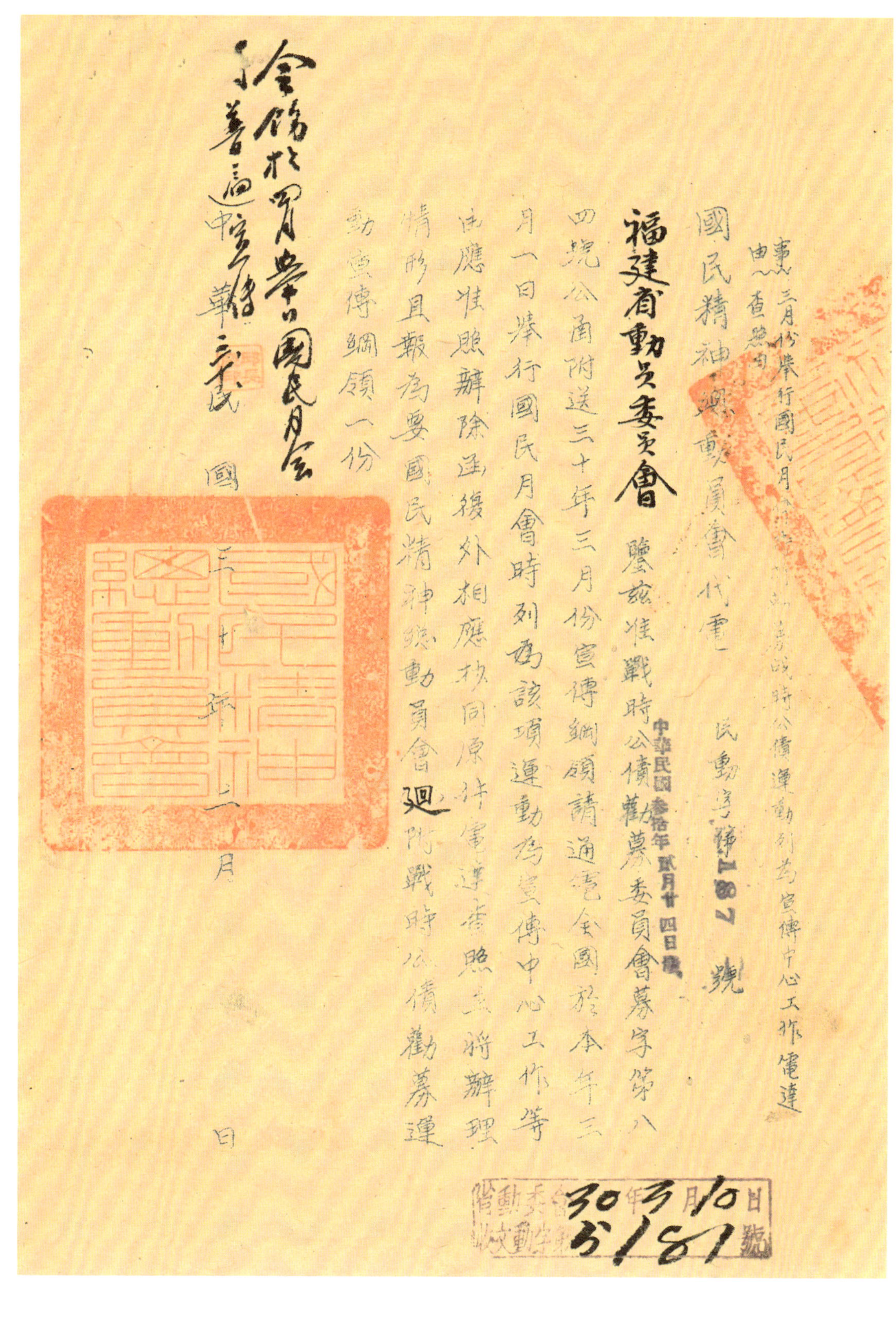
事由：三月份举行国民月会时将劝募战时公债运动列为宣传中心工作电达查照由

国民精神总动员会代电

民动字第187号

福建省动员委员会：

准战时公债劝募委员会募字第八四号公函附送三十年三月份宣传纲领，请通电全国于本年三月一日举行国民月会时列为该项运动为宣传中心工作等由，应准照办。除函复外，相应抄同原件电达查照办理情形具报为要。国民精神总动员会迥。附战时公债劝募运动宣传纲领一份

国民精神总动员会

三十年二月　日

令饬于国民月会普遍宣传。

中华民国叁拾年贰月廿四日发

30年3月10日
3181号

附：战时公债劝募运动宣传要领

戰時公債勸募運動宣傳要領

一、為什麼發行戰時公債？

1、發行戰時公債是專為打倒日寇，加强抗戰力量，而募集基金。藉此，增加物質上的供給和精神上的鼓勵，準備總反攻，收復失地。所以募集戰時公債愈多，我們的軍隊戰鬥力也愈强，我們戰勝敵人底把握也愈大，我們同胞所遭受的戰爭痛苦，結束得愈快。

2、發行戰時公債是專為打倒日寇，加强民族的經濟力，開闢國內的蘊藏富源，提高現代化農業生產效率，擴大高度合理化底重工業輕工業，增强交通路線底效能，而募集基金，藉此，發展民族財富底廣大性，準備建立全國人民底富裕生活，使能充分發揮中華民族底富力威力。所以募集戰時公債愈多和愈快，我們實現人民底安定快樂底生活也愈容易愈迅速

二、戰時公債的性質和作用是什麼？

1.戰時公債是不妨碍人民的日常生活，不影响個人的生產前途，利用人民的剩餘資金，對外保障民族之生存和國家之獨立，對內足以安定人民之生活。

2.戰時公債是根據個人的經濟情況，讓人民對民族經濟自由投資，使每個國民都成為國家民族的真正主人。

3.戰時公債首先是吸收市面的過剩游資，從事生產，因而增加市場的商品總量；使貨幣與商品漸進於平衡狀態，同時提高貨幣價值，使金融界受益，而商品生產增多，物價低落，銷路廣暢，也使實業界受業。所以戰時公債的勸募，對于全國人民，尤其是對於金融實業兩界是絕對有利的。

4.戰時公債的政治性，是依據全國統一團結，一致對外的基礎而發行的所以一方面由於人民的强烈愛國心，能夠在最短期間內募集大量款項，以充抗战建國之需；同時，更可以促成政治進步，加強全國上下的「同仇敵愾」心，爭取最後勝利的迅速到來。

要之，戰時公債的作用，正如本會工作同人宣言所指出過的：「公債是水泥，有增進全國人民團結力的作用，公債是雨露，有加速全國物力增長的滋養作用；公債是烈火，有加強全國民眾愛國熱誠的燃燒作用」。

三、我國歷來公債的信用怎樣？

我國政府歷年對於公債還本付息，都有辦法，具有絕對底信用。正如美國羅斯福大總統底代表居里氏在香港當說過：「中國為信用卓著之國家，美國進出口銀行都認中國為有債必還之國家」。中國政府擁有如此的信用，在外國且願大量借款給中國，那裡還有自家的民眾，到不願借錢給政府的呢？

四、這次戰時公債對人民底好處是什麼？

1.購買公債能養成節約儲蓄底私人美德，積少成多，湊零為整，以備將來的意外急需。

2.建設金公債可得常年五釐底英金美金之優厚利息，軍需公債可得常年六厘法幣之優厚利息；均分兩次付給，並自民國三十一年起，用抽籤方法逐漸還本，在二十五年內一律還清，等於儲蓄了一筆資產。

3.債票為無記名式，當需款緊急時，還能立刻自由賣出，藉獲現款。

4.有信任穩定的國際貨幣美金或英金者，可以法幣按匯價折合美金或英金，認購美金或英金建設金公債，將來可得美金或英金之本利，而不受本國物價之影响。

5.認購戰時公債不僅是存款生息，且是愛國熱誠的表現，定得博得國人的崇敬。

五、認購戰時公債是那些人底事？

1.抗戰建國既是全國上下，不分男女老幼，不分貧富貴賤，不分黨派信仰底共同神聖事業；那末，以完成抗建偉業為目的底公債，當然也是全中國人民不分性別年齡階級黨派底共同事業。

2、認購戰時公債既是全國人民底共同責任，那就需要「各盡所能」來買公債。有購十元債票能力的，就購買十元債票，有購百元，千元，萬元債票能力的，就購買百元，千元，萬元債票。

3、認購戰時公債，更是金融實業界表現「為國家盡忠，為民族盡孝」的機會。自抗戰以來，金融實業界為了保障和安定金融，為了發展經濟建設，已有莫大的功績，現在更應積極勸募戰時公債的好機會，幫助政府安定金融，發展實業，踴躍認購，比如說，金融界可以把一部份基金和流通資金或是盈餘項下用來購債；實業界也可以把利潤或是新資本用來購債，政府募得了公債，不是用於安定金融，便是用於經濟建設，這和金融實業界的目的恰是一樣。

4、紳商鉅富，更應該在战時公債勸募運動中，盡其購債的模範作用。「有錢出錢」已是實行抗戰建國的必要原則，踴躍捐輸，的確是功在國家；而況購買戰時公債，更有其重大的意義，它不同於單純的捐輸，不僅是功在國家，且是存本生息，利在自己。游資、呆錢在這樣的用途上，才算盡其「有錢」的效用，才能博得國人的欽敬。

5、自由職業者，公務員以及一般普通民衆，因其經濟能力所限，在這次戰時公債勸募運動中，最主要的當然還是「出力」，就是說應該自我覺悟和宣傳動員，深切認識勸募公債的政治意義；但是也不應該小視自己，政府為体恤公務員，不採取定額攤派辦法，我們公務員當然激發天良，自動地盡力勸募並量力認購。

6、民衆的人數最多。如果湊零為整，或以保甲為單位，或以宗祠為單位，或以鄉村為單位，或以社團為單位，或以學校為單位，一面購買公債報效國家，同時並為這個單位籌集基金。都應該提起最高度的熱烈精神，自發自願地和金融實業界紳商鉅富等作一個挑戰式的競賽。

六、對於戰時公債，是否只要自己盡力認購就算盡了國民的責任呢？

1、以完成抗建偉業為目的底戰時公債，並不是單純的消極購買，就算完事的；而還要積極地發動別人購買。意思就是說，不僅自己要盡國民一份子之必要天職，而且要勸勉他人不要忽視國民天職。正如不僅要自己殺敵人，而且還要鼓勵別人殺敵人，是一樣的道理。

乙、有組織的各機関和團体，不僅自己本身要有計劃地購買公債，而且還要組織勸募隊向其他散漫無組織的群衆作廣大普遍地勸勉購買公債。

七、「宣傳是藝術」，要講究募債宣傳的方法與技術。

1、勸募戰時公債，既是必須通過宣傳工作，以達自發自願的踴躍認購，因此宣傳教育便是一切勸募工作的開路先鋒；然而「宣傳是藝術」，僅僅懂得宣傳什麽，還是不夠。必須同時懂得怎樣去宣傳，才能達成宣傳的任務。

2、在原則上，募債宣傳不是捽弄虛文的，不是徒託空言的，是必須根據真理的認識，依照本宣傳綱領的中心内容，加以具体的切實的説明，才能有力與生動。

3. 要認識宣傳對象，適合其特殊性，例如金融實業界，紳商鉅富，農、工、商、學各界，各有其特殊的經濟環境，購債能力，以及特殊的知識程度。宣傳者必須首先認識這些各别的宣傳對象，以決定募債宣傳的内容與方式。

4、要從切身的利害説起，這是一個最重要的募債宣傳方法；例如敵機的濫事轟炸，屋坍人亡，就説是購債是為了購買飛機和加強防空，又如農民的農產品沒有銷路，是因為鬼子佔領海口和交通的要道，所以要募債增强抗战力量，把鬼子趕出中國去；再如日常用品不足，價格尤昂，是國貨工廠不發達的緣故，募債正是為了加緊建設國貨工廠，這樣，人人曉得勸募戰時公債，原是和切身的利害有關，自然能夠接受宣傳者的激勵了。

5.要把宣傳工作做成普遍的群眾運動，就是說，要鼓動被宣傳者去做募債宣傳的工作，發揮群眾的募債宣傳力量，使群眾去宣傳群眾，造成普遍而濃厚的募債宣傳空氣，所謂一傳十，十傳百，這樣才能擴大募債宣傳的影响，其效果之大，尤非少數募債宣傳人員，終日奔走呼號所能及。

6.訪問重於座談，座談重於演講，演講重於文字。因為訪問，即是個別的談話，從身世起，以至募債、抗戰建國的大道理，都可從長談論。不過在訪問時的談話，務求活潑生動，設法促使對方提起種種問題，加以說服與教育，最忌的宣傳者唱獨腳戲，要為小規模的演講，那就呆滯而生厭了；而戲劇歌唱與圖畫，更富有刺激性，且易於逼真而深刻，在文盲佔決大多數的目前，尤較適宜切當。

7、各種募債宣傳，無論戲劇圖畫，口頭的或文字的，應有統一的計畫，切忌零亂與矛盾，而對於時間空間的選擇，尤為重要，例如一般紀念節日以及鄉間的廟會市集，都是宣傳者必須緊緊抓住的機會。

8、募債宣傳的機構，是以運用現有各機關各社團各種宣傳團隊為宜，在宣傳工作經驗中，如發現新的宣傳內容、方法與技術，請隨時報告本會，以供參攷。

行政院、福建省政府等关于国民政府对日本、德国、意大利宣战的相关文书

（一九四一年十二月十日至二十日）

军事委员会委员长蒋介石《告全国军民书》（一九四一年十二月十日）

蒋委员长十日发表告全国军民书，原文如次：全国军民同胞：今日暴日穷凶极恶，多行不义，今竟以卑劣阴诈之技俩，策应欧洲轴心国家，实行其三国同盟联合侵略之行动，且以"九一八"袭我沈阳之故智，突击我英美各友邦，掀起太平洋之战祸，演成无量人类空前未有之浩劫。我国民政府为申张国际正义，保持人类文明，已对日本正式宣战，并对德意两国同时宣战，宣告中外，谅已周知。溯自日寇侵略我东北以来，我全国同胞十载奋斗，百折不挠，抗战四年，坚贞淬励，不辞磨练，乃予之舒心，复我领土之完整，促我寇之崩溃，以遏侵略之兇焰。今狂妄之日寇，不但毫无悔祸之意，且更联合轴心之德意，益肆其穷狠之毒谋，东西两半球民主国

家今已共起響應，聲罪致討日寇。世界上反侵略國家與侵略勢力已劃然分為兩大鮮明之陣營，我國為首受侵略最烈之國家，尤應肩荷絕續存亡之重任。吾人深信人類不絕，公理永存，全世界十分之九以上之人類皆為保衛其民族自由與正義和平而努力，侵略者之終歸覆滅，固無待於蓍龜。惟今日以言，吾人之犧牲奮鬥在於掃除侵入國境之敵寇，而今日以後，且將與英美蘇聯以及世界上愛好和平正義之各友邦共同一致並肩作戰，以徹底消滅人類之蟊賊，共奠世界永久之和平。我具有五千年歷史文化及秉承三民主義以自救救世之中華民族，自應更須奮起，完成重大之使命。今故吾人識務奮發努力不懈，我抗戰目的克以完全達成，我國之失土地必可整個收復，即世界正義之勝利亦可以提早實現，否則若精神稍有懈弛，使日寇及其侵略軸心得以延長其作惡之時期，則不特無以對抗戰以來英勇犧牲之軍民先烈，亦更無以對共同奮鬥並肩作戰之友邦。際此存亡危急千鈞一髮之際，切望我全國軍民以悲憤壯烈之精神，十倍奮發其過去四年來堅苦戰鬥之意志，再接再厲，以完成吾人神聖之使命。我海內外之軍民同胞務必認識我先聖先烈所傳遺民族偉大之精神

務使認識我抗戰成敗對世界安危之關係
更須認識吾人今日之奮鬥對於現代之幸
福及人類整個文明有決定之力量吾人
過去之堅苦奮鬥已造成對倭勝利之基礎
而今日反侵略國家之利害成敗尤為呼吸
一體集中全世界百分九十之人力物力向侵
略者共同搏鬥吾人之陣營固更見雄偉
吾人之前途乃益見宏遠而吾人之任務
亦隨見艱鉅矣吾全國同胞自今伊始
更須堅強嚴肅奮敵寇侵之所在無論其

辭各盡其責，不辭一切艱苦，不惜任何犧牲，絕對擁護當局攻敵之心，共同作最大最後之奮鬥。至海外僑胞，同為黃炎胄裔，尤能盡其赤誠，奮其威力，各就所在地區，貢獻所有力量，協助友邦，消滅共同之敵，造成祖國之榮譽。至全國將士，更應切認今日為吾軍人奮勇當報唯一重要之時機，亦為國家民族存亡榮辱之關頭，宜更須着堅忍英勇奮發，以收[illegible]一心以來迄今所造成之戰果，而貽九仞一簣之識，舉國一致，同心協力，有進無退，有我無敵，以雪我國家十年之積恥，伸我被難同胞無限之奇辱，內以恢復領土主權，完成我抗戰最初之目的，外以昌明國際正義，求得我中華民族根古來有之光榮。作始也簡，將畢也鉅，樞機在握，千載一時，惟我國軍民同胞發揚蹈厲，矢忠矢勇以赴之。

蔣中正 [illegible]

福建省政府关于抄送国民政府对日德意三国宣战布告致闽海善后委员会、各行政督查专员公署等的电并致各厅处等的通报（一九四一年十二月十三日）

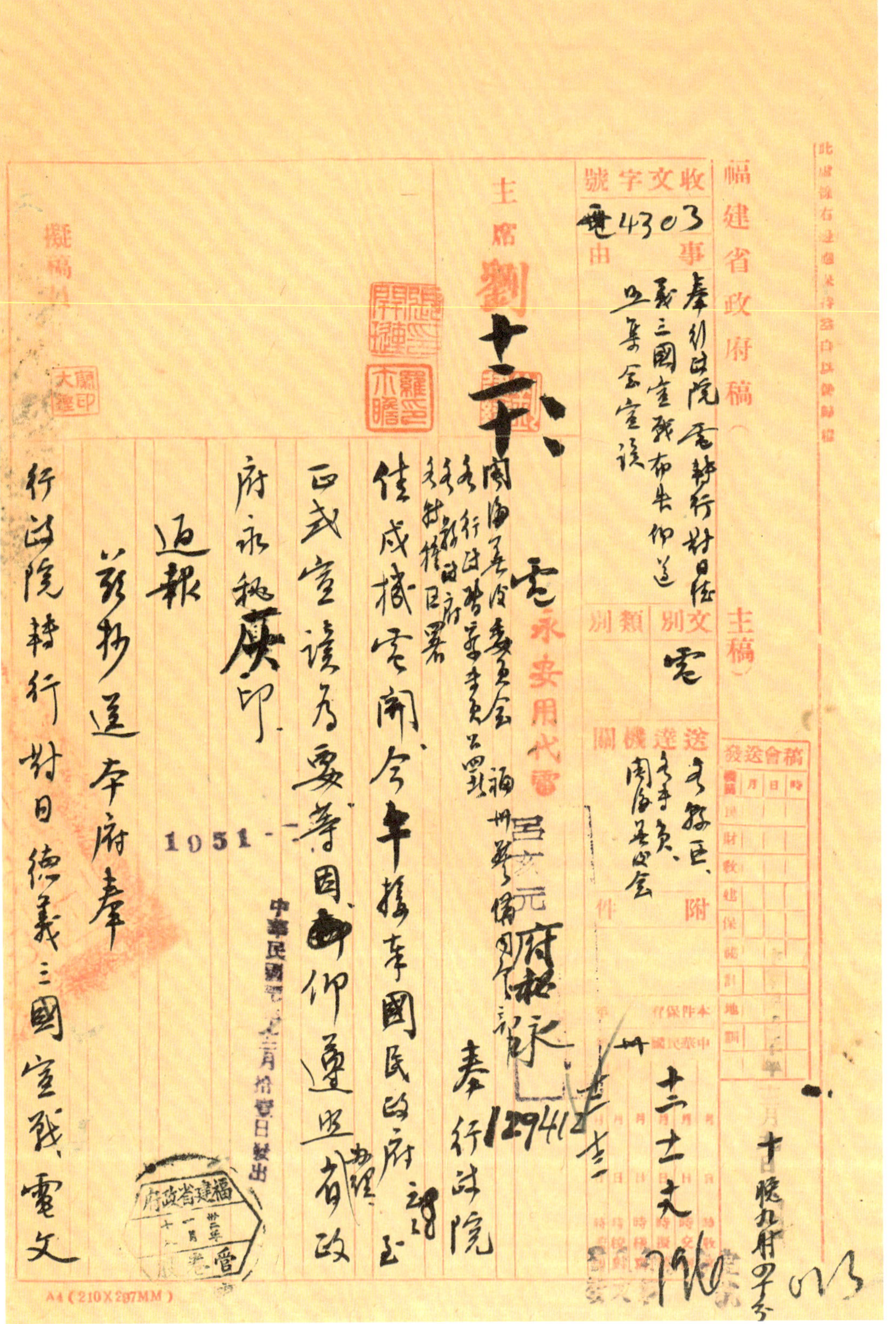

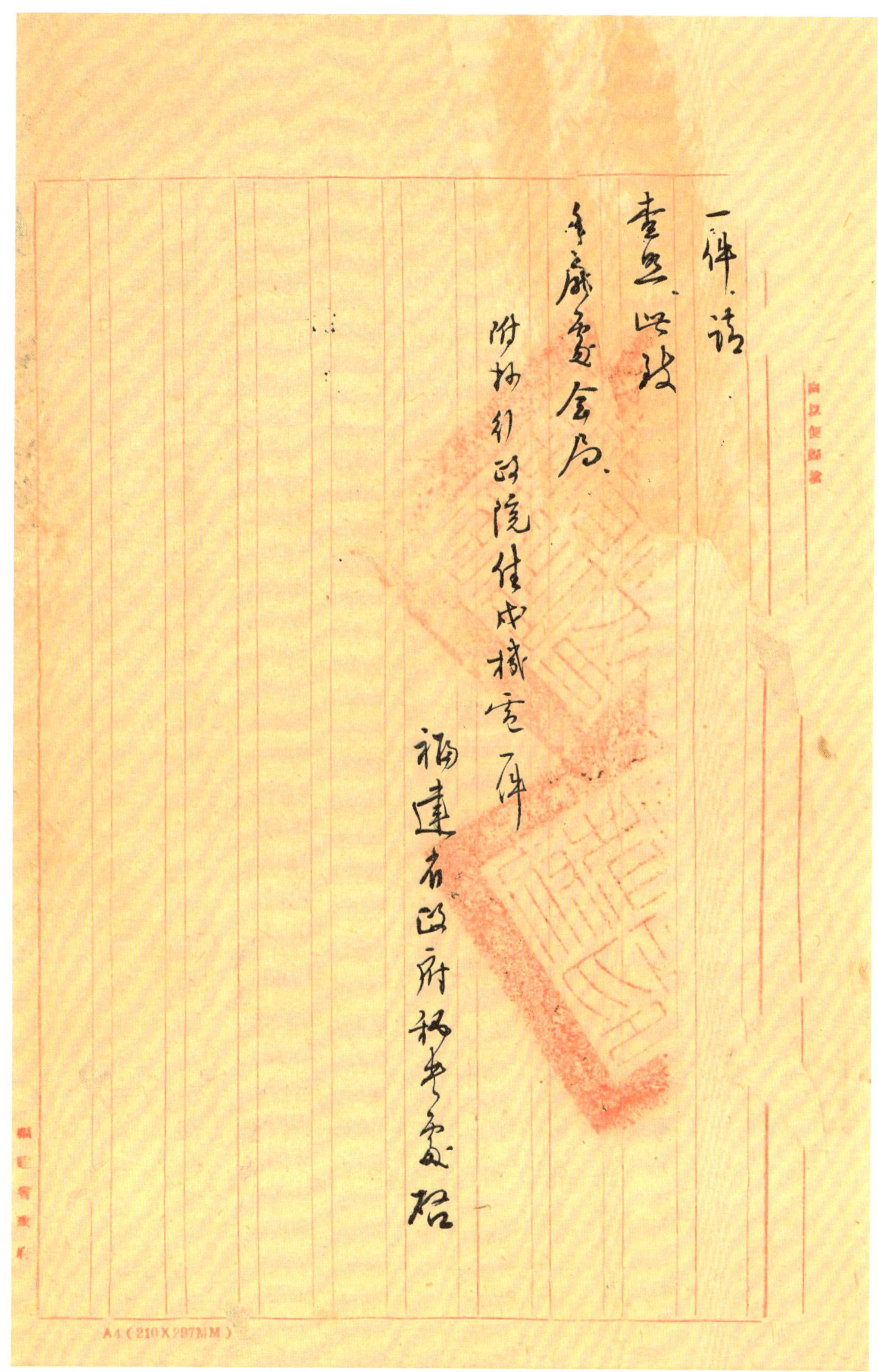

一件，請

查照、收發、

參議會、各局、

附抄行政院佳申機電一件

福建省政府秘書處啟

附：行政院关于抄发对日德意三国宣战布告致福建省政府的电（一九四一年十二月十日）

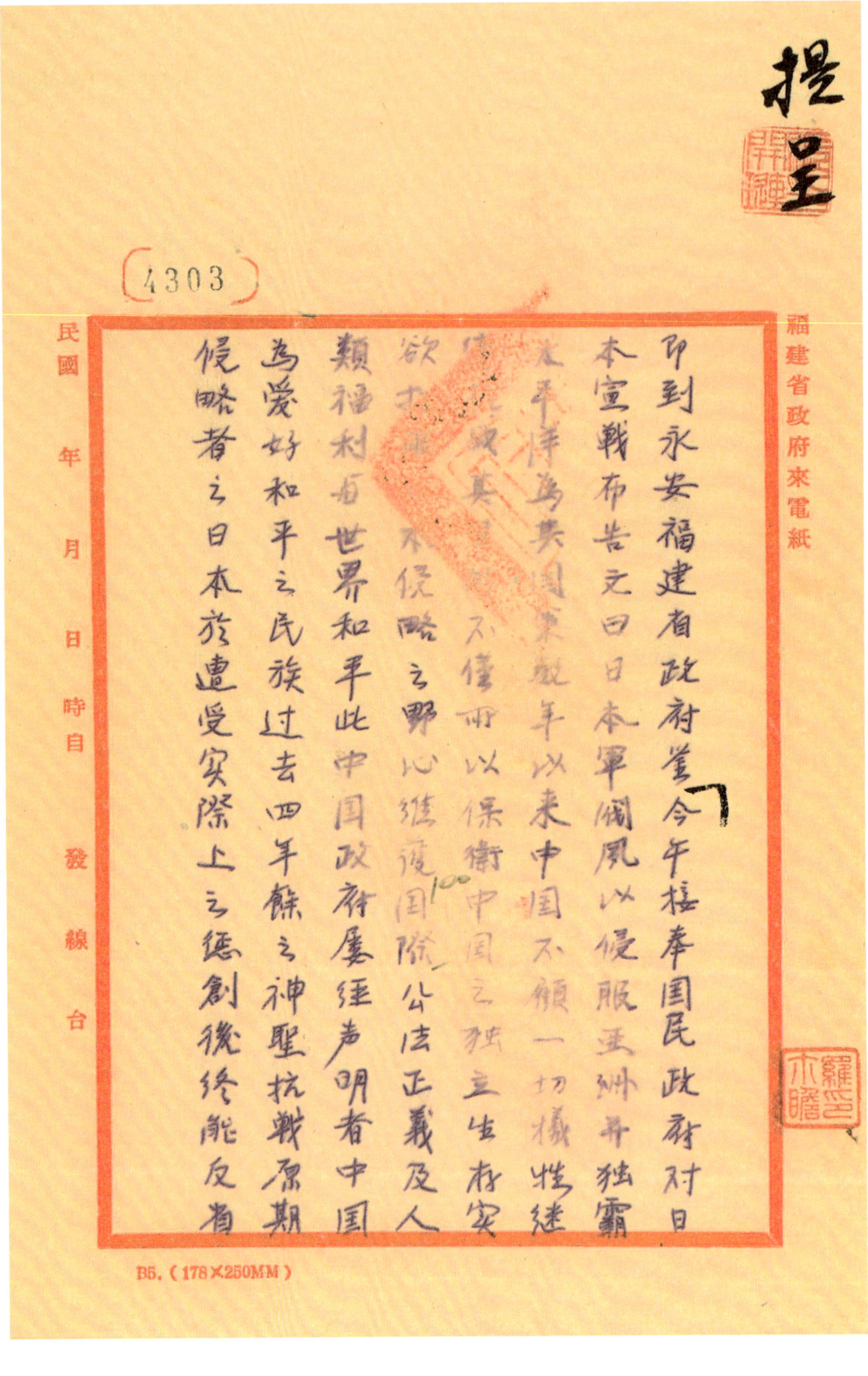

提呈

4303

福建省政府來電紙

印到永安福建省政府鉴：今午接奉国民政府对日本宣战布告云：日本军阀夙以侵略亚洲并独霸太平洋为其国策，数年以来，中国不顾一切牺牲，继续抗战，其目的不仅所以保卫中国之独立生存，实欲打破日本侵略之野心，维护国际公法、正义及人类福利与世界和平，此中国政府屡经声明者。中国为爱好和平之民族，过去四年余之神圣抗战，原期侵略者之日本于遭受实际上之惩创后，终能反省

民國　年　月　日　時自　發　線　台

B5.（178×250MM）

2

福建省政府來電紙

在此时期各友邦亦極端忍耐冀其悔禍俾全太平洋之和平得以維持不料殘暴成性之日本执迷不悟且更悍然向我英美諸友邦開釁擴大其戰爭侵略行動甘為破壞全人類和平與正義之戎首逞其侵略無厭之野心舉凡尊重信義之国家咸屬忍無可忍茲特正式对日宣戰昭告中外所有一切條約協定合同有涉及中日間之關係者一律廢止特此佈告中華民国三十年十二月九日又接奉同日对

民國　年　月　日　時　自　發　線　台

B5.（178×250MM）

23.

福建省政府來電紙

德意志義大利宣戰布告文曰自去年九月德意志義大利與日本訂立三国同盟以來同惡共濟顯已成立一侵略集團德義兩国始則承認偽滿繼復承認南京偽組織中国政府業經正式宣佈與該兩国断絶外交関係最近德義與日本竟擴大其侵略行動破壞全太平洋之和平此實爲国際正義之蟊賊人類文明之公敵中国政府與人民對此礙難再予容忍茲正式宣佈自中華民国三十年十二月九日

民國　年　月　日　時自　發　線台

B5.（178×250MM）

福建省政府

午后十二時起中国对德意义大利两国立于战争地位所有一切條约協定合同有涉及中德或中义间之关係者一律廢止特此布告各等因奉此除分電外特電遵照於電到之日集合各机关職員依国民月会儀式将以上两布告正式宣讀并转飭所屬各级政府机关集合民衆团体及各区鄉鎮人民正式宣讀為要行政院佳戌机印

閱並轉告大

12-10

民國30年12月10日00.40時自重庆發有線台

B5.（178×250MM）

福建省会各界民众拥护中央对日德意宣战国策大会宣言（一九四一年十二月二十日）

大約是肆 恐錯

福建省會各界民衆擁護中央對日德義宣戰國策大會宣言

福建省全省同胞公鑒：

溯自日寇發動侵畧戰爭以來，我毅然抗戰，歷今已四年有餘，賴最高領袖 蔣委員長之指揮統率，暨我全國軍民之同心協力，堅苦奮鬥，不屈不撓，用能迭創頑寇，使其深陷泥淖，不克自拔。今日本軍閥執迷不悟，益肆兇[illegible]，勾結德義，悍然與人類正義世界和平為敵，發動自取覆亡之太平洋戰爭。我 中央政府最高領袖本一貫之國策，具萬世之深謀，為消滅人類蟊賊，維護世界和平計，爰對日本正式宣戰，並對德義兩國同時宣戰，擴大反侵畧陣營，聯合英美蘇荷及其他一切友邦國統一軍事指揮機構，共同爭取光榮勝利，以全世界百分之九十之人力物力與先天不足之日德義敵，誠如

鄭邱玉千 擬 十二，十八。

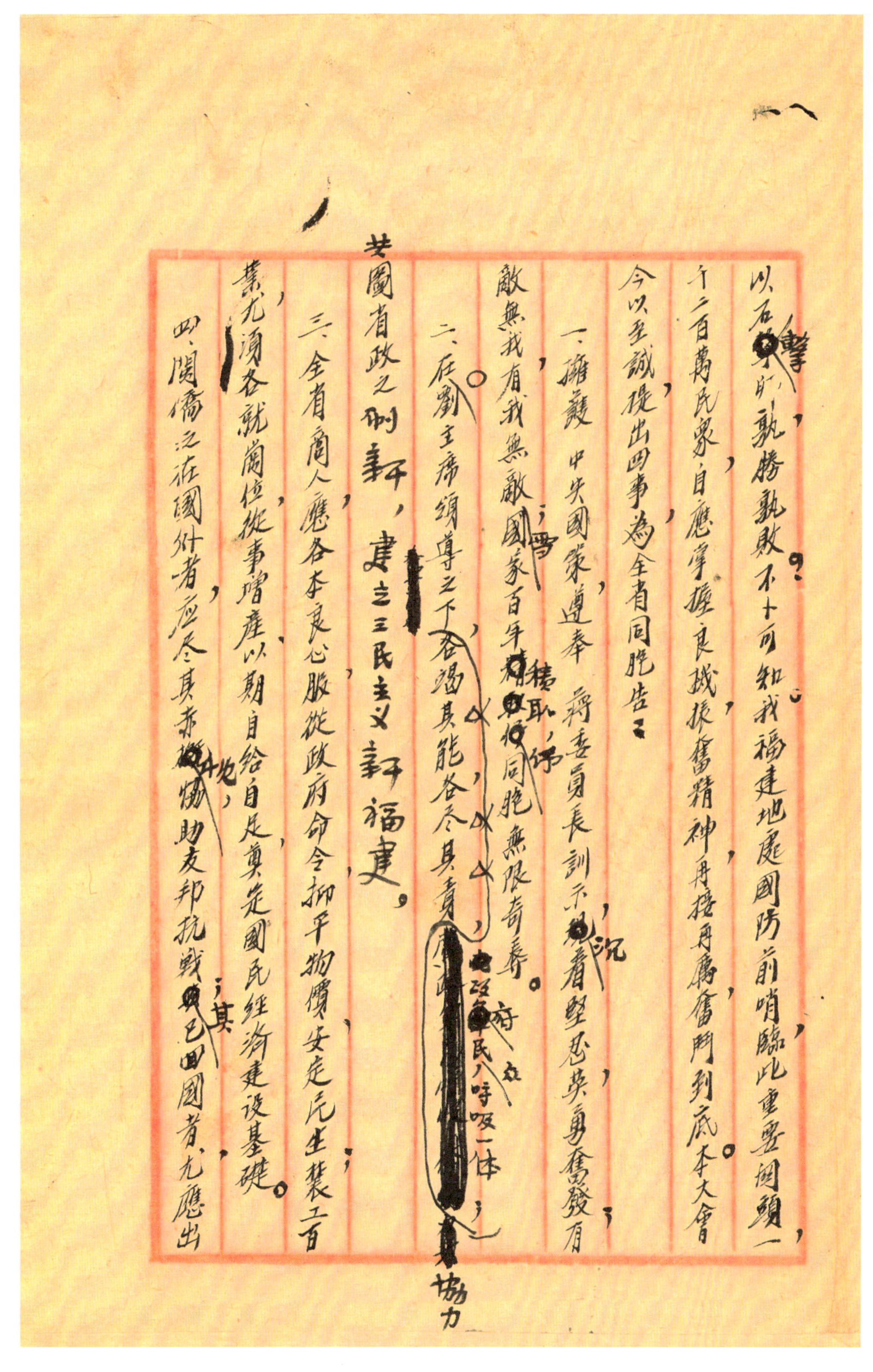
以石擊卵，孰勝孰敗，不卜可知。我福建地處國防前哨，臨此重要關頭，一千二百萬民眾，自應掌握良機，振奮精神，再接再厲，奮鬥到底。本大會今以至誠提出四事，為全省同胞告：

一、擁護中央國策，遵奉蔣委員長訓示，沉着堅忍，英勇奮發，有敵無我，有我無敵，雪國家百年積恥，保同胞無限奇春。

二、在劉主席領導之下，各竭其能，各盡其責，政府民眾，呼吸一体，協力共圖省政之刷新，建設三民主義新福建。

三、全省商人應各本良心，服從政府命令，抑平物價，安定民生，農工百業尤須各就崗位，從事增產，以期自給自足，奠定國民經濟建設基礎。

四、閩僑之在國外者，應盡其赤忱，協助友邦抗戰，其已回國者，尤應出

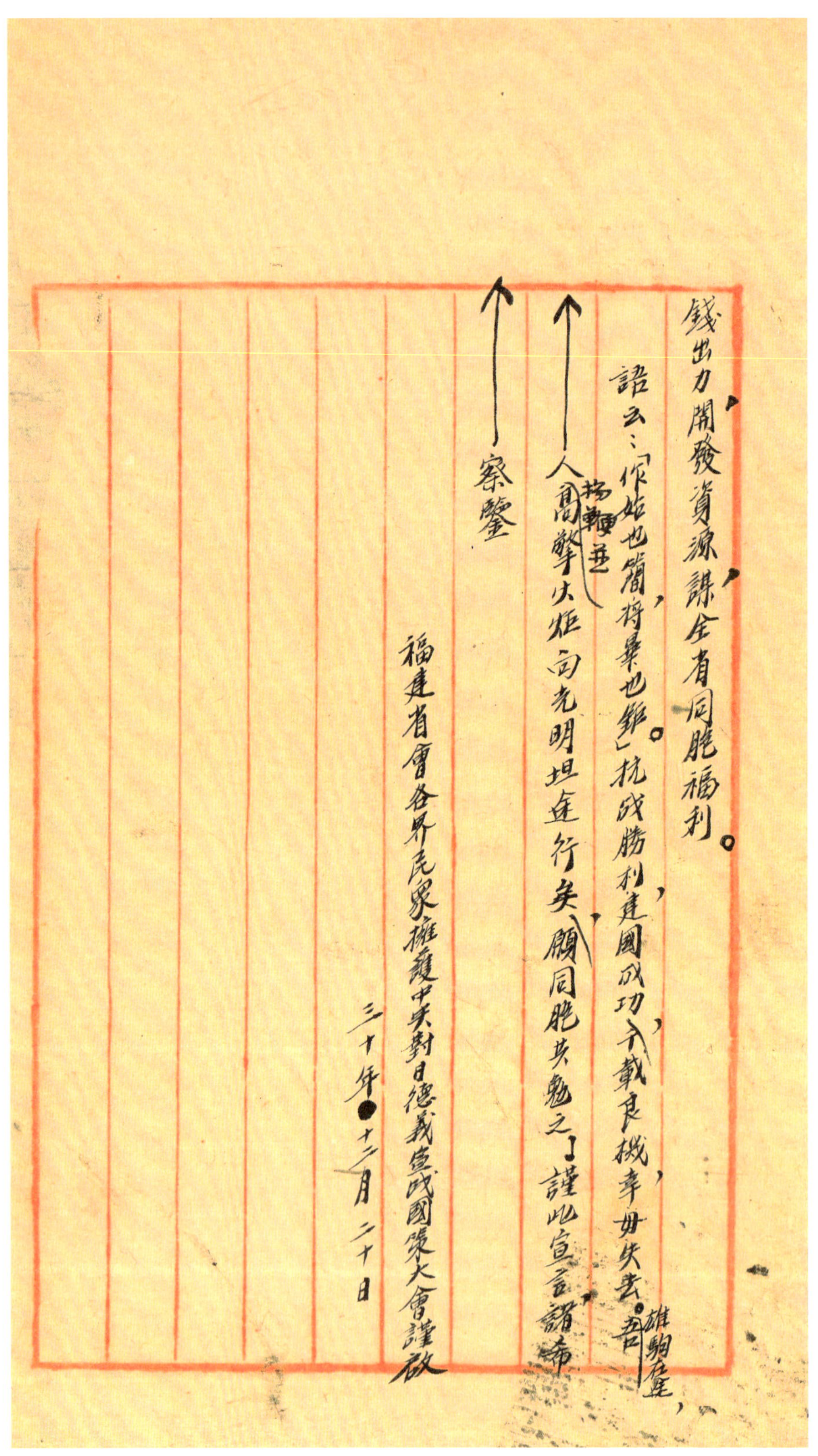

錢出力，開發資源，謀全省同胞福利。

語云：「作始也簡，將畢也鉅。」抗戰勝利，建國成功，千載良機，幸毋失此。吾

人高擎火炬，向光明坦途行矣，願同胞共勉之！謹此宣言，諸希

察鑒

福建省會各界民眾擁護中央對日德義宣戰國民大會謹啟

三十年十二月二十日

福建省政府、福建省动员委员会关于将动员工作考成列为县长考绩之一的文书

（一九四一年十二月至一九四二年一月）

福建省动员委员会致省政府的公函（一九四一年十二月十日）

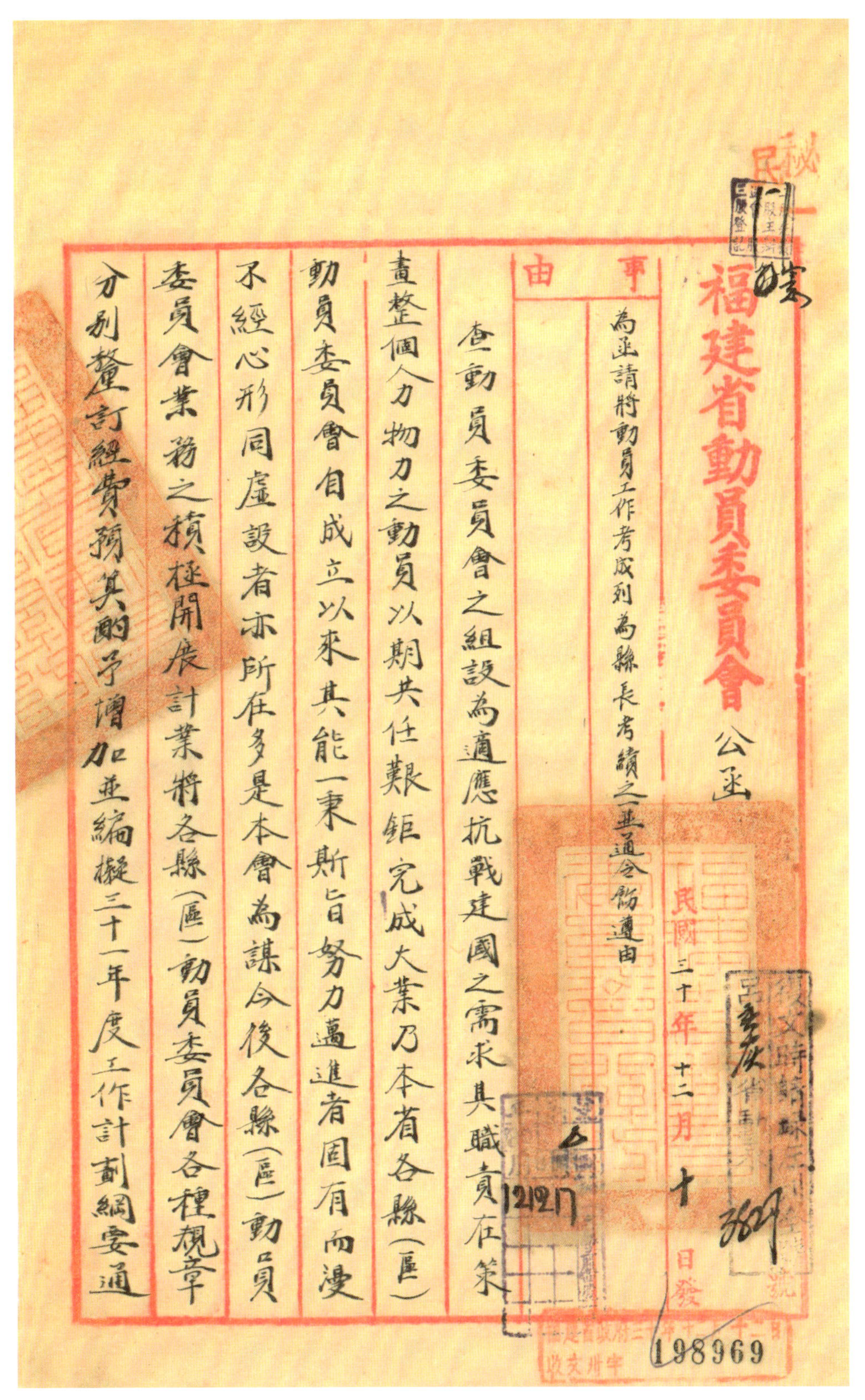

福建省動員委員會公函

事由：為函請將動員工作考成列為縣長考績之一並通令飭遵由

民國三十年十二月十日發

查動員委員會之組設為適應抗戰建國之需求其職責在策畫整個人力物力之動員以期共任艱鉅完成大業乃本省各縣（區）動員委員會自成立以來其能一秉斯旨努力邁進者固有而漫不經心形同虛設者亦所在多是本會為謀今後各縣（區）動員委員會業務之積極開展計業將各縣（區）動員委員會各種規章分別釐訂經費預算酌予增加並編擬三十一年度工作計劃綱要通

198969

令各縣（區）動員委員會按期遵照寔施更責成推動各縣（區）長兼主任委員切實注意督導進行不得藐視功令敷衍塞責尤不得以動員會為附屬機關任意支配茲為嚴切督促起見擬請

貴府將是項動員工作考成准予列為縣長考績之一並通令遵照以資策勵除分函福建省執行委員會外相應函達

查照辦理見復為荷！

此致

福建省政府

主任委員 劉建緒

監印 陳

校對 林

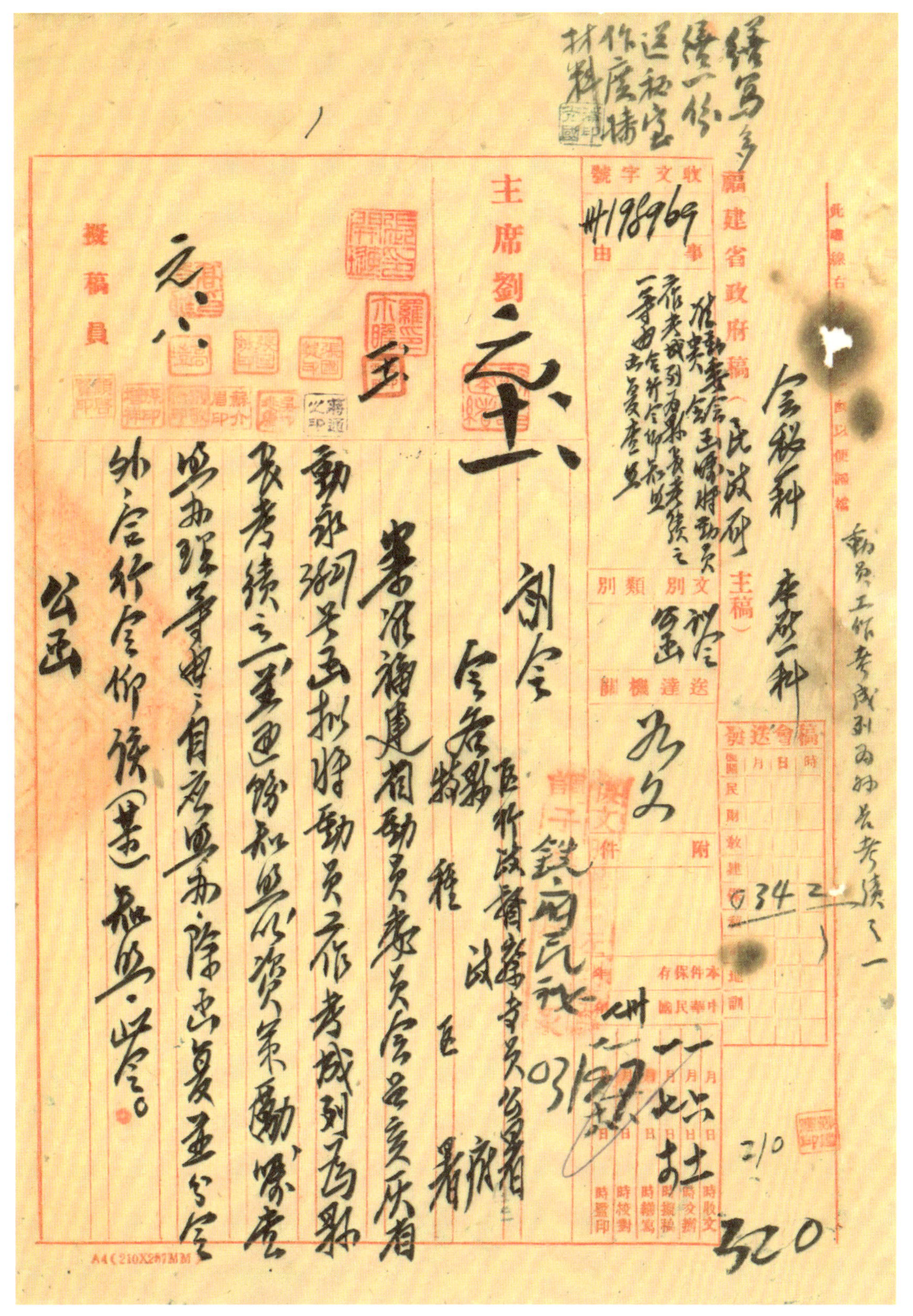

福建省政府致各区行政督察专员公署、各县政府、各特种区署的训令并致省动员委员会的公函（一九四二年一月二十二日）

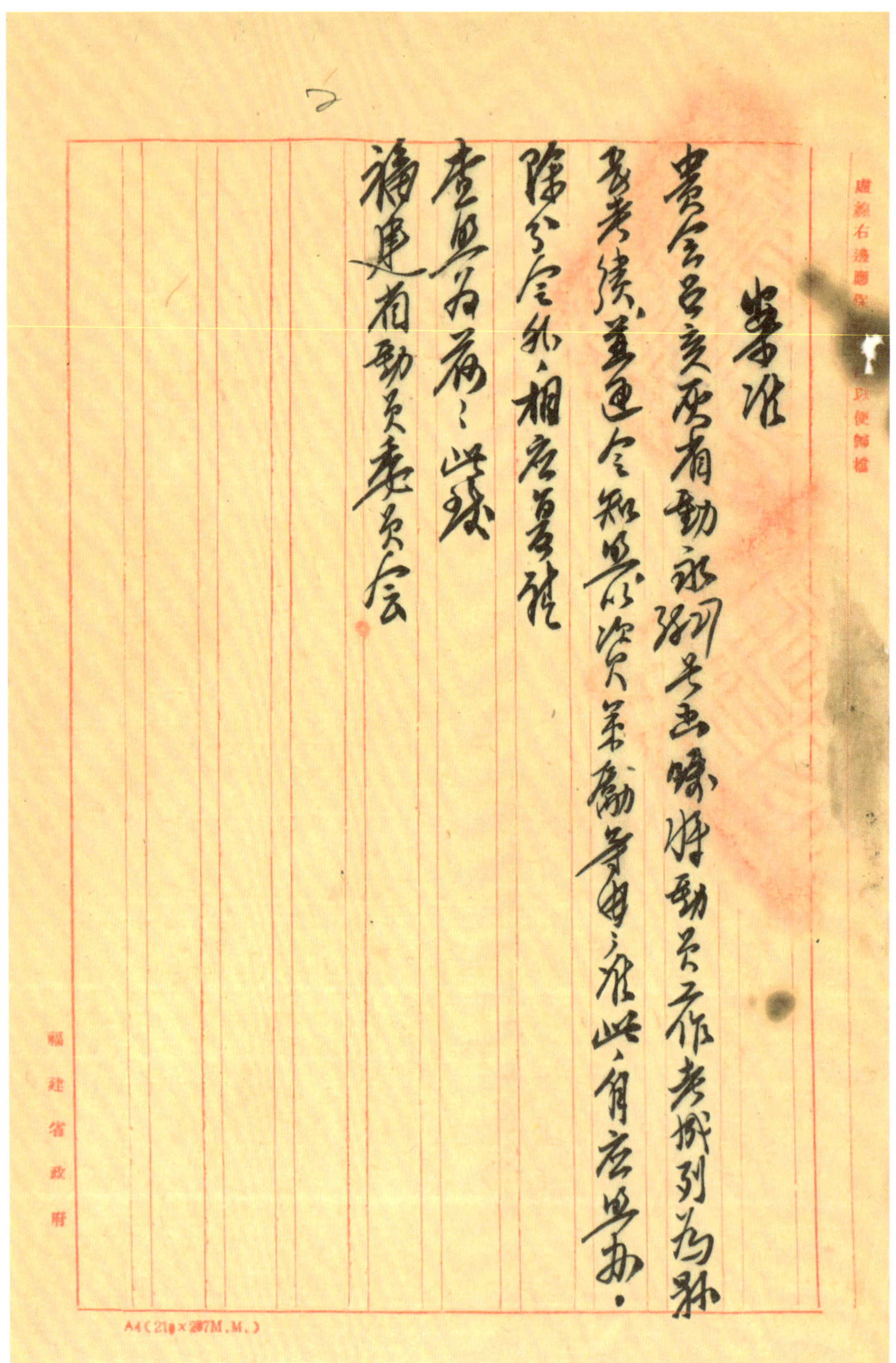

2

虛線右邊應保……以便歸檔

案准

贵会函交原省动员训练县长将动员工作考成列为县长考绩，并通令知照县府资策励等由，准此，自应照办。除分令外，相应函复

查照为荷。此致

福建省动员委员会

福建省政府

A4（210×297M.M.）

福建省政府关于抄发人民团体推进国民精神总动员及新生活运动工作实施纲要及其办理情形的文书（一九四二年四月至一九四三年六月）

福建省政府致各专员公署、各县县政府等的代电并致中国国民党福建省执行委员会的公函（一九四二年四月二十三日）

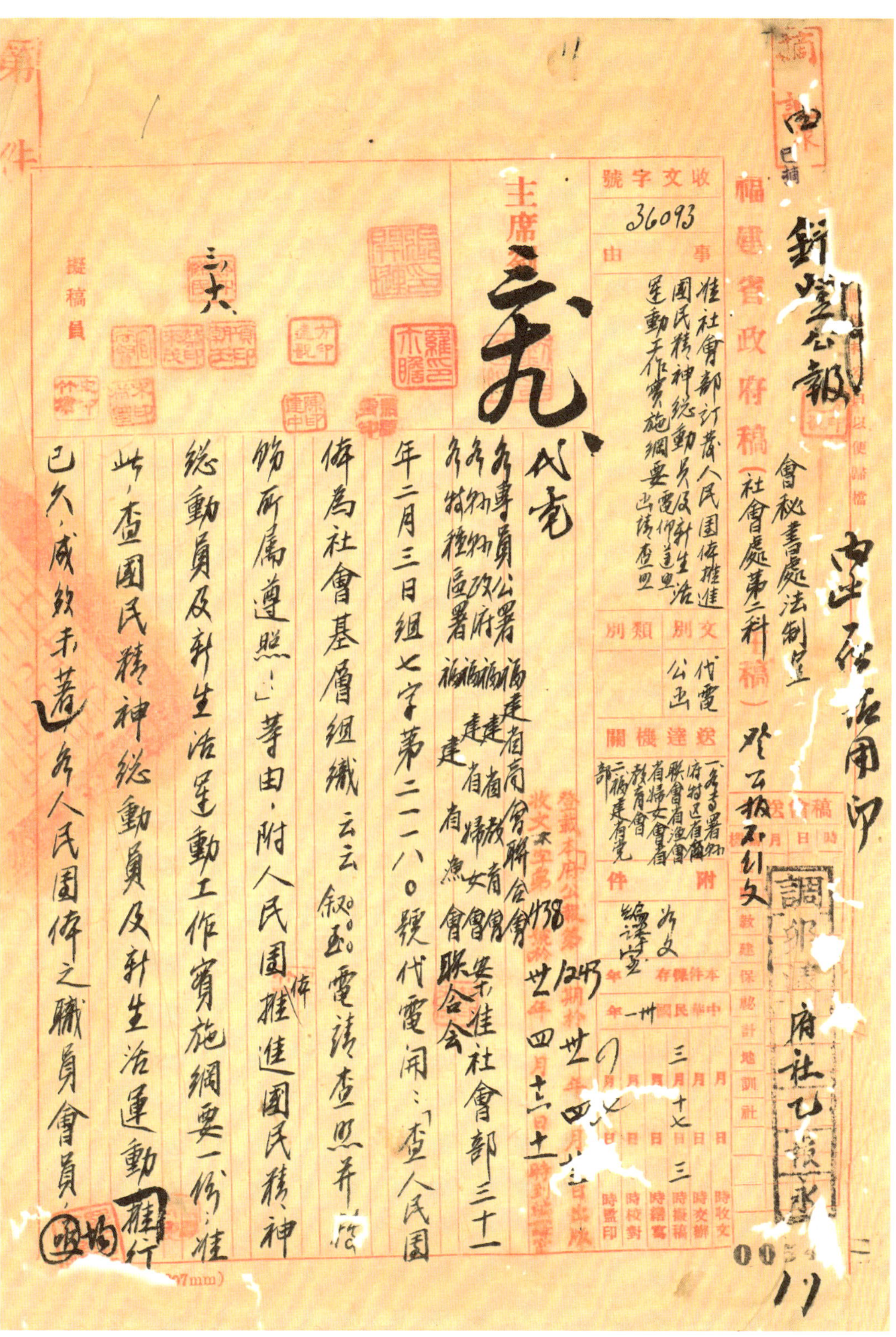

福建省政府稿（社會處第二科）

收文字號：36093

事由：准社會部訂發人民團体推進國民精神總動員及新生活運動工作實施綱要電仰遵照由

文別：代電 公函

各專員公署、各縣政府、福建省商會聯合會、福建省教育會、福建省婦女會、福建省漁會聯合會：案准社會部三十一年二月三日組七字第二一一八〇號代電開：「查人民團体為社會基層組織，云云。叙至電請查照并飭所屬遵照」等由，附人民團体推進國民精神總動員及新生活運動工作實施綱要一份，准此。查國民精神總動員及新生活運動推行已久，咸效未著，遍各人民團体之職員會員，……

應切實奉行，藉資示範。准電前由，除分別函電外，合亟抄發原實施綱要電仰遵照，并轉飭所屬人民團体遵照！[「知照！」（專署用）][「遵照！」（團体用）]劉建○。亦省社乙（）印附發人民團体推進國民精神總動員及新生活運動工作實施綱要一份。

公函

案准

社會部三十一年二月三日組七字第二一一八○號代電開：「查人民團体為社會基層組織云云叙函電請查照并轉飭所屬遵照！」等由，附人民團体推進國民精神總動員及新生活運動工作實施綱要一份：准此，自應照辦，除分別轉行

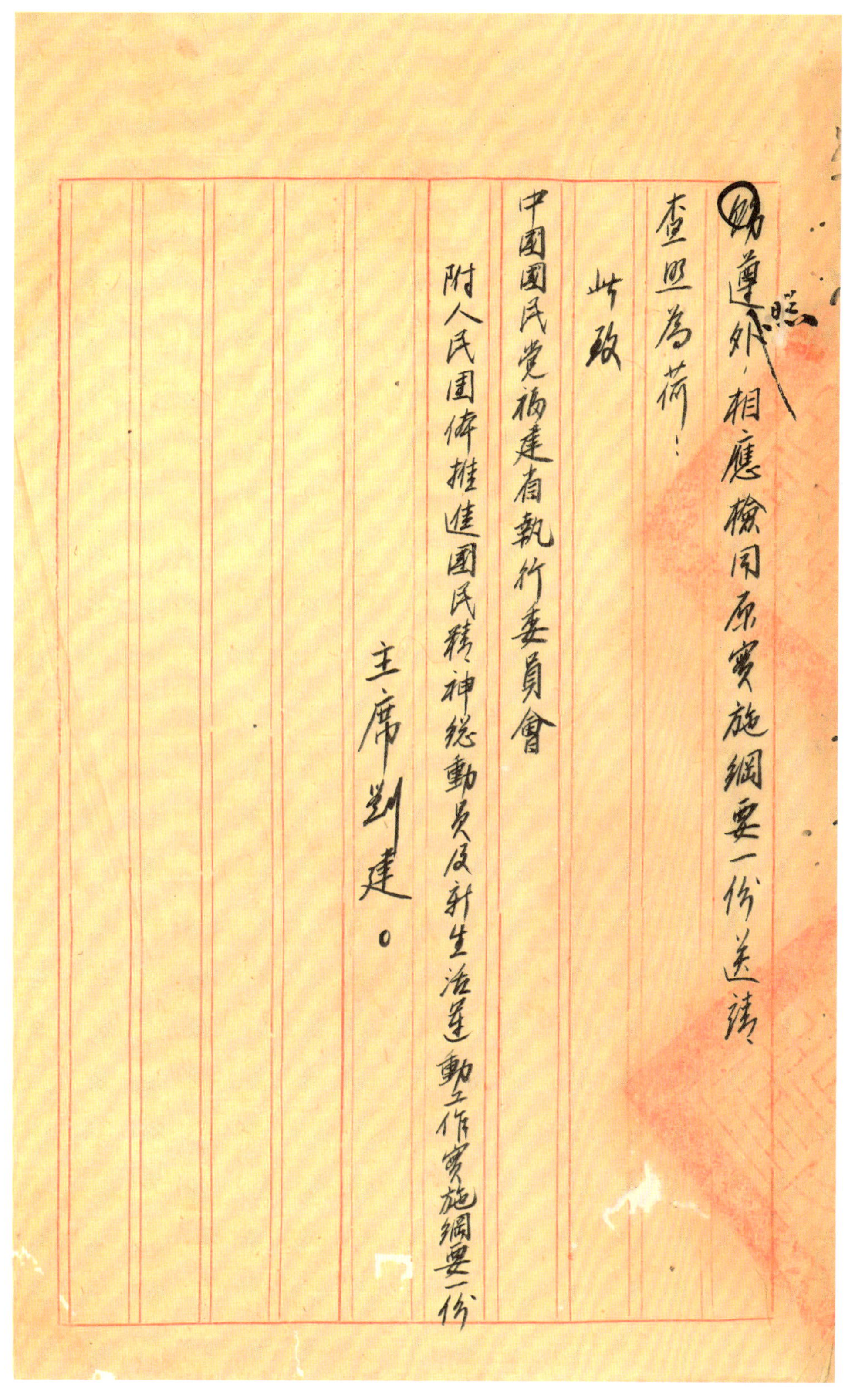

㘝遵照外，相應檢同原實施綱要一份送請

查照為荷！

此致

中國國民黨福建省執行委員會

附人民團体推進國民精神總動員及新生活運動工作實施綱要一份

主席劉建○

附：人民团体推进国民精神总动员及新生活运动工作实施纲要（一九四二年二月三日修正）

人民團體推進國民精神總動員及新生活運動工作實施綱要 三十一年二月三日社會部修正

一、社會部為督促人民團體普遍實施國民精神總動員及新生活運動特訂定本綱要

二、人民團體應以推行國民精神總動員及新生活運動為中心工作之一，各團體負責人員尤應以身作則，率先倡導實行。

三、人民團體推進國民精神總動員及新生活運動之工作要點如左

(一)關於國民精神總動員者

甲、按期舉行國民月會

乙、督促會員實踐國民公約

丙、厲行工作競賽

(二)關於新生活運動者

甲、定期舉行會員月會或週會，敦請當地黨政教育人員講述新生活要義。

乙、定期舉行個人或集體各種新生活比賽，或利用舊有之廟會舉行新生活巡迴展覽，以引起會員及民眾對新生活之興趣及認識

丙、厲行清潔運動、守時運動、規矩運動，並按春夏秋冬季節舉行種植、衛生、節約、戒賭等運動

(三)關於國民精神總動員及新生活運動配合推行者

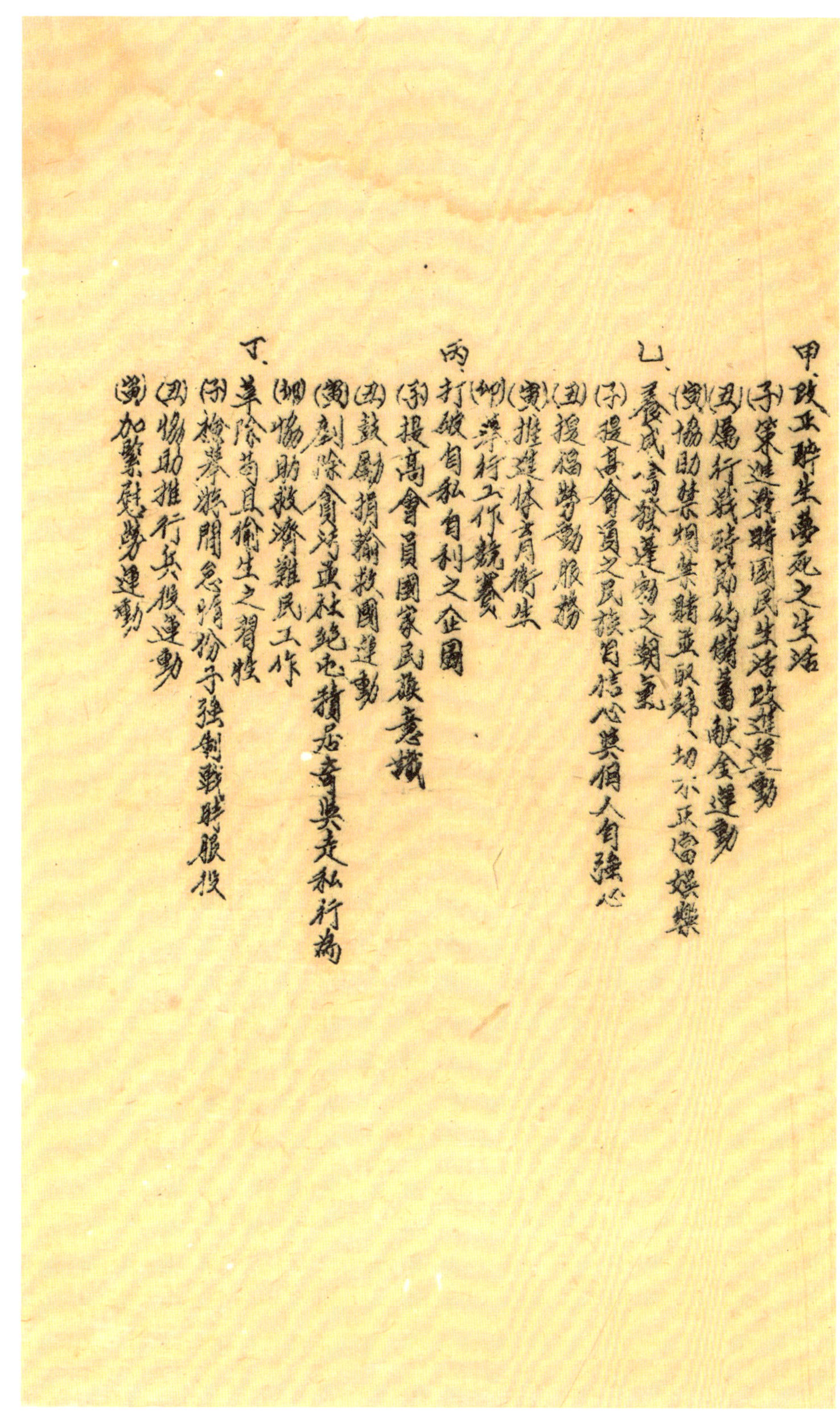

甲、改正醉生夢死之生活

（子）策進戰時國民生活改進運動

（丑）厲行戰時節約儲蓄獻金運動

（寅）協助禁烟禁賭並取締一切不正當娛樂

乙、養成奮發蓬勃之朝氣

（子）提高會員之民族自信心與個人自強心

（丑）提倡勞動服務

（寅）推進體育衛生

（卯）舉行工作競賽

丙、打破自私自利之企圖

（子）提高會員國家民族意識

（丑）鼓勵捐輸救國運動

（寅）剷除貪污並杜絕屯積居奇與走私行為

（卯）協助救濟難民工作

丁、革除苟且偷生之習性

（子）檢舉游閒怠惰份子強制戰時服役

（丑）協助推行兵役運動

（寅）加緊慰勞運動

戊、糾正紛歧錯雜之思想

(子)加強會員對三民主義之認識

(丑)努力肅反工作

(寅)加緊勸奸運動

四、各人民團体應依其團體性質分別規定一種或數種有關前條各項運動之業務為中心工作

五、各人民團体應將國民精神總動員及新生活之要義製成簡明之標語圖表懸掛於會所及會員工作場所以喚起會員之注意

六、各人民團体應就所屬會員中組織規勸團檢查團比賽團等互相督促勸勉以期策動實施

七、各人民團体應設法利用各種集會如代表大會會員大會等或紀念日推行國民精神總動員及新生活運動各項工作

八、各人民團体負責人員應斟酌實際情形利用機會召集所屬會員舉行小組會議或討論會其要旨如左：

(一)發揚民族意識提高國家觀念

(二)加強抗戰認識堅定必勝信念

(三)研討主義國策確定中心思想

(四)改造悖謬心理糾正不良習慣

(五)講解國際形勢研究社會現狀

(六)培養團体意識提高服務精神

(七)倡導節約儲蓄實行勞動服務

九、各人民團体應遵照政府訓練方針對會員實施左列三種訓練：

(一)生活訓練——合乎新生活禮義廉恥的標準達到整齊清潔簡單樸素迅速確實靜肅秘密的要求

(二)體格訓練——提倡早起及爬山競走游泳射擊騎馬等運動並盡可能實施會員軍事訓練以發揚尚武愛國之精神配合動員工作之需要

(三)工作訓練——提高工作技術增進工作效率並養成負責任守紀律之精神

十、戰地及戰區之各種人民團体應依各地實際情形參照本綱要之規定斟酌辦理之並須特別注意國民公約之實踐及廉恥氣節運動之倡導

十一、各人民團体於擬訂工作計劃時應將國民精神總動員及新生活運動事項列為專章並訂定實施程序按期推行

十二、各人民團体於工作報告中應按期將國民精神總動員及新生活運動之實施狀況逐級呈報以憑考核

十三、本綱要由社會部公佈施行

福建省政府致社会部的代电（一九四三年六月二十三日）

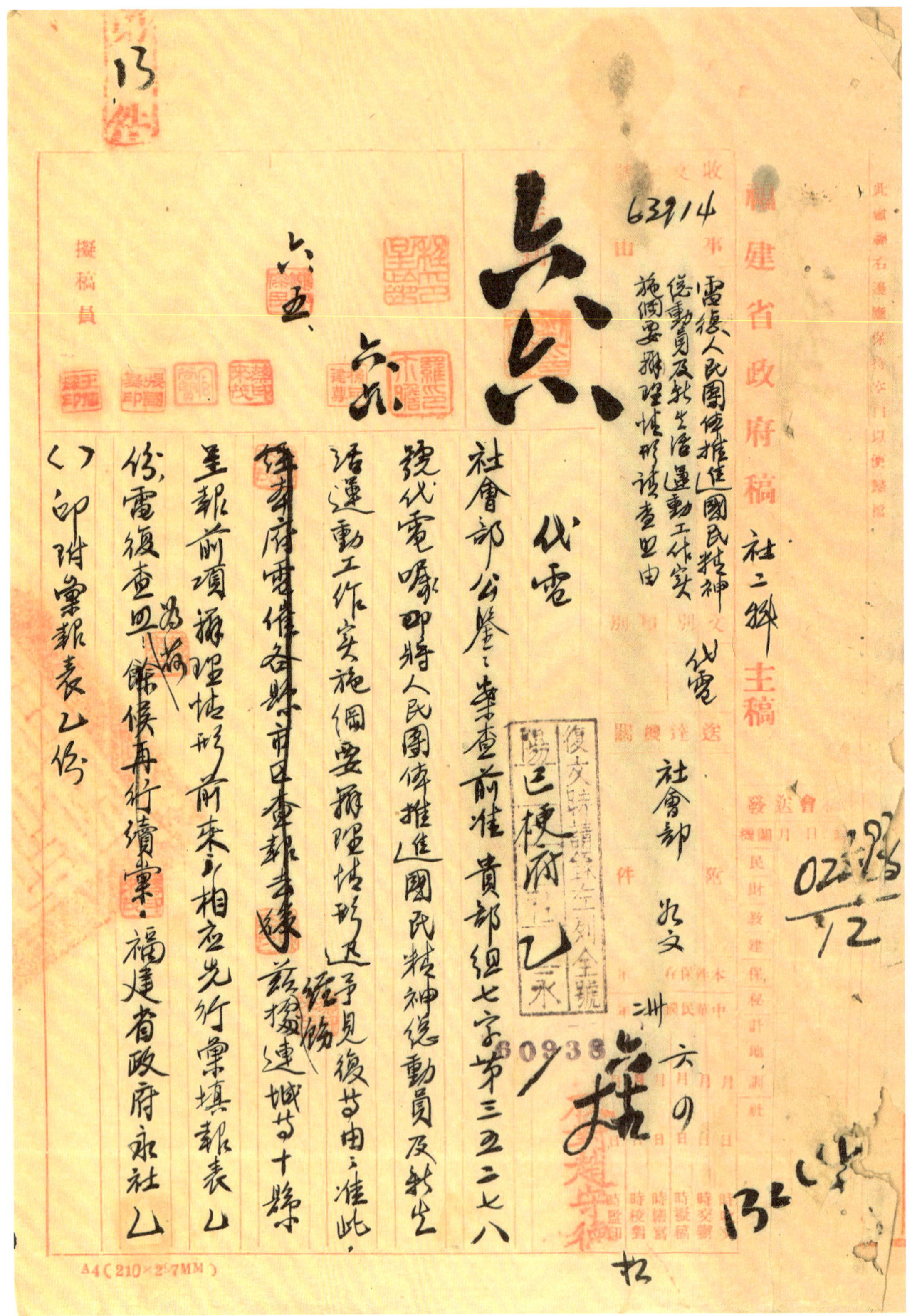

福建省政府稿 社二科 主稿

事由：電復人民團體推進國民精神總動員及新生活運動工作實施綱要辦理情形請查照由

文別：代電

送達機關：社會部

代電

社會部公鑒：案查前准 貴部組七字第三五二七八號代電，囑即將人民團體推進國民精神總動員及新生活運動工作實施綱要辦理情形迅予見復等由，准此。茲據建甌等十縣呈報前項辦理情形前來，相應先行彙填報表，隨電復查照為荷。餘俟再行續彙。福建省政府永社巳

（附彙報表乙份）

福建省各县三十一年人民团体推进国民精神总动员及新生活运动工作实施纲要情形汇报表

县别	推进精神总动员情形	推进新生活运动情形	配合推进情形	备注
连城	1.督导按期举行国民月会 2.督促会员实践国民公约 3.厉行工作竞赛	厉行清洁、守时、卫生、节约、振济等运动	督饬将国民精神总动员及新生活要义制成简明标语悬挂会所	
尤溪	1.按期举行国民月会 2.督促会员实践国民公约	1.厉行清洁、守时、规矩等运动 2.视季节发起种植、卫生、节约、振济等运动	1.协助禁烟禁赌，并取缔不正当娱乐 2.提倡劳动服务 3.剷除贪污并杜绝屯积居奇、走私 4.协助救济难民工作 5.协助推行役政 6.加强会员对三民主义之认识	
东山	1.按期举行国民月会 2.督促会员实践国民公约 3.拟订工会会员工作竞赛办法实施	仝右	仝右	
上杭	1.在城团体月会合并党政机关举行 2.各乡镇团体分别在附近之保办公处或国民学校举行 3.国民月会督导员由县指定 4.宣讲题目由县府拟定	1.组织劳动服务团，每月举行劳动服务一次 2.各团体分别组织清洁检查队及增加生产改善人民生活宣导队改善乡村卫生及促进生活 3.设置新运壁报牌	1.讲演一般生活改进 2.会员朝气之养成 3.会员恶习之革除 4.一切不良企图之打破	
建阳	1.按月各团体分别举行月会，每三个月联合举行一次 2.督促实践国民公约	1.利用纪念周或其他集会讲解新生活要义 2.各团体联合组织清洁检查队，并于每星期六大扫除一次，每月举行清洁大检查一次，评定等级由县府奖惩	1.组织规劝检查团，规劝会员战时生活改进，厉行节约储蓄，并革除纠正不良习性 2.组织晨呼队，提倡早起 3.组织慰劳团，慰劳征属及过境将士、自动入伍壮丁等	

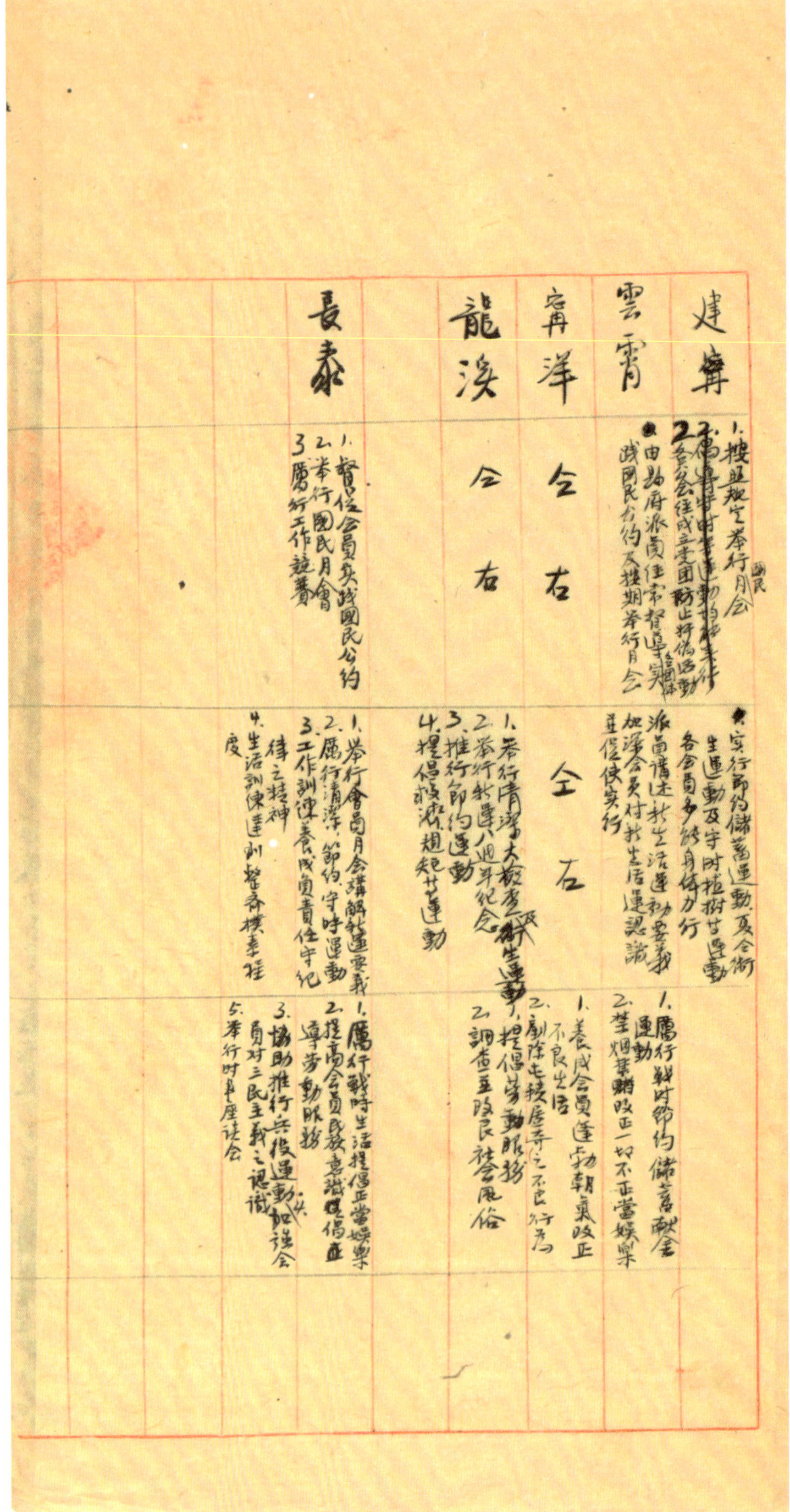

建甌	1. 按县規定举行國民月会 2. 各会员組成宣传团防止奸偽活動	★實行節约储蓄運動、夏令衛生運動及守时植树节運動各会员多能身体力行	
雲霄	★由县府派员往本市督導各团体實踐國民公约及按期举行月会	派员講述新生活運動要義加深会员对新生活運動認識並促使實行	1. 厲行戰时節约儲蓄献金運動 2. 禁烟禁賭改正一切不正當娛樂
寧洋	仝右	仝右	1. 養成会员逢勃朝氣改正不良生活 2. 剷除屯積居奇之不良行為
龍溪	仝右	1. 举行清潔大檢查及衛生運動 2. 举行新運八週年紀念 3. 推行節约運動 4. 提倡[illegible]規矩[illegible]運動	1. 提倡勞動服務 2. 調查互助良[illegible]風俗
長泰	1. 督促会员實踐國民公约 2. 举行國民月會 3. 厲行工作競賽	1. 举行會员月会講解新運要義 2. 厲行清潔、節约、守时運動 3. 工作訓練養成負責任守紀律之精神 4. 生活訓練遵守整齊樸素程度	1. 厲行戰時生活提倡正當娛樂 2. 提高会员民族意識提倡正導勞動服務 3. 協助推行兵役運動加強会员对三民主義之認識 5. 举行时事座談会

福建省政府、福建省动员委员会关于抄发国家总动员法的文书（一九四二年四月至六月）

福建省政府致省保安处的训令（一九四二年四月三十日）

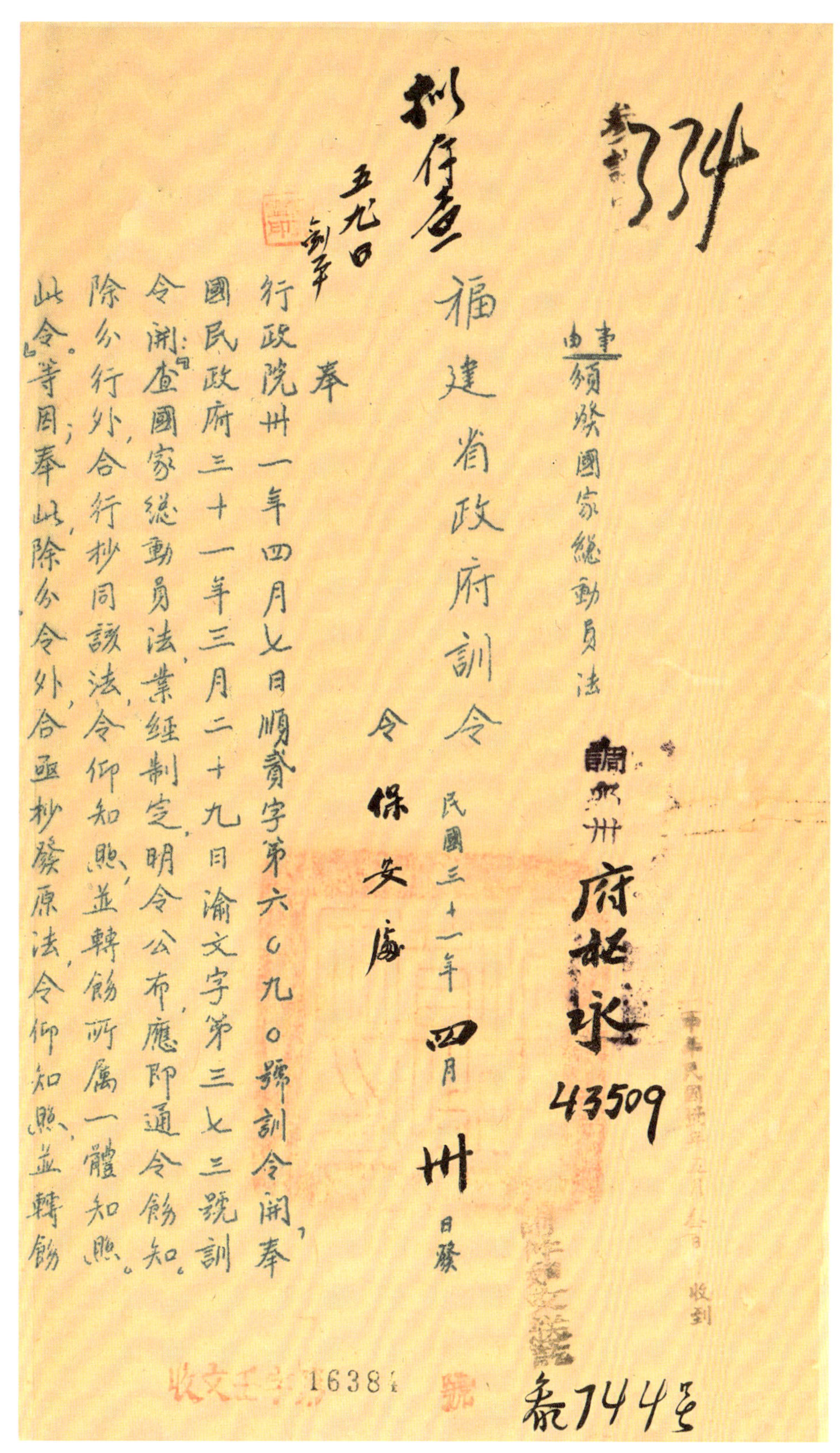

事由：颁发国家总动员法

福建省政府训令　民国三十一年四月卅日发

府秘永 43509

令保安处

奉

行政院卅一年四月七日顺赍字第六〇九〇号训令开：奉

国民政府三十一年三月二十九日渝文字第三七三号训令开：『查国家总动员法业经制定，明令公布，应即通令饬知。』除分行外，合行抄同该法，令仰知照，并转饬所属一体知照。此令。"等因；奉此，除分令外，合亟抄发原法，令仰知照，并转饬所属一体知照。此令。等因；附抄发国家总动员法一份。奉此，除分令各专员县长外，合行抄发原附件，令仰知照。此令。

附抄发国家总动员法一份

主席 刘建绪

國家總動員法

三十一年三月二十九日公布

第一條　國民政府於戰時為集中運用全國之人力物力加強國防力量貫澈抗戰目的制定國家總動員法。

第二條　本法所稱政府係指國民政府及其所屬之行政機關而言。

第三條　本法稱國家總動員物資係指左列各款而言。

一、兵器彈藥及其他軍用器材。

二、糧食飼料及被服品料。

三、藥品醫藥器材及其他衛生材料。

四、船舶車馬及其他運輸器材。

五、土木建築器材。

六、電力與燃料。

七、通信器材，

八、前列各款器材之生產修理支配供給及保存上所需之原料與機器，

九、其他經政府臨時指定之物資、

第四條 本法稱國家總動員業務係指左列各款而言、

一、關於國家總動員物資之生產修理支配供給輸出輸入保管及必要之試驗研究業務、

二、關於民生日用品之專賣業務、

三、關於金融業務，

四、關於運輸通信業務，

五、關於衛生及傷兵難民救護業務，

六、關於情報業務，

七、關於婦孺老弱及有必要者之遷移及救濟業

務。
八、關於工事構築業務
九、關於教育訓練與宣傳業務。
十、關於徵購及搶先購運之業務
十一、關於維持後方秩序並保護交通機關及防空業務
十二、其他經政府臨時指定之業務

第五條 本法實施後，政府於必要時，得對國家總動員物資徵購或徵用其一部或全部，

第六條 本法實施後，政府於必要時，得對國家總動員物資之生產販賣或輸入者命其儲存該項物資之一定數量，在一定期間非呈准主管機關不得自由處分

第七條 本法實施後，政府於必要時得對國家總動員物資之生產、販賣、使用、修理、儲藏、消費、遷移或轉讓加以指導、管理、節制或禁止。

前項指導、管理、節制或禁止，必要時得適用於國家總動員物資以外之民生日用品。

第八條 本法實施後，政府於必要時得對國家總動員物資及民生日用品之交易價格、數量加以管制。

第九條 本法實施後，政府於必要時，在不妨碍兵役法之範圍內，得使人民及其他團體從事於協助政府或公共團體所辦理之國家總動員業務。

第十條 政府徵用人民從事於國家總動員業務時，應按其年齡、性別、體質、學識、技能、經驗及其原有之職業等為適當之支配。

第十一條　本法實施後，政府於必要時，得對從業者之就職、退職、受雇、解雇，及其薪俸、工資，加以限制或調整，

第十二條　本法實施後，政府於必要時，得對機關、團體、公司行號之員工，及私人雇用工役之數額，加以限制，

第十三條　本法實施後，政府於必要時，得命人民向主管機關報告其所雇用或使用之人之職務與能力，並得施以檢查。

第十四條　本法實施後，政府於必要時，得以命令預防或解決勞動糾紛，並得對於封鎖工廠、罷工、怠工及其他足以妨礙生產之行為，嚴行禁止。

第十五條　本法實施後，政府於必要時，得對耕地之分配、耕作力之支配，及地主與佃農之關係，加以釐定，並限期墾殖荒地，

第十六條　本法實施後，政府於必要時，得對貨幣流通與匯兌之區域，及人民債權之行使，債務之履行，加以限制。

第十七條　本法實施後，政府於必要時，得對銀行，信託公司，保險公司，及其他行號資金之運用，加以管制。

第十八條　本法實施後，政府於必要時，得對銀行公司工廠及其他團體行號之設立，合併，增加資本，變更目的，募集債款，分配紅利，履行債務，及其資金運用，加以限制。

第十九條　本法實施後，政府於必要時，得獎勵限制或禁止某種貨物之出口或進口，並得增徵或減免進出口稅。

第二十條　本法實施後，政府於必要時得對國家總動員物費之運費、保管費、保險費、修理費、或租費，加以限制。

第廿一條　本法實施後，政府於必要時，得對人民之新發明專利品，或其事業所獨有之方法、圖案、模型、設備，命其報告、試驗，并使用之。

關於前項之使用，并得命原事業主供給熟練技術之員工。

第廿二條　本法實施後，政府於必要時，得對報館及通訊社之設立，報紙、通訊稿，及其他印刷物之記載，加以限制、停止或命其為一定之記載。

第廿三條　本法實施後，政府於必要時，得對人民之言論、出版、著作、通訊、集會、結社，加以限制。

第廿四條　本法實施後，政府於必要時，得對人民之土地、住宅，或其他建築物，徵用或改造之。

第廿五條　本法實施後，政府於必要時，得對經營國家總動員物資，或從事國家總動員業務者，命其擬訂關於本業內之總動員計劃，並舉行必要之演習，

第廿六條　本法實施後，政府於必要時，得對從事國家總動員物資之生產或修理者，命其舉行必要之試驗與研究，或停止改變原有企業，從事指定物資之生產或修理，

第廿七條　本法實施後，政府於必要時，得對經營同類之國家總動員物資，或從事同類之國家總動員業務者，命其組織同業公會，或其他職業團體，或命其加入固有之同業公會，或其他職業團體，

前項同業公會或職業團體主管機關，應隨時監

替，並得加以整理改善。

第廿八條　本法實施後，政府對於人民因國家總動員所受之損失，得予以相當之賠償或救濟，並得設置賠償委員會。

本法施行停止時，原有業主或權利人及其繼承人對於原有權利有收回之權。

第廿九條　本法實施時，應設置綜理推動機關，其組織另以法律定之。

關於國家總動員物資及業務，仍由各主管機關管理執行。

第三十條　本法實施時，前條綜理推動機關，為加強國家總動員之效率起見，得呈請將有關各執行機關之組織經費權限加以變更或調整。

第卅二條　本法實施後，政府對於違反或妨害國家總動員之法令或業務者，得加以懲罰。

前項懲罰以法律定之。

第卅三條　本法之公布實施與停止由國民政府以命令行之。

福建省动员委员会关于国家总动员法自一九四二年五月五日起施行的代电（一九四二年六月四日）

福建省動員委員會代電　調已支省動總永800號

事由：國家總動員法自三十一年五月五日起施行轉電知照由

准省政府案移行政院順字七九九三號訓令開：「案奉國民政府三十一年四月渝文字第四六四號訓令開：查國家總動員法，前經制定，明令公布，並通令飭知在案。茲將該法定自民國三十一年五月五日起施行，除公布並分行外，合行令仰知照，並轉飭所屬一体知照」。等因奉此除分令外合行令仰知照，並轉飭所屬一体知照」等因奉此除分電外相應電請查照（合行電仰知照）並轉飭所屬一体知照

福建省動員委員會總印

中華民國三十一年六月　日

福建省政府、福建省动员委员会关于报送现行各种行政法规的来往文书（一九四二年五月二十三日至二十九日）

福建省政府致省动员委员会的公函（一九四二年五月二十三日）

總務組

此欄右邊應保持空白以便歸檔

福建省政府公函

調辰梘 府秘法永 52926

事由：准内政部代電請寄本省頒行現行各種行政法規等由請就主管部份於文到十日内各抄二份送府以便彙轉由

案准

内政部三十一年三月二十七日渝參字〇〇三號代電内開：「關於貴省政府所頒現行各種行政法規本部亟待參攷，相應電請查照迅予檢送全份，以資應用為荷。」等由，准此，除分令本府所屬各廳處局查照外，相应函請

查照，並請儘於文到十日内將

貴會主管部份之現行各種法令各抄二份送府，以便彙轉為荷，此致

省動員委員會

主席 劉建緒

中華民國三十一年五月廿三日

附件

省動委會 31年5月25日 收文動字第1131號

A4（420×297MM）

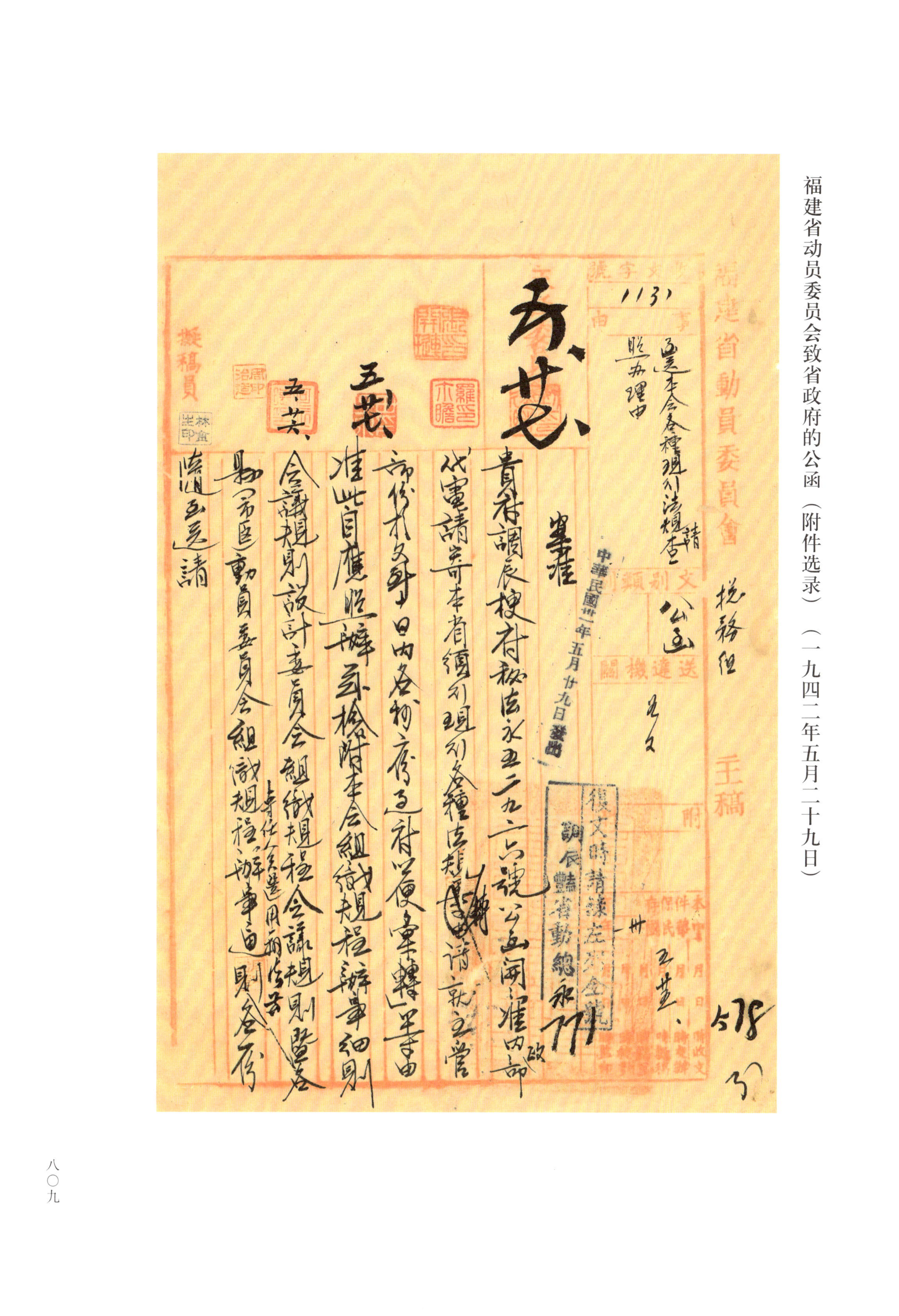

福建省动员委员会致省政府的公函（附件选录）（一九四二年五月二十九日）

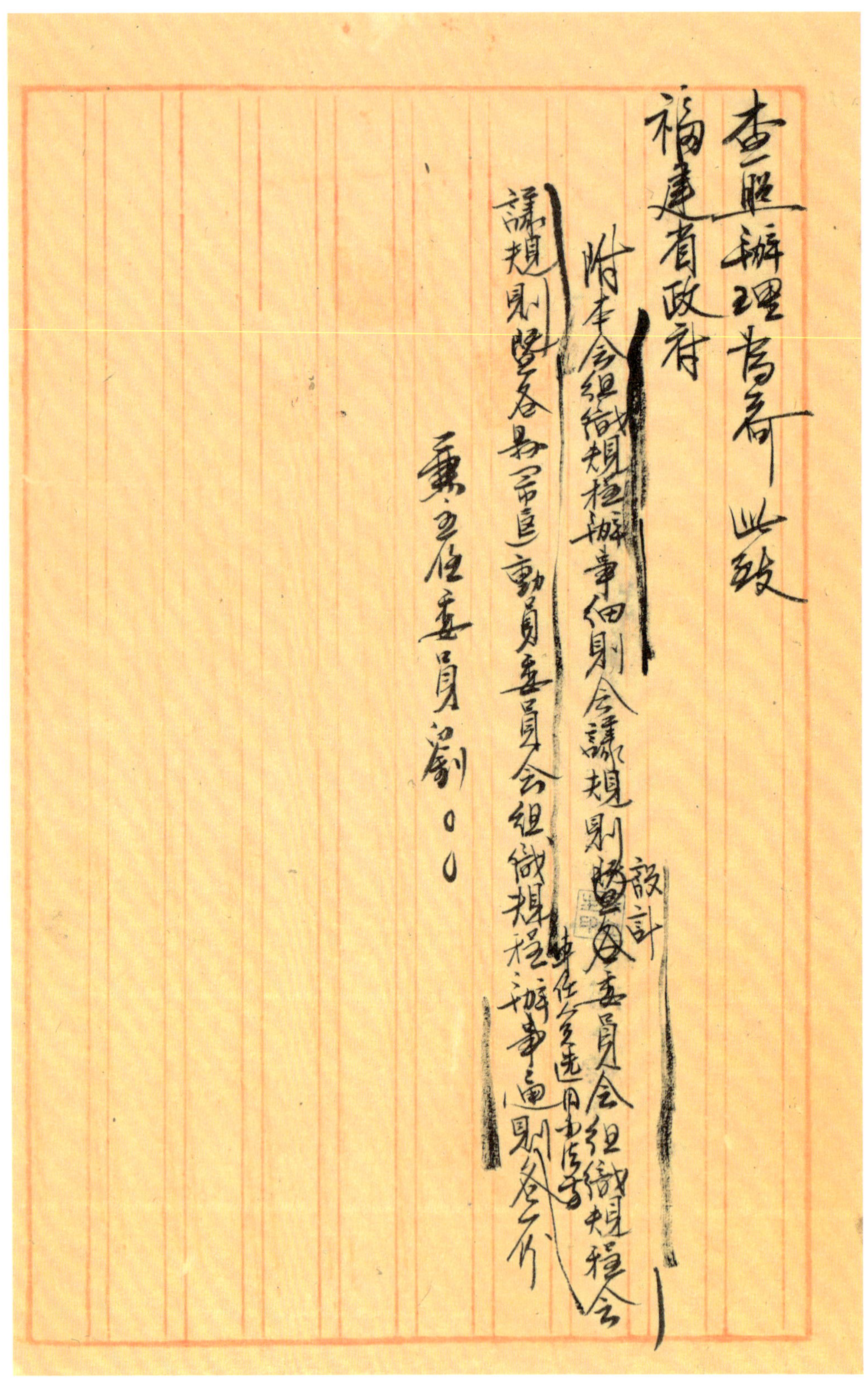
查照辦理為荷 此致
福建省政府
附本會組織規程辦事細則會議規則暨設計委員會組織規程會議規則暨各縣（市區）動員委員會組織規程辦事細則各一份
兼主任委員劉〇〇

福建省動員委員會組織規程

第一條　本規程依修正各省市縣動員委員會組織大綱之規定並參酌本省實際情形訂定之

第二條　本會秉承國防最高委員會之命計劃督導全省動員業務之實施並受第三戰區司令長官之指揮

第三條　本會以左列人員組織之

一、省政府主席秘書長民政廳廳長財政廳廳長教育廳廳長建設廳廳長保安處處長

二、中國國民黨福建省執行委員會主任委員及書記長

三、軍管區司令及徵募處處長組練處處長

四、駐軍最高長官及其政治部主任

第四條　本會設主任委員一人由省政府主席兼任副主任委員一人由中國國民黨福建省執行委員會主任委員兼任

第五條　本會設書記長一人承主任委員之命處理日常事務必要時得設秘書一人均由主任委員派充之

第六條　本會設左列各組

一、組訓組

二、徵募組
三、救濟組
四、宣傳組
五、總務組

第七條 本會各組各設主任一人，由委員兼任（並得因事實需要遴員專任），幹事三人至五人，均由主任委員遴選派充之。

前項幹事以向有關機關調用為原則，必要時得酌用專任人員及僱員若干人。

第八條 本會每月舉行會議一次，必要時得開臨時會議，均由主任委員召集之。

第九條 本會決議事項以交由各主管機關辦理為原則。

第十條 本會對于各縣動員工作得隨時派員前往考查督導。

第十一條 本會為推進動員業務得設縣委員會及戰時工作團，其組織規程另定之。

第十二條 本會臨時經常及事業費由省政府撥付，其預算另定之。

第十三條 本會工作情形按月呈報國防最高委員會備查，關於計劃方案之擬定並專案呈核。

第十四條 本會成立後，本省現有之黨政軍聯繫組織及其他類似機關應即取銷，其工作統由本會辦理。

第十五條 各縣（市）得視需要設立縣（市）戰時動員委員會，其組織規程另定之。

第十六條 本會辦事細則及各種章則另定之。

第十七條 本規程經福建省動員委員會決議通過並呈請國防最高委員會核准施行，修正時同。

福建省動員委員會設計委員會組織規程

第一條 福建省動員委員會（以下簡稱省動員會）為推進國家總動員業務之研究設計依省動員會組織規程第十一條之規定設置設計委員會（以下簡稱本會）

第二條 本會委員由省動員會主任委員就省內熱心華僑公正士紳學者專家及黨部團部領導份子中遴聘十五人至二十七人組織之

第三條 省動員會主任委員為本會當然委員兼主任委員省動員會書記長為本會當然委員兼秘書

第四條 本會會議由主任委員應事實需要隨時召集之

第五條 本會為研究設計便利計開會時得分下列三組工作：

第一組 關於民眾組訓兵役慰勞救濟勸募等設計事項

第二組 關於戰時文化教育宣傳等設計事項

第三組 關於財政金融經濟交通工業等設計事項

第六條 各組設組長一人設計委員五人至七人均於開會時臨時推定之

第七條 本會研究設計之範圍如左：

（一）省動員會送交研究設計事項

（二）本會委員提議事項

第八條 本會審議各項總動員業務方案應附具意見送請省動員會採擇施行

第九條 省動員會得將各項重要問題隨時函送本會研究省動員會發動各項運動亦得隨時函請本會委員就地協助進行

第十條 本會開會時一切供應由省動員會指定人員辦理

第十一條 本會會議規則另定之

第十二條 本規程經福建省動員委員會議決施行並呈報國防最高委員會備案。

附三：福建省县（市）动员委员会办事通则

福建省縣(市)動員委員會辦事通則

第一條 本通則依修正各省市縣動員委員會組織大綱第十條及福建省各縣(市)動員委員會組織規程第十四條之規定訂定之

第二條 縣(市)動員委員會處理會務除法令別有規定外悉依本通則辦理之

第三條 縣(市)動員委員會主任委員綜理會務書記長秉承主任委員之命處理日常事務各股主任掌理各該股事務

第四條 縣(市)動員委員會處理公文依左列之規定

(一)凡收到文件由收發人員編號摘由登記按來文性質分別登記各股收文簿並於文件上端蓋主管股記號分別緊急、機密、重要、普通件分送各股擬辦如係緊急文件收發人員應先呈書記長核閱來文係屬密件者收發人員不得拆封另就封面編號並登記送件簿送呈書記長分別辦理

(二)各股承辦文件應隨到隨辦緊要者並應提前辦理例行公文由股主任分交承辦幹事擬稿呈核重要公文須簽擬辦法送呈主任委員核定後擬稿送判

三、凡文件與其他主管機關以及本會各股有關者均應送請會核

四、文件發出前須先由收發人員編號摘由登記將原稿分類歸檔並發出文件並須加蓋校對員及監印員名戳以明責任

第五條　縣（區）動員委員會經費由縣（區）政府籌撥按月編造經費收支計算書送審計機關核銷並分呈省動員委員會察核

第六條　縣（區）動員委員會辦公時間與當地縣（區）政府辦公時間同必要時得延長之

第七條　縣（區）動員委員會工作情形按月應填工作月報表呈報省動員委員會察核（表式另定）所擬各項章則及工作計劃等均須呈准省動員委員會核准後始得實施

第八條　各縣（區）動員委員會應根據本通則擬訂辦事細則呈核

第九條　本通則適用於特種區動員委員會

第十條　本通則由福建省動員委員會頒布施行

附四：福建省各县（特种区）动员委员会选用专任人员暂行办法

福建省各縣（特種區）動員委員會選用專任人員暫行辦法

第一條 福建省動員委員會為健全動員幹部慎重選用各縣區動員委員會專任人員以增强工作效能起見特訂定本辦法

第二條 各縣及特種區（以下簡稱各縣區）動員委員會選用專任人員除法令另有規定外悉依照本辦法辦理

第三條 各縣區動員委員會書記長及股主任（由委員兼任者不在此限）應就具備左列各款標準者選用之

甲、具有公務員任用法第四條各款資格之一或高級中學畢業任委任職三年以上具有成績或未具上項資格而曾任相當委任職務五年以上確有經驗經考詢及格者

乙、思想純正體格健全品行端方富有抗戰意識及若幹

實幹精神者

丙、中國國民黨黨員

第四條 各縣區動員委員會幹事應就具備左列各款標準者選用之

甲、中等以上學校畢業曾任委任職一年以上或未具上項資格而曾任相當委任職務三年以上經考詢合格者

乙、思想純正體格健全品行端方富有抗戰意識及苦幹實幹精神者

丙、中國國民黨黨員

第五條 本辦法第三第四兩條合格人員應就左列人員儘先任用

甲、曾經本會動員委員會訓練講習或甄别合格者

乙、曾經本省各種戰時工作人員訓練或福建省地方行政幹部訓練團訓練期滿者

第六條　各縣區動員委員會書記長股主任幹事均相當於文官委任軍官尉官之職級

第七條　各縣區動員委員會書記長及股主任由縣區動員委員會主任委員選定報請省動員委員會核委在未委派前得先派員暫行代理但時間不得逾三個月

第八條　各縣區動員委員會幹事由主任委員選用報請省動員會加委

第九條　各縣區動員委員會依照本辦法第七第八兩條呈請核委或加委人員應填送資格審查表二份連同第三第四兩條各項有關証件併送核其資格審查表格式另定之

第十條　各縣區動員委員會呈報省動員委員會加委兼任人員時

[illegible]得適用本辦法第八條之規定但不必附送證件

第十一條　各縣區動員委員會專任人員之俸給及獎懲辦法均另定之

第十二條　各縣區動員委員會書記長股主任幹事經正式任用後非有違法或失職情事經過法定手續懲辦者不得免其職務

第十三條　本辦法如有未盡事宜得隨時修正之

第十四條　本辦法自呈奉核准之日施行

△△縣動員委員會選用專任人員資格審查表

姓名	
別號	
性別	年齡
籍貫	
住址 永久	鄉鎮 保 甲 户 地方
住址 臨時	鄉鎮 保 甲 户 地方
學歷	
經歷	
入黨或入團年月日	
黨証或團証號數	
擬委職務	

考核	
思想	體格
品行	精神
主任委員簽名蓋章	

證明文件	

中華民國　　年　　月　　日

(1)學歷欄應將畢業學校或訓練機關名稱及畢業或結業年月載明

(2)經歷欄應依任職年月任職機關所任職務卸職年月之次序以每任職一次為單位逐一詳載

(3)考核欄係由主任委員填載

(4)學歷與經歷之証件應提出畢業証書委令或原機關之証明書

(5)黨員團員之証明應提出黨証或團証如黨團証未便寄遞可以用繳納黨費團費之証件

附五：福建省动员委员会设计委员会议事规则

福建省動員委員會設計委員會議事規則

第一條　本規則係據福建省動員委員會設計委員會（以下簡稱本會）組織規程第十條之規定訂定之

第二條　本會開會時由主任委員主席

第三條　本會開會時省動員會秘書各組主任均應列席

第四條　各委員提案應於開會前三日送交秘書編列議程

第五條　本會開會前應將議程及議案分送各委員

第六條　表決議案須經出席委員過半數之同意可否同數時取決於主席其不能即時提付表決者得由主席交付審查後再議

第七條　議事程序如左：

（一）宣讀上次會議紀錄

（二）報告

（三）討論

（四）臨時動議

第八條 議事紀録記載左列事項：

（一）開會次數

（二）時間及地點

（三）出席列席及主席紀録者之姓名

（四）報告事項

（五）討論事項或交議事項及決議案

（六）臨時動議

第九條 議事紀録於散會後由紀録整理送交主席核定後函送省動員會並印送各委員

第十條 本規則經福建省動員委員會會議通過施行

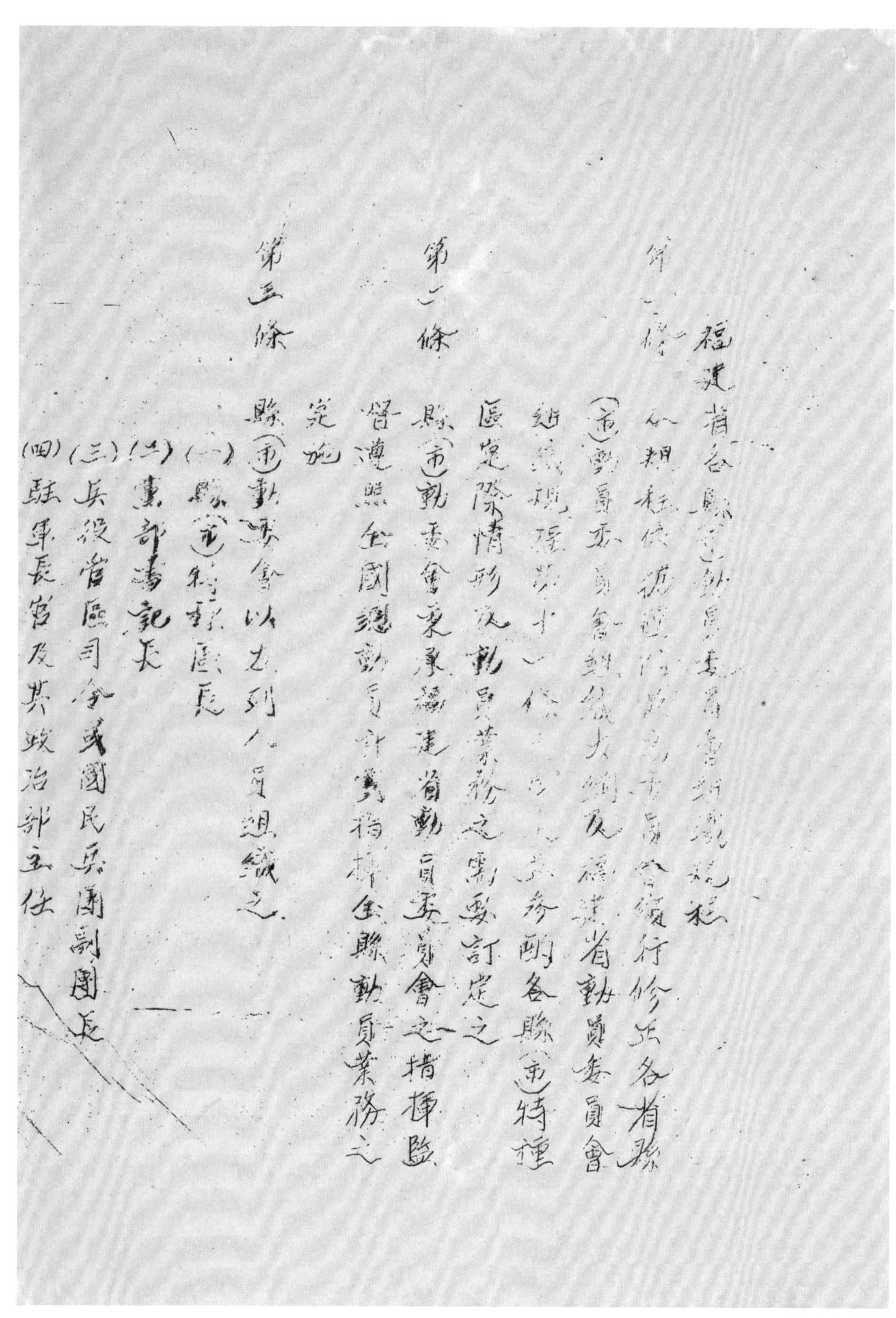

福建省各縣(市)動員委員會組織規程

第一條　本規程依據國防最高委員會頒行修正各省縣(市)動員委員會組織大綱及福建省動員委員會組織規程第十一條之規定參酌各縣(市)特種區域實際情形及動員業務之需要訂定之

第二條　縣(市)動委會秉承福建省動員委員會之指揮監督遵照全國總動員計劃指揮全縣動員業務之實施

第三條　縣(市)動委會以左列人員組織之

(一)縣(市)政府縣長

(二)黨部書記長

(三)兵役省區司令或國民兵團副團長

(四)駐軍長官及其政治部主任

第四條　縣(市)動委會設正副主任委員各一人，由縣(市)特樣區長及黨部書記長分別兼任之

第五條　縣(市)動委會設書記長一人，均由省動員委員會委派，但各縣(市)得遴選區動員委員會正副主任委員，如有適當人選，得呈薦省動員委員會核委之

第六條　縣(市)動委會設左列各股

(一)組訓股

(二)徵調股

(三)救濟股

(四)宣傳股

(五)總務股

各股遇必要時得酌予合併分組訓宣傳

三、出席列席及主席紀錄人員姓名
四、報告事項
五、討論事項
六、臨時動議

第十二條　委員會議之決議事項以出席委員過半數之同意行之可否同數時取決于主席

第十三條　議案不能即時提付表決得由主席交付審查後再議

第十三條　會議紀錄由紀錄者整理後呈經主席核定印發各委員並分發[illegible]及各關係機關執行

第十四條　本規則如有未盡事宜得隨時修正之

第十五條　本規則由籌建[illegible]勤負委員會會議通過施行

附七：福建省动员委员会会议规则

福建省动员委员会会议规则

第一条 本规则依福建省动员委员会组织规程第十六条之规定订定之。

第二条 本会开会时以主任委员为主席，主任委员缺席时由副主任委员代理之。

第三条 本会会议须有委员过半数之出席方得开会，有出席委员过半数之同意始得决议，可否同数时取决于主席。

第四条 本会会议每月举行一次，必要时得召集临时会。开会时书记长、秘书及各组主任均须列席。

第五条 凡议案如与其他机关有关者得邀请该机关主管

人員列席說明但不得參加表決。

第六條 本會委員及各組提案應於開會二日前送交秘書長編列議事日程議事日程順序如左：

一報告事項

二討論事項

三審查事項

第七條 會議紀錄由紀錄負責整理後呈經主任委員核定即送各委員並送各組及有關機關執行會議錄內應載左列事項：

一會議次數

廿

二、时间及地点

三、出席列席及主席记录人员姓名

四、报告事项

五、议案

六、其他重要事项

第八条 凡案性质相类者得併案讨论，不能即时提付表决时得由主席交付审查后再议。

第九条 委员讨论议案不得涉及范围以外事件。

第十条 委员因事故不能出席时应先期具函报告。

第十一条 本会会议讨论终结及延会散会由主席宣告之。

第十二條 本校組織如有未盡事宜得由委員會議決修正之。

第十三條 本校組織由福建省勸學委員會議決施行。

附八：福建省动员委员会视察人员视导规则

福建省動員委員會視察人員視導規則

第一條　福建省動員委員會（以下簡稱本會）為明瞭各縣（市）區動員工作實施狀況及督導改進動員業務起見得隨時由本會專任視察或派遣其他高級職員分赴各地視導視察人員之服務依本規則之規定。

第二條　前項視察人員除由本會直接派遣外亦得酌量情形委托中國國民黨福建省執行委員會或福建省政府視察人員代行之。

第三條　視察人員之任務如左：

一、視察各級動員委員會推行動員業務情形

第一第二兩條擬改為下：
第一條 福建省動員委員會（以下簡稱本會）為明瞭各縣市區特種區動員工作實施狀況及督導改進動員業務起見特訂定本規則。
第二條 本會實施視導除隨時派遣本會專任視察或其他高級職員分赴各地代行外並得酌量情形委託中國國民黨福建省執行委員會或福建省政府視察人員代行之。

180

員委員會視察人員視導規則

動員委員會（以下簡稱本會）為明瞭各縣（市）區動員工作實

及督導改進動員業務起見得隨時由本會專任視察

（或）其他高級職員分赴各地視導視察人員之服務依本

規定。

第二條 前項視察人員除由本會直接派遣外亦得酌量情形委托中國國民黨福建省執行委員會或福建省政府視察人員代行之。

第三條 視察人員之任務如左：

一、視察各級動員委員會推行動員業務情形

二、考核各级动员委员会工作计划与实施成效
三、考核各级工作人员之勤惰与思想能力
四、稽核各级动员委员会经费收支及捐款收解情形
五、调查各地党政军机关团体推行动员工作情形
六、考核各地国民精神总动员协会工作
七、辅导各地组织战时工作团队
八、考察各地社会状况
九、其他本会特定视导事项

第四条 视察人员外出视导须随时将视导日程地点呈报本会查核视导完毕亦应于一星期内缮具详实视察报告加具改进意见呈

三條第三款改作「考核各級工作人員服務之勤惰及操作之優劣」，四條「分呈」改作「分發」，「亦」字改刪，又第二項改刪。

各級動員委員會工作計劃與實施成效

三、考核各級工作人員之勤惰與思想能力

四、稽核各級動員委員會經費收支及捐款收解情形

五、調查各地黨政軍機關團體推行動員工作情形

六、考核各地國民精神總動員協會工作

七、輔導各地組織戰時工作團隊

八、考察各地社會狀況

九、其他本會特定視導事項

第四條　視察人員外出視導須隨時將視導日程地點呈報本會查核視導完畢亦應於一星期内繕具詳實視察報告加具改進意見呈

報本會察核如遇重要事項並應專案呈報其報告格式另定之。

前項視察報告不得有虛偽隱飾故為出入等情事。

第五條 視察人員視導時如發現各級動員委員會工作人員有違法瀆職或其他重大事件得據實密電本會核辦，

第六條 視察人員視導時得隨時向各級動員委員會調閱各項文卷簿冊紀錄各該會不得藉詞拒絕。

第七條 視察人員視導時得召集各級工作人員詳詢工作情形指示方針並得檢閱已組設之各種工作團隊。

第八（九）條 視察人員外出視導時不得先期通知被視察之縣（市）（區）其公旅雜費均由本會支給不得接收當地任何方面之供應但委託視察

報本會察核如遇重要事項並應專案呈報其報告格式另定之。

前項視察報告不得有虛偽隱飾故為出入等情事。

視察人員視導時如發現各級動員委員會工作人員有違法瀆職

其他重大事件得據實密電本會核辦，

察人員視導時得隨時向各級動員委員會調閱各項文卷簿冊紀

錄各該會不得藉詞拒絕。

第七條　視察人員視導時得召集各級工作人員詳詢工作情形指示方針並得檢

閱已組設之各種工作團隊。

視察人員外出視導時不得先期通知被視察之縣（市）區其公旅雜

員均由本會支給不得接收當地任何方面之供應但委託視察

第五條「呈送」擬改為「密報」
第五條下擬增加一条文如下：「視察人員如有故違怠職情事一經查實依法嚴懲」
第六條擬改為第七條，以下依次遞改
又本條「不得藉詞拒絕」擬改為「應儘量供給之」

184

第八條「推諉」擬改為「推諉」、又本條擬與原第九條對換位置（即原第八條改為第十條，原第九條改為第九條）

185

人員在原機關領有上項費用者本會不另支給。

第四十條　視察人員視導各級動員委員會不得假借職務上之權力干涉其內部行政或其他違法行為。

第十條　視察人員得參加各地國民月會。

第十一條　視察所至地區得請當地保安機關保護。

第十二條　本規則自核准之日施行。

福建省動員委員會出差人員支給旅費暫行辦法

第一條 凡本會職員因公出差支給旅費均依本辦法辦理

第二條 旅費分左列各項：

一、膳宿雜費

二、舟車轎馬費

三、特別費

第三條 膳宿雜費按出差人員等級依照左表規定金額支給之

職別 \ 費用別	比照文官等級	舟車轎馬費		膳宿雜費		特別費
		火車輪船	轎馬費	省外	省內	
書記長秘書組主任視察	荐任	弍等	弍等按實開支	十五元	十二元	按實開支
幹事	委任	弍等	弍等仝上	十元	十元	仝上

辦事員錄事	雇員	叁等	叁等仝	上	八九	八九仝	上
公役	公役	叁等	叁等仝	上	四九	四九仝	上

第四條 舟車費特別費視實際需要實報實銷不在膳宿雜費規定之內

第五條 舟車費包括行旅上必需之舟車轎馬等各依定價支給其有特別減價或無定價者應據實開報但由公家專備者不得開支

第六條 坐船期內不得開支宿費其有供膳者不得開支膳費上下舟車脚力錢賞錢并在駐留地所用之車馬費及其他零星費用均應列入膳宿雜費項下不得另報

第七條 特別費包括郵電及特別情事臨時雇用人伕車馬並其他一切因公必需之費用

第八條 出差人員旅費自起程日起至差竣日止按日計算其因患病或風雨待船等不得已之事故滯留者准支膳宿費不支雜費其因私事滯留者不得支用旅費

第九條　旅費應按照出差必經之順路計算之其有特別情形者非經主管長官核准不得支給

第十條　出差人員行李以按照火車輪船規定數量為限不得另支行李費其在火車輪船不通地方或携帶公物必須另支運費者据實報銷

第十一條　出差人員有事實上須携帶隨從者應先陳請主管長官核准方得携帶其有特別情形者不在此限

第十二條　出差人員應於事竣十日內編造臨時計算書連同單据簿呈報核銷但偏僻地方無單据可取者得据實開支由出差人員親具單据蓋章負責倘可以取得之單据并不附呈或稱遺失而無充分理由者概不得支給

第十三條　出差人員應將逐日工作詳細登載日記簿于呈報計算書時一併呈核

第九條 旅費應按照出差必經之順路計算之其有特別情形者非經主管長官核准不得支給

第十條 出差人員行李以按照火車輪船規定數量為限不得另支行李費其在火車輪船不通地方或携帶公物必須另支運費者据實報銷

第十一條 出差人員有事實上須携帶隨從者應先陳請主管長官核准方得携帶其有特別情形者不在此限

於事竣十日内編造臨時計算書連同單据簿呈報核銷但偏僻地取者得据實開支由出差人員親具單据蓋章負責倘可以取附呈或稱遺失而無充分理由者概不得支給

將逐日工作詳細登載日記簿于呈報計算書時一併呈核

第九条「之順路計算之」拟改作「路程計算」

第十条「坐船」拟改「航行」

第十五条「開報」拟改作「列報」

第十二條中間略予修改應為「如事實上無法取得單据時應由付款人開列清單經收款人加印指模並須有二人以上簽名蓋章負責證明者方為有效」……

秘書室簽注 四月十三日

此處應予修改

第十四條　本辦法自核准之日施行

附十：福建省各县（市区）动员委员会书记讲习会计划纲要

福建省各縣(市區)動員委員會書記講習會計劃綱要

一、講習目的

(一)加深幹部人員對於抗戰建國理論以及當前國內外局勢之正確認識

(二)使幹部人員確實瞭解整個國家總動員計劃以及國家總動員法之內容

(三)檢討過去業務改正其缺點發揚其優點並使熟識各項法令明白工作重心以推進今後動員工作

(四)提高幹部人員之工作情緒使能克服困難安心服務

二、實施方針

(五)採取軍事管理養成其迅速確實及集體生活之習慣

(六)多作精神講話以激勵其精神

(七)注重業務檢討使能自動的提出問題共謀解決並計劃推進今後工作

(八)分別舉行個別談話明瞭每一幹部之思想個性學問經驗及其工作能力

三、實施辦法

（九）本講習會由福建省動員委員會（簡稱本會）函請福建省行政幹部訓練團（簡稱省訓練團）代辦由會指派高級職員前往主持

四、講習期間

（十）講習期間預定為二星期必要時得延長之

五、講習課目及時間分配

（十一）精神講話十小時由本會函請本省黨政軍各機關長官担任之

（十二）政治講話二十五小時計 國父遺教四小時 總裁言行四小時 抗戰建國綱領二小時 國民精神總動員二小時 民衆組訓四小時 國家總動員法二小時 兵役問題二小時 福建民政二小時 福建財政二小時 福建建設二小時 福建教育二小時 福建保警二小時 時事問題三小時由本會聘請有關機關長官或省訓練團講師分別担任之

（十三）業務講話法令講話十六小時由本會秘書及各組主任分別担任之

（十四）工作檢討會四次每次均為二小時共計八小時

（十五）各種座談會及個別談話利用課餘時間行之

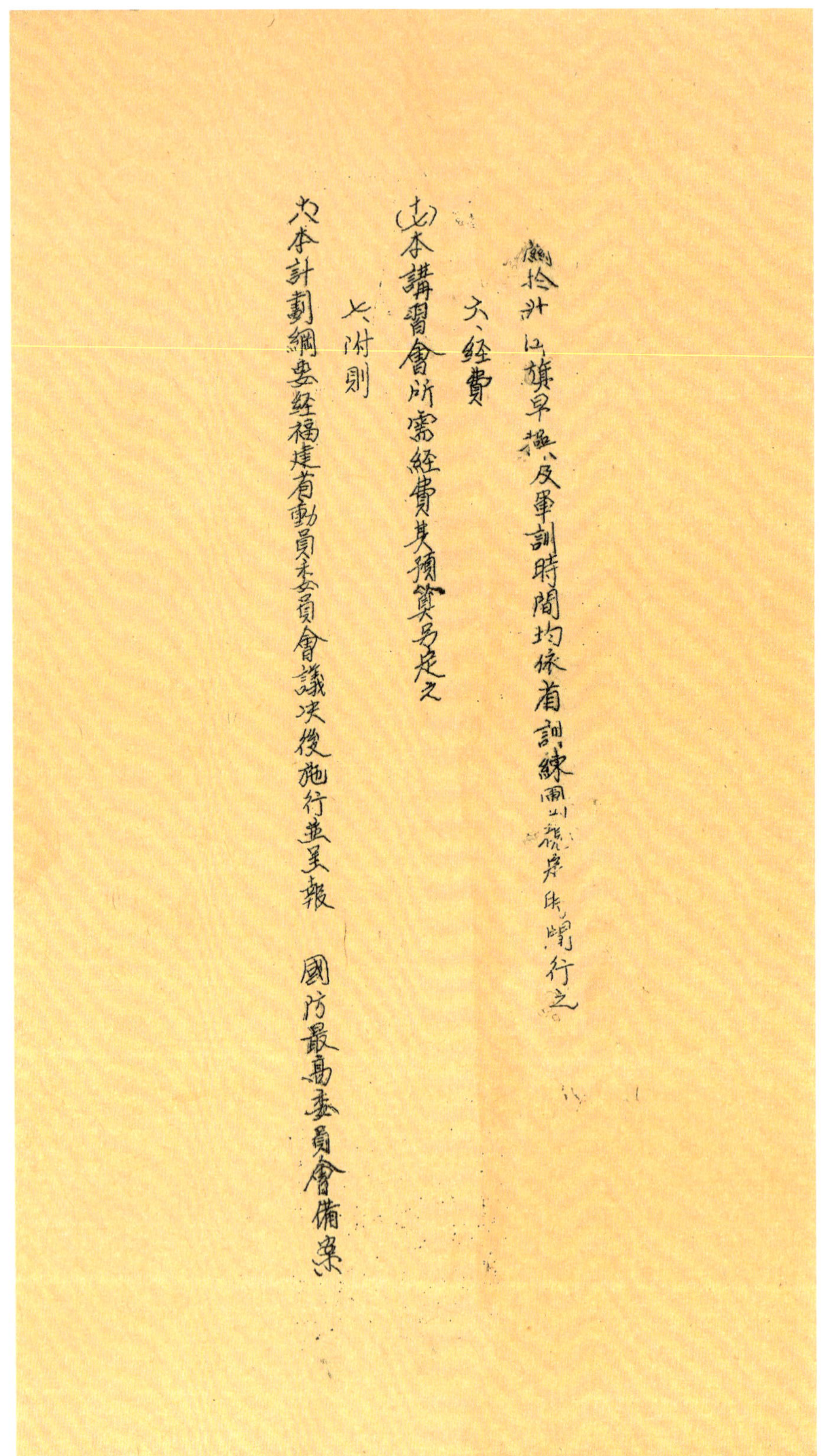
(六)於升降旗早操及軍訓時間均依省訓練團所規定時間行之

六、經費

(七)本講習會所需經費其預算另定之

七、附則

(八)本計劃綱要經福建省動員委員會議決後施行並呈報　國防最高委員會備案

行政院、福建省政府关于抄发提倡自动与积极工作精神宣传办法的训令（一九四二年六月至八月）

行政院致福建省政府的训令（一九四二年六月十六日）

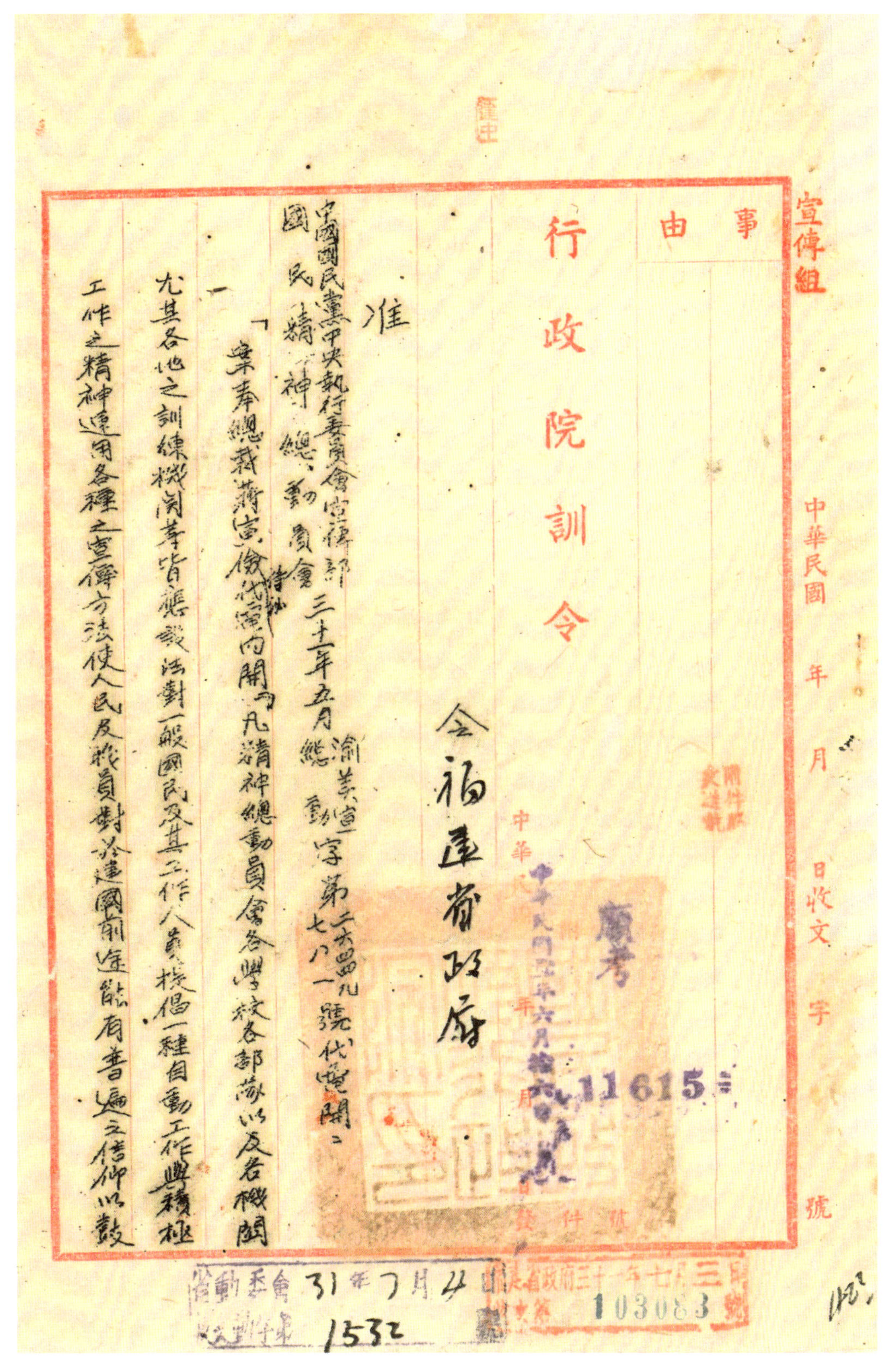
宣傳組

事由

行政院訓令

令福建省政府

准

中國國民黨中央執行委員會宣傳部三十一年五月渝美宣一字第一六四九號代電開：

國民精神總動員會三十一年五月總動字第七八一號代電開：

「案奉總裁蔣寅儉代電內開：凡精神總動員會各學校各部隊以及各機關

尤其各地之訓練機關等皆應設法對一般國民及其工作人員提倡一種自動工作與積極

工作之精神運用各種之宣傳方法使人民及職員對於建國前途能有普遍之信仰以鼓

中華民國 年 月 日收文 字 號

11615

103083

31年7月4日

1532

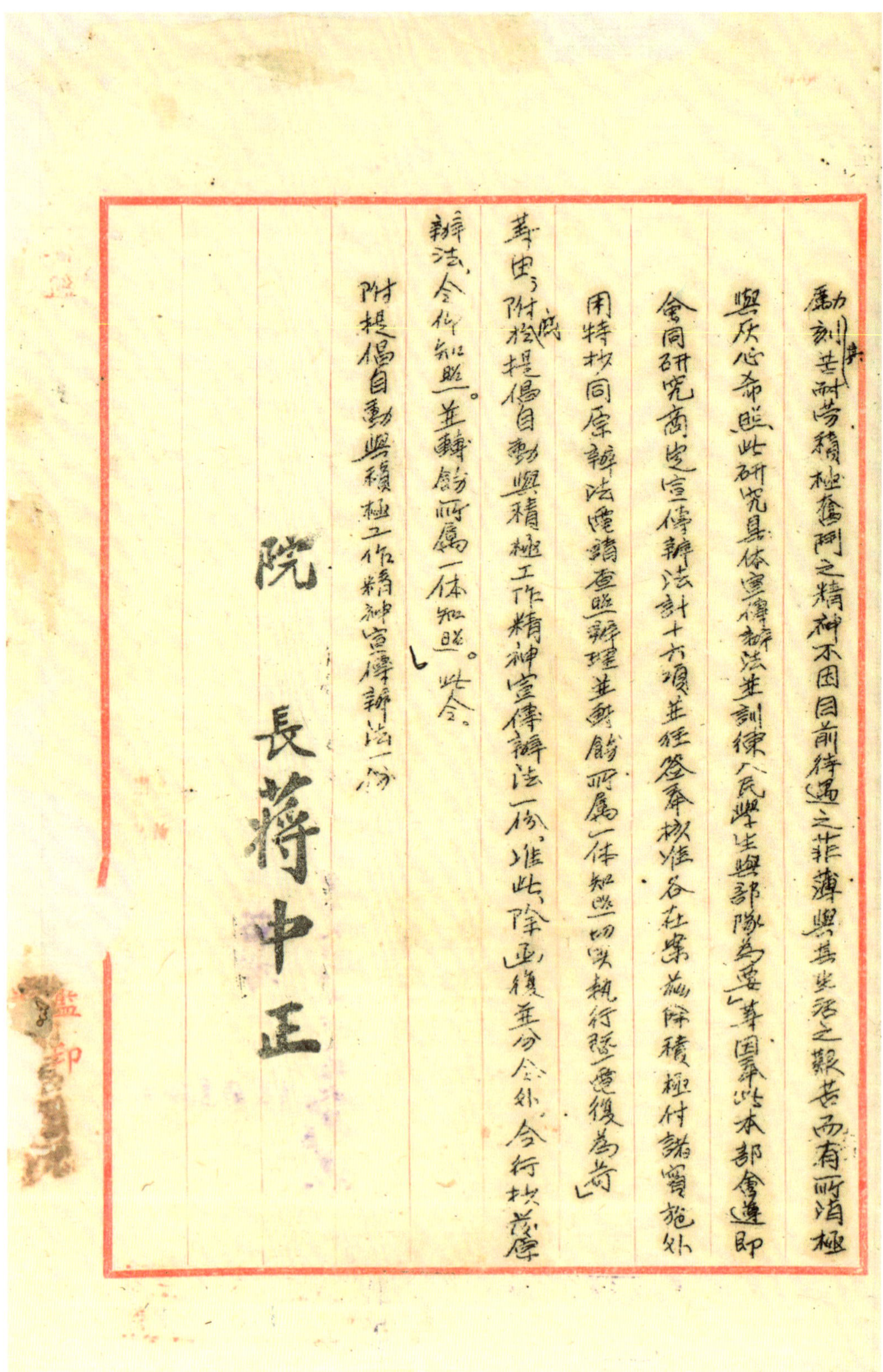

勵刻苦耐勞積極奮鬥之精神，不因目前待遇之菲薄與其生活之艱苦而有所消極與厭心。希照此研究具体宣傳辦法，并訓練人民、學生與部隊為要」等因。奉此，本部當遵即會同研究，商定宣傳辦法計十六項，並經簽奉核准各在案。茲除積極付諸實施外，用特抄同原辦法，電請查照辦理，並轉飭所屬一体知照，切實執行，隨時電復為荷」等由，附抄原提倡自動與積極工作精神宣傳辦法一份。准此，除函復並分令外，合行抄發原辦法，令仰知照，並轉飭所屬一体知照。此令。

附提倡自動與積極工作精神宣傳辦法一份

院長 蔣中正

提倡自動與積極工作精神宣傳辦法

(一)由中宣部將　手令指示要點列入宣傳指示內通令各級宣傳機構對國民公務人員學生及部隊為文字或口頭之宣傳以堅定其對抗戰建國之信念鼓勵其自動積極工作與刻苦耐勞奮鬥之精神

(二)由黨報社論委員會遵照　手令指示要点隨時為文刊載各報鼓勵國民公務人員部隊及學生提高其個尊心以振奮其自動積極工作與刻苦耐勞奮鬥之精神

(三)由中宣部舉辦國家總動員宣傳運動將　手令指示要点列入對陪都各界作擴大宣傳

(四)由國民精神總動員會於國民月會講材綱要中遵照　手令指示要点分別編述為淺近故事（中外各種堅苦奮鬥之史實）務使各主持人強調此項宣傳以堅定國民對抗戰建

國之信念鼓勵其自動積極參加抗戰工作之精神

(五)由國民精神總動員會通令各省市動員委員會遵照．手令指示要點轉飭各級動員機構注意宣傳以堅定社會各階層對於抗戰建國之信念

(六)由國民精神總動員會遵照　手令指示要點擬述文稿陸續在「精神總動員」副刊上發表以廣宣傳

(七)由國民精神總動員會與中宣部定期函請中央各首長遵照　手令指示要點輪流廣播以廣宣傳

(八)由中央黨部青年團中央團部通令各級黨團部遵照．手令指示要點注意宣傳自動積極之精神

(九)推行工作競賽運動以倡導自動及積極工作之精神

(十)推行戰時生活以鼓勵刻苦耐勞積極奮鬥之精神．

(十一)由中央各機關於舉行業務會議時各該機關首長應鼓勵部

為以振奮其積極工作之精神並由中央通令各省市機關一体仿行

（十二）各機関對於可能範圍內推行員工福利工作使其能享正當娛樂在此項娛樂進行中更應盡量表演宣傳堅定抗戰信念之游藝節目

（十三）由教育部政治部分別通令各級學校及各級政治部於晨操及升降旗典礼時遵照　手令指示要点常作精神訓話以堅定學生士兵抗戰必勝建國必成之信念

（十四）由中央訓練委員會通令中央訓練團及各級訓練機関遵照　手令指示要点對學員應施以嚴格之訓練俾能回原機關或部隊服務時起示範作用

（十五）各宣傳機関應多編述歷史上堅苦卓絕積極奮鬥之通俗故事使一般國民明瞭如何實現其崇高之目標與理想

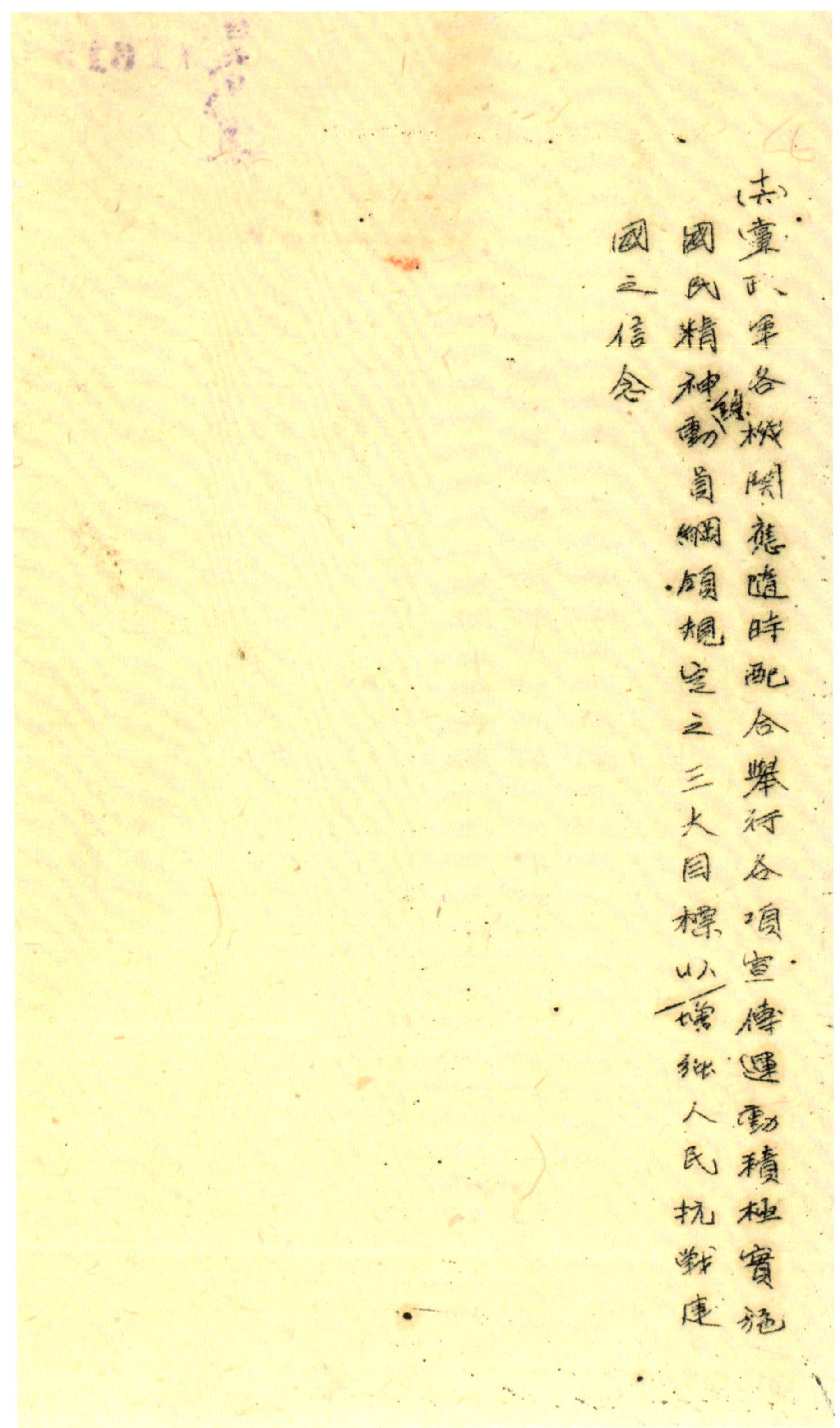
（六）黨政軍各機關應隨時配合舉行各項宣傳運動積極實施國民精神總動員綱領規定之三大目標以增强人民抗戰建國之信念

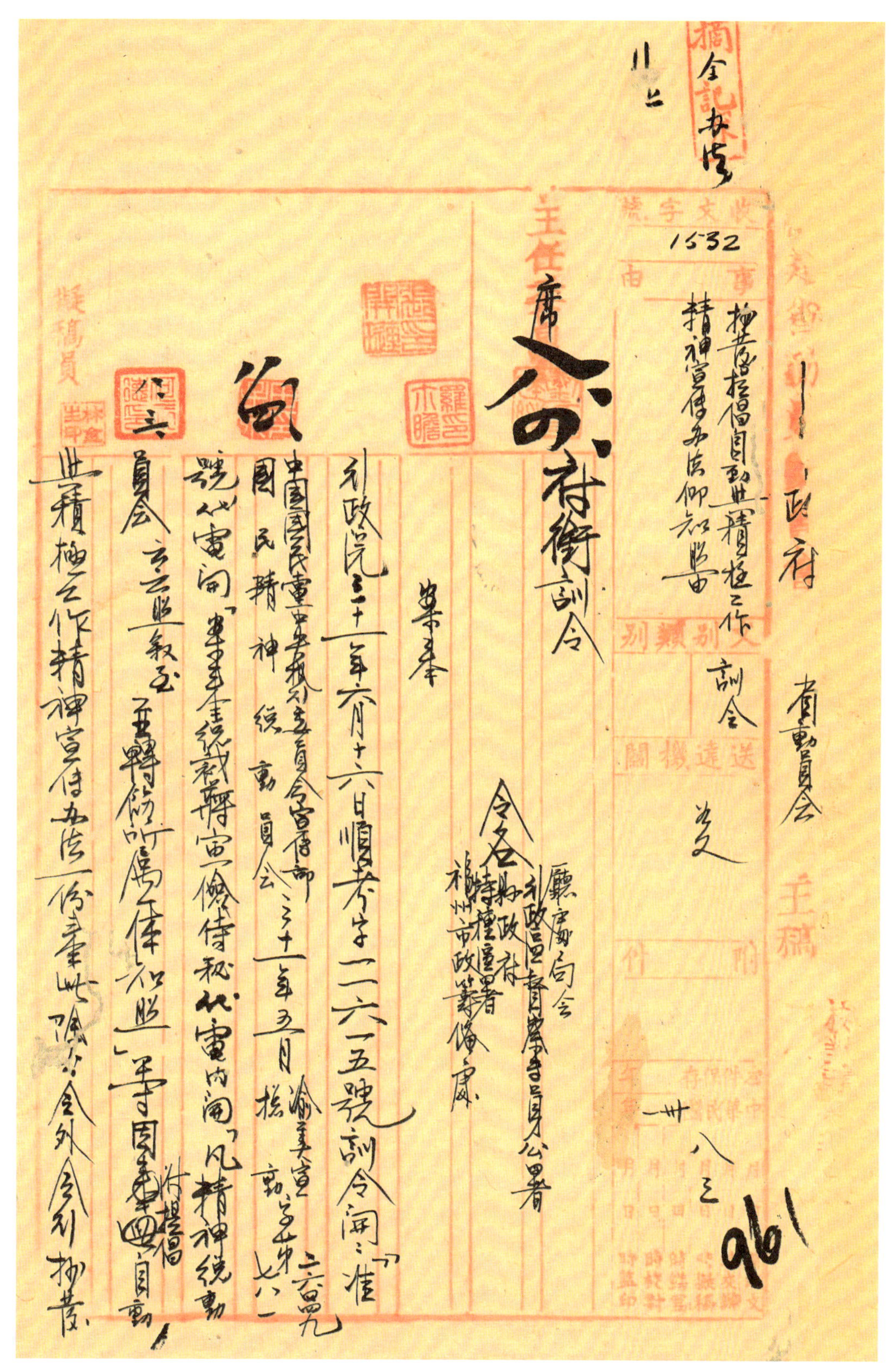

福建省政府致各行政区督察专员公署、各县政府等的训令（一九四二年八月四日）

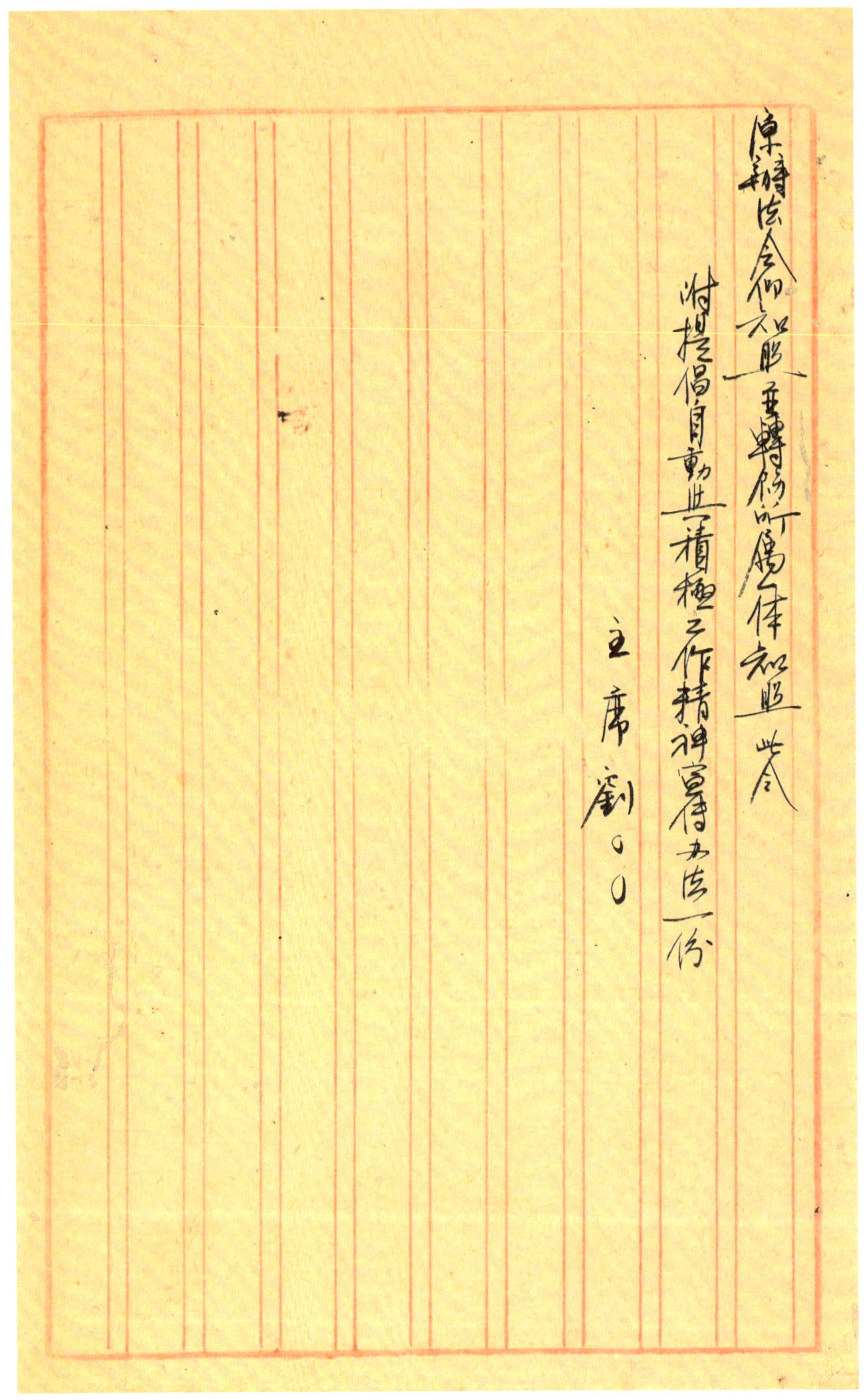

案转饬所属一体知照，此令

附提倡自动与积极工作精神宣传办法一份

主席 刘○○

行政院、福建省政府关于抄发国家总动员法实施纲要的训令（一九四二年六月至八月）

行政院致福建省政府的训令（一九四二年六月二十二日）

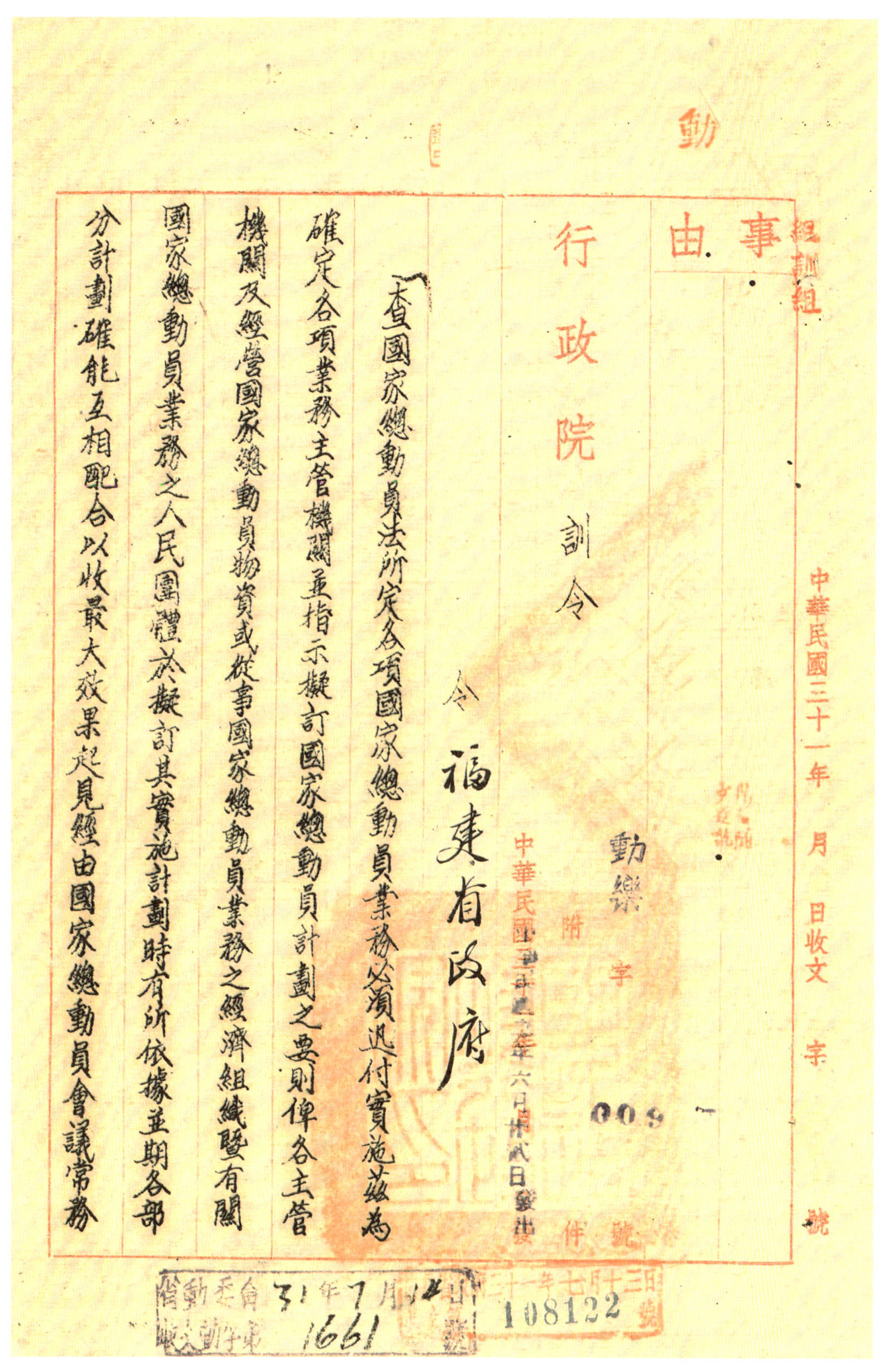

動

事由：

行政院訓令　動樂字第〇〇八號

中華民國三十一年六月廿二日發出

令福建省政府

查國家總動員法所定各項國家總動員業務必須迅付實施茲為確定各項業務主管機關並指示擬訂國家總動員計劃之要則俾各主管機關及經營國家總動員物資或從事國家總動員業務之經濟組織暨有關國家總動員業務之人民團體於擬訂其實施計劃時有所依據並期各部分計劃確能互相配合以收最大效果起見經由國家總動員會議常務

委員擬具國家總動員法實施綱要草案提出該會議第一次全体委員會議決議〃原則通過第二部份關於國家總動員法各條業務掌理機關交常務委員斟酌補充後由院呈請　國民政府通行並報告國防最高委員會〃復經該會議邀集各關係機關長官參加第六次常務委員會議詳商補充紀録在卷除分別呈報並令行外合行抄發該項綱要令仰遵照並飭屬遵照〃此令

計抄發國家總動員法實施綱要一份

院長蔣中正

監印

校對

廿八、閱 [illegible] 雨桐 批

國家總動員法實施綱要

第一 實施國家總動員法之使命與要領

國家總動員法之使命在於集中全國人力物力、達成軍事第一勝利第一之目標、其方法為增加生產、限制消費、集中使用、因而管制物資之生產分配交易儲存乃至徵購徵用、實屬急要之圖。

國家總動員法之實施、必須努力使各部份齊頭並進、並任何部份之動員、均與其他部分有密切之連帶關係、故應就人力物力各項動員、擬定整個計劃、使人民之業務勞動與物資之生產交易消費、以及財政金融運輸等各部分、在共同目標之下、聯繫合作、完成使命。

國家總動員法之實施、又須努力使在全國任何地區普

適推進、惟以我國幅員廣大、社會情形、物資分布、生產條件、經濟組織、乃至政治設施、均受地區之自然限制、而有發達不均之態勢、為期推動之便利計、凡屬國家總動員物資及業務之有全國性者、應於全國各地同時普遍實施、其有特殊性者則應擇時擇地、分別推進、以期兼顧而省紛擾。

第二 實施國家總動員法之機構與業務分配

甲、中央主管國家總動員業務之機關與其分掌

國家總動員業務、應由主管部會署局分掌、必要時得酌增人員、其無主管機關者、由行政院斟酌指定之、並得於必要時增設專管機關、事涉兩個機關以上者、應由關係機關會商分掌範圍、並由院長指定其中一個機關負綜合聯繫之責。至若各部門總動員業務之綜理推動聯繫配合審議與

攷核，則由國家總動員會議總攬之。茲依國家總動員法所定業務，就主要有關機關按照下列規定分配掌理，行政院認為必要時得指定其他有關機關加入。

1、第五條「國家總動員物資之徵購徵用」，由經濟部、糧食部、軍政部、財政部、交通部、運輸統制局、衛生署等掌理之。

2、第六條「國家總動員物資之生產販賣或輸入者，命其儲存該項物資之一定數量，在一定期間非呈准主管機關不得自由處分」，由經濟部、糧食部、軍政部、財政部、交通部、運輸統制局、衛生署等掌理之。

3、第七條第一項「對國家總動員物資之生產販賣使用修理儲藏消費遷移或轉讓，加以指導管理節制或禁止」，由經濟部、農林部、糧食部、軍政部、財政部、交通部、運輸統制局、衛生署等掌理之。

第七條第二項「對國家總動員物資以外之民生日用品之生產販賣使用修理儲藏消費遷移或轉讓加以指導管理節制或禁止」、糧食由糧食部掌理、鹽糖火柴等專賣品由財政部掌理其餘民生日用品由經濟部掌理。

第八條「對國家總動員物資之交易價格數量加以管制」由經濟部、糧食部、軍政部、財政部、交通部運輸統制局、衛生署等掌理之。

第八條「對民生日用品之交易價格數量加以管制」糧食由糧食部掌理、鹽糖火柴等專賣品由財政部掌理、其餘民生日用品由經濟部掌理。

第九條「在不妨礙兵役法之範圍內、得使人民及其他團體從事於協助政府或公共團體所辦理之國家總動員業務」及第十條「徵用人民從事於國家總動員業務時，應按其年齡、性別、體質、學識、技能、經驗及其應有之職業等，為適當之支配」，由社會部、經濟部、軍政部、農林部、糧食部、財政部、交通部、運輸統制局、教育部、衛生署等掌理之。

7、第十一條「對從業者之就職、退職、受雇、解雇及其薪俸工資加以限制或調整」，由社會部、經濟部、財政部、農林部、軍政部、交通部、運輸統制局等掌理之。

8、第十二條「對機關團體公司行號使用員工之數額加以限制」，由社會部、經濟部、財政部、交通部等掌理之。

第十二條「對私人雇用工役之數額加以限制」，由社會部掌理之。

9、第十三條「命人民向主管機關報告其所雇用或使用之人之職務與能力並得施以檢查」由社會部掌理之。

10、第十四條「以命令預防或解决勞工糾紛並得對於封鎖工廠怠工及其他足以妨礙生產之行為嚴行禁止」國營事業之屬於軍政部及其他軍事機關主管者、由軍政部掌理之。國營事業及私人企業之屬於其他各部會署局主管者、由社會部掌理、各主管機關協助之。

11、第十五條「對耕地之分配耕作力之支配及地主與佃農之關係加以釐定並限期墾殖荒地」由地政署、農林部、財政部、糧食部、社會部掌理之。

12、第十六條「對貨幣流通與滙兑之區域加以限制」由財政部、四聯總處掌理之。

4

第十六條「對人民債權之行使債務之履行加以限制」由財政部掌理之。

13、第十七條「對銀行信託公司保險公司及其他行號資金之運用加以管制」由財政部、經濟部、四聯總處掌理之。

14、第十八條「對銀行公司工廠及其他團體行號之設立合併增加資本變更目的募集債款分配紅利履行債務及其資金運用加以限制」由財政部、經濟部、四聯總處掌理之。

15、第十九條「獎勵限制或禁止某種貨物之出口或進口並得增徵減免進出口稅」由經濟部財政部掌理之。

16、第二十條「對國家總動員物資之運費保管費保險費修理費或租費加以限制」由交通部、運輸統制局、軍政部、經濟部、財政部、糧食部等掌理之。

四

17、第二十一條第一項「對人民之新發明專利品或其事業所獨有之方法圖案模型設備命其報告試驗並使用之」及第二項「關於前項之使用並得命原事業主供給熟練技術之員工」由經濟部、軍政部、教育部、交通部、運輸統制局、農林部、衛生署、水利委員會、社會部等掌理之。

18、第二十二條「對報館及通訊社之設立報紙通訊稿及其他印刷物之記載加以限制停止或命其為一定之記載」由內政部、軍事委員會戰時新聞檢查局及行政院中央圖書雜誌審查委員會掌理之。

19、第二十三條「對人民之言論出版著作通訊加以限制」由內政部、軍事委員會戰時新聞檢查局行政院中央圖書雜誌審查委員會軍事委員會郵電檢查處掌理之。

5

第二十三條「對人民集會結社加以限制」由社會部內政部掌理之。

20、第二十四條「對人民之土地住宅或其他建築物徵用或改造之」由地政署內政部軍政部掌理之。

21、第二十五條「對經營國家總動員物資或從事國家總動員業務者命其擬訂關於本業內之總動員計劃並舉行必要之演習」由各主管部會署局分掌之。

22、第二十六條「對從事國家總動員物資之生產或修理者命其舉行必要之試驗與研究或停止改變原有企業從事指定物資之生產或修理」由經濟部軍政部交通部運輸統制局等掌理之。

23、第二十七條第一項「對經營同類之國家總動員物資或

五

五

從事同類之國家總動員業務者命其組織同業公會或其他職業團體或命其加入固有之同業公會或其他職業團體」及同條第二項「前項同業公會或職業團體主管機關應隨時監督並得加以整理改善」由社會部經濟部財政部交通部農林部糧食部運輸統制局衛生署等掌理之。

221、第二十八條第一項「對於人民因國家總動員所受之損失得予以相當之賠償或救濟並得設置賠償委員會」由行政院於必要時設置委員會掌理之。

第二十八條第二項「本法實施停止時原有業主或權利人及其繼承人對於原有權利有收回之權」其決定由原徵購徵用機關行之。

6

25、第四條第五款中之一般衛生業務、由衛生署掌理、傷兵救護業務由軍政部掌理、難民救護業務、由振濟委員會掌理。

26、第四條第七款關於婦孺老弱及有必要者之遷移業務、由地方政府掌理、其救濟業務、由社會部振濟委員會掌理。

27、關於協助各主管機關推行動員法令、檢舉違反動員法令案件及執行各種動員業務之檢察事項、由國家總動員會議檢察機構掌理之。

28、關於國家總動員物資之緝私特種貨運之稽查及保護由財政部掌理之。

綜於國家總動員法中所定業務之分掌、大體如右、尚有第四條中所定業務其主管機關、至為明顯、無須再為指

六

明者不另列舉，而右定業務分掌，於必要時，得由國家總動員會議依國家總動員法第三十條之規定建議行政院加以變更或調整。各主管部會署局亦得提出變更或調整之意見，呈請行政院交國家總動員會議審定後行之。

乙、省市主管國家總動員業務之機關與其權責

省市縣政府為地方主管國家總動員業務之機關，應緣依照中央主管機關所定各項動員計劃與中央政府頒行行之法令，切實辦理各項動員業務，並監督所屬各級機關努力執行。各省市縣政府暨所屬機關為辦理動員業務必須增加人員時，應於報經行政院核准後行之，但不得新設機關。中央直屬機關在各省市者，對於各該省市政府主管範圍內之動員業務，應受各該省市政府之督導，並與各級

地方機關密切聯繫各省市縣動員會議任推動聯繫審議考核之責。

省及直轄市政府為奉行中央所頒國家總動員方案計劃與法令，必要時得制訂單行法令規章或實施辦法，其制訂與施行，應經省市動員會議之審議，並依一般法令所定或慣行之手續，分別報請行政院或主管部會核定。

縣市政府應切實奉行中央頒布之方案計劃或命令內所定事項暨省政府頒布之省單行法令規章或實施辦法內所定事項，不得自行制訂縣市單行法規。

第三 國家總動員計劃之要則

一、各主管部會署局對於人力物力財力，應綜合過去各方面之調查與統計，加以整理估計，以為策定計劃之根據，

七

同時迅即施行必要之調查。

二、關於軍事需要，應由軍事機關依照作戰要求及建軍需要，參酌以往調辦情形，分別軍需成品之征購及軍需之生產，擬具供應計劃、生產計劃與夫軍事所需成品原料生產工具等之軍需總預計表及勞工預計表。

三、一般需用物資之機關，應就所管範圍最小限度之需要物資提出需要物資預計表及勞工預計表。

四、關於勞力及技術人員之供需，應在不妨礙兵役範圍內，由主管機關擬定運用計劃。

五、主管物資之機關，應就所管物資之生產、儲藏及供需情形，并就軍需總預計表及一般需要機關需要物資預計表與各有關機關協定初步供應計劃，其不敷分配之物

七

8

資未能協定者、提出於國家總動員會議解決之。

六、關於財力、應就增加收入節約不必要之支出、管制金融等必要之措施、擬定計劃、並對於物資供需費用、應顧慮物價之波動、予以合理之規定。

七、主管運輸機關應按事實需要、努力增進運輸效能有效利用水陸聯運妥為計劃。

八、總動員物資應按物品種類生産情形以分區就近平均供應為原則、其需運濟者、應妥籌運輸方策。

九、精神總動員、應本意志集中力量集中之最高原則、以文化力量增强民族力量、妥定計劃。

十、各主管機關、應依照限期將所擬各項計劃、提出於國家總動員會議。

十一、國家總動員會議就軍需民用及資源供應情形詳加審議，作成綜合國力之總動員計劃，由行政院呈經國防最高委員會核定施行。

十二、在總動員計劃未策定前，其應迅即提前辦理之重要措施，由各主管機關先提出於國家總動員會議，核定施行。

第四 從事國家總動員業務之經濟組織

一、公營或民營之公司、工廠、行號等，應遵照非常時期工商業及團體管制辦法，限期為公司登記或商業登記，並限期組織同業公會，強制加入。

二、法令許可不為公司登記或商業登記之小規模營業，凡屬經營公用或生活必需之物品者，無論臨時或永久設立，均應向各該業同業公會登記，並受其約束，履行非常

9

時期工商業及團體管制辦法之任務。

三、各級政府為管理動員上必要、得指定不同種類或不同地點之同業公會組織聯合機構、各同業公會亦得自動聲請組織、其辦法由主管及關係機關商訂之。

四、各縣市政府除依照縣各級合作社組織大綱之規定、完成各級合作社之組織外、尤應注重消費合作社及產銷合作、各級合作主管機關並應次第限期組織縣省中央聯合社

五、各級政府對上列各種經濟組織、得命令其從事動員業務或授權辦理指定之動員管理工作、并直接向政府檢舉違反動員法令規定之經濟行為。

六、各級政府主管機關對上述各種經濟組織應隨時督導

九

攷核、並得調訓其工作幹部或輔導自行訓練其會員。　九

七、制定國家總動員法之意義、在加强國力、對於一切生産、力謀增殖、實施該法第五條之規定時、征用民營工廠當以違背動員法令及私人能力確難經營者為原則、其業有成效者、應予以指導扶植。

第五、有關國家總動員業務之人民團體

一、各級主管社會行政機關應限期完成各種職業團體、自由職業團體及其他與國家總動員業務有關之人民團體之組織、并分别强制或勸導各個人民、必須加入一種團體為會員。

二、各種與國家總動員業務有關之人民團體、法律已有上級聯合會之規定者、主管機關須限期强制其組織或參加。

10

三、各級主管社會行政機關、得依據動員法或管理動員機關之合法委託、隨時分配人民團體以動員業務、并得授權辦理指定之動員管理工作。

四、各級主管社會行政機關、對各種人民團體應隨時派員督導考核、並指導演習動員計劃、或調訓其幹部、及輔導自行訓練其會員、對職業團體、並得派遣書記或補助經費。

五、自由職業團體之工程師、醫師、會計師、藥劑師、新聞記者等團體、關係動員業務甚大、應特別注重其登記調查及培養調節、以備隨時征調使用。

福建省政府致各区行政督察专员、各县市政府等的训令（一九四二年八月七日）

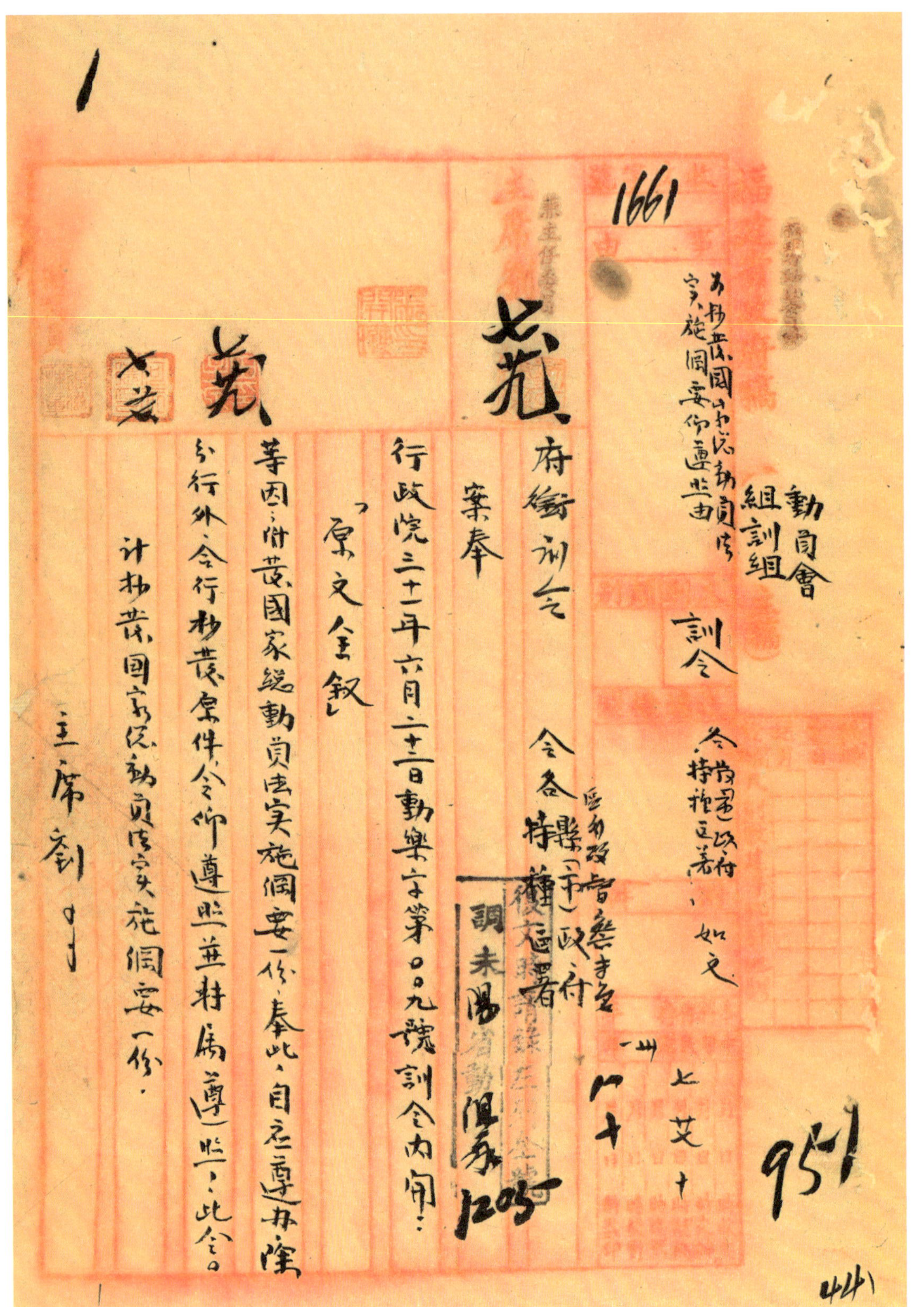
1661

事由：为抄发国家总动员法实施纲要仰遵照由

动员会
组训组

训令

令各区行政督察专员、特种区署、各县（市）政府、特种区署

府衔训令

案奉

行政院三十一年六月二十三日动乐字第〇〇九号训令内开：

「原文全叙」

等因，附发国家总动员法实施纲要一份。奉此，自应遵办。除分行外，合行抄发原件，令仰遵照，并转饬所属遵照。此令。

计抄发国家总动员法实施纲要一份。

主席 刘

951

行政院、福建省政府等关于各县（市）战时生活励进会组织通则和非常时期各县（市）取缔宴会及限制酒食消费办法的文书（一九四二年七月至十二月）

行政院致福建省政府的代电（一九四二年七月二十日）

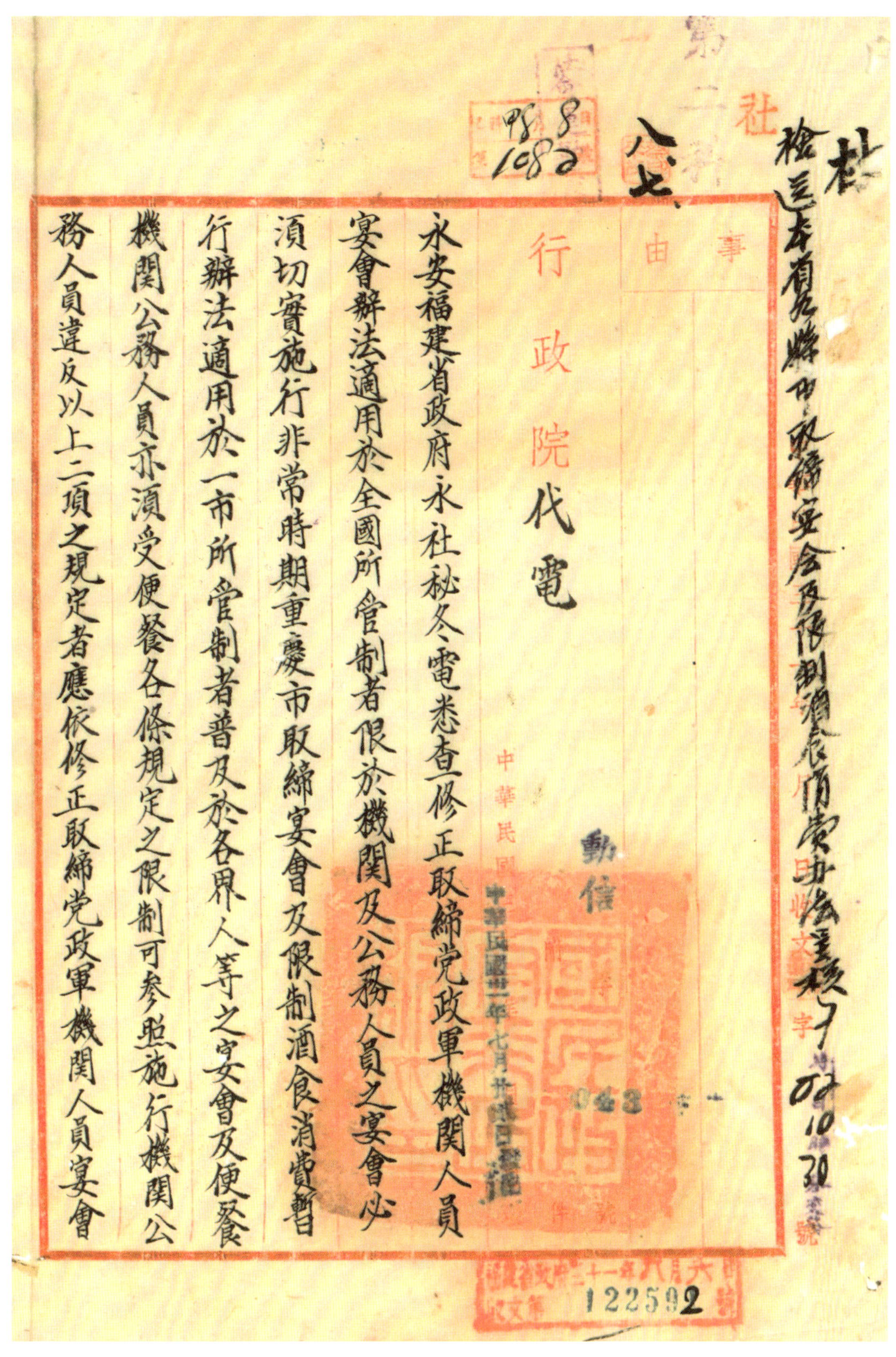

事由

行政院代電

永安福建省政府永社秘冬電悉查修正取締党政軍機關人員宴會辦法適用於全國所會制者限於機關及公務人員之宴會必須切實施行非常時期重慶市取締宴會及限制酒食消費暫行辦法適用於一市所管制者普及於各界人等之宴會及便餐機關公務人員亦須受便餐各條規定之限制可參照施行機關公務人員違反以上二項之規定者應依修正取締党政軍機關人員宴會

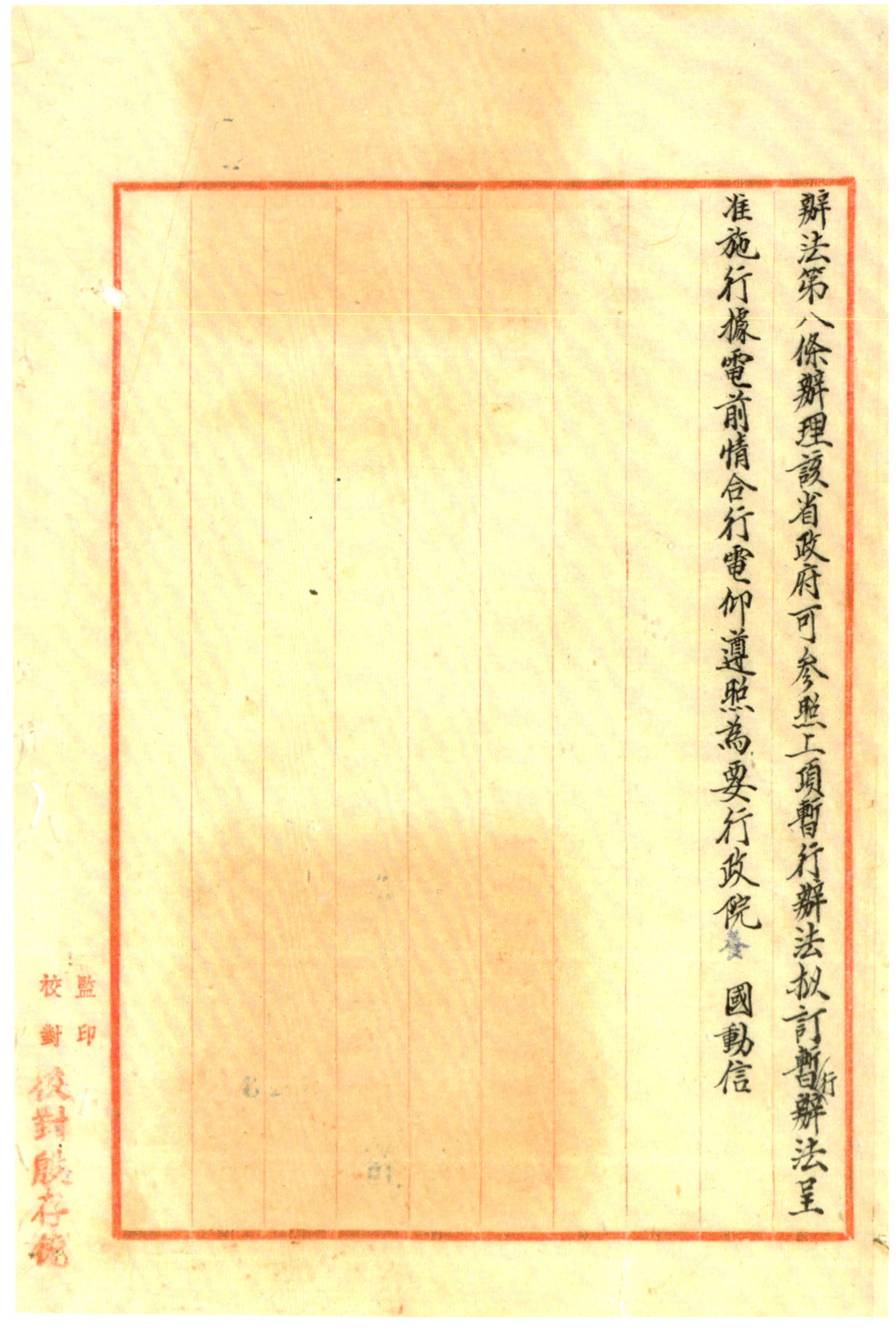

辦法第八條辦理該省政府可參照上項暫行辦法擬訂暫行辦法呈
准施行據電前情合行電仰遵照為要行政院養　國動信

監印
校對

校對股存稿

行政院致福建省政府的指令（一九四二年十二月二日）

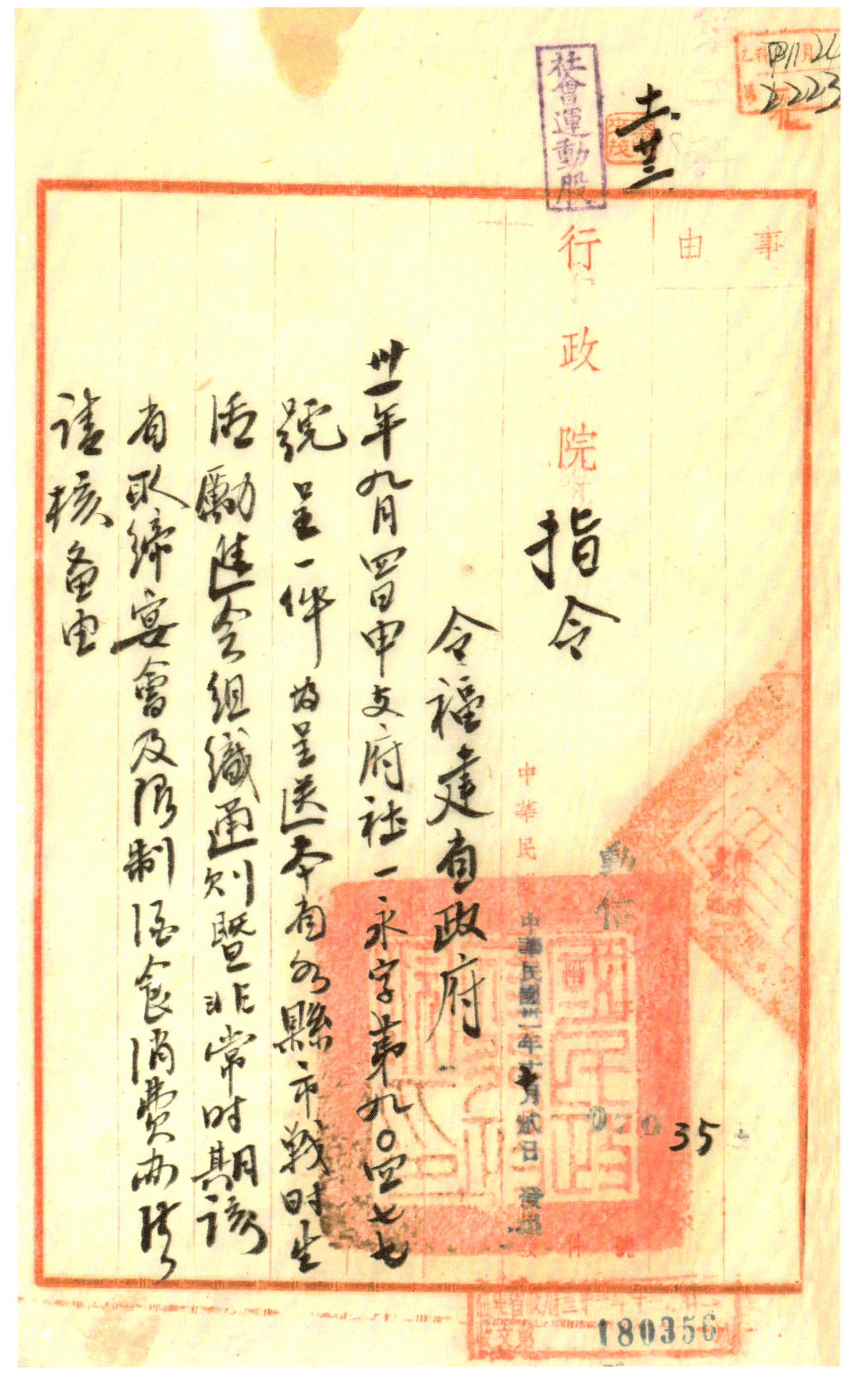
社會運動股

行政院指令

令福建省政府

卅一年九月四日申支府社一永字第九〇四七七號呈一件爲呈送本省各縣市戰時生活勵進會組織通則暨非常時期該省取締宴會及限制酒食消費兩項

請核備由

中華民國卅一年十二月貳日發出

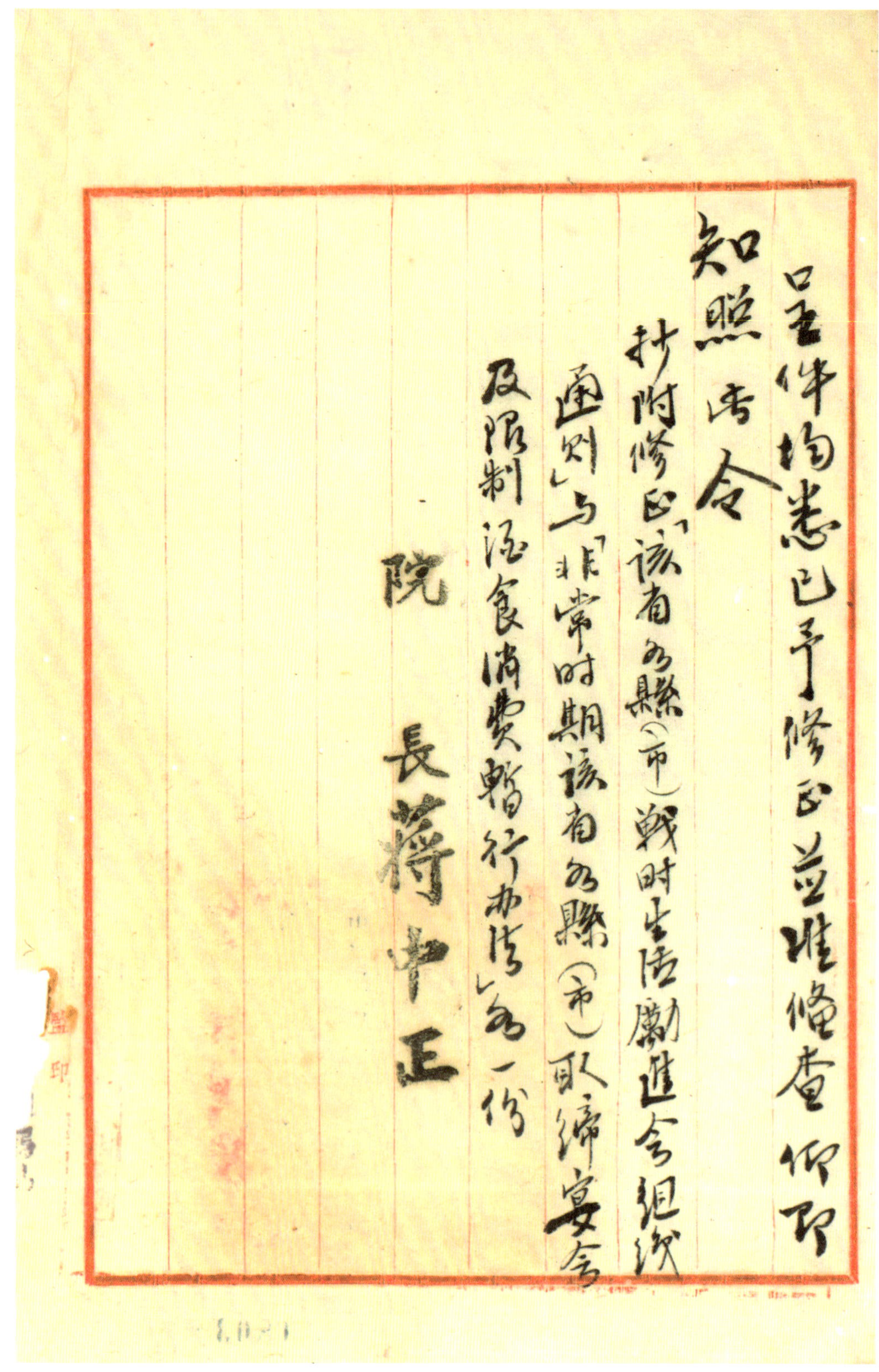
呈件均悉。已予修正并准备查。仰即知照。此令。
抄附修正"该省各县(市)战时生活励进会组织与非常时期该省各县(市)取缔宴会及限制消费暂行办法"各一份
院长 蒋中正

福建省政府致福州市政筹备处、各县政府等的训令（一九四二年十二月十五日）

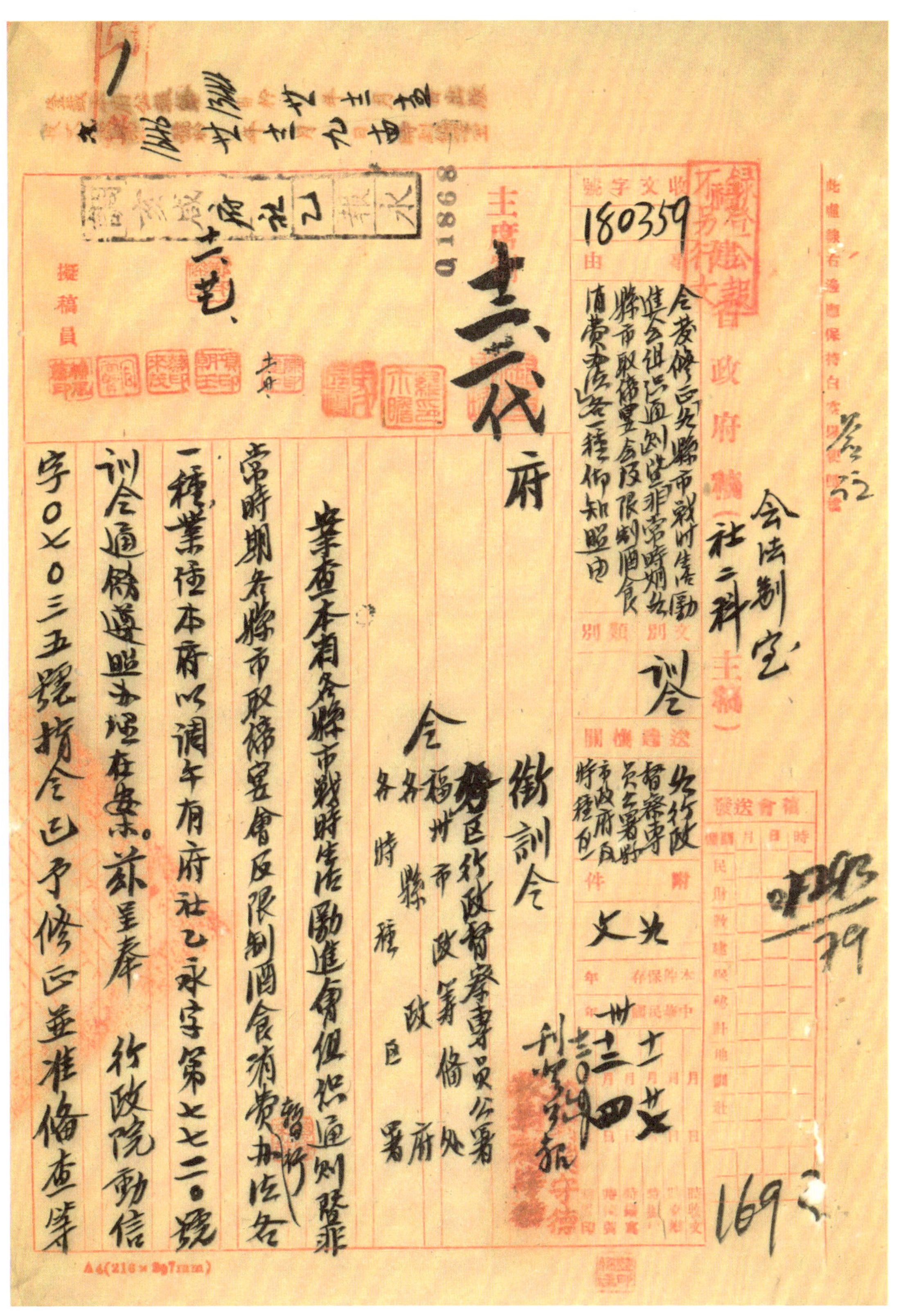
衔训令
令福州市政筹备处、各区行政督察专员公署、各县政府、各特种区署
案查本省各县市战时生活励进会组织通则暨非常时期各县市取缔宴会及限制酒食消费办法各一种，业经本府以调午有府社乙永字第七七二〇号训令通饬遵照办理在案。兹奉行政院勤信字〇七〇三五号指令已予修正并准备查等

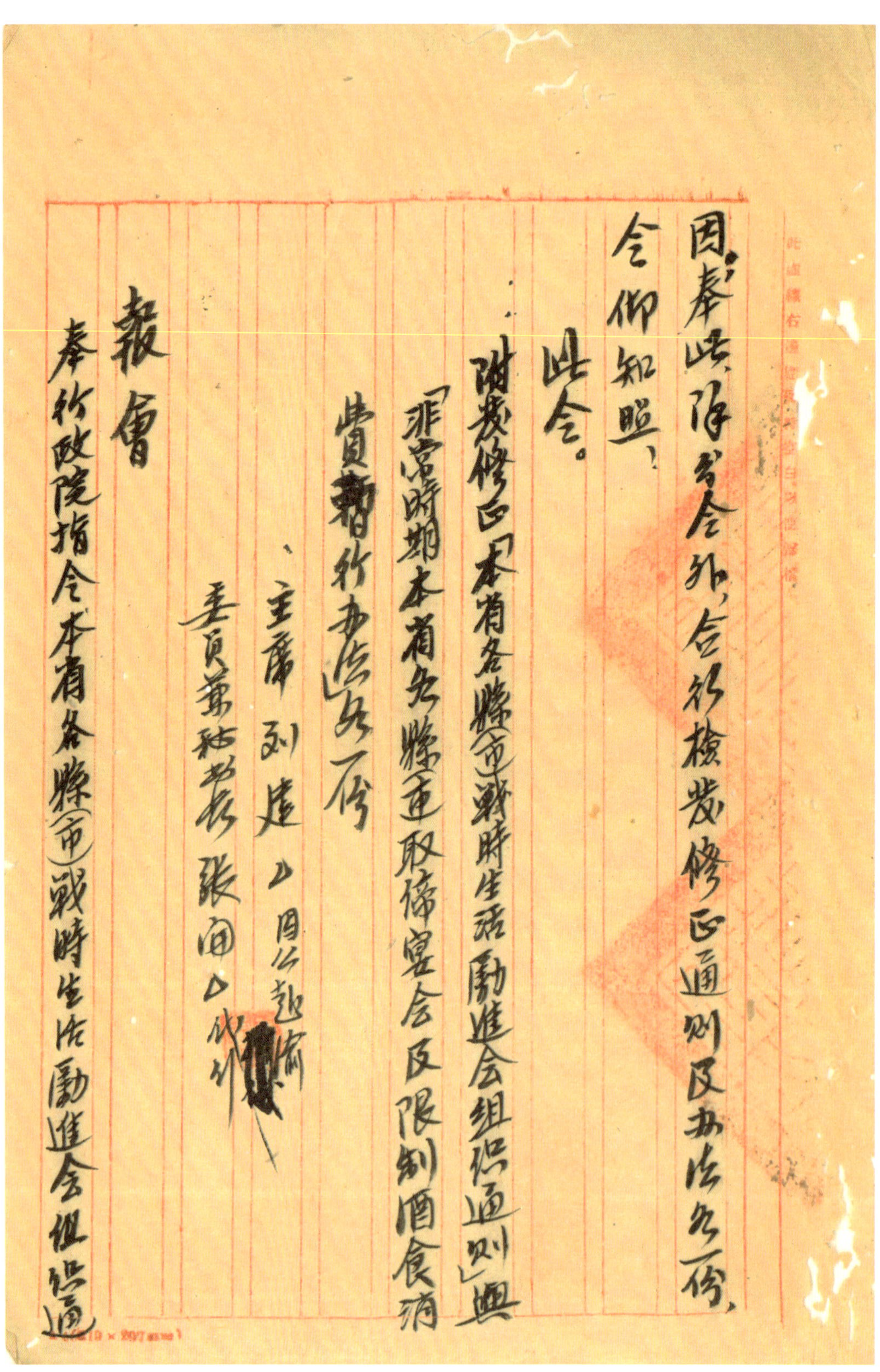

因奉此，除分令外，合行檢發修正通則及辦法各一份，
令仰知照！
此令。
附發修正「本省各縣（市）戰時生活勵進會組織通則」與
「非常時期本省各縣（市）取締宴會及限制酒食消
費暫行辦法」各一份
主席 劉建△ 因公赴渝
委員兼秘書長 張甸△ 代行

報會
奉行政院指令：本省各縣（市）戰時生活勵進會組織通

則暨非常時期本省各縣（市）取締宴会及限制酒食消費暫行办法准予修正備查等因報請 公鑒由

案查本省各縣（市）戰時生活勵進會組織通則暨非常時期本省各縣（市）取締宴会及限制酒食消費办法，前經本府委員会第二八五次會议決修正通過，并飭屬遵办在案。茲奉 行政院勤信字第〇七〇三五號指令以准予修正並准備查等因，除分令外，謹抄附修正通則及办法各一份，

報請

公鑒。

附修正本省各縣（市）戰時生活勵進会組織通則暨非常時期各縣（市）取締宴会及限制酒食消費暫行办法各一份

社会處處長 鄭傑民

福建省社会处关于报送修正本省各县（市）战时生活励进会组织通则和非常时期取缔宴会及限制酒食消费暂行办法的提案（一九四二年十二月十七日）

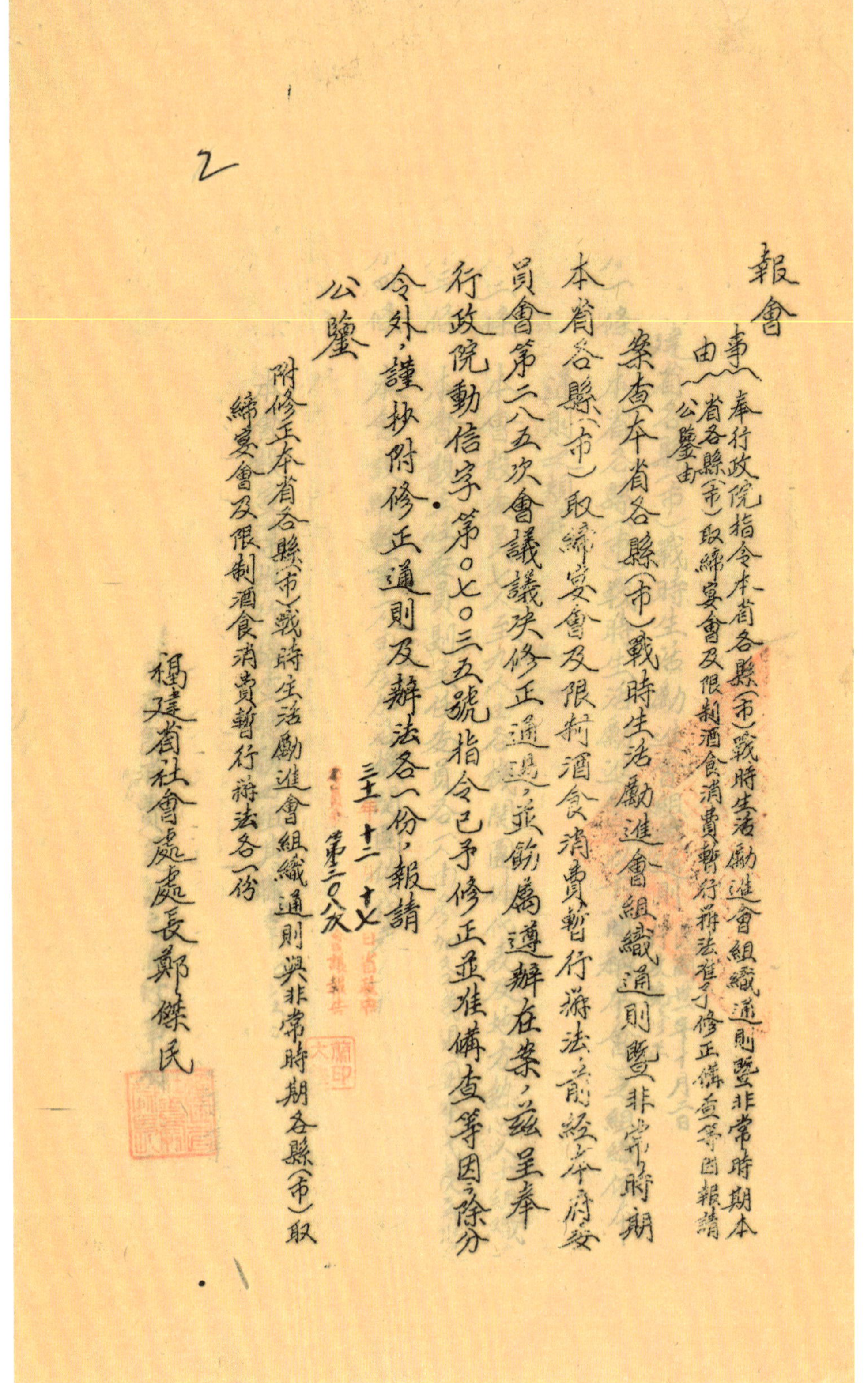

2

報會

事由：奉行政院指令本省各縣（市）戰時生活勵進會組織通則暨非常時期本省各縣（市）取締宴會及限制酒食消費暫行辦法准予修正備查等因報請公鑒由

案查本省各縣（市）戰時生活勵進會組織通則暨非常時期本省各縣（市）取締宴會及限制酒食消費暫行辦法，前經本府委員會第二八五次會議議決修正通過，並飭屬遵辦在案，茲呈奉行政院勤信字第〇七〇三五號指令已予修正並准備查等因，除分令外，謹抄附修正通則及辦法各一份，報請公鑒。

附修正本省各縣（市）戰時生活勵進會組織通則與非常時期各縣（市）取締宴會及限制酒食消費暫行辦法各一份

福建省社會處處長鄭傑民

福建省各縣(市)戰時生活勵進會組織通則　民國卅一年十月二日行政院修正

第一條　本省各縣(市)戰時生活勵進會(以下簡稱本會)之組織依本通則之規定

第二條　本會設委員七人至九人由各機關團体代表及地方熱心人士組織之

第三條　本會設主任委員副主任委員各一人由參加各機關團体代表互推之

第四條　本會設總幹事一人由參加各機關團体代表互推之承主任委員副主任委員之命處理會務

第五條　本會設宣導推行檢查總務四組其職掌如左：

一、宣導組　掌理限制酒食消費運動之宣傳及督導事項

二、推行組　掌理限制酒食消費運動之推行事項

三、檢查組　掌理限制酒食運動之檢查事項

四、總務組　掌理文書庶務會計出納及不屬其他各組事項

4

前項各組各設組長一人由參加各機關團体代表互推之承主任委員副主任委員之命受總幹事指導辦理各該組事務

第六條 本會設幹事若干人由有關機關團体職員中調兼必要時得專任幹事及雇員

第七條 本會職員除專任外均為無給職

第八條 本會委員會議每二週舉行一次由主任委員召集之必要時得召開臨時會議

第九條 本會辦事細則另定之

第十條 本通則適用於各特種區

第十一條 本通則自通令之日施行

非常時期福建省各縣(市)取締宴會及限制酒食消費暫行辦法

民國卅一年十月二日行政院修正

第一條 非常時期福建省各縣(市)取締宴會及限制酒食消費除法令別有規定外依本辦法之規定

第二條 本省各縣市特種區一律禁止宴會其因特殊事故必須舉行宴會者應向該管警察局登記

第三條 前條所稱特殊事故以招待外賓因公集會及婚喪慶典為限

第四條 承辦筵席之餐館應將宴會人之姓名職業住址宴會緣由宴會日期地點及宴請人數于期前(一日)向該管警察局登記警察局應依據其登記按時前往考查

第五條 各縣市特種區中西餐食店及供給飲食之旅館(以下簡稱餐食店)每日須將宰購肉類(包括魚類)分別品名數量單價等列表呈報該管警察局備查

6

第六條 各餐食店每日所需肉量該管警察局應隨時派員欵查是否
宴在并得視市場供需情形予以核減

第七條 各中餐店出售便餐須按顧客人數依左列標準限定其[illegible]
甲、一人至三人不得超過二菜一湯
乙、四人至六人不得超過四菜一湯
丙、七人以上不得超過六菜一湯
各西餐店出售便餐每客不得超過二菜一湯

第八條 凡在餐食店宴會中餐每桌十人以內者七菜一湯十人以上時得
增一人得加一菜西餐每客以三菜一湯為限

第九條 各餐食店出售之菜限用國貨并不得燒烤乳豬

第十條 各餐食店不得出售或代購酒類

第十一條 各餐食店所開賬單及賬簿須將出售菜名數量價格及顧客人
數分別填註以便查攷

第十二條 顧客如違本辦法之規定由該管警察局呈請縣市政府處以

每人十元以上一百元以下之罰鍰如係公務人員通知該管直屬長官予以懲處

第十三條 各餐店如違本辦法之規定由該管警察局呈請縣市政府處以該店五十元以上五百元以下之罰鍰累犯者并得勒令停業或歇業

各縣市政府為前項停業歇業之處分時應即錄案連呈省政府備查

第十四條 關於餐食店及公共食堂之設立應分別加以限制或獎勵其辦法另定之

第十五條 各餐食店須將本辦法懸掛于店內顯明處所并將所需張數列表呈由該管警察局印發備用如違不張貼或故意毀損者照十三條之規定罰辦

第十六條 本辦法自公佈日施行

福建省政府秘书处致福建省社会处的笺函（一九四二年十二月二十五日）

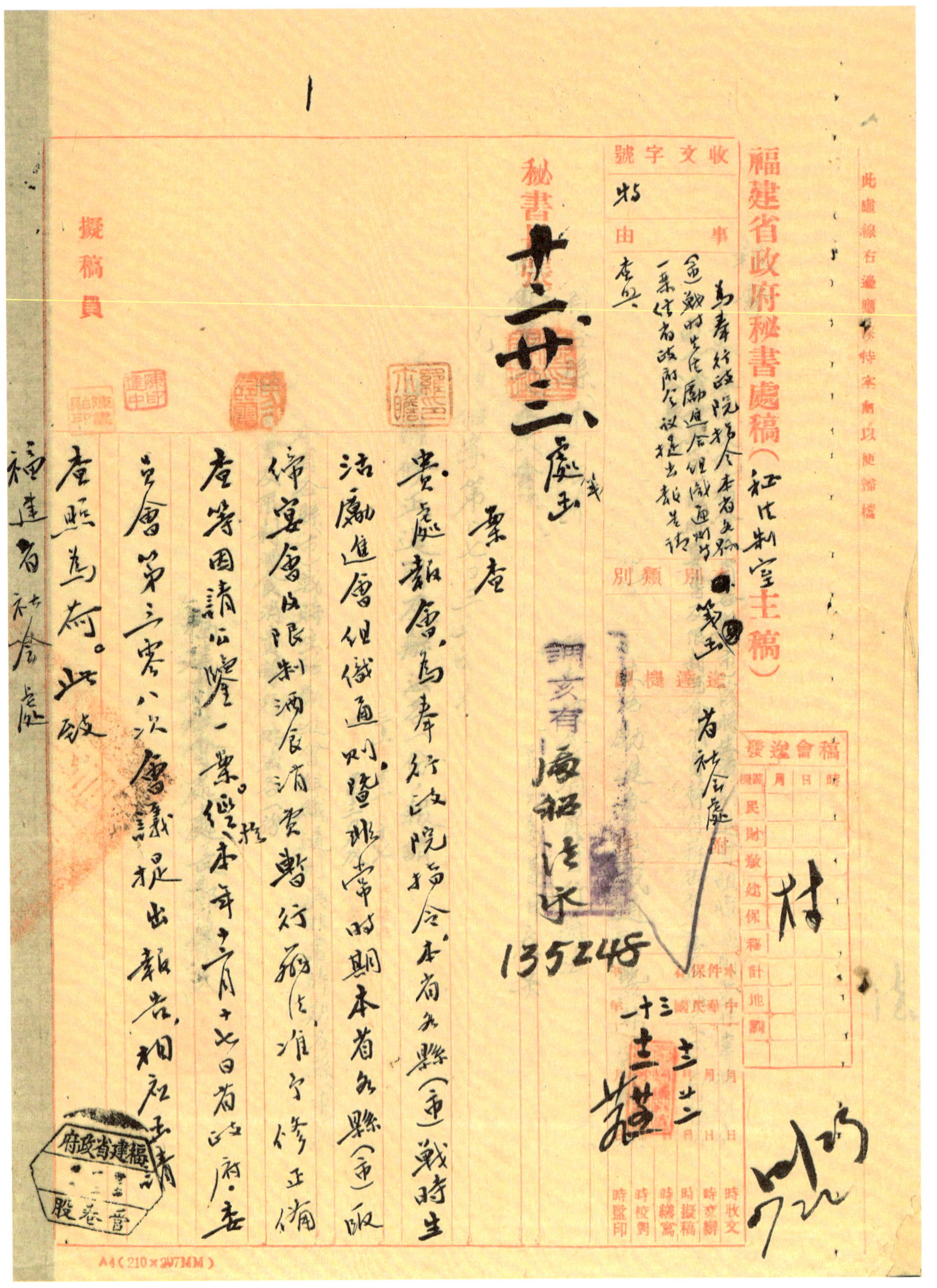

福建省政府秘书处稿（社社制室主稿）

贵处报会，为奉行政院指令本省各县（市）战时生活励进会组织通则暨非常时期本省各县（市）取缔宴会及限制酒食消费暂行办法准予修正备查等因，请照鉴一案。经提本年十二月十七日省政府委员会第三零八次会议提出报告，相应函请查照为荷。此致

福建省社会处

行政院、福建省政府关于解释国家总动员法第二十四条条文的训令（一九四二年七月至八月）

行政院致福建省政府的训令（一九四二年七月二十二日）

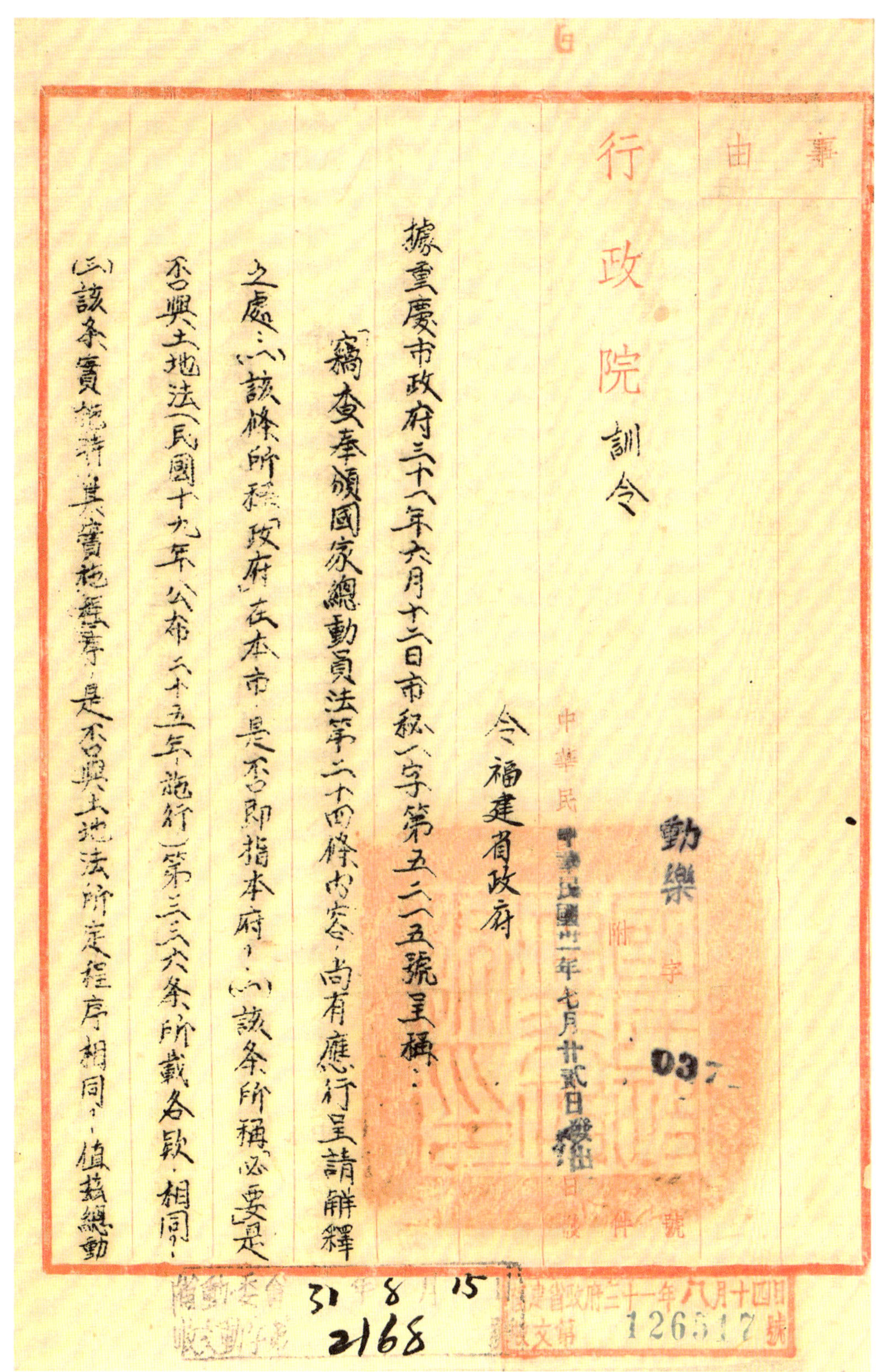

事由

行政院訓令

中華民國卅一年七月廿貳日發出　勤樂字037號

令福建省政府

據重慶市政府三十一年六月十二日市秘一字第五二一五號呈稱：「竊查奉頒國家總動員法第二十四條內容，尚有應行呈請解釋之處：（一）該條所稱「政府」在本市，是否即指本府？（二）該条所稱「必要」是否與土地法（民國十九年公布，二十五年施行）第三十六条所載各款相同？（三）該条實施時，其實施程序，是否與土地法所定程序相同？值茲總動員法公佈施行之際，理合具文呈請鈞院俯賜核示，以便遵循，實為公便。」等情。查國家總動員法各條所稱政府，依同法第一條之規定，係指國民政府及其所屬之行政機關而言，重慶市政府為國民政府所屬行政機關之一，亦即為總動員法各條所稱政府之一，但在各省市縣，殊不能限於各該省市縣政府，因總動員業務中，由本院各部會署暨其所屬機關直接辦理者甚多，依據總動員法制定法規發佈命令之事亦必甚多，此須視總動員業務之性質及各該法規命令之內容而定，亦須隨其職掌與權限而定，換言之，即各級行政機關均得在其職掌權限範圍以內，執行國家總動員業務，並依據總動員法及制定法規發佈命令之一般規定程序與手續，制定其所必要之法規，或發佈必要之命令。至若省市縣主管國家總動員業務之機關與其權責，已在國家總動員法實施綱要第二部份乙項內明白規定，各省市縣政府自可遵照辦理。關於國家總動員法第二十四條所稱必要，自係指為實施國家總動員業務而言，但所有國家總動員法中所規定之業務，論其性質，殆靡不可以歸屬於土地法第三十六條一至十八各款列舉之事項者，此外，如為軍事上緊急之需要，則尚可適用軍事徵用法，故即可依據土地法及軍事徵用法之規定辦理，不必另為規定。關於國家總動員法第二十四條之實施程序，自應仍依土地法或軍事徵用法之所定辦理。除指令遵照並通行外，合行令仰知照，並轉飭一體知照。

此令

院　長蔣中正

福建省政府训令（一九四二年八月三十一日）

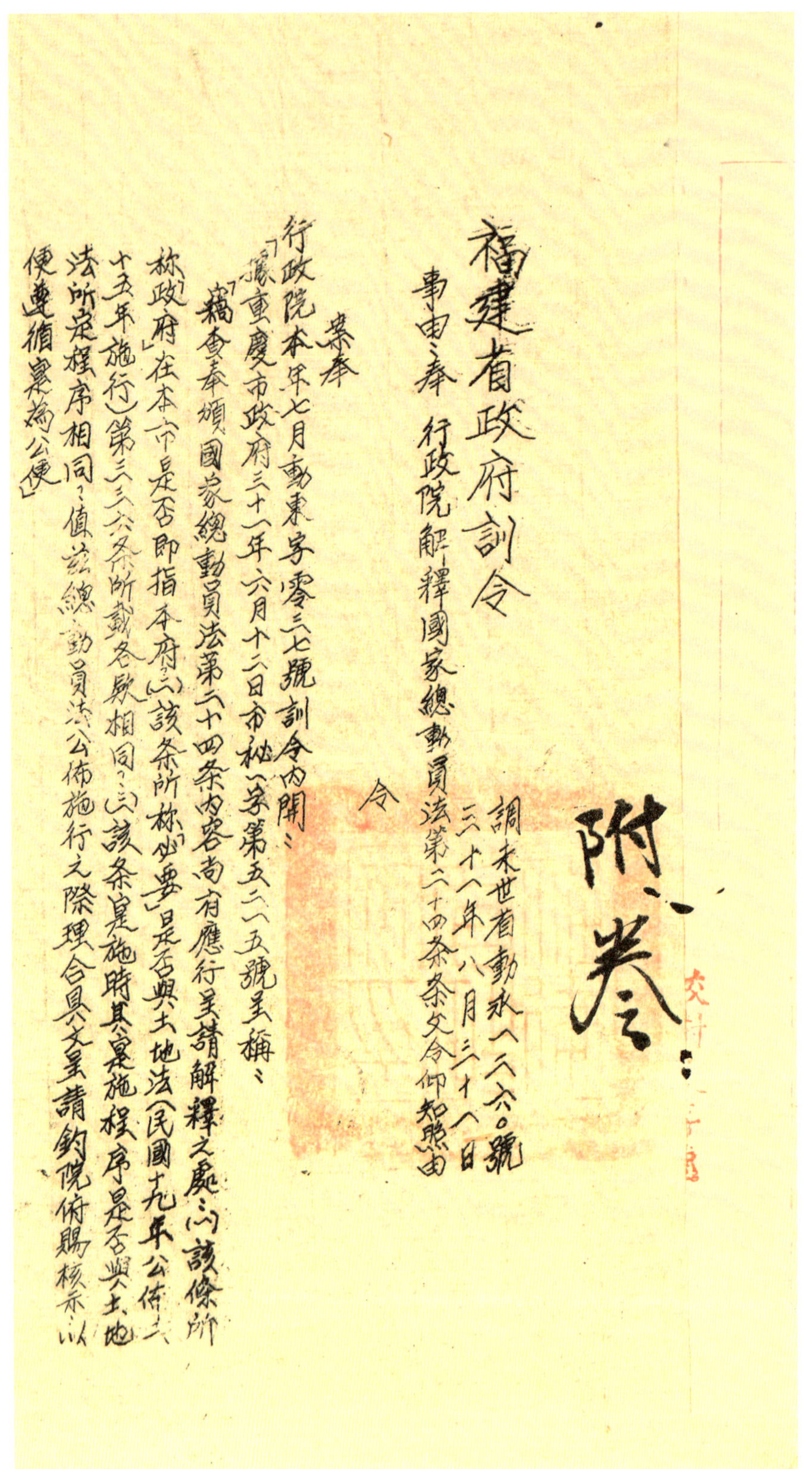

等情查國家總動員法各条所稱政府依同法第一条之規定係指國民政府及其所屬之行政机関而言重慶市政府為國民政府所屬行政机関之一亦即為總動員法各条所稱政府之一但在各省市縣殊不能限於各該省市縣政府因總動員業務中由本院各部會署暨所屬机関直接辦理者其多依據總動員法制定法規發佈命令之事亦必甚多此項視總動員業務之性質及各該法規命令之內容而定亦須顧其職掌與權限而定換言之即各級行政机関均得在其職掌權限範圍以內執行國家總動員業務並依據總動員法及制定法規發佈命令之一般規定程序與手續制定其所必要之法規或發佈必要之命令至若省市縣主管國家總動員業務之机関與其權責已在國家總動員法實施綱要第二部份乙項內明白規定至省市縣政府自可遵照辦理關於國家總動員法第二十四条所稱「必要」自係指為實施國家總動員業務而言但所有國家總動員法中所規定之業務論其性質殆靡不可以歸屬於土地法第三三六条至十八各欵列舉之事項者此外如為軍事上緊急之需要則尚可適用軍事徵用法故即可依據土地法及軍事徵用法之規定辦理不必另為規定關於國家總動員法第二十四条之實施程序自應仍依土地法或軍事徵用法之所定辦理除指令遵照暨通行外合行令仰知照並轉飭一体知照此令」等因奉此除分令外合行令仰知照！

此令。

主席 劉建緒

福建省政府关于检发福建省三年建设计划大纲致各区行政督查专员公署、各县政府等的训令

（一九四二年十月二十八日）

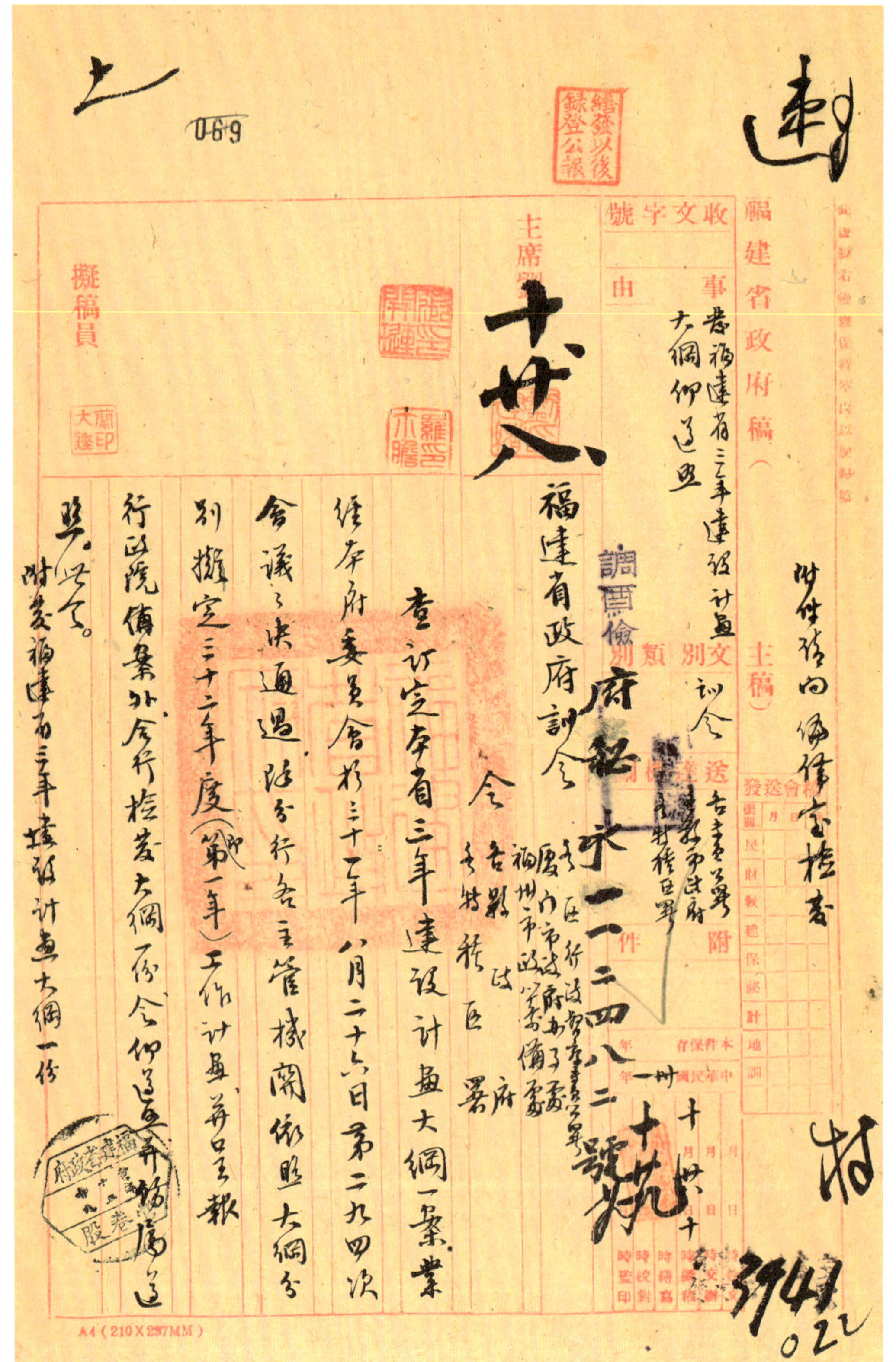

中華民國三十一年八月

福建省三年建設計劃大綱

福建省政府編印

報告事項
第六案

福建省三年建設計劃大綱

一 總綱

一、福建省政府爲領導全省人民實行動員工作，增進抗建力量，建立三民主義的新福建，特制定本大綱，爲本省今後三年內建設工作之依據。

二、本省建設以三民主義及抗戰建國綱領爲最高指導原則，並遵照中央戰時三年建設計劃大綱及國家總動員法，爲實施之準繩。

三、政治建設重在完成地方自治，充分發揚民治精神，以達成全省人民之政治動員，以爲實施憲政之準備。

四、經濟建設重在增加生產，發展交通，管制物資，節約消耗，平定物價，并推行土地政策，調整分配制度，以求抗戰物資之充裕，及人民生活之改善。

五、文化建設重在普及國民教育及社會教育，發展中等教育，提倡學術研究，獎勵文化事業，以提高全省人民之文化水準。

六、軍事建設重在改善兵役行政，加强國民兵及地方武力之組訓與裝備，以鞏固國防，確保治安。

二　省方面

甲　政治建設

一、厲行法治，督導各級公務人員知法、守法、行法。
二、依據地方自治完成標準，督導各縣(市)推行地方自治。
三、調整各縣(市)行政區域，健全各縣(市)行政機構，裁併區署，充實鄉(鎮)公所。
四、籌設并健全縣(市)鄉(鎮)議事機關，訓練人民行使四權，在正式縣(市)鄉(鎮)議事機關未成立前，先籌設縣(市)鄉(鎮)臨時議事機關全省各縣(市)分三期成立。
五、加強幹部訓練，嚴密人事管理，完成人事制度。
六、樹立戶政機構，健全戶籍行政。
七、嚴密管理公有財物。
八、督導各縣(市)整理地方自治財政及各級公共造產。

九、厲行超然會計制度，實施預算，監督增强財務行政效能。
十、健全人民團體，增强社會福利及救濟事業。
十一、舉辦僑胞救濟事業。
十二、督導各縣（市）實行度量衡制度。
十三、充實衛生設施，擴大醫藥用品製造，加强保健防疫工作。
十四、獎勵人口增殖，改進國民體格。
十五、實行各級公務統計方案，選縣舉辦基本國勢調查。
十六、推行各項工作競賽，提高行政效率。
十七、提高廉能風尚，肅清貪污土劣。

乙 經濟建設

一、繼續辦理土地測量，土地登記，完成地籍整理，舉辦地價申報。
二、繼續辦理農林漁牧各項試驗研究，及農業資源調查。
三、調查荒山荒地，并擴大墾荒工作。
四、改良農具，保護耕牛。製造肥料，防除災害，發展農田水利，推廣良種良法，督導夏冬季休閒地之耕種，減少非必要作物之栽培。

五、發展茶蔗菓產，提倡種植棉麻及油類植物。
六、擴大公私造林，并厲行護林工作。
七、改進漁業，增加鹽產，獎勵畜牧。
八、加强糧食管制，擴充倉儲積穀。
九、調查地質礦產，分期開發利用。
十、普設測候所站，完密氣象紀錄，
十一、發展省營工業，扶助民營工業，指導手工業之改良。
十二、羅致僑胞技工，鼓勵僑胞投資，舉辦並扶助僑胞生產事業。
十三、加强全省金融網，吸收社會游資，發展生產事業。
十四、加强省營貿易，推銷土產，搶購物資，供應日用必需品。
十五、擴展合作組織，改進合作業務。
十六、取締囤積居奇，平衡物價。
十七、改善公路，疏濬水道，整理市政工程。
十八、擴展驛運，并增加及改良運輸工具。
十九、充實通信設備，完成通信網。

丙 文化建設

一、督飭各縣（市）普及國民教育，逐年增校，達到每鄉（鎮）設中心學校一所，每二保至少有國民學校一所。

二、依照行政督察區分期設置國民教育示範區，擴充省立實驗小學，普設師範學校附屬中心學校。

三、發展師範教育，培養大量師資，并提高其素質。

四、發展中學教育，獎助優良私立中學，改善校政設施，提高學生程度，並實施升學就業指導。

五、發展職業教育實行建教合一。

六、發展女子教育，提高女子服務能力，並指導改善家庭教育。

七、發展學前教育，設立兒童教育館，擴充幼稚園。

八、注重生產及勞作訓練，並推行紡織教育。

九、協調專科以上學校科系，培養各項建設人才。

十、擴充研究事業，培養科學人才。

十一、充實科學設備，自製教育用品，編印適宜課本，補充教材及民衆讀物。

十二、改善教員生活，鼓勵專業進修。

十三、扶助僑生及清寒學生。

十四、促進健康教育，注重學生營養，加强軍事訓練，倡導國民體育及滑翔運動。

十五、充實圖書館，科學館，設立博物館，民衆教育館。

十六、積極推行電影、戲劇、音樂等藝術教育。

十七、督促并奬進各級學校兼辦社會教育。

十八、推廣宣傳協調新聞并利用電播事業，宣導政令，推進社會教育。

十九、編緝福建文化叢書擴充省營出版事業，輔導書刊運銷，并成立全省書刊供應網。

丁　軍事建設

一、健全并充實國民軍事訓練之組織及內容，普及國民軍事訓練。

二、充實國民軍事組訓所需之裝備。

三、健全兵役行政，使組訓徵調順利。

四、提高保安部隊之素質，充實保安部隊之裝備，整頓水陸警察，以確保治安，協助國防。

五、增籌出征軍人家屬優待基金，舉辦征屬生產及救濟事業。

六、健全防空機構及設備。

三 縣（市）方面

甲 政治建設

一、普徧宣達中央及本省法令，養成民衆知法、守法、行法之風尚。

二、依據縣地方自治完成標準，參酌情形，推行地方自治工作。

三、健全縣（市）行政機構及議事機構，并設區建設委員會。

四、嚴密戶籍地籍管理。

五、普遍訓練基層幹部。

六、確立縣（市）財務行政制度，整理合法稅收，加強支出控制，廢除苛雜攤派。

七、促進地方會計統計建設。

八、設立并健全各種人民團體。

九、增强社會福利及救濟事業。

十、充實縣(市)衛生設備。

十一、推廣度量衡制度。

乙　經濟建設

一、厲行公共造產。

二、改善業佃關係解决地權糾紛，扶助自耕農。

三、舉辦農田水利及墾荒造林事業。

四、分期設置農業推廣所，充及實農林場圃，指導農作改良，并督導粮食增產及棉蔴推廣工作。

五、提倡沿海漁業及農家副業。

六、切實調查粮食產銷，嚴密倉儲管理。

七、按需要及資力，舉辦各種公營事業。

八、設立縣銀行調劑農村金融，發展地方生產事業。

九、建立縣合作組織。

十、改進手工業。舉辦輕工業小鑛業。

十一、修築縣道，開濬水道，架設鄉（鎮）電話，并組設鄉（鎮）遞步哨。

丙　文化建設

一、督導鄉鎮中心學校及保國民學校之普設。

二、注重國民教育師資之培養及素質之提高。

三、充實或設立初級中學。

四、充實並設立初級職業學校，或職業補習學校。

五、推行女子教育及家庭指導。

六、充實并設立圖書館及體育場。

七、蒐集保存并整理地方文獻。

八、設立民衆教育館及兒童教育館幼稚園。

九、健全收音設備，并加強政治宣導工作。

十、推行戲劇、音樂教育，普遍組織巡迴歌詠戲劇隊。

十一、舉辦有關文化之各種活動大會及競賽等。

丁　軍事建設

一、加強國民軍事訓練，發揚自衛力量。
二、實行三平原則，嚴懲兵役舞弊人員，切實施行優待征屬辦法，并增籌優待基金。
三、充實保警力量，配置必需裝備，登記民有槍械，施行經常檢查。
四、調查在鄉軍人并指導其組織活動。

四　鄉（鎮）方面

甲　政治建設

一、健全鄉（鎮）保機構，鄉（鎮）公所各股設置專任股主任及幹事，保辦公處得設專任幹事。
二、按期舉行保民大會與鄉（鎮）民代表大會，訓練人民行使四權。
三、確實辦理戶籍人事登記及國民身份證。
四、厲行糧戶推收嚴密地籍管理。
五、確立鄉鎮財政制度，實行歲計會計制度，清理公款公產財政完全公開。
六、成立并健全各種人民團體，酌辦社會福利事業。

七、厲行度量衡制度。

八、酌設鄉(鎮)衛生所保衛生員，注重環境衛生。

九、改善民居，指導建築，增進人民健康。

乙 經濟建設

一、按年發展各鄉(鎮)保之公共造產事業。

二、舉辦農田水利，推動冬耕及墾荒。

三、禁絕燒山陋習，厲行隙地種樹，荒山造林。

四、改善或增設谷倉，嚴密管理調劑糧食。

五、提倡家庭工業及農家副業。

六、征工修理鄉村道路，整理溝渠。

七、完成鄉保合作社。

丙 文化建設

一、充實中心學校，增設國民學校，至少達到二保一校之標準，并切實改進成人教育。

二、中心學校及國民學校，應實行社會服務，協助各種建設，成爲鄉保文化中心。

三、公所及學校應選購書報，以供大衆閱覽，并利用機會作各種宣傳。

四、利用地方節慶會社日等原有習慣，提倡正當娛樂及競賽。

五、切實推行女子教育，舉行家庭指導。

六、公所學校合作社，應向民衆介紹各種進步之生活方式方法及日常用品。

丁　軍事建設

一、實施國民軍事訓練，并組織戰時各種任務隊。

二、登記公私武器并施行檢查。

三、切實優待出征軍人及其家屬，倡導自動入伍風氣。

行政院、福建省政府关于国家总动员法宣传要点的训令（一九四二年十月至十一月）

行政院致福建省政府的训令（一九四二年十月五日）

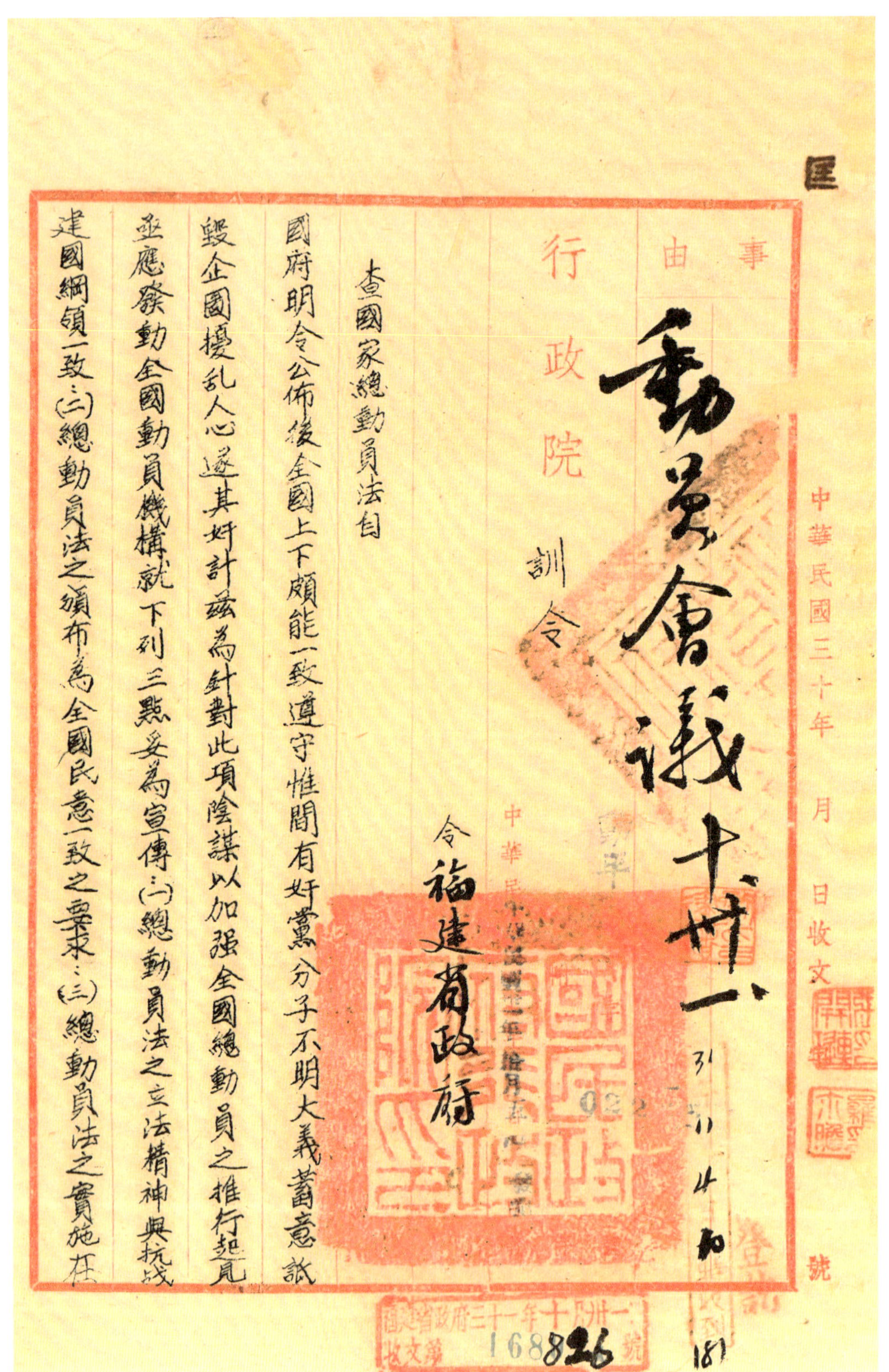
事由

行政院訓令

令福建省政府

查國家總動員法自

國府明令公佈後全國上下頗能一致遵守惟間有奸黨分子不明大義蓄意詆毀企圖擾亂人心遂其奸計茲為針對此項陰謀以加強全國總動員之推行起見亟應發動全國動員機構就下列三點妥為宣傳：(一)總動員法之立法精神與抗戰建國綱領一致(二)總動員法之頒布為全國民意一致之要求(三)總動員法之實施在

動員會議 十卅一

中華民國三十一年 月 日收文 號

福建省政府三十一年十月卅一號收文第168826號

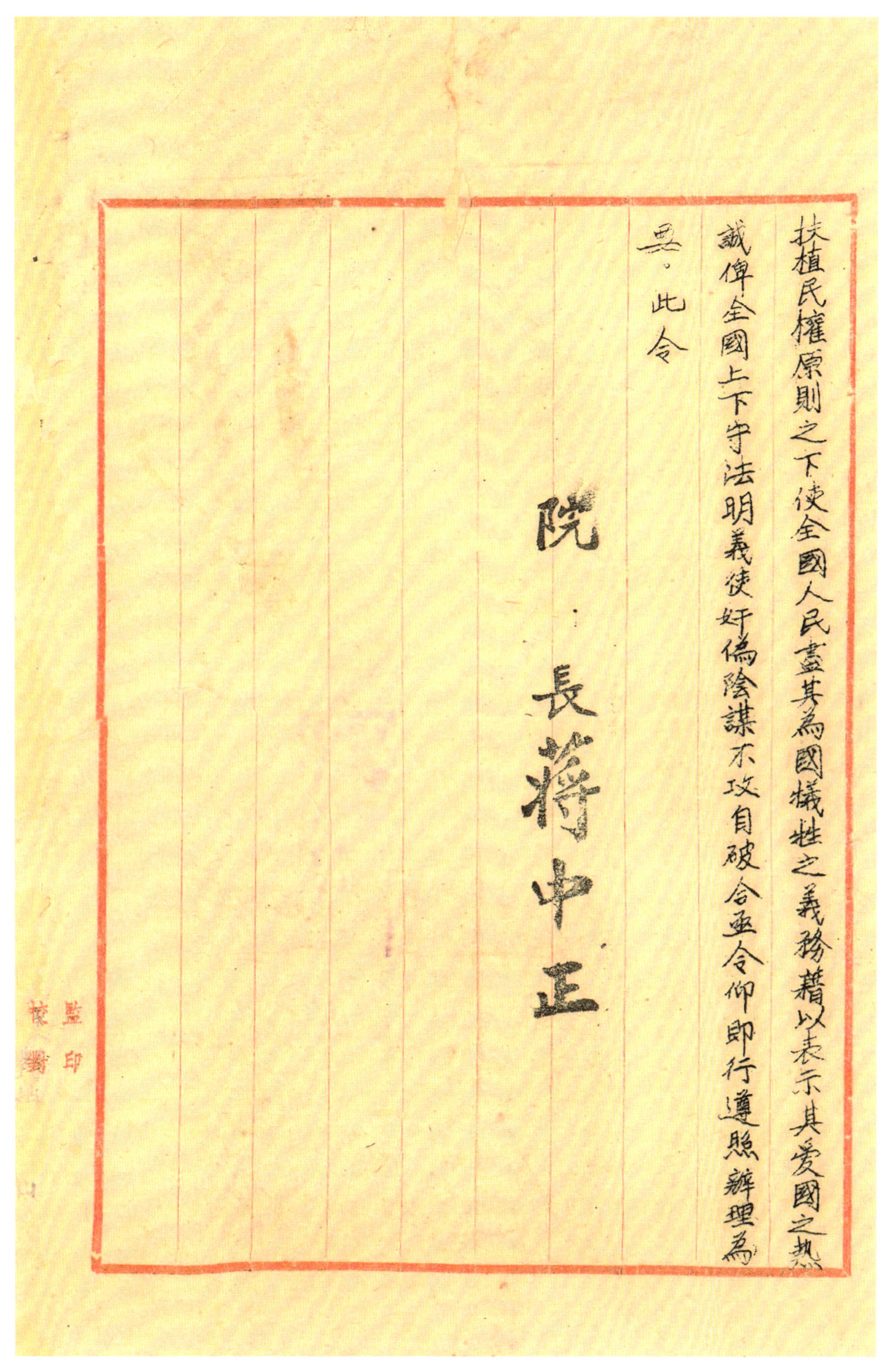
扶植民權原則之下使全國人民盡其為國犧牲之義務藉以表示其愛國之熱誠俾全國上下守法明義使奸偽陰謀不攻自破合亟令仰即行遵照辦理為要。此令

院長蔣中正

監印
校對

福建省政府致福州市政筹备处、各特种区署、各县县政府的训令（一九四二年十一月十三日）

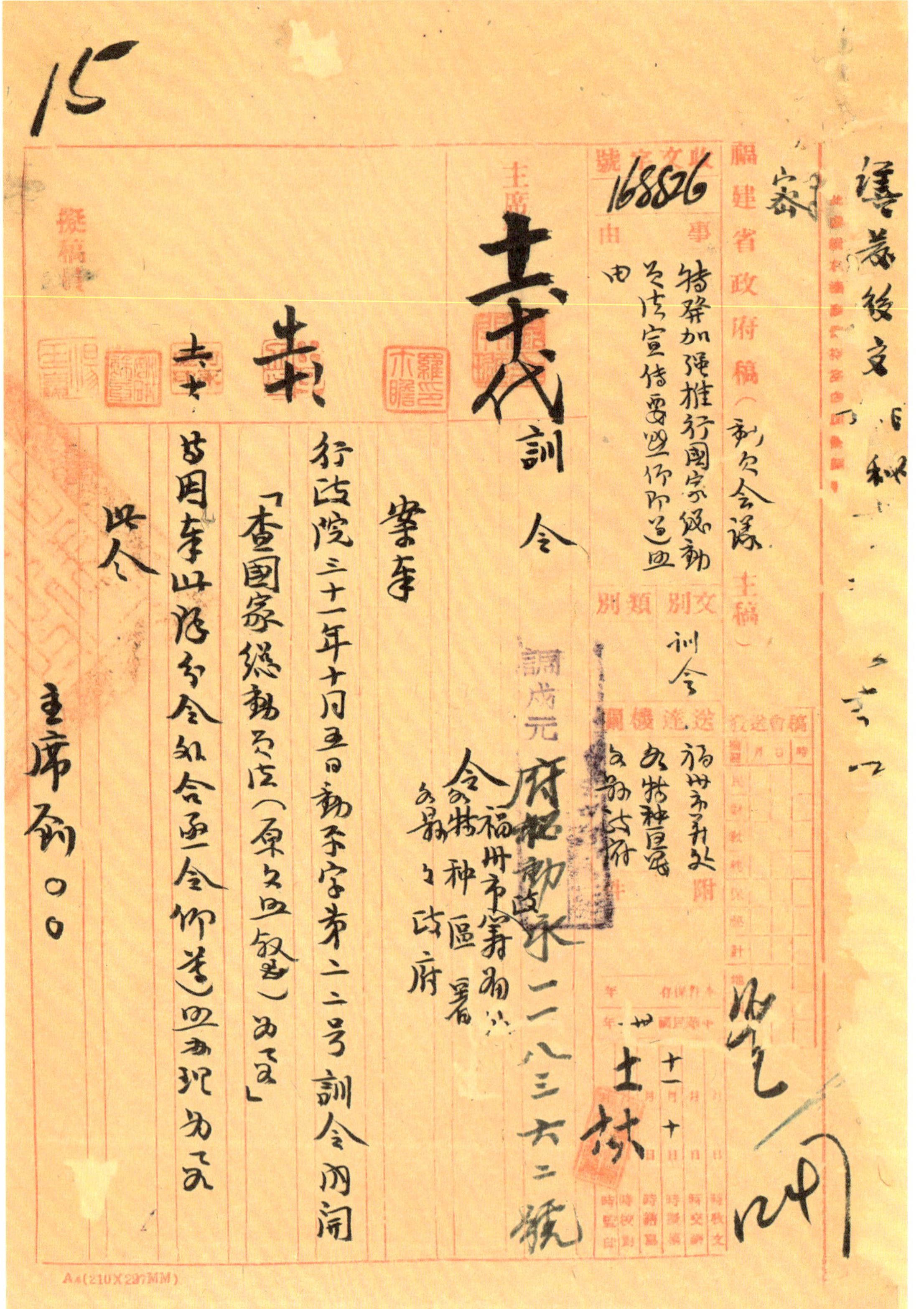

行政院、福建省政府关于抄发妨害国家总动员惩罚暂行条例及宣传大纲的文书（一九四二年十二月四日至七日）

行政院致福建省政府的指令（一九四二年十二月四日）

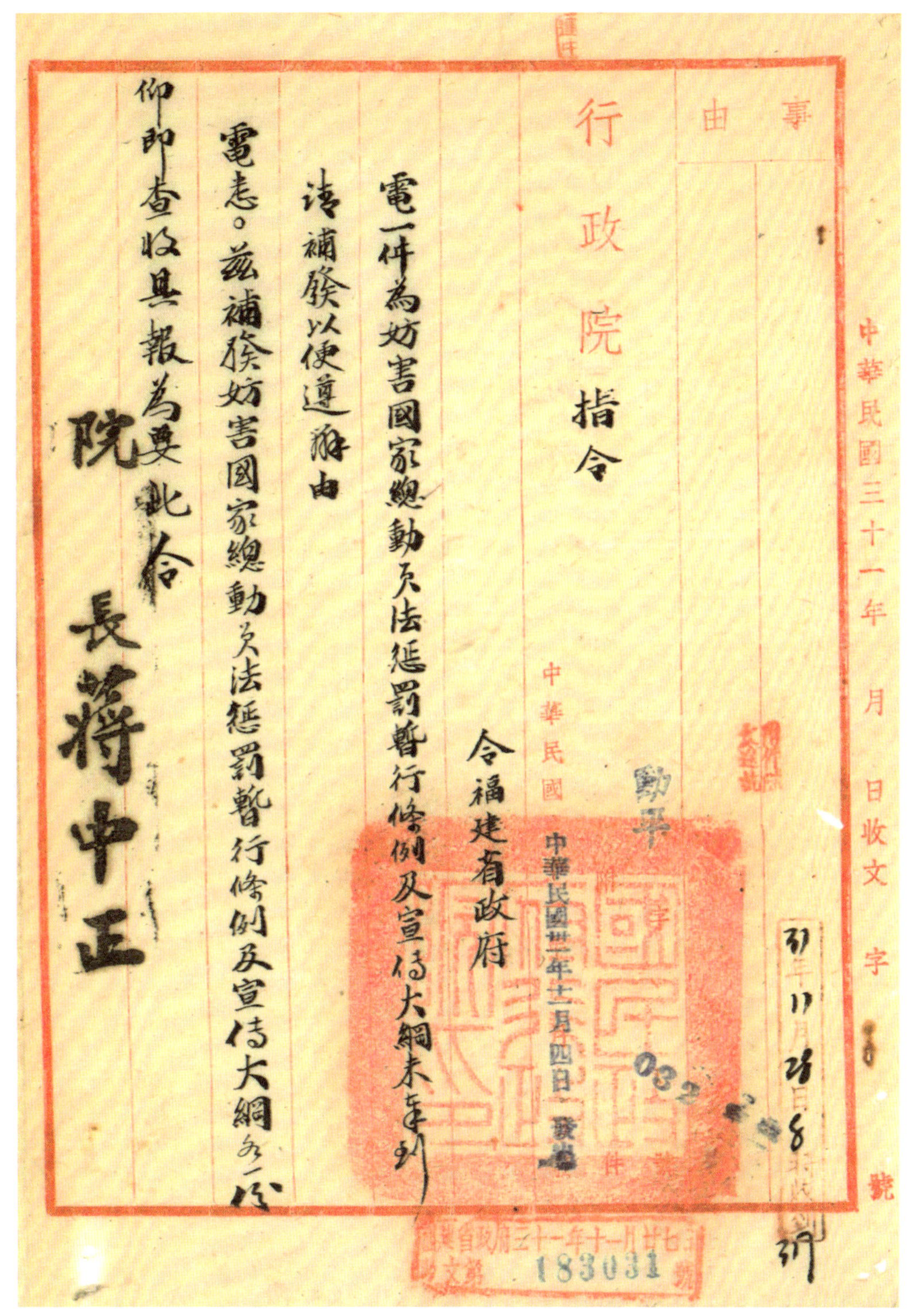

事由

行政院指令

中華民國卅一年十二月四日 發 字第 號

令福建省政府

電一件為妨害國家總動員法懲罰暫行條例及宣傳大綱未奉到請補發以便遵辦由

電悉。茲補發妨害國家總動員法懲罰暫行條例及宣傳大綱各一份仰即查收具報為要 此令

院長 蔣中正

附一：妨害国家总动员惩罚暂行条例（一九四二年六月二十九日公布）

妨害國家總動員懲罰暫行條例（三十一年六月二十九日公布）

第一條 凡違反或妨害國家總動員之法令或業務者依本條例懲罰之

第二條 本條例公布前已經頒行之經濟管制法令有處罰較重之規定者依其規定

第三條 犯本條例之罪者由有軍法審判權之機關審判呈由中央最高軍事機關核准後執行

第四條 關於管制動員物資及業務其他法令已規定審判機關及程序者仍依其規定但情節重大有特殊必要者得由國家總動員會議決定改由有軍法審判權之機關審判

第五條 有左列情事之一者處七年以下有期徒刑得併

科十萬元以下罰金
一、違反或妨害依國家總動員法第五條第十七
條或第十八條規定所發之命令者
二、違反或妨害依國家總動員法第七條第一項
規定所發管理節制或禁止之命令者
三、違反或妨害依國家總動員法第八條規定所
發管制之命令者
四、違反或妨害依國家總動員法第十四條規定
所發禁止之命令者
五、違反或妨害依國家總動員法第十九條規定
所發限制或禁止之命令者
犯前項第五款之罪其違法出口之貨物不問屬於

犯人與否沒收之

第六條 有左列情事之一者處三年以下有期徒刑得併科五萬元以下罰金

一、違反或妨害依國家總動員法第六條第十條第二十四條或第二十六條後半段規定所發之命令者

二、違反依國家總動員法第七條第二項規定所發管理節制或禁止之命令者

三、違反或妨害依國家總動員法第二十七條第一項規定所發之命令者

第七條 犯前二條之罪有妨害軍事政治安或因而擾亂金融其情節重大者處死刑或無期徒刑並得沒

二

收其財產

第八條 有左列情事之一者處一年以下有期徒刑拘役或三萬元以下罰金

一、拒絕或妨害依國家總動員法第十二條規定之檢查者

二、違反依國家總動員法第二十一條第一項規定所發之命令而拒絕使用者

三、違反或妨害依國家總動員法第九條第十八條第十二條或第二十三條規定所發之命令者

第九條 有左列情事之一者處六月以下有期徒刑拘役或一萬元以下罰金

一、違反國家總動員法第十三條之規定而怠於報

告或為虛偽之報告者

二、違反依國家總動員法第十六條規定所發之命令者

三、違反國家總動員法第二十一條第一項規定而不為報告或試驗者或違反同條第二項規定不為熟練技術員工之供給者

四、違反或妨害依國家總動員法第二十五條或第二十六條前半段規定所發之命令者

第十條　違反依國家總動員法第二十二條規定所發之命令者其處罰依出版法之規定必要時並得加重其刑至二分之一

第十一條　洩漏或盜用有關國家總動員業務之秘密者處

三

三

三年以下有期徒刑

公務員從事國家總動員業務犯前項之罪者處六月以上五年以下有期徒刑

第十二條　受政府委託執行國家總動員業務之人犯本條例之罪者視同公務員

第十三條　公務員假借職權利用國家總動員之機會發布命令致人受損害者處三年以上十年以下有期徒刑

犯前項之罪其情節重大者處死刑或無期徒刑

第十四條　公務員包庇他人犯本條例之罪者依各該條規定處斷加重其刑至二分之一

第十五條　本條例之公布實施與停止由國民政府以命令行之

附二：妨害国家总动员惩罚暂行条例宣传大纲

妨害國家總動員懲罰暫行條例宣傳大綱

甲、宣傳要旨

一、懲惡所以奬善：推行總動員之目的在加强人力物力之管制惟我國之人力物力平時既少登記戰時亦乏調查使無懲罰條例則管制難期澈底而狡黠者得以逃避苟國家對犯法者無以懲處即對守法者無以奬勵懲惡所以奬善此為本條例之積極意義

二、刑重期於無刑：懲罰既為推行動員之工具則其條例之規定自應極端嚴格庶能振作精神矯正病態蓋與其法寬而民易玩忽毋寧法嚴而民知警惕國民均屬愛國平時既擁護總動員則雖律令嚴厲實屬備而不用此亦刑期無刑聽訟期于無訟之意

一

三審判要求迅速：本條例立法貴嚴而執行貴速故有第五條之規定對妨害國家總動員者以有軍法審判權之機關審判為原則以期迅速確實而符合戰時之要求由是項機關審判後呈經中央最高軍事機關核准執行且為審慎週詳起見規定至違反本條例之情節輕微案件亦可由其他法令已規定審判機關審理

四保護正當利益：懲罰之規定既嚴則于執行時自應審慎嚴密并為防微杜漸起見特規定十一至十四條旨在監督官吏嚴肅綱紀期能盡量保護人民之正當利益

五政府推行法令必以立法與執法本二位一體非有執法之嚴則立法雖嚴亦僅徒託空論今後嚴格執法政府已下決心非依最嚴處斷究難懲一警百且立法所以為教則

執行當非不數而誅 領袖亦曾以「澈底執行」昭示全國矣

六兼謀民生福利：本條例之推行不僅求軍事之勝利亦兼謀民生之利益蓋日用品之管制與金融之安定即所以調濟民生也

七提高愛國熱忱：妨害總動員不僅受政府之處分社會之制裁亦且受良心之判断此種犯法乃不愛國之具体表現亦即最恥辱之行為國民應各提高其愛國熱忱與人格自覺決不可希圖僥倖以身試法

八社會相互監督：政府對妨害國家總動員之犯徒固應執法以繩社會輿論亦應嚴加制裁對已受處罰之人決不可故作輕重比較之辞以資寬假要知寬假犯法之徒不啻為精神上之共犯對有妨害嫌疑而未受處罰之人應

二

二

尽量搜集証據以資檢舉要知政府之耳目難遍奸民之逃避甚巧必社會群相監督始能法網無漏凡輿論及教育界人士與愛國青年及同胞務各本諸良心嚴密檢察以期蔚為風尚順利動員

乙、宣傳方式

一、頒發宣傳要點發動全國性之宣傳

二、各報紙應作社論闢專欄副刊出專頁至少一次并自八月一日起繼續登載國家總動員法及妨害國家總動員懲罰暫行條例以一星期為原則

三、各雜誌酌出特刊一次

四、各機關學校社團　紀念週應作講演至少一次

五、各公務員及党員應由各機關各級党部自訂宣傳辦法

一、体宣传并由各机关长官及各级党部加以考核作为成绩之一部

六、各同业公会应召集座谈会一次

七、八月一日之国民月会应一律讲解惩罚条例

八、各广播电台应多请名人讲解

九、由制曲家作总动员歌即将惩罚意义融会其中

十、律师法学教授应尽量写作拥护并解释惩罚条例之文字

十一、画家应作宣传画登报应出专刊

十二、文艺作家应以惩罚条例为题材写作小说及剧本

十三、上列各项除三、五、十二、十三各项及另有日期规定者外应一律于七月底以前举行其举行时并得由各地动员会

三

議斟酌情形联合各機構舉行宣傳週

十四宣傳懲罰條例時應一併講解國家總動員法并分條舉實例以明之

十五上項辦法分别函令各主管機關一体遵行

丙、宣傳標語

一、全國民众必須澈底奉行國家總動員法纔能提早獲得最後勝利！

二奉行國家總動員法是全國民众的天職！

三、妨害國家總動員就是妨害抗战建國的叛徒！

四妨害國家總動員要受到國家最嚴厲的懲罰！

五、妨害國家總動員要受到社會最嚴厲的制裁！

六、妨害國家總動員就是全國民众的公敵！

三

福建省政府致各区行政督察专员公署、福州市政筹备处等的训令（一九四二年十二月七日）

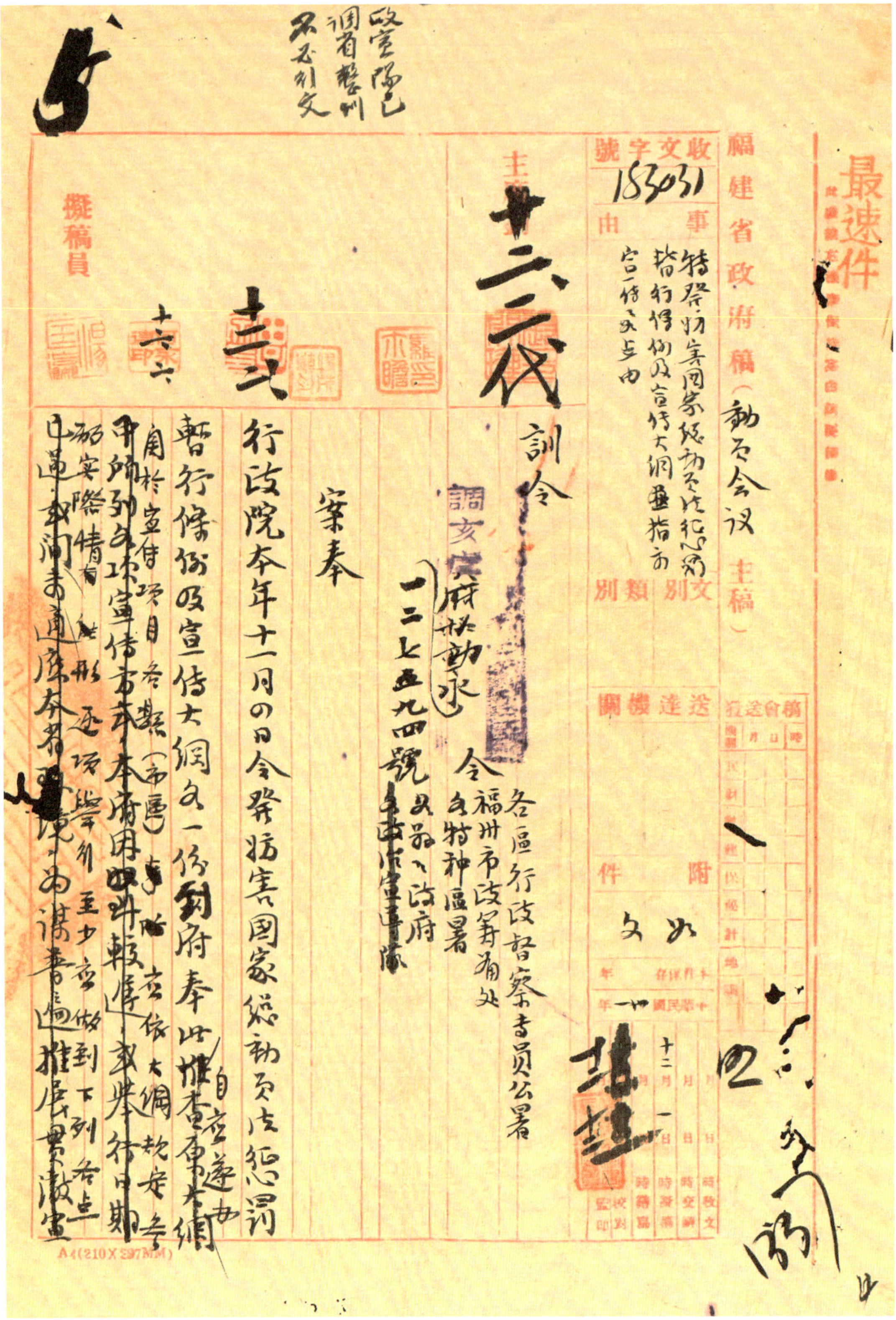

传致能彻底实现，特参酌原大纲主旨精神，拟就宣传办法如下：(一) 由各文机
关团体及文化同业工会分别召开座谈会，讲解国家总动员法，并拟具惩治暂行条例（由各省区政府指定高级职员主持）
及宣传大纲之各项要義 (二) 特约各该地报纸杂志作社论阐扬，并求出特刊，纲领刊出专号
自本月廿日起，并继续刊载国家总动员法及妨害国家
国家总动员法惩治暂行条例，以星期为原则 (三) 文机关学校社团纪念周之
聘对国家总动员法有研究人士前往讲解，至少一次 (四) 于接令后第一个国民月
会，普遍讲解妨害国家总动员法惩治暂行条例之要旨 (五) 于通衢及人烟
稠密之处，设置木牌标语，并标语依照中央所定（并发动各校学生出壁报）(六) 政治室导队下乡宣传
除分别外令，会衔
并于本年……具报为要

主席

附发妨害国家总动员法惩治暂行条例宣传大纲一份

福建省政府为抄发关于国家总动员工作之检讨与实施加强管制物价方案致省保安处的训令

（一九四三年二月九日）

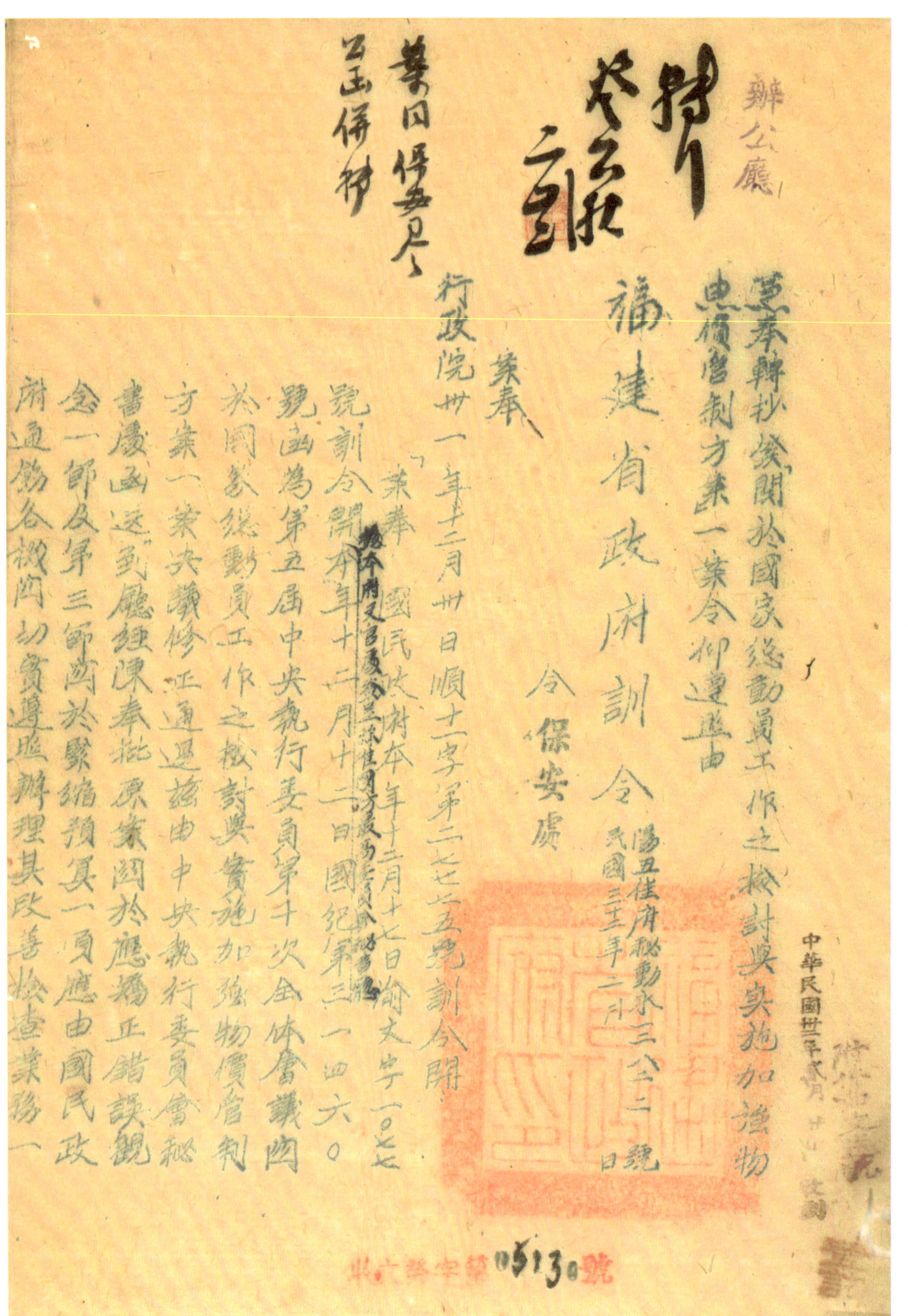
辦公廳

為奉轉抄發關於國家總動員工作之檢討與實施加強物價管制方案一案令仰遵照由

福建省政府訓令　陽五往府秘動永三公一二號

民國三十二年二月　日

令保安處

案奉

行政院卅一年十二月卅日順十一字第二七七五號訓令開：「案奉　國民政府本年十二月十七日渝文字一〇七七號訓令開：『准本府文官處本年十二月廿二日國紀第三一四六〇號函為第五屆中央執行委員會第十次全體會議關於國家總動員工作之檢討與實施加強物價管制方案一案，決議修正通過，茲由中央執行委員會秘書處函送到廳，經陳奉批：原案關於應糾正錯誤觀念一節及第三節內於緊縮預算一項應由國民政府通飭各機關切實遵照辦理，其改善檢查業務一

中華民國卅二年貳月廿日收到

發字第0513號

項併交軍事委員會規畫改進除原案已由中央執
行委員會秘書處送函行政院外相應抄同原案函
達即請查照轉飭辦理等由擬合發請鑒核等情據
此查原案關於矯正錯誤觀念及緊縮預算各節應
由各機關切實遵辦其改善檢查業務一項併應由
本委員會注意規畫改進除飭復暨分令外合行抄
發原方案令仰遵照并轉飭遵照此令等因計抄發
原方案一份奉此除分行外合行抄發原方案令仰
遵照并飭屬遵照此令
等因計抄發原方案一份奉此除分行外合行抄發原方案
令仰遵照此令
計抄發原方案一份

主席劉建緒

附：关于国家总动员工作之检讨与实施加强管制物价方案

關於國家總動員工作之檢討與實施加強管制物價方案

本屆第九次全体會議通過加強國家總動員實施綱領案之前文有曰「現代戰爭乃國家總力之决鬥必須集結全國任何一人一物悉加以嚴密組織與合理運用使成一堅強之戰鬥体系以保持戰力之雄厚貫澈戰爭之勝利」并指示應以最大努力達到五項要求「一曰全國人民力量充分發揮合理使用二曰士兵之糧秣械彈供應無缺三曰土地之使用竭盡其利四曰一切物力上補充繼續不匱五曰全國人民之生活能維持健康之水準」政府根據此項决議成立國家總動員會議數月以來對於各級動員機構之設置與各項動員工作計劃之決定業已粗具規模對於軍需現品之供應亦已準備實施良可欣慰然而所以達到以上五項要求及十項綱領規定之實際業務仍有待於各主管

機關加緊努力當前之經濟狀況去戰時必需之要求尚甚懸遠尤以反映於物價方面之現象更為嚴重

總裁有鑒於此於憂勞叢集之中手訂加強管制物價之具体方案体大思精本末兼賅實不啻為整個經濟戰鬥体系之建立其基本精神所在第一全案目的雖以平定物價為主而其措施方法實以鞏強整個經濟一切有關事業為經因果相連脈絡一貫以視一般指陳物價問題之時論實為得其全神第二全案實施既為整個經濟之大業則實施之事功即為整個政治机体共同之責任就縱的体系言自中央以至省縣各級負責主管之意志必須一氣貫通就橫的關係言自中央各部以至省縣各級同級机關之辦法動作必須步調一致然後乃能以政府組織之能力徹底構成人民組織共赴一鵠之大效今後全國果能踔厲奮發格切奉

行不惟對當前嚴重之物價不難復臻安定即對於貫撤全國戰時總力奠立戰後經濟基礎均必克致偉大之成就正與本會全体同人之願望悲同符契所當至誠至敬接受全案尤應與全党同志共矢精誠全力推行務於最短期間促其实現者也。

惟是今日物價問題既甚嚴重而從政治經濟配合措施補救之業務又甚艱鉅欲求迅挽狂瀾立收实效則其本末先後之程序與其力量集中之重點自應先有切实謹嚴之探討本會議深維過去審察得失特更就今後所應注意與致力之要分別提舉於次

(一)關於錯誤觀念之應矯正者

近年以來對於管制物價法令規章多有頒行對於統制經濟計劃辦法亦多詳備然而未見大驗明效实有兩種

錯誤觀念為極重要之癥結一為個人利害觀念對於執行法令及推進業務方面不肯任勞任怨為勇銳之措施對於個人生活方面不肯降低水準適應戰時之艱難一為機關利害觀念一方對於所屬機構人員及不急事業務求擴張而不肯裁節一方對於損及本機關權利而足助成其他機關事業裨利整個國計者亦憚於犧牲不肯相濟相成凡此兩病今後必須徹底排除庶管制物價之工作乃能滌除障礙而日起有功

（二）關於管制物價機構職責之加強者

甲、中央管制物價機構必須使其對軍需民生之主要物品確能負統籌供應分配之全責尤須對於負責主管賦予充分之權力俾專其責成

乙、各省管制物價應責成各省政府負責遵照中央法令

同時辦理應否酌量機構或就原有機關調配任務得由各省政府因地制宜中央酌裁省級有關管制物資業務與檢查機構應受省政府監督指揮

丙、關於違犯管制法令之處分事項應確定省縣兩級之執法機關並充實其組織

(三)關於實施管制方針首須集中努力者

甲、實施限價應以糧鹽價格為平定一切物價之標準由政府本此原則分別就當地當時擬定糧鹽與其他物價之比例標準其超過糧鹽比例標準價格之物品應令停止買賣并得由政府收購凡屬於奢侈品則徹底禁止銷售

乙、專控物資應再擴大征運征購之範圍凡能征課實物之稅收應即儘量改征實物同時并應由各主管機關

訂立生產計劃提高全國人力及机械之生產效力協成產業聯合之組織并積極向淪陷區搶購物資厲行对敵封鎖以開調掌握物資之來源并塞有用物資之外流

丙、節約消費应積極籌劃定量分配與憑証購物之实施俾必需物品充裕適量供應同時并應迅即制定國民生活標準務符簡單樸素之要則以掃除一切無謂之消耗此外对於現時軍糧公糧之虛報與浪費更应責成各方負責長官立即嚴加核定

丁、緊縮預算自卅二年度起必須嚴格厲行凡机关有可归併人員有可裁遣者應由党政軍各主管机関認真統籌率先实施并分別督責所屬机関切实遵行至無關國防及非戰時必需之設施事業应即停止舉辦

戊、改善檢查業務對於交通及稽征之檢查應注意於扼要集中以免阻碍正當商運使貨物得暢其流對於执行管制之檢查工作應注意於制裁對象與执行手續之明確以引導商民服從管制為主旨使貨物得遂於市並規定对檢查人員違法舞弊之受理机關公告人民俾有申訴之處同時并應注意於發動消費民眾之相互監督檢舉健全掌職產業職工及商業公會之組織以擴大破滅囤積居奇及肅清黑市之實力

四、關於黨員應特加努力者

甲、各級黨部督率全部体黨員對於實施管制物價及一切有關經濟業務之推行協助應負最大之職責並本身應率先遵行对社會應負責領導從示範中努力宣傳策動群力以致轉移風氣全國景從之实效

乙、全体黨員均應各就本位率先厲行戰時生活從本人及其家

属切实認若節约同時并應实行業餘服務参加生産事業運致
尊各級机関之高級負責同志对於節约納費尤須大
志力行表裏一致以為自上而下之模楷
丙全体党員應本社會服務之精神以協助推行管制物價之各
項法令凡遇有違反管制法令者不问其為官吏為人民或與自身
之親疏関係均視其情節輕重予以勸戒或提予檢舉凡身任公職
之党員尤應恪遵法令絶对不營商業
以上四項條目雖較简單而力行極為手要凡我同志果能篤
遵踐履勉忍痛苦克服艰难以促其一一实現則
總裁與本會議有関管制物價及發展經濟各項方案之一切
高業均深信必能推行及收全部宏效所望我全体同志一德
一心矢勤矢勇共奮創發展之精神以達必信必成之大
業國家民族寔利賴之。

福建省驿运管理处关于转送交通部加强管制物价方案实施办法致省保安处的公函（一九四三年三月七日）

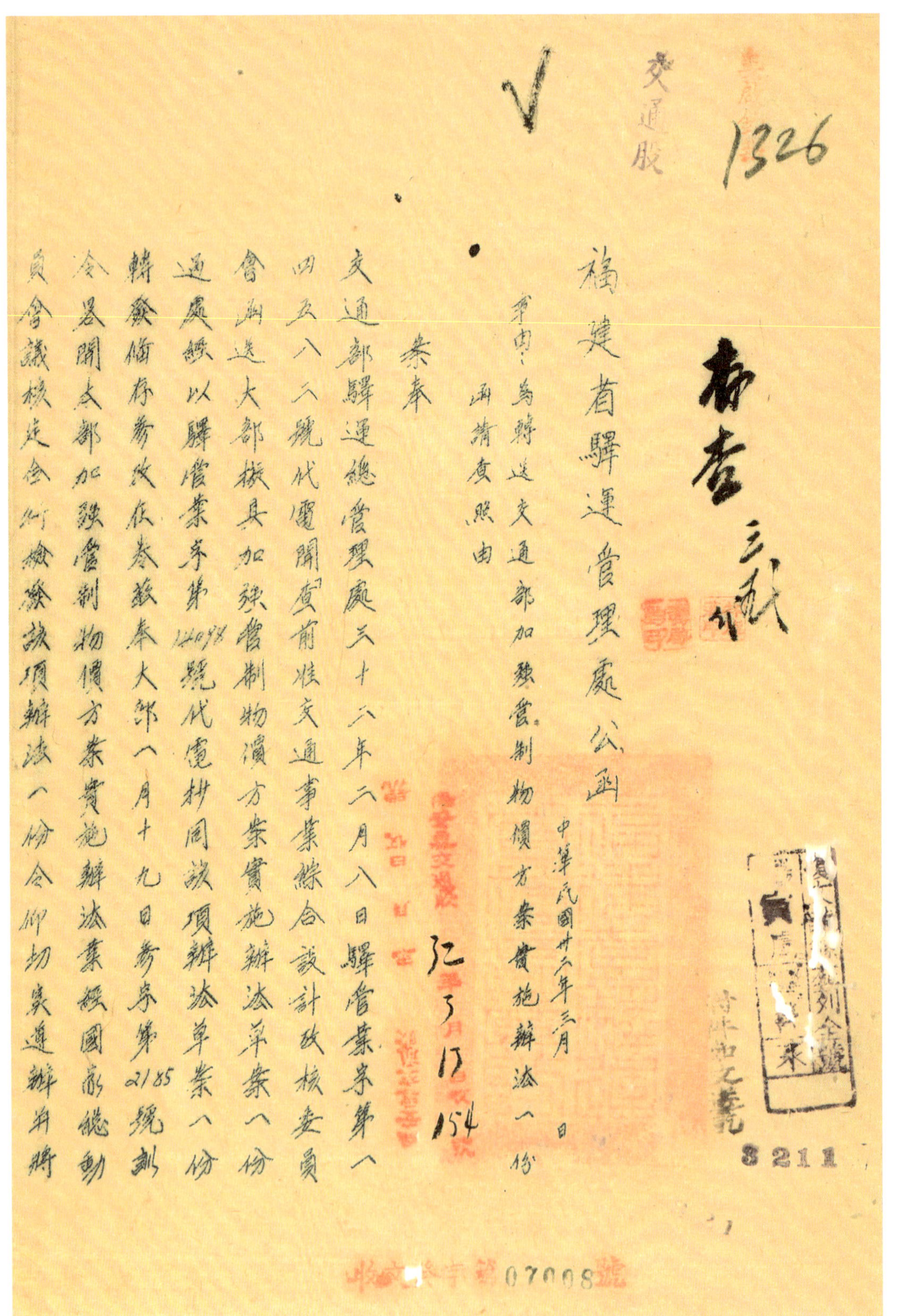

交通股

1326

福建省驛運管理處公函

事由：為轉送交通部加強管制物價方案實施辦法一份函請查照由

中華民國卅二年三月　日

案奉

交通部驛運總管理處三十二年二月八日驛管業字第八四五八二號代電開：查前准交通事業綜合設計考核委員會函送大部擬具加強管制物價方案實施辦法草案八份，通處飭以驛管業字第14098號代電抄同該項辦法草案八份轉發備存參攷在案。茲奉大部八月十九日參字第2185號訓令，略開：本部加強管制物價方案實施辦法業經國家總動員會議核定，令飭檢發該項辦法一份，令仰切實遵辦具報

3211

辦理情形隨時具報為要并因附發交通部加強管制物價方案實施辦法八份奉此自應遵照發印同該項辦法八份隨電附發希即切實遵辦并將辦理情形剋日具復嗣後并應於每月十五日具復一次以便呈轉為盼并因附發交通部加強管制物價方案實施辦法一份奉此自應遵辦除分別函令外相應檢送前項實施辦法一份函請

查照并飭屬知照為荷

此致

福建省保安處

附送交通部加強管制物價方案實施辦法一份

兼處長 [illegible]

副處長 [illegible]

校對 俞允時

監印 葛寧瓊

附：交通部加强管制物价方案实施办法

交通部加強管制物價方案實施辦法

運輸部份

甲、原則

一、為配合管制物價起見所有鐵路公路驛運水運及空運等運輸事業均應一面限制運價一面便利運輸

二、運價係指運輸機關按照規定所收之價目而言而運輸費用所包括種類甚多運價不過佔其中之一部份故除限制運價外應同時兼顧其他各項運輸費用之減輕與限制

三、運輸主管機關應與物資主管機關密切聯絡以求各主要物資之運銷數量與運輸能力相配合

四、視各主要物資之產銷情形增闢或加強水陸聯運路線以利物資運輸

五、各種運輸工具如鐵路公路驛運水運空運應各謀本身運輸效能之增高並須相配聯繫俾個別的及綜核的發揮最經濟有效之利用

（一）

六、儘量發動并利用民間運輸工具與伕力

七、凡有破壞運輸工具或阻礙運輸業務者應請政府嚴厲懲處

乙、機構

八、運輸機構應力求簡單統一使全體以增進運輸效能并便實施限價

九、國營公營及民營鐵路之運價及運輸應由交通部負責管制

十、國營公營及民營公路之汽車運價及運輸應由交通部負責管制

一、凡人獸車輛等驛運及木船竹木筏等水運之運價及運輸在交通部設有管制機關者應由交通部負責管制否則由所屬各省市縣政府主管機關負責管制凡經兩省以上之路線應由交通部設置管制機構

二、輪船之運價及運輸無論國營公營或民營均應由交通部負責管制

三、各省市縣民營之運輸同業公會及輪船業或民船業或車業同業公會等應由交通部及各省市縣政府依照向章分別負責監督使其組織健全運輸加強而便實施限價

十五、在各重要地區及都市各運輸及交通機關應舉行聯席會議俾便研究封鎖實施限價及便利運輸等辦法並與當地物資運輸機關及運輸業及車船業同業公會取得密切聯繫

十六、交通部各重要附屬機關應各成立協助平價委員會由該機關主管人員兼任主任委員并指定高級人員兼任委員俾便調查報告各該地區有關管制物價事項

丙、限制運價

十七、各運輸事業之運價除以三十一年十一月三十日前核准有案外均以三十一年十一月三十日之運價為最高限價

十八、各運輸事業之運價應以最低運輸成本為標準如因最低運輸成本發生重大變動得呈請調整各運輸事業之主要成本因素分類如下

1、鐵路—以機煤油料及養路之材料及員工薪資等為主

2、公路—以燃料車胎配件材料養路費及員工薪資等為主

二）

丑、輪船——以燃料及食及員工薪資等為主

寅、帆船——以船舶屬具及船伕薪資等為主

卯、驛運——以伕馬食料車輛屬具等為主

辰、航空——以汽油油料飛機養護費及員工薪資等為主

十八、運輸價目以外之一般運輸所需費用如棧費裝卸費押運費中途搬運費運輸損失費轉運手續費等亦應同時設法減輕與限制

十九、各運輸機關應積極撙節物材及利用燃料之運動藉以減低成本一切設備尤須科學化俾得切實達到限價之目的

二十、既實施限價後無論軍公商運應一體恪遵不得擅自增減以免造成黑市運輸主管機關應負管制之責其無運輸專管機關之地方應由地方主管機關隨時監督嚴禁如有黑市等情一經查獲應予依法嚴懲

二十一、為增進運輸工具之調度及運量之增加而發生不可避免之困難時得收取運輸困難補助費

(二)

六、積極籌劃運輸之各種積聚以減輕運輸負担

丁、便利運輸

一、運輸路線可分類如左

1.國際路線——以便輸入外國物資

2.接近戰區及淪陷區走私之路線——以便搶購淪陷區之物資

3.大後方之主要交通線——調劑各地貨物俾大後方之生產消費能相適應

二、各運輸机關應積極辦理左列各事項藉以增進運輸效率而減低其成本

1.辦理負責聯運減少貨主自行押運及貨物幾次中轉入棧等費用直接間接減低貨物運輸成本

2.嚴禁將車船作為倉庫以免虛耗工具

三、各運輸机關應與物資机關密切聯繫統籌支配藉免困難

(乙)

廿四、辦理貨物保險保障貨物安全使各種貨物不致因受運輸上之損失(二)

而提高其價格

廿五、凡足以減低運輸速率之(如管制檢查等手續)應儘量改善務求統一簡

化並絕對避免重複

廿六、各運輸事業對於實施限價之主要物品如糧食燃料棉花紗布等應儘

先裝運并應在規章範圍以內予以各種便利

廿七、調查全國主要物資之產銷情形擬定運輸計劃以資配合

廿八、各運輸機關應按期將運出及待運物資之種類數量報告交通部俾便統

籌設法補救

廿九、現有汽車必須儘量修復利用并完成木炭煤炭及桐油等代汽油爐之

改裝計劃

卅、各運輸機關每日應將次日承運之貨量承運次序託運人姓名核發運照

先期牌示

廿八、隨時注意國內外必需材料之購備，以合理之負擔供給各運輸事業，俾能維持運輸業務

廿九、鐵路公路水運驛運各種運輸之性能設備以及地方情形各有不同，為切合實際推行起見，應飭由各主管機關遵照上列原則共辦法擬具各項有效辦法，限期呈核施行

戊、準備

卅、積極調查各運輸事業之成本，周密籌劃調整運價之標準

卅一、調查各地區各類運輸線之物資運輸能力

卅二、明令各運輸機關將發佈重要規章議定獎懲辦法

卅三、除上項所述外，其已劃歸所屬各省水運驛運機關商同地方政府遵照通令

從速議定水運驛運合理之價目徵收標準

郵儲部份

積極發展郵政儲蓄事業

甲、原則

三七、加強各地儲金機構以發展儲蓄業務

三八、儲蓄款項應儘量投資於生產事業

三九、當地吸收儲金應酌量在當地運用以增進儲戶之信念及興趣

四十、調度各地生產事業所需資金予以協助

乙、組織

四一、就原有各級郵局及儲匯局積極進行，必要時并添設機構辦理之

丙、辦法

四二、依照四聯總處規定之推行儲蓄業務計劃切實奉行

四三、提高各鄉各縣郵局之儲金功能

四四、取消或提高存款之限額

四五、推廣支票儲金以便利民衆

四六、提高各種儲金利率以吸收社會游資

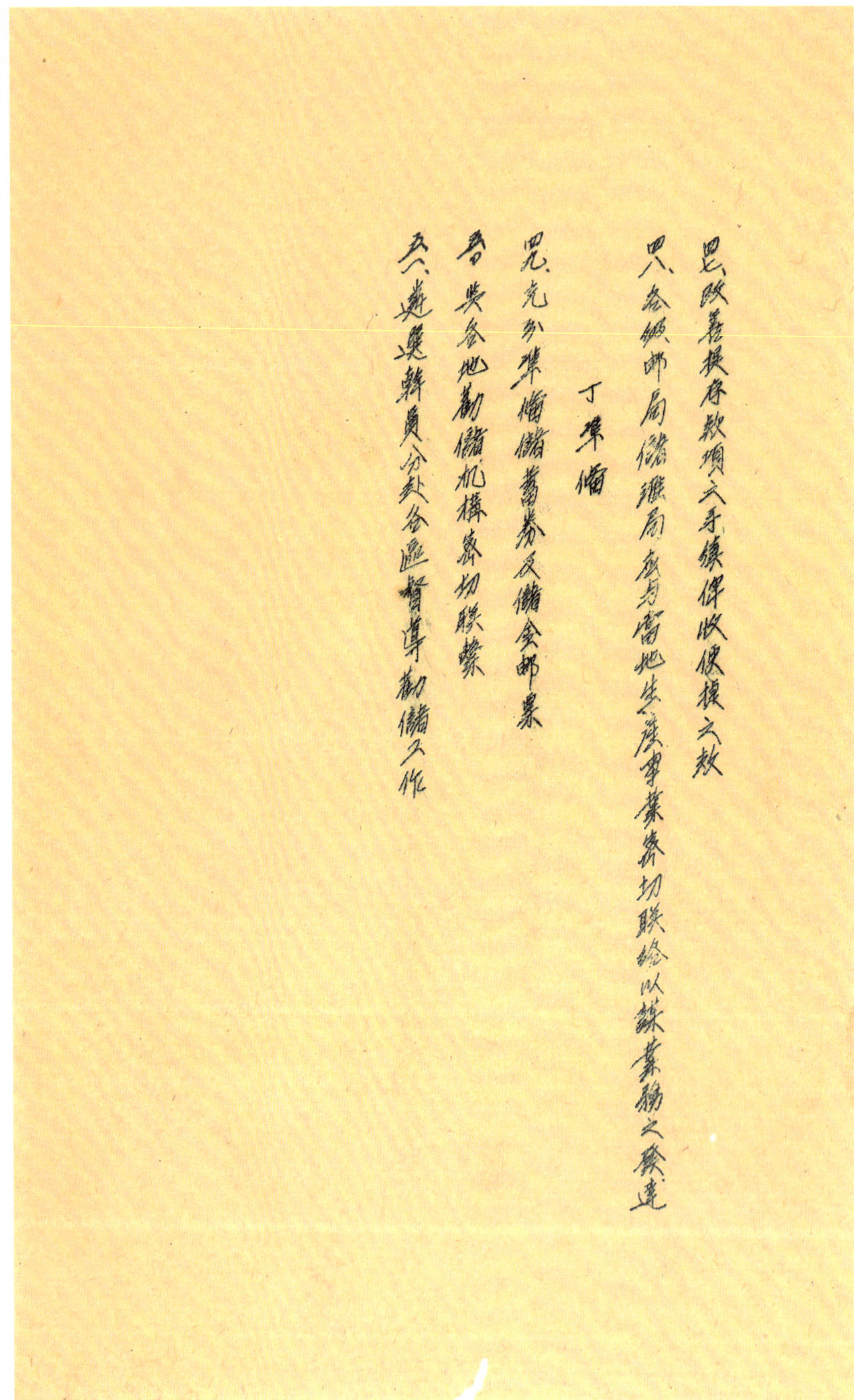

四七、改善提存款項之手續俾收便捷之效

四八、各級郵局儲匯局應與當地生產事業密切聯絡以謀業務之發達

丁　準備

四九、充分準備儲蓄券及儲金郵票

五〇、與各地勸儲機構密切聯繫

五一、遴選幹員分赴各區督導勸儲工作

福建省政府关于补发修正国家总动员会议组织条例致宁德县政府的指令（一九四三年七月十七日）

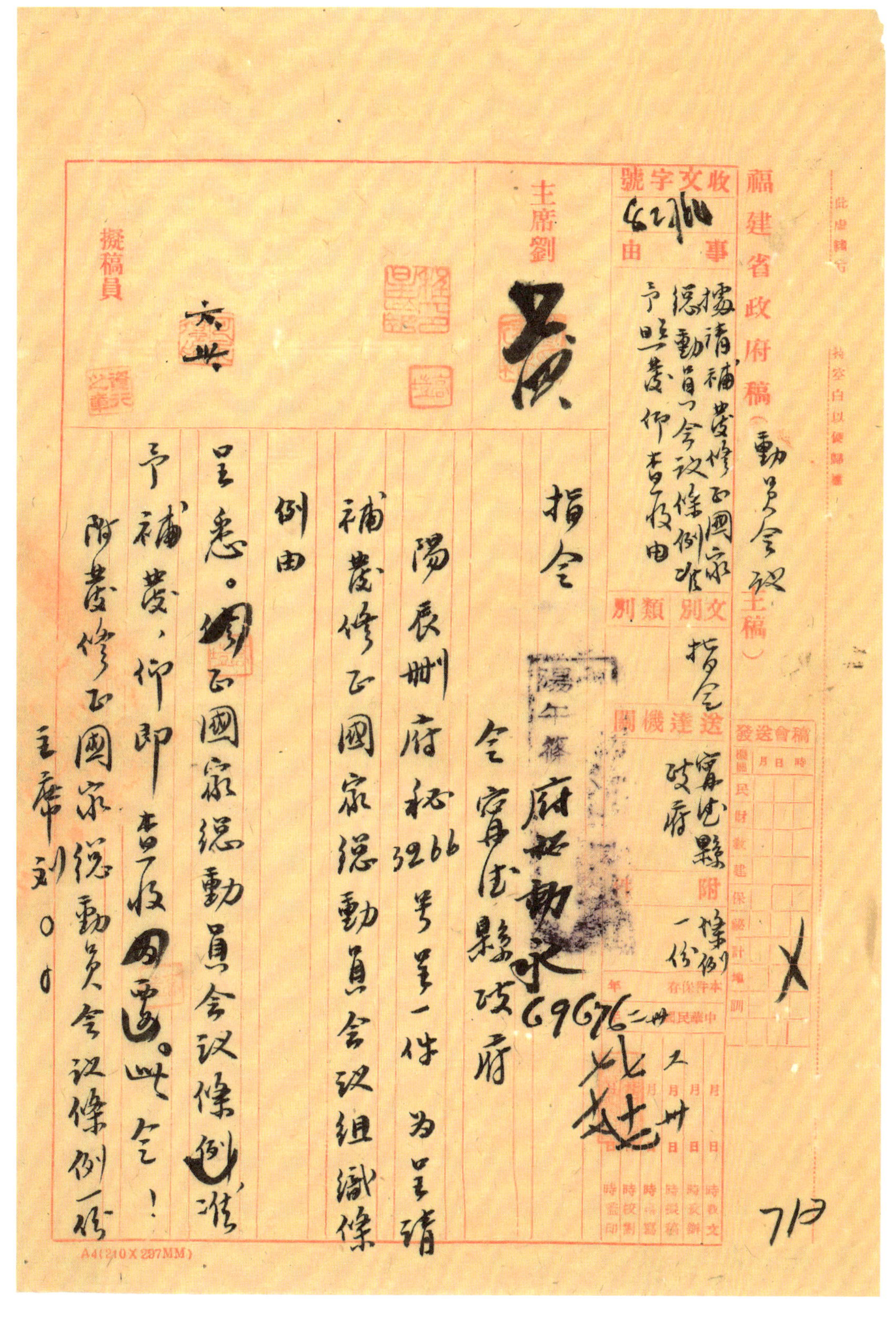

附：修正国家总动员会议组织条例

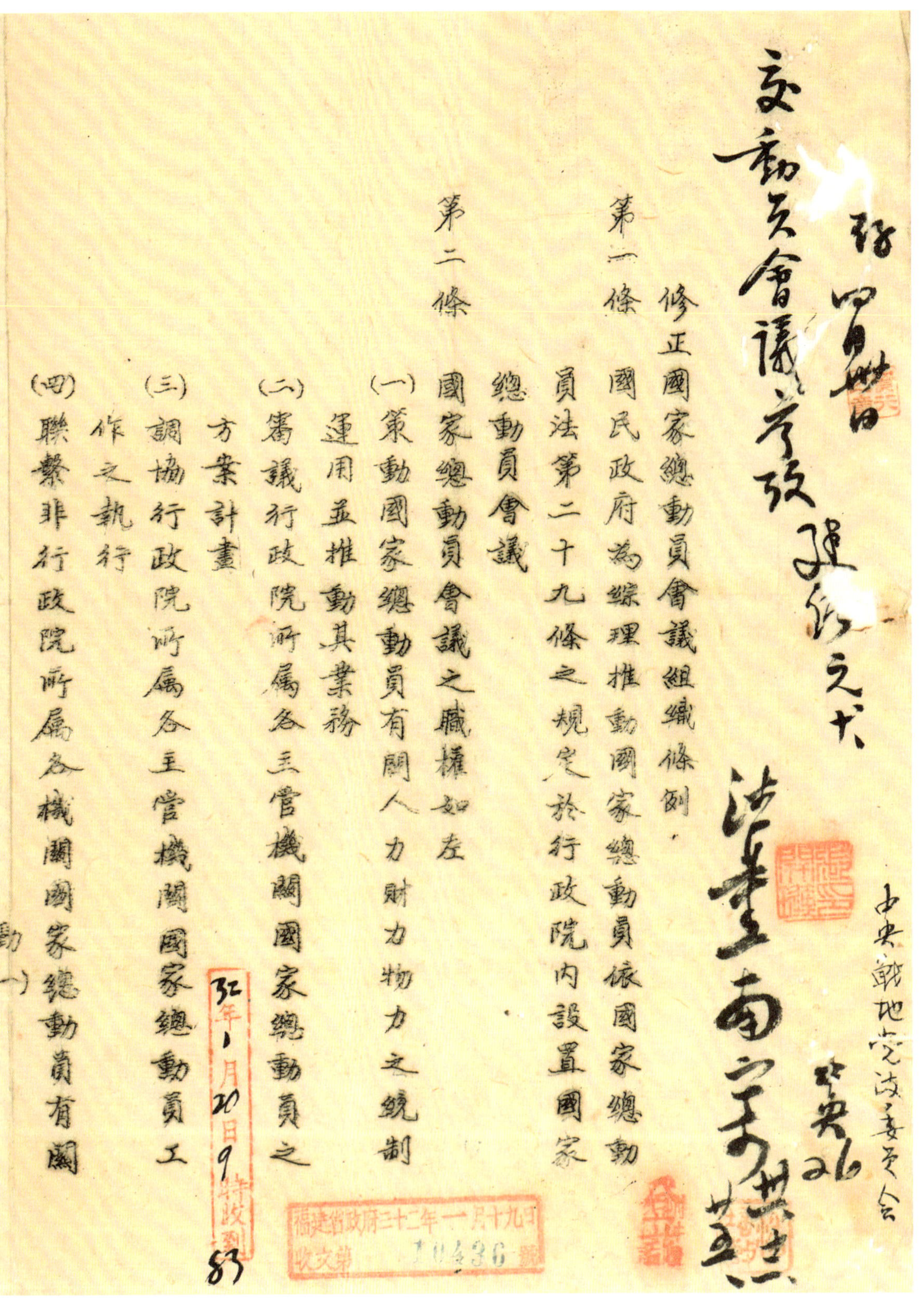
修正國家總動員會議組織條例

第一條　國民政府為綜理推動國家總動員依國家總動員法第二十九條之規定於行政院內設置國家總動員會議

第二條　國家總動員會議之職權如左

(一)策動國家總動員有關人力財力物力之統制運用並推動其業務

(二)審議行政院所屬各主管機關國家總動員之方案計畫

(三)調協行政院所屬各主管機關國家總動員工作之執行

(四)聯繫非行政院所屬各機關國家總動員有關

動(一)

32年1月20日9時政到

83

福建省政府三十二年一月十九日收文第10436號

勤（一）

之工作

第三條　國家總動員會議以左列人員為委員

行政院副院長

中央黨部秘書長

國防最高委員會秘書長

中央設計局秘書長

黨政工作考核委員會秘書長

國民政府主計長

軍事委員會參謀總長副參謀總長

軍令部部長

後方勤務部部長

軍事委員會委員長侍從室各處主任

運輸統制局主任
內政部部長
外交部部長
軍政部部長
財政部部長
經濟部部長
教育部部長
交通部部長
農林部部長
社會部部長
粮食部部長
行政院秘書長

動
二)

動(二)

行政院政務處長
四聯總處秘書長
本會議秘書長
其他由院長指派之人員

第四條　國家總動員會以左列各員為常務委員

行政院副院長
中央党部秘書長
軍政部部長
財政部部長
經濟部部長
交通部部長
農林部部長

社會部部長
糧食部部長
行政院秘書長
本會議秘書長
其他由院長指派之人員

第五條　國家總動員會議每兩星期開常務會議一次必要時得召集臨時會議

第六條　國家總動員會議全體會議由行政院院長於必要時召集之

第七條　國家總動員會議常務會議及全體會議由行政院院長主席院長因事未能出席時由副院長代理之

（動三）

動（三）

第八條　國家總動員會議之決議及對外行文由行政院行之其他事務之處理用會議公函或秘書長名義行之

第九條　國家總動員會議設秘書長一人特派秉承院長副院長綜理全會事務副秘書長二人均簡派輔助秘書長處理事務

第十條　國家總動員會議設參事五人至八人均簡派負本會業務綜合設計研究及有關法令審核之責

第十一條　國家總動員會議設秘書四人至六人簡派或薦派承長官之命辦理指派事宜

第十二條　國家總動員會議設總務處處內設文書科事務科會計科議事科宣傳科分掌各項事務

第十三條　國家總動員會議設物資處處內設生產科管制科物價科調查室分掌各項事務

第十四條　國家總動員會議設軍事人力財力運輸檢查五組分任各項調查研究審核及建議等工作

第十五條　國家總動員會議總務處設處長副處長各一人均簡派秘書二人薦派每科設科長一人均薦派科員二十五人至三十五人薦派或委派

第十六條　國家總動員會議物資處設處長副處長各一人均簡派專員二人簡派或薦派室設主任一人簡派每科設科長一人均薦派科員二十人至二十八人薦派或委派

第十七條　國家總動員會議軍事人力財力運輸四組各設

動(四)

主任一人副主任一人均簡派專員二人簡派或薦派組員四人至六人薦派或委派檢查組之編制視其業務需要另定之

第十八條 國家總動員會議附設經濟檢查總隊掌理國家總動員有關糾查檢舉事項其編制另定之

第十九條 國家總動員會議各處組室科職員除專任者外得聘用專門人員

國家總動員會議得僱用辦事員及書記分派各科室組辦事

第二十條 國家總動員會議設置國民精神總動員會掌理關於激勵國民精神指導國民思想推進工作競賽有關文化建設事項其編制另定之

第二十一條　國家總動員會議得在各省會或其他必要地點設置特派員或專員二人至四人負調查聯繫督促之責

第二十二條　國家總動員會議處務規程另定之

第二十三條　本條例自公佈之日施行

動（五）

行政院、福建省政府关于抄发军需供应计划大纲的训令（一九四三年九月至十一月）

行政院致福建省政府的训令（一九四三年九月二十三日）

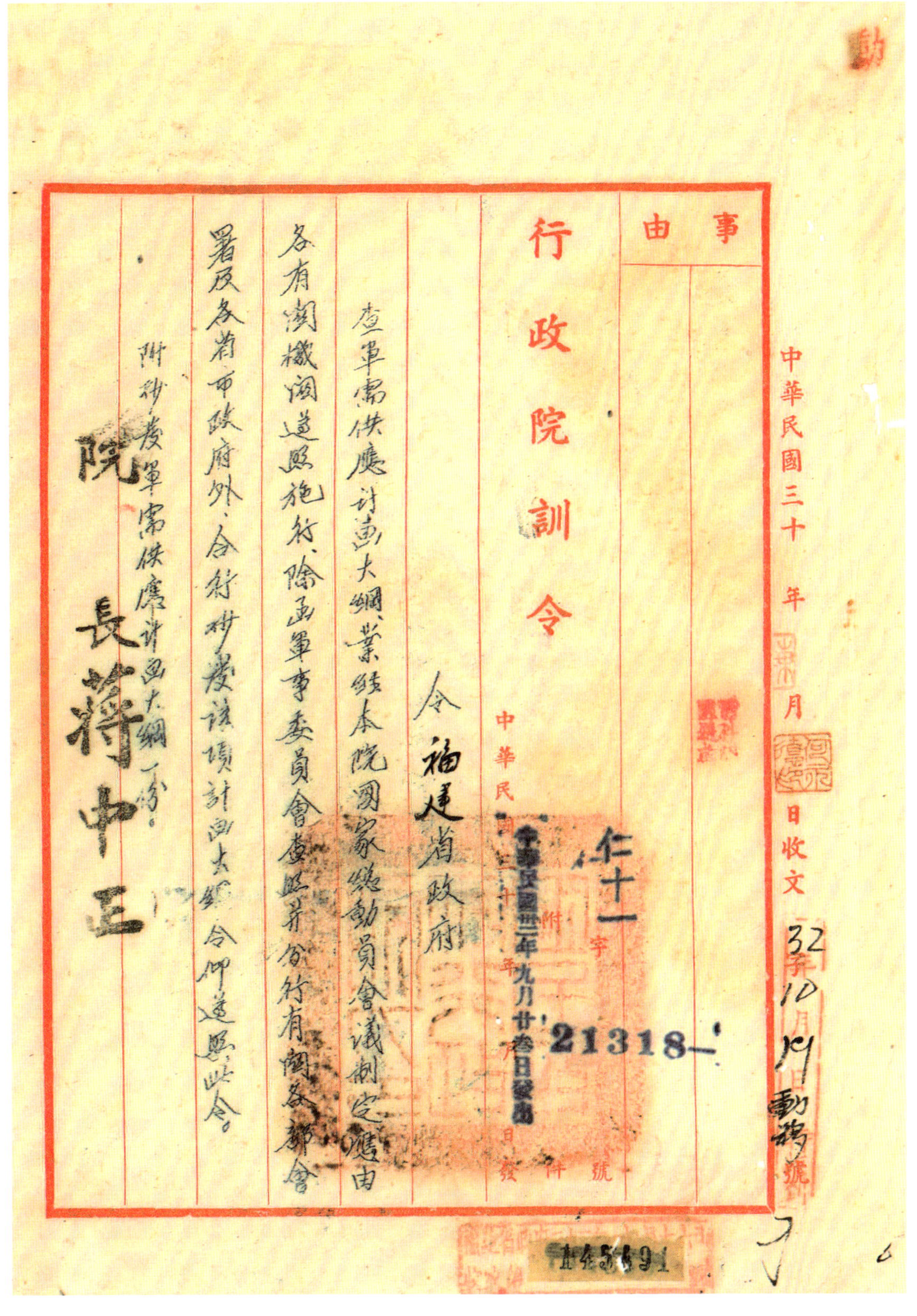

事由

行政院训令

中华民国三十二年九月廿叁日发出

仁十一字第21318号

令福建省政府

查军需供应计划大纲，业经本院国家总动员会议制定，应由各有关机关遵照施行。除函军事委员会查照并分行有关各部会署及各省市政府外，合行抄发该项计划大纲，令仰遵照。此令。

附抄发军需供应计划大纲一份。

院长蒋中正

附：军需供应计划大纲（一九四二年九月四日通过，九月三十日修正）

軍需供應計画大綱 三十一年九月四日第十六次常務會議通過 九月三十日本會第三次全體會議修正

一、要旨

1. 為適應長期抗戰與國防建軍之需要，總動員各部门業務在各項物資缺乏之之狀况下，應本軍事第一最高原則，儘先滿足軍事上急需物資之供應，充實戰鬥資材

2. 軍需調節供應業務應力求統一，并策劃重要軍需品之實物供應，以改善部隊生活，增強戰力

3. 國內生產不足或缺乏之軍需物資應設法增產及研究代用品，同時力求節用，以期供应無缺

4. 各軍需工業應力求擴加生產力量，增加產量，并與一切經濟事業取得協力之配合，以期在最大可能範圍達到自給自足之目的

二、辦法

1. 軍需供應應按已往辦理情形，策定全般计画，就所需要之兵器弹药及

軍需品（被服装具、枪炮弹药、卫生品材料等）與其他軍用器材暨兵工及軍需工廠所需工具原料半成品分別綜合統籌，除軍事機關所屬各廠場產量全部供給者外，對於不足物品尤其急需物資，應妥定計劃調劑供應之。

2. 軍需調劑應注重於求供業務之調整，務期歸於統一，在軍事需求方面應依全般計劃確定需要之緩急程度，統籌擬定調劑方案，至於物資供應方面，應由主管機關統一事權，對於生產機能之調整、增進工具原料之支配、應用與生產類之配賦，均應分別綜合籌劃，以適應軍事第一之需要。

3. 軍需工廠先就原有機構設備加以調整，其應歸併者歸併之，以原有經費儘先加強本身生產力，然後依照國內所有原料、技術、勞力、運輸、動力等可能供給範圍內，會同主管機關從事軍需工廠之擴增生產，對於民營工廠以不妨礙民生之原則下，予以適合理利用，改製軍用品，俾能自給自足。

4. 軍需工廠所需原料工具，應依緩急先後之程度并確定順序，供應辦法為統籌之支配，對於不足原料工具，尤以須有關當局應督促生產并設法增加輸入

二

同时節約使用及講求代用品以資補助

5、爲改善部隊生活以求官兵健康之增進同时注重農業動員之發展加強農產軍需品之統制對於軍需服裝糧秣之主要物品分别計画實施征購逐事實物供應并在可能範围内對於軍需工業所需重要原料工具單用征購實物供應办法施行之（實施征購供應办法另行分别訂定）

6、征購實物應就已普劃登記之物品會同物資主管機關統籌办理所需價款除軍事機關原有預算已撥外不足之數會同籌補办法或報請國庫開支

7、關於軍事上迫切需要之物資原料工具設備劳力等除分别施行征購租用征借外必要时由主管機關另定办法實施征用（各項實施办法另行訂定）

8、關於軍需品及其原料之補給運輸於軍事機關本身輸力不足时應利用其他工商輸力優先供應

三、主管機關及業務實施要領

甲、軍事机関凡屬陸海空軍各部門所需軍需物資原料工具之調协生產運輸調劑等項除各軍事主管机関本身所能解決或会商物資机関進行解決者外其不能解決事項應依左列之要領由該主管机関拟具各種計画提送軍委会軍政部所主办之軍需物資供應小组会議綜合審核送該總動員会议解決之

〡、各軍事主管机関須本於國防作戰及建軍之要求分别拟定兵器彈藥軍用器材及軍需品（包括被服裝具粮秣燃料医药品料等）生產補充之計画

〢、各軍事机関本身所有兵工及其他軍需各廠之產量如不足以供軍用時為擴大生產及利用各種公商工廠协力增產起見須分别拟具擴增生產計画

〣、各軍事机関本身所有工廠經擴增生產如仍感不足必須向其他工廠或企業公司購買時須拟定軍需品調劑購買計画

〤、各軍事机関所屬兵工及軍需品工廠所需原料及補充工具設備等項須拟具調劑補充計画

5、各軍事机關所需兵工及軍需品工廠所不能生產之物品須向國內各地採办时应拟定各種调办採買計画必要时会商主管机關拟定征購征用之計画如國内所不能生產或市面缺乏之物品必須向國外採办者应拟定採運計画

6、各軍事机關對於補增兵工及軍需工廠暨其他軍用技術從業人員須分别拟定補充培養征調計画

7、軍用馬騾育成補充與採買或征購征用須由主管机關分别拟定計画

8、關於軍事運输交通通信衛生各項設施所需軍用物品器材須由主管机關分别統籌拟定補充採買征購征用等各種計画

9、關於征募部隊生活所需主要軍需品(主要服食日用品)須由主管机關統籌拟定補給計画必要时会商物资机關分别訂定征購或征用計画实行实物供应

10、關於生產不足及缺乏之物资特須节約使用并由軍事机關商同主管

部研究代替品拟定使用代替品之计画

乙、物资主管机关對於所管物资应力求事權之統一，其有涉及其他機關事權者应與關係機關劃清權限，俾責有專司。對於軍事上之需求应依軍事第一之原則優先設法供应，其有直接不能解決者，提出國家總動員會議商討解決之。

丙、地方機關關於軍事需要实施總動員統制節約徵用之法令，时須就主管範圍对於鼓励宣傳及其他应行準備事項分別詳定实施計畫，并督導各級基層組織貫徹施行之。

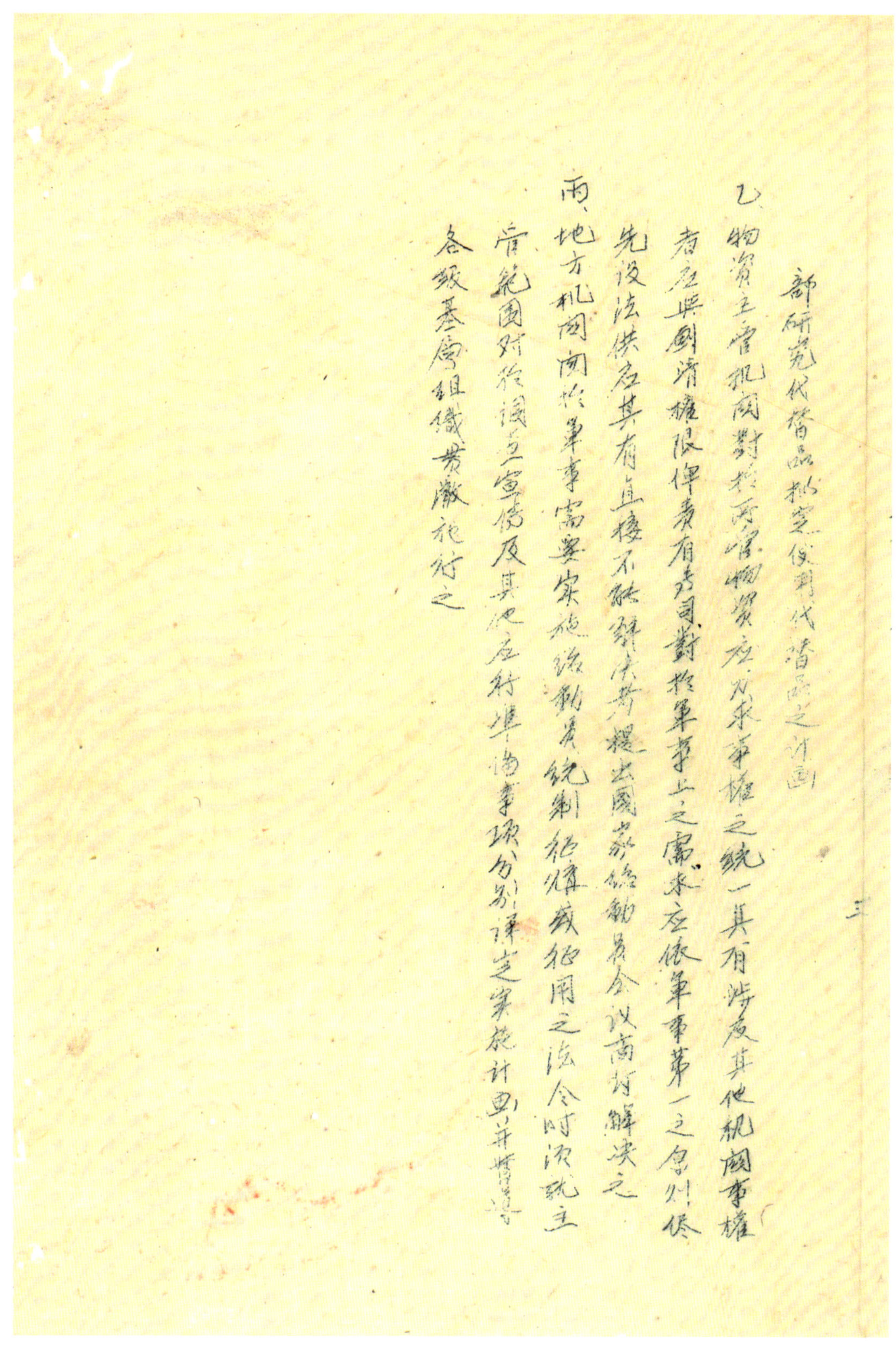

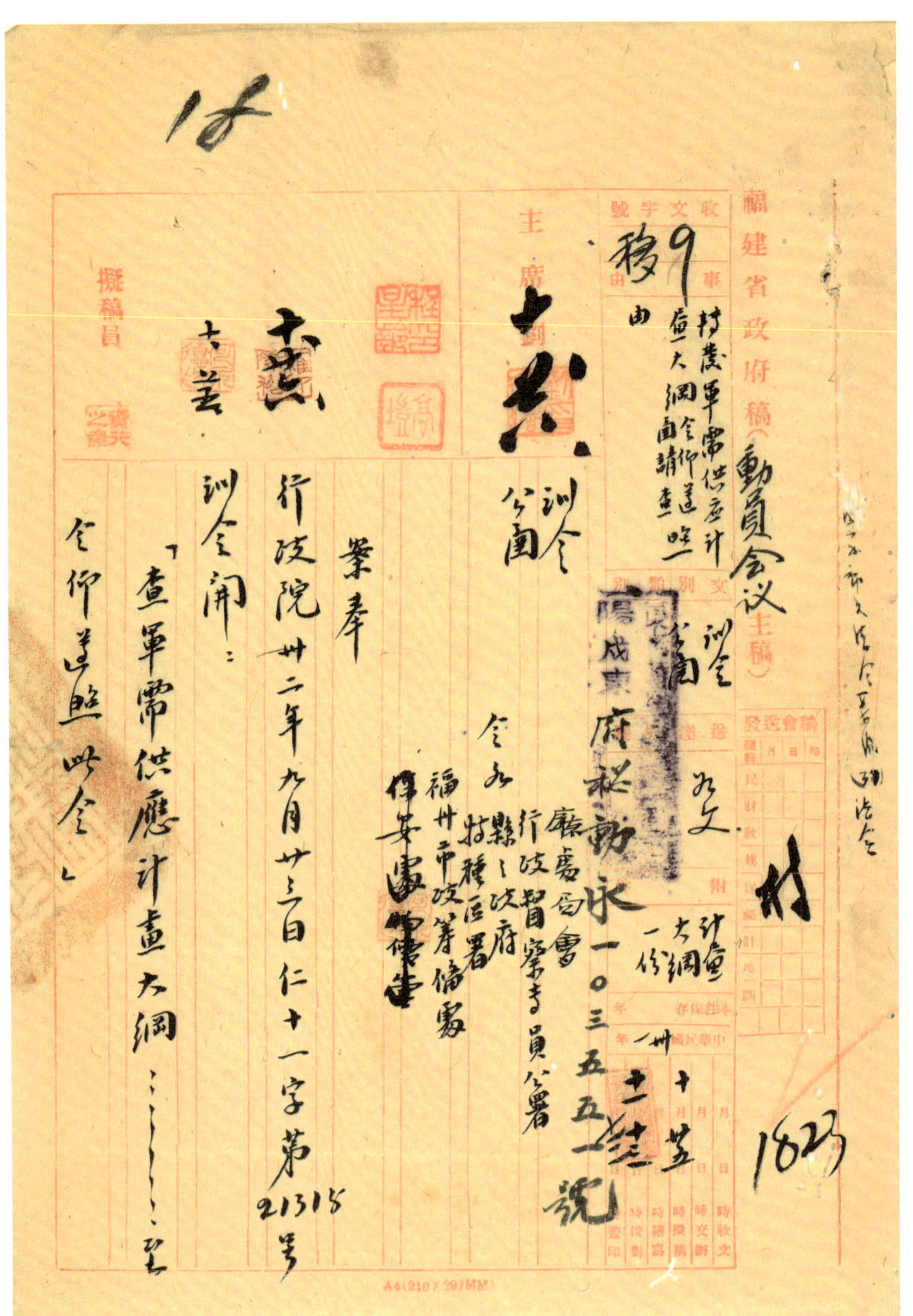

福建省政府致各区行政督察专员公署、各县县政府等的训令、公函（一九四三年十一月一日）

此欄右邊須保持空白以便裝訂

等因，附發軍需供應計畫大綱一份，奉此，除分別函

令有關機關遵照外，相應抄發原計畫大綱一份，函請

遵照為要。此令

查照為荷。此致

福建省物價管制委員會

福建省勞軍委員會

福建省軍管區司令部

主席劉〇〇

福建省政府关于抄发国家总动员法有关法规目录汇编及其增删补订表的训令（一九四四年五月三日至十二日）

福建省政府致省保安处的训令（一九四四年五月三日）

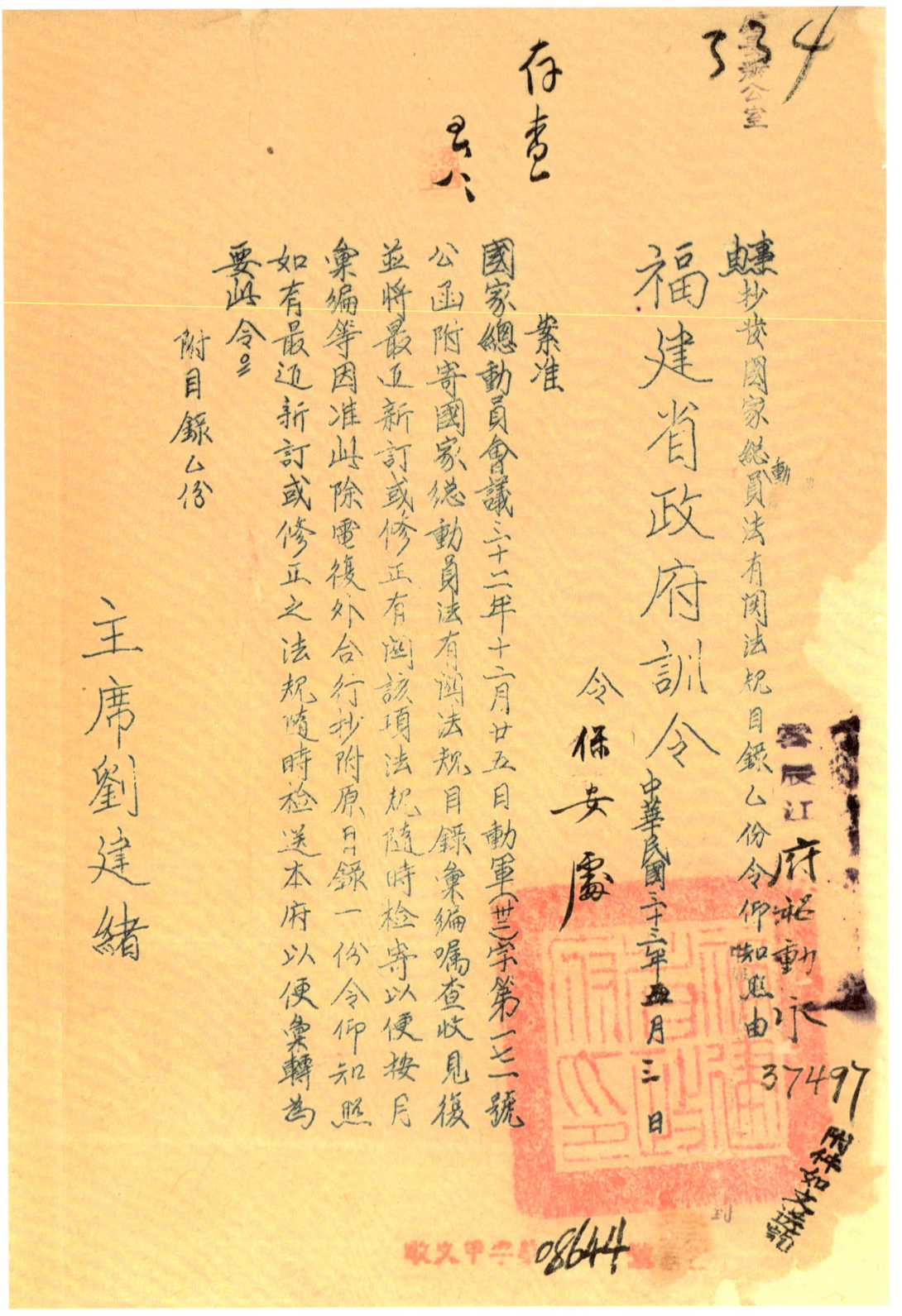

事由：抄發國家總動員法有關法規目錄乙份令仰知照由

府秘動 37497 附件如文

福建省政府訓令

中華民國三十三年五月三日

令保安處

案准

國家總動員會議三十二年十二月廿五日動軍（卅二）字第一二一號公函附寄國家總動員法有關法規目錄彙編囑查收見復並將最近新訂或修正有關該項法規隨時檢寄以便按月彙編等因准此除電復外合行抄附原目錄一份令仰知照如有最近新訂或修正之法規隨時檢送本府以便彙轉為要此令。

附目錄乙份

主席劉建緒

國家總動員法有關法規目錄彙編

凡例

一、為明瞭國家總動員法之立法精神及本法與現行有關動員業務法令之聯繫而便於各部門處理業務之參考起見特編訂國家總動員法有關法規目錄彙編

二、本彙編係將國家總動員法之有關集中運用全國之人力物力而已有各種現行法令之各條編輯之以國家總動員法之條文為綱有關法令之各條文為目而附麗其下故從總動員法第六條起至第二十九條與第三十一條止（其餘第一至第四條與第三十第三十六條均屬本法之原則規定故未編列）

三、本彙編為便於查考起見特分為三欄上欄刊載國家總

動員法各條條文中摘列載現行有關法規並以部會名稱俾明某會下關備考欄以便各機關加註公布修正或廢止之時期（各種法規之公布時期因待各主管機關查考尚須時間以後業務進行補註重印）

四、凡一現行法規而有關國家總動員法數條之業務者則於各條之下均載之

五、物資局業本局裁撤後改設花紗布管制局及日用必需品管理處除紙張及食油另訂有管制辦法外關於花紗布尺類仍沿用經濟部原有各種辦法

六、本彙編先將目錄印送各有關動員業務機關凡各主管機關認為有須修正增刪之處隨時通知國家總動員會議以便彙總印發修正表一面搜集各有關法規全文續編國家總動員法有關法令大全陸續付印

國家總動員法條文	現行有關法規	備考
第四條 本法稱國家總動員業務，係指左列各款而言： 一、關於國家總動員物資之生產、修理、支配、供給、輸出、輸入、保管及必要之試驗研究業務； 二、關於民生日用品之專賣業務； 三、關於金融業務； 四、關於運輸通信業務； 五、關於衛生及傷兵難民救護業務； 六、關於情報業務	社會部 1、勞動服務隊組織規程草案 2、非常時期救濟難民辦法大綱 二十六年九月九日行政院公布 3、非常時期遣送難民辦法 行政院公布 二十七年 4、非常時期難民移墾條例 行政院公布 二十八年 5、各地方救濟院規則 二十二年四月廿一日內政部公布 6、社會部獎勵育嬰育幼事業暫行辦法 三十二年五月二十日行政院核准備案 7、社會部直轄兒童保育機關收容兒童暫行辦法 三十一年十二月廿日公布	

七、關於婦孺老弱及有必要者之遷移及收容業務

八、關於工事構築等業務

九、關於教育訓練與宣傳業務

十、關於徵購及輸送購運之業務

十一、關於維持後方秩序並保護交通機關及防空業務

十二、其他經政府臨時指定之業務

第五條　本法實施後政府於必要時得對國家總動員物資征購或征用其一部或全部

經濟部

〡、非常時期農礦工商管理條例

〢、經濟部礦產品運輸出口管理規則

〣、非常時期取締日用重要物品囤積居奇辦法

〤、取締囤積及獎勵出售鋼鐵材料暫行辦法

〥、非常時期採金暫行辦法

〦、經濟部管理廢金屬規則　三十一年七月廿四日經濟部

〧、資源委員會管理礦產品實施辦法

〨、資源委員會錫業管理處非常時期督導錫礦業增產辦法　三十一年六月廿日資委會核准

〩、資源委員會管理汞業實施辦法

〡〇、資源委員會銅業管理處收買銅料運價辦法

〡〡、工礦調整處管理鋼鐵材料實施辦法

五五、礦調整處管理土鐵辦法 三十一年九月二十三日經濟部令布

五六、川康銅業管理處川康兩省銅產營銷暫行辦法 二十六年十二月廿四日資委會修正

五七、統購統銷嘉陵江區及綦江區各礦所產焦炭暫行辦法

五八、浙江省平陽明礬管理辦法 三十年十月一日經濟部公布

五九、資源委員會[illegible]處駐黔辦事處收購黔區煤焦辦法 三十一年[illegible]經濟部公布

財政部

一、全國豬鬃統購統銷辦法 [illegible]公布

二、全國羊毛統購統銷辦法

三、全國生絲統購統銷暫行辦法

四、全國桐油統購統銷管理暫行辦法及施行細則

六、財政部棉紗布疋統購統銷及征實[illegible]暫行辦法

七、戰時出口[illegible]征收實物暫行通則

八、[illegible]戰時限制[illegible]物品[illegible]暫行辦法 三十[illegible]

修正田賦征收實物滯納處分辦法
該法三六、六、二六行政院修正公布

修正勘報災歉規程三六、三、一修正公布

修正土地賦稅減免規程三六、三、一、行政院修正公布

財政部田賦征收實物驗收暫行通則三六、七、二、財政部令發

田賦征收實物集倉納糧暫行規則三六、七、二〇財政部令發

修正戡區土地租佃規則減免及耕地荒廢救濟暫行辦法三六、一、二三財政部令公布

欠賦催征通則

各省征實征購糧食交接辦法
行政院第五九〇次會議通過

四川省征收舊糧食交接辦法
三、一〇、三、財政糧食兩部令發

財政部各省縣市糧食管理通知
三、七、二〇、財政部令發

財政部各省縣市糧食管理暫行通則三六、七、二〇、財政部令發

財政部各省縣市糧倉存谷翻曬、暫行辦法三六、七、二〇、財政部令發

財政部各省縣市田賦管理處交代規則三六、一二、二六、行政院令准備案

三

公營事業…處理委員會管理…
員交代暫行辦法（三十三年…公布）
民國三十年度…章條例（三十…）
三、修正公布
民國三十一年糧食庫券條例
領換辦法二十二年糧食庫券領換憑証
三十一年推銷公債劃銷要
三十一年推銷公債實施辦法
三十二年推銷公債補充辦法
三十二年…認購公債辦法加派
辦法
戰時…代收棉花暫行辦法
統籌棉花管制辦法
戰時棉田田賦征收棉花暫行辦法
陝革案…西…保定中
農本局收購棉花辦法
統籌棉紗平價供銷辦法
擴大征購廠紗獎勵辦法及補充
物價審議辦法修正辦法
物資局征購廠紗作為標記辦法
經濟檢查站查封物品處理辦法
行辦法

綏陝甘寧邊區征收救國公糧條例

交通部

1、管制商車辦法 三〇、一〇、軍委會公布

2、驛運車馱管理規則 三〇、八、一四、行政院公布

糧食部

1、四川省各縣市駐軍採糧暫行辦法

2、屯積糧業懲罰辦法

3、各縣供應重慶市及疏建區糧食辦法實施綱要

軍政部

1、軍事征用法及施行細則

2、戰時國防工事材料征購暫行辦法

3、非常時期租用民間車馬規則

4、軍委會征雇夫騾及驗收規則

6、戰時軍事機關或部隊征用民伕暫行辦法

7、軍隊征用地方民伕馬騾火車臨時辦法

8、戰時改善軍隊生活征購食油燃料之燃皮馬草辦法

9、軍政部征購軍糧包裝材料暫行辦法

10、征用汽車施行辦法

11、軍運征租商車辦法

12、產馬事業獎勵助成辦法

13、獎勵地方馬匹生產蕃殖辦法

14、種馬借貸暫行規則

15、綏陝甘寧青三省抽丁馬匹暫行辦法

16、凡戰區征用木料給價辦法三、八

第六條　本法定頒設戰有於於爭時得對國家總動員物資之生產販賣致損入各合負償存該項物貨之一充款貨應一其期藏非其裁未會抗關不得自由處分

經濟部

修正非常時期農鑛工商管理原例

管理煤炭辦法大綱

管理重慶市煤炭規則

統購統銷嘉陵江區及綦江區煤

購所產亂炭暫行辦法

修正管理重慶市煤焦實施辦法

防止商人由淪陷區運入煤油私

自購售辦法

取締重慶市棉紗投機買賣辦法

管理重慶市棉紗棉布買賣暫行辦法

疏運重慶市及江　兩縣存款臨時辦法

管理二業機器規則

鋼鐵材料管制辦法

發給鋼鐵材料運輸執照辦法

財政部

1.食糖專賣區内糖精管理暫行辦法三〇、一、一六、財政部公布

2.食糖專賣區内糖蜜管理暫行辦法三〇、一、一六、財政部公布

3.管理火柴產製運銷暫行簡則三一、一、二、財政部核准

4.全國桐油調節管理暫行辦法及施行細則

5.全國生絲統購統銷暫行辦法

6.全國豬鬃統購統銷辦法

7.全國羊毛統購統銷辦法

8.全國桐油統購統銷辦法

9.修正全國豬鬃統銷辦法

10.財政部管理全國内銷茶葉辦法

大綱

11.糖類管理暫行辦法

12.製糖廠商管理暫行規則

糧食部

1、糧食部調查大戶存糧辦法大綱

交通部

1、管理運輸汽車配件暫行辦法

社會部

1、運銷合作事業推進辦法

2、獎勵民間運輸及協助合作事業辦法

3、消費合作推進辦法

4、合作社供銷糧食辦法

5、合作社承銷食鹽辦法大綱

6、陪都及遷建區各機關公務員眷屬生產合作推進辦法

7、陪都及遷建區各機關消費合作社推進辦法

8、陪都及遷建區普設消費合作社配銷平價物資辦法

9、爭取滬民內向及滬產內移辦法要點

10、重慶市消費合作社協助粮食管理暫行辦法

11、重慶市消費合作社協助粮食管處經銷食米暫行辦法

外交部

1、駐外使領館發給領事簽證貨單章程

2、中華民國駐外使領館發給領事簽證貨單章程施行細則

衛生署

1、戰時醫療藥品售銷登記管理辦法 三一、三、一四公布

2、細菌學免疫學製品管理規則 三一、二、二七公布

第七條 本法實施後政府於必要時得對國家總動員物資之生產販賣使用修理儲藏消費遷移或轉讓加以指導管理節制或禁止

前項指導管理節制或禁止必要時得適用於國家總動員物資以外之民生

經濟部

1. 修正非常時期農礦工商管理條例
2. 非常時期領辦特種礦類暫行辦法
3. 礦產品運輸出口管理規則
4. 非常時期評定物價及取締投機操縱辦法
5. 非常時期取締日用重要物品囤積居奇辦法
6. 經濟部管理錫業規則
7. 經濟部茶業管理規則
8. 鎢業管理規程
9. 礦產品運輸出口管理規則
10. 管理礦產品實施辦法
11. 管理土鐵實施辦法
12. 國營礦區管理規則
13. 川康銅業管理規則
14. 取締囤積及獎勵出售銅鐵材料暫行辦法
15. 白口鐵增產計劃及貸款辦法

日用品

30. 資委會錫業管理處非常時期監督錫礦增產办法

31、資委會管理永業寬施办法

32、資委會鎢業管理處分配印證办法（三八、七、一八資委会修正）

33、川康銅業管理處川康區商銅戶登記暫行办法

34、經濟部燃料管理處督運煤斤暫行办法

35、經濟部管理嘉陵江綦江岷江各沿岸煤礦所產煤斤暫行办法

36、管理重慶市煤炭規則

37、修正管理重慶市煤焦實施办法

38、酒精製造業管理規則

39、禁糧食內酒坊製酒精原料使用食糧管理办法

40、經濟部燃料管理處管理沱江流域焦煤實施办法

41、經濟部燃料管理處管理岷江流域焦煤實施办法

42. 統籌統銷嘉陵江區以東江區各礦所產煤炭暫行辦法

43. 經濟部燃料管理處購運及管理鄂西至萬縣一帶煤焦暫行辦法

44. 資委會長[illegible]業[illegible]處辦理長路[illegible]煤辦法

45. 沅江五陽明礬管理辦法

46. 經濟部工礦調整處管理工業材料[illegible]則 三一、一、三 經濟部公布

47. 經濟部管理廢生鐵規則

48. 經濟部工礦調整處管理鋼鐵材料處理辦法 三一、四、三、 經濟部公布

49. 經濟部工礦調整處鋼鐵材料登記辦法 三一、六、 經濟部公布

50. 經濟部工礦調整處獎助鋼鐵材料內運暫行辦法

51. 重慶市工廠用電暫行辦法 三一、一、九、 經濟部公布

52. 日用必需品平價購銷辦法

53. 重慶市日用必需品存貨登記及

要月結存呈報補充辦法

〦〧、管理工業机器規則

〦〨、鋼鐵材料登記辦法

〦〩、經濟部日用必需品管理處管理食用植物油辦法 三二、六、三〇、公布

〧〇、經濟部日用必需品管理處管理國產机製白糖砂及赤色糖辦法 三二、六、三〇、公布

〧〡、經濟部日用必需品管理處管理重慶市手工紙張辦法 三二、六、三〇、公布

財政部

〡、農貸許可規則 三二、三、二二、院令修正 三二、三、二六、部令公布

〢、錢莊規則 三二、一、五、財政部公布

〣、銀號規則 三二、一、五、財政部公布

〤、銀行規則 三二、一、五、財政部公布

〥、儲蓄會放管理規則 三二、一、五、財政部公布

〦、合作社承銷食鹽辦法大綱 三二、三、九、社會財政兩部公布

〧、淮鹽發售規則附淮業開墾實性

變更辦法三〇、一二、二八財政部公布

8. 農工業用鹽購銷規則附農工業用鹽變性變色辦法三〇、一二、二八財政部公布

9. 各區特大鹽倉運鹽暫行辦法三一、一、一六財政部公布

10. [illegible]鹽公賣暫行章程

11. 糖煙火柴產製運銷暫行簡則

12. 粵鹽區管理手工火柴業暫行辦法

13. 防止私運貨幣帶金銀出口暫行辦法三一、三、六財政部公布

14. 取締禁止進口物品商銷辦法三一、六、一財政部公布

15. 特許進出口物品領證裁運辦法

16. 修正妨害國幣懲治暫行條例三一、七、五國府公布

17. 外洋郵寄禮品進口暫行辦法六、二六財政部公布

18. 全國植物油料管理暫行辦法及施行細則

19. 全省生絲流通統制暫行辦法

20. 全國糧食流通統制辦法

21. 全國羊毛收購統銷辦法

22、川康各酒精廠所需糖類搭糖紅糖分配辦法 三一、二、四、 財政經濟二部公布

23、戰時食糖專賣暫行條例 三一、五、三、 國府公布

24、酒精原料糖類搭糖管理分配辦法

25、全國內銷茶葉管理辦法

26、磚茶運銷西北辦法綱要 三一、二、行政院會議通過

27、管理川康改良菸葉暫行辦法

28、統籌棉花管制運銷辦法 三一、四、九、經濟部令公布 三一、六、三、修正

29、農本局收購棉花辦法

30、統籌棉紗平價供銷辦法 三一、二、七 院令實施

31、擴大紡織廠紗獎開紗錠及調整紗價事項辦法修正辦法 三一、七、二九、物資局令發

32、農本局以花換紗辦法 三一、三、三、公布

[illegible] 農本局供應平價棉紗初核辦法
三二、二五物資局令准

[illegible] 物資局經外專員辦理供應平價棉紗收藏核辦法三、三二、八物資局令發

[illegible] 棉紗異動登記暫行辦法三、二五、二六物資局令發

[illegible]、物資局填具棉紗登記數須知三、二五、二五物資局令發

[illegible] 物資局對於直接用戶請購棉紗暫行供應辦法

[illegible] 農本局供應零星用戶需用棉紗辦法

[illegible] 管理重慶市棉紗棉布買賣暫行辦法

[illegible] 物資局管理直接用戶織製成品暫行辦法三、二、三、物資局令發

[illegible] 物資局管理直接用戶織製成品暫行辦法及施行細則三一、一〇、九物資局令發

杜、農本局擬定各莊收兌紗布辦法

三一、六、二八、公布

秋、農本局福生各莊收布交換辦法

三一、一、六、公布

林、農本局委託代理處換織物辦法

三一、卅、一、渝農局令轉奉經濟部令准

秋、農本局及各地福生莊委託承銷

棉織品辦法三一、九、二四、訂定

杉、重慶市布疋暨批售代辦法三一、八、二六、

物資局令發

乖、物資局布疋承銷店暫行辦法三一、

八、三一、物資局令發

扶、農本局優待抗屬手工紡織辦法

三二、一、二五、訂定

林、物資局派遣專員駐外辦公辦法

打、物資局登記各縣市存紗臨時辦法

外、登記重慶市及江巴兩縣存紗臨

時辦法

紅、物資局派遣收購專員辦公辦法

仗、物資局檢查公司行號業務暫行

辦法

平價購銷處獎助紗布內運辦法

重慶市紗布商人運銷陳報辦法

核發棉紗特運許可証臨時辦法

檢舉重慶市紗布商人不法行為給獎辦法

產棉區棉花存貨登記處理辦法

戰時食糖專賣暫行規程

食糖專賣區內存糖處理辦法

食糖專賣區內糖類管理暫行辦法

食糖專賣區內糖類經營暫行辦法

食糖承銷商零售商等許暫行章程

增加金產辦法

民營鑛淘金庫直轄暫行辦法

元、五、二、財政部公布

修正銀製品用銀管理規則 二五

六、財政部修正公布

糧食部

一、糧部特頒糧食節約辦法
二、各省建倉積谷實施方案（二五、三、一、行政院核准）
三、各地方建倉積谷辦法大綱（三五、一、三、內政部公布）
四、各省舉辦平糴暫行辦法大綱（三五、三、八、行政院核准）
五、調查大戶存糧辦法綱要
六、禁釀運內糟坊製酒精原料使用食糧管理辦法（三五、二〇、九、行政院核定）

農林部

一、各省糧食增產督導辦法大綱
二、各省推廣冬耕辦法
三、禁止糯稻改種秈粳稻緊要措施辦法（三五、三、三、行政院核定）
四、蠶種製造限制施行細則（二六、六、一〇、實業部公布）
五、蠶種冷藏取締辦法（二五、五、三一、實業部公布）
六、農倉業法及施行條例（二四、五、九、國府公布）

十三

7. 非常時期簡易農倉暫行辦法 二八、八、六、經濟部公布
8. 縣農業推廣所組織大綱 三〇、八、行政院公布
9. 農林部指導農民改良農場經營辦法
10. 獸疫預防條例 二六、九、二七、國府公布
11. 管理血清菌苗獸医用具製造辦法
12. 森林法及施行細則 三二、三、國府修正
13. 民用牛馬騾家畜保育標準辦法 三三、二、一〇、軍政實業兩部公布
14. 蠶種製造條例 二五、一、一八、國府公布
15. 縣農林場組織章程 三一、八、行政院公布

軍政部

1. 防止水陸空各運禁運物品進口辦法
2. 非常時期違反糧食管理治罪暫行條例 三〇、五、三、公布
3. 私運法幣及其他禁運物品出口緝查辦法
4. 行政院液体燃料管理委員會液体燃

升管理規則及施行細則

六、抗戰期間統制廢金屬廢熱實暫行辦法

七、軍政部戰時發給內地轉運廢五金屬廢熱緊許可證規則

交通部

一、修正水陸交通統一檢查條例

三八、行政院會修正公布

二、水陸驛站倉庫管理規則 三八、五

一五、交通部公布

三、船舶法

四、船舶登記法及施行細則

五、非常時期船舶管理條例

六、船舶丈量章程

七、船舶檢查章程

八、沿海港口限制航運辦法

九、核發輪船航行證書辦法

一〇、核發外國輪船航行證書辦法

一一、拆卸輪船銅鐵件處罰辦法

三二、三、交通部公布

造船獎勵條例

四川木船丈量檢查登記暫行辦法

川江木船運輸管理暫行條例

修正辦理船舶轉籍限制辦法

[illegible]管制經售汽車公司商行及修理廠行暫行辦法

戰時管制經售汽車公司商行及修理廠行施行細則

渝市積存汽車零件准予申請登記辦法 三一、三、一九 軍委會通告

戰時管制經售汽車公司商行及修理廠行暫行辦法渝市實施方案

社會部

運銷合作事業推進辦法 三四、一四、國府公布

獎勵民間運輸及協助合作事業辦法 三〇、四、一四、國府公布

消費合作推進辦法 三二、二、八 社會部公布

十六、合作社供銷粮食办法 三二、一、一五 社會部通告

十七、合作社承銷食鹽办法大綱 三五、三、九 社會財政两部公布

十八、陪都及遷建區各机關消費合作社推進办法 三二、三、五 社會部公布

十九、陪都及遷建區各机關公務員眷屬生產合作社推進办法 三一、一、一五 行政院核定

二十、陪都及遷建區籌設消費合作社配銷平價物資办法 三二、三、一五 行政院核定

二一、爭取淪民內向及淪陷內物資办法 三二、三、二四 社會農林部（密）

僑委會

一、緊急時期協助僑民回國及移居办法

二、戰時保僑办法三項

三、緊急時期護僑指導綱要 三一、一、三、行政院公布

衛生署

一、戰時醫療藥品售銷登記管理办法

十四

第八條 本法實施後政府必要時得對國家總動員物資及民生日用品之交易價格數量加以管制

經濟部

1、修正非常時期農礦工商管理條例
2、非常時期取締日用重要物品囤積居奇辦法
3、非常時期評定物價及取締投機操縱辦法
4、日用必需品平價購銷辦法
5、管理煤炭辦法大綱
6、管理重慶市煤炭規則
7、修正管理重慶市煤焦實施辦法
8、取締囤積及投機鋼鐵材料暫行辦法
9、資委會管理木業實施辦法
10、資委會錫業管理處總銷加價加價辦法第一、二次資委會公布
11、經濟部管理嘉陵江綦江岷江沱江各沿岸煤礦所產煤斤暫行辦法
12、經濟部燃料管理處管理嘉陵江流域煤焦實施辦法

十四

15、經濟部燃料管理處管理嘉陵江流域煤焦實施辦法

16、統購統銷嘉陵江區及綦江區各礦所產煤炭暫行辦法

17、經濟部燃料管理處運及管理川西至萬縣一帶炮煤暫行辦法

18、資委會長壽煤業辦事處購運長壽焦煤辦法

19、經濟部工礦調整處管理鋼鐵材料實施辦法

20、經濟部工礦調整處管理工業材料規則

21、植物油煉油廠管理規則

22、酒精製造業管理規則

23、限價議價物品種類補充辦法

24、各省市重要物品價格聯繫調整辦法

25、各省辦理日用必需品平價購銷業務辦法綱要

財政部

1、火硝公賣暫行章程
2、戰時食糖專賣暫行條例及施行細則 三一、五、三一、國府公布
3、糧食庫券條例
4、四川田賦改征實物暨隨賦定價購糧辦法
5、民國三十年四川省購糧付款辦法
6、修正全國捲菸統銷辦法
7、菸專賣暫行條例及施行細則 三一、五、三一、國府公布
8、戰時火柴專賣暫行條例及施行細則 三一、三、三〇、國府公布
9、戰時菸類專賣暫行條例及施行細則 三一、五、三一、國府公布
10、加強管制菸價方案
11、同業公議價格辦法
12、鹽務機關舉行非常時期取締日用重要物品囤積居奇辦法[illegible]和
13、全國生絲統購統銷暫行辦法

14. 統籌棉花管制運銷办法

15. 統籌棉紗平價供銷办法

16. 擴大征購廠紗獎勵紗錠及請查議價等項办法修正办法

17. 農本局供應平價棉紗和核办法

18. 物資局駐外專員办理核應平價棉紗覆核办法

19. 物資局管理直接用户織製成品暫行办法

20. 物資局管理直接用户織製成品暫行办法實施細則

21. 重慶市布疋整批售供办法

22. 物資局布疋承銷商暫行办法

23. 農本局及各地福生莊委託承銷棉織品办法

24. 管理重慶市棉紗棉布買賣暫行办法

25. 檢舉重慶紗布商人不法行為給獎办法

26. 平價購銷處獎助紗布內運办法

及管理銀樓金銀爐房暫行辦法

社會部

1. 合作社物品供銷處暫行辦法 三六、三、四 社會部公布

衛生署

1. 戰時醫療藥品售銷登記管理辦法

第九條　本法奉施後政府於必要時在不妨礙兵役法之範圍內得使人民及其他團體從事於協助政府或公共團體所辦理之國家總動員業務

1、國民參政會組織條例
2、公務員服務法

二、經濟部
1、修正經濟部工礦調整處技術人員暫行辦法

財政部
1、鄉鎮造產辦法　三一、五、六、行政院公布

農林部
1、非常時期難民移墾條例
2、獎勵造林辦法　行政院六〇二次會議通過
3、戰時沿海漁民管理救濟辦法　二八年國府公布

軍政部
1、戰時軍事機關或部隊征用民伕暫行辦法
2、軍隊征用地方民伕馬騾大車臨時辦法
3、軍委會征雇夫騾及驗收規則
4、戰時民眾協助運輸軍糧辦法

6、民眾運輸傷兵隊組織及運送辦法
7、抗戰時期各部隊協助農民耕種收割辦法
8、陝甘寧邊區抗日軍人優待條例
9、綏遠游擊隊組織及實施辦法
10、四川省令鄉鎮保甲長征購軍糧獎懲辦法
11、第五戰區國防工事征用民工實施辦法
12、四川省非常時期征工服役辦法
13、穀城人民自衛辦法

交通部

1、獎勵汽油車改裝煤汽車辦法附推廣表（三一、四）華委會公布
2、便利建設生產機關車輛暫行辦法
3、管制公車暫行辦法（三一、五、四）運輸統制局公布
4、輪船業監督章程
5、輪船業登記規則

内政部

1.非常時期难民服務計劃綱要三〇、四、一〇行政院公布

2.國民工役法二八、七、一〇、公布

3.國民工役法施行細則二五、一〇、六内政部公布

4.各都市省會征兵征工綱要

5.黨員服行國民工役办法（五中全会常会通过）

6.各省市國民工役工作成績考核及奖惩办法三〇、八、三、内政部公布

7.全國總動員關於户口調查盤類保甲長及協助征工方案二六、八、二、内政部通則

8.關於民力統制應行办理事項

9.抗戰建國時期难童救濟教養實施方案二七、一〇、二〇行政院核准

教育部

1.教員服务奖勵規則二九、四、二九、教育部公布

十八

四、非常時期專門人員服務條例施行細則 二六、四、一 教育部頒發

五、高中以上學校學生參戰獎勵辦法 二九、三、二〇 教育部公布

六、專科以上學校畢業生統籌分配服務辦法 二九、三、九 教育部訓令

七、高中以上學校學生志願參加戰時服務辦法大綱 二九、八 軍教兩部及訓練總監部會訂

八、大學理工學院與軍需交通及軍備工廠合作辦法大綱 二八、八、二六 教育部訓令

九、公醫學生服務暫行辦法 二七、一二 教育部衛生署公布

十、中學以上學校學生假期兵役宣傳實施綱要 二八、一、二三 教育部頒發

十一、中等以上學校貧生助耕助收實施辦法 二九、五、二三 教育部訓令

十二、各級學校實施農業生產辦法大綱 二九、二三 公布

11. 学生服兵役及限制入校资格办法 三、一、二 教育部颁发

12. 妇女战时教育实施办法 二七、二、二四 行政院核发

13. 修正师范学校毕业生服务规程 三、三、二三 教育部公布

14. 战时儿童教养团暂行办法 二七、六、三、教育部颁发

15. 发动全国知识分子办理民众教育暂行办法 六、八、十七、教育部公布

16. 中央无线电器材厂各省电化教育机关合作办法 三〇、一〇、六 教育部公布

17. 各省市电化教育人员训练办法大纲 三一、八、一三 教育部公布

18. 各省市实施电影教育办法 二五、八、二五、教育部公布

19. 各省市实施播音教育办法 二五、十、三、教育部公布

20. 教育部教育影片流通暂行办法

十九

三、七、二四教育部公布

21.教育部教育播音暂行办法 三、六、六

22.教育部改订

社會部

1.戰時民众組織訓練与服務大綱

2.戰時合作工作隊組織办法

3.合作工作人員動員綱領及县乡

鎮大綱草案

4.劳動契約法

5.安徽省民衆總動員初步綱要草案

6.統一河南全省民運方案草案

7.管制川江民船商業同業公會及

船員工会組織协助推行限價工

作計劃綱要

8.國民義務勞動法

外交部

1.華僑登記規則 三一、三、六 行政院公布

2.外國人來中國護照簽證办法 二八

一、六 外交部公布

又查驗外人入境護照規則 一九、八、二三 行政院公布

十六、內地外國教會租用土地房屋暫行章程 二七、七、三 外交部公布

僑務委員會

一、歸僑滿二年以上依兵役法施行暫行條例办理令 二六、六、六 僑委會令

又、華僑壯丁歸國居留滿兩年者可征服兵役電 二八、五 僑委會電

蒙藏委員會

一、察哈爾蒙旗特派員公署組織規程 二六、六、六 行政院核准

二、派駐蒙古各盟旗協贊人員办法

又、戰時地蒙古各盟旗長官率部來歸獎勵與安置办法 二九、六、二七 國府核准

振濟委員會

一、修正非常時期難民救濟办法大綱

五、难民技术人员及青年壮丁安置办法 二八、八、四、公布

六、振委会救济战区来渝青年妇女暂行办法

七、办理难民职业介绍办法 二七、一二、九 振委会公布

八、防区振委会各区部举办难民小本贷款纲要 一二、五、公布

卫生署

1. 各省防疫委员会组织通则 二七、五、行政院公布

2. 非常时期重庆市医院诊所收费限制办法

3. 补助各教会医院及私立医院治疗伤病军民费支给办法

人民參政會組織條例

第十條　政府施用人民從事於國家總動員業務時應按其年齡性別體質學識技能經驗及其應有之職業等為適當之支配

經濟部

一、修正戰時國防需要工礦業及交通技術員工緩服兵役暫行辦法

二、修正經濟部工礦調整處技術人員暫行辦法

軍政部

一、兵役法

二、妨害兵役法治罪條例

三、各省市首當征工實施綱要

四、戰時兵役征補實施辦法

五、戰時軍事機關部隊征用民伕暫行辦法

六、鄉民自衛挺進隊編組辦法

七、抗戰時期各部隊協助農民耕種收割辦法

八、歸適第學犯辦法

九、非常時期監犯調服軍役條例

廿一

11.常年抗敵服勞役暫行辦法

12.非常時期[illegible]役制檢[illegible]訓辦法

內政部

1.國民工役法

2.黨員服行國民工役辦法

3.非常時期難民服役計劃綱要

4.各地人民自衛辦法

5.戰時民衆組織訓練與服務大綱

6.統一河南全省民運方案草案

7.各部會首會在其組織下綱要

8.戶籍法

9.修正戶籍法施行細則

10.暫居戶口登記辦法 三一、九、廿內政部公布

11.從戰地民衆總動員初步綱要草案

教育部

1.戰時各級學校舉行文藝美術

作品勞軍運動辦法三八、一二、一五頒發

5、私人講學機關設立辦法二八、六、一教育部公布

6、創設縣市初級實用職業學校實施辦法二七、七、五教育部頒發

社會部

1、國民義務勞動服務法

2、全國技術員工訓練暫行辦法

3、社會部勞動局勞動調查處組織規程

僑務委員會

1、調查海外華僑專門技術人才則例三三、四、三、行政院備案

2、華僑登記規則二七、三、七行政院修正

3、華僑登記辦事細則三一、七、二一、外交部修正公布

4、修正僑民登記規則三一、二、七、僑委會核准

5、在國內學校就業僑生申請救濟

審核標準

六、回國僑民事業輔委會對於旅外暨回國僑民發展經濟事業之諮詢聯絡委託办法卅一、六、二五僑委會令准

衛生署

一、衛生人員動員办法

二、征召衛生署第一屆醫師甄訓核准應甄別人員服務办法

三、徵召淪陷區內及在國外之醫師藥師藥劑生護士助產士應召服務办法

四、上海私立聖約翰大學醫學院畢業生服務鑒証暫行办法

第十一條　本法實施後政府於必要時得對產業者之就職選或受雇聘雇及其薪俸之資加以限制或調整

1. 1. 國民參政會組織條例

經濟部

1. 非常時期廠礦工人受雇解雇限制辦法

2. 廠礦場以人產受空襲損害暫行救濟辦法

3. 重慶市紗廠工人職務分類及薪津標準

4. 空襲時間工廠停工復工及核給工資暫行辦法

軍政部

1. 陸軍官佐戰時請假規則

2. 抗戰期內受見敵停止任用資分公務員[illegible]執行辦法

3. 凡未經請假擅自離職先行處治然後呈報令

4. [illegible]之案件得以敵前論罪令云

與九當宿令

5. 空軍官佐服役勤務傷亡撫卹暫行辦法

陸海軍撤職官佐[illegible]則

教育部

1、考选法规纲要

社会部

1、战时各县救护员之[illegible]训练[illegible]

2、非常时期[illegible]之人民雇辞雇限制办法 草案

3、全国企业人员调查登记办法

草案

4、战时营[illegible]例之实施办法三一、六行政院公布

5、限制工资办法三一、十二国家总动员会议通过

6、增设战区技术员之学生及壮丁实施要点

7、中国劳工保险法

卫生署

1、限制医业人员自由辞职办法

侨务委员会

第十三條 本法實施後政府於必要時得對機關團體公司行號之雇工及私人雇用工役之數額加以限制

社會部
1、勞動契約法
2、重要工人力節制辦法 三一、一二、二五、國府公布
3、機關公役限制及登記辦法
4、調查各機關團體廠協人力需要辦法草案

1、工人出國條例
2、出國工人雇傭契約綱要 五、二、六 僑委會公布
3、募工承攬人取締規則 二八、一、六、僑委會公布

僑務委員會
1、工人出國條例
2、出國工人雇傭契約綱要
3、募工承攬人取締規則

廿四

第十三條 本法實施後政府於必要時得命令人民向主管機關報告其所僱用或使用之人之職務與能力並得加以檢查

經濟部

1. 經濟部補助經費各工廠考核辦法

社會部

1. 全國從業人員調查登記辦法草案
2. 調查各機關團體廠場人力需要辦法草案

僑務委員會

1. 工人出國條例
2. 出國工人僱傭契約綱要
3. 募工承攬人取締規則

十四

第十五條

本法實施後政府於必要時得對耕地之分配耕作力之支配及地主佃農之關係加以釐定並限期墾殖荒地

社會部

1. 戰時管制工資辦法
2. 勞動契約法
3. 勞資爭議處理法 二六、八、二七、國府修正
4. 進定仲裁委員會暫行辦法 三二、六、九、 實業部公布

經濟部

1. 修正非常時期農礦工商管理條例
2. 經濟部協助辦理各省水利工程辦法
3. 四川省重要市縣農工管制方案

財政部

1. 鄉鎮造產辦法

農林部

1. 擴大農村貸款範圍辦法
2. 土地法及施行法
3. 全國建倉積谷檢驗實施辦法

十、非常时期难民移垦条例（二八、五、六）

十一、内地各省市荒地实施垦殖督促办法（二五、九、一〇行政院公布）

十二、农林部直属垦区垦殖队组织办法（三一年四月农林部公布）

十三、森林法及施行规则

十四、保护耕牛办法（三、五、十二、农林部公布）

教育部

一、各级学校实施农业生产办法大纲

二、中等以上学校学生助耕助收实施办法

社会部

一、土地法三编二章农地

二、保障佃农办法原则

三、合作组织与农工团体配合推进办法（三〇、六、二五、社会部咨行合作金库）

地政署

一、土地法三编三章农地（一九、六、三〇、国府公布）

廿六

2、難民移墾與[illegible]法大綱

3、徒刑人犯移墾暫行條例 三五、二、二九、國府公布

水利委員會

1、水利法 三一、七、七、國府公布

2、水利法施行細則 三二、三、三一、行政院公布

僑務委員會

1、僑樂村安集失業歸僑墾殖綱要 二六、七、三、行政院備案

2、收僑村墾殖綱要 二八、七、一九、僑委會備案

3、獎助華僑投資營林辦法 三〇、五、一四、行政院公布＼

第十六条　本法实施后，政府于必要时得对货币流通与汇兑之区域及人民债权之行使、债务之履行加以限制。

经济部

〡、战区或接近战区各项事业限制办法

〢、限制沦陷区各项事业产权移转补充办法　三一、一、一六、经济部公布施行

财政部

〡、公库法及施行细则　二七、六、九　国府公布

〢、公库支票流通办法　三一、四、九　财政部公布

〣、兑换法币办法　二四、一一、五　财政部公布

〤、兑换法币补充办法　二六、五、一五　财政部公布

〥、强制储蓄条例

〦、修正非常时期管理银行暂行办法

〧、人民呈请动支封存外汇资产暂行办法

〨、自由中国境内持有机关或特许银行买卖外汇办法

〩、兑换法币收集现金办法　二四、一二、三、

對政策公布

10. 取締日偽鈔票办法

11. 限制携帶鈔票办法

12. 財政部規定限制携運鈔票办法

13. 日人偽造法幣对付办法

14. 吸收僑匯合作原則

15. 銀行在國外設立分行吸收僑匯

気、、办法

16. 便利内匯办法

17. 取締收售金類办法

18. 金類兑換法幣施行細則

19. 監督銀樓業收兑金類办法

20. 取締金融業典當業質押金類办法

21. 中央銀行与金銀業商妥收兑黄金办法

22. 銀行業協助經濟建設实施办法

23. 修正[illegible]獲生產促進外銷办法

24. 現行國内中外人民外匯買賣解封存行办法

25. 政府機關可請外匯須知

事業機關請購外匯須知

27、中央請購貨書籍雜誌刊物外匯辦法

28、各機關請購外匯應行注意事項

29、郵局包裹售結外匯辦法及注意事項

30、推銷土貨換取外匯辦法

31、商人減售出口外匯辦法

32、應結外匯出口貨物結匯報運辦法

33、出口結匯貨物登記辦法

34、結售貨物轉口出洋免征轉口稅通行法

35、修正出口貨物結匯報運辦法

36、僑銷茶葉結匯出口監察辦法

37、財政部補充規定出口貨物結匯報運辦法

38、進口物品申請購買外匯規則施行細則

39、修正限制進口暫行辦法

40、定售貨價証明書樣張及使用辦法

18、修正公私机关服务人员家属赡养费暨因事病假暂行办法

19、修正辅币条例

20、收回一元券及辅币券规则

21、管理各省银行或地方银行发行一元及辅币券办法

22、修正推行小额币券办法

23、修正收换破损钞票办法

24、没收破损票实施办法

25、收兑杂币杂钞办法（卅四、一、二九财政部公布）

军政部

1、优待出征抗敌军人家属条例第二十七、八条（修正）

2、私运法币及其他禁运物品出口检查办法

社会部

1、合作金库规程（三三、三、呈准行政修正公布）

2、合作金库章程准则（三三、一〇、一六准备修正公布）

第十七條　本法實施後凡有於必要時得對銀行信託公司保險公司及其他行號資金之運用加以管制

財政部

1. 修正非常時期管理銀行暫行辦法
2. 銀行監理官辦公處組織規程
3. 銀行監理官辦公處辦事細則
4. 派駐銀行監理員規程
5. 四聯總處核放貸款辦法
6. 中中交農四行內地聯合貼放辦法
7. 銀行盈餘分配及提存特別公積金辦法
8. 比期存款管制辦法
9. 管理銀行抵押放款辦法三二、六、二三財政部修正公布
10. 管理銀行信用放款辦法三二、六、二三財政部修正公布
11. 檢查銀行應行注意事項
12. 三十二年度土地金融配合新縣制促進湖鹽運產實施準則
13. 非常時期票據承兌貼現辦法
14. 信託法

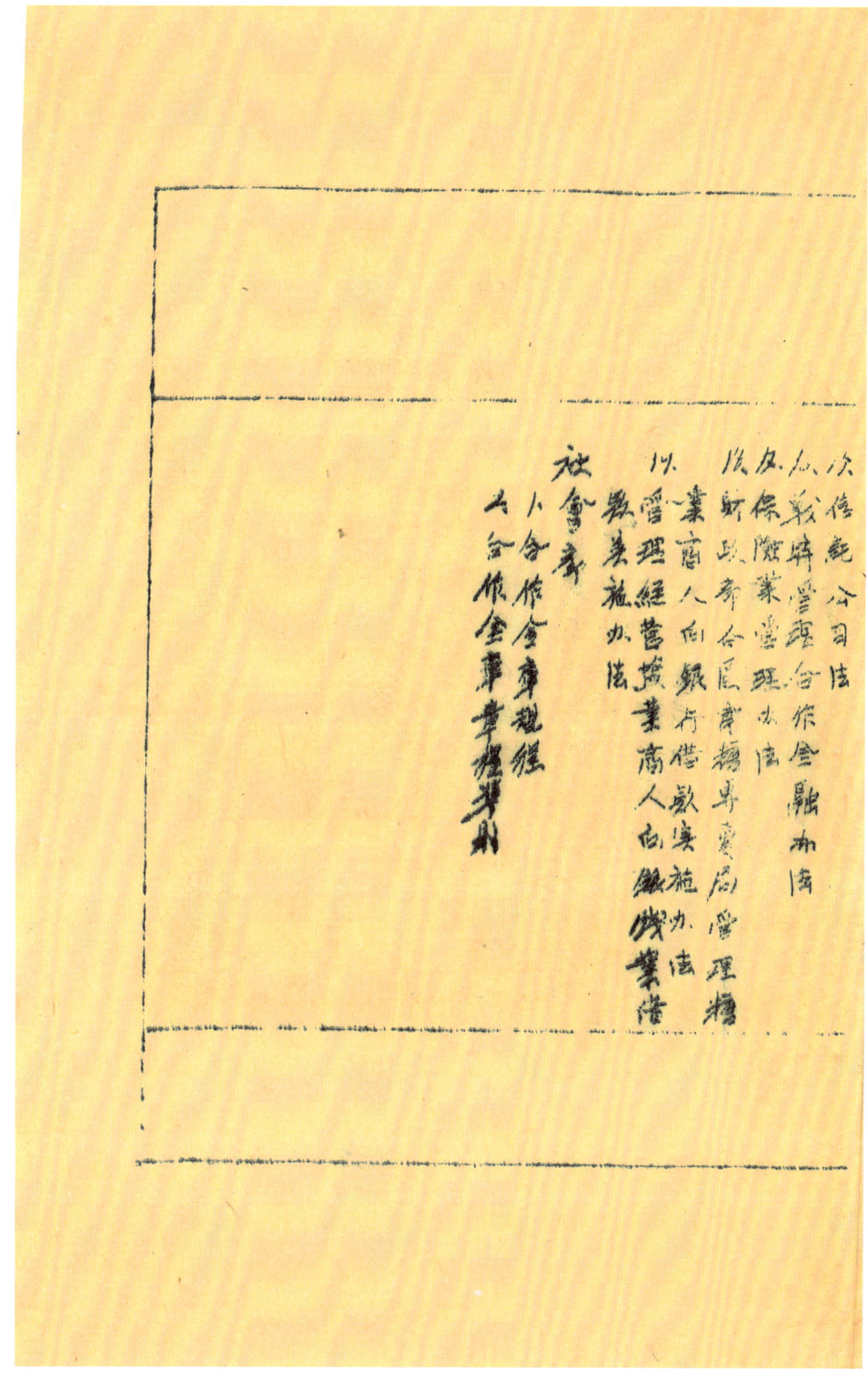

次信託公司法
乙戰時管理合作金融辦法
丙保險業管理辦法
丁財政部各區專賣局管理糖業商人向銀行借款實施辦法
戊管理經營投機業商人向銀錢業借款實施辦法
社會部
1合作金庫規程
2合作金庫章程準則

第十八條　本法案施行後政府於必要時得對銀行公司工廠及其他團体行號之設立合併增加資本變更目的募集債款分配紅利履行債務及其資金運用加以限制

經濟部

一、非常時期工商業及團体管制辦法
二、非常時期工商業提存特別準備辦法
三、修正非常時期農礦工商管理條例
四、工廠法
五、工廠法施行條例
六、公營金礦貿收章程
七、民營金礦貿收章程
八、國營農工礦事業發給員工獎金辦法
九、非常時期民營工廠員工獎金辦法二六、二、二六、經濟部公布
十、非常時期管理本業行號辦法二六、二三、財政經濟兩部公布

財政部

一、修正非常時期管理銀行暫行辦法二六、一三、九財政部公布
二、公庫法

三十

[illegible]、公庫法施行細則

[illegible]、非常時期違修刑得援法及施行細則

[illegible]、公營業預算法施行細則 三、七、二七、渝府修正公布

[illegible]、四聯總處核辦放貸貼放辦法

[illegible]、中中交農四行內地放合貼放辦法

[illegible]、銀行監理官辦公處組織規程

[illegible]、銀行監理官辦公處辦事細則

[illegible]、派駐銀行監理員規程

[illegible]、定期存放款管制辦法

[illegible]、管理銀行抵押放款辦法

[illegible]、管理銀行信用放款辦法

[illegible]、銀行盈餘分配及提存特別公積金辦法 三、四、六、部令施行

[illegible]、儲蓄銀行法

[illegible]、公有營業機關收支處理辦法 卅、二、三、渝府令公布

[illegible]、國庫主管機關核發各機關收支

庫款辦法

[illegible]、三十二年度上半年金融配合新縣制促進鄉鎮造產實施準則

[illegible]、縣銀行法

[illegible]、縣銀行章程準則

[illegible]、省地方銀行推設縣區分行處辦法

[illegible]、非常時期商業銀行[illegible]暫行辦法 三二、二、三、財政部公布

[illegible]、財政部[illegible]貸[illegible]專賣[illegible]管理[illegible]業商人向銀行借款實施辦法

[illegible]、管理經營[illegible]業商[illegible]向銀行借款實施辦法

[illegible]、非常時期以商業撥存特別準備辦法

[illegible]、所得稅法之施行細則

[illegible]、非常時期管理印製鈔券公司廠號暫行辦法

[illegible]、印花稅法及施行細則 三二、四、二九、[illegible]

府修正公布

48、遺產稅暫行條例及施行條例 三五、七、八、六、國府行政院公布

49、鄉鎮營業稅稽查办法

50、財產租賃出賣所得稅法及施行細則 三六、三、六、行政院公布

51、商貨運銷登記办法

52、銀行註冊章程及施行細則 一六、一、三、財政部公布

53、中國境內各存款及特許銀行買賣外匯办法

54、商業銀行設立分支行處办法

粮食部

1、粮商登記規則 三六、六、三、粮食部公布

2、合作社供銷粮食办法 三六、六、三、粮食部公布

3、合作社經營粮食業務登記办法 三六、六、四、粮食部公布

交通部

1、戰時管制經售汽車公司商行及修理廠行暫行辦法

2、戰時管制經售汽車公司商行及修理廠行施行細則

社會部

1、縣各級合作社組織大綱

辦縣份原有各級合作社解散後債權債務及公積金公益金處理辦法（三、七、二、社會部修正公布）

2、非常時期限制合作社解散後剩餘財產處理辦法社會部合二字第四一〇一一號通咨

僑務委員會

1、非常時期獎勵資金內移興辦實業辦法三〇年行政院公布

2、非常時期華僑投資國內經濟事業獎助辦法二七、一八一九、國府備案

3、華僑回國興辦實業獎勵法一八、二、二六、國府公布

經濟部

1、修正非常時期工商及[illegible]暫行辦法

廿二

第十九條　本法實施後政府於必要時得獎勵限制或禁止某種貨物之出口或進口並得增征或減免進出口稅

經濟部

1. 工業獎勵法
2. 非常時期工礦業獎勵條例
3. 礦產運銷出口管理規則
4. 資委會管理礦產品實施辦法
5. 三一、一五經濟部循案
6. 資委會管理礦業實施辦法
7. 戰時爭取物資辦法大綱
8. 封鎖敵區交通辦法
9. 六戰區江湖防區經濟封鎖站組織及實施辦法
10. 鋼鐵管委會獎勵鋼鐵材料內運辦法
11. 各地關卡扣留鋼鐵材料及廢金屬處理暫行辦法

財政部

1. 修正維護生產促進外銷辦法
2. 防止私運或攜帶金銀出口暫行辦法

5、封鎖區交通辦法

6、修正財政部管理全國茶葉出口貿易辦法大綱六、五、五、財政部公布

7、財政部將改貨物統稅收征實物暫行辦法

8、全國桐油統購管理暫行辦法及施行細則

9、全國生絲統購統銷暫行辦法

10、全國豬鬃統購統銷辦法

11、全國羊毛統購統銷辦法

12、戰時管理進口出口物品條例二六、二、財政部公布

13、統一緝私辦法

14、非淪陷區集中進口物品商銷辦法

15、核定由淪陷區域以郵包寄交私人之零星進口物品辦法

16、財政法規彙編

17、中華民國海關出口稅稅則

18、中華民國海關進口稅稅則

卅三

[illegible]运输银类银币请领护照及私运私币处罚办法 三四、一、三 财政部公布

[illegible]修正缉获私运银类银类处罚给奖办法 三三、二、三 财政部公布

[illegible]结汇货物出口报运办法 三二、八、三 财政部公布

[illegible]出口货物结销外汇办法 三二、二、三 财政部公布

[illegible]实售货价证明书核发及使用办法 三三、六、三 财政部修正公布

[illegible]特许进口出口物品领证报运办法

[illegible]修正妨害国币惩治暂行条例

[illegible]讨发战区封锁缉私奖惩办法

[illegible]修正缉私与征税工作配合运用具体办法

[illegible]禁止对[illegible]私货物征税放行办法

[illegible]战时消费税暂行条例暨规则 三二、四、二 财政部公布

[illegible]平价购销处奖助纺布内运办法

六、貨物統稅暫行條例（三〇、六、財政部公布）

七、茶類統稅徵收暫行章程

八、竹木皮毛瓷陶紙箔統稅條例（三〇、六、財政部公布）

九、收購戰地食鹽產鹽辦法

十、修正水陸交通統一檢查條例

軍政部

一、軍政部兵工署兵工新發明獎金給與標準

交通部

一、修正水陸交通統一檢查條例（三〇、六、行政院公布）

二、汽車載運商貨數量登記辦法

三、行駛西北線車輛運輸商貨暫行辦法

四、調整戰區經濟機構綱要

外交部

廿四

一、臨時特許外國航空器飛航國境暫行辦法 航委會訂

二、駐在本國外交官及領事官等用品免稅辦法 財政部訂

三、駐外使領館發給領事簽證貨單章程 二六、九、一政府公布

四、中華民國駐外使領館發給領事簽證貨單章程施行細則

衛生署

一、救護藥品免稅暫行辦法 二六、一〇、六
行政院核准

二、非常時期交通檢疫實施辦法

第二十條 本法實施後政府於必要時得對國家總動員物資之運費保管費保險費修理費或租費加以限制

財政部
1.平價處獎助紗布內運辦法

軍政部
1.軍事征用法及施行細則

交通部
1.交通部加強管制船舶方案實施辦法
2.中華民國水陸聯運載貨通則
3.中華民國水陸聯運載貨價率
4.中華民國水陸聯運貨物聯運通則 二八、九、一四交通部公布

第二十八條

本法实施後政府於必要時得對人民之新發明專利品或其專營所獨有之方法圖案模型設備命其報告試驗並使用之關於前項之使用並得命原事業主供給熟練之技術、員工

經濟部

人非常時期農礦工商管理條例

又獎勵工業技術暫行條例

又政府九關場廠受雇人發明創作專利權讓與辦法

大經濟部補助經費各工廠考核辦法

公經濟部工礦調整處審核廠礦請求協助借款原則

玄商業及市場商業同業公會填送業務報告表辦法

教育部

人修正著作發明及美術獎勵規則

三六、一、教育部修正公布

衛生署

人獎勵醫藥技術條例三〇、六、三公布

卅五

第二十二條 本法実施後，政府於必要時得對報館及通訊社之設立、報紙及通訊稿及其他印刷品之記載加以限制、停止或命其為一定之記載

經濟部

一、書店印刷店管理規則 三〇、二、二〇 行政院公布

內政部

一、出版法

二、出版法施行細則

三、著作權法

四、著作權法施行細則

五、戰時圖書雜誌原稿審查辦法

六、宣傳品審查條例

七、宣傳品審查標準

八、修正檢查新聞辦法大綱

九、新聞檢查標準

十、重要都市新聞檢查辦法

十一、新聞紙社及雜誌社團記刊製規程

十二、取締銷售共產書籍辦法

十三、書店印刷店管理規則 三〇、二、二〇 行政院公布

15、非常時期報社通訊社雜誌社登記暫行辦法

15、新聞記者法

16、華僑發行新聞紙雜誌申請登記辦法 三五、六、八 國府公布

17、戰區新聞紙雜誌編輯負責計劃 三五、六、二八 內政部訂定

18、書店售賣雜誌書籍辦法 三五、一、六 內政部公布

19、隨軍記者及攝影人員暫行規則 軍委會公布

20、外籍新聞記者註冊規則

21、修正抗戰時期圖書雜誌審查標準

外交部

1、外交部頒發外籍新聞記者登冊証規則 三六

第二十六條　本法實施後政府於必要時得對人民之言論出版著作通訊集會結社加以限制

經濟部

〡、封鎖敵區交通辦法

〢、書店印刷店管理規則

內政部

〡、非常時期取締集會演說辦法

二、國府公布

〣、修正人民團体組織方案

〤、非常時期人民團体組織綱領

〥、非常時期人民團体組織法

〦、非常時期黨政机關督導人民團体辦法

〧、非常時期職業團体會員強制入會与限制退會辦法

〨、非常時期工商業及團体會強制辦法

〩、出版法

〡〇、出版法施行細則

〡〡、著作權法

〡〢、著作權法施行細則

〡〣、圖書雜誌審查辦法

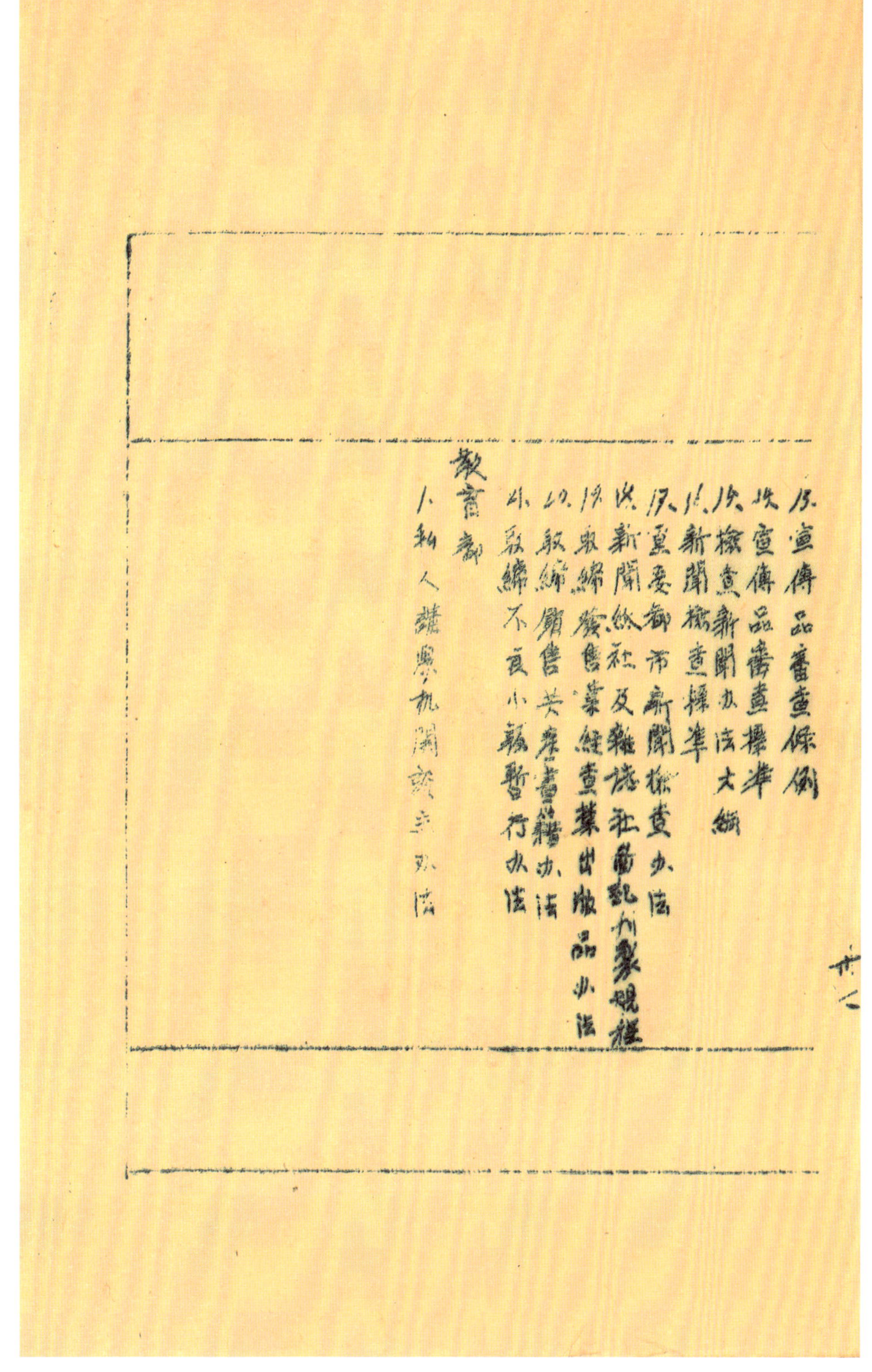

15. 宣傳品審查條例
16. 宣傳品審查標準
17. 檢查新聞辦法大綱
18. 新聞檢查標準
19. 重要都市新聞檢查辦法
20. 新聞紙社及雜誌社登記刊載規程
21. 取締發售業經查禁出版品辦法
22. 取締銷售共產書籍辦法
23. 取締不良小報暫行辦法

教育部

1. 私人講學機關設立辦法

廿八

第二十四條　本法實施後政府於必要時得對人民之土地住宅或其他建築物徵用或改造之

經濟部　一、非常時期農礦工商管理條例

軍政部　二、軍事徵用法及施行細則

地政署　三、土地法五編一至七章

四、建築鐵路徵用土地暫行辦法

行政院公布

經濟部

1.政府機關場廠員僱人發明或創作專利權協議標準

2.商會及重要商業同業公會填送業務報告表辦法

3.經濟部補助經費各工廠考核辦法

社會部

1.人力動員業務演習實施綱要草案

國家總動員會議

1.各部門動員計劃大綱

第二十五條 本法實施後政府於必要時得對經營國家總動員物資或從事關於總動員業務者命其擬訂關於本業內之總動員計劃並舉行必要之演習

第二十六條 本法實施後政府於必要時得對從事國家總動員物資之生產或修理者命其舉行必要之試驗與研究或停止改變原有企業從事指定物資之生產或修理

經濟部

1. 非常時期農礦工商管理條例
2. 獎勵仿造工業原料器材及代用品辦法（三、四、五、經濟部公布）
3. 獎勵工業技術補充辦法
4. 政府機關場所受雇人發明或創作專利權協議標準
5. 植物油榨合及替代柴油暫行辦法
6. 榨合柴油所用植物油檢驗暫行辦法
7. 經濟部補助經費各工廠考核辦法
8. 茶葉檢驗標準

軍政部

1. 招商投資興辦藥材工業辦法

僑務委員會

1. 非常時期獎勵資金內移興辦實業辦法
2. 非常時期華僑投資國內經濟事業獎助辦法

三、華僑回國興辦實業獎勵條

衛生署

八、中央衛生實驗院檢查品物規則

及審定收費表卅、三、一八公布

第二十七條

本法實施後政府於必要時得對經營關類之國家總動員物資或從事關類之國家總動員業務者命其組織同業公會或其他職業團体或命其加入現有之同業公會或其他職業團体

經濟部

一、商業同業公會法
二、商業同業公會法施行細則
三、非常時期工商業及團体管制办法（附表）
四、經濟部依同業公會法指定重要業各称範圍表
五、輸出業同業公會法
六、輸出業同業公會法施行細則
七、非常時期職業團体會員入會与限制退會办法

財政部

一、鹽業場商運商銷商各办事處組織大綱
二、食鹽總銷總經轉導處組織規程
三、四、五、財政部核准

農林部

一、各省輔導市縣鄉農會目的事業暫行办法
二、漁會法及施行規則

四十

前項同業公會或職業團体之管机關應隨時監督並得加以整理改善

交通部

15、漢會聯合會章程準則 六二、五、四、
並社會部公布

16、戰時漁業人民團体整飭办法

1、促進航業合作办法

2、民船輪船商業同業公會章程準則

3、管制川江民船商業同業公會及船員工會組織協助推行限價工作計劃綱要

內政部

1、加[illegible]監督及獎勵办法

社會部

1、非常時期人民團体組織法 三一、三、
五、國府公布

2、人民團体整理办法 三三、二、社會部公布

3、加強工商團体管制實施办法 三三、
五、一六國家總動員會議通過

4、指導人民團体改組办法 三一、三、二、
社會部公布

5. 人民團体立案証書頒發規則三一、六、二、社会部修正公布
6. 人民團体書記判發規則
7. 全國人民團体總登記办法
8. 非常時期職業團体會員强制入會与限制退会办法二九、一〇、一、行政院公布
9. 職業團体書記派遣办法二九、一〇、二四、行政院公布
10. 職業團体書記服務規則二九、一〇、二四、行政院公布
11. 收復地區人民團体調整办法
12. 商会法三七、一、三、國府公布
13. 商會法施行細則
14. 商業同業公會法三七、二、五、公布二七、一、一、施行
15. 商業同業公会法施行細則
16. 工業同業公会法三五、一、三、公布三七、一七、施行
17. 工業同業公會法施行細則

四十八

漁業同業公會法 三七、二、一五、公布、三七、二、一施行

外 輸出業同業公會法施行細則

40. 鐵商組織補充辦法 三五、六、一六、國府令布

41. 修正航商組織補充辦法第三項 三五、九、一四、中央民眾訓練部頒行

42. 經濟部做同業公會法指定若重要業名稱及範圍表 三五、五、經濟部頒行

43. 非重要各業加入商業或工業之標準

44. 非常時期之商業及團體管制辦法 三一、六、七、行政院公布

45: 督導人民團體辦法 三一、五、二、社會經濟部公布

46. 工會法 三二、七、二四、國府第五次修正

47. 工會法施行法 三二、國府修正令布

48. 各業工人聯合會組織辦法 三九、二 五中全會常備案

49. 縣市總工會組織準則 三三、九、一四、中

央兵運指會公布

41、工會之分會支部小組組織簡則 三〇、九、一、中央民運指會公布

42、非常時期工會管制暫行辦法 三〇、八、二、行政院公布

43、示範公會實施辦法 三〇、六、二、社會部公布

44、農會法 二六、五、二、國府公布

45、農會法施行法 二六、五、二、國府公布

46、示範縣農會實施辦法 三〇、六、二、社會部公布

47、漁會法 一八、一一、一一、國府公布 一九、七、一、施行 二六、八、五、修正

48、漁會法施行細則 一九、六、二八、實業部公布 二〇、一一、一、實業部修正

49、教育會法 二〇、一、二七、國府公布

50、教育會法施行細則 二〇、九、一五、教育部公布

51、律師法 三〇、一、一一、國府公布

六、律師法施行細則 三五、三、二四、司法部公布

七、會計師條例 三四、十二、五、國府公布 三五、四、修正

八、會計師條例施行細則 三五、九、九、經濟部公布 二四、一〇、八、實業部修正

九、新聞記者法 三二、三、一六、國府公布

十、醫藥職業團體組織暫行要點 三三、一、三、社會部公布

十一、自由職業團體全國聯合會會員代表選舉通則 三二、一二、二五、社會部公布

十二、自由職業團體全國聯合會籌備委員會組織通則 三一、一一、二五、社會部公布

十三、各省市鄉鎮兵役協會組織通則 三三、四、四、行政院核准

十四、文化團體組織大綱 一九、一、二三、三中全會常會通過

十五、文化團體組織大綱施行細則 一九、三、一三、中全會常會通過

十六、婦女會組織大綱 二六、九、一五、四中全會常會通過

52、婦女會組織大綱施行細則二七、二、
二七、四、[illegible]全會常会通过
53、監督慈善團体法一八、六、二二、國府公布
54、監督慈善團体法施行細則一八、七、一五
行政院公布同年十月五日施行
55、修正中國佛教會章程
56、合作社法六、二、一七、國府修正公布施行
57、合作社法施行細則
58、縣各級合作社組織大綱三〇、八、公布
59、縣各級合作社章程準則
60、戰區及接近戰區合作社組織暨
行办法
61、收復地區合作社假登記及假登
記合作社貸款办法
62、加强管制物價方案合作事業部
份实施办法三三、二、四、国家總動員会
議通过
63、合作組織与農團体配合推進办
法三三、六、二五、社會部咨行

卅、農業促進委員會各項章則彙編 四十二

僑務委員會

1、非常時期海外華僑組織團体徵閱請頒証明書辦法 廿六、十、五中常會通過

2、國內僑務团体組織辦法 廿、十一、十七中常會通過

3、緊急時期海外僑民团体登記辦法

4、指導海外僑民組織團体辦法 廿六、三、廿六、中常會通過

5、海外華僑团体備案規程 廿六、五、十二、僑委會修正公布

第二十八條	本法實施後政府對於人民因國家總動員所受之損失得予以相當之賠償或救濟并得設置賠償委員會本法實施停止時原有業主或權利人及其繼承人得於原有權利有收回之權
	經濟部 1.非常時期農礦工商管理條例 財政部 1.修正中央公務員雇員公役遭受空襲損害暫行救濟辦法 二七、七、九 公布 2.修正空襲緊急救濟辦法 三一、三、一 施行 軍政部 1.戰時軍事機關或部隊征用民伕暫行辦法 2.非常時期租用民間車馬規則 3.軍委會征雇夫驢及驗收規則 4.軍隊征用地方民伕馬驢及車輛臨時辦法 交通部 1.戰時征雇汽車損失賠償及因公傷亡撫卹暫行辦法 二九、七、三 軍委會公布

第二十九條

本法實施時應設置綜理推進機關其組織另以法律定之關於國家總動員物資及業務仍由各主管機關管理執行

國家總動員會議

1.國家總動員會議組織大綱

2.國家總動員法實施綱要草案

3.各省市縣動員委員會組織大綱

4.各省市縣舉行動員會議通則草案

第三十一條　本法實施後政府對於違反或妨害國家總動員之法令或業務者得加以懲罰

前項懲罰以法律定之

一、懲治貪污條例

經濟部

一、取締囤積居奇告密辦法要點

二、經濟檢察機關查封物品處理暫行辦法

三、經濟部關於渝市取締囤積居奇補充辦法

四、資委會非常時期查緝處罰私運中樞礦產品暫行辦法

五、經濟檢察規則

六、經濟檢察工作須知

財政部

一、檢舉重慶市紗布商人不法行為給獎辦法

糧食部

一、非常時期違反糧食管理治罪暫行辦法

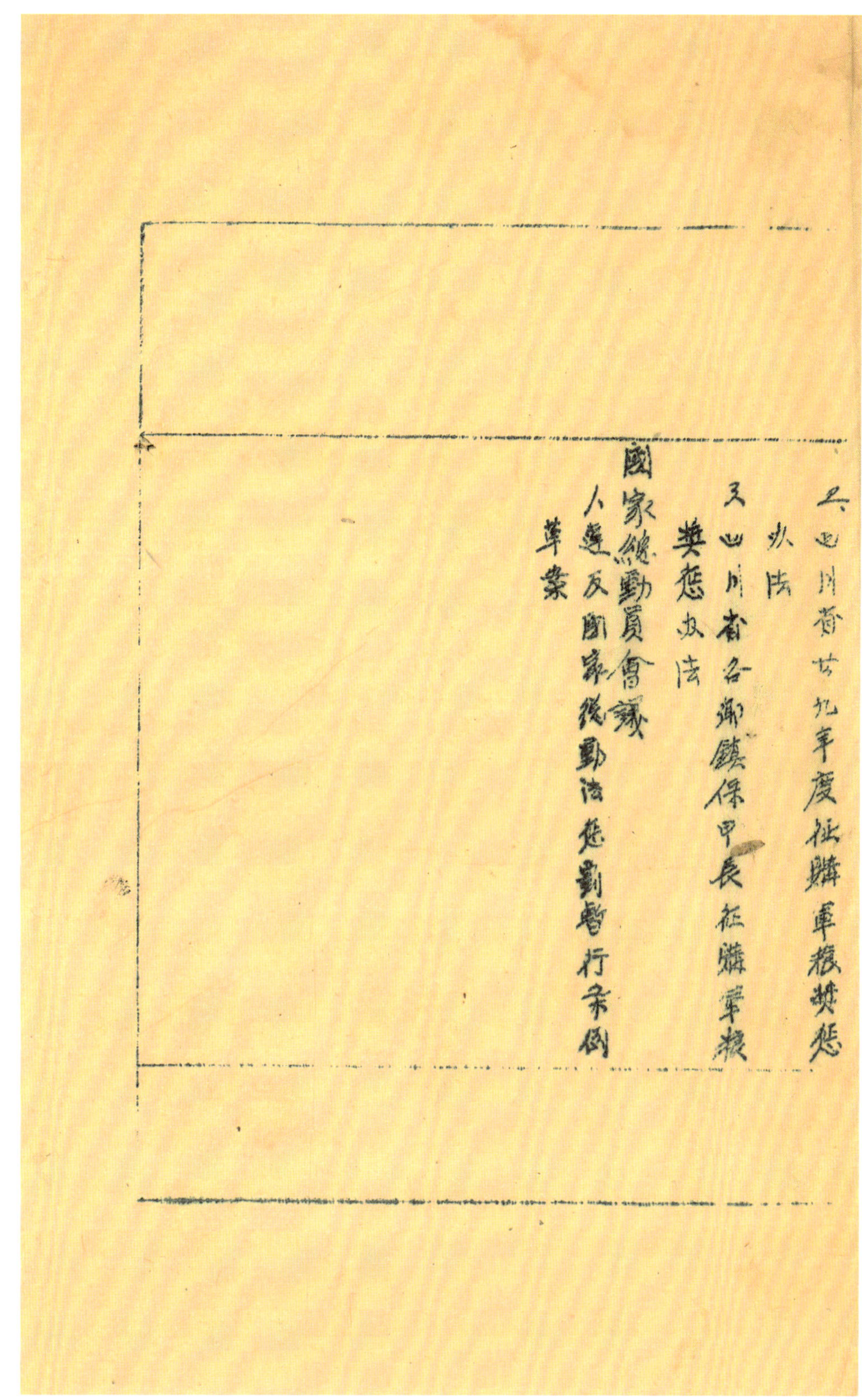

乙、四川省廿九年度征購軍糧獎懲辦法

又四川省各鄉鎮保甲長征購軍糧獎懲辦法

國家總動員會議人選及國家總動員法懲罰暫行條例草案

福建省政府致省保安处的训令（一九四四年五月十二日）

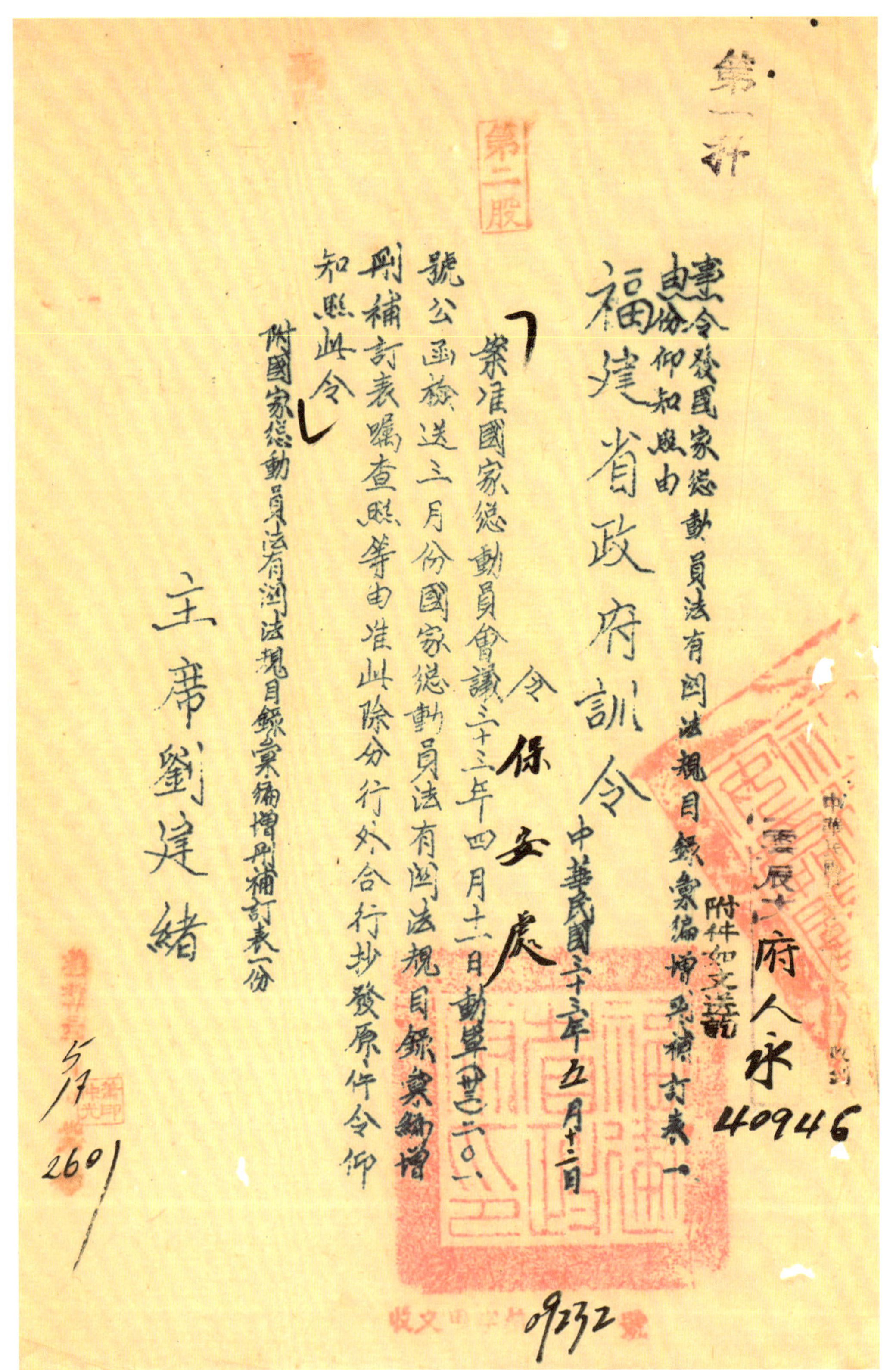

第一科

第二股

福建省政府訓令

事由：令發國家總動員法有關法規目錄彙編增刊補訂表一份仰知照由

附件：如文 送訖

府人永 40946

中華民國三十三年五月十二日

令保安處

案准國家總動員會議三十三年四月十八日動草（卅三）二〇八號公函檢送三月份國家總動員法有關法規目錄彙編增刊補訂表囑查照等由。准此，除分行外，合行抄發原件，令仰知照。此令。

附國家總動員法有關法規目錄彙編增刊補訂表一份

主席 劉建緒

5/17 2601

0232

國家總動員法有關法規目錄彙編增刪補訂表 民國三十三年三月份編印

條次	增刪法規名稱	備考
第廿八條	軍政部加列 一、救濟各交通線沿線落伍傷病士兵及患病壯丁暫行辦法 二、抗戰期間各部隊武器彈藥器材裁減被服節約保管整補查驗實施辦法 二九、六、一 部電頒布	
第四條	社會部刪改 一、原列「勞動預備隊組織規程草案」刪去「草案」二字	
第十條	一、原列「國民義務勞動服務法」刪去「服務」二字	
第十一條	一、原列「戰時全國技術員工管制條例草案」刪去「草案」二字 二、原列「限制工資辦法」工資下增「實施」二字	
第十二、十三條	一、「全國從業人員調查登記辦法草案」廢止	
第十二、十三條	一、原列「調查各機關團體廠場人力需要辦法草案」刪去「草案」二字 三三、三、一五、由會核准	
第七、十九條	交通部廢止 一、廢止水陸交通統一檢查條例 三三、三、一四、府令公布	

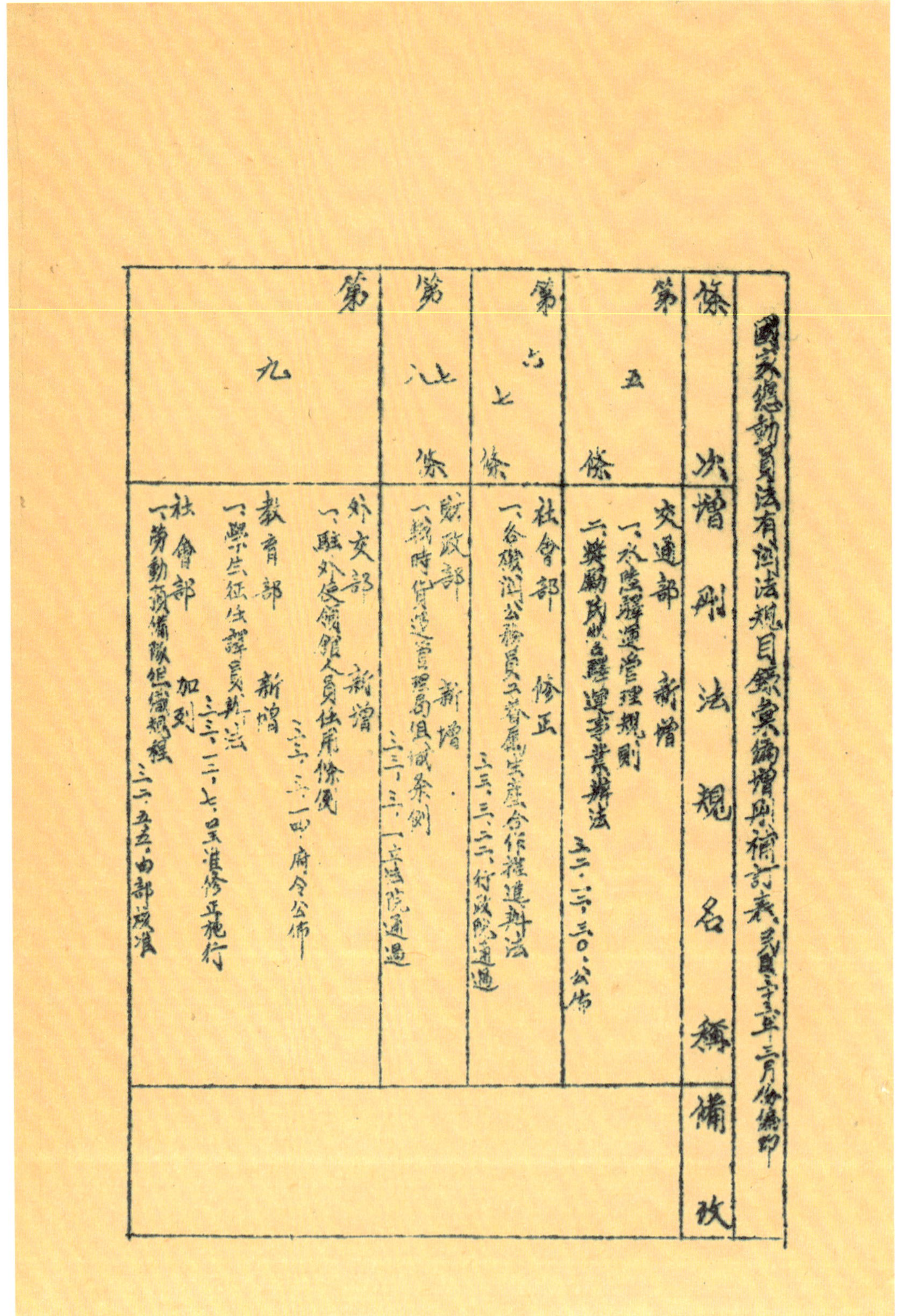

國家總動員法有關法規目錄彙編增刪補訂表　民國三十三年三月份編印

條次	增刪法規名稱	備攷
第五條	交通部　新增 一、公路驛運管理規則 二、獎勵民營公路運輸事業辦法 三二、一二、三〇、公佈	
第六、七條	社會部　修正 一、各機關公務員工眷屬生產合作推進辦法 三三、三、二六、行政院通過	
第七、八條	財政部　新增 一、戰時貨運管理局組織條例 三三、三、一立法院通過	
第九條	外交部　新增 一、駐外使領館人員任用條例 三三、三、一四、府令公佈 教育部　新增 一、縣市征[illegible]譯員辦法 三三、三、七、呈准修正施行 社會部　加列 一、勞動服務隊組織規程 三二、五、五、由部核准	

條	衛生署　新增 一、捐資興辦衛生事業褒獎條例 二、行政院核准中央電影檢查所修正電影檢查法　三三、七、六、公布
第十條	僑委會　新增 一、海外僑民呈作證明實施辦法　三三、一、二一由會核定 二、領事館兼辦僑民教育行政規則　三三、一、三修正公布 社會部　新增 一、社會部勞動局委託調查登記辦法　三三、三、二六備案
第十一條	一、修正陸軍撫卹暫行條例 二、修正海軍撫卹暫行條例　三三、三、二三、府令公布
第十八十九條	財政部　新增 一、戰時田賦征收實物條例草案　三三、三、四行政院通過 二、修正國貨洋貨戰時消費稅征收品目及稅率暫行表 地政署　新增 一、戰時征收土地稅條例　三三、三、一五、立法院通過
第二十條	經濟部　新增 一、政府機關公職人員發明或創作專利權處理及審查辦法　三三、三、八、行政院通過

行政院、福建省政府关于国民精神总动员六周年纪念办法相关事宜的电文（一九四五年三月六日至十日）

行政院致福建省政府的电（一九四五年三月六日）

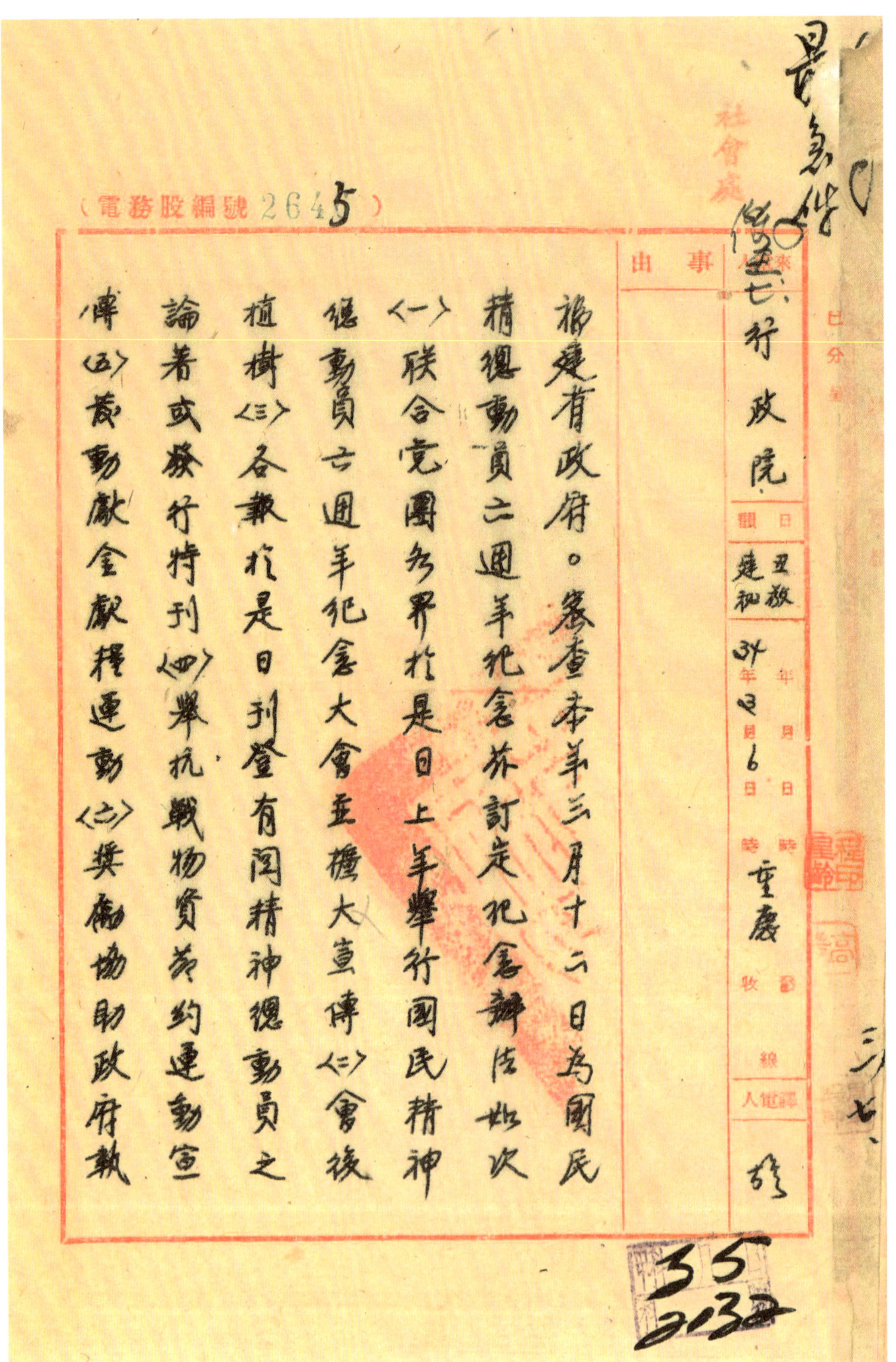
（電務股編號2645）

來報：行政院

日期：丑微

34年3月6日

重慶

福建省政府。案查本年三月十二日為國民精神總動員六週年紀念，茲訂定紀念辦法如次〈一〉聯合黨團各界於是日上午舉行國民精神總動員六週年紀念大會並擴大宣傳〈二〉會後植樹〈三〉各報於是日刊登有關精神總動員之論著或發行特刊〈四〉舉抗戰物資節約運動宣傳〈五〉發動獻金獻糧運動〈六〉獎勵協助政府執

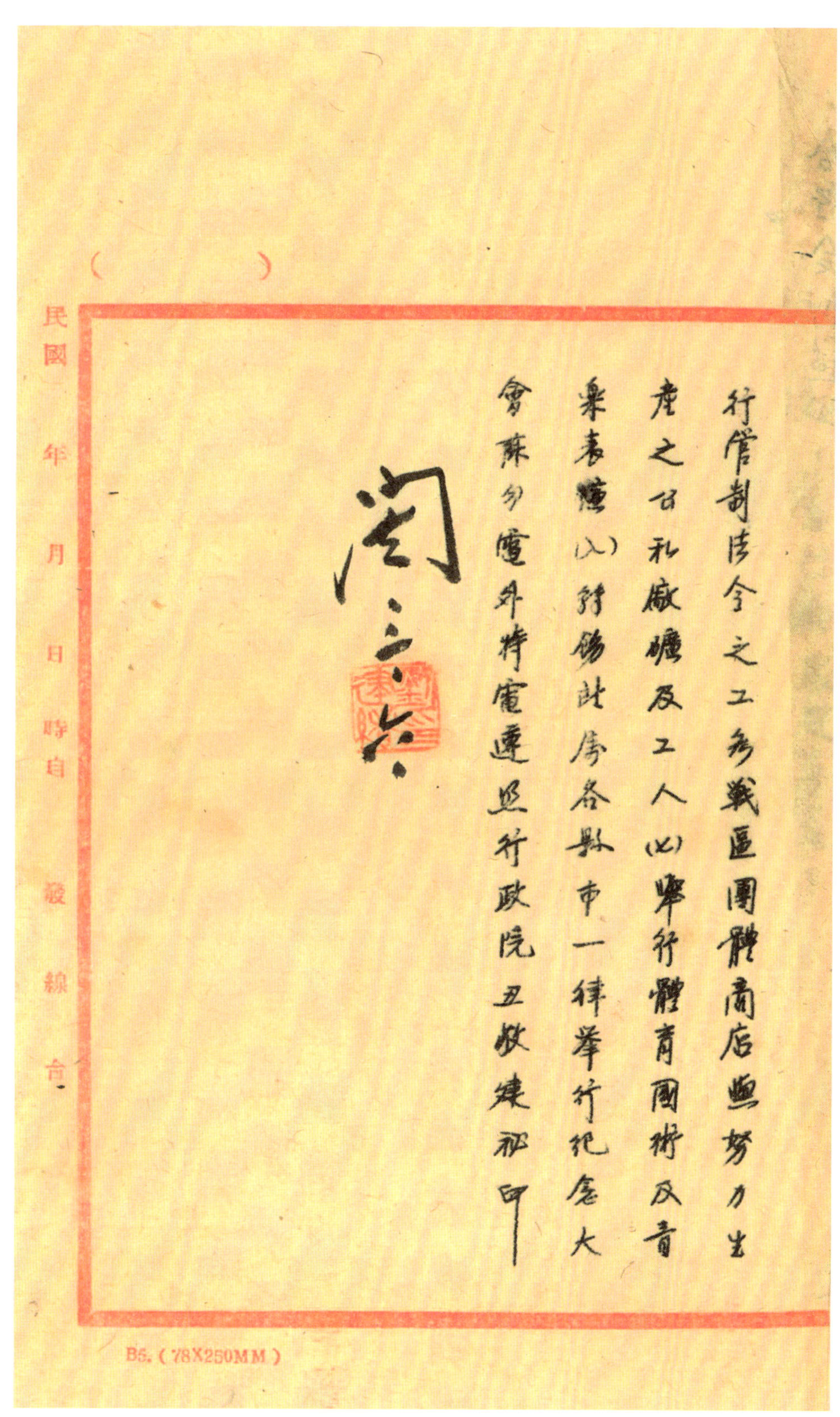

（　　）

行管制法令之工務戰區團體商店與努力生產之公私廠礦及工人（七）舉行體育國術及音樂表演（八）飭令各縣市一律舉行紀念大會除分電外特電達照行政院丑敬建秘印

閻錫山

民國　年　月　日　時自　　發　線　台

B5.（78X250MM）

福建省政府致各县市（区）政府的电（一九四五年三月十日）

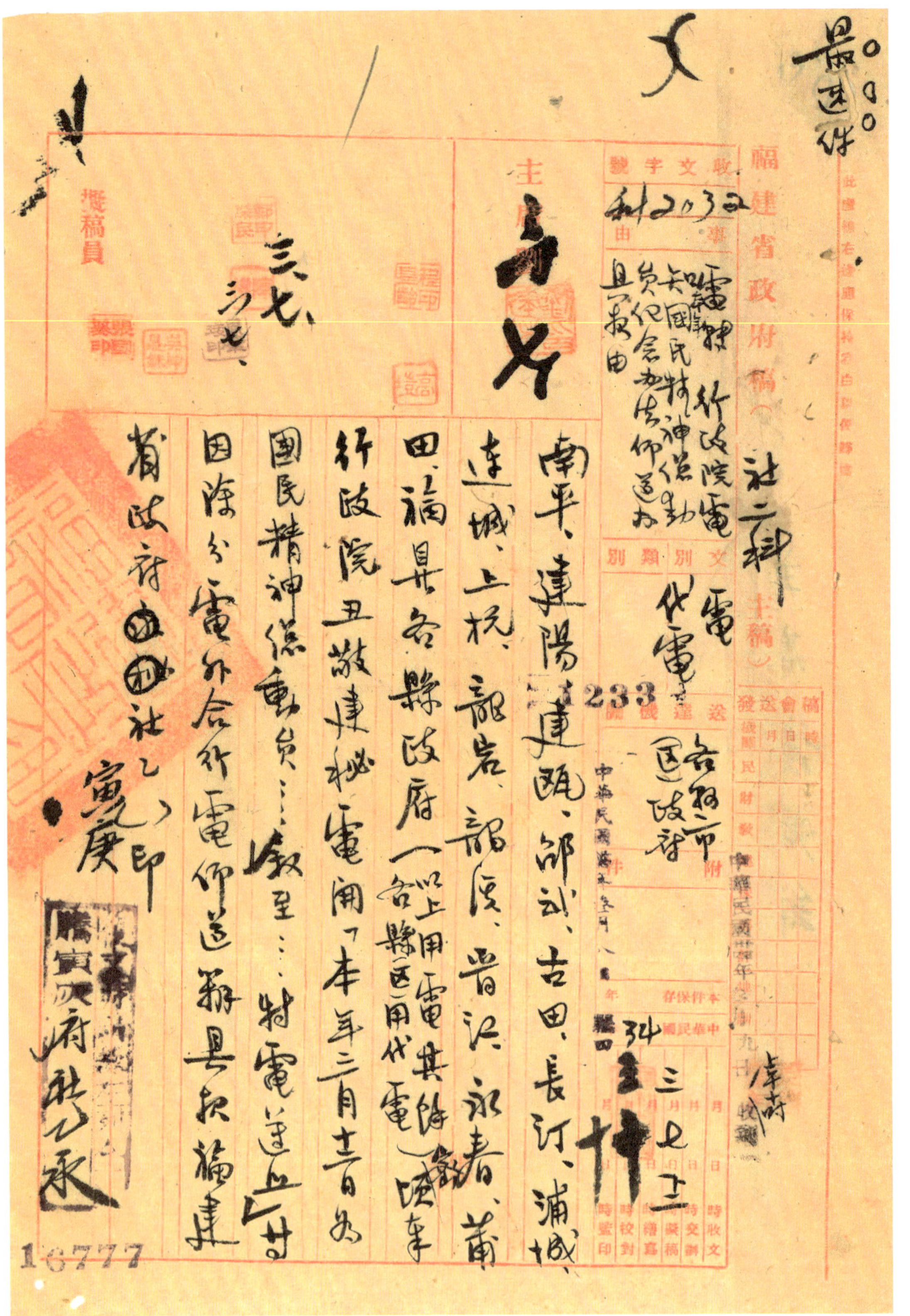

福建省政府稿（社二科主稿）

事由：准行政院电知国民精神总动员……仰遵办具报由

文别：电　代电

送达机关：各县市（区）政府

南平、建阳、建瓯、邵武、古田、长汀、浦城、连城、上杭、龙岩、龙溪、晋江、永春、莆田、福清各县政府（以上用电其余用代电）各县（区）政府：行政院丑敬康秘电开：「本年三月十二日为国民精神总动员……叙至……特电遵照」等因，除分电外，合行电仰遵办具报。福建省政府寅庚社乙印

戰時動員類

財力之動員

(一)勸儲

辦理經過情形：卅三年鄉鎮公益儲蓄本省配額為十二億元，限卅三年底完成，額鉅期短，經一再電請展期，派員嚴催各縣趕辦，旋奉 行政院六廣西電限於本年八月底結束，即經轉電遵辦，現已報結者計有安溪、長泰等十縣，其餘未報結者已分電嚴催，總計各縣收儲數計二億八千五百六十九萬餘元，佔總額百分之一七.九強。

(二)募債

卅一年同盟勝利國幣公債本省配額四千萬元，美金公債配額四百萬美元，自卅一年九月一日開始籌募，至卅二年九月十五日結束，共收國幣公債三千二百零九萬五

002

千五百九十九元佔配額百分之二○○．五（一〇·二四美金公債四百萬零零五千八百二十美元合国幣六千六百六十八萬佔配額百分之）一

卅三年同盟勝利公債本省配額一億六千萬元自卅二年十二月廿五日開始勸募迄卅四年六月底結束據各縣市所報已繳數計八千一百四十二萬二千二百元佔配額百分之五○．八九

（三）獻糧獻金

本省獻糧額減為三十萬市石獻金額八億元除獻糧係由田賦處應辦外獻金係自三月一日開始至九月底結束據報已收數共一億零四百餘萬元佔配額百分之一三

檢討意見：總上勸儲募債獻金三項奉配額共為二十二億六千六百六十八萬元實收數為四億九千九百九十八萬餘元平均雖僅及配額百分之二二．○六惟本省本非富庶之區抗戰以來海口封鎖商業一落千丈繼以太平

洋戰事發生海運斷絕向稱殷富之漳泉各屬亦趨於凋零狀態農村經濟枯竭歷年募集能達四億元之鉅人民實已盡相當貢獻

物力之動員

(一)征工征料

辦理經過情形：本省戰時抗戰期間征工征料工作可分下列各項：(一)破壞公路(已詳前破壞經過史內)(二)修築公路計辦理公館渡致錫邵泰建公路連瑞公路建泰手車路等各線土方工程及排涵橋涵木料並修補(四)省公路修養路面砂石及修繕橋涵木料(三)辦理構築國防城防工事計廿九縣各縣為求免負擔起見多半由縣統籌辦理所有款由全縣[illegible]故估在八千萬元以上(現各縣尚在籌費)(四)架設軍用及防空電話計有架福州雪

勤二

動二

峯線征用木桿六九四根民工七〇〇工架設永安清流寧化線征用木桿一六六六根民工八〇〇工架設建甌屏南寧德綫征用木桿三九六五根民工六二八工架設長汀脂口綫征用木桿一一五八根民工二四八工架設屏南周墩線征用木桿五〇〇根民工六〇〇工共計征桿一一一二零根征工三七六一工

(二)軍糧之調撥

本省軍糧原由三戰區長官部經過分就餘糧縣區採購運供自田賦改征實物後部定就賦各項下提撥三十年度奉核定配額六十萬大包計解交六一二七六八大包四斤三兩三十一年度復奉核定配額三十萬大包另撥撥軍糈一三八二四大包除全部交清外尚超撥八千大包經與兵站會結報部三十二年度奉核定配撥三十二萬七千

005

大包亦已交足惟因兵站有將所收三十二年度軍糧又在三十一年度列帳者當經電奉糧食部暨長官部准予流撥三十二年所缺額計應撥二五六四一大包八四斤八兩區三十三年度奉核定配額三十二萬七包截至三十四年九月底止已換有兵站撥糧收據者計二六九九二九大包五二斤一兩應差五〇〇七〇大包一四七斤一五兩如將三十三年度超撥數量流撥及已交而尚未將兵站換據者加入統計所差無幾，已飭各縣趕交預計本年底可全部交足

檢對意見：抗戰期間本省交通尤為不便以致軍糧運交極感不便但各級人員均知軍糧第一遠其最大努力故各年度不但均能如額交清且有超撥惟各縣初因未明撥糧手續兵站不肯換據無法轉帳者有之似應改善並准予核銷以免賠累

酌呈

006

動三

人力之動員

(一)歷年徵兵數之統計

辦理經過情形：本省於二十六年開始徵兵計是年征出壯丁四四六九三名二十七年六二〇〇七名二十八年七五一一四名二十九年七二〇〇〇名三十年六六五二六名三十一年七二五六六名三十二年四〇九三八名三十三年五三四五九名三十四年五六三七三名

(二)歷年所得教訓及改進之經過

徵集方面二十六年開管區撤、補充兵係由各部隊自行招募系統紊亂名額複無限制至二十七年春軍管區成立始統籌配征嗣以部隊需要頻繁征名亦日無服暴人民狃於積習疑慮甚深而冒名頂替以及種種逃避行為與日俱增征名寔現困難為謀糾正此項錯誤乃倡行聲請延期服役辦法冀以根絕冒替之風行之經年因辦理者未得其法旋即廢止至三十年起改行分期征集以每年為三至四期至卅二年春更將征集年次縮小（為二十歲至卅五歲十五個年次）並倡行一保數兵運動縮征兵範圍減少征集次數畧收微效至接交方面初由各縣設置義勇壯丁常備隊收容各鄉鎮送縣之壯丁由接收部隊自行到縣接領至二十九年春為便利交接並減少体檢糾紛曾將各縣義勇壯丁常備隊集中團管區管訓未幾各縣國民兵團設立奉中央電令仍隸還建制并將常備隊改為月初入隊月底撥出旋以經費關係常備隊取消改為隨時征撥三十四年春施行緊急征集更指定師管區交接地點察於規定交接限期太頻（戰時征募壯丁接收辦法規定限期十天須將所配名額整批撥交）過於短促各縣辦理甚有困難乃改行隨征隨

008

撥飭各師管區之補充團派遣幹部赴縣候撥，縣方則於征集到縣之時，召集党團民意各機關暨接兵部隊等合組体格檢查委員會共同檢查，合格者即交接兵部隊接收，不合格即於剔退回鄉，補充團於接足後則開回師管區所在地候撥交接，便利依檢斜給，無形減少，於本届緊急征集中已大見成效。至於壯丁待遇方面，於二十八年間於各縣設置新兵招待所，繼而充實其內部設備，至三十四年春推擴於待征鄉團，更於各縣之鄉鎮設立壯丁招待室，增加主副食定量，并指定醫藥用費，使保甲在集送縣之壯丁中途得適當之住宿地点，到縣後得足量之飲食，疾病者得適當之治療。

檢討意見：綜觀八年來各項措施尚能針對時弊逐漸改進，前後征交數目計佔全省人口數48%，不能謂非成果，但就一般辦理過程而言，尚多未盡符合理想，此中固有

009

有若干不易克服之困难如人民心理上之畏惧戦時物資之缺乏等等固足妨碍其進行但經訓人員之未能踐履篤實埋頭苦幹或竟行之不得其法則更多負責任如各級補訓幹部管教之不良以及壯丁調查後未能施行異動登記乃至每年一度迄無確實效果可為明證嗣後應從嚴監督導考核着手使各級盡為澈底力行之幹部則役政前途庶乎有濟

於卅二年起試辦於永安南平農民申請貸款者極形踴躍卅四年又開辦寧化清流建甌建陽龍岩等縣並將貸款數額增至七百萬元

土地經濟調查

本府土地經濟調查自廿九年試辦於將樂卅二年續辦於龍岩編有將樂土地經濟調查及龍岩土地問題兩書對於農村情形及土地問題癥結分析詳明內容豐富足供推行土地政策及經濟建設之重要參考卅四年復就龍溪修濱鄉沙縣鎮頭鄉分別舉辦推行尚見順利

檢討意見

土地經濟調查以往僅舉辦一二縣無從比較研究似應與統計室縣概況調查合併辦理俾集中人力財力全省普遍調查其統計數字較有參考價值

地三

地籍管理

本省各縣市城鎮自地籍整理完成後均經先後設置縣市地政機構續辦土地權利移轉變更設定登記暨清理未登記土地迄卅四年底止計共接收所有權移轉登記一〇六九七件他項權利設定登記八、九九六件變更登記一八七九件塗銷登記三三〇二件補行登記土地一〇、一二一起續發書狀一九三五四件、代管逾期未登記土地五七四三起

檢討意見

1、土地移轉變更登記應加強宣傳使業主認識其利害關係而依法聲請登記以期地籍正確

2、權利書狀應限短期內發給以確定產權而免地籍紊亂

民政類

推行新縣制

一、機構

辦理經過情形：（1）縣政府：本省新縣制於廿九年起實施，廿八年度各縣政府編制為秘書室及第一至第五等科。廿九年依據新縣制訂定各級組織綱要，實施計劃，縣府設民、財、教、建、軍五科及秘書、會計等室。三十年將糧食委員會裁撤，增設糧政科。三十一年普設戶政室，成立社會科、地政科。其未設科者，則於民政科設社會或地籍股。卅二年度緊縮機構，集中事權，仍為五科二室。三十三年度裁撤軍事科，至社會、地政有設科必要者，得呈准就核定員額中設置，不另增員。卅四年一至四等縣設民、財、教、建、軍（軍事科九月成立）五科及秘書、會計二室。其中有廿九縣設地政科，廿四縣設

民一

013

法令科長，大西等縣設第一第二及軍事三科，秘書、會計二

又年撥東以稅縣卅四年度下半年起田糧處裁撤，於縣政

府增設田糧科，至警察局、衛生院、稅捐處等附屬機構則酌

卅九年至現在亦無變更。㈣區署：各縣區署係於卅四、卅

五兩年依照剿匪需要分區設署辦法大綱分期設立，全省

共為二百二十一區。卅九年實施新縣制區署改為縣政府

補助機關，代表縣政府督導辦理各項行政及自治事務，與

前之自成一級者不同，其設置之標準以縣之面積過大或

有特殊情形者為限。自三十年度起，逐漸減為一百八十二

區，三十一年為七十一區，三十二年為三十七區，迨三十四

年度一律裁撤，至區署人員係遵照規定設置。㈤鄉保：各

縣鄉保在廿九年以前為保長聯合辦公處，廿八年全省各

縣編為一九二〇聯保，廿九年實施新縣制就原有聯保略

事讀悉成立鄉鎮公所內設兩股全縣共為一、四二八鄉鎮一五、六九二保一七〇、六四七甲三十年度為一、四四三鄉鎮一五、三六二保一六七、五一六甲三十一年度為一、三八〇鄉鎮一四、三三二保一六一、七二二甲三十二年為一、一八三鄉鎮一三、〇三四保一五四、八五五甲三十三年為九三三鄉鎮一〇、七七〇保一四〇、〇五三甲三十四年為九一二鄉鎮一〇、五二九保一三八、〇二六甲至鄉鎮公所組織廿九年設兩股民政警衛為一股經濟文化為一股三十年至三十三年民政警衛經濟文化分設四股迨三十四年人員緊縮鄉鎮公所不分股由鄉鎮長斟酌情形分配工作保設保長副保長各一人三十三年度起副保長裁撤。（4）民意機関：甲、戶長会議及保民大会廿九年實施新縣制時即已成立。乙、鄉鎮民代表会於三十一年分三期成立

民二

三十三年度起改選為正式鄉鎮民代表會現除金門、廈門、福州三縣市正在趕辦外其餘均已成立。丙、臨時縣參議會於三十三年五月以前已分期成立（金門淪陷周墩柘洋[illegible][illegible]縣除外）三十四年改選為正式縣參議會除金廈、閩侯仍成立臨時縣參議會又福州市及林森、連江、長樂等縣市規定於卅五年一月成立外其餘各縣均可於年內改選成立。

檢討意見：(1)縣政府組織應予確定俾不至因機構時常變動人員隨時增減影響工作效率。(2)區署在現行政制中居承上接下之地位本府自應加強鄉鎮級區署實無裁撤之必要。(3)鄉鎮人員仍嫌過多今後應依等級視地方實際情形酌予減少現經調整後經期以內不再變動。(4)縣各級民意機關已全部建立完成今後應妥善輔導其行使四權所有民意機關議决案縣政府執行情形並隨時報核。

二、法令

辦理經過情形：新縣制各種法令一部份由中央頒發一部份由本省自行訂定三十年出版新縣制法令彙編現歷時已久有修正者有廢止者多不適用。

檢討意見：今後亟應重新彙編新法令頒發各縣以資參考。

三、人事

辦理經過情形：(1)縣鄉人員均經分別調訓或改訓後依法任用年來因物價高漲生活困難一部份人員相率他就如有缺額得選合格人員暫准代用但仍隨時調訓。(2)員額：甲、縣級 縣級人員編制逐年均有變更其中以三十一年為最多計六、九二六人三十四年度為最少三、八三二

民三

人（卅四年上半年度為二〇、八九%）。乙、鄉鎮員額編制亦逐年各異，三十一年一二、四二〇人居最高額，迭經裁減至三十四年度為七一七八人。

檢討意見：縣鄉人員待遇亟酌予提高並改核其素質，汰弱留强，一面格訓補充。

公共造產

一、過去成果

辦理經過情形：本省公共造產始於廿九年，各縣因有自治捐並就鄉鎮開支，並未積極督促舉辦，至三十二年自治捐撤銷後，始着手進行，為期尚暫，卅三年底止據德化、建甌等卅縣報告計開墾農田二六、五九三、七四市畝，造林二九、三三四、三三八市畝，一、二四三、九七三株，魚塘四三八口，養魚二五、一三二尾，牧場七七所，飼家禽四、〇六四隻，家畜四

018

二工類手工業一四所市場二〇所屠場一二八所倉庫一〇四所水碓水碾一四所其他瑣細不計。関於收益三十二年同安沙縣等廿六縣繳庫為五一五二、七八四、二一元卅三年永春惠安德化同安等四縣繳庫為三、五八一、六八〇元至卅四年度成果須俟三十五年度方能核算。

檢討意見：関於推行造產三十三年度工作檢討之改進意見極為妥善三十四年將造產實施細則修正亦甚符合實際各縣如能斟酌各地情況認真督辦當不至有甚大困難現戰事結束兵粮兩政已鬆緩祇須嚴明獎懲切實督促可收實效

二、積弊

辦理經過情形：以往造產積弊本省三十三年度檢討會議已揭發無遺年來以鄉鎮事務紛繁未能專責辦

民四

民四

（二）政府与人民均存畏难苟安心理及以推诿为简便（三）乡镇人员缺乏保障且待遇过低无事业心驯至以往积弊仍未革除

户籍行政

一、实施户籍法前之户口行政

办理经过情形：本省自二十三年实施保甲制度即着手编查户口抗战军兴迄而办理兵役调查廿九年本省开始实施新县制重新调整保甲区域举行户口总清查订定本省单行之户口异动登记办法将登记项目统计表式化繁为简三十年七月中央颁布保甲户口编查办法规定俟保甲户口编查完竣后即依户籍法及其施行细则赓续办理户籍及人事登记本省即据以订定县保甲户口编查办法施行细则于三十一年通饬遵办是年底全省编查工作

告竣計全省編為二、一七六、一〇七戶一二、〇六九、三六三人。

檢討意見：關於戶籍人員之待遇及地位應予提高，此後戶籍管理應採取卡片制度，異動登記手續宜力求就簡，收復區尤須辦理戶口清查，以妨奸宄匿迹。

二、舉辦戶籍及人事登記

辦理經過情形：本省遵照四十六號規定於三十二年度舉辦戶籍及人事登記，初採分期舉辦辦法之原則，擬於二年內辦理完竣，後因併鄉併保區域調整、戰事影響，至三十三年底已完成設籍者僅福州等五十六縣市區，平潭等九縣最近始完成，至長樂、建寧二縣尚有一部份未辦竣。本省辦理戶籍及人事登記係完全根據中央頒佈之戶籍法及其施行細則，至暫居戶口及遷徙人口之登記亦依內政部頒行之暫居戶口登記辦法及遷徙人口登記辦法辦理，於人口登記三十三年以前僅先行辦妥出生死亡結婚離婚四種其餘收養認領繼承監護死亡宣告等並總則於三十四年度起開始辦理。

查禁烟毒

一、禁種

辦理經過情形：本省栽種烟苗歷年雖均有發現其中以廿九年為最多種植面積竟達二千四百五十畝次則為卅二年種植面積有一千五百畝自各屬烟匪肅清後大見減少去今兩年全省僅有十餘畝發現。

檢討意見：本省各縣查禁種運售吸烟毒尚見認真惟奸匪散布之區仍有包庇種植情事嗣後亟應配合軍事力量武裝剷除至收復區之烟毒總檢查仍亟加緊推行各鄉鎮保甲人員對於烟犯之偵緝尤應配合禁烟機關及衛生

022

院辦理

二、查緝運售

辦理經過情形：廿九年以前查緝工作係禁烟督察分處辦理自該處裁撤後由本府督飭各縣市政府負全責設有查緝机構四百八十單位計三十一年破獲烟案三百廿六起人犯四百零五人毒案廿二起人犯卅人卅二年烟案四百卅二起人犯四百卅四人毒案一百八十一起人犯二百六十八人卅三年烟犯二百十四起人犯二百九十人毒案七十三起人犯一百廿三人本年查緝結果除淪陷區域外截至九月底止破獲烟案廿八起人犯四十八人毒案十一起人犯十一人

三、禁吸

辦理經過情形：本省施行禁政以來至廿九年止登

023

記戒絕烟民二七、一九八人，嗣即分期調驗，至卅三年底（民六）以尚有長樂、惠安、漳浦三縣一千三百卅四人，本年已完全調驗清楚，已驗部份經抽查複驗，尚無重吸，惟濱海縣份如晉江、南安、海澄、莆田等縣查獲烟案，發現偷吸鴉片情事，均經法辦。至調驗機構由各縣區衛生院所負責兼辦。

四、肅清收復區烟毒

辦理經過情形：收復地區依照收復地區肅清烟毒辦法辦理肅清烟毒工作，據長樂縣報告經檢查結果自新種戶八百卅二人，檢獲烟膏二百七十兩五錢，罌粟種子五十四兩八錢；連江縣報告據檢查結果自新烟民二百名，福州市據檢查結果自新烟民四十一人；林森縣則報稱淪陷以後人民均知自愛，并無繼續售吸情事；金廈兩地收復較遲，除廈門報獲烟土膏四百兩以外，其餘詳情尚未據報。

024

優待征屬

一、組織

辦理經過情形：本省自實行徵兵以來，即著辦征屬優待事業。民國卅三年以前隸軍管區司令部辦理，創設征屬一、二兩工廠於永安、沙縣兩地。迨去年十一月後正式方由民政廳接管，征屬工廠交由康樂新村代辦。各縣鄉優待会組織成立，惟人員均係兼職，精神不免渙散。現優待條例業奉党令修正，縣鄉優待会得設專任秘書及文書，今後工作自可順利推進。

檢討意見：抗戰業已勝利，優待征屬工作更应切實辦理，除健全各縣征屬優待会之組織，籌募優待款物外，並須利用卡片制登記征屬人事動態，作為發放優待款物標準

二、經費

民七

025

民七

辦理經過情形：一、過去優待征屬經費來源出於[illegible]無[illegible]經費之剩餘以及臨時勸募僅敷節期之用。至安家[illegible]之[illegible]頗係自行籌發，以致緩與標準[illegible]弊竇叢生。二、自[illegible]起由本府規定辦法，由縣統籌發放，使於查察統計。三、[illegible]八月間奉軍事委員會代電規定優待征屬發給實物，由[illegible]谷項下支付，分赤貧、自給、小康三種發給黃谷，優待辦法[illegible]有未臻業務當可發展。

二、征屬統計

及理經過情形：全省現有征屬人數，除羅源、邵武、政和、龍岩、寧洋、長汀、清流等縣未報外，計有赤貧征屬二四四二六九戶，自給六八、二七五戶，小康二、四四五戶，共計卅四萬五千五佰捌十戶。征屬人口赤貧者六八八、六七四口，自給者二一九、四六四口，小康者八二、一七八口，合計為九十

026

八、民卅四年四月十一日

整理警政

一、提高警察素質

辦理經過情形：本省於廿五年八月呈准設立省警官訓練所，開始訓練各級幹部。廿九年春，將全省劃分六區，各設警察訓練班於寧德、仙遊、龍溪、連城、梅列、建甌等處，訓練各區內之警士。卅一年奉令改稱為警察訓練所各區訓練班，同時調整為四分所。卅三年十月間，因海戰事發生，交通困難，各分所暫行停訓。本卅四年六月，為適應收復地區所需之長警，恢復第一分所於同安。茲將官警教育情形分述於下：

（一）警官：舉辦警官班四期，招收高中畢業生訓練，第一二兩期受訓二年，第三四期受訓一年，共計四一七人。警官特補班二期，各集區員兼巡官受訓四個月，計一六二人。

民八

警官預備班二期招考高中學生受訓四個月計一三七人警務佐理班四期招考初中學生及現在警務機關服務之佐理人員受訓四個月計三〇三人警官補習班六期召集現任未受滿一年以上警官教育之警官補習一年計三七一人唯第六期現尚在訓中烔民檢查員班二期招考高中學生受訓三個月計一九一人保警督察班一期選調現任警官受訓三個月計五二人外事班一期招考高中學生受訓一年計三五人警官調訓班四期調訓現任警官補充教育二（四）個月計二〇五人統計先後訓練畢業學員生一八七三人現計全省官佐已受警官教育者佔百分之八七。一長警由省訓練所及分所先後訓練畢業者有警長班（初中）十期計一〇七七人學警班（高小）九期計四〇七一人偵警班六期計三一九人鄉鎮警衛人員補訓班（初中）二期計七

028

六一七人。基本警班一期計二八〇人。女警班一期三〇人。警衛警士班一期三六人。戶籍班一期一三三人。共計六五〇九人。現在第一分所受訓者有警員班一一八人。第十一期警長班五〇人。廈門市警長班五四人。警士班一〇一人。此外各縣市及水警總隊並准設班訓練。學警者其人數尚未計入。惟全省長警未受訓者尚有百分之三九。三。常年教育：警官進修會經省府令飭并指定應讀書籍通飭實行。長警規定每日應有一小時之學術教練。每年並集中總複訓練一次。(二)星期五一律組織勤務研究會。尤應注意機會教育。四、建立人事制度：警察官員必具專門學識與技能。故其用人自訓練任免考績獎懲除依中央頒令分別辦理外，并訂定管理辦法以免濫竽而資保障。至長警訓練任用考核獎懲均依規定辦理。並規定開補須經審核。

民九

檢討意見：本省近年對警察素質之改善如辦理官警教育提高官警待遇均有相當成效今後更應趕訓警官警士以備隨時補充擴充鄉鎮警察力量謀警衛一元化之實施

二、改善警察待遇

辦理經過情形：警察待遇本極微薄近年不斷籌劃改善裁減名額提高待遇仍難維持個人最低生活三十三年十一月起中央規定長警發給食米及生活補助費照公務員生補費六成略見改善除鄉鎮長警皆照規定辦理外縣級長警多未能依照規定實施

三、健全警察組織

辦理經過情形：二十六年四月召集行政各縣長開警務會議決定各縣警務機構斷行裁撤改設警察局辦理試分期籌建各縣區鄉警察機構第一期先設巫、秭歸及沿江

030

各縣第二期普遍設立內地各縣是年夏警官訓練所第一期警官班將屆畢業分發長樂、福清兩縣實習值「七七」戰起為適合當時環境決定提前設立各縣警察機構抽訓警長警士於十二月成立沿海二十三縣警佐辦公處及城區警察所推行全縣警務廿七年秋第二批官警畢業內地各縣普遍設立樹立全省警察網之基礎廿八年冬改警佐及公處為縣警察所各區署所在地設警察分所廿九年為求配合新縣制之實施復改為警察局內設總務行政司法三股及督察室偵緝組等單位同時並將城區警察所移設鄉區衝要地方城區警務由局直接執行以資便捷實施以來實為歷年試驗較為合理之制度現全省計有水警總隊一、（轄四大隊、一獨立中隊）、市警察局二、縣警察局六六、區警察所一八三、分駐所四〇、派出所六。

檢討意見：該警察局之編制並擬縣等予以分別規定。鄉區警察所並視實際需要再行設置，務於節省經費提高效率下統籌調整。

八、推行警察業務

辦理經過情形：本省警察雖並於戰時其業務設施均契合戰時環境而厘定，除遵照法令執行一般勤務及內政部頒行之戰時警察方案各規定外，並規定維護治安及匡護推行新運、推行環境衛生、調查戶口、協助徵兵等項為主要警察業務，每年由廳訂進度，通飭實施，並將各項工作成果摘要分述於下：(一)治安：依照維持治安分層負責及法令及防問大綱，通飭嚴格執行，訂定組訓義警及法以補警力之不足。本年度雖因警力裁減，而屢次參加抗敵剿匪破獲奸商鉅案均有良好成績表現。(二)防護：訂頒消防暫行綱要及

032

義勇消防隊組訓与服役及法通飭統一民間消防組織著通飭之義勇消防隊並另訂加強各縣市消防設備注意事項通令實施充實設備頗收成效。(三)新運：整飭戰時生活改革社会風氣對於查禁烟賭娼及其他不良迷信習俗雖阻力横生尚能盡力以赴。(四)環境衛生：各縣市清道隊一律劃歸警察局管轄並規定專派長警經常督導住户自行清潔街道訂定清潔檢查及法定期大掃除實行獎懲年來尚有進步惟繁盛都市每以清道伕(工)少實難達到理想。(五)調查户口：除福州警局設有户口卡片外其餘各縣均利用保甲户口册籍調查登記編訂門牌但僅限於設警地方其他地方尚欠嚴密。(六)推征：戰時征工征兵征糧征税均極繁重各縣市警機關均能全力協助主管機關達成任務

檢討意見：關於警察業務之推動如勦匪除奸等應

033

年雖有收獲今後尤亟注意新運事業之推行及環境衛生

之改善亟需經費并亟編列數用。

民十一

034

人事類

八、人事管理

一、培養幹部

A、訓練

辦理經過與情形：本省建立人事制度，係從訓練縣政人員著手，自廿四年二月起，初設統計人員訓練所訓練統計人員，旋擴充為縣政人員訓練所，訓練各種縣政人員，迄又改為公務人員訓練所，不限於之地方行政幹部訓練團兼訓省級人員及其他黨營事業機關職業人員，同時並設警官訓練所訓練警官及警察。經理人員十年來訓練人數，省訓練團在一萬六千人以上，警訓所在一千又百人以上，各班原名額及資格，由先後呈省府核定，訓練結業核列入候選名冊分別任用。（詳細情形歸訓練機關報告）

幹部既经训練自应予以合法之管理，果经先後訂定縣政人員管理規程及公務人員管理規程公布施行，内容对於任用遷調升轉服務考核奬懲差假旅費生活進修撫卹等項均有詳細縝密之規定。公務人員管理規程凡省級機関無論已未定有官等人員均在管理之列，範圍尤廣。

2. 考試

辦理经过情形：近数年来除高普考檢定考試照章举行外，計举办縣長檢定一次，縣長考試二次，相当于普通考試之特種考試一次，所有錄取人員均已分派職務。又中央歷年分發本省任用之高普考及格人員亦经隨時照派工作。

3. 銓審及登記

辦理经過情形：訓練考試之外，為應臨時需要，曾先後举辦縣政人員甄審数次（本年甄審縣甲級人員計錄取六十四人）

丈、各級儲備人才曾舉辦人才登記二次（第二次於本年十二月八日截止申請登記人數有八百九十六人之多現已統計分析完畢並送由各主管廳處局視事實需要以憑資格後再行遴用）以上各項措施雖在抗戰緊張時期中亦終能克服困難樹立基礎

檢討意見：本省培養幹部向視樹立人事制度為重要工作之一故歷年採用訓練考試甄審登記等方式以羅致各方人才錄用人公開之旨且莫不以質量並重為前提惟為適應戰時需要受短期訓練者居多今後選拔人才除依法舉行考試外遇有招訓調訓時應特別提高其素質並多量培植技術人才以應需求

二、統一任免（辦理任免情形）

用人公開保障及任免為本省人事管理之一貫政策關於任免部份初則完全適用單行法規後則以中央法規為主以本省單行法規為輔雖前後方式不同然其精神則一

計自廿五年起凡受訓縣政人員均由省府分發任用或由縣長遴選呈府核准既經正式任用之後非有違法失職情事不得任意更換並不得隨同長官進退廿九年之後擴充管理範圍凡全省委任職或相當於委任職以上人員一律由主管機關遴請省府核委或備查一不先審查其資格而後任用統計十年來任免人數在九萬四千六百六十四人(附表二)

檢討意見:省縣級人員自由省府統一任免之後各機關人員不合法之任用尚是罕見惡意之調動已不多覯唯近三四年來因受戰時影響縣政人員待遇菲薄生活清苦然業者多又因少數縣份懷疑保障太過不遵手續隨意撤免或拒絕到差予受訓人員以不良印象關於此項缺點省府於力謀改進之外仍按既定方針推行制度.

038

三、銓審互覈

辦理經過情形：銓審互核為增促依法叙俸之有効方法，本省统一任免審查資格已有成效，数年来尚能順利進行，实施結果自卅二年一月起至卅四年十月底止，实行銓審互核机関计有九十五個單位，歷年呈送任用審查人数共计有五、〇〇八人（附表二）。

檢討意見：銓審互核实施後公務人員多已取得合法資格，並能參加依法考绩，明年度計劃整理各机関组织规程，凡有人員官等未经釐定者即予以補充，以期推廣互核範圍。

四、考核成绩

辦理經過情形：本省縣政人員之考核，先設縣政人員考绩委員會，適用單行法规，凡縣政人員之奖懲均由各

縣政府或上級主管机関列舉事實呈報省府發交該會審議盡量求正客觀公平減少以主管個人意見為奬懲標準之流弊

自卅一年起年終考績完全適用中央法規各机関均採分層負責考核制度並由各机関個別組織考核委員會执行分核縣政人員逐年依法改由縣府攷核除每年派員視導辦理臨時奬懲外餘均完全根據縣長之意見以為核定奬懲標準各級長官考核屬員之方法定有每月成績紀錄表亦盡量求正確而科學化

檢討意見：本省公務人員攷績攷成各机関均已注意办理歷年送表時間亦已逐漸提前明年可望於限期內办竣惟攷績貴能公平翔實且重在平時紀錄俾資依據今後當

后记

本书编纂工作在《抗日战争档案汇编》编纂出版工作领导小组和编纂委员会的具体领导下进行。福建省档案馆和宁德师范学院魏定榔同志等共同参与了书稿的编纂工作，五洲传播出版社对本书的编纂出版工作给予了鼎力支持，谨向上述单位和同志致以诚挚的感谢！

编者